pfeiffer

Zu diesem Buch

Das Assertiveness-Training-Programm (ATP), von Rüdiger Ullrich und Rita de Muynck Anfang der 70er Jahre entwickelt, stellt eine systematische, kontrollierte und umfassende Therapie dar. Als verhaltenstherapeutische Methode zur Behandlung sozialer Ängste, Fehleinstellungen, bei Störungen des Selbstwertgefühls und depressiven Reaktionen hat der Ansatz seit vielen Jahren einen festen Platz in stationärer und ambulanter Therapie.
Die Anleitung für den Therapeuten geht auf die methodischen Voraussetzungen, die konkrete Therapiedurchführung und Erfolgskontrolle ein. Ein eigenes Kapitel ist Fragen der Diagnostik und Indikation bei sozialen Schwierigkeiten und Selbstwertproblemen gewidmet. Das praxis- und umsetzungsbezogene Buch thematisiert auch die zugehörigen theoretischen Hintergründe, so die bedingungsanalytischen Voraussetzungen sozialer Schwierigkeiten.

Rüdiger Ullrich, Dr. med., Diplompsychologe, Arzt für Psychiatrie und Neurologie, ist als Facharzt für psychotherapeutische Medizin und als Fachpsychologe für klinische Psychologie in München vorwiegend auf dem Gebiet der Selbstsicherheitstherapie und Kommunikation und in der Weiterbildung tätig. 1970 hat er zusammen mit *Rita de Muynck* am Max-Planck-Institut für Psychiatrie (München) die Therapieform des ATP begründet und kontinuierlich weiterentwickelt.

Rita de Muynck, Dr. phil., Diplompsychologin, Fachpsychologin für Klinische Psychologie und Vorstandsmitglied der Bayerischen Akademie für Psychotherapie, war in Forschung, Therapie und verhaltenstherapeutischer Weiterbildung viele Jahre in München tätig. Nach erneutem Studium arbeitet sie jetzt als Malerin und ist wissenschaftlich im Bereich Tranceforschung in der bildenden Kunst tätig.

Rüdiger Ullrich
Rita de Muynck

ATP: Anleitung für den Therapeuten

Einübung von Selbstvertrauen und sozialer Kompetenz

J. Pfeiffer · München

Die Deutsche Bibliothek – CIP-Einheitsaufnahme

Muynck, Rita de:

ATP / Rüdiger Ullrich/Rita de Muynck. – München : Pfeiffer

Anleitung für den Therapeuten : Einübung von Selbstvertrauen und sozialer Kompetenz. - 1998

(Reihe Leben lernen ; Nr. 123)

ISBN 3-7904-0656-2

Reihe »Leben lernen«
Nr. 123

Printed in Germany
Satz: PC-Print, München
Druck: G. J. Manz AG, München/Dillingen
Umschlagentwurf und Titelbild: Michael Berwanger, München

ISBN 3-7904-0656-2

Inhalt

Vorwort zur neu bearbeiteten Auflage und »wie ich die ATP-Bücher lese und einsetze«

Seit der Erstauflage der Anleitung für Therapeuten zum ATP sind über 20 Jahre vergangen. Viele eigene und fremde Forschungen zum Thema wurden weiter durchgeführt. Neuere Ergebnisse wurden berücksichtigt und nützliche Anregungen übernommen. Mehr noch als durch Forschungsergebnisse wurde die therapeutische Szene jedoch durch die gesellschaftlichen Veränderungen unserer Welt besonders im letzten Jahrzehnt bestimmt. Mit der neuen ökonomisch-gesellschaftlichen Situation und dem tiefgreifenden Wandel der sozialen Wirklichkeit hat sich auch ein Wechsel in der Auffassung, Zielsetzung und in den Erklärungsmodellen von Wissenschaftlern und Therapeuten vollzogen. Von der ursprünglichen Auffassung der Therapie als Hilfe zur Veränderung auch äußerer Störungsbedingungen ging der Trend mehr und mehr dahin, das Subjekt als Ursache und Veränderungsziel zu sehen. Dies hat vielfach zur Folge, dass an die Stelle gesellschaftlicher Verantwortung und Einwirkung Hilfen zum besseren Erdulden des bestehenden Systems oder zur rein subjektiven Änderung (rosarote Brille) angestrebt werden. Dies war neben der außerordentlichen kommunikativen und strategisch-therapeutischen Bewährung lerntheoretischer Modellbildungen ein wichtiger Grund, das offene bedingungsanalytische Modell der Verhaltenstherapie als Erklärungsgrundlage beizubehalten. Die sehr guten Therapieerfolge und ihre Steigerung über jetzt fast 30 Jahre liefern ausreichende Bestätigung für diese Konzeption unseres Selbstsicherheitstrainings. Die kritische Berücksichtigung und Auseinandersetzung mit der gesellschaftlichen Wirklichkeit, auch hinsichtlich der neuen Situation besonders eingeschränkter äußerer Handlungsräume, gehört unter dem Aspekt »soziale Diagnose« mit zur Zielsetzung unserer »Einübung von Selbstvertrauen und sozialer Kompetenz« und wurde in den Neuauflagen berücksichtigt.

Auch die Kenntnis der Funktionen von Begriffen, Etiketten und Modellbildungen gehört als Gegenstand sozialer Diagnose zum Therapieziel und wurde im Einführungsbuch für Klienten dargestellt. Diese ändern sich nach ökonomisch-gesellschaftlichen Bedingungen, sind selbst also nie fest, noch wahr, noch unbedingt sinnvoll. Sie reduzieren Information und transformieren Wirklichkeit wie jeder Begriff. Sie sind nicht die Wirklichkeit selbst noch muss die gewählte Begriffsschublade – etwa unsere »Diagnose« – eine für die Erklärung und Änderung von Zusammenhängen sinnvollen Inhalt aufweisen.

Auch unsere Zieldefinitionen im Gebiet Selbstsicherheit unterliegen diesem Wandel. Zwischen »Ich« und »Wir«, zwischen Anpassung und Abgrenzung gemäß eigener Bedürfnisse und partnerschaftlicher Toleranz flexibel reagieren zu können, setzt jedoch immer eigene Bewertungskriterien voraus.

Methoden oder Strategien, sich gegen Übergriffe von anderen zu schützen oder sich der Billigung bis Zuneigung durch andere zu versichern, sind allein noch nicht Ausdruck von Selbstsicherheit, besonders wenn sie zwanghaft ablaufen und unnötig vorbeugend praktiziert werden müssen, um Ablehnungs-, Verlassenheits- oder Kritik- bis Misshandlungsängste abzuwehren.

Im Alltag ist es nicht immer leicht zu entscheiden, ob die Strategien, andere günstig zu stimmen, soziale Fertigkeiten zur Erfolgsmaximierung oder nur Schutzstrategien bei nicht überwundener Angst oder Unsicherheit darstellen. Oft erfüllen solche Strategien beide Funktionen. Sie bewegen sich im Rahmen sozial akzeptierter Währungen und sichern auch dadurch Anerkennung, Zustimmung und Sympathie.
Für den Anwendungssektor des ATP war die größere Berücksichtigung der vielen feinen und als Überzeugung, Grundwert oder Ähnliches getarnten Vermeidungsstrategien oder Schutzpläne eine wichtige Verbesserung. Diese »Vorwärtsvermeidungs- oder Vorbeugungsrituale« in der Erbringung von Wohlverhalten oder zum Zwecke der doch so nie abzusättigenden Akzeptanzsehnsucht, die für manche gar mit Selbstsicherheit verwechselt werden, stehen als leere Mühe dem Finden der eigenen Mitte sehr oft entgegen.
Die Anwendungsbeispiele im ersten Abschnitt wurden hier entsprechend ergänzt.
Bei allen Versuchen, die Therapie einerseits durch Hereinnahme neuer Strategien, andererseits durch Weglassung alter Vorgehensweisen noch effizienter und kürzer machen zu wollen, hat sich doch immer wieder gezeigt, dass die zentralen ursprünglichen Wirkungsannahmen und Bedingungsmodifikationen unverzichtbar für die Zielsetzung blieben, nicht nur soziale Ängste zu beseitigen und Problemlösefertigkeiten zu verbessern, sondern auch die »Persönlichkeit« mit ihren Schutzprogrammen, Werten und Bewertungsbezügen ändern zu können.
Weiterhin sind die hierarchisch abgestufte übende Neuerfahrung unter angstfreien Bedingungen mit der Einübung von adäquaten Selbstwahrnehmungen und -bewertungen sowie die Erfahrung verbesserter Akzeptanz durch Eindeutigkeit und kommunikative Vollständigkeit die Grundlage jeder erfolgreichen Veränderung. Hier können keine Abstriche vorgenommen werden. Darin liegt einer der wichtigen Unterschiede zu den Vorgehensweisen zur Steigerung der Selbstakzeptanz, die primär veränderte Kognitionen ohne Berücksichtigung der noch lebendigen Funktion verzerrter Wahrnehmungs- oder Deutungsmuster vornehmen wollen. Nach unseren Erfahrungen ist die verlockende Einflussnahme von »oben«, der kognitiven Inputgröße, hin zum dadurch bedingten Verhalten in der Reichweite und Anwendbarkeit beschränkt und muss zum Aufbau wirklicher Selbstsicherheit zumindest durch den Weg von »unten nach oben«, von der Neuerfahrung durch ermutigtes Tun als planmäßigem Üben hin zur Einsicht und eigenen kognitiven Neustrukturierung ergänzt werden.
Eine wichtige Form der Veröffentlichung neuerer Therapiemethoden und erprobter Vorgehensweisen stellte in der Vergangenheit die mehrfache Neuverfilmung zu den Videomodellen dar. Viele Neuerungen und therapeutische Vorgehensweisen sind besser so zu vermitteln und wurden in einzelnen Filmversionen dargestellt. Aus diesem Material haben wir hier Texte zu ausgewählten Übungen abgedruckt (Copyright Münchner Therapiefilme, D. Hellauer, Rita de Muynck und R. Ullrich), die den Grundlagenmüden und den bedingungsanalytisch geschulten Gutwilligen ohne Zeit für weitere Literaturstudien eine Art »Kochbuchzugang« für die Vermittlung grundlegender Übungen und Strategien ermöglichen sollen. Interessierte Leser aus diesen Kreisen können gleich zu den entsprechenden Ausführungen im Durchführungsteil und im Abschnitt » Therapeutenfaktor« vorstoßen.
Die Übungen selbst sind mit den Zielen, der Bewertungs- und Durchführunganleitung sowie den grundlegenden Texten zur Entstehung und Veränderung sozialer Schwierigkeiten in den drei Büchern für Klienten dargestellt. Zusätzliche Texte für Therapeuten

dürfen sich auf Hinweise zur Lösung von Grundlagenproblemen und Schwierigkeiten in der Diagnostik, Vermittlung und Durchführung beschränken.
Die eher programmatische Erstfassung der Anleitung für Therapeuten ist leider noch nicht überflüssig geworden. Sie gewinnt derzeit in einer Landschaft rein etikettierender und attribuierender Therapien eher wieder vermehrt an Bedeutung. Bedingungsanalytische Erklärungsmodelle mit ihrer Konsequenz, Hypothesen zur Art und Richtung von Veränderungsstrategien aufstellen zu können und diese durch kontrollierten Vollzug in der Therapie zu überprüfen, bilden die Grundlage einer differenzierten Ableitung therapeutischer Veränderungsziele. Es war und ist unsere Überzeugung, dass ein bedingungsanalytisch geschulter Klient und Therapeut mit folgerichtig abgeleiteten Veränderungshypothesen auch die Selbstsicherheitstherapien immer wieder neu selbst erfinden können müsste. Die damit verbundene Mühe haben allerdings auch Therapeuten selten auf sich genommen. Sie können ja auch auf die Fülle überprüfter und veröffentlichter Methoden und Therapiemanuale zurückgreifen. Ein »Kochrezept« allein macht jedoch weder eine kreative Köstlichkeit (hier eine innere Programme verändernde Neustrukturierung mit Wohlbefinden und Ressourcennutzung), noch garantiert es die Genießbarkeit der Speise oder die Brauchbarkeit der Therapie. Ohne die Einordnung in ein so offenes und dynamisches Modell mit der jeweils flexiblen Anwendung nach Situation und Person wird es zur tristen Einheitspampe oder Anpassungsgymnastik. Wir möchten den Therapeutinnen und Therapeuten daher die erweiterte Investition in Grundlagendenken sehr ans Herz legen. Sie umfasst hier zunächst die Kenntnis der Texte für Klienten und die therapiebegleitende Vertiefungen auch durch eher konzeptuelle Buchabschnitte. Die Darstellung der Grundlagen der Entstehung und Veränderung sozialer Schwierigkeiten in den Büchern für Patienten oder andere Interessenten schafft auch die für jede Therapie notwendige Gemeinsamkeit im Erklärungsmodell und in der Sprache von Anbietern und Nutzern. Sie stellt als »Bibliotherapie« einen wichtigen Faktor in der Effizienz und Ökonomie des ATP dar. Dies gilt auch für den Einsatz der Videomodelle (acht Kassetten), der Testmanuale und Arbeitsblätter im Testband und für Informationen zu den empirischen Befunden, wie sie etwa in den zwei Bänden mit den wissenschaftlichen Ergebnissen zur Entwicklung und Grundlagenerprobung zu finden sind. Die Testmanuale enthalten mit dem Fehlschlagangstfragebogen FAF, mit dem Unsicherheitsfragebogen U, dem Emotionalitätsinventar EMI-B und dem Situationsbewertungssystem SB/EMI-SIT spezifische und gut überprüfte Instrumente für die Therapieauswahl und Therapiekontrolle. Die therapiebegleitende Erfolgskontrolle ist so einfach und bequem gemacht worden, dass sich jeder Therapeut fragen sollte, wozu es für ihn gut sein soll, seine eigenen Annahmen und das daraus abgeleitetet Handeln nicht zu überprüfen.

Das erste »Klienten«-Buch »ATP1: Bedingungen und Formen sozialer Schwierigkeiten« dient der Begriffs-, Entstehungs- und Bedingungsklärung. Es vermittelt lerntheoretische Grundlagen, bedingungsanalytische Ableitungen von Veränderungsstrategien und Zielannäherungsschritten und enthält Arbeitsblätter und Fragebogen zur Diagnostik und Therapiekontrolle. Bei der Problemanalyse und der quantitativen Auswertung von Fragebögen sollen die Klienten therapeutische Hilfe erfragen. Therapeuten benötigen dazu die Auswerteschlüssel aus dem Testband. Das theoretische Einführungsbuch kann für viele unterschiedliche Therapieabklärungen und -vorbereitungen mit Nutzen eingesetzt werden. Für das ATP stellt es bereits einen wichtigen Schritt in der Gesamttherapie dar.

Das zweite Buch enthält die Übungen des Grundkurses »Selbstsicherheit« mit grundlegenden Veränderungs- und Selbstkontrollstrategien sowie Therapiekontrollmittel. Es kann zur Einzel- oder Gruppentherapie bei sozialen Ängsten und Selbstunsicherheit oder auch nur zu ergänzenden Maßnahmen bei Therapien primär anderer Zielrichtungen eingesetzt werden. Im ATP stellt es mit seinen zunächst einseitigen, rein expressiven »Lösungen« die wirksamste Befreiung von zu großer Abhängigkeit hinsichtlich Fremdbewertungen und Zuwendungen durch andere dar. Die Vermittlung von Eindeutigkeit und der Aufbau eigener Bewertungskriterien stehen in diesem Übungsteil ganz im Vordergrund. Zweidrittel der Klienten mit Gruppentherapie sowie begleitender Einzeltherapie haben nach diesen ca. 50 Sitzungen oder 25 Doppelstunden bereits Angstfreiheit im statistischen Sinne (Normalwerte) erreicht.
Das dritte Buch für die Hand des Patienten ist die Fortsetzung der Übungen des Grundkurses über die vier Hierarchien Fehlschlagangst, Kontaktangst, Bedürfnisse zulassen und vertreten (Fordern) sowie Abgrenzung und Konfliktaustragung in den Anwendungsgebieten »Arbeit«, »Freunde« und »Partner und Familie«. Zweiseitige Problemlösungen sind jetzt erst ohne Selbstaufgabe möglich und werden auf kommunikativer Basis geübt. Die erläuternden Zwischentexte im Klientenbuch als »Kommunikationskurse« können zusammen mit den entsprechenden Abschnitten zum ATP als » kommunikative Problemlösetherapie« in diesem Buch auch separat für kommunikative Problemlöseansätze oder -kurse benutzt werden.

A Das Konzept und der Aufbau des ATP

1. Übersicht

1.1 Begriff und Therapieziele:

»Assertiveness« steht im ATP für die hier definierte Zielvorstellung von Selbstsicherheit. »To assert« soll nach einem amerikanischen Dictionary ursprünglich den Vorgang bezeichnet haben, mit dem Sklaven in ihre eigenen Rechte eingesetzt (befreit) wurden. »Training« steht für den auf Neuerfahrung angelegten, übenden Therapieschwerpunkt. »Programm« steht für die Therapiematrix von vier inhaltlich unterschiedlichen Generalisationsbereichen sozialer Ängste (der Kritik- oder Fehlschlagangst, der Kontaktangst, der Ablehnungsangst beim Äußern eigener Bedürfnisse und der Ablehnungsangst bei der Abgrenzung gegen Übergriffe von anderen), die mit je einer empirisch ermittelten Hierarchie zum schrittweisen Angstabbau berücksichtigt sind, sowie eine Hierarchie zur besseren Selbstakzeptanz und positiveren Selbstbewertung, einem abgestuften Übungsteil zur Vermittlung sozialer Fertigkeiten mit einem Abschnitt »Kommunikative Problemlösung«, »Hausaufgaben« mit einer Reinforcementmatrix für die Selbstanwendung (die z. B. der Etablierung von löschungsresistentem Verhalten dient) und es steht für die bedingungsgerechte Durchführung einschließlich der begleitenden Einzel- und ggf. anschließenden Partner- oder Familientherapie.

Das ATP wird im Regelfall als bedingungsanalytische Gruppentherapie mit Einzelbehandlungen kombiniert, kann jedoch auch nur als Einzel- oder auch ausschließlich als Gruppentherapie zum Einsatz kommen.

»Bedingungsanalytische Psychotherapie« meint das funktionale, hypothesengeleitete Vorgehen in der Verhaltenstherapie. Um den komplexen klinisch relevanten Prozessen gerecht zu werden, wird das funktionale Denken jedoch über die »horizontal« zeitlichen »Wenn-dann-Funktionen« hinaus auch in intra- und interindividuelle Regelkreismodelle, in »vertikal« organisierte Ziel- und Motivationsstrukturen und, hier bei der Gruppentherapie, auch in interaktionistische Prozesse hinein verfolgt.

Die Entwicklung unseres eigenen Vorgehens leitet sich aus folgenden Bedingungen ab. 1969 wurde am Max-Planck-Institut München die psychiatrische Abteilung in Zusammenarbeit mit der psychologischen Abteilung zu einem der ersten klinischen Anwendungsgebiete der Verhaltenstherapie in Deutschland umstrukturiert. Wir ersetzten die Visiten als erstes durch ein wöchentlich neu abgeleitetes Verhaltensformungsprogramm in Gruppen, was bis heute unter dem Aspekt der »Ver- und Erlernlisten« zur diskriminativen Verstärkung oder zum »shapen« bei der Verhaltensrückmeldung im ATP enthalten ist.

Bei der Vielzahl der Desensibilisierungen von Ängsten zeigte sich bald, dass von klinischer Relevanz vorwiegend soziale Ängste und Schuldgefühle vorlagen und dass diese zumeist ähnliche Auslösekonfigurationen und Entstehungsbedingungen zeigten, so dass entsprechend ähnliche therapeutische Aufarbeitungen nahelagen. Für unser Vorgehen waren dies gemeinsame Hierarchien für empirisch ermittelte und klinisch relevante Unterformen sozialer Ängste und Hemmungen. Hinzu kommt, dass soziale Verhaltensblockaden und fehlgesteuerte Bewältigungsversuche von zentraler Bedeutung bei allen klinisch bedeutsamen Problemen sind. Im außerklinischen Bereich wurde parallel hierzu mit umschriebenen Sozialängsten wie Prüfungs- oder Kontaktängsten – aus ökonomischen Gründen bereits mit Gruppendurchführungen der Desensibilisierungen – gearbeitet. Eine der größten praktischen Schwierigkeiten bestand dabei darin, dass die Synchronisation der Hierarchien vom Einzelfall auf die Gruppe ohne detaillierte bedingungsanalytisch definierte Situationsbestimmungen, also lediglich nach den Angststeigerungskriterien von Nähe (inhaltlich, zeitlich, räumlich, symbolisch), zu irrelevanten oder zu heterogenen Items führte und die schwierigkeitsgemittelte Hierarchie auch hinsichtlich der Feinabstufung den Einzelanforderungen nur schwer gerecht werden konnte. Der Durchbruch zur Bildung von Gruppenhierarchien im ATP geschah schließlich mit der eher zufälligen Entdeckung der Standardisierungsmöglichkeit von Situationen über die, die Schwierigkeit separat definierenden, einzelnen Steuerungsvariablen: Person und Ort als S-Variable, Konsequenz und das von beiden abhängige Verhalten als dritte Steigerungsgröße.
1971, auf dem ersten Kongress der Europäischen Gesellschaft für Verhaltenstherapie, haben wir das ursprüngliche Ziel und Konzept wie folgt definiert: (Ullrich de Muynck und Ullrich, 1973 a):

»Mit dem Begriff der Selbstsicherheit ist die Fähigkeit eines Individuums gemeint, in Relation zu seiner Umgebung eigene Ansprüche zu stellen und sie auch verwirklichen zu können. Dazu gehört also, sich zu erlauben, eigene Ansprüche zu haben, sich zu trauen, sie auch zu äußern und die Fähigkeiten zu besitzen, sie auch durchzusetzen« ... »ungestörtes Verfügen über diese drei Kategorien in der täglichen Interaktion führt zu einem optimalen Selbstwertgefühl durch ständiges Erhalten positiver Verstärker« ... »Sich selbst zu behaupten heißt damit auch, über die Manipulation des sozialen Verstärkungssystems die eigenen Fähigkeiten und Ansprüche am effektivsten zu verwirklichen. Dieser Effekt wird aber ausbleiben, wenn ein effizientes Verhaltensrepertoire nicht erlernt worden ist oder durch soziale Angst nicht artikuliert werden kann« ... »Soziale Ängste, Selbstunsicherheit und übertriebene Hemmungen als konditionierte Reaktionen kennzeichnen inadäquate soziale Interaktionen. Selbst wenn solche konditionierten Reaktionen zur Erhaltung sozialer Strukturen von einer überregulativen Gesellschaft bezweckt werden, kann man in der jetzigen gesellschaftlichen Situation davon ausgehen, dass der innere – und klassenabhängig auch der äußere – Freiheitsspielraum eines Individuums vergrößert werden kann. Das Individuum soll anpassungsfähig werden, aber gleichzeitig Alternativen zum konformistischen Verhalten entwickeln können.«

Und zum therapeutischen Konzept:

»Psychische Krankheitsbilder führen in der Regel zu sozialen Störungen oder sind deren Folge. Behauptungen der orthodoxen, sich selbstbeschränkenden Verhaltenstherapie, die besagen, dass nach bloßer Symptombeseitigung die soziale Reintegration des Patienten sich automatisch einstellen müsste, haben sich klinisch nicht bestätigen lassen (s. a. Ullrich u. Ullrich de Muynck 1971). Die pathogenen sozialen Stimuli bestanden weiter und auch das Verhaltensdefizit in Form der Unfähigkeit, adäquat zu reagieren. Nur selten gelingt eine komplette Beseitigung der pathogenen Stimuli durch Maßnahmen des Therapeuten. Erfolgversprechender ist, dass der Patient effiziente soziale Verhaltensweisen erlernt, um damit selbst eine Kontrolle auf Stimuli und Verstärker auszuüben. Der komplexe Therapieansatz, gleichzeitig klassische Symptome und den Mangel eines effizienten Verhaltensrepertoires zu beseitigen, führte zur Entwicklung des Selbstsicherheits-(Assertiveness-)Training-Programms (ATP).«

Diese Zielsetzung und das Konzept entsprechen dem heutigen Selbstmanagement-Therapie-Ansatz Kanfers und sind weitgehend beibehalten worden.

Bei den weiteren Entwicklungen von Selbstsicherheitstherapien spielten in Bezug zu den Zielvorstellungen das Verhältnis der sozialen Ängste zu den sozialen Fertigkeiten und unterschiedliche Auffassungen zum Begriff des »Durchsetzens«, damit auch gesellschaftlich-ethische Normvorstellungen, eine Rolle.

Das Verhältnis zwischen sozialer Angst und sozialen Fertigkeiten im Trainingsschwerpunkt berührt Grundannahmen der Verhaltenstherapie. Konfrontation ohne Berücksichtigung der Schutzfunktion oder Wertesicherungsfunktion von Abwehrstrategien oder »reines Üben« ohne die Beseitigung der Bedingungen, die zur Vermeidung geführt haben, kann nicht als bedingungsanalytische Psychotherapie oder Verhaltenstherapie gelten. Bereits Salter (1949), der als Begründer der verhaltenstherapeutischen Selbstsicherheitstherapie gilt, ließ sowohl von seinen theoretischen Vorstellungen als auch von der Definition seiner Ziele her keine Zweifel, dass primär eine Entängstigung erfolgen muss, bevor Fertigkeiten – wie etwa emotionale Eindeutigkeit im Ausdrucksverhalten – angewandt werden können oder aus der Blockade befreit werden. Salter hat auch auf einem anderen Gebiet möglicher Missverständnisse von Selbstsicherheitstherapie bereits die klare Aussage gemacht, dass die Anpassungsleistung in diesen Therapien »nicht an die Gesellschaft ..., sondern an das Individuum erfolgt« (1949). Wolpe (1958), der mit seiner »Systematischen Desensibilisierung« die grundlegende praktische Methode zur stufenweisen Entängstigung lieferte, hat in der Zielvorstellung zur Selbstsicherheitstherapie anfangs noch Schwerpunkte im Sinne von Fertigkeiten (social skills) gesetzt, die in Anlehnung an Potters »Lifemanship« (Potter 1952) z. T. nach Rezepten klingen, wie andere erfolgreich ausgetrickst werden könnten. Dies berührt dann den wertenden Aspekt zum Problem der Zielsetzung im Durchsetzungsvermögen. Andererseits hat er 1966 klar definiert : »Failure to assert ... is manifest, wherever anxiety has been conditioned« und damit die Priorität der Entängstigung vor der Fertigkeitsvermittlung betont. Wir selbst haben die Entängstigung als Basis der Selbstsicherheitstherapie gleich zu Beginn auch in den Bereichen zur bedingungsanalytischen Grundlage für veränderte Fertigkeiten im Sinne selbstsicheren Verhaltens angesehen, in denen Überkompensation oder Überanpassungsstrategien im Sinne der Vorwärtsvermeidung oftmals den Blick auf die kausalen Wirkfaktoren des gestörten Verhaltens versperrt hatten. »Vorwärtsvermeidung« steht für vorbeugende Stimuluskontrollstrategien, welche die Auftretenswahrscheinlichkeit befürchteter Ereignisse vermindern sollen, etwa Perfektionismus bei Fehlschlagangst oder übermäßige Gefälligkeit und Anpassung bei Ablehnungsängsten. Die Nein-sage-Hierarchie im ATP hat definitiv die Schaffung von Freiräumen durch den Abbau der Anpassungszwänge über die Desensibilisierung von Ablehnungsängsten zum Ziel. Auch für die Hierarchie »Fordern können« bzw. die Angst vor dem Äußern eigener Bedürfnisse zu verlieren, haben wir die aggressive Vorwärtsvermeidung als selbstunsicheres Verhalten definiert. Uns ging es dabei nicht nur um wertende Aspekte, sondern auch um die bedingungsanalytische Konzeption, dass ein solches Verhalten über die aversiven Reaktionen zu möglichen Isolationseffekten führen kann, was dem angestrebten Ziel an Selbstsicherheit und sozialer Kompetenz entgegenläuft und damit bedingungsanalytisch einfach falsch ist. Dennoch ist der Begriff des Durchsetzens für einige Zerrbilder von Selbstsicherheitstrainings (etwa nach dem Motto »hoppla, jetzt komme ich«) maßgebend geworden. Naturgemäß ist dieser zentrale Fehler eher dort aufgetreten, wo etwa in sozialen Einrichtungen Übungsprozeduren an nicht bedingungsanalytisch geschultes Personal delegiert worden sind. Wir werden im Abschnitt »Indikation« auf Probleme der Vorwärtsvermeidung zurückkommen. Die frühe unterschiedliche Gewichtung von Angst und Fertigkeiten in der Selbstsicherheitstherapie wird bei Ullrich de Muynck und Forster (1974) ausführlich dargestellt.

Heute scheint aus der ursprünglich ergänzenden Einführung des »social-skill«-Aspektes zur primären »social anxiety« vielfach die notwendige Entängstigung als Basis für die Anwendung neuer »Fertigkeiten« vergessen zu werden. (Auf der anderen Seite erfolgen gegenwärtig im Rahmen der Neuentdeckung von »flooding«-prozeduren für Sozialängstliche wieder die Anfangsfehler, den instrumentellen Teil des Verhaltens und den Aspekt der verstärkenden Fertigkeiten zu übersehen). Aus der Zielsetzung »Anpassungsfähigkeit« ist zunehmend unkritisch eine Anpassungsleistung an Bestehendes geworden. Während jeder Therapeut im überschaubaren Umfeld sozialer Krankheitsursachen – etwa ein sehr autoritäres Elternhaus oder ein ständig herabsetzender Partner – wohl einsichtig genug ist, dass hier Anpassung an das soziale Umfeld Auslieferung und Fixierung an die störungsbedingendenVerhältnisse bedeutet und damit gegen jeden Grundsatz des »nihil nocere« verstößt, verschließen viele die Augen vor den weiteren sozioökonomischen Hintergründen und »reparieren« zum erneuten Missbrauch. Neben den Zielsetzungen Autonomie und Selbstregulation mit Handlungsalternativen und Nutzung von mehr Freiräumen, bei durchaus aktiver Einflussnahme auf das soziale Umfeld, soweit es uns zugänglich ist, und dem schlichten Versuch, Anpassung anzutrainieren um – wenn auch nur vorübergehend – effizienter oder wieder neu zu funktionieren, führt eine dritte Zielrichtung ganz vorwiegend in die meditative Haltung oder innere Emigration mit oder ohne »kognitive« Umbewertung der bestehenden Verhältnisse. Analog zur gegenwärtigen esoterischen und meditativen Innenwendung wird der Konflikt zwischen Selbst und Umwelt relativiert oder negiert. In der Selbstsicherheitstherapie entspricht letzteres eher rein kognitiven Ansätzen mit Umattributierungen oder »reframing« sowie den Versuchen, den Klienten die Schuld an der Misere über ihr »ach so irrationales« Denken zu geben und der oben erwähnten »Trainiererei« in den gesellschaftlichen Leistungs- und Ausbeutungszwängen oder Managementkursen. Für uns ist nur die umfassende, kritische und bedingungsgerechte Form von Selbstsicherheitstherapie mit dem Ansatz an allen Bedingungsgrößen im klinischen Sinne Therapie und gleichzeitig ein Stück Freiheit und Autonomie mit aktiver Wahl und Einflussnahme auf die verfügbaren Ressourcen im Innen- und Außenraum.

Das ATP als umfassendste Methode zum Abbau sozialer Ängste in die Gruppe von Fertigkeitstrainings einzuordnen, wäre ein grobes Missverständnis, zumindest eine unzulässige Reduktion. Die klinische Erfahrung zeigt beim ATP immer wieder, dass die sogenannten Fertigkeiten im Sinne eindeutiger und vollständiger Codierung und Decodierung von Botschaften, mit denen wir das soziale Verhalten unter dem Kommunikationsaspekt gleichsetzen können, sich erst nach dem ausreichenden Abbau der Ängste einstellen und angewendet werden. Als reine Einübung – etwa in Partnertherapien – werden hingegen die kommunikativen Fertigkeiten die erwartete negative Konsequenz selten alleine neutralisieren und bald wieder unterlassen werden. Verstärkende Fertigkeiten in der Interaktion sind bei fehlender Eindeutigkeit des Absenders in der Regel ebenfalls nicht verstärkend, weil unglaubwürdig. Eindeutigkeit jedoch ist eine Frage der Angstfreiheit.

1.2 Entwicklung und Konstruktion in logisch-empirischen Schritten

1971 wurde der ursprüngliche Aufbau des ATP wie folgt dargestellt:

»Ein standardisiertes Assertiveness-Training Programm wurde für den Durchführungsmodus als Gruppentherapie entwickelt. Dieses Programm besteht aus 110 sozialen Situationen, die nach inhaltlichen Kriterien in eine Rangfolge gebracht wurden. Diese Situationen wurde nach systematischen Kriterien in ein hierarchisches System gebracht. Sie wurden inhaltlich auf empirischer Basis in Therapiesitzungen bei sozialängstlichen Patienten gewonnen. Alle Situationen wurden in vier Variablen standardisiert: dem eigentlichen sozialen Verhalten, in der Partnervariable, in der Reaktion des Partners und nach dem Ort, an dem sich die Interaktion abspielt. In jeder dieser Variablen wurden neun Schwierigkeitsgrade gebildet. Mit diesem Konstruktionsprinzip konnte eine Vielzahl unterschiedlicher Situationen mit einem weiteren Abstufungssystem von Schwierigkeiten präzise bestimmt werden. Die Situationen im Programm bestehen aus vier Hierarchien: 1. der Unfähigkeit, Forderungen stellen zu können, 2. der Unfähigkeit, nein zu sagen und andere zu kritisieren, 3. der Unfähigkeit, Kontakte herzustellen, und 4. der Angst vor Fehlern oder öffentlicher Beachtung.
Diese zugrunde liegende Itemstruktur wird durch standardisierte Instruktionen ergänzt, die den Zweck haben, ein System der Selbstkontrolle zu etablieren, soziale Strategien zu erlernen und die Kommunikation zu verbessern sowie Regeln für das soziale Verhalten unter dem Aspekt unterscheidender Anwendung und unterscheidender Verstärkung zu vermitteln. Die Übungen werden durch Rollenspiele in der Klinik, einschließlich Rollentausch, und anschließend in der Realität durchgeführt. Hausaufgaben sind eingeplant. Es gibt sowohl Übungen mit dem Schwerpunkt auf dem verbalen als auch auf dem nonverbalen Verhalten. Die Therapie wird in Gruppen von fünf bis sieben Patienten mit zwei Trainern durchgeführt. Die Therapeuten dienen beim Rollenspiel als Modell. Zu Beginn einer Therapiesitzung wird jede Situation von den Patienten nach ihrer Schwierigkeit beurteilt. Diejenigen Patienten, welche die Situation besonders leicht finden, beginnen mit der Verhaltensprobe; sie dienen als zusätzliche Modelle für die nachfolgend übenden

Patienten. Diverse Techniken der diskriminativen Verstärkung werden begleitend angewandt, um das neu zu lernende Verhalten zu verstärken und unerwünschtes Verhalten zu löschen«.

Aus Gründen der Therapiekontrolle war die Vorgehensweise anfangs relativ starr festgelegt bzw. standardisiert. Bei Fragen über differentielle Therapiebeiträge einzelner Vorgehensweisen (Modellfunktion, Verstärkung etc.) wurden auch partiell einzelne therapeutisch wirksame Vorgehensweisen in Vergleichsuntersuchungen weggelassen. In Untersuchungen von externen Arbeitsgruppen wurden oft nur die Ursprungshierarchien ohne bedingungsanalytische Indikationsstellung und individuelle Zielsetzung angeboten. Wir haben das ATP dagegen auch in den Zeiten der rigorosen experimentellen Kontrolle immer bedingungsanalytisch abgeleitet und in die Gesamttherapiesituation angepasst eingesetzt. Dazu gehörte immer Einzeltherapie – die nur vier Wochen vor, während und nach den täglichen stationären Gruppenprojekten nicht durchgeführt wurde. 1974 wurde die Kontakthierarchie verlängert. Die Therapie wurde bei täglichen Sitzungen im stationären Bereich von vier auf sechs Wochen erweitert. 1976 erfolgte die Intensivierung des theoretischen Vorbereitungsteils in Buchform für Patienten und die Abbildung der endgültigen Hierarchien mit einem Selbstbewertungsprogramm zur Kontrolle der Hausaufgaben und mit bedingungsanalytischen Texten und Strategienerläuterungen (Ullrich de Muynck und Ullrich, 1976). Der sogenannte kognitive Therapieanteil als notwendige Bedingungsveränderung in Erwartungs- und Handlungsbewertungen war als bedingungsanalytische Notwendigkeit von Anfang an ein Übungsbestandteil. Die geringe Bereitschaft zur Wahrnehmung und Kommunikation von Theorie und Praxis hat ja besonders in der Verhaltenstherapie mit den unterschiedlichen Verfügungsbereichen der Psychologen und Mediziner bis heute zu merkwürdigen Auswüchsen geführt. Kognitive Wenden waren in der Praxis weniger nötig als bei den ständigen Rufern nach deren unbedingtem Vorrang. Dies entspricht der schwierigen Situation der Dichotomisierung der Therapieentwicklung im theoretischen Raum der Psychologischen Institute mit Modelldiskussionen und immer neuen »Überwindungen« versus einer konsequenten Weiterentwicklung der Verhaltenstherapie im klinischen Anwendungsfeld zur heutigen Blüte.

Missverständnisse und Fehler beziehen sich hier oft auf die Begriffe »Standardisierung«. Es war seinerzeit am Max-Planck-Institut in den Anfängen der Verhaltenstherapie notwendig, verhaltenstherapeutische Vorgehensweisen in Wirkfaktoren und Effizienz differenziert zu untersuchen. Dies galt um so mehr für neue Therapieverfahren wie dem ATP. Eine Therapieform, die klinisch relevant und effizient sein sollte, in Gruppen durchgeführt wurde und dennoch den Ansprüchen auf Wiederholbarkeit und Kontrollierbarkeit in allem genügen sollte, so festzulegen, dass dies möglich war, ohne die klinische Effizienz zu sehr zu vernachlässigen, konnte nicht ohne Probleme bleiben. Das ATP in seiner heutigen und schon mehrfach publizierten Form jedoch als standardisierte Therapieform in diesem Sinne weiter zu klassifizieren oder gar weiterhin in dieser experimentell bedingten Festlegung durchzuführen, ist sicher missverständlich und fehlerhaft. Die inhaltlich bedingungsgerechte Konsequenz und Systematik – etwa im Einhalten von Hierarchien – ist natürlich weiterhin notwendig. Die Schritte in den Hierarchien müssen jedoch auch individuell angepasst werden. Dafür war und ist die Standardisierung der Übungssituationen in den schwierigkeitsbedingenden Variablen eine Grundvoraussetzung. Sie schafft Transparenz und eine systematische Variationsmöglichkeit in der Hierarchiebildungen nach bedingungsanalytischen Grundlagen. Analog zu Kanfers »SORK-Schema« der Verhaltenssteuerung erlaubt die Variation der Personvariable (»mit wem habe ich es zu tun«) als der auslösenden Bedingung »S« und die Variation der Reaktion der Person als Konsequenzbedingung »K« neben der Variation des Verhaltens nach Komplexität innerhalb einer Zielklasse die spontane Anpassung der empirisch-statistisch ermittelten Grundhierarchien an die individuellen Generalisationsbedingungen. Die Patienten lernen diese Art der Hierarchiebildung in der theoretischen Einführung zum ATP nach Band 2 der Klientenbücher. Zusätzlich sollte eine Abstufung oder Übung nicht größer als 30% Schwierigkeit (mit »Eichung 100%, 70%, 50%, 30%, 0%) auf einer subjektiven Prozentskala sein.

Fehler liegen hier vor allem in der Unterlassung von bedingungsanalytischer Therapiezielentwicklung und methodischer Vorbereitung. Hier liefert das erste Therapiebuch für Patienten und sonstige Interessierte mit dem Titel »Bedingungen und Formen sozialer Schwierigkeit« ausführliche Anleitungen. Die Klienten sollten in der Lage sein, ihre Probleme hinsichtlich der abzuschwächenden und zu verstärkenden Variablen zu durchschauen. Schwierigkeiten im Umsetzen der Therapieschritte sind dann sehr selten. Dazu gehört auch, den Unterschied der verschiedenartigen Generalisationsbereiche der unterschiedlichen sozialen Ängste zu kennen.
Bei den Übungen des Grundkurses ist darüber hinaus die Differenzierung von Übungsinszenierungen (etwa nach dem Weg fragen) und den psychologischen Zielen (dabei Eindeutigkeit beim Fordern und Bitten äußern zu üben) notwendig, einmal um den Transfer der abgestuften Teilerfahrung auf das Fernziel herzustellen, zum anderen um überflüssige, weil irrelevante, Normendiskussionen einzusparen. Übungen abgestufter Art sind zumindest anfangs nur Inszenierungen zur Vermittlung ermutigender Annäherungsschritte von bislang vermiedenen Situationen und Annahmenüberprüfungen mit korrigierenden Teilerfahrungen (Normendiskussionen sind zu Beginn hingegen Vermeidungsverhalten und kontraproduktiv).
In dem Rahmen der Therapievorbereitung, aber auch der Therapiemotivation und Problemanalyse gehen einige zentrale Punkte auf die »Plankonzepte« von Miller, Galanter und Pribram (1960), die daraus abgeleitete vertikale Verhaltensanalyse nach Grawe (1980) und eigene motivationspsychologische Strategien mit der verbesserten Nutzung vorhandener Wertstrukturen, etwa mit dem komplementären Eingehen auf die vermuteten Pläne der Patienten bei »Widerstand« zurück. Damit gewann die Frage nach der Wert- oder Verstärkermatrix von Patienten eine größere Bedeutung. Entsprechende Arbeitsblätter (Nr. 7 und 10) wurden entwickelt und in die Bedingungsanalyse nach Bd. 1 der ATP-Patientenbücher eingefügt. Neben allen wichtigen Veränderungen in der Widerstandsarbeit, Indikationsstellung und gezielteren kognitiven Abgrenz- oder Transferleistung von Erfahrungen in Relation zu den Plänen hat sich hieraus auch eine neue Sicht und Bewertung der bisherigen Problembewältigungsversuche, des Vermeidungs- oder Copingverhaltens entwickelt. Aus der für den Therapieerfolg nur negativen »Vermeidung« wurde die höchst aktive und intelligente »Schutzstrategie«. Der bisherige Lebensweg wurde statt eines nur verpfuschten und falschen Lebens zu einem Beweis kreativer und intelligenter Versuche, in jeder Situation das Beste aus den gegebenen Möglichkeiten zu machen. Therapie wurde nicht mehr ein Hinweis auf fehlgeschlagene Stra-

tegien, sondern zum Beweis von Flexibilität und kritischer Intelligenz in dem Sinne, inzwischen unzweckmäßige Strategien durch neue ersetzen zu wollen und alte Einstellungen durch Neuerfahrung zu überprüfen. Die Konzepte der »Vorwärtsvermeidung« als neue Indikationsstellung gehen auch auf dieses neue Menschenbild zurück. Statt bei Widerstand Überzeugungsarbeit zu leisten und damit entweder die Reaktanz zu vergrößern oder nur »aufgesetztes« Verhalten einzuüben, gehen wir von der Annahme aus, dass dieser sog. Widerstand die Verteidigung einer bislang für den Klienten sinnvollen Verhaltensalternative und damit eine ernst zu nehmende Größe darstellt, nach der sich der Therapeut zunächst zu richten hat. Er kann ohne vorhandene Alternativen, nur durch Überzeugungsarbeit, keine echte Abstandsnahme von diesen Plänen und den dazugehörigen Verhaltensweisen erwarten. Vielfach sind ja auch solche Widerstand erzeugenden Pläne, etwa nach dem Motto »verwahre dich gegen Einmischung« oder »löse deine Probleme allein« schon direkt zu fördernde Pläne im Rahmen des angestrebten Änderungskonzeptes. Dies kann der Therapeut durch komplementäres Vorgehen erreichen. Entsprechend wäre es bei Plänen nach dem Motto »sei immer stark« verfehlt, jemandem mit dieser Einstellung das Äußern von Gefühlen und anderen »weichmachenden« Verhaltensweisen als Therapieziel nahebringen zu wollen, ohne dass dieser Plan zunächst durch Erfahrung von Stärke abgesättigt wird (wozu natürlich auch Umdeutungen von sogenannten Schwächen als Stärke beitragen).

Bei der Durchführung des ATP für die Selbsterfahrung von Psychotherapeuten lässt sich zumeist auf der hier vorgeübten Selbstreflexion aufbauen und schon am Anfang des ATP mit einigen wenigen Übungen ohne Modellvorgabe, speziell an Hand der ersten Übungen über die Körpersprache, eine grobe Vordefinition der Pläne erarbeiten, die dann allerdings ebenfalls abgestuft sukzessiv über Neuerfahrung weiter bearbeitet werden müssen. In den regulären Patientengruppen ist eine zu intensive Plananalyse am Anfang weder möglich noch sinnvoll. Sie ist nur begrenzt möglich, weil bei Fortbestehen der schutzwürdigen Bedingungen in vielen Bereichen kein Änderungspotential zu aktivieren ist, damit auch kein Problembewusstsein und zum anderen durch die sukzessive Bearbeitung von Plänen und Neuerfahrung sich diese im Laufe der Übungen automatisch verändern bzw. in den vorgesehenen bedingungsanalytischen Anteilen neben den Übungen ausreichend Spielraum für ihre sukzessive Bearbeitung gegeben ist.

Eine der wesentlichen Neuerungen in der Durchführung des ATP betrifft den Einsatz von Videomodellen, was nach der bedingungsanalytischen Vorbereitung und Darstellung der Therapiematrix in Buchform eine weitere wesentliche Entlastung darstellte. Diese mehrfach wiederholten Verfilmungen enthielten mit acht Kassetten auch die fortlaufenden Übungsanpassungen und Interpretationstexte, die hier im Durchführungsteil in weiten Bereichen abgedruckt sind.

Die Entwicklung und Überprüfung des ATP in einer Folge logisch-konstruktiver und empirisch-experimenteller Schritte ist – wie alle hypothesengeleiteten und kontrollierten Vorgehensweisen der Verhaltenstherapie – ein permanenter Prozess. Die theorieoffenen Paradigmata erlauben die zwanglose Eingliederung neuer Methoden, die laufende Überprüfung die Elimination überflüssiger Strategien. Schwierig ist die laufende Kommunikation mit den Anwendern. Die Neubearbeitung soll hierzu einen Beitrag leisten. Die experimentellen Arbeiten sind in zwei separaten Büchern (Ullrich und Ullrich de Muynck 1987 und Ullrich de Muynck, Ullrich, Grawe und Zimmer 1980 erschienen (siehe hierzu auch Ullrich und Ullrich de Muynck 1994 und 1995).

2. Methodische Grundlagen

Das Assertiveness-Training-Programm ATP ist eine Methode der Verhaltenstherapie, die mit ihren drei Zielgebieten: Verringerung sozialer Ängste, Vermehrung sozialer Fertigkeiten und Verbesserung des Selbstwertkonzeptes Änderungen in den zentralen Bereichen soziales Handeln und Selbstverständnis erstrebt.
Das ATP ist als Therapiemethode systematisch entwickelt worden und empirisch überprüft. Es erlaubte über seinen strukturierten Aufbau und seine schriftliche Festlegung eine ausreichende Standardisierung des Vorgehens, die eine experimentelle Kontrolle auch von Gruppentherapien ermöglichte. Das ATP enthält jedoch gleichzeitig – der Breite seiner Zielsetzungen entsprechend – eine Fülle verhaltenstherapeutischer Techniken und Methoden, die über einen fortdauernden Prozess empirischer Überprüfung ergänzt, verändert oder erneuert werden. Dies erlaubt es, von einem Therapiekonzept mit sehr flexibler Anwendungsmöglichkeit zu sprechen. Wir haben als Oberbegriff für solch systematische und umfassende Therapiekonzepte auf der theoretischen Basis des funktionalen Modells der Verhaltensanalyse den Begriff »Bedingungsanalytische Psychotherapie« gewählt.

Von den situativen Bedingungen, die uns zur Zielsetzung »Ausgleich von Verhaltensdefiziten, Erlernen sozialer Fertigkeiten« im ATP führten, spielte die Erforschung der sogenannten »Implosions-Therapie« eine entscheidende Rolle. Mit diesem Vorgehen gelingt es, in kürzester Zeit (etwa einer Woche) auch massive und hartnäckige Fehlverhaltensweisen zu beseitigen (Ullrich und Ullrich de Muynck 1973, 1974).
Wir hatten damals den Eindruck, dass Patienten nach dieser Therapie gewissermaßen nackt und ohne jede Alternative für ihr verlorenes Problemschutz- und Akzeptanznutzverhalten dastanden. Es blieb nichts mehr zurück, was zum Ansatzpunkt für neue Verstärker hätte dienen können. Die Verstärkerbilanz wurde negativ. Die Therapie erschien damit als ausschließlicher Zugang unzureichend und problematisch.
Der notwendige Ersatz für das beseitigte Problemverhalten musste in Form neuer Verhaltensweisen mit hoher Wahrscheinlichkeit für positive Verstärker geschaffen werden, also im Erlernen sozialer Fertigkeiten. Da diese Überlegung auch für andere Therapiezusätze aus jener Zeit bedeutsam war, haben wir frühzeitig die Forderung nach einer komplexen Verhaltenstherapie erhoben (Ullrich de Muynck und Ullrich 1971, 1972). Aus all diesen Gründen war das ATP bereits damals auch als »Ergänzungsbehandlung« zu den symptomatischen »Verlern-Therapien« konzipiert worden.
Diese Erfahrungen sind heute wieder besonders aktuell, da gegenwärtig die unmittelbare Konfrontation und versuchte Habituation auch bei selbstunsicherem Verhalten wieder als Methode der Wahl propagiert wird. Dies ist sie sicher nicht bei dieser Fragestellung, wohl aber immer noch bei den sogenannten Platzängstlichen.
Dieses »Neulernen« wurde nun systematisch in die Formulierung von Verhaltensproben sozialer Interaktion eingebaut, die mehr und mehr eine Doppelfunktion (Verlernen sozialer Angst und Erlernen von sozialer Kompetenz) bekamen.
Damit war das Grundgerüst für das ATP festgelegt. Die erste Anwendung geschah in Gruppen mit thematisch teils freien, teils vorgegebenen sozialen Situationen, die in Form

der Verhaltensprobe geübt wurden. Flankiert wurde dieses Vorgehen durch die wöchentliche »Problemstunde« mit den Ver- und Erlernlisten, durch »antisymptomatische« Einzeltherapien und – soweit relevant – der anschließenden Partnertherapie in Gruppen über eine Kommunikationstherapie analog zum Programm von Berlin (»Das offene Gespräch – Verbesserung der Kommunikation in der Ehe«, Leben lernen 18, Pfeiffer, 1975).
Dieses Programm wurde damals (1970/71) gerade von Herrn Dr. Hoffmann auf der Station übersetzt und im klinischen Einsatz erprobt.
Dieser »Ergänzungsteil« wurde später durch einen bedingungsanalytisch aufgebauten Kommunikationskurs in Teil III des ATP abgelöst. Das ursprüngliche Vorgehen analog zum Partnerkurs von Berlin wurde als Empfehlung für flankierende eigene Maßnahmen im ATP beibehalten – etwa zur Einleitung bilanzausgleichender Maßnahmen bei denjenigen Partnerbeziehungen, in denen nur ein Teil das ATP notwendig hatte und absolvierte und der bisher dominante Partner jetzt jedoch nicht in die unterlegene Position abrutschen sollte.
Soweit sind also die wesentlichen Inhalte des ATP durch den praktischen Rahmen der therapeutischen Tätigkeit der Autoren schon früh festgelegt worden.

Die Anregungen aus der Literatur zum Assertiveness-Training waren damals eher dürftig. Eingegangen in das Ursprungsdesign sind die Ansätze zum Assertiveness-Training von Wolpe und Lazarus (1966), die Desensibilisierung sozialer Ängste nach Wolpe (1969) und die Fallberichte zum Assertive-Training von Salter (1949).
Die praktische Durchführung hat ebenfalls ihre wesentliche Beeinflussung durch die vorliegenden Ursprungsbedingungen erfahren.
Die anfangs unstrukturierte Form von »Problemlösegruppen« wurde bald wieder verlassen. Das Vorgehen erfüllte als isolierte Maßnahme oft nur die Funktion, an eine eng umschriebene Situation im Sinne der Bewältigung anzupassen. Als stationäre Gruppentherapie mit offenem Charakter bot sie zudem zuviel Redundanz und zuwenig Systematik in der langfristigen Bedingungsveränderung. Als Basis einer systematischen Verhaltensänderung kamen diese sporadischen Verhaltensproben freier Wahl daher nicht in Betracht.

Die intensive Schulung des klinischen Personals in den Verhaltensproben hat es uns damals erlaubt, die Übungen unmittelbar nach den Rollenspielen auch in der Realität mit Modellvorgabe üben zu lassen. Dieser Teil der kontrollierten In-vivo-Therapie ist in seiner Wichtigkeit kaum zu unterschätzen. Sämtliche Übungen des Grundkurses wurden daher unter dem Gesichtspunkt der Ausführbarkeit in der Realität konzipiert. Auch bei der jetzigen, vorwiegend ambulanten Durchführung des ATP sind zumindest sporadische von Therapeuten geleitete In-vivo-Übungen unbedingt zu empfehlen.
Aus der praktisch- therapeutischen Arbeit wurde eine Fülle von Übungssituationen zu den vier Grundhierarchien zusammengetragen. Wir standen damals vor der Frage, all diese Situationen einer genügend großen Stichprobe zur Schwierigkeitsbewertung vorlegen zu müssen, um eine brauchbare Basis für die Strukturierung der Therapie, die primär ein Gebot der Ökonomie und der Kontrollierbarkeit war, und ihre Anwendbarkeit für Klienten mit verschiedenartigen Akzentuierungen der sozialen Ängste und Defizite zu sichern. Diese Aufgabe hätte bei der seinerzeit üblichen Hierarchieerstellung viele Jahre Arbeit erfordert. Wir hatten jede Situation in die schwierigkeitsdefinierenden oder

-bedingenden Variablen: Art der Handlung, Art der Bezugspersonen, Art der Reaktion des Partners und Ort der Handlung, zerlegt und pro Hierarchie schwierigkeitsbestimmende Gemeinsamkeiten gefunden. Diese einzelnen Variablen konnten nunmehr leicht in eine Rangfolge der Schwierigkeit von 1 bis 9 gebracht werden.
Aufgrund dieser Rangordnung hatten wir einen Anhalt für den vermutlichen Generalisationsgradienten der sozialen Ängste innerhalb einer Hierarchie gefunden.
Nun plagten wir uns mit einer sinnvollen Kombination dieser Variablen über verschiedene Situationen hinweg, um eine gegebene Situation exakt in ihrer Schwierigkeit festzulegen und in die Gesamtmatrix einzuordnen. Nachdem sämtliche Situationen pro Hierarchie mit der Schwierigkeitsrangfolge 1 bis 9 und in jeder der vier Variablen getrennt auf einem Blatt notiert waren, gelang es mit einem kunstvollen Scherenschnitte praktisch im »dreidimensionalen System«, jeweils eine Variable zu variieren, während die anderen fixiert, das hieß, bei dieser Matrixanordnung, nicht umgeblättert wurden. Diesen historisch wichtigen Scherenschnitt verdanken wir unserem damaligen Praktikanten Jürgen Klug.
Die systematische Kombination von vier Variablen mit neun Abstufungen und vier Hierarchien erlaubt es, theoretisch aus dieser Konstruktionsmatrix Zigtausende von schwierigkeitsabgestuften Situationen zu entwickeln. Die praktisch relevantesten Übungssituationen sind in der Endform des ATP verblieben, neuartige wurden nach Maßgabe der Notwendigkeit aufgenommen. Die Kenntnis dieses Konstruktionsprinzips, welches 1971 vorgestellt wurde, erlaubt es dem geschulten Therapeuten, ad hoc Zwischenhierarchien auch in einem strukturierten Programm zu erstellen, um individuellen Schwierigkeiten besser gerecht zu werden. Es wurde in dieser Form damal zur Basis diverser Selbstsicherheitstrainings. Die Konstruktionsmatrix ermöglicht aber auch auf einfache Weise, empirisches Material für bestimmte Sonderanwendungen des ATP – etwa für Kinder, Behinderte, für Heime und Betriebe – im Sinne eines systematischen Vorgehens zu ordnen.
Damit war die Therapie in ihren Grundzügen entwickelt. Sie wurde in dieser Form seit 1971 auf der offenen Station des Max-Planck-Institutes, unter Mitarbeit der Schwestern und Pfleger in der Verhaltensprobe, teils als Haupttherapie, teils als ergänzende Therapie bei rein symptomatischen Verfahren eingesetzt.
Die nächste Aufgabe bestand in der Sicherung der Effizienz des Vorgehens.
Spezifische Messmittel waren jedoch nicht vorhanden und mussten erst entwickelt werden.
Wesentliche Veränderungen des ATP erfolgten in Form dreier Revisionen zum ursprünglichen Vorgehen (1971) und zur ursprünglichen Situationssammlung (1971, unveröffentlichtes Manuskript, das jedoch zur Basis für die meisten Untersuchungen durch andere Arbeitsgruppen wurde).
Bei den ersten Effizienzkontrollen hatten wir im Bereich der Kontaktangst relativ geringe Fortschritte vermerkt. Die erste Revision (1973) nahm hierauf Bezug und erweiterte vor allem die Kontakthierarchie. Bei der ab 1974 ambulant durchgeführten Therapie erwies sich das fehlende Fremdkontrollsystem (Dauerformung des Verhaltens auf Station) und die praktische Unmöglichkeit regelmäßiger therapeutischer In-vivo-Führung als problematisch.
Die Bedingungsanalyse von Störungen der sozialen Interaktion wurde therapievorbereitend unmittelbar für die Klienten niedergeschrieben (Teil I des ATP) und auf dem jeweiligen Erfahrungsstand der praktischen Anwendung neuer Verhaltensweisen vertieft (Teil

II und III). Die bislang noch immer zu geringen Therapieerfolge bei Depressiven wurden analysiert und diese Zielgruppe bei der Bedingungsanalyse und Therapiedurchführung hier besonders berücksichtigt.
Ein therapeutischer Zugang zur Bedingungsanalyse depressiven Verhaltens wurde mit den Arbeitsblättern zur Wertorientierung (7a und 7b) und Aktivitäts-Verstärkerbilanz (»AVB«, in Analogie zu den Reinforcement Schedules nach Lewinsohn 1972, Lewinsohn und Libet 1972) geschaffen. Therapeutisch wurden besonders die Verstärkerentwertungen und -barrieren Depressiver zusätzlich über das Selbstbewertungssystem der Hausaufgaben und den Kommunikationsteil angegangen. Übungen zur verstärkten Wahrnehmung und zur Förderung der Gruppenkohäsion wurden neu aufgenommen. Die Ergebnisse all dieser Veränderungen, insbesondere die Durchführung der Therapie mit Hilfe des schriftlich fixierten Begleitmaterials, haben zu einer weiteren Steigerung der Effizienz des ATP geführt. Das ATP kann seitdem insbesondere auch als die Therapie der Wahl zur Beeinflussung depressiven Verhaltens gelten. Die Ergebnisse der sehr aufwendigen Wirksamkeitsuntersuchungen mit diversen Fremdbeurteilungen, Verhaltenstests und Nachkontrollen unter klinisch ambulanten Bedingungen waren bereits vor der regelmäßigen Verwendung von Videomodellen sehr befriedigend und übertrafen die Resultate bei unseren Entwicklungstudien im stationären Bereich bei weitem. Die entsprechenden Arbeiten sind im Band 2 der experimentellen Ergebnisse (R. Ullrich de Muynck, R. Ullrich, K. Grawe und D. Zimmer, 1979) veröffentlicht.
Für verschiedene Indikationsgebiete wurden Abwandlungen des Vorgehens unter Wahrung bedingungsgerechter Problemmodifikationsstrategien untersucht und erprobt. Der wichtigste Ansatz war dabei das »Emotionalitätstraining«, das Rita de Muynck besonders bei den »Powerfrauen« zum Einsatz brachte, die ausschließlich in engeren emotionalen Beziehungen in die Abhängigkeitsfalle tappten und dort mit ihren vorbeugenden Kontrollverhaltensexzessen scheiterten. Zwar erlaubte die Schwerpunktbildung im kommunikativen Sektor und in der Neinsagehierarchie eine selektive problembezogenere Bearbeitung im Zielsektor, die nur vorbeugend kaschierte Fehlschlagangst besserte sich jedoch nur ungenügend. So wurde diese Klientel später doch wieder ins ATP genommen. Ähnliche Erfahrungen konnten wir mit Selbsterfahrungsgruppen über Plananalysen machen.
Das ATP in seiner vorliegenden Form ist als »flächendeckendes« Strategien- und Methodenbündel und in seiner konstruktiven Stringenz die Methode der Wahl bei allen schwierigen und komplexen Selbstwertstörungen. Es erfordert dabei freilich einen Aufwand, der wahrscheinlich nur von einer geringeren Zahl der Therapeuten getragen wird, die das ATP laut einer Erhebung von Linden heute als die häufigst eingesetzte Therapiemethode im deutschen Sprachraum nennen.
Viele Therapeuten finden den Einstieg in die sehr komplexe Therapie weniger leicht als zu Zeiten, in denen gelegentlich ein »frisch-fröhliches-Drauflosüben« – mangels ausreichender Information – bedingungsanalytisches und gruppendynamisches Steuervermögen ersetzte. Daher musste nun die Ausbildung von Therapeuten in all ihren Grundlagen und die Weiterbildung in den für das ATP spezifischen Verfahrensweisen vorangetrieben werden. Das ATP-Konzept mit seinem Ansatz der Modifikation von Verhalten im Rahmen seiner sozialen Bezüge verlangt nach Therapeuten, die verhaltenstherapeutische, gesprächstherapeutische und kommunikationstheoretische Vorgehensweisen unter das Erklärungs- und Änderungsmodell der Bedingungsanalyse subsumieren und ihre Kennt-

nis einer Vielzahl von Methoden in ein einheitliches Steuerungsmodell therapeutischen Verhaltens einbetten können.
Modelle der Weiterbildung für Therapeuten sind heute in den verhaltenstherapeutischen Gruppenausbildungsgängen verankert und in Selbsterfahrungsgruppen im Umgang mit dem ATP gegeben. Weiterbildung wird durch das Buch- und Filmmaterial zur Therapie wesentlich erleichtert.

2.1 Das bedingungsanalytische Erklärungskonzept

In der Verhaltenstherapie wird anstelle des vielfach mit dem medizinischen Krankheitsbegriff verbundenen Neurosenkonzepts der Begriff des »gestörten Verhaltens« verwendet. Gestörtes Verhalten wird als Zuviel (Exzess) oder Zuwenig (Defizit) an Verhalten in seinen Dimensionen der Häufigkeit, Intensität, Dauer und Angemessenheit beschrieben. Dieses Vorgehen ist zwar ein Fortschritt hinsichtlich der Operationalisierungsfähigkeit des Gemeinten, enthebt jedoch nicht der normativen Problematik.
Eine Störung wird auf der Ebene des Betroffenen (das Individuum oder seine Bezugsperson) als Abweichung von normativen Erwartungen definiert; nichtgestörtes Verhalten bedeutet an diese Erwartungen angepasstes Verhalten.
Die Norm, nach der Verhalten als gestört oder nichtgestört bewertet wird, lässt sich zum einen als rein statistische Norm darstellen. Nichtgestörtes Verhalten ist dann gleichbedeutend mit der häufigsten üblichen Verhaltensweise in einer betreffenden Situation. Zum andern kann man die Norm aber auch von den Konsequenzen auf das Verhalten her beschreiben. Als Norm für nichtgestörtes Verhalten gilt danach dasjenige Verhalten, das unter den gegebenen Bedingungen das geringste Ausmaß an negativen Konsequenzen und das höchste Ausmaß an positiven Konsequenzen (langfristig) mit sich bringt. Gestörtes Verhalten ist ein Verhalten, das von dieser Norm der langfristigen Erfolgsmaximierung abweicht und zu einem Minimum an positiven und einem Maximum an negativen Konsequenzen führt.
Wenn wir also eine Norm dafür annehmen, welche Strategie oder Verhaltensweise unter bestimmten Umständen zur weitestgehenden Verringerung aversiver Konsequenzen und weitmöglichsten Steigerung positiver Konsequenzen führt, dann verlagert sich die Klassifikation gestörten Verhaltens von der Alternative »krank – nicht krank« zur Alternative »kompetent – nicht kompetent« und auf die Dimension von Wohlbefinden versus Missempfinden.
Die Festlegung einer solchen Norm von der Wertigkeit der Konsequenzen her birgt jedoch einige Schwierigkeiten in sich.
Zu den kurzfristigen Konsequenzen lebens- und arterhaltender Schutz- und Lustgebung stehen langsfristige Konsequenzen von Verhaltensweisen vielfach im Gegensatz. Vieles, was kurzfristig positive Konsequenzen mit sich bringt, steht einer langfristigen Lösung entgegen, und vieles, was für eine langfristige Lösung notwendig ist, ist zunächst mit der Toleranz kurzfristig aversiver Konsequenzen verbunden. Alternatives Verhalten, das zur langfristigen Verbesserung der Verstärkerbilanz führt, hat daher für das Individuum nur

dann verhaltenssteuernden Effekt, wenn die unmittelbare Annäherung an das Fernziel zum belohnenden Verhalten wird.

Betrachten wir noch einmal die kurzfristigen verhaltenskontingenten Verstärker unter dem Gesichtspunkt der Erfolgsmaximierung. Die Frage, die interessiert, ist die Frage nach den Bedingungen, die der Erfolgsmaximierung im Wege stehen.
Auf der einen Seite steht die Vielzahl äußerer Situationen, die ohne wesentliche eigene Handlungsblockaden oder individuelle Verhaltensdefizite unmittelbar aversive Empfindungen wecken (Ablehnung, Kritik, Kränkung, Schmerzen, Ermüdung) oder die durch das zwangsläufig mit ihrer Ausführung verbundene Vorenthalten alternativer positiver Konsequenzen (Freizeit statt Arbeit, persönliche Bedürfnisse statt kompromissorientierter Gruppenaktivität) ihren bestrafenden Einfluss entfalten. Solche aversiven Konsequenzen aus in aller Regel zentralen Lebensbereichen wie dem der Arbeit und Familie sind ebenso eine hinlängliche Bedingung für gestörtes Verhalten wie lerngeschichtlich bedingte Verhaltensblockaden und Defizite. Die therapeutische Zielbildung erlaubt hier ganz selten die radikale bedingungsverändernde Lösung. Linderung und Ausgleich sind unmittelbar belohnende Verhaltenskorrekturen. Versuche kognitiver Umbewertung auf dem Sektor eines »trotzdem«, »nicht so wichtig«, einer »Ich-bin-ich«-Ideologie, einer Fernzielorientierung zur politischen Alternative oder philosophischen Diesseitsentkräftigung sind vielfach wohlgemeinter Betrug oder ideologischer Missbrauch einer nicht lösbaren Situation. Erst wenn die Analyse der Störbedingungen ein sichtbares Mitverursachen durch eigene Fehldeutungen und Fehlhandlungen, durch Angstblockaden, durch Inadäquatheit und Defizite klar erbracht hat, lässt die therapeutische Beseitigung der Handlungsblockaden eine echte Einflussnahme auf die bedingenden Faktoren der sozialen Umwelt erhoffen.
Auf der anderen Seite des Verhaltensspektrums mit vorwiegend aversiven Konsequenzen steht die rein lerngeschichtlich bedingte Überbewertung von Konsequenzen im aversiven Sinne oder die durch das eigene Verhaltensrepertoire bedingte Selbst- und Fremdbestrafung. Hier ist die therapeutische Zielsetzung zur Beseitigung der aversiven Konsequenzen in Form einer systematischen Entängstigung und einer Veränderung der Selbstbewertung mit den belohnenden Nahzielen identisch. Ähnliches gilt für die Ausfüllung eines Defizits im Verhaltensrepertoire, wenngleich die positive Konsequenz hier weniger unmittelbar wie bei der Angstabnahme spürbar wird, sondern sich erst in der Interaktion über positives Feedback durch andere entfaltet.
Die Erfolgsmaximierung im positiven Sinne setzt die Verminderung aversiver Konsequenzen zunächst voraus. Solange Anlass zur Vermeidung besteht oder aversive Konsequenzerwartungen unlösbare Konflikte bedingen, kommt auch die bestmögliche Strategie dadurch nicht zum Tragen, dass einfach kein Anlass für ihre Anwendung geschaffen wird. Ergänzend zur Freisetzung blockierter Verhaltenspotentiale durch Abbau von Ängsten, Hemmungen und Schuldgefühlen steht hier die Erfolgsmaximierung eindeutig in Beziehung zu den in der jeweiligen Situation optimalen Strategien. Hierzu gehört die Eindeutigkeit im Verhalten mit der höchsten Wahrscheinlichkeit auf eindeutige Konsequenzen, die Auflösung kommunikativer Missverständnisse, die Entwicklung belohnender Fertigkeiten in der sozialen Interaktion, der Aufbau defensiver Abwehrstrategien in real aversiven Bedingungen, Veränderungen der Selbst- und Fremdbewertung und die bedingungsgerechte Wahrnehmung einer Situation.

Die Betrachtung gestörten Verhaltens unter dem Gesichtspunkt der Erfolgsmaximierung bedarf zur Ergänzung des theoretischen Modells der Bilanzierung von Verstärkern. Dieses ist im ersten und dritten Teil der Bücher zum ATP bereits geschildert worden. Bilanzierung geschieht nicht nur im Bereich der unmittelbaren Konsequenzen, etwa in der Art, dass das gezeigte Verhalten in seinem Verstärkerwert (Wertigkeit × Frequenz, analog zu Lewinsohn (1972) sich im Positiven und Negativen aufheben bzw. auf jeden der Pole summieren kann. Bilanzierung geschieht auch im Hinblick auf die kurzfristigen und langfristigen Konsequenzen, soweit die langfristigen Konsequenzen für ein Individuum im Bewusstsein realisiert sind.

Realisiert werden können aber langfristig positive Verstärker erst, wenn die Notwendigkeit überwunden wird, die Selbstbestimmung ganz vorwiegend aus der Abwehr aversiver Konsequenzen durch Vermeidungsverhalten zu gewinnen. Viele Individuen mit einem breitgefächerten gestörten Verhalten leben vorwiegend von der negativen Bekräftigung, von der Abnahme oder Verringerung unangenehmer Handlungsfolgen.

In der zentralen Funktion der Vermeidung und der von ihr abhängigen Annäherungsvermeidungskonflikte steht das Konzept des gestörten Verhaltens im bedingungsanalytischen Modell der Verhaltenkonzepte mit den meisten klassischen Neurosekonzepten im Einklang.

Unter Hinzuziehung des Modells der Bilanzierung der Verstärker könnten wir auch definieren:

»Neurose ist ein Exzess an Vermeidungsverhalten mit einer Bilanzumkehr der Verstärker ins Negative.«

Die kurzfristigen negativen Verstärker des Vermeidungsverhaltens bilden die vorwiegende Quelle positiver Konsequenzen. Damit verbunden ist eine langfristige Abnahme positiver Verstärker bei einer selten vollkommenen Abschaltung aversiver Stimuli. Langfristig muss die Verstärkerbilanz zwangsläufig ins Negative kommen. Die Strategien werden immer defensiver. Handlungssequenzen bilden sich aus, die ausschließlich der Integration des Vermeidungsverhaltens in ein neues Bewertungs-, Aktivitäts- und Umweltkonzept dienen. Viel Energie wird in diese Kette von Vermeidung und Vermeidungsbewältigung gesteckt. Neue Konflikte entstehen, die aber nicht lösbar sind. Es sind Scheinkonflikte, weil sie bei der Beibehaltung der Prämisse »drohende aversive Konsequenzen können nur durch aktive oder passive Vermeidung gehandhabt werden« zu keiner Problembewältigung führen können. Sie können lediglich innerhalb dieser Grundannahme zur Regulierung von eigenen Ansprüchen oder fremden Anforderungen auf der Basis des nicht kompetenten Vermeidungsverhaltens führen.

Aus der Perspektive des verhaltensgestörten Klienten führt diese Störungsbestimmung – bezogen auf das ATP – in der Verhaltenstherapie zu den folgenden Zielen:

- Die Bedingungen des Vermeidungsverhaltens müssen abgeschwächt werden.
  Handlungsblockierende soziale Ängste sollen systematisch abgebaut werden.
  Misserfolgserwartung provozierende Fähigkeitsdefizite sollen überwunden werden.

- Die neu erlernten sozialen Fertigkeiten sollen in der Konfrontation mit bislang vermiedenen Situationen angewandt werden.
  Die positiven Konsequenzen des neuen Verhaltens (soziale Fertigkeiten als verstärkende Fertigkeiten) sollen das neue Verhalten durch Anwendung stabilisieren.

- Die Verstärkerbilanz eines Individuums soll trotz der Aufgabe des Vermeidungsverhaltens ausgeglichen bleiben und sich ins Positive verbessern.
  Barrieren für die Bewertung von verstärkenden Ereignissen im Selbstwertkonzept sollen beseitigt werden (Abwertung von Fremdlob, zu hohe Ansprüche, Abwertung eigener Handlungen).

Aus der Sicht gesellschaftlicher Bedingungen wird die individuelle Zielbildung ergänzt oder modifiziert durch:

- Die Vermittlung von übergeordneten Regeln, die als Voraussetzung gemeinschaftlichen Lebens angesehen werden.
  Hier soll auf aggressives »Durchsetzen um jeden Preis« verzichtet werden und die Erwartungen und Regeln in Situationen differenziert berücksichtigt werden.

- Aversive Konsequenzen, die ihrer Natur nach in der Struktur eines beeinflussenden Systems liegen (etwa in der Arbeit), sollen als änderungsnotwendig erkannt werden können und erfolgversprechende Einflussnahmen gewählt werden (soziale Diagnose). Ihr Einfluss soll auch durch Wechsel oder vermehrten Ausgleich in anderen Systemen abgeschwächt werden (Bilanzausgleich).
  Aversive Konsequenzen, die durch das Fehlverhalten von Bezugspersonen bedingt sind, sollen über die Einbeziehung fester Interaktionspartner verändert werden, durch neue Verhaltensvorgaben zur Veränderung von Fremdverhalten führen oder zur sozialen Umgestaltung der Einflusssphäre führen.

- Die Einbeziehung oder die Nichteinbeziehung von Interaktionspartnern macht eine normative Entscheidung über die Struktur und die Funktion des Interaktionssystems notwendig.

- In Partnerschaften, bei denen der Gleichheitsgrundsatz als Basis der Beziehungsdefinition angewendet werden kann, sollen zweiseitige Hilfen für gemeinsame Lösungen entwickelt werden (Kommunikation, Interessen- oder Bilanzausgleich, zweiseitiger Abbau aversiver Kontrollen).

- Stehen die Interaktionspartner innerhalb geschlossener sozialer Systeme mit unterschiedlichen Machtpositionen oder Rollenfunktionen einander gegenüber, etwa Eltern-Kinder oder Therapeut-Klient oder »Gruppenführer« zum einfachen Mitglied, dann soll eine Beziehungsnorm der Gemeinsamkeit definiert werden (»wir sind eine Familie oder Gruppe«, »füreinander da«), auf die hin Gewinn und Verlust bei der Aufgabe kontrollierenden Verhaltens bestimmt werden kann. Gelingt dies nicht, muss der Hauptbetroffene (Klient) durch verändertes Verhalten eine Bedingung für eine Systemänderung schaffen, die eine Neubestimmung der Rollenfunktionen ermöglicht.

Das ATP beansprucht, auch im Umfeld therapeutische Potentiale zu verwirklichen, wo die äußeren Bedingungen gestörten Verhaltens einer Änderung über individuelle Strategien zugänglich erscheinen. Dafür besteht selbst zum Zeitpunkt dieser Neuauflage mit der derzeit gängigen Praxis, ältere Arbeitnehmer und »Konkurrenten« über Verleumdung, Anfeindung und Kritik, über Desorientierung und Benachteiligung – dem sogenannten »Mobbing« – aus ihrer beruflichen Position oder als »Kostenfaktor« aus der

Produktion herauszudrängen, immer mehr Möglichkeit, als die formal organisatorische Struktur ersichtlich werden lässt.
Therapeutisch ist dabei die Abwägung sehr bedeutsam, ob wir immer noch von einer Sozialphobie in dem Sinne sprechen können, dass die früher konditionierte Schutzreaktion nur einer damals aversiven (unkonditionierten) Qualität galt und heute den gelernten Auslösern nicht mehr zu Eigen ist, damit »löschbar« ist, oder ob sie für alle und tatsächlich bedrohlich ist, also eine Quelle von Sozialangst mit berechtigtem Schutzbedürfnis darstellt. (Siehe hierzu die eingangs zitierten Ursprungsziele.)
Auch zur Selbst- und Fremdkontrolle wurde in der Erstdarstellung klar Bezug genommen: Wo immer möglich, sollten die pathogenen Bedingungen der Umwelt erkannt und geändert werden, dem Individuum sollte jedoch auch ein Bündel strategischer Metaregeln zur Verfügung stehen, die ihm immer wieder neu Problemlösung in unterschiedlichen Bereichen ermöglicht.
(»..., dass der Patient effiziente soziale Verhaltensweisen erlernt, um damit selbst eine Kontrolle auf Stimuli und Verstärker auszuüben [Ullrich de Muynck, Ullrich1971]).

An der hier dargestellten Überlegung, dass es zwar zumeist wünschenswert, aber nur selten möglich ist, soziale Störungsbedingungen unmittelbar modifizieren zu können, hat sich wenig geändert. In der therapeutischen Praxis ist es selten möglich, wenn wir von einigen kooperativen Eltern, wenigen willigen Partnern und aufgeschlossenen Familien und beschränkten Möglichkeiten von Arbeits- und Partnerwechsel absehen, auf die Umwege der Veränderung einer sozialen Störungsbedingung durch die Modifikation ihrer Störungskonsequenz im individuellen Verhalten zu verzichten.
Aus der Sicht eines Regelkreismodells ist jedoch auch die soziale Störungsquelle durch das Verhaltensmuster des Einzelnen zwangsläufig mitbestimmt.
Dabei unterscheiden wir »Inputregelkreise« die Wahrnehmungen umwerten und quasi von oben nach unten als Kognition zur Reaktion, oder von innen nach außen zur veränderten Handlung führen, deren Konsequenz als Falsifizierung oder Verifizierung die veränderte Eingabe wieder rückwirkend beeinflusst, von den »Outputregelkreisen«, bei denen zunächst die Handlung verändert wird – etwa in den Verhaltensproben – und deren neue Konsequenzen auf die Erwartungen zurückwirken.

Aus heutiger Sicht steht eine Praxis sogenannter systemischer Therapien unserer ursprünglichen bedingungsanalytischen Einbeziehung systemischer Steuerung eher kontraproduktiv gegenüber: Vielfach wird dabei das »System« mit seinen Regeln oder ökonomischen Bedingungen als feste Bezugsgröße für die Anpassung des Einzelnen als unabhängige Variable gesetzt und damit die Störungsbedingung und Erkrankung (am System) des Einzelnen festgeschrieben.

In unseren Klientenbüchern haben wir für das therapeutische Vorgehen beim ATP die Bezeichnung **Bedingungsanalytische Psychotherapie** gewählt. Diese Bezeichnung wird als Oberbegriff über diejenigen Vorgehensweisen verstanden, die in der Analyse der Bedingungen des Verhaltens Steuerungsmodelle verwenden, die der funktionalen »Wenn-Dann«-Betrachtung zugänglich sind und sich in dem Bemühen begegnen, ihre Bedingungsaussagen zu überprüfen. Dieser »kleinste gemeinsame Nenner« wurde gewählt, um auch den Modellbildungen gerecht zu werden, die aufgrund der Komplexität ihres Gegenstandes, wie von Wahrnehmungs-, Erwartungs- und Handlungsmustern oder von Interaktionen in sozialen Systemen, Modellvorstellungen entwickelt haben, die eine Erweiterung von Erklärungs- und Änderungswissen auf Kosten des Kontrollierbaren mit sich brachten.

In unsere Darstellung der »Bedingungen und Formen sozialer Schwierigkeiten« als Teil I des ATP und in der praktischen Anwendung auf soziale Systeme im Teil III ist eine Fülle von Befunden, Konstrukten und Erklärungsmodellen, die zunächst in einem anderen Kontext standen, eingegangen. Sie wurden, ebenso wie viele bewährte Techniken, in das offene Modell der Bedingungsanalyse »eingedeutscht«.

Da taucht Miller, Galanter und Pribram (1960) zunächst bei dem zielgerichteten Verhalten auf, später in der von Grawe eingeführten »vertikalen Verhaltensanalyse« und schließlich über unsere schlichte »Wozu-ist-es-gut, wovor-schützt-es-Frage« als motivatorisches Konstrukt für die Widerstands-Plananalysen, die Sinngebung von Vermeidung als aktive Schutz- und Anpassungsleistung, in der Bilanzierung von Verstärkern etc., stets jedoch in der Einbettung in unser funktionales Denkmodell. Ebenfalls abgewandelt, angepasst und vielfältig im Modellrahmen utilisiert nehmen wir Bezug auf Befunde und Vorstellungen zur Kommunikation (damals besonders Watzlawick u. a. [1969], Mandel und Mandel [1971] und Zimmer [1971]. Für die ursprüngliche Sicht- und Erklärungsweise interaktionellen Verhaltens und von Selbstsicherheitskonzepten waren weiter besonders wichtig: Skinners Buch: »Wissenschaft und menschliches Verhalten« (1953), Rotters Buch: »Social learning theory of Personality« (Rotter et al. 1972), Argyles Buch: »Soziale Interaktion« (1969), Krasner und Ullmans Buch: »Behavior influence and personality« (1973) und Banduras Buch »Social learning theory« (1977). Für die therapeutisch-methodische Weiterentwicklung waren über die ursprünglich tragenden Angstabbaumethoden analog zur Systematischen Desensibilisierung, zu Reizüberflutungstechniken, zum operanten Lernen, zum Modelllernen und kognitivem Umstrukturieren besonders die erfahrungszentrierten Verhaltensproben, sowohl in der Imagination als auch in der Realität Grundlage unseres Vorgehens geworden, später auch Erkenntnisse und Erfahrungen aus kommunikationstheoretischer-, attributionstheoretischer-, gestalttherapeutischer- und hypnotherapeutischer Richtung.

Unser Ziel war es, die Fülle dessen, was tatsächlich zur Bildung von Änderungshypothesen und Änderungsschritten in der klinischen Arbeit bei sozialen Schwierigkeiten herangezogen wurde, in einer auch für die Betroffenen schlüssigen Zusammenschau transparent zu machen.

Wir waren dabei selbst überrascht, wie schlüssig das funktionale Modell auf ganz verschiedenen Abstraktionsebenen sich gegenseitig ergänzende Aussagensysteme erlaubt. Vom je singulären Verhalten in einer Situation über die Abstraktionsebene von Verhaltensmustern und Situationsmustern und von Regeln zu Bedingungsgefügen vorzustoßen und diese – quasi exemplarisch – in Form stellvertretender Zielverhaltensweisen wieder auf eine operationalisierungsfähige Ebene zurückzuverfolgen, schien uns ein legitimer, auf jeden Fall fruchtbarer Ansatz zu sein. Daneben hat uns vor allem die Erschließung potentiell belohnender Ereignisse aus den Merkmalen eines Systems (reale Macht oder Verwaltung und Adressat- oder Rollenfunktion), aus der subjektiven Lerngeschichte und der subjektiven Erwartung von ein oder mehreren Individuen bei der Entwicklung von Beziehungsaussagen auf komplexem Niveau geholfen. Die exemplarische Rückübersetzung auf die einfache situative Ebene und die Übersetzung von verdecktem in offenes

überprüfbares Verhalten vermag zwar nicht den Erschließungsvorgang, wohl aber sein Resultat als situativ rückübersetzte Teilhypothese überprüfbar zu machen.
Rückblickend können wir die außerordentliche Fruchtbarkeit dieses Modells sowohl für die Ableitung und Weiterentwicklung unserer Therapien als auch für das Niveau therapeutischer Weiterbildung nur staunend bekräftigt sehen. Entsprechend gering ist die Neigung, es irgendwelchen »Erneuerern« zur Disposition zu stellen, solange diese nichts Besseres vor- und beweisen können.

Hinsichtlich der Integration von Methoden aus verhaltenstherapiefremden Anwendungen oder seitens anderer Theorieeinbettungen gilt, dass ein therapeutisches Verfahren in dem Augenblick Bestandteil einer therapeutischen Richtung wird, wenn es ins Erklärungs- und Änderungsmodell dieser Richtung eingebettet wird. Entspannungstechniken, Gestalttherapieübungen, Hypnotherapietechniken und vieles andere sind Teil einer bedingungsanalytischen Therapie, wenn sie in diesem Modell bewusst und zielgerichtet zum Einsatz kommen. Wir verwenden bei ihrem Einsatz keine heterogenen Erklärungsmodelle und brauchen weder Modelle zu integrieren noch multimodal zu sein. Wohl aber lässt die allen Verhaltenstherapeuten gemeinsame Analyse von Bedingungen nach dem funktionalen Wenn-Dann-Denken, die Aufstellung von daraus abgeleiteten Veränderungshypothesen und die Wahl einer solchen Änderungsstrategie sowohl eine ständige Erweiterung von bedingungsanalytischen Modellvorstellungen (Lerntheorien, kybernetische und systemtheoretische Ansätze) als auch immer neue Verfahrensweisen zur Erreichung des Zieles zu. Die grundsätzlich implizierte Überprüfbarkeit der Änderungshypothese bildet dann die Grundlage dafür, sowohl die neue Modellvorstellung als auch den neuen Vermittlungsweg (Therapiemethode) im Modell zu behalten oder ihn wieder zu eliminieren, ein Vorgang, der tagtäglich von Verhaltenstherapeuten in der klinischen Arbeit vollzogen wird. Die funktionale Wenn-Dann-Betrachtung von Steuerungsprozessen hat neben dem Erklärungswert für individuelles Verhalten und dem Modellwert zur Interpretation sozialer Interaktionen auch den Vorteil, auf soziale Systeme, Strukturen und physikalische Ereignisse anwendbar zu sein, was die Basis einer späteren Theorie liefern könnte.

Die »Abbildungen« der Wirklichkeit in Modellvorstellungen sind mannigfach und ergänzen einander in der Gewichtung und Beleuchtung einzelner Erscheinungsbilder. Die Praxis wissenschaftlicher Selbstdarstellungen ist durch die Bestimmung des Neuen als Überwindung eines »Alten« definiert (im Gegensatz zu … erstmalig wurde hier … so hat man übersehen, dass …). Frühere Errungenschaften werden zum negativen Etikett und wieder zum positiven Anknüpfungspunkt der »Überwinder« des Heutigen (… hat damals schon gesehen). So geht auch die Entwicklung der Wissenschaft vom menschlichen Verhalten optisch in Form einer Spirale vor sich, während in der Substanz sich doch Erkenntnisbruchstücke anhäufen und in das jeweils handlungsbestimmende Wirklichkeitsmodell bereichernd und differenzierend eingehen. Sowohl im Gebiet verhaltenstherapeutischer Diagnostik als auch der Therapie wäre es nützlich, diese Unterscheidung von Substanz und Darstellung, von Erkenntnisgewinn und individueller Profilierung, von Gesichtspunkten der Methode und von Gesichtspunkten des Verkaufs sich immer wieder vor Augen zu halten. Gelegentlich erscheint das Tempo stets neuer Proklamationen des allein Richtigen eine damit einhergehende Substanzanreicherung gar nicht zu gestatten.

Bedingungsanalytische Psychotherapie erlaubt insbesondere auch die differenzierte Zielbildung und Verhaltensmodifikation in sukzessiven Teilschritten über die Zeitachse. Entlastung und Beschwerdenlinderung als Gebot der ersten Stunde und unmittelbaren Kurzzeitbeeinflussung kann lückenlos zu mittelfristigen Therapiezielen strategischer Problemlöseregeln aufgebaut und verlängert werden und diese wieder zu Langzeitzielen wie der echten Veränderung von Bewertung- und Schutzprogrammen – also von sogenannten Persönlichkeitsstörungen. Diese »Langszeittherapien« von 1 bis 2 Jahren Dauer oder ca. 100 Sitzungen – wie im ATP – erlauben, dass die Patienten die selbstständige und von Einsicht getragene flexible Handhabung bedingungsanalytischen Denkens und Handelns am Ende ihrer Therapie zur Verfügung haben. Diese Verfahren schulen die Patienten, in gewissem Ausmaß ihre eigenen Therapeuten zu werden und erlauben es, auch nach Beendigung der Fremdbeeinflussung die Lösungsstrategien in Selbstkontrolle beizubehalten und neue Lösungsmöglichkeiten zu entwickeln.
Bedingungsanalytische Psychotherapie geht über die isolierte Anpassung hinaus. Erkenntnis durch soziale Diagnose und Wahlmöglichkeit durch verfügbare Strategien erweitern den Freiheitsspielraum.

2.2 Die formale Gestaltung

Formale Strukturiertheit betrifft die Transparenz und Gliederung einzelner Lernschritte und ist als solche Voraussetzung eines Lernprogrammes.
Systematisierung betrifft die logische Folge von Lernschritten und die konzeptgebundene Entwicklung und Überprüfung.
Standardisierung der Übungen betrifft die Festlegung einer Situation nach den schwierigkeitsbestimmenden Variablen und deren Festlegung in systematischen Teilveränderungen.
Standardisierung des Vorgehens und ist eine Bedingung experimenteller Therapiekontrolle und keine Frage therapeutischer Anwendung.

Die Fragen der Systematisierung, Strukturierung und Standardisierung berühren im Gebiet des Therapieaufbaus und im Gebiet der Therapiedurchführung unterschiedliche Aspekte.

Im Therapieaufbau ist eine formale Strukturierung zunächst mit den drei Teilen des ATP gegeben:
Bedingungsanalytischer Grundkurs mit formalen Hilfen zur Therapieabklärung hinsichtlich Problementstehung, -aufrechterhaltung und notwendiger Modifikationsstrategien und für die diagnostische Intensitäts- und Spektrumsbestimmung (Teil I der Klientenbücher mit Fragebogen und Arbeitsblättern).
Texte zur Zielbestimmung, Information über therapeutische Grundlagen und vorbereitende erste Hilfen zur Bedingungsveränderung sowie den »Freischwimmerkurs« in unabhängigem Denken und Handeln (Teil II der Klientenbücher, eventuell mit Ergänzung durch den Bereich »Arbeit« aus dem dritten Teil).

Ein Trainingskurs zur Vermittlung der unterscheidenden Anwendung von Verhalten in Selbstvertrauen und sozialer Kompetenz im engeren zwischenmenschlichen Bereich unter besonderer Berücksichtigung des Erlernens bedingungsanalytischer und kommunikativer Problemlösestrategien (Teil III der Klientenbücher).
Die beiden Trainingskurse beinhalten einen Übungsteil, der in systematischer Weise entwickelt wurde und ein hohes Maß an Strukturiertheit aufweist. Beide Kurse sind *nicht* unabhängig voneinander. Die Lernbausteine des ersten bereiten den zweiten vor. Die Schwierigkeitshierarchien aller Lernbereiche setzen sich kontinuierlich vom Beginn des ersten Trainingskurses bis zum Abschluss des zweiten fort.

Der Übungsteil der Trainingskurse enthält wiederum die folgenden formalisierten Bestandteile: Übungstexte und Druchführungsanweisungen zu den Verhaltensproben gemäß der Modellvorgabe (Rollenspieltexte, Gruppenübungen), Übungsteile und Durchführungsanweisungen zu den selbstständigen Anwendungen des Gelernten in der Realität (In-vivo-Übungen, Hausaufgaben) und ein Übungs- und Selbstbewertungsprogramm zum Erlernen von Selbstverstärkung und Selbstkontrolle (Punkteprogramm bei den Hausaufgaben).
Diese Teile des ATP sind als Beispiele einer hoch systematischen und strukturierten Therapiematrix zur Grundlage einer möglichen Standardisierung des Vorgehens geworden. Erst diese Standardisierung hat die Kontrollierbarkeit wesentlicher Variablen verhaltenstherapeutischer Gruppenarbeit geschaffen.
Die Therapiematrix besteht wiederum aus Lernbausteinen, in denen die Schwierigkeit einer jeden Übungssituation durch eine systematische Variation der steuernden Bedingungen, die Strukturierung der Lernschritte und die Standardisierung der sozialen Übungssituationen den höchsten Grad der Formalisierung erreicht.
In Bezug auf die Therapiedurchführung können von den Kriterien der Strukturiertheit und Standardisierung die folgenden Phasen unterschieden werden:

- *Die Therapieauswahl oder Indikation*
  Sie beinhaltet eine qualitative Analyse des Bedingungsgefüges und eine quantifizierbare Beschreibung des gestörten Verhaltens.
  Diese Phase enthält die Abschnitte Erstinterview, Fragebogen, Verhaltensbeobachtung und Beschreibung, Lerngeschichte und funktionale Interpretation des gestörten Verhaltens.

- *Die Therapievorbereitung und Wartezeit*
  Diese Phase enthält die folgenden Abschnitte:
  Die Problem- und Zielanalyse auf der Grundlage des funktionalen Modells der Verhaltenstherapie, die Vertiefung bedingungsanalytischen Grundlagenwissens, die Vermittlung der Grundlagen gezielter Verhaltensänderungen wie die der Lernprinzipien, die Einleitung akuter symptomatischer Maßnahmen zur Linderung aversiver Zuständichkeiten, Beseitigung unmittelbarer Hindernisse zur ATP-Teilnahme oder die Herstellung Therapievoraussetzungen und die Ermittlung und zeitliche Festlegung ergänzender individueller Therapiemaßnahmen.

- *Die Therapiedurchführung mit ihren praktischen Aspekten*
  Sie enthält etwa die folgenden Abschnitte: Verhaltensprobe unter Modellvorgabe, Korrekturmöglichkeiten durch Rückmeldung (Therapeut, Gruppenmitglieder,

Video) und Neuvorgabe, die Eigenübungen in der Realität bis zur Angstfreiheit, Übungen zur Verbesserung von Selbst- und Fremdwahrnehmungen, die Selbstumbewertung durch Verhalten und geänderte Kontingenzen sowie durch Selbstinstruktion, Plananalysen und die kritische Betrachtung und Abschwächung von vorbeugenden Überanpassungen oder Gefälligkeitszwängen, die gegenseitige Verhaltenssteuerung in einer Gruppe (das ATP ist jedoch auch als Einzeltherapie durchführbar), die Einleitung sozialer Veränderungen, die begleitende und vertiefende Bedingungsanalyse mit Zwischenzielanalysen, die Einübung von Kommunikation, von sozialer Diagnose und von Wert- und Systembilanzierungen.

- *Die Therapiedurchführung mit ihren methodischen Aspekten*
  Sie umfasst etwa folgende Methoden und Techniken:
  Das Modelllernen durch Nachahmung der Therapeuten-, Gruppenmitglieder- und Videomodelle unter Zuhilfenahme des Lernens durch vikariierende Verstärkung, der Verhaltensformung durch prompten und shapen oder die Neuvorgabe von Annäherungsschritten und Rückmeldung, der konstruktiven Rückmeldung, die stufenweise Entängstigung durch ein Vorgehen analog zur systematischen Desensibilisierung mit Angstbewältigungsstrategien wie Entspannung, motorische Aktion und Selbstinstruktion, die gewöhnungsfördernden Prinzipien (etwa aus dem Habituationstraining) der Übungswiederholungen von hoher Frequenz, langer Dauer und direkte Konfrontation und Nutzung von Floodingbedingungen mittels Antipanikstrategien und Übungen langer Dauer im Bereich »öffentliche Beachtung«, das Erlernen von sozialen Fertigkeiten durch operante Prinzipien wie die systematische Verhaltensformung durch den Therapeuten und die Gruppenmitglieder, durch Selbstkontrolltechniken, durch kognitive Techniken wie der »Rollenspiele mit sich selbst« (Ich versus Du Stimmen), Funktionsüberprüfungen von Plänen und durchgehende Wahrnehmungs- und Bewertungskorrekturen in- und außerhalb der strukturierten Übungsanwendung und durch Techniken aus der Kommunikationstherapie.
  Hinzu kommen an die Vermittlung der Lerninhalte gebundene therapeutische Einflussnahmen wie:
  didaktische Elemente der Stoffdarbietung und -gliederung, Korrekturen, Rückmeldung, reflektive Hilfen und die Steuerung interaktionistischer Prozesse innerhalb der Lerngruppe nach lerntheoretischen Gesichtspunkten (»gruppendynamische« Aspekte).
  Im Zielgebiet »soziale Veränderungen« können sich Maßnahmen der beruflichen Rehabilitation und Verfahren der Partnertherapie oder Familientherapie anschließen und, regelmäßig gezielt gefördert und initiiert, der Ausbau zur aktiven und bedingungsanalytisch orientierten Selbsthilfegruppe.
  Neben diesen »Inszenierungen« von Vorgaben zur Verhaltensformung nutzt jeder Therapeut auch alle spontanen Eingaben und events sofort im Rahmen der individuellen und prozessualen Ziele. Diese »Utilisierung« – etwa als ständiges reframing auf jeweils unterschiedlichem Niveau, didaktische Transferbildungen und normative Reflexionen und durchgehende Löschungs- und Verstärkungsmuster oder -filter aller auftretenden Verhaltensweisen ist in den Einzel- und Gruppensitzungen vom Erstkontakt bis Therapieende eine ganz wesentliche Basistherapie zusätzlicher Art. Sie ist zwar person- und erfahrungsgebundener als das eher lehrbare Inszenieren, damit auch

weniger kontrollierbar, macht aber gerade dadurch das »Pflichtprogramm« zur künstlerischen »Kür« und flankiert die systematische Arbeit mit punktuellen Ausformungen.

- *Die Therapiekontrolle*
  Diese hat drei Ziele: Rückmeldung als Therapiehilfe, Prozessforschung, Effizienzsicherung durch Fremd- und Selbstbewertungsmethoden in der Erfassung von Änderungen der Frequenz und Intensität von Verhaltensweisen, der Qualität der Selbsteinschätzung erwarteter oder tatsächlicher Fremdkonsequenzen und des Wirkungspektrums auf andere, der Stabilisierung von Stimmung und Befinden im Bilanzlausgleich von Verstärkern und Aktivitäten, realen Veränderungen im sozialen Gefüge, sozialer, physischer (Aussehen) und instrumenteller (Werkzeugverhalten, Produkte) Merkmale sowie funktionalen Wenn-Dann-Kategorien mit Veränderungen von Kontingenzen, Frequenzen, Intensitäten und Qualitäten in der Gruppeninteraktion.

Diese Übersicht zeigt, dass im ATP Techniken der Verhaltenstherapie in großer Breite und Vielfalt in die Programmsubstanz eingebaut sind, so wie sie jeder gute Verhaltenstherapeut zur Optimierung seines individuellen Therapieplanes selbst einsetzen würde. Sie zeigt jedoch auch, dass in den verschiedenen Therapiephasen und in der Gewichtung zwischen individuellen und gemeinsamen Lernzielen noch ein breiter Spielraum eigener Gestaltung besteht.. Dieser ist zwangsläufig je nach den hier angeführten Abschnitten und den Ansprüchen an die Therapiekontrolle (etwa Prozess oder nur Effizienz) verschieden.
Geschulte Therapeuten müssten bei dem gleichen Denkmodell und ähnlichen Fragestellungen zu vergleichbaren Vorgehensweisen und zu Resultaten gelangen, die zumindest die »Richtigkeit« der Bedingungshypothesen durch Angstabbau und positivere Selbstbewertung aufzeigen, zumeist auch ein Mehr an Wohlbefinden und ein Mehr an Problemlösestrategien erreichen und eventuell noch neue Bewertungs- und und Handlungsprogramme.
Die therapiebegleitende Bedingungsanalyse ist als fester Bestandteil des Erlernens von sozialer Wahrnehmung, von motorischen, verbalen und kommunikativen Fertigkeiten, der Einübung in Selbstkontrolle und des Verlernens von sozialen Ängsten und Fehlverhaltensweisen fest im Übungsteil des ATP verankert.

2.3 Das hierarchische Prinzip

Die Übungssituationen der Verhaltensprobe und die Hausaufgaben des ATP stellen sich heute als relativ komplexe Handlungsanweisungen dar, deren ursprüngliche Struktur nicht mehr ohne weiteres zu erkennen ist. Der Therapeut muss aber in der Lage sein, auftretende Schwierigkeiten jederzeit so zu orten, dass er die bedingenden Variablen herausfindet und ad hoc modifizieren kann. Grundsätzlich sind dabei drei Ebenen der Schwierigkeitssteigerung im ATP zu unterscheiden:

(1) Die Ebene respondenten Verhaltens, bei der im Sinne klassischer Hierarchien eine fein graduierte Zunahme der angstauslösenden Stimuli erfolgt. Die schwierigkeitsbe-

stimmenden Variablen sind halbfett gedruckt in den Übungen hervorgehoben worden. Die Erstellung der für das Verlernen maßgebenden vier Grundhierarchien und ihre systematische Kombination in einer Schwierigkeitsmatrix ist in Teil 2 der Klientenbücher dargestellt worden (Das Konstruktionsprinzip des ATP).
Ihre flexible Anwendung wird hier geschildert.

(2) Da sich auch das Neulernen von sozialen Fertigkeiten in kleinen Schritten der Verhaltensformung und des Verhaltensaufbaus vollzieht, ist in eine jede Übung des Verlernens auch ein Teil des Erlernens sozialer Fertigkeiten schrittweise eingebaut worden.

Von der einfachen Konfrontation über das Erlernen von Blickkontakt, lauter und deutlicher Aussprache, gerader Körperhaltung – also soziale Basishandlungen bis zur Gesprächsführung und Konfliktlösung, der Schärfung sozialer Wahrnehmung und unterscheidenden Anwendung des Gelernten im Sinne sich selbst verstärkender Verhaltensweisen, ist in eine jede Übung ein Teilaspekt später erforderlichen Verhaltens miteingebaut. Dieser systematische Handlungsaufbau ist in den Kriterien »Ziel der Übung« und »Beachten Sie« hervorgehoben worden. Der Aufbau von komplexem Verhalten aus Teilaspekten, die Art und Häufigkeit der Verstärkung und des Ausfädelns von Fremdbekräftigung ist in systematischer Form auch im Hausaufgabenbewertungsteil festgelegt. Das Einhalten dieser Kriterien ist bei der Verhaltensprobe ebenso wichtig wie die genaue Reproduktion der angstbestimmenden Situationselemente (Partner, Partnerreaktion, Art und Ort der Handlung).

(3) Über die Bewertungskriterien der Hausaufgaben wird nicht nur eine zunehmend selbstständige Übungsdurchführung erstrebt, sondern systematisch die Selbstbewertung eigenen Handelns beeinflusst. Die Instruktion und die Punktbewertung dienen zum Erlernen von Selbstbewertung, Entscheidungssicherheit, von Kontrollüberzeugung, von Selbstbestätigung und Lob. Der Bezug zu den neu zu lernenden Verhaltensbausteinen ist dabei systematisch auf operanter Basis variiert. Bei bereits erlernten (häufig geübten) Verhaltensweisen wird das Lob langsam ausgefädelt und nur noch intermittierend gegeben, um das Verhalten löschungsresistenter zu machen. Daher ist die genaue Orientierung der Hausaufgabenkontrolle an den vorgegebenen Bewertungssystemen ein wichtiger Bestandteil der Therapie.

Die angstfreie Bewältigung einer phobischen Situation kann prinzipiell auf zwei Wegen erfolgen:

(1) Im Hinblick auf ein bislang ängstigendes Verhalten werden die erwarteten negativen Situationsaspekte und aversiven Handlungsfolgen neutralisiert, und
(2) ein Alternativverhalten wird zur Bewältigung eben dieser Situationen praktiziert, welches von vornherein die Erfahrung in negativen Handlungskonsequenzen vermindert oder einen hohen Wahrscheinlichkeitsgrad positiver Handlungskonsequenzen besitzt. Der wiederholte Einsatz dieses Verhaltens neutralisiert dann auch real negative Stimulusaspekte.

Verlernende und erlernende verhaltenstherapeutische Prinzipien sollten von dieser Überlegung her bereits bei unserem ersten Zielgebiet, dem Abbau sozialer Ängste, kombiniert werden.

Im Bereich der verlernenden oder respondenten Lernmethoden soll der Abbau bedrohlicher Stimulusaspekte durch das Ausbleiben aversiver Reaktionen erzielt werden. Dieses Ausbleiben konditionierter emotionaler Reaktionen tritt ein, wenn das Aufsuchen der phobisch besetzten Situation selbst keine real negativen Folgen hat und die Konfrontation mit ihr über eine so lange Dauer und häufige Wiederholung stattfindet, dass eine Habituation im Bereich der emotionalen Reaktionen stattfinden kann. Der Konfrontation steht nun das Vermeidungsverhalten, das mit jedem Vollzug über negative Verstärkung (Angstabnahme) erneut fixiert wird, im Wege.

Der erste Schritt zum Angstabbau in der Konfrontation ist folgerichtig die Überwindung eben dieses Vermeidungsverhaltens. Die Verhaltenstherapie hat hierzu eine Reihe methodischer Prinzipien entwickelt, die von der Feinabstufung einer schrittweisen Annäherung mit nur kurzer Dauer (systematische Desensibilisierung) bis zum unmittelbaren Aufsuchen der schwierigsten Situation mit langer Dauer (Habituationstraining, Reizüberflutung) reichen. Die schrittweise Annäherung ist also nur eine Hilfe in der Überwindung des Vermeidungsverhaltens. Sie ist damit ein Weg zum Ziel der Entängstigung, aber nicht das wirksame methodische Prinzip selbst. Dieses stellt die Habituation dar, die auch auf anderen Wegen erreicht werden kann.

Theoretisch sind daher auch auf dem Gebiet der Sozialphobien die kürzeren Wege der unmittelbaren Konfrontation von langer Dauer (Habituationstraining) möglich und das abgestufte hierarchische Vorgehen im respondenten Sektor nicht unbedingt notwendig. Überall dort, wo die Konfrontation keine speziellen Fertigkeiten erfordert, etwa bei Vortragsängsten an sich kompetenter Wissenschaftler, kann die abgekürzte Vorgehensweise der Übung in der Realsituation erfolgreich und sinnvoll sein.

In aller Regel ist die Voraussetzung der Habituation bei Sozialängstlichen über unmittelbare Konfrontation jedoch primär nicht gegeben.

Ihr Übungsdefizit im Kontakt mit anderen macht sie oft so ungeschickt, dass real aversive Konsequenzen in der Konfrontation mit bislang vermiedenen Situationen nicht ausbleiben.

Die notwendige Kombination der Entängstigung mit dem Aufbau verbesserter Bewältigungsstrategien oder sozialer Fertigkeiten ist es, die ein schrittweises Vorgehen notwendig macht, nicht die Tatsache des »Angsthabens« allein.

Für den Therapeuten ist es hilfreich, sich diese Zusammenhänge methodischer Prinzipien mit den vorgefundenen Störungsbedingungen immer wieder vor Augen zu halten.

So sagt der optisch akzeptable Vollzug einer Handlung als Verhaltensprobe zunächst nur etwas über die Überwindung der Vermeidung in der Übungssituation aus und beinhaltet noch keine Angstfreiheit. Diese tritt erst nach der Gewöhnung durch gehäuften und effizienten Vollzug in der Realität ein. Die »Hausaufgaben« und die Anwendung des Gelernten müssen genauso angeleitet und kontrolliert werden wie der erste Schritt zum Ziel, die übende Erprobung alternativen Verhaltens.

Die wechselseitige Abhängigkeit der Variablen, die zu den emotionalen Angstreaktionen beitragen: der Intensität der Stimulusdarbietung oder dem Grad der Annäherung an die phobische Situation, der Dauer der Konfrontation und der Frequenz von Wiederholungen, erlaubt es dem Therapeuten, wechselnde methodische Prinzipien zur Ergänzung der Schwierigkeitsbewältigung einzusetzen.

ATP-Übungen mit stärkerer Angstinduktion, als ihrem Stellenwert in der Standardhierarchie entspricht, können entweder in der Annäherung an die Hauptschwierigkeit abge-

stuft wiederholt werden, sie können in den entscheidenden Passagen (etwa körperliche Nähe ertragen) verlängert oder so oft in der Gruppe wiederholt werden, bis die Garantie einer Überwindung des Vermeidungsverhaltens in der Realität gegeben ist. In diesen Fällen empfiehlt sich allerdings eine Überprüfung der Generalisationsbereiche, eine Analyse der aktivierten Schutzpläne oder das Rollenspiel mit der »Meckerstimme«, d.h. der aversive Konsequenzen androhenden, verinnerlichten normativen Instanz.
Die Betrachtung von Angstentwicklung und Vermeidung kann in vielen Fällen besser mit dem Paradigma der Schutzpläne als über rein formale Generalisationsgradienten betrieben werden. Dies gilt besonders für die Klärung von Vermeidungen, die trotz Hierarchiebildung unüberwindlich erscheinen. Hier suchen wir die meist sehr zentralen Schutzpläne und ihre grundwerterhaltende Funktion und versuchen, bei Akzeptanz dieser Werteorientierung, lediglich den »Unterplan« mit den für diese Situation – die geübt oder imaginativ bewältigt werden soll – spezifischen Handlungsanweisungen zu ändern. Aus der Dissoziation von sinnvollem Oberplan und rigiden, unüberprüften, mühseligen und langfristig schädigenden Ausführungsbestimmungen, Unterplänen oder Vermeidungsstrategien lassen sich auch gut Selbstinstruktionen zur gezielten Umwertung der Situation ableiten.

Während im respondenten Lernanteil des ATP der hierarchische Aufbau nur die wichtigere von mehreren Möglichkeiten der Überwindung des Vermeidungsverhaltens darstellt, ist im operanten Lernanteil die Zergliederung komplexer Verhaltensklassen in einzelne, stufenweise geordnete Lernbausteine als methodisches Prinzip unersetzbar. Auch die Nachahmung von größeren Verhaltensbausteinen durch das Lernen am Modell hat ihre Grenzen in der Komplexität des Vorgegebenen. Hier können auch noch so zahlreiche Wiederholungen nicht zum Ziel einer situationsgerecht unterscheidenden Anwendung des Nachgeahmten führen. Selbst die Nachahmung ist ohne die Prinzipien der direkt oder indirekt gelernten Erwartung von Erfolg (direkte und vikariierende Verstärkung) keine steuerbare und systematisch einsetzbare Methode. Verstärktes Verhalten jedoch bedarf einer Zerlegung in beobachtbare oder operationalisierbare Teilaspekte von Zielklassen, auf die Selbst- oder Fremdverstärker ersichtlich kontingent gemacht werden können. Lernen in schrittweise (hierarchisch) aufgebauten Zielklassen ist die Voraussetzung zur Erhaltung der Motivation durch Erfolgserlebnisse. Dass einfache Verhaltensbausteine mit einer höheren Erfolgs- oder Belohnungswahrscheinlichkeit vollzogen werden können als schwierige und komplexe Verhaltensweisen, liegt auf der Hand.
Das methodische Prinzip der Schwierigkeitsabstufung und der Hierarchisierung von einfachen Verhaltenselementen zu komplexen Verhaltensstrategien ist bei der Verknüpfung respondenter und operanter Lernprinzipien, wie beim ATP, als Basis jeder systematischen Form von Therapien breiter Zielsetzung anzusehen.

2.3.1 Die Erstellung von thematischen Hierarchien und die Standardisierung sozialer Situationen über die Definition und systematische Variation der handlungsbestimmenden Variablen

Hierarchie ist ein Begriff für die Strukturierung einer Beziehung zwischen Objekten, Lebewesen, Situationen und Funktionen, gemäß einem definierten Merkmalszuwachs.
Im Idealfall würde die Aufeinanderfolge hierarchisch geordneter Merkmale eine lineare Funktion von einer niedrigen zu einer hohen Merkmalsausprägung darstellen. In der Verhaltenstherapie ist die Verwendung des Begriffes mit dem Verfahren der Systematischen Desensibilisierung (Wolpe 1958) verbunden. Bei dieser schrittweisen Entängstigung ist der Ordnungsgesichtspunkt für die hierarchische Situationsfolge ein Zuwachs an erlebter Angst oder Spannung. Zwischen einer maximal ängstigenden Situation und einer nicht ängstigenden Situation wird gemäß einem vermuteten Generalisationsgradienten eine Folge von Situationen vom Therapeuten konstruiert und auf einer Skala von 0 bis 100 Prozent oder von 0 bis 9 Graden vom Probanden nach der vermutlichen Angsterzeugung bei der vorgestellten Konfrontation bewertet. Pro Spannungsgrad oder für jeden Prozentangstbereich zwischen 0 bis 10, 10 bis 20 und so fort werden dann zwei bis drei Situationen vom Therapeuten nach den Gesichtspunkten vermuteter Relevanz und praktischer Übbarkeit ausgewählt und vom Klienten zur Festlegung der Übungshierarchie nochmals nach Rangfolge geordnet.
Speziell für Therapeuten, die den Einstieg ins ATP über die Einzeltherapie suchen oder ihre Hierarchien für bestimmte Schwerpunkte selber bilden wollen, hierzu noch einige praktische Anregungen: 1. Machen Sie sich zunächst die Aspekte der zu bewältigenden Hauptschwierigkeit klar. Welche Handlungen und Gedanken sind für die konkret anstehende Prüfung, Bewerbung, Vortragssituation, Präsentation, für die Gesprächsaufnahme mit attraktiven Personen oder in Gruppen, für Distanzierungs- oder Nähesituationen konkreter Art maßgebend und sinnvoll? Welche davon betreffen Angstaspekte, welche Fertigkeitsaspekte, welche Selbstbewertungen oder Erwartungsbildungen und welche die Situation selbst?
Bei einer Prüfung könnten die angstmachenden Verhaltensweisen etwa das Lesen des Fragenkataloges oder das Anhören von Fragen sein, das Betreten des Prüfungszimmers oder schon der Anblick des Prüfungsgebäudes, des Prüfers oder des Lernstoffs. Die dadurch ausgelösten Katastrophenphantasien und Erwartungsängste sind nicht Gegenstand der Vorgabe in den Hierarchien zum Angstabbau! Sie sollen ja von der Vorstellung der Situation gelöst werden. Wir geben also bitte auch keine Fehler und Misserfolge in den Hierarchien zur Entängstigung vor. Zwangsläufig würde Ihre hierarchische Angstabbaumethode nun schon ergänzt werden durch separat angewandte Techniken wie dem Gedankenstopp, dem »Entkatastrophisieren« oder Zuendedenken, dem Erlernen von Selbstbewertungen, die auch Platz haben für Fehler etc.
Von den Fertigkeiten her könnte der Umgang mit Zeitdruck (Verlangsamen und kleinere Einheiten statt Beschleunigungs- und Druckerhöhungsverhalten mit dem Anspruch, alles gleichzeitig lösen zu wollen), die Umgruppierung von Strafkonsequenzen wie Ermüdung, Konzentrationsschwäche und Nichtverstehen hin zu positiven Konsequenzen (Pause bevor die Aversion kommt, etwa schon nach 10 Minuten, Belohner sofort) ebenso wie Fragetechniken zum richtigen Verständnis und Zeitgewinn erforderlich oder

nützlich werden. Dies wäre Gegenstand separater Einübungen, und schon hätten die betreffenden Therapeuten neben ihrer Hierarchie zur Entängstigung auch schon Fertigkeitstraining und Selbstbewertungsänderungen, also eine Selbstsicherheitstherapie statt »nur« einer Systematischen Desensibilisierung.
Das Fehlen solcher therapeutischen Selbstverständlichkeiten in der Literatur – meist Diplomarbeiten zur Methode – als Artefakt zu erkennen statt Unzulänglichkeiten in der »Reichweite« der Effizienz von umschriebenen Einflussnahmen wie der SD anzulasten, würde freilich klinische Erfahrung voraussetzen. Da diese bei vielen rein experimentell oder literarisch Tätigen fehlt, ist viel Schaden mit der unbegründeten Diffamierung erfolgreicher Therapiebausteine entstanden.
Doch zurück zur Hierarchie in unserem Beispiel, die wir noch nicht haben und die viele nicht mehr beherrschen aus oben genannten Gründen.
Von der Situation her könnten die Fülle des Stoffes, die Schwierigkeit des Faches, der Zeitpunkt, Ort und Prüfer wichtige Bestimmungsgrößen der Gesamtschwierigkeit sein.
Wir schreiben jede der oben genannten Verhaltensweisen, die gesamt zur Schwierigkeit der Situation beitragen, separat auf einen Zettel: Ich lese den Fragenkatalog. Ich höre die Frage des Prüfers. Ich erblicke das Prüfungsgebäude. Ich sehe den Prüfer. Ich setze mich an den Schreibtisch. Ich schlage mein Arbeitsmaterial auf. Einige dieser unterschiedlichen Verhaltensweisen sind schon Abstufungen ähnlicher Aversionsgradienten. Sie können noch zur verfeinerten Matrixbildung vertieft werden. Ich betrete das Vorzimmer des Prüfers, mein Arbeitszimmer, treffe einen Mitprüfling etc. Die Abstufung nach der Komplexität der Handlung sollte dabei ausreichend sein, um das Zielitem bewältigen zu können, aber auch nicht so differenziert, dass zu viele unterschiedliche Aspekte durchgearbeitet werden müssen. In unseren ATP-Hierarchien haben wir jedes Zielannäherungsverhalten in neun Abstufungen gebracht. In Einzeldesensibilisierungen kommen Sie meist auch mit weniger Abstufungen aus.
Die Steigerung oder Abschwächung erfolgt ja noch zusätzlich nach den situativen Bestimmungsgrößen des Verhaltens: Den Stimulusvariablen Person und Ort sowie den Konsequenzvariablen Akzeptanz und verzögerte Akzeptanz sowie Erfolg und Teilerfolg (nur in der Verhaltensprobe in vivo und erst bei grundsätzlich möglicher Fehlerakzeptanz werden später auch negative Konsequenzen als Bewältigungsaufgabe eingestreut). Im Falle unserer Verhaltensklasse 1, »Lesen der Prüfungsfragen« entfällt die Prüferperson, auch der Ort und Zeitpunkt lassen sich nicht sinnvoll variieren, es sei denn, wir konstruieren die Vorstellung, zu Hause frühere Fragekataloge zu lesen, die einmal sofort klar wären und im zweiten Item oder separaten Zettel erst nach Strukturierungshilfen analog zu den »Fertigkeiten«. Jeder Zettel würde dann noch einen Prozentrangplatz nach Schwierigkeit erhalten: »Wie unangenehm ist die Vorstellung im Augenblick, wenn die Prüfung 100% bedeutet, 0% Schwierigkeit keinerlei negative Spekulation oder flaue Gefühle bedeutet, 30% schon ein leichtes Kribbeln und oder eine noch gut auszuhaltende leichte Anspannung bedeutet, 50% schon einen sehr spürbaren Widerwillen und Druck, den Sie aber noch allein überwinden könnten und 70%, wenn Sie Hilfen zur Überwindung bräuchten«. Diese subjektive Globaleinschätzung nach der Prozentskala ist uns ja schon begegnet, um Schwierigkeitsanpassungen der ATP-Basishierarchien an die einzelnen Übenden vornehmen zu können und um die Sicherheitsstufe von 30% Schwierigkeit weder in der Vorstellung noch in der Realität zu überschreiten.
Die zweite Handlung wäre für eine systematische Variation schon sinnvoller:« Die Frage

des Prüfers hören« könnte jetzt noch nach der Art des Prüfers, des Stoffes, dem Raum und Anlass, dem Zeitpunkt und hinsichtlich der Beobachternähe variiert werden. Gerade die Variation der Schwierigkeit nach der Person- und Ortsvariable ist sehr schnell zu vermitteln und kann als Hausaufgabe, zu jeder Verhaltensweise einige unterschiedliche Beispiele zu bilden, mitgegeben werden. Die Grundzüge der Hierarchiebildung können Ihre Klienten auch in den Vorbereitungstexten zum ATP lernen, unter anderem die Dimensionen nach Art der Angst: Bei Fehlschlagangst nach der Zahl und dem Status sowie eher autoritären Merkmalen der Beobachter oder Leistungsbewerter, bei der Kontaktangst nach der Attraktivität der Zielperson, beim Fordern nach der Macht, Größe und dem Status, beim Neinsagen nach der emotionalen Nähe. Bei der Kontaktangst ist neben der die Attraktivität mitbestimmenden Größe wie Geschlecht, Alter, Aussehen und Intelligenz auch der Ort als diskriminativer Hinweisreiz für die mögliche Nähe zur Schwierigkeitsvariation nützlich. Über die Annäherungsverhaltensweisen und die notwendigen kommunikativen Strategien, die zusätzlich im Rollenspiel erarbeitet werden, lässt sich über Verhaltenweisen wie »Ich begrüße jemandem«, »Ich setze mich zu jemanden«, »Ich stelle eine Frage zur Person«, »Ich berichte etwas von mir«, »Ich treffe eine Verabredung« (Je auf separatem Zettel) leicht eine Fülle von konkreten Beispielen unterschiedlicher Personen und Anlässe (Orte) finden. Für die individuelle Erarbeitung, besonders für gute Vorstellmöglichkeiten, sollten die Beispiele auch konkrete Namen und Orte enthalten (etwa Schwierigkeit vom Typ Astrid 50% oder vom Typ Erna 10%).

Wir bitten die Klienten dann noch, pro Schwierigkeitsintervall möglichst 3 bis 6 unterschiedliche Beispiele zu bringen und alle anschließend in Prozentzahlen zu bewerten. Diese Itemsammlung wird nach Relevanz, Anschaulichkeit und möglicher späterer Nachstellung »in vivo« aussortiert, in Stapeln nach den 10 Prozentrangbereichen geordnet, jeder Stapel in Rangordnung gebracht, redundante Items eliminiert und bei zu geringer Prozentrangbesetzung Zwischenabstufungen konstruiert und zur Einschätzung vorgeschlagen. Da als Folge der Vermeidung diese Leistung höchst problematisch ist und oft nur zwischen Angst und Nichtangst getrennt werden kann, müssen gerade die mittleren Bereiche später ergänzt werden und die Einschätzung der jeweils 2 oder 3 Items, die dann in Rangfolge pro Sitzung bearbeitet werden, jeweils neu überprüft werden.

Dieses Vorgehen erlaubt eine Festlegung der Situationsfolge derart, dass jedes vorangehende Item leichter als das nachfolgende ist. Speziell für das klassische Vorgehen der Systematischen Desensibilisierung in Vorstellung ist eine Feinabstufung der Items gefordert, da Angstgefühle bei der schrittweisen Darbietung unter Entspannung nicht in nennenswertem Umfang auftreten dürfen. Bei diesem Verfahren ist außerdem ein Verbot für die Konfrontation mit Situationen außerhalb der bereits »desensibilisierten« Hierarchien notwendig, eine Forderung, die sich im Anwendungsfeld sozialen Verhaltens nur schwer realisieren lässt.

Während der Therapie müssen häufig Überprüfungen der Angstdimensionen vorgenommen werden, da sich mit dem neuen Erfahrungsstand auch neue Gewichtungen in den erlebten Schwierigkeiten ergeben. So kann bei erfolgreicher Überwindung der Hemmung, sich zu jemanden zu setzen, die Gesprächsaufnahme daran scheitern, dass die zur Vermeidung führende Befürchtung darin besteht, nicht originell genug zu sein, und dies Teil der Fehlschlagangst ist und in der üblichen eindimensionalen Kontaktangsthierarchie gar nicht bearbeitet wurde.

Ob als andere Dimension der »Reizgeneralisierung« oder als Ausführungsregel eines anderen Planes, immer müssen solche Schwierigkeiten in der geradlinigen Hierarchiebewältigung hinterfragt werden und über die neue Bedingungsaussage neuartig modifiziert werden. In unserem Beispiel könnte im Planmodell die neu blockierende Regel lauten: »Reden ist Silber, Schweigen ist Gold« mit Unteranweisungen etwa der Art: »Wenn Du nicht originell und witzig bist, wirst Du als Langweiler abgelehnt, dann halt lieber gleich die Klappe« und als Teil des aktivierten Schutzplanes gegen Kritik und Ablehnung, etwa als: »Nur wenn Du immer so toll und gescheit wirkst, dass Du bewundert wirst, bist Du sicher vor Missbilligung« und noch etwas höher in dieser Schutzplanhierarchie: »Ich muss immer erst besondere Leistungen erbringen, damit mir andere zuhören und mich nicht ablehnen«.

Die vertikale Struktur von Schutz- und Lustplänen kann gut als Generalisierung von Konsequenzerwartungen interpretiert werden und sich so wieder griffiger ins bedingungsanalytische Modell einfügen, während die Formulierung als (absichtsvolle) Regel oder die Ableitung über die (absichtsvolle) »Wozu-nützt-es-Wovor-schützt-es-Fragetechnik« eher motivationspsychologische Konstrukte nahelegen.

Neben den vielen diagnostischen Hilfen in den Büchern für die Klienten, besonders mit den Arbeitsblättern zu den Vermeidungsstrategien, den Reaktions- und Stimulusklassen und zur Wertorientierung hilft auch therapeutisches Basiswissen, die richtige Spur zu verfolgen.

Eine empirische Entscheidungshilfe ist etwa die Kenntnis der Ergebnisse faktorenanalytischer Untersuchungen über Stimulusklassen. An relevanten Stichproben lassen sich immer wieder soziale Ängste, Sexualängste, multiple Situationsphobien (Agora-Akro-Claustro-Phobien), Todesängste, Ängste in Bezug auf die körperliche Unversehrtheit und oft Realängste sowie Tierphobien als separate Faktoren nachweisen. Im Bereich der sozialen Angst zeigten sich bei verschiedensten Stichproben immer die Stimulusklassen Fehlschlagangst, Kontaktangst, die Unfähigkeit abzulehnen und die Unfähigkeit zu fordern neben Schuldgefühlen im Sozialbereich und überzogener Normanpassung (siehe auch experimentelle Ergebnisse zum ATP, Band 1, 1978). Da etwa der U-Fragebogen diese sieben Bereiche sozialer Angst erfragt und seine Items den empirisch gewonnenen Faktoren entsprechen, können auch die Itembeispiele innerhalb eines Faktors oder einer Skala zur Auswahl von Verhaltensweisen genommen werden, die dann nach den bedingenden Variablen gesteigert werden.

Die Hierarchien oder Übungsfolgen im ATP wurden ja in einer Folge empirischer und logischer Entwicklungsschritte ermittelt. Dazu gehörten die Konstruktion und Schwierigkeitsermittlung einer Vielzahl von Items aus Einzeldesensibilisierungen nach obigem Muster, dann besonders die Standardisierung der Situationselemente nach der (abhängigen) Variable »Verhalten« und nach vorhergehenden Stimuluselementen sowie nach den nachfolgenden Konsequenzvariablen, mit statistischer Mittlung der Rangplatzzuweisung innerhalb dieser Dimensionen durch Therapeuten, ebenso Faktorenanalysen von weit über 1000 Situationsvorgaben bei Patienten- und Nichtpatientenstichproben und die externe Validierung der Items. Die laufende Überprüfung in der therapeutischen Anwendung hat zu weiteren Anpassungen und Korrekturen in der Übungsfolge und- interpretation geführt, aber auch zu Übungsverdichtungen über mehrere Hierarchien hinweg, was eine separate Nutzung der Übungen für die (allerdings eher wenigen) Klienten mit isolierten »eindimensionalen » Ängsten erschwert.

Da kann der Blickkontakt für den Paranoiden akute Bedrohung signalisieren, dort beim Depressiven Schuldgefühle wachrufen, da schmerzlich den Mangel des situationsgerechten Verhaltensrepertoires mit der Angst vor Ablehnung durch andere oder Unsicherheit durch ein Gefühl des Ungeschütztsein mit der Angst vor Auslieferung an andere signalisieren.

In anderen Fällen sehen wir plötzliche Panik oder Hilflosigkeit, wenn ein bislang erfolgreich praktiziertes Distanzierungsverhalten überwunden ist, der »menschlichen Nähe« aber nicht qualitativ begegnet werden kann. Die gleiche Distanzmarke kann eine lebenslange Versagung von intimen Kontakten und Geborgenheit als Erfahrung wachrufen und mit Resignation oder Traurigkeit beantwortet werden, dort zusätzliche Ängste vor sexuellem Misserfolg signalisieren und so fort.

Nur die genaue Kenntnis der Lerngeschichte eines jeden Gruppenmitgliedes, »innere Sätze« oder Selbstbewertungsmodi, seiner Normorientierungen und Zielvorstellungen, macht hier kompetentes Therapeutenverhalten möglich. Eine eventuell notwendige »Zwischenhierarchie« könnte gerade solch spezielle Bedingung einer plötzlichen »Dekompensation« erfassen und überwinden helfen.

Damit bleibt selbst für den beststrukturierten Teil des ATP noch immer genügend therapeutisches Können und Wissen als nicht zu standardisierende Variable weiterer Therapieoptimierung.

2.3.2 Die Schwierigkeitsabstufung beim Aufbau sozialer Fertigkeiten, der Rückmeldung und der Selbstbewertung

Ebenso wie es im Bereich des systematischen Angstabbaus möglich war, von den ursprünglich je 30 Items der vier Grundhierarchien einen erheblichen Teil dadurch einzusparen, dass die einzelnen Situationen annähernd gleiche Schwierigkeitselemente mehrerer Hierarchiebereiche enthielten, wurden die sozialen Fertigkeiten nach einem systematischen Plan in die Übungsfolge eingebaut.

Dabei wurde im Prinzip darauf geachtet, dass pro Übung jeweils nur ein bis zwei neue Fertigkeiten eingeführt wurden, während bereits etablierte nach etwa drei bis vier kontinuierlichen Bekräftigungen bereits in ihrer diskriminativen Anwendung geübt, dann ganz ausgesetzt und erst bei späteren Übungen wieder hervorhebend bekräftigt wurden.

Auf dieser Ebene wurde also versucht, weitgehend einem Verstärkerplan zu folgen, bei dem das zu Erlernende durch regelmäßige Verstärkung aufgebaut werden sollte, dann erfolgte ein Ausfädeln des Lobes für das bereits etablierte Verhalten, in dem die Verstärkung nur noch diskriminativ für eine besonders geschickte Anwendung erfolgte, dann wurde zur Förderung der Löschungsresistenz die betreffende Verhaltensweise zunächst nicht mehr hervorgehoben und schließlich nur noch in größeren Intervallen (intermittierend) hervorhebend verstärkt.

Der Aufbau des sozialen Verhaltens folgte dabei den sukzessiven Teilzielen:

- Einfache Konfrontation:
  Hier wird einfach der Vollzug der Handlung, die Unterlassung von Einschränkungen und Vermeidungsreaktionen und die Frequenz der Handlung hervorhebend verstärkt.

- Das Verstehen und Anwenden bedingungsanalytischer Grundprinzipien:
  Die Beobachtung des eigenen Verhaltens in einseitigen Wenn- Dann-Beziehungen wird hervorhebend verstärkt.
- Richtige Wahrnehmungen und positive Bewertungen werden beim Rückmelden verstärkt.
- Einfache non-verbale Fertigkeiten werden in den eigenen Übungen selbst- und fremdverstärkt, etwa Blickkontakt, Mimik, Gestik und Haltung, Körperdistanz werden im Sinne des offenen zugewandten Verhaltens und, diskriminativ, für Bestimmtheit im Fordern und Ablehnen verstärkt. Die Sprache wird für Klarheit, Deutlichkeit und Lautstärke und, diskriminativ, für freundlichen Tonfall hervorhebend bekräftigt. Dies jedoch nur, wenn sie im Zielgebiet der Übungshierarchie liegen.
- Einfache verbale Fertigkeiten:
  Informationsfragen und Rückfragen als erster Schritt zur Klärung von Mitteilungsinhalten und die Darstellung einfacher Sachverhalte in eindeutiger Form (Wortwahl »ich«, »fühle«, »möchte«) werden verstärkt.
- Komplexe verbale Fertigkeiten:
  Der Aufbau verbal-verstärkender Fertigkeiten mit offenen Fragen und Rückkopplungstechniken, auch zur Auflösung von Doppelbindungen, werden im Gebiet der Decodierung von Mitteilungen eingeübt. Emotionale Erlebnisinhalte und Konflikte werden im Gebiet der Codierung von Mitteilungen in eindeutiger Form diskriminativ zu den Situationen trainiert. Kommunikative Problemlösungen über eindeutige und vollständige Darstellungen innerer funktionaler Abläufe werden beim Mitteilungs- und Zuhörerverhalten verstärkt.
- Die Eindeutigkeit von Erleben und Handeln wird über die synchrone Steigerung auf allen Ausdruckskanälen und über das Erfragen der Empfindungen kontrolliert und hervorhebend verstärkt.
- Transferbildung und Erwartungskorrekturen werden hervorgehoben. Prosoziales Engagement und Schritte zur Förderung der Gruppenkohäsion werden verstärkt.

Erfahrene Therapeuten verfügen oft auch über die Kunst, selbst noch nicht Vorhandenes zu verstärken. Hier wird eine subjektiv formulierte »Wahrnehmung« des Therapeuten von etwas, was sein sollte, jedoch zu lange auf sich warten lässt, als »diskriminativer Hinweisreiz« gesetzt.

Auf das »Wie« der positiven Verstärkung wird noch näher eingegangen. Es soll immer eindeutig und annehmbar sein. Anfangs als reine Beobachterrückmeldung verwirklichter Zielannäherungsschritte und später als freudige Anteilnahme sollte sie möglichst sofort und so häufig als nötig, zumeist jedoch öfter als die Norm der Therapeuten es nahelegt, gegeben werden.

Parallel zu dieser schrittweisen Verhaltensformung ist im ATP ein Programm eingebaut, welches die Fähigkeit der Selbstverstärkung in systematischer Weise schulen soll. Wenn Sie die einzelnen Instruktionen zu dem Selbstbewertungssystem bei den Hausaufgaben beachten, werden Sie folgenden Aufbau wiederfinden:

Die Kriterien zur Bewertung der eigenen Problemlösung werden anfangs fremd vorgegeben. Dabei wird zunächst nur eine sachliche Feststellung derart getroffen, dass das Erfüllen der Kriterien zum Eintrag bestimmter Punkte berechtigt.

Darauf folgt eine aufgabenbezogene qualitative Bewertung (die Aufgabe gut gemacht), die in die Punktbewertung eingeht.
Schließlich erfolgt ebenfalls als Fremdkriterium eine qualitative Bewertung des Übenden selbst, die wiederum in das Punktbewertungssystem eingeht.
Dann wird zur Fremdverstärkung von Selbstbewertungen übergegangen:
Zunächst tauchen Formulierungen auf wie »Sie können zufrieden mit sich selbst sein«, die wiederum in die Selbstvergabe von Punkten umgesetzt werden.

- Darauf folgen Kriterien wie »Sie fanden sich gut bis sehr gut« mit der Anleitung, sich dafür entsprechende Punkte zu geben.
- Im nächsten Schritt wird nun ganz auf die Selbstbewertung umgeschaltet mit Punkten für »Ich finde mich ...«.
- Wenn die Selbststeuerung des eigenen Verhaltens etabliert ist, werden im engeren Sinne »Reinforcing-skills« aufgebaut. Hier wird zunächst wieder die Fremdbewertung »Sie haben ...« zu Hilfe genommen.
  Das erste Kriterium ist hier derart, dass einfach die Feststellung der unmittelbaren positiven Reaktion des anderen in die Bewertung eingeht, dann die funktionale Beziehung (Sie haben den anderen zu ... gebracht)
- und schließlich die reziproke positive Selbststeuerung (»Sie haben den anderen dazu gebracht, Ihnen ...«).

In dieses Lernprogramm zur Selbstverstärkung sind auch kooperative Verhaltensweisen eingebaut (»Sie haben in der Gruppe geholfen«).

Für den Therapeuten ist es also wichtig, bei der Kontrolle der Hausaufgaben die vorgegebenen inhaltlichen Kriterien und die Bezugssysteme der Bewertung sorgfältig zu beachten. Er kann ihre richtige Replikation bei der Kontrolle der Hausaufgaben wiederum diskriminativ verstärken. Dabei ist auch die Rolle der Punkte zu berücksichtigen. Indem der Therapeut direkt nach der Zahl der Punkte fragt und sie erst dann nach den Kriterien aufschlüsseln lässt, fügt er zum Kontrollsystem der Punkte wiederum eine verstärkende Qualität zu. Wir haben zwar in den Klientenbüchern die Möglichkeit des Umtausches der Punkte in materielle Verstärker als Lernhilfe bei Beginn dieses Programmes beschrieben, dies ist jedoch nur selten notwendig. In ihrer Verknüpfung mit inhaltlich klaren Kriterien des Handlungsvollzuges und der Bewertungsnorm erhalten sie in aller Regel selbst bald verstärkende Qualität. Die Frage: »Was macht man dann mit den Punkten?« wird daher auch häufiger von Therapeuten als von den sich kontrollierenden Klienten gestellt. Ein Verhaltenstherapeut hatte diesen Sachverhalt einmal so beschrieben: Auf die Frage, was denn nun die Patienten mit ihren Punkten machen sollten, antwortete er: »Die dürfen sie behalten.«

2.3.3 Die Schwierigkeitsabstufung in der Therapiedurchführung

Für die Durchführung des ATP in Gruppen bestehen für jede einzelne der nach Schwierigkeit abgestuften Übungen noch vier zusätzliche Schwierigkeitsabstufungen im Prozess der Übungserarbeitung. Diese sind das Verlesen des Übungstextes und dessen Darbietung durch das Therapeutenmodell oder Videomodell; die Wahrnehmung der Situation als Übungspartner und die Beobachtung der Darbietungsweise durch die mitübenden Gruppenmitglieder; die stimmige und bekräftigte Neuerfahrung in der Verhaltensprobe vor der Übertragung in die Realität und die positive Bekräftigung oder Misserfolgskorrektur bei der »Hausaufgabenbesprechung«.

Diese Schwierigkeitsabstufung in der Übungsvermittlung kann durch die wiederholte Durchführung der einzelnen Schritte über die Mechanismen von Übung und Gewöhnung zusätzlich angstreduzierend variiert werden. Fühlt sich ein Übender also nachdem ersten Erproben noch unbehaglich oder ist die Durchführung ersichtlich unstimmig, also nur unter Vorbehalt und mit vermeidungsbedingter Mehrdeutigkeit erfolgt, sollte er die Möglichkeit haben, die Übung sofort, und gegebenenfalls auch mehrfach, zu wiederholen. In der Literatur wird zur Schwierigkeitsabstufung gelegentlich noch zusätzlich die »verdeckte« Durcharbeitung der Situation vor dem praktischen Vollzug empfohlen (Cautela 1966). Hier wird das klassische Vorgehen der Systematischen Desensibilisierung in Vorstellung vor die praktische Übung geschaltet. Das Sich-innerlich-in-die-Situation-Hineinversetzen, die gefühlsmäßige Erzeugung echter Bedürfnisse und die Kontrolle über die Erwartungsbildung gehören zum unbedingten Inventar der Verhaltensprobe.
Schwierigkeitsglättende Maßnahmen im Sinne von shapen und prompten und das Einbauen von ermutigenden Zwischenschritten (siehe auch die »Zwischenhierarchien« bei den Übungen »reservierten Platzt räumen oder »Umtausch«) gehören zum Handwerkszeug der Therapeuten ebenso wie die Durchführung unter Aussparung aversiver Umstände und die Gestaltung der Übungssituation in möglichst angenehmer, entspannter Atmosphäre.

- Die Technik der Schwierigkeitsabstufung wird bei der Einzelanwendung des ATP zweckmäßig so variiert, dass der Patient die jeweils zehn folgenden Übungen in eine für ihn subjektive Schwierigkeitsrangfolge bringt und die Übungen nach diesem Modus durchgeht. Entsprechendes gilt auch dann, wenn nur eine der vier Grundhierarchien, etwa Fehlschlagangst, zur Durcharbeitung vorgesehen ist.
- Die Technik der Schwierigkeitsabstufung muss während der Routinevermittlung des ATP in dem Sinne beherrscht werden, dass für jeden Einzelnen sofort die schwierigkeitsbedingenden Variablen (Handlung, Partner, Ort, Konsequenz) geortet werden und bei Bedarf, etwa bei der sofortigen Übungswiederholung, systematisch variiert werden können. Zu diesem Aspekt der Schwierigkeitsvariation gehört auch die sofortige Erstellung von Zwischenhierarchien, die etwa in Form zusätzlicher Hausaufgaben dem Einzelnen aufgetragen werden und die, durch die Kenntnis der »Pläne« sehr erleichterte, Ableitung spezifischer Bewältigungsinstruktionen, die dann in den Wiederholungsdurchgang eingebaut und so erprobt werden. Dieses Vorgehen ist sowohl bei Vorstellungsbewältigung als auch bei Verhaltensproben in der Einzeltherapie angezeigt.
  Auch eine Vertiefung oder Verzweigung der Hierarchie des ATP in Form einer Begleitdesensibilisierung kann als weitere Möglichkeit der Schwierigkeitsabstufung über die Therapiedurchführung angesehen werden, ebenso wie zusätzliche Entspannung, lockere Gruppenatmosphäre und alle anderen angstabschwächenden Begleitstrategien.

So kann bei umschriebenen sexuellen Problemen, aber auch bei komplizierten Ablehnungs- und Bindungsängsten verfahren werden. Aus der Kontakthierarchie als Basisbehandlung kann bei vorhandener Partnerschaft die Überleitung in die schwierigkeitsabgestufte Vorgehensweise Masters und Johnson (1970) entwickelt werden, bei fehlendem Partner eine kurze Systematische Desensibilisierung mit ausschließlich sexuellen Vorstellungsinhalten angeschlossen werden. Der ökonomische Nutzen solcher Vorgehensweisen liegt ganz wesentlich im Erkennen des richtigen Zeitpunktes der einzelnen Therapieschritte und in der Möglichkeit der Delegation der Basistherapie in Form von Hausaufgaben durch die vorliegenden Begleittexte und Anleitungen.

Die erste Sitzung des ATP in Gruppe hat für sozialängstliche Klienten eine spezielle Bedingungskonstellation von aversiven Qualitäten, die nicht über Abstufungen bewältigt werden kann. Auf praktische Alternativen, etwa über Antipanikstrategien, kommen wir in der Durchführungsbeschreibung zurück.
Die Paradoxie, die Angst im mitmenschlichen Bereich überwinden zu wollen und unmittelbar mit der Gegenwart mehrerer Personen konfrontiert zu sein, bedarf einer gesonderten therapeutischen Berücksichtigung. Vom Programm her sind die ersten Übungen deutlich als Eisbrecherübungen definiert. Sie erlauben sehr viel motorische Aktion, die der Angst entgegensteht. Dies kann wiederum therapeutisch gefördert werden, indem die dargebotenen Übungen unmittelbar von allen gleichzeitig durchgeführt werden. Hier übt jeder mit jedem, die Übungspartner wechseln in rascher Reihenfolge. Die damit verbundene Aktion, allein das Aufstehen und die motorische Tätigkeit des Herumgehens, Begrüßungen und ablenkende Übungsaufträge lockern im Allgemeinen die Atmosphäre genügend auf.

Auch die Attraktivität der Teilnehmer einer Gruppe kann Angststeigerung bewirken. Diese ist zum Teil wieder eine Funktion der Gruppenkohäsion. Je enger der Kontakt wird, umso maßgebender kann das Urteil der anderen werden und damit die Angst vor Blamage und Ablehnung vor den Gruppenmitgliedern steigen.
Der Gruppentherapeut wird anfangs bei Gruppenkontakten eher bei zu viel Nähe bremsen und ein nüchternes Klima gemeinsamen Lernens wahren. Die Modellvorgabe unter dem Gesichtspunkt nachvollziehbarer Erarbeitung statt perfektionistischem Rollenspiel dient ebenfalls dem Abbau von Fehlschlagängsten. Die volle Zufriedenheit bei Erreichen einzelner Kriterien muss glaubhaft und eindeutig geäußert werden. Auf keinen Fall dürfen therapeutisch überhöhte Ansprüche und Ungeduld gezeigt werden, die gelegentlich nach dem Motto »das war ja schon ganz gut, aber …« in unmittelbare Kritik einmünden. Dass diese Art von Kritik als Kunstfehler gilt, dürfte vom Prinzip angstfreier Erwartung der Therapieteilschritte offenkundig sein.
Schließlich dienen Selbstinstruktion, paradoxe Übersteigerungen, Techniken zur Förderung der Habituation über häufige Wiederholung und lange Gewöhnung ebenso dem Gesamtziel der Angstbewältigung wie die hierarchische Struktur und die Umgruppierung der Handlungskonsequenzen durch das Programm selbst. Angstzunahme, Vermeidung der Hausaufgaben, der Anstieg alten Problemverhaltens bis hin zur Übungsverweigerung zeigen oft eine mangelnde Fähigkeit der Therapeuten an, die speziellen Elemente der Schwierigkeitserhöhung und Angstentwicklung richtig zu erkennen und mit Zwischenhierarchien flankierend zum Standardvorgehen zu überbrücken. Im Gegenteil, vielfach führte die Unkenntnis der eigentlichen Bedingungen für die »Antimotivation« beim Üben noch zur Erhöhung therapeutischen Druckes. Dies entspricht aber einer programmierten Sensibilisierung.

Eine entsprechende Fehleinschätzung der Verhaltenssteuerung findet sich auch im Gebiet der Verstärkerbestimmungen, die ebenfalls bei nur positiv gemeinten, aber negativ gewerteten, kontraproduktiv wird und in einer Antimotivation beim Übenden zutage treten kann.
Die Überprüfung der jeweils subjektiven Verstärkerwertigkeit vor und während der Therapie gehört mit zu den wichtigsten therapeutischen Aufgaben.
Hier ist nötig, daran zu denken, dass jede Frequenzabnahme eines Verhaltens, welches aufgebaut werden soll, ebenso wie jede Frequenzzunahme von Vermeidung in der Richtung einer verringerten Verstärkereffektivität überprüft werden muss. Es ist nicht immer einfach, diese Fehlerquelle rechtzeitig zu erkennen. Neben den relativ einfachen Störquellen der Lobabwehr sind Gesichtspunkte der Sättigung und mangelnden Relevanz zu bedenken. Noch komplizierter gestaltet sich die Situation, wenn die Qualität des Verstärkers zwar anerkannt wird, jedoch nur in Relation zu Verhaltensweisen, die üblicherweise gerade nicht unter der Kontrolle dieser Konsequenzen stehen. So kann jemand Anerkennung durchaus als subjektiv wichtig empfinden, diese jedoch nicht im üblichen leistungsbezogenen Verhalten kontingent erlebt haben und dort als irrelevant empfinden, sie aber mit der Beachtung durch eine Gruppe verbinden und dieses Verhalten im Sinne inadäquater Aufmerksamkeitserregung oder einer das Gruppenmilieu störenden Macht- und Angeberposition verknüpfen. Diese Kontingenz kann wiederum kooperatives Gruppenverhalten oder partnerschaftliche Zuneigung ausschließen. Sachleistungen wiederum stehen gelegentlich nicht unter der Lob- und Anerkennungskontrolle, sondern werden ausschließlich aus Liebe und Rücksicht anderen Personen gegenüber, aus Gehorsam und dergleichen erbracht. Es ist dann für den Therapeuten sehr schwierig, solch falsche Konsequenzerwartungen zu erkennen, weil die Frequenz des Verhaltens nicht augenfällig gestört zu sein scheint. Für den Therapiefortschritt bedeutet ein solch inneres Programm jedoch, dass die gebotenen Lernhilfen nicht genutzt werden können und Verhaltensexzesse unerwünschter Richtung gefördert werden.

Auf das »Wie« verbaler Verstärkung wurde in den Klientenbüchern bereits einigegangen. Die einfachste Art der Kontrolle von therapeutisch Gemeintem und subjektiv Empfundenem ist die Rückfrage zur subjektiven Bewertung.
Eine besondere Art einer Rückmeldung von »Fehlern« oder Unterlassungen in positivem Gewand stellt die erwähnte hervorhebende Bekräftigung von nicht Vorhandenem dar. So könnte ein Therapeut bei einem Klienten, der ständig den Blickkontakt vermeidet, bereits ein kurzes Kopfheben zum Gegenstand eines diskriminativen Hinweisreizes machen und rückmelden: »Mir ist besonders aufgefallen, wie Sie sich bemüht haben, den anderen anzuschauen.«
Diese Methode ist vielfach hilfreicher als die direkte Anweisung oder gar die Verhaltenskorrektur durch Kritik.
Grundsätzlich soll ja das neue Verhalten im störfreien Raum, das heißt auch ohne aversive Konsequenzen, aufgebaut werden. Der Klient soll lernen, sich zu akzeptieren. Die Therapeuten sollen ihm dabei mit einer offenen fördernden Verhaltensweise helfen, die Gruppenmitglieder sollten sich auf eine sachliche Rückmeldung beschränken, bis sie die Technik hervorhebender Bekräftigung beherrschen. Neben diesen drei Beeinflussungsgrößen im Sinne unterschiedlicher Konsequenzgestaltung treten bei den In-vivo-Übungen noch die »ungeschulten« Übenden aus dem realen Alltag hinzu. Die Übungen ent-

halten daher klare Kriterien bei der Verhaltensprobe, in der Therapeuten und Übungspartner auf eine bestimmte Rückmeldung festgelegt werden.
Der langsame Schwierigkeitsanstieg soll verhindern, dass die Patienten bei Übungen in der Realität auf ihr zum Teil aversives defizitäres Verhalten zurückgreifen, und soll so wenigstens anfangs negative Konsequenzen ausschließen. Andererseits wird die Erfahrung, dass nicht jedes Verhalten positive Konsequenzen hat, sehr früh vorbereitet. Dies geschieht etwa über indirektes Lernen bei den »Nein-sage- Übungen«. Eine erhöhte Frustrationstoleranz als Fernziel dieses Vorgehens setzt jedoch ein gewachsenes Selbstvertrauen voraus und kann daher nicht von vornherein angestrebt werden.
Für den Therapeuten ergibt sich häufig eine zwiespältige Situation, wenn ein Übender eine Verhaltensweise objektiv falsch, das heißt abweichend vom Übungstext, vorgibt. Einmal muss der Fehler korrigiert werden, bevor er etwa von Gruppenmitgliedern aus Unkenntnis bekräftigt wird, zum anderen darf für die nachfolgenden Übenden kein falsches Modell bestehen bleiben.
Der Therapeut steht vor dem Dilemma, die Übung sofort zu unterbrechen, was gerade am Anfang als massive Kritik empfunden werden kann, oder unmittelbar nach Beendigung selbst einzuspringen, etwa zu sagen, dass er es selbst noch einmal ausprobieren möchte, ob die Schwierigkeitsvorgabe so richtig austariert sei, wie es auf ihn wirke oder – mit der »Colombotechnik« – weil er sich über dies und jenes in der Übung noch einmal Klarheit verschaffen möchte und deshalb eine Wiederholung oder Neuvorgabe der Übung oder einer Passage benötige. Fehler, die ganz zu Beginn der Übung ablaufen, kann und muss der oder die TherapeutIn sofort korrigieren, was jedoch als Inszenierungsfehler, also nicht als Fehlverhalten des Einzelnen gelabelt wird. Gelegentlich ist auch der Ansatz am Übungspartner für die sofortige Unterbrechung und Wiederholung der Übung möglich. Da dieser keine aktiv übende Rolle, sondern nur eine Text- und schwierigkeitsreproduzierende Hilfestellung für den Übenden innehat, ist die Korrektur an dieser Stelle wesentlich unproblematischer. Fehler von dieser Seite können daher auch schon in den Anfängen des Programms unmittelbar und direkt korrigiert werden, während wir bei der direkten Unterbrechung des Übungspartners in den ersten Sitzungen recht vorsichtig sind. Direkte Kritik und indirekte, etwa durch Bemerkung wie »das war schon ganz gut, aber ...« sollte möglichst ganz unterlassen werden. Die Verhaltensformung durch negative Konsequenzen in der Realität tritt früh genug ein.
Erst im Bereich der unterscheidenden Anwendung ist die konstruktive Kritik als Rückmeldung unangenehmer Empfindungen angebracht. Sie schärft den Blick für negative Konsequenzen in Abhängigkeit vom eigenen Verhalten und weist bei den jetzt bereits vorhandenen Wahlmöglichkeiten im Verhaltensrepertoire des Patienten positive Lösungsmöglichkeiten nach.

B Diagnose und Indikation

3. Die Diagnose sozialer Störungen

3. 1 Der diagnostische Prozess

Jede Indikationsstellung setzt eine gründliche diagnostische Abklärung voraus. Nach unserer Erfahrung treten bereits bei den diagnostischen Grundlagen vielfach Missverständnisse und Probleme auf, die die Indikationsstellung und damit den Erfolg im ATP negativ beeinflussen.
Wir wollen daher auf die häufigsten Probleme im Ablauf der verhaltenstherapeutischen Diagnostik näher eingehen.
Diese betreffen besonders das Einbringen bedingungsanalytischen Denkens in den Prozess der diagnostischen Abklärung und die saubere Trennung von Beschreibung und Interpretation. Bereiche, die in der Literatur ausführlich dargestellt sind, wollen wir hier nur kurz streifen. (Wir möchten hier speziell auf die Abhandlung von Braun, 1978, S. 1649 ff., Kanfer und Phillips, 1970, Kanfer und Goldstein, 1977. sowie auf Schulte, 1974, und von den neueren Büchern auf Kanfer, Reinecke und Schmelzer 1990 verweisen.) Die grundlegenden Konzepte und viele noch ungenutzte Chancen einer neuartigen klinischen Diagnostik sind vielfach aus den Schriften der Pionierzeit klarer zu erkennen als in der einseitigen und restaurativen Richtung vieler gegenwärtiger Veröffentlichungen. Deshalb konnten wir uns nicht entschließen, diesen konzeptuellen Teil ganz wegzulassen. Auch in der diagnostischen Einführung für die Patienten haben wir das kritische bedingungsanalytische Modell noch vertiefend dargestellt.
Verhaltenstherapie ist ein fortschreitender Prozess der Erfassung von Störungsbedingungen und ihrer therapeutischen Modifikation.
Die Frage der Indikation erschöpft sich nicht in einer richtunggebenden Vorselektion zu einer bestimmten Therapieform. Sie bleibt eine ständige Entscheidungshilfe bei der Auswahl neuer Modifikationsstrategien, weil in aller Regel das therapeutische Ziel in aufeinander aufbauenden Teilschritten erreicht wird.
Die Frage der Nützlichkeit einer Therapie überhaupt beinhaltet die Notwendigkeit der Beschreibung des Störverhaltens in einer Form, die eine normativ-quantitative Einschätzung des Beeinträchtigungsgrades erlaubt und eine Abschätzung der störungserhaltenden Bedingungen auf ihre Veränderungsmöglichkeit durch die zur Verfügung stehenden Einflussnahmen gestattet. Da Störungsbedingungen selbst keine unabhängigen Größen darstellen, ist eine Vorhersage über ihre vermutliche Dauer ohne therapeutische Einflussnahme Bestandteil der Notwendigkeitsbestimmung zu einer Therapie. Die Frage der Notwendigkeit zu einer bedingungsanalytischen Langzeittherapie mit den Methoden

und Zielbereichen des ATP erfordert die ökonomisch bestimmte Entscheidung darüber, ob die zur Änderung anstehenden Probleme nicht auch mit einfacheren isolierten Techniken von kurzer Zeitdauer oder gar nur mit einer anleitend-beratenden Tätigkeit (etwa ATP im Eigenstudium) lösbar sind und ob diese Verminderung des Umfangs, der Intensität und der Langzeitwirkung des therapeutischen Ansatzes noch vertretbar ist.

Soziale Störungen sind die ursächliche Bedingung oder die Folge der überwiegenden Mehrzahl aller psychischen und psychosomatischen Probleme. Die erste Aufgabe der Diagnostik ist die Erfassung, Beschreibung und Gewichtung von Problemen im Störungsgefüge.

Hierbei ist die Ausrichtung auf unmittelbar ATP-Bezogenes wie eines Zuviel an sozialen Ängsten und eines Zuwenig an sozialen Fertigkeiten auf der Verhaltensebene, eines Zuviel an Selbstabwertungen und eines Zuwenig an Selbstbestätigung auf der Ebene der Selbstbewertung, eines Zuviel an aversiven sozialen Bedingungen und eines Zuwenig an Ansprache und Kontakt jedoch nur selten ausreichend.

Vielfach sind es primär nicht als soziale Störung erlebte und gezeigte Verhaltensweisen wie depressive Stimmungen, Süchte, Zwänge, Schlafstörungen, Kopfschmerzen, sexuelle Funktionsstörungen, Störungen des Essverhaltens, der Psychomotorik und vieles andere, die Anlass der diagnostischen Abklärung werden und erst bei der Bedingungsanalyse in ihrem sozialen Funktionsanteil erhellt werden.

Die Diagnostik sozialer Störungen muss daher von einer offenen Erfassung der subjektiv störendsten Probleme ausgehen. Diese können, müssen aber nicht primär sozialer Art sein.

Die Diagnostik führt dann über die Problembeschreibung zur funktionalen Interpretation des Störungsgefüges.

Hierbei bewegt sich der Diagnostiker zunächst auf einer sehr spekulativen Ebene der Zusammenschau von groben Verhaltensklassen relativ hohen Abstraktionsniveaus (molares Verhalten, Makroebene).

Seine Interpretation des Bedingungsgefüges stützt sich eher auf sein theoretisches Bedingungswissen als auf Beobachtungen situativ determinierter, isolierter Verhaltensketten (molekulares Verhalten, Mikroebene). Genauso grob wie die Querschnittbetrachtung der hier und jetzt wichtigsten Probleme ist anfangs die Längsschnittbetrachtung nach der Problementstehung und nach ihren Lösungsmöglichkeiten. Eine Groborientierung darüber, ob etwa soziale Ängste primärer Natur, das heißt bereits seit der Schulzeit bestehend, oder sekundärer Natur, also erst später als Einbruch in zuvor selbstsicheres Verhalten, aufzufassen sind, ob depressive Verstimmungen phasisch, reaktiv, als negative Ansprachebilanz oder kurzfristig situativ eingebettet erscheinen, ob Störungsbedingungen extern oder nur internalisiert weiterwirken, ist für die allererste Entscheidungsbildung schon ausreichend. Eine erste Zielorientierung in Form von Änderungswünschen gibt uns genügend Auskunft über die motivatorische Richtung. Die Frage nach den eigenen bisherigen Änderungsversuchen informiert über die grundsätzliche Bereitschaft zur Mitarbeit. Die Erfassung der Aktiva und Passiva in den sozialen Bezügen Beruf, Familie, Freunde und Bekannte sowie Freizeit orientiert über mögliche Änderungspotentiale und Änderungsbarrieren.

Zusammen mit unserer Gewichtung der Hauptstörung nach dem Grad der Einschränkung können wir dann vorentscheiden, ob eine Änderung notwendig ist, ob eine Ände-

rung mit und ohne Therapie möglich ist, welcher Exzess verringert werden soll und welches Defizit ausgeglichen werden soll.
Unser verfügbares Änderungswissen füllt diese Wegstrecken mit Therapietechniken und -methoden aus. Die anschließende Feinarbeit an den jeweils einzelnen Verhaltensweisen wiederholt diesen Prozess auf einer wesentlich abgesicherteren Ebene. Sie stützt oder korrigiert auf der bedingungsanalytischen Seite unser hypothetisches Gefügemodell. Sie liefert auf der therapeutischen Ebene laufend neue Bedingungsvoraussetzungen für die sukzessive Zielannäherung (siehe Flussdiagramme bei Kaminski, 1970, Schulte, 1974, Schmoock et al. 1974).
Eine vereinfachte Darstellung des diagnostisch-therapeutischen Prozesses in der Verhaltenstherapie analog zu den Flussdiagrammen der genannten Autoren soll die Einordnung der folgenden Informationen erleichtern helfen.

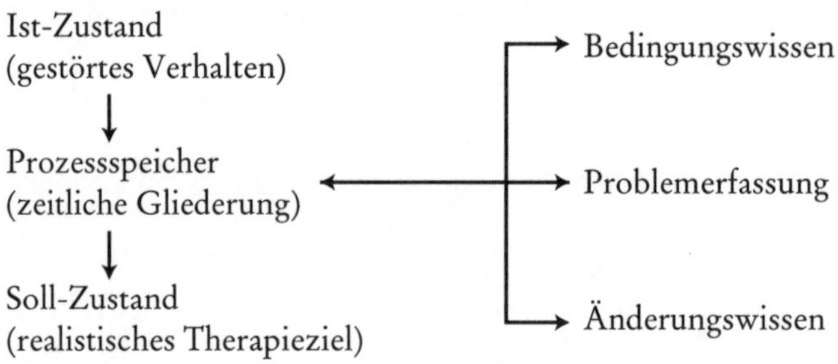

Die drei Arbeitsgänge zur Problemanalyse betreffen:

- Das gestörte Verhalten
- Die auslösenden Bedingungen (Situationsanalyse) und
- Die problemerhaltenden Bedingungen (Verstärker- und Kontingenzanalyse).

Von unseren Arbeitshilfen und Messmitteln her können die Arbeitsblätter 3 bis 6 und das Emotionalitätsinventar EMI-B zur Klärung im ersten Bereich herangezogen werden, zusammen mit den Anleitungen zur Verhaltensbeobachtung aus dem Buch ATP 1, die Fragebögen FAF und U für den zweiten Bereich und das voll funktionale Situationsbewertungssystem SB-EMI-S neben den Arbeitsblättern 7, 10, 5 und 6 im dritten Bereich als Hilfen eingesetzt werden.

Hinzu kommt im Hinblick auf den notwendigen Ersatz des Problemverhaltens durch ein neues Problemlöseverhalten als vierter Bezug der Diagnostik die notwendigen Verhaltensalternativen mit der Zielbestimmung.
Die nächste Übersicht soll helfen, den Ablauf des diagnostischen Vorgehens in ein gegliedertes Schema einzuordnen.

Die *topografische oder beschreibende Verhaltensanalyse* dient

- der Problemerfassung
- der Problembeschreibung und
- der Problemgewichtung

Als vierter Gesichtspunkt kann die Diagnostik der fehlenden Alternativen, die von Defiziten und von notwendigen Problemlösestrategien, hier eingeordnet werden. Die erfassend-beschreibende Verhaltensdiagnostik ist der Hauptgegenstand der Erstinterviews und kann dort durch die ersten »Hausaufgaben«, etwa die Arbeitsblätter 1 und 2 sowie eine Anleitung zur biografischen Anamnese oder Verhaltens- bzw. Problemgenese ergänzt werden.

Die *funktionale Verhaltensanalyse oder die Bedingungsanalyse* dient dann der Definition von dem Verhalten vorausgehenden und nachfolgenden Steuerungsbedingungen und als sogenannte **vertikale** Verhaltensanalyse oder **Funktionsanalyse** der Bestimmung von hierarchisch organisierten Schutz- und Luststrategien.
Sie bezieht sich zum einen auf klar operationalisiertes, situativ eingebettetes Verhalten und wird dort nach dem SORK-Schema (s. u.) vorgenommen.
Dieser präzisen Bestimmungsarbeit auf der **Mikroebene** geht ein Vorgang des hypothetischen Zuordnens verallgemeinerter Größen wie Verhaltens-, Erwartungs- und Bewertungsmuster oder -klassen voraus, die funktionale Erfassung von Bedingungsgefügen auf der **Makroebene**.
Der Vorgang der funktionalen Verhaltensanalyse als Kernstück der Verhaltenstherapie schließt sich an die Erfassung eines Problems an. Er kann mit zwei bis fünf diagnostischen Interviews in eine vorläufige Bestimmung von Bedingungskonstellationen und von Änderungsmöglichkeiten einmünden (Therapierahmenplan), muss jedoch ständig mit den Änderungsmaßnahmen selbst (Therapie) verzahnt fortgeführt werden, weil jede Bedingungsveränderung selbst wieder neue Bedingungen schafft.
Die *genetische Verhaltensanalyse* ist auf der situativen Ebene mit der Bestimmung der Entstehungsbedingungen und der Dauer und dem Verlauf gestörten Verhaltens identisch. Auf dem höheren Abstraktionsniveau der Betrachtung von Verhaltensmustern ist sie mit der *biografischen Anamnese* identisch. Hier werden Modellfaktoren, Deprivations- und Stigmatisationsbedingungen, die Erwartungsbildung mit Straf- und Lobmustern aus dem Elternhaus, ggf. mit modifikatorischen Vorgaben und Limitierungen durch Geschwister, soziale Schicht, Sprache oder soziale Traumata wie Trennungen und Internatserziehungen herausgearbeitet und mit den gegenwärtigen Planstrukturen in Beziehung gesetzt.
Das zwangsläufige Ineinandergreifen von Erklärungen (Diagnostik) und Änderung (Therapie) hebt den Prozess der Diagnostik und Indikationsstellung in der Verhaltenstherapie von allen anderen medizinischen und psychologischen Diagnosemodellen ab. Im bedingungsanalytischen Denken Ungeschulte verharren oft auf einem Zwischenschritt der spekulativen und schematischen Zuordnung von Störungen und Therapie. Sie bleiben unflexibel und handeln später oftmals nicht bedingungsgerecht oder grob an den Störungsbedingungen vorbei. Aber selbst Personen mit verhaltenstherapeutischer Grundausbildung tun sich lange Zeit schwer, das bedingungsanalytische Erklärungs- und Änderungsmodell in dem umfassenden Sinne einzusetzen, der ihm zukommt. Der Gegenstand bedingungsanalytischer Diagnostik ist nicht nur das gestörte Verhalten, sondern sind auch seine steuernden Bedingungen.
Dass auch der Therapeut in seinem situativen Handlungsrahmen, in der Patient-Therapeut-Beziehung und seinem Vorgehen von den funktionalen Parametern der Situation abhängt und diese bewusst und reflektiv in sein Handeln einbauen sollte, wird in den nächsten Abschnitten verdeutlicht.

3.1.1 Die Abhängigkeit des Vorgehens von den formalen situativen Bedingungen

Wir wollen in diesem Abschnitt versuchen, einige wesentliche Steuerungsprozesse im diagnostischen Vorgehen innerhalb der bedingungsanalytischen Psychotherapie zu verdeutlichen. Die im Sinne der Interaktion wirksamen Steuerungsvariablen dieses diagnostischen Prozesses lassen sich den folgenden drei Bereichen zuordnen:

(1) Ein Klient oder Patient, der mit bestimmten, dem Therapeuten zunächst noch unbekannten Erwartungen an ihn herantritt;

(2) die Situation und der technische Rahmen, in dem der diagnostische Prozess ablaufen muss;

(3) der Therapeut mit einem Änderungs- und Erklärungsmodell, welches in der Regel dem Patienten unbekannt oder zumindest nicht sehr geläufig ist.

Diese Dreierkonstellation von Steuerungselementen des Verhaltens, der hier und jetzt wirksamen situativen Bedingungen zweier Individuen mit einer unterschiedlichen Lerngeschichte und vielfach unterschiedlichen Erwartungen oder Zielen entspricht dem Regelfall sozialer Interaktion. Der diagnostische Prozess hebt sich hiervon nur durch die Asymmetrie der sozialen Kompetenz ab: die Verfügbarkeit über das Änderungswissen liegt beim Therapeuten. An dieser Asymmetrie können alle wohlgemeinten Konzepte partnerschaftlichen Therapeuten-Patienten-Verhaltens nichts ändern. Die Selbstbestimmung ist ein therapeutisches Ziel von hohem Wert. Sie steht jedoch am Ende eines langen Weges der Fremdkontrolle. Vielfach wird die Fähigkeit des Patienten zur Selbstkontrolle anfangs überschätzt und in einer naiven Verkennung von Ist- und Soll-Zuständen die angetragene Verantwortung einfach zurückdelegiert. Dieser Aufforderung zum »bestimme Dich selbst« ist der Ratsuchende gerade nicht gewachsen, sonst würde er nicht fremde Hilfe suchen. Der Therapeut muss bereit sein, die Verantwortung anfangs zu übernehmen, bis die Voraussetzung zur Zielverwirklichung in eigener Regie geschaffen ist.

Auf der anderen Seite ist es unbedingt notwendig, die Motivation des Ratsuchenden zunächst unbefangen kennenzulernen, ihm bei der Analyse seiner eigenen Probleme behilflich zu sein und ihm in möglichst selbstständiger Weise zur Formulierung von Therapiezielen zu verhelfen, die das subjektiv Gewünschte mit dem objektiv Sinnvollen und Möglichen verbinden.

Die sehr gründliche Einführung in das bedingungsanalytische Denken und Handeln und die sehr frühe Verantwortungsübernahme für die Zielbestimmung und diagnostische Mitarbeit in den ATP- Materialien dienen bereits dem Ziel sozialer Kompetenz und Selbstverwirklichung. Von der Fähigkeit selbstständiger Umsetzung oder auch nur ausreichenden Erkenntnis ist der in seine Probleme verstrickte Patient anfangs jedoch weit entfernt, so dass empfohlen wird, auf dem Niveau jeweils neuer, mit professioneller Hilfe erreichter, Sicht- und Handlungsmöglichkeiten die Buchlektüre zu wiederholen.

Aufgrund der verschiedenen situativen Bedingungen kann ein Therapeut im Hinblick auf eine mögliche Durchführung des Assertiveness-Training-Programmes dem Patienten in fünf völlig unterschiedlichen Funktionen gegenübertreten:

(1) Der Therapeut ist vom Erstkontakt bis zur Vermittlung der Therapie selbstständig für den Patienten verantwortlich. In diesem günstigen Fall kann er eine kontinuierli-

che Beeinflussung in den drei Phasen des Erstgespräches, der Therapievorbereitung und der Therapievermittlung übernehmen.

(2) Der Therapeut ist nur die diagnostische Anlaufstelle für den Patienten. Er soll die Art und Notwendigkeit einer Therapie feststellen, muss jedoch die eventuell notwendige Durchführung des ATP an einen anderen Therapeuten delegieren. Er ist hier wie in der ersten Situation vorwiegend mit einem möglichst offen zu führenden Abklärungs- und Entscheidungsprozess befasst, muss sich jedoch im Hinblick auf die Veränderungsmaßnahmen um eine lückenlose Übergabe in der Phase der Therapievorbereitung bemühen.

(3) Der klinische Psychologe oder Arzt hat nur eine diagnostische Zwischenfunktion im Sinne der Ermittlung umschriebener Ausschluss- und Zuordnungskriterien für eine bestimmte Therapieform. Beim ATP heißt das, einen Grobcheck zur Entscheidung folgender Fragen vorzunehmen:

- Liegen soziale Schwierigkeiten im Verhalten des Klienten und in seinen sozialen Bezügen vor?
- Erreichen diese ein Ausmaß an Beeinträchtigung, welches unmittelbar störend ist oder
- liefern diese sozialen Störungen ein ausreichend begründetes Bedingungsgefüge zur Aufrechterhaltung von Beschwerden und Schwierigkeiten anderer Art?
- Sind die Störungsbedingungen eher vom Verhalten des Klienten oder ausschließlich von den externen Lebensumständen abhängig?
- Sind die Störungsbedingungen in eigener Regie oder nur mit therapeutischer Hilfe zu überwinden?
- Gibt es psychische, somatische und soziale Barrieren für die Umsetzung der Änderungshilfen im ATP, die eine Therapienutzung momentan oder langfristig weitgehend verhindern?
- Bei momentanen Barrieren sind der Weg und die Zeitdauer zur Überwindung zu klären.

(4) Der Therapeut erhält einen Klienten, der bereits an anderer Stelle vorselektioniert wurde, zur Durchführung einer umschriebenen Therapie. Er wird in aller Regel die Wege des Ersttherapeuten wiederholen, um von der motivatorischen Seite her nichts zu übersehen. Er kann aber auch unmittelbar mit einem gezielten Zuordnungs- und Ausscheidungsverfahren im Hinblick auf die zur Frage stehende Behandlungsmethode einsteigen. Dem Klienten gegenüber muss er die fremdinduzierte Therapieerwartung auf jeden Fall berücksichtigen und bei einem negativen Urteil (Nichteignung) den Prozess Nummer 1 wiederholen.

(5) Es ist schließlich möglich, dass der Therapeut in der Funktionsaufteilung zur Durchführung des ATP den Patienten erstmals mit Therapiebeginn sieht und dann flankierend zur Gruppentherapie eine Bedingungsanalyse zur Erhellung subjektiver Therapieerwartungen (Motivationsanalyse) nachholen muss oder sich gar – bei einer even-

tuellen Aufteilung in »Rollenspiel-Therapeuten« und »Bedingungsanalytische Therapeuten« – auf einen recht umschriebenen Aspekt der Vermittlung von Änderungswissen beschränken muss und die ausgleichende Therapiearbeit einem anderen Therapeuten überlassen muss.

In jedem dieser zugewiesenen Handlungsräume arbeitet der Therapeut praktisch nach dem Prinzip der Optimierung zwischen dem wünschenswert Möglichen und dem machbar Nötigen. Diese Optimierung setzt gediegenes Bedingungs- und Änderungswissen voraus. Das eigene diagnostische und therapeutische Handeln bewusst in seiner Abhängigkeit von den situativen Steuerungsbedingungen, den unterschiedlichen Erwartungen zweier Individuen und deren durch Lerngeschichte und soziale Funktion unterschiedlich modifizierten interaktionistischen Abhängigkeiten, später noch erweitert durch die Einbeziehung des Steuerungselementes der Gruppendynamik im ATP, zu begreifen, lässt sich in optimaler Weise durch eine bedingungsanalytische Selbsterfahrungsgruppe erwerben.

Die folgende Darstellung kann daher nur die therapeutische Beobachtung auf einige wesentliche Steuerungsaspekte im diagnostischen Prozess hinlenken.
In bezug auf die genannten unterschiedlichen Funktionen des Therapeuten im Erfassungs-, Erklärungs- und Änderungsprozess wollen wir diese Bestimmungsgrößen für das Erstinterview und für den diagnostischen Zuordnungsprozess darstellen.
Im Hinblick auf die verwendeten Methoden der Informationsgewinnung ist in der Regel beim Erstinterview ein offen-exploratives Vorgehen, beim diagnostischen Grobcheck jedoch ein geschlossen-bestimmendes Vorgehen zweckmäßig.
Therapeut und Klient treten miteinander in eine soziale Interaktion.
Die Regeln der wechselseitigen Steuerung sind sofort wirksam. Die Art und Weise des Vorgehens unterliegt sofort der Kontrolle situativer Momente des Handlungsrahmens.

3.1.2 Die Abhängigkeit des Vorgehens von den inhaltlichen Bedingungen

3.1.2.1 »Akzeptieren« oder »Verändern«

Eines der Hauptprobleme in der Haltung des Therapeuten zum Klienten, in seiner Selbstauffassung und in der Art der Vermittlung seines Technikwissens besteht darin, den anfänglich häufig vorliegenden Widerspruch aufzulösen, der zwischen der Erwartung des Klienten an die Person des Therapeuten als eines Menschen, der ihn so, wie er ist, versteht und annimmt, und der Aufgabe des Therapeuten, gerade für diesen Istzustand aktive Veränderungen anzustreben und zu vermitteln.
Inwiefern und wie lange soll und kann der Therapeut dem Patienten etwa die Liebe schenken, die dieser nicht mehr oder noch nicht gefunden hat? Inwieweit kann ein Therapeut dem Patienten einfach durch seine Person Selbstbestimmung, Sinn, Geborgenheit und Schutz im doch nur künstlichen und nicht überdauernden Therapierahmen verleihen? Wann wird diese emotionale Hilfe zum Bumerang, indem sie Abhängigkeit und Hilflosigkeit des Patienten fixiert? Wie lässt sich eine solch emotionale Soforthilfe mit der Erwartung des Therapeuten vereinbaren, dass dieser Klient möglichst bald verstehen soll, dass er sich selbst ändern muss, um besser akzeptiert zu werden, und dass er dabei

bevorzugt nur Änderungswissen zur Verfügung stellen kann? Gemeinsam Ziele zu definieren und das Änderungswissen für jedes Ziel bereitstellen zu können erfordert eine völlig andere Gestaltung der Therapeut-Patient-Beziehung als in der Psychoanalyse, der Gesprächstherapie oder bei monomethodisch arbeitenden kognitiven oder systemischen Richtungen.

Dabei ist auch der Weg vom bedingungslosen zum bedingten Akzeptieren mit selektiver Steuerung bedingungsanalytisch ableitbar. Häufig muss die Abschwächung emotionaler Deprivation anfangs mangels Verhaltensalternativen durch Zuwendung erfolgen. Die Wahl des Zeitpunkts, wann diese Zuwendung nur noch selektiv, kontingent auf Zielannäherungsschritte erfolgen soll, stellt jedoch eine der schwierigsten Entscheidungen im verhaltenstherapeutischen Vorgehen dar. Manchmal fällt dieser Wechsel mit dem Abschluss der diagnostischen Phase zusammen. Vielfach muss er aufgeschoben werden, wobei zumeist erst eine Änderungsbereitschaft aufgebaut wird.

Viele Chancen werden dadurch vertan, dass Therapeuten das bedingungslose Akzeptieren zu lange ausdehnen oder dass sie Änderungen zu abrupt anstreben.

Die Probleme und Schwierigkeiten der Klienten sind oft ähnlichen Inhaltes und unterliegen ähnlichen Bedingungen. So können vielfach bereits nach kurzer Zeit die Richtung der Therapie und die Änderungsstrategie für den Therapeuten feststehen. Sie wird dann freudig und stolz sehr schnell angeboten. Die in ihr implizierten Änderungsbedingungen stehen dann gelegentlich der Anfangserwartung an die Person des Therapeuten entgegen. Der Klient sieht die Situation entsprechend früheren Erfahrungen: »Hier muss erst wieder etwas geleistet werden, damit ich akzeptiert werde.« Es ist für den Therapeuten anfangs oft schwer, der Versuchung zur schnellen technologischen Regelung eines Problems zu widerstehen. Ökonomische Gründe, die Geisteshaltung des effizienten »human engineering« oder aber auch ein Mangel an verfügbaren therapeutischen Vor- oder Zwischenschritten können dazu führen, dass eine große Anfangschance zur Hilfe vertan wird, dass enttäuschte Patienten sich abwenden oder nur widerstrebend eine auferlegte Mühe auf sich nehmen.

3.1.2.2 »Entwickeln« oder »Bestimmen«

Einerseits ist die emotionale Atmosphäre mit der Zeit, welche sich der Therapeut und der Klient füreinander nehmen können, und das durch »Annahme« des Patienten geschaffene Vertrauensverhältnis eine wesentliche Möglichkeit, Änderungsbewusstsein und Änderungsziele erst zu schaffen.

Andererseits kann das Problemverhalten durch Fragebögen und Tests schnell umschrieben und mit einer zielorientierten Verhaltensanalyse in den für die Veränderung wesentlichen Bedingungen erhellt werden. Eine zügige Bestimmung der erforderlichen Änderungsmaßnahmen, die dann zwingend und konsequent durchgeführt werden müssen, bis das Ziel erreicht ist, ist die Folge. Dies wirft besondere Probleme für den Wandel der Methoden während des weiteren Vorgehens und für die Klient-Therapeut-Beziehung auf.

Eine emotional günstige Situation für den Klienten und die beste Chance für eine sympathiegetragene Beziehung zum Therapeuten entsteht dann, wenn wir anfangs zurückhaltend mit eigenen Vorschlägen sind und dem Klienten einfach positive Bekräftigung durch Zuhören und unterstützendes Verständnis geben. Wir lassen uns Zeit für offene Fragen,

bevor wir zielorientierte Informationen sammeln. Dieser Eröffnungsstil impliziert das Problem, dass damit nun gerade die Verhaltensweisen, die wir ändern wollen – und letztlich sollen – verstärkt werden. Gleichzeitig steigt mit dem einseitigen Liefern von höchstwertigen Verstärkern die Abhängigkeit vom Therapeuten an.
Wir haben hier die klassische Ausgangssituation der psychoanalytischen Therapie, die dort als Übertragung bezeichnet wird. Wahrscheinlich beruht die faszinierende Totalität der Übernahme der Erklärungen und Deutungen des Therapeuten mit dem Effekt der psychoanalytischen Therapie, der Neubenennung von Problemen und der Umattribution von Schuld hauptsächlich auf dieser Tatsache. Übertragung und die Überwindung des »Widerstandes«wurden ja von S. Freud als wesentliche therapeutische Vehikel der psychoanalytischen Therapie angenommen. In unserer Modellbildung könnten wir für Interaktionsprozesse mit inkompatiblen Patienten- und Therapeutenplänen »Widerstand« annehmen oder konkreter: Die Therapeutenintervention aktiviert funktionsträchtige Schutzpläne des Patienten, etwa: »Wehre Dich gegen Einmischung und Anordnungen, um Deine Unabhängigkeit zu schützen«. Die »richtige« Intervention geht dabei immer zunächst in Richtung »akzeptieren«, weil jede Druckerhöhung nur noch mehr »Widerstand« hervorrufen würde. Da jedoch nur das Planziel »Unabhängigkeit«, nicht jedoch die Methode, notwendige Lernaufgaben zurückzuweisen, akzeptabel ist, müssen wir auch hier bewusst und gezielt verändern. Unsere Akzeptanz ist vielfach an Bedingungen geknüpft, sonst wäre sie schließlich problemerhaltend oder gar -verstärkend. Wie alle bedingungsanalytisch abgeleiteten Einflussmaßnahmen ist Entwicklung oder Bestimmung eine Frage des richtigen Zeitpunktes bei zielgerichteter und unterscheidender Verhaltensselektion oder diskriminativer Verstärkung.
Die Basisakzeptanz als wichtige beziehungsstiftende Grundhaltung erfordert lediglich Bedingungslosigkeit hinsichtlich des Grundkonsenses »Ich nehme Deine Probleme ernst und sichere Dir meine Unterstützung zu«. Von der Rolle des Therapeuten und der Zielsetzung bei Selbstsicherheitstherapien her muss diese Hilfe sobald als möglich in eine Hilfe zur Selbsthilfe einmünden (oder bestimmende Hilfen zur eigenen Entwicklung, etwa über gezielte Implantation von reinforcement skills oder positiven Regelkreisschleifen).
Auch das sogenannte Gegenübertragungsphänomen, die Tatsache, dass auch ein Therapeut von den – seine eigenen Erwartungen bestätigenden – Äußerungen seines Klienten positive Bekräftigung erfährt und bei längerer Dauer und entsprechender Deprivation auch positive Gefühle für den Klienten entwickelt, könnte als kontraproduktives Verharren in der Akzeptanz ohne Veränderungsmotivation auftauchen. Umgekehrt könnte der Therapeut einen Patienten, der die Erwartungen nicht bestätigt und sein Verhalten bestraft, ablehnen und dessen Entwicklung dadurch blockieren.
Rogers hat mit seiner nondirektiven Anwendung der Psychoanalyse der zunehmenden Abhängigkeit des Klienten von der therapeutischen Allmacht des Psychoanalytikers zu begegnen versucht. Die Zurückhaltung mit Deutungen und die im Wesentlichen durch Rückkoppelung mehr oder weniger gezielter Hinweisreize zur Selbstbestimmung liefernde Gesprächstherapie bieten große Chancen zur Entwicklung »eigener« Konzepte beim Klienten. Die Deprivation kann hier gezielter, etwa selektiv bei hilflosem Verhalten, eingesetzt werden. Auch die Zuwendung wird über hervorhebende Verstärkung, etwa bestimmter emotionaler Äußerungen, gezielter vermittelt. Vom Zeitpunkt eines entwickelten Problembewusstseins des Klienten ab hat die reine Gesprächstherapie nur

mehr ein geringes Änderungspotential hinzuzufügen. Annäherungsschritte an das gemeinsam bestimmte Ziel müssen als systematische Änderung folgen.
Für uns selbst hat sich über die vielen positiven Erfahrungen beim ATP ein zunehmender Wandel in Richtung »Entwickeln« vollzogen. Zwar ist der Weg dahin mit notwendiger Konsequenz und therapeutischer Verantwortungsübernahme zu gehen, die ungeheuer große Vielfalt schlummernder oder besser bis da blockierter Ressourcen, die mit wachsendem Selbstvertrauen aktiviert werden, hat uns aber immer mehr dazu gebracht, das »Einüben« im Fertigkeitssektor, die fortgesetzte Aktivität und bestimmende Einflussnahme dann zurückzunehmen, wenn – etwa nach dem Grundkurs ATP – die Voraussetzungen zum »Entwickeln« gegeben sind.

3.2 Das diagnostische Interview

Zunehmend kommen die Klienten mit Selbstsicherheitsproblemen heute schon gezielt mit Fragen und Erwartungen an bestimmte Selbstsicherheitstherapien, speziell auch unter Einbeziehung von Gruppen.
Bei einer Erstbegegnung ohne Vorinformation könnten die Erwartungen oder Ziele beim Ratsuchenden die Folgenden sein:

- Entlastung von akuten Konflikten und sozialen Schwierigkeiten,
- Strukturierung einer nicht mehr überschaubaren Situation,
- Information über grundsätzliche Lösungsmöglichkeiten im Hinblick auf die therapeutische Kompetenz, damit verbunden die Hoffnung auf Problemlösung,
- unmittelbare Anleitung und Entscheidungshilfe im akuten Konflikt,
- Deutung und Erklärung zu den Ursachen der Schwierigkeiten.

Der diagnostisch tätige Psychologe, der im bedingungsanalytischen Erklärungsmodell immer und sofort auch Therapeut ist, mag die folgenden Erwartungen oder Ziele an die Erstbegegnung haben:

- Er möchte sich zunächst über die Motivation des Klienten in Bezug auf eine mögliche Therapie informieren; hierzu gehören die Klärung der primären Erwartung des Klienten,
- die möglichst offene und unbefangene Erfassung und Beschreibung des Problems aus der subjektiven Sicht des Patienten und
- eine Gewichtung der Beschwerden und Schwierigkeiten nach Maßgabe ihrer Beeinträchtigung und den Voraussetzungen ihrer Beeinflussbarkeit.

Der Therapeut wird mit selektiver Aufmerksamkeit zur Klärung der Motivationsfrage darauf achten, was den Patienten zu ihm führt; er wird die unmittelbare subjektive Beeinträchtigung in Form von Beschwerden und Schwierigkeiten nach Intensität, Dauer und Frequenz ordnen und bezüglich der Beeinträchtigung in die Bereiche aversiver subjektiver Empfindungen, Verhaltensblockaden und konfliktschaffender Verhaltensexzesse und -defizite in den Sozialbezügen Beruf, Familie, Bekannte und Freunde sowie Freizeit vorsortieren. Zur Klärung der primär wichtigen Motivationsfrage gehört darüber hinaus die Kenntnis früherer oder gleichzeitiger Therapieversuche, ihrer Methoden und Ergebnisse, weil auch hieraus ganz wesentlich die Erwartung an die therapeutische Situation von Seiten des Klienten mitbestimmt wird. Der Therapeut wird bei einem Patienten mit einer psychoanalytischen Therapievorerfahrung gänzlich andere Vermutungen über die Erwartung des Klienten haben und entsprechend ein anderes Kommunikationsmuster vorgeben als bei einem Patienten mit verhaltenstherapeutischen Vorerfahrungen. Ein Patient, der bislang ausschließlich bei Ärzten in Behandlung stand, wird in der Regel erwarten, dass er zuerst über seine Beschwerden berichten muss.

Schließlich ist im Bereich der Fragestellung, was der Klient selber zur Änderung der Problematik unternommen hat, neben der Information über die Motivationslage bereits eine Hinwendung zur therapeutischen Grundhaltung der Eigenverantwortlichkeit des Klienten gegeben.

Wir könnten diesen primären Informationskomplex zur Selektion von Erstinformationen auch in die folgenden Fragebereiche einteilen:

- Was und wer führt den Patienten zu mir?
- Was stört den Patienten derzeit am meisten?
- Welche Situationen und Erlebensbereiche werden bezüglich einer Änderung als am schwierigsten eingeschätzt?
- Was erwartet sich der Patient vom Therapeuten?
- Was ist bislang therapeutisch geschehen im Hinblick auf welche Störung, mit welcher Methode und mit welchem Resultat?
- Wie geht der Patient selbst mit den Schwierigkeiten um? Neigt er dazu, ein Rezept vom Therapeuten zu fordern, und fühlt er sich vorwiegend als Opfer eines bösen Schicksals und widerwärtiger Umstände oder tendiert er dazu, Bewältigungsanleitungen zu akzeptieren, und zeigt er eine gewisse Bereitschaft zur eigenverantwortlichen Mitarbeit?

Die Besonderheit des bedingungsanalytischen Erklärungs- und Änderungsmodells setzt nun jede dieser Erstinformationen wieder in Beziehung zu einer Kette von Speichern für Bedingungswissen und einer übergeordneten Kette von Speichern für Änderungswissen. Bezüglich der Speicher für Bedingungswissen ist im Erstgespräch nur bei einer umschriebenen Störung oder aber im Hinblick auf die Hauptbeeinträchtigung eine grobe, stark hypothetische, funktionale Interpretation möglich. Wir können etwa sehen, dass bestimmte Gedanken bestimmte Emotionen nach sich ziehen, die genaue Bestimmung der gedanklichen Formulierungen bleibt aber späteren Sitzungen vorbehalten. Wir erkennen, welche Personbeziehungen problembelastet sind, ohne jedoch bereits den genauen Interaktionsverlauf zu kennen. Wir können Verhaltensexzesse oder Defizite in genereller Weise als problematisch bestimmen und Vermutungen über ihren einzelnen Beitrag an der Gesamtstörung anstellen, die uns bereits die Richtung der genaueren Abklärung vorgeben.

Zum Ende des Erstinterviews kann dann diese Richtungsvorgabe umgesetzt werden in die gezielte Selbstbeobachtung, etwa in Form von Gedankenprotokollen, Aktivitätslisten oder in eine veranlasste Fremdinformation (Einbestellung von Bezugspersonen, Anforderung von Akten). Jede Hypothese im interpretierenden Bedingungsspeicher wird nun sofort mit dem dritten »Hinterkopf des Therapeuten« in Beziehung gesetzt. In diesem Änderungsspeicher erfolgt zunächst ein Grobcheck, ob eine Änderung überhaupt möglich oder mit den vorhandenen Einflusspotentialen des Patienten oder des Therapeuten nicht möglich ist. Dabei ist sorgfältig zu unterscheiden zwischen aversiven Bedingungen, die sich dem unmittelbaren Änderungseinfluss entziehen, wie chronische körperliche Leiden oder Deviationen im psychophysischen Bereich, soziale Benachteiligung oder Belastungen, und den sekundären Einschränkungen dieser aversiven Bedingungen durch Fehlverarbeitungen und Verhaltenseinschränkungen.

Für die Gesprächsführung, also das therapeutisch diagnostische Vorgehen im Erstinterview, würde die erste Entscheidungsschleife vom Informationsspeicher über die funktionalen Erklärungsspeicher zum Änderungsspeicher mit der Entscheidung »nicht änderbare Bedingung« bedeuten, dass das therapeutische Ziel im Umdeuten oder Entkoppeln, im Aufbau von Alternativen oder im aktiven Akzeptieren des Unabänderlichen liegen würde.

Es ist wichtig, diese Unterscheidung sehr sorgfältig zu treffen, um nicht etwa die Hoffnung auf Veränderungen von Bedingungen wachzurufen, die außerhalb jeden Einflusses sind. Denken wir an die Selbstunsicherheit, die mit einer körperlichen Schwäche und geringer Körpergröße als mitverursachenden Bedingungen verknüpft sein kann. Hier mag klar sein, dass ein gutgemeinter platter Optimismus, den Patienten zum weiteren körperlichen Wachsen zu bringen, fehl am Platze wäre. Im Gespräch würde also diese Problematik durch diskriminative Hinweise gleich auf Alternativ-Verhaltensweisen und auf die Nichtzwangsläufigkeit der Bedingung der jetzigen Einschränkung durch diese auslösende Bedingung hingelenkt.

Viel häufiger hat es der Therapeut mit dem Problem zu tun, dass er eine aversive Bedingung im sozialen Gefüge als prinzipiell änderungsnotwendig und änderungsfähig begreift, diese Änderung der Bedingungen jedoch außerhalb seiner therapeutischen Einflussnahme liegt. Ein solches Resultat der Entscheidungsschleife kann im Erstgespräch in Bezug auf das Interview-Vorgehen ebenfalls nur eine äußerste Zurückhaltung im Hinblick auf eigene Stellungnahmen zur Folge haben. Erstens kann eine solche Vermutung aufgrund der vorhandenen Information nie mit ausreichender Sicherheit jetzt schon gefällt werden, zum zweiten wäre der Ratsuchende einer solchen Änderungsentscheidung in keiner Weise gewachsen. Das gemeinsame »Sich-Ereifern« oder das gemeinsame Beklagen dieser sozialen Missstände halten wir nicht für eine therapeutische Vorgehensweise. Die Entscheidungshilfe für das Vermitteln dieser therapeutischen Einsicht benötigt hier nun ein neues Speichersystem, das wir den Prozess-Speicher nennen können.

Resultate aus den verschiedenen Entscheidungsschleifen, die zur Aussage eines »derzeit nicht machbar« kommen, gehen in diesen Speicher ein. Im Prozess-Speicher werden nun das funktionale Erklärungswissen und das vorhandene Änderungswissen daraufhin überprüft, unter welchen Ereignissen und technischen Schwierigkeiten es in welcher Form umgesetzt werden können. Die für machbar gehaltenen Zwischenschritte werden in eine zeitliche Dimension gebracht, der erhoffte Änderungsgewinn geht als Bedingung in den zeitlich nachfolgenden Änderungsplan ein. Wir machen also eine Hochrechnung vom

Ist-Zustand zum therapeutischen Globalziel der Vermittlung eines – im Hinblick auf die Möglichkeiten – optimalen selbstständigen Änderungspotentials, eines – im Hinblick auf die Möglichkeiten – maximalen Ausschaltens aversiver Störungsbedingungen und eines – im Hinblick auf die Gegebenheiten – möglichst umfassenden und realistischen, bedingungsanalytisch fundierten Selbstverständnisses.

Nach Kenntnis der Ergebnisse der vorgesehenen Änderungsmethoden können wir also von einem auf der jeweiligen Stufe veränderten Verhalten auf die damit verbundenen Änderungen im Bedingungsgefüge extrapolieren.

Mit Hilfe dieses Prozess-Speichers würde unsere zweite Entscheidungsschleife bei einem Resultat, dass die Störungsbedingungen prinzipiell änderungsnotwendig und als änderungsfähig erachtet werden, jedoch außerhalb der therapeutischen Reichweite liegen, dahingehend in Zielwissen umgesetzt, dass wir uns entscheiden, zu einem geeigneten Zeitpunkt, an dem der Klient für genügend kompetent erachtet wird, eine Problematisierung dieser Bedingungen vorzunehmen (falls unser »Reframing« oder andere Stimulus-Reaktions-Dissoziationen nicht bis dahin das Unveränderbare zum Nicht-mehr- Änderungs-Nötigen gemacht haben).

Dieser etwas komplizierte Prozess beeinflusst auch unsere folgenden Entscheidungsschleifen, die sich analog zum oben geschilderten Vorgehen abspielen: Die zwischen Information und Fernziel, zwischen »Ist« und »Soll« hochgerechneten Prozesse werden für den Klienten in der Form umgesetzt, dass ihm die Hindernisse zwischen »Ist« und »Soll« auf dem jeweiligen Stand seiner Erkenntnismöglichkeit verdeutlicht werden, dass ihm die jeweils neue Wegstrecke, die jeweils neue Bewältigungsstrategie erklärt werden, die Wege im Sinne der Annäherung an das Fernziel ausgeleuchtet werden und durch die Vermittlung des bedingungsanalytischen Änderungswissens die therapeutische Führung angeboten wird.

Für unser Erstinterview heißt dieser reguläre diagnostisch-therapeutische Prozess, das Änderbare aus dem Informationsfluss herauszufiltern und Informationen, die auf diesem Wege hilfreich sind, diskriminativ zu verstärken. Außerdem soll auf Grund der inneren Hochrechnung im Prozess-Speicher dem Hilfesuchenden ein sorgfältig abgestuftes System zur Überwindung von Zielbarrieren nach Maßgabe des jeweils Möglichen und Änderbaren transparent gemacht werden.

Wir fragen also nicht nur, was den Klienten derzeit am meisten beeinträchtigt, sondern lassen uns jeweils auch den Sollzustand durch Fragen nach dem, was der Betreffende sich als Änderung wünschen würde, skizzieren.

Wir zerlegen in Folgegesprächen das Problem in funktionale Verhaltensaussagen und lassen die jeweiligen Hindernisse der Veränderung bedingender Störvariablen ermitteln. Wir bieten auf jeder dieser Stufe das verfügbare Veränderungswissen an. Dabei ist grundsätzlich im Speicher »Änderungswissen« zwischen kurzfristig und langfristig umsetzbaren Strategien zu entscheiden. Die Voraussetzung für eine unmittelbar hier und jetzt zu vermittelnde Änderungsstrategie ist, dass das Bedingungsgefüge der Störung ausreichend bestimmt ist, dass die Fertigkeiten zur Lösung dieser umschriebenen Schwierigkeit bereits derzeit zu vermitteln sind und dass die kurzfristige Strategie nicht der Langzeitstrategie im Wege steht.

Hierzu gehören die therapievorbereitenden Bewältigungsstrategien, wie der Ersatz von Beruhigungsmitteln –, etwa durch Entspannungstechniken, die schrittweise Abschwä-

chung zwanghafter Gedanken etwa mittels Gedankenstopp, der schrittweise Ausgleich von Ansprachedefiziten durch den Ausbau von Aktivitäten, die bereits vor der Modifikation angstblockierter Verhaltenssektoren durchführbar scheinen. Die kurzfristig vermittelten Strategien haben für das therapeutische Fernziel nun wieder selbst einen Übungseffekt. Die Fähigkeit des Lernens in eigener Kontrolle und das sich schrittweise Zutrauen, selber Bedingungen beeinflussen zu können, werden bestärkt.
Es ist im Erstgespräch unbedingt darauf zu achten, dass die Resultate der therapeutischen Entscheidungsschleifen erst dann in Vorgehen umgesetzt werden, wenn auch wirklich die Bedingungen für ihre Umsetzung reif sind. So wäre es sinnlos, bereits an dieser Stelle einer depressiven Patientin, die sich von ihrem Mann nicht mehr geliebt fühlt und daran verzweifelt, spätere Stufen aus dem Prozessrechner schon als Ware anzubieten und ihr etwa im Erstinterview die Notwendigkeit therapeutischer Langzeitmaßnahmen wie dem ATP oder einer Trennung begreiflich machen zu wollen.
Umgekehrt muss natürlich jede bereits jetzt mögliche akute Intervention für den Ratsuchenden im verständlichen Kontext mit seinem eigenen Fernziel erarbeitet werden. Die Empfehlung an die betreffende Patientin, zunächst auf Umwegen ihr Ansprachedefizit etwas zu stabilisieren, kann im Hinblick auf das Vorgehen, die systematische Durchführung eines Aktivitätsplanes, nur Hoffnung auf Erfolg haben, wenn quasi parallel hierzu weitere Schritte zur Klärung ihres unmittelbaren Problems vereinbart werden.
Der hier angedeutete therapeutische Entscheidungsprozess bleibt vom Beginn des Erstinterviews bis zum Abschluss der Therapie in seinen Grundzügen erhalten. Er wird im Rahmen einer großen bedingungsanalytischen Therapie wie dem Assertiveness-Training-Programm von Schritt zu Schritt in seinem Erklärungs- und Änderungsweg präziser, teils weil immer mehr Informationen vorliegen, teils weil in die Hochrechnung bereits Resultate von Problemschritten aus der Therapievorbereitung und Akutintervention eingehen.
Es dürfte klar geworden sein, dass auch im Hinblick auf das Assertiveness-Training-Programm mit seiner recht umfangreichen Vermittlung von Änderungsstrategien die therapeutische Arbeit bereits mit dem Erstgespräch beginnt. Manchmal erübrigen sich die geplanten Maßnahmen sogar. Dies ist dann der Fall, wenn die akuten Änderungsstrategien Bedingungen einer sekundären Verunsicherung dauerhaft ausschalten konnten.

3.2.1 Das Vorgehen beim Erstgespräch

Unter den oben genannten Regelbedingungen umfasst das Vorgehen beim Erstinterview die folgenden Stadien:

(1) Begrüßung und Eröffnung

(2) Nondirektives Gespräch zur Erfassung der subjektiv drückendsten Schwierigkeiten und der Beweggründe des Kommens

(3) Bestimmende Fragetechnik zur Gewichtung der Schwierigkeiten

(4) Bestimmende und selektive Fragen zur Vorbehandlung und eigener Änderungsbemühungen und zur Festlegung von Rahmenbedingungen für die Hauptschwierigkeit.

(5) Eine genetische Orientierung über die Dauer und den Verlauf der Hauptbeschwerden und Schwierigkeiten

(6) Erklärung und Einleitung von Hausaufgaben zur Vorbereitung der Zweitsitzung.

Jedes dieser Stadien kann in Abhängigkeit von situativen Rahmenbedingungen und den Erwartungen des Klienten oder des Therapeuten naturgemäß variiert werden. So kann es zur Förderung der Gesprächsbereitschaft und zur Überwindung von Abwehrverhalten, etwa bei Patienten, die nur geschickt worden sind oder die mit einem anderen Erklärungsmodell in die Interviewsituation gelangen, zweckmäßig sein, die nondirektive Phase über mehrere Sitzungen auszudehnen. Die sich daraus möglicherweise ergebende Problematik ist im Abschnitt über die inhaltlich situativen Bedingungen geschildert worden.

Die Methoden, die für das jeweilige Vorgehen zur Verfügung stehen, dienen entsprechend:

- dem Anstoßen und Fördern der Gesprächsbereitschaft;
- der Förderung von Mitteilungen des Patienten überhaupt und – im Laufe des Gespräches zunehmend;
  der Richtungsvorgabe durch diskriminative verbale Hinweisreize und hervorhebende Bekräftigung; weiter der
- gewichtenden Zusammenfassung bei der gezielten Faktenerhebung. Bei der Einleitung von Hausaufgaben wandeln sich die offen-nondirektiven Methoden über das semistrukturierte Interview mit verbalem Reinforcement zum strukturierten Interview des Fragebogens und der – bereits eine Interpretation des Problemverhaltens voraussetzenden – gezielten Verhaltensbeobachtung.

Es ist hier nicht möglich, ein starres Schema für diesen Ablauf darzustellen. Das Erstinterview und der diagnostische Prozess setzen die Möglichkeit voraus, flexibel über Methoden, wie sie besonders im Rahmen der Gesprächstherapie vermittelt werden, zu verfügen und diese auf der Grundlage eines gediegenen bedingungsanalytischen Erklärungs- und Änderungswissens differenziert einzusetzen. Übung und Erfahrung, das heißt die Möglichkeit, von einer Vielzahl ähnlicher Informationen und Entscheidungsprozessen sowie deren Resultate nach Generalisierung und Ähnlichkeit profitieren zu können, bestimmen die Ergiebigkeit des Vorgehens so unterschiedlich, dass der Explorationsaufwand zur Bestimmung der genannten Ziele zwischen ein und zehn Stunden schwanken dürfte.

Zur Förderung der Gesprächsbereitschaft erscheint es in aller Regel zweckmäßig, den Klienten mit Namen zu begrüßen, sich selbst vorzustellen und einen Platz anzubieten. Der Abstand vom Interviewten muss die sozialen Distanzmarken berücksichtigen, insbesondere im Hinblick auf die sozialängstliche Klientel sollte auf die verringerte soziale Distanzmarke bei diesen Personen geachtet werden und der Sitzabstand auf keinen Fall unter zwei Metern liegen, weil sonst bei vielen Personen schon durch diese Bedingung hemmende Ängste induziert werden. Die Gesprächseröffnung erfolgt am besten mit einem einfachen »Ja?« oder einfach mit einem freundlichen Nicken. Je nach Situation kann auf die Frage »Wo soll ich denn anfangen?« geantwortet werden: »Vielleicht beginnen Sie damit, was für Sie im Augenblick am lästigsten oder schwierigsten ist.« Dies als diskriminativer Hinweis, um Beschwerden und Schwierigkeiten unmittelbar und gemäß der subjektiven Gewichtung zu erfassen.

Wenn es die situativen Rahmenbedingungen erlauben, sollte man möglichst mit verbalen Hinweisreizen zurückhaltend sein und möglichst richtungsarm beginnen. Die freundlich-offene Zugewandtheit ist in aller Regel ein ausreichendes Gesprächssignal. Vielfach wird empfohlen, gleich zu Beginn Sinn und Zweck des verhaltensanalytischen Interviews zu erklären. Wir glauben, dass dies nur dann zur Gesprächseröffnung dienen sollte, wenn es um eine Klärung vom Selektionstyp geht, etwa wenn der Therapeut nur die Entscheidung im Sinne »Teilnahme an einer bestimmten Therapie« oder »Nicht-Teilnahme« zu fällen hat. Auch die diskriminativen Hinweisreize für gezieltes und präzises Schildern in Abhängigkeit von der verfügbaren Zeit sollten besser erst im Laufe des Gespräches gegeben werden. Für die situativen Ausnahmebedingungen des Fünf-Minuten-Gespräches, wie es vielfach bei supervidierenden Klinikärzten und Psychologen oder bei der »Fünf-Minuten-Medizin« unserer derzeitigen medizinischen Versorgung leider oft noch unumgänglich ist, muss die Eröffnung zwangsläufig gezielter beginnen. Ein freundliches »nun schießen Sie mal los« oder Ähnliches kann dann der zweckmäßige Kompromiss zwischen dem Wünschenswerten und Möglichen sein. Nach der Eröffnung ist in der Phase des teilnehmenden Zuhörens durch paraverbale Verhaltensweisen wie »hm« oder auch schon diskriminativ mit einem teils überraschten »aha« der Redefluss zu steuern. Ein eingeschaltetes Tonband im Erstinterview, dessen Sinn und Zweck erst mühsam erklärt werden muss, ist in aller Regel ein Gesprächshindernis ebenso wie die unmittelbare Protokollierung des Gesagten. Von der Fragetechnik wird der Gesprächsfluss entweder bei Stockungen oder diskriminativ zur Bekräftigung bestimmter Gesprächsinhalte oder zur Abwehr von irrelevanten Informationen in Form offener Fragen geführt, die in dieser »warming-up«-Phase des Gesprächs etwa als »Was führt Sie zu mir«, »Was machen Sie so im ...«, »Wie war das doch noch mal ...« gestellt werden können.

Neben offenen Fragen ist das Rückkoppeln eine wichtige Methode zur Förderung des Gesprächsflusses und kann gleichzeitig zur Zusammenfassung und selektiven Einengung von Informationsangeboten eingesetzt werden. Hier können Fragen wie »Habe ich Sie richtig verstanden, dass ...?« oder einfach »Sie sagten, dass ...?« verwendet werden. Das Problem des Rückkoppelns in Form nonverbaler und paraverbaler bekräftigender Äußerungen besteht auch beim Erstinterview darin, Interesse und Verständnis zu vermitteln und dennoch bereits hier darauf zu achten, diese Verstärker nicht unbedingt kontingent für hilfloses und klagsames Verhalten zu geben.

Bei Weitschweifigkeit oder bei Informationen in Deutungsform, etwa wenn jemand von seinen neurotischen Beschwerden oder seinen Komplexen spricht, ist es notwendig, unmittelbar erklärend einzugreifen. Sie könnten etwa erklären: »Schauen Sie, Sie kennen Ihre Schwierigkeiten, ich muss sie erst kennenlernen. Vielleicht könnten Sie mir das Ganze noch einmal in konkreten Beispielen verdeutlichen.« Nach dem zweiten Stadium, der Begrüßung und offenen Problemerfassung kann über die Technik rückmeldender Zusammenfassungen zur Protokollierung der Hauptbeschwerden und Schwierigkeiten übergegangen werden. Man erklärt etwa, dass man sich jetzt bemühe, das Gesagte ein wenig zu sortieren und bittet den Klienten um Korrektur, wenn die Wiedergabe seiner Schilderung nicht mit dem übereinstimmt, was er meint oder gesagt hat. Wir sortieren zweckmäßig die einzelnen Problembereiche und versuchen, sie ohne jede Interpretation, zunächst auch noch ohne jede funktionale Interpretation, zu beschreiben. Man geht also von den Schilderungen des Klienten aus. Zweckmäßig lässt man für jeden Bereich gleich einige Zeilen frei und füllt diese in der dritten Phase durch Bestimmungsfragen aus. Hier interessiert, seit wann das betreffende Problem besteht, was bisher unternommen wurde und mit welchem Resultat (etwa laufende Therapien). Ebenfalls noch im Rahmen des Erstinterviews kann bei multiplen Problemen noch die Frage geklärt werden, ob die Schwierigkeit permanent oder wechselnd auftritt, und gegebenenfalls der Bedingungsrahmen für das Auftreten skizziert werden. Zu diesen Bestimmungsfragen gehören vor allem Alternativfragen, etwa bei Beschwerden – ob sie dauernd auftreten, ob ein Unterschied zwischen Wochenende und Wochentag besteht, zwischen Urlaub und Alltag, zwischen Arbeit und Zuhause, zwischen dem Zusammensein mit anderen und dem Alleinsein, der Tageszeit. In der Regel wird die Zeit im Erstinterview nicht für eine ausreichende funktionale Bestimmung ausreichen, wohl aber zur Bestimmung weiterer Explorationsrichtungen führen können. Nach der Groberfassung der Probleme und Schwierigkeiten kann auch der Rahmen des sozialen Bezugssystems mit einigen Fakten und im Hinblick auf die Intensität der Beeinträchtigung durch die genannten Probleme im Erstgespräch grob beschrieben werden. Nach den vier Bereichen Beruf, Familie, Freunde und Bekannte und Freizeit werden Aktiva und Passiva der sozialen Aktivitäten grob gecheckt, das heißt, neben den Fakten, welchen Beruf er/sie ausübt, gelernt hat, seit wann und aus welchen Gründen er nicht mehr berufstätig ist, ob er/sie bei den Eltern wohnt, werden Fragen in der Richtung gestellt, was wo noch »klappt« (Aktiva) und was durch die genannten Probleme oder in sich selbst schwierig bei den interpersonalen Beziehungen ist und an Häufigkeit eingeschränkt wurde (Passiva). Bei Klienten, die schon gezielt zur Abklärung Richtung Selbstsicherheitstherapie kommen, kann hier sofort gezielt nach den spezifischen Behinderungen durch die Unsicherheit – und als »Gegencheck« – dann nach den Vorstellungen und Wünschen Richtung Selbstsicherheit pro Lebensbereich gefragt werden.

In der Abschlussphase des Erstgespräches, das unmittelbar der Vorbereitung des Zweitgespräches dient, wird der technische Gang der weiteren Abklärung kurz erläutert. (»Ich werde etwa drei bis fünf Sitzungen benötigen, um Ihnen eine präzise Beratung über die Möglichkeiten zur Änderung Ihrer Situation geben zu können. Dazu benötige ich Ihre Hilfe«. Oder: »Ich denke, dass Sie die richtige Entscheidungen getroffen haben, dass sich therapeutische Wege finden lassen« etc.). Dies ist nicht nur schon Therapie, sondern auch ehrliche »Jobfestlegung« des Therapeuten. Kann und will sie/er das, was er/sie soll, anbieten. Wenn etwa nur eine Abklärung und Therapiebestimmung möglich ist, sollte dies bereits im Erstgespräch mitgeteilt werden.

Bei Fragebögen wird zweckmäßig darauf hingewiesen, dass man sie gemeinsam in der nächsten Sitzung durchgeht, dass sie eine große Hilfe durch die Vielzahl von Beispielen darstellen, dass man auch alles selber fragen könne, jedoch aus Zeitgründen auf die Hilfe des Klienten angewiesen sei, dass er alles ausfüllen möge, damit man zusätzlich auch einen Vergleich mit Personen ähnlicher Schwierigkeiten anstellen könne. Vielfach ist es auch aus motivatorischen Gründen unbedingt zweckmäßig, schon eine akute Änderungsstrategie einzuleiten oder anzukündigen. Dies wird in aller Regel in der Erklärung von Selbstbeobachtungsaufgaben für Gedankenstopp, Aktivierungs- oder Lernplänen und einem Termin zur Vermittlung einer Entspannungstechnik bestehen, soweit therapeutische Interventionen betroffen sind. Auch die Beschaffung früherer Therapieunterlagen oder die Einleitung zusätzlicher Abklärung, etwa beim Internisten, Gynäkologen, Neurologen, Psychiater oder Kinderarzt, kann vielfach schon nach der Rahmenerfassung des Problems als Resultat des Erstgespräches eingeleitet werden.

Wir haben dieses Vorgehen für die in der Regel komplexen Beeinträchtigungen sozial inkompetenter Personen mit schwerwiegenden interpersonellen Problemen und multiplen Verhaltensstörungen geschildert. Selbstverständlich erlaubt eine isolierte und umschriebene Verhaltensstörung vielfach bereits in der ersten Sitzung eine präzise funktionale Bestimmung und entsprechende Änderungsstrategien. Nur für diese Voraussetzungen sind die in Verhaltenstherapie-Büchern dargestellten Schemata der Verhaltensbeschreibung und funktionalen Interpretation schon jetzt anwendbar.

3.3 Die Problembestimmung: Von der Erfassung zur Beschreibung, von der Beschreibung zur Bedingungsanalyse

Das Erstinterview unter den geschilderten günstigen Regelbedingungen sollte ermöglichen, das aus der subjektiven Sicht des Klienten störendste Hauptproblem in seiner Topografie in etwa beschreiben zu können, andere Störungsgebiete wenigstens nach Inhalt, Lokalisation und Intensität in eine annähernde Rangfolge subjektiver Beeinträchtigung zu bringen und aufzulisten, eine vage Vorstellung zur Selbstkontrolle in Bezug auf die eigenen Bewältigungsstrategien des Klienten zu erlangen und etwas über den Stand diagnostischer und therapeutischer Maßnahmen aus verwandten Fachgebieten zu erfahren.

Da wir es im Hinblick auf das ATP fast immer mit Menschen zu tun haben, die in ihrem sozialen Gefüge erheblich beeinträchtigt sind und infolgedessen multiple Störungen aufweisen, wird es in aller Regel nicht möglich sein, eine isolierte Verhaltensweise bereits funktional zu interpretieren und ihr ohne nähere Informationsgewinnung einen zentralen Stellenwert im Störungsgefüge zuzuschreiben. Das bedeutet, dass jede vorschnelle funktionale Interpretation eine gefährliche Informationseinbuße beinhalten kann. Nun haben viele Einführungen in die Bedingungsanalyse aus didaktischen Gründen isolierte und überschaubare Störeinheiten wie Prüfungsangst oder Exzesse und Defizite im Essverhalten zum Gegenstand und schildern anhand dieser einfachen Beispiele den Gang des diagnostischen Interviews und der Verhaltenstherapie vielfach in der Weise, dass der Eindruck entstehen könnte, dass die Bedingungsanalyse gleich am Anfang der Informationsgewinnung und Verarbeitung steht. Dieses ist ein gefährliches Missverständnis und kann zu grotesken und gefährlichen Fehlinterpretationen führen. Auch die bedingungsanalytische Abklärungsarbeit beinhaltet einen beschreibenden und ordnenden Arbeitsgang, der sich hier wie in allen anderen Erklärungsmodellen psychischen Geschehens auf eine möglichst alltagssprachliche, objektivierbare Beschreibung des Beobachtbaren und Erfahrbaren beschränken sollte. Lediglich die Ordnungskategorien für die Beschreibungseinheiten können dann zweckmäßig schon auf das später zu verwendende Interpretationsmodell bezogen werden. »Vermeidung« oder »Verdrängung« sind niemals deskriptive Größen, sondern bereits Begriffe unserer modellspezifischen Interpretation.

Die spezielle Schwierigkeit im Gang der bedingungsanalytischen Diagnostik liegt nun ebenso wie die der bedingungsanalytischen Therapie im Prozesscharakter des Vorgehens. Das jeweils Erfasste wird am Anfang mit unvollständigeren, einfacheren und andersartigen Bestimmungselementen der Beschreibung geordnet als bei einem späteren Stadium der Informationsgewinnung. Denn auch die funktional interpretierten Bedingungsaussagen zum gestörten Verhalten bleiben nicht tausendfach nebeneinanderher bestehende, isolierte Aussagen, sondern werden wiederum nach beschreibenden Größen zusammengefasst und geordnet.

Zum Verhältnis der diagnostischen Schritte: »Erfassung und Beschreibung«, »Benennung und Klassifikation« und »Interpretation und Deutung« von Verhalten:

Wir haben im Abschnitt Erstinterview betont, wie wichtig es ist, den Klienten seine Schwierigkeiten und Probleme in einer Sprache schildern zu lassen, die klarmacht, was seine Gefühle, seine Bewertungen und seine Reaktionen sind. Wir haben dazu auch aktive Korrekturen beschrieben, etwa in der Form, dass wir bei der Verwendung von zu sehr vorbelasteten Begriffen wie Krankheit, Neurose, Unbewusstes und Verdrängung ihn darauf aufmerksam machen, dass wohl er weiß, was er mit diesen Begriffen meint, uns selbst diese Informationen aber fehlen und uns am besten mit anschaulichen Beschreibungen und Beispielen gedient wäre. Wir haben die Technik der Zusammenfassung und rückfragenden Vergewisserung (»Habe ich Sie richtig verstanden, dass ...«) als Mittel empfohlen, begriffliche Klarheit über das Geschilderte zu erlangen. Diese Rückfragen sollten nun natürlich nicht ihrerseits bereits neue Konstrukte, Deutungen und Interpretationen beinhalten, sondern in der Alltagssprache formuliert werden. In der bedingungsanalytischen Therapie, die von Beginn an die Eigenverantwortlichkeit des Klienten nach Maßgabe seiner Möglichkeiten schrittweise entwickeln soll, muss es dem Klienten möglich sein, in jedem Stadium des oben geschilderten Prozesses von der Beschreibung bis hin zur Interpretation des Verhaltens diesem Prozess zu folgen. Wenn jemand berichtet, dass er sich am Tag dreißigmal die Hände waschen muss, so ist dies sicherlich ein Verhaltensexzess. Wenn er darüber hinaus berichtet, dass er dies selber als widersinnig empfindet, aber nichts dagegen tun könne, darf dieses Verhalten in der Alltagssprache als zwanghaft bezeichnet werden. Definieren wir dasselbe als Zwangsverhalten, so nehmen wir bereits eine Klassifikation vor, wenn wir es etwa im Sinne der kategorialen Beschreibung einer halbwegs operationalisierten WHO-Definition verwenden, oder wir verwenden bereits eine modellabhängige Interpretation und Klassifikation dieser Interpretation, wenn wir es funktional als »Vermeidungsverhalten« etwa in Folge einer Schmutzphobie definieren. Hiervon zu unterscheiden ist die »funktionale Verhaltensbeschreibung«. Sie stellt eine Beschreibung dar, die damit für jeden verständlich bleibt und die dennoch eine funktionale Bedingungsaussage des Verhaltens im Sinne einer Verhaltenskette liefert.

In unserem Beispiel könnte diese lauten, dass immer dann, wenn der Klient bestimmte Gegenstände berührt (etwa Tierfelle oder Gegenstände, die mit Exkrementen oder Hausstaub in Berührung gekommen sein könnten), er dann den Gedanken hat, an seinen Händen könnten Schmutz und Bakterien sein, die ihn krank machen könnten und er sich immer dann die Hände in unangemessener Intensität und Dauer waschen muss, was ihn dann erleichtert. Die funktionale Interpretation dieser Verhaltenskette wiederum würde auf die zum Schluss auftretende Erleichterung als positive Konsequenz, die das Zwangsverhalten als steuernde Bedingung unterhält, abzielen und »den Zwang« über die negative Verstärkung als Vermeidungsverhalten interpretieren. Interpretationen, Klassifikationen und Beschreibungen werden so häufig verwechselt, dass ihre unsaubere Verwendung

die eigentlichen Kommunikationsbarrieren innerhalb der Therapie, aber auch in der Verständigung zwischen verwandten Disziplinen, die auf Informationsaustausch und Zusammenarbeit angewiesen wären, darstellt. Es ist aus diesem Grunde ein wesentlicher Bestandteil der Weiterbildung, dass verwandte Berufsgruppen die Fähigkeit zur Rückübersetzung von methoden- oder theorieabhängigen Begriffen höheren Abstraktionsniveaus auf die Basis der allen verständlichen Beschreibung in alltagssprachlichen Begriffen einüben. Solche Übersetzungsübungen sind in der Therapievorbereitung, aber auch dann notwendig, wenn die Komplexität eines geschilderten Problems eine operationale Definition auf der Verhaltensebene verhindert. Auch hier muss von einem höheren Generalisierungsgrad auf einzelne anschauliche Verhaltensweisen zurückgegangen werden. Diese können in einer Wenn-Dann-Beziehung beschrieben werden und die behindernde Bedingung kann gemäß dem funktionalen Interpretationsmodell bestimmt werden. Eine Änderungshypothese, die für den Klienten verständlich macht, wie und welcher nächste Schritt ihm welche Hürde auf dem Weg zur Problemlösung meistern hilft, kann hiervon abgeleitet werden.
Interpretationsbegriffe, zurückgeführt auf die Beschreibungsebene, könnten tatsächlich das Gleiche meinen, tun dies zwangsläufig jedoch nicht in der Etikettierung etwa als Verdrängung und Vermeidung. Dort stehen sie auf dem Boden einer je anders gearteten Erklärung psychischer Störungen und beinhalten andere therapeutische Anweisungen.
Vielleicht können diese Ausführungen helfen, die Unterschiedlichkeit von Handlungsanweisungen aus verwendeten Begriffen deutlicher zu machen und die Verständigung zwischen verschieden orientierten Therapeuten dort zu suchen, wo sie möglich ist (in der Rückübersetzung auf möglichst theoriefreie Begriffe und die Konfrontation dort weder zu vermeiden noch zu verschleiern, wo sie zwangsläufig ist, nämlich auf der Ebene der theorie -oder modellspezifischen Begriffe).

3.3.1 Die beschreibende, topografische Verhaltensanalyse

Die präzise Beschreibung von Verhalten nach den Bestimmungsgrößen Dauer, Frequenz, Intensität und Lokalisation (Angemessenheit) erlaubt theoriefreie Diagnosen und ist vielfach trennschärfer als die psychiatrische Etikettierung. Sie erlaubt über die Exzess- und Defizitbestimmung die Ableitung grundsätzlicher Therapieentscheidungen und -Methoden. Sie ist unverzichtbar für die spätere funktionale Bedingungsanalyse, wenn nicht grundverschiedene Verhaltensweisen zwangsweise vereinheitlicht werden sollen.

Wir wollen uns jetzt die in der bedingungsanalytischen Diagnostik verwendeten Kriterien der Verhaltensbeschreibung auf ihre Brauchbarkeit zur Einordnung der Informationen aus dem Erstinterview hin betrachten.

- Die **Intensität** eines Verhaltens wird uns hier vor allem im Hinblick auf körperliche und seelische Beschwerden wie die Heftigkeit von Kopfschmerzen, die Tiefe einer Verzweiflung oder das Ausmaß erlebter Erschöpfung oder Anspannung begegnen. Im interpersonellen Sektor kann Verhaltensbeschreibung unter Rückgriff auf unsere eigene Normvorstellung nach Intensität geordnet werden, wenn wir etwa aggressive Verhaltensweisen mit körperlicher Schädigung als intensiver bewerten als die vielleicht viel problematischere Zurücksetzung des anderen durch Nichtbeachtung. Auch

in Bezug auf die erfragten sozialen Funktionen und Tätigkeiten wird in die Intensitätsbestimmung bereits unsere eigene Normvorstellung eingehen, wenn wir etwa das Ausmaß der beruflichen Überforderung nicht nur in der geschilderten, also erlebten, Erschöpfung bestimmen, sondern auch im Hinblick auf die tatsächlich ausgeübten Tätigkeiten sehen und – damit vergleichend – von anderen Personen mit ähnlichen Tätigkeiten auf die »tatsächliche« Erschöpfung rückschließen.
Die Beschreibungsgröße »Intensität des Verhaltens« ist in der subjektiven Beeinträchtigung des Klienten oder einer Bezugsperson die anfänglich wichtigste Beschreibungsvariable weil sie uns letztlich im Hinblick auf die Dringlichkeit unserer weiteren Maßnahmen verpflichtet.

- Die **Frequenz** einer Verhaltensweise wird uns vom Erstinterview her in der Regel nur in groben Rubriken wie »häufig« oder »selten« anschaulich werden. Hierzu dienen vor allem die Bestimmungsfragen: wie oft am Tag, wie oft in der Woche, wie oft im letzten Monat. Die Angabe der Frequenz eines Verhaltens soll im Zusammenhang mit der Intensität des Verhaltens auch Anhaltspunkte dafür liefern, ob die geklagte Schwierigkeit eine solche mit echter Beeinträchtigung (»Verhalten von Krankheitswert«) darstellt, die eine unmittelbare Herausnahme aus dem Störungsgefüge oder eine gezielte Fremdhilfe zur Überwindung erfordert, oder ob wir mit zeitlich begrenzten Beratungsmaßnahmen oder zurechtrückenden Interpretationen schon im Erstgespräch einem nicht gerechtfertigten Therapieverlangen begegnen können. In zweiter Linie dient die Frequenz des Verhaltens zu diesem Zeitpunkt der Informationsgewinnung zur Hypothesenbildung darüber, mit welchen zeitlich synchronen situativen Einflüssen das Problemverhalten einhergehen könne, auf die dann bei der Verhaltensbeobachtung besonders geachtet werden muss. Die Frequenzangabe des Verhaltens geschieht hier fast immer schon mit der Protokollierung situativer Anlässe und Folgen und soll bei Akutinterventionen – etwa zur schnellen Behebung von Leistungsstörungen oder zur Installierung von Aktivitätsplänen – eine unmittelbare Umsetzung in eine funktional abgeleitete Verhaltensmodifikationsstrategie erlauben.
  Die eigentliche, exakte Verhaltensbeschreibung mit Hilfe der Bestimmungsgröße »Frequenz« ist als sogenannte Basisrate oder baseline des Verhaltens im Sinne der Therapiekontrolle von Bedeutung. Hier wird vor, während und nach der Therapie über einen festgelegten Zeitraum jede Auftretensweise des zur Modifikation anstehenden Zielverhaltens registriert und vielfach grafisch dargestellt.
  Im Bereich des Sozialverhaltens bietet diese Form der Therapiekontrolle einige Schwierigkeiten: Entweder ist das Zielverhalten viel zu isoliert (Häufigkeit des Blickkontaktes, der Entschuldigungen und dergleichen), um eine generalisierbare Aussage in den vielfältigen sozialen Verhaltensweisen zu erlauben oder es soll die Frequenz einer generalisierten Verhaltensklasse erfasst werden, etwa des »selbstsicheren Verhaltens«, was zu Ungenauigkeiten bei der Beobachtung führt, womit wiederum die Präzision dieses Kontrollinstrumentes in Frage gestellt ist.

- Als dritte Beschreibungsgröße kann die **»Lokalisation«** mit der Angemessenheit einer Verhaltensweise in Bezug auf die situativen Bedingungen dienen. Dabei spielt wiederum das Problem der normativen Bezüge eine erhebliche Rolle. Im Anfangsstadium der Informationsgewinnung ist dieses Bestimmungskriterium vielfach nur immanent für die Interpretation einer Verhaltensweise als problematisch oder nicht

problematisch von Bedeutung. Das Erröten wird nach einer anstrengenden Tätigkeit in großer Hitze sicher nicht als Problem gewertet, wohl aber ohne solch »angemessene« situative Bedingungen in einer ruhigen Gesprächsstunde als störend empfunden; das Lachen ist in aller Regel eine positive angenehme Reaktion, zum unpassenden Augenblick kann es zur Störung werden; der Kopfschmerz bei Föhn wird vom Klienten seltener als bedrohlich und abklärungsbedürftig erlebt, weil als »angemessene« Reaktion bewertet, als der gleiche Kopfschmerz ohne eine solche Bestimmungsmöglichkeit. Im Grunde reduziert sich auf Seiten des diagnostisch Tätigen das Problem der Angemessenheit in den Erstsitzungen auf einen Vergleichsvorgang: Wie viele andere (ihm bekannte) Personen zeigen unter vergleichbaren Bedingungen vergleichbare Verhaltensweisen oder biologische und soziale Merkmale.
Die Beschreibungsgröße »Angebrachtheit« oder »Angemessenheit« gewinnt aber im Prozess der schrittweisen Zielbestimmung zunehmend an Bedeutung. Verhaltensweisen, die bislang als adäquate Problemlösestrategien aus der Sicht des Klienten angemessen erschienen, werden vom Therapeuten als Zielbarriere problematisiert. Das bisher angemessene Verhalten wird im Hinblick auf das Fernziel zum Unangemessenen und damit zum Änderungsgegenstand. Dies gilt etwa für »Vermeidungsverhalten«.

- Schließlich spielt das Problem der **Angemessenheit des Verhaltens** als beschreibende Bestimmungsgröße auch eine große Rolle bei der Analyse sozialer Bezugssysteme und in der differenzierenden Anwendung des Sozialverhaltens im Hinblick auf die zu erwartenden Konsequenzen, die eigene Zielsetzung, die sozialen Funktionen und Normen.
  Das Erlernen dieser »sozialen Diagnose« ist Gegenstand des dritten Therapieabschnittes: »Unterscheidende Anwendung selbstsicheren Verhaltens«.

- Die **Dauer** des Verhaltens ist eine Beschreibungsgröße, die gegenüber dem situativ auftretenden Verhalten differenziert. Ein situationsüberdauerndes, persistierendes Verhalten impliziert auch andauernde »chronische« Störungsbedingungen. Diese können als anhaltende aversive Bedingung in biologischen und sozialen »Dauereinflüssen« oder in sich selbst erhaltenden Regelkreissystemen auf biologischer, kognitiver oder interaktionistischer Ebene bestimmt werden. Das Moment der Dauer ist dabei immer nur relativ zu Bestimmungsmomenten wie der Angemessenheit (welche Reaktionsdauer tritt üblicherweise auf), der Intensität einer Störungsbedingung (eine massive Kritik führt zu länger dauernden »aversiven Zuständen« als ein leichter Tadel) und zur Frequenz der Bedingung.
  Zwei Enttäuschungen pro Woche könnten bereits ein »überdauerndes« depressives Verhalten bedingen, während man sich von einer nach Stunden oder wenigen Tagen erholen könnte.
  Schließlich ist der Zeitraum, den ich zur Bestimmung der Dauer zugrunde lege, damit das Abstraktionsniveau von den Hier-und-Jetzt-Bedingungen, ebenfalls nur ein relativer Rahmen.
  Bei den sozialen Ängsten etwa interessiert ein Zeitraum ab der Schulzeit, weil ein so lange andauerndes Angstmuster bei einem Erwachsenen für die Annahme spricht, dass für das gegenwärtige Problemverhalten (die Intensität und Frequenz des hier und jetzt gezeigten Verhaltens) persistierende, internalisierte Bedingungen von ent-

scheidender Mitwirkung sind. Jahre und Jahrzehnte andauernde Angstbarrieren lassen ebenfalls einen Rückschluss auf die Art von Folgestörungen zu. Wer »immer schon« Kontakte vermieden hat, wird vermutlich auch nicht die Fertigkeiten im Kontaktverhalten erlernt haben.

Andererseits kann das Rückverfolgen sozialer Ängste selbst über die Dauer von Jahren dann zur Diagnose einer nur sekundären, im Gegensatz zur primären »immer« schon vorhandenen, Angst führen, wenn zuvor selbstsicheres Verhalten gezeigt wurde und wir das hier und jetzt auftretende Problemverhalten auf den Einbruch einer noch anhaltenden Bedingung (etwa Ehe oder Scheidung) zurückführen können.

Dann ist das soziale Angstverhalten eben relativ zur Annahme situationsüberdauernder, generalisierter Verhaltensmuster bei einer primären Entstehung nur ein Verhalten von kürzerer Dauer. Es könnte mit der Beseitigung der externen Bedingung verschwinden.

Eine differentialdiagnostisch entscheidende Funktion kann der Beschreibung depressiven Verhaltens nach seiner Dauer zugeschrieben werden. Der psychiatrischen Diagnose »Neurotische Depression« entspricht ein Verhalten relativ kurzer Dauer (Stunden bis wenige Tage), jedoch hoher Frequenz (ein bis zwei »Tiefs« pro Woche).

Der psychiatrischen Diagnose »Reaktive Depression« entspricht ein extrem lang dauerndes (Monate bis Jahre) depressives Verhalten seltener Frequenz (bei Wiederkehr würde es wahrscheinlich der neurotischen oder endogenen Form zugeordnet).

Der »endogenen, psychotischen oder phasischen Depression« entspricht ein Verhalten mittlerer Dauer (Monate) bei variabler Frequenz (einmalig bis jährlich wiederkehrend).

An diesen Beispielen mag deutlich werden, dass Beschreibungen nach der Dauer bereits viele Erklärungs- und Änderungsschritte implizieren, dass aber umgekehrt die Dauer auf der Ebene molarer Verhaltensweisen bereits relativ zu solchen Gesichtspunkten definiert wird.

Nur auf der Ebene molekularen Verhaltens, eingebettet in eine funktionale Sequenz von Auslösern und Folgen, kann das Beschreibungsmoment der Dauer als absolute Zeiteinheit verstanden werden. Es sagt dann etwas über die Intensität der steuernden Bedingungen und über Reaktionsmoderatoren auf biologischer, emotionaler oder kognitiver Ebene aus.

Wie für alle »diagnostischen« Schritte gilt auch hier, dass die Quantität und die Komplexität der inhaltlichen Aussage eine reziproke Funktion ihrer methodischen Qualität und operationalisierten »Einfachheit« ist.

Die einzelnen Modalitäten der Verhaltensbeschreibung haben je nach der Betrachtungsebene von Verhalten einen unterschiedlichen Stellenwert. Intensität und Frequenz sind auf der Ebene situativen Verhaltens unverzichtbare und eindeutige Bestimmungsgrößen, während Angemessenheit, Dauer und im besonderen Maße Lokalisation und Inhalt ihre Bedeutung bei der Grobgewichtung von Beziehungssystemen haben.

- Die Lokalisation eines Verhaltens als Beschreibungsgröße bezieht sich auf dem Betrachtungsniveau des situativen Verhaltens auf die Einteilung der Verhaltensebenen nach der Möglichkeit objektiver Fremdbeobachtung, wie sie in den meisten verhaltenstherapeutischen Lehrbüchern dargestellt wird. Danach steht die Ebene des motorischen Verhaltens, als das, was der Betreffende tut, an erster Stelle.

Dem verbalen Verhalten als beobachtbarer und registrierbarer motorischer Akt wird im Behaviorismus stellvertretend der Bereich des kognitiven Verhaltens zugeordnet. Innere verdeckte Vorgänge können als »Selbstgespräche« prinzipiell in offenes verbales Verhalten übersetzt werden. Für viele Erschließungsvorgänge und Interpretationen ist die Wahl einer Lokalisationsebene »kognitives Verhalten« notwendig. Gerade im interaktionellen Verhalten ist jedoch die »Übersetzung« kognitiver Prozesse in verbales Verhalten vielfach unerlässlich.

Als lokalisatorische Beschreibungsgröße kann auch die Ebene des physiologischen und biochemischen Verhaltens sinnvoll herangezogen werden, zumal wir es hier weitgehend mit registrierbaren Vorgängen zu tun haben. So kann emotionales Verhalten über mehrere Verhaltensebenen hinweg (lokalisatorisch) in seinen Intensitäts- und Frequenzmaßen beschrieben werden.

Die Exzess- und Defizitbestimmung einer Verhaltensklasse auf verschiedenen Ebenen kann diskrepant ausfallen.

Die multiple Verhaltensbeschreibung schafft somit die Voraussetzung für eine umfassendere Bestimmung der verhaltenssteuernden Bedingungen als die reine Feststellung emotionaler Exzesse oder Defizite.

Der Lokalisationsbegriff in der medizinischen Diagnostik nach anatomischen, biochemischen oder physiologischen Substraten oder Systemen erlaubt ebenfalls Beschreibungen, die jedoch ein völlig anderes Bezugssystem haben. Er impliziert über Ähnlichkeitsaussagen Erklärungs- und Änderungsaussagen.

Dies entspricht in unserem Bereich den lokalisatorisch-inhaltlichen Beschreibungen nach den sozialen Bezugspersonen (Partner, Freunde, Therapeut) oder Bezugssystemen in Arbeit, Freizeit, in Familien und anderen Gruppen.

Sie stellen nur Ordnungskästchen für die Informationssortierung dar und sind nicht von reinen Inhaltssortierungen nach Gebieten wie sexuelles Verhalten und kommunikatives Verhalten verschieden.

Für unseren ersten Schritt in der Bedingungsanalyse oder der verhaltenstherapeutischen Diagnostik, der Definition des Problemverhaltens nach Exzessen und Defiziten, sind diese Verwendungen des Lokalisationsbegriffes entbehrlich.

- **Verhaltensexzesse** sind solche Verhaltensweisen, die im Hinblick auf die Intensität, die Frequenz, die Dauer und die Angemessenheit im Hinblick auf eine bestimmte Situation dadurch störend wirken, dass sie zu heftig, zu häufig, zu lange oder dann auftreten, wenn die erwartete Häufigkeit gerade dieses Verhaltens praktisch null ist. Im Hinblick auf das ATP sind hier besonders zu nennen: das Erröten, Versprechen, Entschuldigen, übermäßiges Nachgeben, Selbstabwertung, Vorwegnahme von Misserfolg, Angstgefühle in zwischenmenschlichen Situationen und die Vermeidungspraktiken im angstbesetzten Bereich.

  Die Beschreibungsgröße Verhaltensexzess gewinnt ihren Sinn dadurch, dass in der Regel diesem Zuviel an Verhalten das therapeutische Ziel der Abschwächung und Verringerung dieser Verhaltensweisen entspricht.

  Dieses Therapiezielkriterium kann zweckmäßig zur reinen Beschreibung hinzugenommen werden, wenn wir etwa im Zweifel sind, ob wir jedem Exzess das zugehörige Defizit zuordnen sollen. Sinnvolle Therapieableitungen in der Richtung Verringerung von Dauer, Intensität und Frequenz ergeben sich bei allen respondenten Verhaltensexzessen und bei positiv verstärktem Verhalten. Sinnvolle Defizitzuordnungen mit der Anleitung zur Steigerung ergeben sich dagegen nur bei Verhaltensweisen, deren niedrige Frequenz, Dauer oder Intensität durch ein Mehr an Verstärkung zu erreichen ist und wo nicht zuvor die blockierenden Exzesse zu beseitigen sind (In diesem Falle würden wir nur den zugehörigen Exzess notieren).

- **Verhaltensdefizite** dienen umgekehrt als Beschreibungsgröße für Verhalten, das in der Intensität, Frequenz, Dauer und im Hinblick auf die Angemessenheit (dann, wenn die entsprechenden Bedingungen eine sehr hohe Wahrscheinlichkeit dafür zeigen, dass von anderen dieses Verhalten gezeigt wird) gar nicht oder zu selten auftritt. Praktisch notieren wir hier dann ein Zuwenig, wenn das Verhalten in der Therapie über positive Verstärkung oder Modelllernen gesteigert werden kann; also nicht unbedingt den zu seltenen, zu kurzen und von Anlass und Qualität inadäquaten Blickkontakt, weil dieser als stimulusabhängiges Vermeidungsverhalten über den Abbau des Angstexzesses zunehmen wird. Im Hinblick auf den hier vorrangig interessierenden Verhaltenssektor, das Sozialverhalten, denken wir besonders an die sozialen Fertigkeiten, die bei unserer Klientel in der Regel in diesen Bereich fallen würden. Dies gilt für kommunikative Fertigkeiten, die Verbesserung der sozialen Wahrnehmung und Diagnose und die Verwendung eigener Bewertungskriterien. Nur wenn der operante, aufbauende Therapieweg eine wichtige Rolle in der Defizitbeseitigung spielt, wird die Notiz in dieser Rubrik sinnvoll (das kann gelegentlich durchaus auch mal für den Blickkontakt gelten).

Mit dieser einfachen Verhaltensbeschreibung können wir besser wichtige diagnostische Zuordnungen vornehmen als mit der Etikettierung nach vergleichenden Kriterien. Eine klare Aussage zur Entstehung oder Aufrechterhaltung der Störung ist getroffen. Jeder Verhaltensexzess muss ein Überwiegen kurzfristig wirksamer Verstärker aufweise, die es zu finden und zu beseitigen gilt. Jedes Defizit muss unter die Kontrolle kontingenter positiver Verstärkung gebracht werden. Damit ist Bedingungsaussage und Therapieziel, ja sogar im Groben die Methode dahin, unmittelbar von dieser Beschreibungseinheit abzuleiten!

Wir haben in unserem bedingungsanalytischen Einführungsbuch (Teil I der Patientenbücher) den Bereich der unangemessenen Verhaltensweisen als inadäquates Verhalten separat beschrieben. Beim inadäquaten Verhalten ist vielfach nicht die Frage, es mit ver- oder erlernenden Methoden selbst zu verändern, sondern andere Bedingungen für eine Stimuluskontrolle zu schaffen.

Eine Fülle anderer Beschreibungs- und Ordnungsgesichtspunkte kann bei der Problembeschreibung und -gewichtung in den diagnostischen Leistungen zur Bestimmung von Interaktionsverhalten und Systemverhalten sinnvoll werden wie die »Aktiva« und »Passiva« im Verhalten oder die Kongruenz versus Inkongruenz von Botschaften oder die Symmetrie versus Komplementarität von Beziehungsverhalten. Für viele Vorgänge fehlen derzeit noch Beschreibungsmodalitäten mit einer vergleichbaren Präzision wie denen zur Exzess- und Defizitbestimmung beobachtbaren Verhaltens. Für den diagnostisch tätigen Therapeuten entstehen oft Schwierigkeiten, weil er den Anwendungsbereich und das Niveau, auf dem sich eine Verhaltensbeschreibung abspielt, und die absolute Fülle von Beschreibungsmöglichkeiten nicht ordnen kann.

Die Beschreibungsgröße »Aktiva des Verhaltens« kann zur Ordnung derjenigen Verhaltensweisen benutzt werden, die in besonderer Intensität und Frequenz auftreten und für den Klienten oder die Umgebung positive Konsequenzen haben.
Wir fragen nach besonderen Fertigkeiten, Begabungen, Fähigkeiten und Interessen.
Negativ bestimmt unterscheiden wir im gestörten Bereich, etwa einer dyadischen Beziehung, zwischen den von der Beziehungsstörung tangierten Verhaltenssektoren als Passiva und den interaktionellen Verhaltensmustern, die »noch klappen« oder unter positiver Kontrolle stehen, als Aktiva.
Diese Rubrik kann ganz allgemein benutzt werden, um sie als Verstärker für defizitäre Verhaltensweisen einzusetzen. Häufiger werden wir die »Aktiva« gerade am Anfang benutzen, um auf Umwegen Ansprachedefizite auszugleichen. Wir erhöhen etwa die Frequenz von Aktiva außerhalb des Kontaktbereiches, weil soziale Ansprachequellen infolge der Verhaltensbarrieren noch nicht genutzt werden können. Schließlich müssen aber auch Aktiva dahingehend problematisiert werden, inwieweit sie nur eine Funktion behinderter Verhaltensweisen (Passiva) in anderen Bereichen sind. Im Sozialverhalten denken wir hier etwa an die gekonnte Schlagfertigkeit und problemüberspielende Selbstsicherheit zur Abwehr von angstmachenden, näheren emotionalen Beziehungen, an die übermäßige Liebenswürdigkeit aus Unfähigkeit, nein zu sagen, an die Leistungsexzesse aus der Vermeidung einer häuslichen Problematik heraus oder als Folge emotional versperrter Ansprache und dergleichen. Die Einschätzung von Aktiva im sozialen Verhalten kann schließlich als Entscheidungshilfe dafür gelten, ob bei generell guten sozialen Fertigkeiten das ATP eher im Sinne eines Schwerpunkttrainings mit umschriebener Entängstigung oder in Form seiner umfassenden Standarddurchführung verwendet werden soll. Auf diese Problematik werden wir im Abschnitt »Therapiezuordnung« und »Wahl der Therapiedurchführung« noch näher eingehen.

3.3.2 Die bedingungsanalytische Verhaltensbestimmung im S-O-R-K-Schema

Die Ableitungen und Funktionen sind im Einführungsbuch ausführlich beschrieben. Therapeuten haben zwar heute mehr Möglichkeiten als zur Zeit der Erstauflage dieses Textes, sich über die damals vielfach noch programmatischen Ansätze hinaus zu belesen, die praktische Anwendung und die Nachvollziehbarkeit der Hypothesenableitung, inbesondere aber die Nachprüfbarkeit, sind im Zuge der heutigen Monotherapien untergegangen; die Verwendung der Symbole vielfach Makulatur und ohne jede Bedeutung für die Wahl der Modifikationsstrategie. Daher schien uns die frühere Beschreibung zur Verwendung und Auswahl der Symbole und Ebenen immer noch nicht entbehrlich.
Therapeuten sollten zumindest die Bedeutung der Symbole kennen. Sie sollten entscheiden können, welche Schreibweise für welchen Zweck nützlich und welche entbehrlich ist. Für viele Zwecke reicht die »Codierung« der zeitlichen Abläufe in Vorausgehendes und Nachfolgendes, um die zu erklärende und die zu modifizierende Variable zu kennzeichnen. Für die konkreten Abschwächungen bei Sucht oder Zwangsverhalten, bei Selbstabwertung und Selbstverstümmelung, bei Leistungsstörungen und psychosomatischen Abläufen benötigen wir die genaue Bestimmung auf der Mikroebene. Hier ist

besonders das Paradigma des Vermeidungslernens mit all den experimentellen Ergebnissen und in der Schreibweise mit separaten Symbolen für CER und VM (statt des R) als Erklärungs- und Änderungsmodell nützlich. Für operante Aspekte dagegen ist ein Wechsel zum Modell der »Pläne« oft hilfreicher, während für interaktionelle Schleifen das klassische Modell vom Löschen und Verstärken, am Besten über das 4-Felderschema demonstriert, sich als besonders hilfreich zur Ableitung von Modifikationsstrategien gezeigt hat.
Molekulares Verhalten oder die ganz konkrete Beschreibung und Bestimmung der vorangehenden inneren und äußeren Gegebenheiten und der unmittelbaren Folgen als Mikroebene sind der Anwendungssektor der funktionalen Beschreibung mittels des S-O-R-K-Schemas. Auf der Makroebene und speziell im Abstraktionsniveau von Werten, Motiven, Einstellungen, im Gebiet globaler sozialer Einheiten wie Beruf, Partnerschaft oder Elternhaus deuten die Symbole bestenfalls noch eine zeitliche Folge an, ohne dass die impliziten Annahmen zur S-R-Steuerung oder zum operanten Lernen als R-K-Funktion noch unterlegt werden können und damit die stringente Therapieableitungsmöglichkeit entfällt. Therapeuten sollten jedoch soviel kritischen Umgang mit diesen Funktionen haben, dass sie erklären können, wann, wo und wozu welche Symbolik, Ebene oder Schreibweise gewählt werden sollte.
Die bedingungsanalytische Betrachtung des Problemverhaltens unterscheidet zweckmäßig zwischen klar umrissenen, möglichst eindeutig definierten Verhaltensweisen, die eine funktionale Bestimmung möglichst auf der Ebene situativer Beschreibung und Operationalisierung zulassen und in unserem Modell als molekulare Einheiten des Verhaltens aufgefasst werden können, und der Herstellung von hypothetischen funktionalen Zusammenhängen zwischen eher generalisierten Verhaltensbereichen, sozialen Systemen, Strukturen und Verhaltensweisen auf einem höheren Abstraktionsniveau der Beschreibung, der Makroebene oder den molaren Verhaltensweisen. Diese erlauben in der Regel durch die Bündelung einzelner molekularer Verhaltensweisen nur noch hypothetische Trendaussagen. Hier scheint ein relativ großer Spielraum in der Erstellung des funktionalen Bezuges gegeben. Wir sprechen hier lieber von einer bedingungsanalytischen Interpretation als von einer funktionalen Bestimmung.
Die klinische Verhaltensanalyse wird in ihrer Formalisierung auf die Publikation von Kanfer und Saslow (1966) zurückgeführt und in der Form des S-O-R-K-Schemas erläutert (Kanfer und Phillips, 1970, Kanfer und Goldstein, 1975, Schulte, 1974, Braun, 1978). Sie ist in Teil I der ATP-Bücher in ihren respondenten und operanten Aspekten beschrieben worden. Therapeuten haben in der Anwendung des S-O-R-K-Schemas häufig Schwierigkeiten mit der verschiedenartig gebrauchten Symbolik und dem Niveau der Verhaltensbetrachtung, welches nicht immer geeignet ist, sämtliche Bestimmungsstücke buchstabengetreu zu definieren. Bei Verhaltensketten oder Interaktionsschleifen wird die jeweilige Bestimmung des mittels S-O-R-K definierten Einzelverhaltens weggelassen und quasi nur die »Resultate« von Vorgängen als S oder R ausgeschrieben (etwa: wenn ich – dann du – dann ich, oder: Therapeut – Gruppenmitglied – Therapeut: S1 – S2 – S3 oder R1 – R2 – R3).

Verlagert sich das Interesse aber wieder von der Interaktions- und Systemebene zu den individuellen Moderatorvariablen, würden wir den »übersprungenen« Vorgang persönlicher Wahrnehmung –und Deutung von Gefühlen, von Absichten und antizipierten Fol-

gen, den inneren Vorgang, explizit zu machen suchen und hätten dann R1 (SORK)-R2 (SORK)-R3 (SORK) Schreibweisen.
Da für die Bedingungsaussage die zeitliche Folge von Ereignissen ausschlaggebend ist, kann also in einer solchen Kette S und K durch S ersetzt, oder einfach in R oder V für Verhalten impliziert, dargestellt werden. Unter dem Gesichtspunkt der Zielgerichtetheit von Verhalten können auch in Anlehnung an Miller, Galanter und Pribrams (1960) Ober- und Unterpläne ausschließlich innere »Kalkulationen« möglichen Verhaltens nach obigem Muster erschlossen werden, wenngleich zumeist nur die Resultate als bewertete Konsequenzfolgen in Ketten geschrieben werden. Heute hat sich die wesentliche Verlagerung von beobachtbaren Konsequenzen zu gewollten und erwarteten Handlungsfolgen vollzogen, was noch nicht einmal für die funktionale Denkweise und Symbolik so entscheidende Veränderungen mit sich bringen muss. Problematischer ist die Neigung, so global zu formulieren, dass es für alles und jedes zutreffen kann oder ganz schlichte Typologien zu verwenden, von denen dann Zukunftsableitungen auf Wahrsagerniveau gemacht werden. Eine sehr häufige Untugend ist es auch, Zuerklärendes als Erklärung zu verwenden, ohne diese Einheit selbst zu analysieren. Dazu wird der große Mülleimer »Organismusvariable« verwendet, die dann als politische Überzeugung, als Konfession oder als unglückliche Kindheit alles zu Bestimmende zum beliebigen Einheitsbrei werden lässt. Wir haben vielleicht selbst mit den »Eindeutschungen« wie S für Situation statt Stimulus zu diesen Aufweichungen beigetragen und ohne Skrupel sehr früh die Verhaltensanalyse auch auf innere Vorgänge und interaktionelle Prozesse übertragen. Dies geschah jedoch immer mit dem Ziel, sich das Modell zur Erhellung von Zusammenhängen nützlich zu machen, statt die Zusammenhänge einer Modellschablone unterzuordnen.
Im SORK-Schema bedeutet S das dem Verhalten Vorausgehende und steht für Stimulus, Hinweisreiz oder Situation. S als das dem Verhalten vorausgehende Steuerelement kann in der Wahrnehmung externer Ereignisse sowie in der Wahrnehmung innerer Vorgänge des Individuums gelegen sein. Wenn Verhalten vorwiegend respondent, durch vorhergehende Situationselemente gesteuert wird, gilt es als reaktiv oder ausgelöst. Die Auslösefunktion eines Situationselementes ist in aller Regel erworben oder konditioniert (CS = konditionierter Stimulus) und lässt sich nur noch selten mit einem ursprünglichen Auslöser, dem UCS (unkonditionierter Stimulus), in Verbindung bringen. Einige Verhaltenstherapeuten nehmen die UCS-Symbole als Name für irgendwelche kindlichen Traumata wie die Geburt eines Geschwisters oder die Einweisung ins Internat, also Ereignisse, die nur auf dem vagen Gebiet der Makroebene gedeutet werden können. Dieser lockere Gebrauch kann nützlich sein, die lerntheoretisch implizierte Bedingungsannahme und folgerichtige Veränderungshypothese gilt jedoch nur im sauberen Gebrauch auf der Mikroebene.
Die Suche nach dem UCS ist besonders bei der genetischen Analyse des Angst- und Zwangsverhaltens von Bedeutung.
Hier ist besonders der Ansatz von Stampfl und Mitarbeitern (Stampfl und Levis 1967, 1968) zu nennen, der im Rahmen seiner theoretischen Annahmen zur Implosionstherapie vermutete Reizgeneralisationsgradienten auf ihre ursprüngliche traumatisierende Situation (UCS) zurückführen wollte.
In der klinischen Arbeit hat die Auffassung des S als eines Hinweisreizes für zu erwartende oder für nicht zu erwartende Konsequenzen, falls das Verhalten gezeigt würde,

jedoch eine größere Bedeutung. Hier wird die S-Funktion den operanten Lernvorgängen unterstellt, die auf die Verhaltenssteuerung durch nachfolgende Konsequenzen (K) abzielen. Die Kontrolle, welche ein S über das nachfolgende Verhalten übernimmt, besteht in dem Hinweis auf wahrscheinliche Konsequenzen.

Die Analyse diskriminativer Hinweisreize ist besonders bei der Konflikterhellung von Bedeutung.

Im Teil I des ATP wird die Analyse von »Hinweiszeichen« (SD/SΔ) für die Notwendigkeit verbesserter sozialer Diagnosen beschrieben.

O steht für Organismus. Ursprünglich sollte diese Variable eher biologische und genetische Mediatoren in der Reiz-Reaktion repräsentieren (Kanfer und Phillips, 1970, S. 64 f). Heute werden alle biografischen und kognitiven Probleme gerne hier geparkt und dann vergessen. Als Moderatorvariable ist die Festschreibung zur Erklärung von Modifikationen in der S-R-Funktion und in der R-K-Funktion nur als vorübergehend gedacht. Sie sollte dann anschließend selbst erhellt und funktional bestimmt werden- etwa über eine eigene SORK-Analyse. Das Problem der Moderatorvariable ist oft nur eine Frage des Abstraktionsniveaus der Verhaltensbeschreibung. So können wir aus methodischen Gründen oder etwa dann, wenn uns bei einer Interaktion nur das Sender- und Empfängerverhalten interessiert, den inneren Bereich der Verhaltenskette überspringen oder ihn auf ein Konstrukt (O, die Person, ihre Einstellung) reduzieren. Unter der Annahme, dass inneres (verdecktes) Verhalten prinzipiell mitteilbar und damit in offenes Verhalten zu überführen ist, lässt sich das SORK-Schema lückenlos auf innere Vorgänge anwenden. Dann wird manche Moderatorvariable in S-R-Funktionen aufgeschlüsselt werden können und die »black-box« entbehrlich (zur Problematik der inneren Vorgänge wird auch verwiesen auf Skinner, 1973, Orig. 1953, S. 239–261).

R steht für Reaktion oder das in vorausgehende und nachfolgende Bedingungen eingebettete Verhalten.

Verhalten meint dabei die Gesamtheit möglicher intra- und interindividueller Vorgänge. Es wird unter experimentellen Kriterien nach der Beobachternähe (sichtbares motorisches Verhalten versus subjektive Vorgänge wie Gedanken) und unter klinischen Gesichtspunkten zumeist topografisch nach Äußerungsebenen (kognitiv, emotional, verbal, elektrophysiologisch, biochemisch, motorisch, mimisch-gestisch, instrumentelles Werkzeugverhalten oder kreatives Herstellungsverhalten) eingeteilt. Für unser Sachgebiet der sozialen Phobie bevorzugen wir die Aufteilung von R in die conditionierte, gelernte emotionale Reaktion der Angst, Hemmung, Schuld oder Schamgefühle als CER und die Vermeidungsverhaltensweisen, die als gelernte Schutzreaktion mit spannungsreduzierender Folge diese Gefühle verhindern oder vermindern sollen. Als anschließendes oder CER umgehendes VM-Symbol geschrieben, definiert es die sich selbst erhaltende Funktion der Angst-, Zwangs- oder Sucht-Verhaltensexzesse über die negative Verstärkung.

K steht – ursprünglich statt für »Consequence« = C – für Kontingenz und stellt dort eine eher experimentell interessierende Bedingung der Verhaltenssteuerung dar. Die Kontingenz, mit der eine Konsequenz einem Verhalten unmittelbar nachfolgt, kann regelmäßig oder im Intervall erfolgen. Regelmäßigkeit führt zur Sättigung und Verstärkerentwertung. Das verstärkte Verhalten ist weniger löschungsresistent als bei der Intervallverstärkung. Hier wird die Wertigkeit der Verstärker beibehalten. Ein Verhalten unter ihrer Kontrolle bleibt lange Zeit löschungsresistent. In der klinischen Praxis ist intervallverstärktes Verhalten naturgemäß die Regel.

K steht heute für Konsequenz (»Consequence«) und hat die maßgebende Verhaltensformung zum Inhalt. Die unterschiedliche Art der nachfolgenden Konsequenzen wird vorteilhaft mit dem Vierfelder-Schema nach Skinner erläutert.
Der Unterschied zwischen einem negativen Verstärker als Strafreiz mit Verhaltensabschwächung und dem Vorgang der negativen Verstärkung als positive verhaltensfördernde Konsequenz durch die Abnahme unangenehmer Ereignisse macht häufig Schwierigkeiten. In unserer Darstellung für Klienten haben wir daher den Begriff des Verstärkers ausschließlich für verhaltenssteigernde Ereignisse vorbehalten und die Darstellung des Vierfelder-Schemas modifiziert (s. ATP Teil I).
Im SORK-Schema werden die symbolischen Darstellungen der Konsequenzen oft als K oder C angegeben. Eine Verwechslung mit Kontingenz liegt nahe, diese spielt bei der klinischen Darstellung von Bedingungsaussagen jedoch kaum eine Rolle. Das Kürzel C oder K für Konsequenz wird weiter differenziert nach:

- der Qualität
  C+ oder K+
  positive Verstärkung als Vorgang und für belohnende positive Konsequenz,
  $\not{C}$ – oder $\not{K}$–
  als Vorgang der negativen Verstärkung und als Verminderung eines erwarteten oder vorher bestandenen negativen Zustandes oder Ereignisses,
  C – oder K –
  als Vorgang der Bestrafung und als Eintreten negativer Konsequenzen,
  $\not{C}$ + oder $\not{K}$–
  als »response cost« oder Bestrafung durch Wegfall eines vorher bestehenden oder zu erwartenden positiven Ereignisses;
- dem Zeitpunkt
  Die zeitliche Modalität von Konsequenzen als Kurzfristige, unmittelbar anschließende Folge
  C_k oder K_k = Konsequenz, kurzfristig,
  von den
  langfristigen Folgen, bezogen auf eben diese Verhaltensweise und nicht auf abhängige zwischengeschaltete Verhaltensketten
  C_l oder K_l = Konsequenz, langfristig;
- der Quelle der Verstärkung
  als in der Person gelegen:
  Ci oder Ki = Konsequenz intern oder
  außerhalb der Person gelegen:
  Ce oder Ke = Konsequenz extern.

Diese »Lieferantenmodalität« kann bei Interaktionen mit mehreren Personen oder sozialen Systemen auch noch weiter spezifiziert werden.
Wenn etwa ein ATP-Teilnehmer für eine Verhaltensprobe ein Lob vom Therapeuten empfängt, gleichzeitig das Lob abwertet und sagt: »Ich fand mich nicht gut«, von der Gruppe jedoch wiederum positive Kommentare erhält und dann sagt: »Eigentlich bin ich froh, meinem Ziel näher gekommen zu sein«, wäre die symbolische Schreibweise für die

verschiedenartigen Konsequenzen die folgende: Therapeut [C+ek] + Patient [C-ik] + Gruppe [C+ek] + Patient [C+il].
Das neugelernte Verhalten steht damit überwiegend unter positiver Kontrolle.
Die Analyse der Verhaltensfolgen gestaltet sich durch die in der Regel unbekannte subjektive Wertigkeit von Ereignissen, die modifizierenden Bedingungen der Verhaltensgenese, der Deprivation und der Gewichtung von verschiedenen, gleichzeitig oder kurz – versus langfristig konkurrierenden Konsequenzen als äußerst schwierig. Sie stellt jedoch das Kernstück jeder Verhaltensanalyse und -therapie dar. Die Diagnostik des Verhaltens ist eben auch die Diagnostik seiner Bedingungen. Diese müssen häufig mühsam erschlossen werden. Über Plananalysen mit der Unterstellung, dass die nachfolgenden Konsequenzen auch die gewollten sind und anschließender subjektiver Hinterfragung ist dies wesentlich erleichtert. Erst in der Therapie wird dieser diagnostische Akt durch die Überprüfung seiner vermuteten Qualität beendet.
Der Zugriff auf wirksame Verstärker ist die Voraussetzung zur Verhaltensänderung. Dieser Zugriff ist in der verhaltenstherapeutischen Ambulanz mit der sporadischen Beeinflussungsmöglichkeit beschränkter als unter stationären Bedingungen oder unter Idealbedingungen, der Therapie im häuslichen Milieu. Wirksame Kontrolle ausüben erfordert gelegentlich die Wertigkeitserhöhung von Verstärkern durch vorhergehende Deprivation, wie es im Labor und gelegentlich stationär möglich ist. In der ambulanten Therapie ist es anfangs manchmal leichter, Verhaltensalternativen durch positive Verstärkung aufzubauen, als die sich ständig selbst belohnenden Vermeidungsstrategien direkt anzugehen.
Der Abbau von Zwängen, Süchten und aggressiver Distanzhaltung geht mit dem Ausbau von Alternativen im Verhalten einher. Der belohnende Effekt der Spannungsverminderung verringert sich in dem Ausmaß, in dem die Vermeidungspraktik überflüssig wird. Dieser »Umweg« zum Ziel erfordert wiederum eine gute Motivationsarbeit. Der Therapeut muss hier oftmals über die unspezifischen Belohner von Zuwendung und Verständnis die Kontinuität der Bemühungen des Patienten verstärken.

3.3.3 Die funktionale Interpretation von Bedingungsgefügen und die Erstellung von Therapierahmenplänen

Viele der Diskussionen im Hinblick auf die methodische Beschränkung des Behaviorismus oder die heftigen Fehden über die Bedeutung intervenierender Variablen versus reiner Situationsdetermination der Verhaltenssteuerung wären überflüssig, wenn wir uns den jeweiligen Anwendungszweck einer solchen funktionalen Verhaltensbestimmung vor Augen hielten.
Geht es um die experimentelle Überprüfung lerntheoretischer Zusammenhänge, so werden wir dies in exakter Weise nur durch streng operationalisierbare und sauber registrierbare Verhaltensweisen und situative Bedingungen klären können.

Geht es um die klinische Anwendung der funktionalen Erklärung des Verhaltens, dann ist einleuchtend, dass hier die gesamte Fülle des Problemverhaltens über alle Ebenen des Verhaltens hinweg in das Modell einbezogen werden muss, auch wenn wir damit im Bereich subjektiver Wertung und intervenierender Variablen zwischen Situationswahrnehmungen und Verhalten in Gebiete vorstoßen, in denen hypothetische Bedingungsaussagen nicht mehr unmittelbar überprüfbar sind.

Dabei sind die heutigen Möglichkeiten des bedingungsanalytischen Denkens, wie sie jedem Kliniker vertraut sind, durchaus nicht neu. Rotter (1954) hat in systematischer Weise das Dilemma der subjektiven Verstärkerbestimmung zu lösen gesucht. Seine Theorie des sozialen Verhaltens und seine Untersuchungen zu den Konstrukten im Gebiet der wesentlichen Verstärkermediatoren »internal« und »external locus of control of reinforcement« haben zu klinisch fruchtbaren Modellbildungen auf diesem Sektor geführt.

Miller, Galanter und Pribram (1960) haben die subjektive Verstärkerbestimmung als bewertete Informationsrückmeldung über die Auswirkung des vorangegangenen Verhaltens in Regelkreisschleifen zwischen Ist-Soll-Zuständen erklärt. Ihre Modellvorstellung integriert die Bildung situationsüberdauernder Verhaltens- oder Erwartungsmuster (Pläne). Sie liefert im interaktionellen Bereich durch die Berücksichtigung der früheren und jetzt erwarteten Partnerreaktionen (auch als generalisierte Antizipation von Konsequenzen zu sehen) ein Bestimmungsstück dafür, wie beabsichtigtes Verhalten schließlich aktualisiert wird.

Dem bedingungsanalytischen »Diagnostiker« ist nun nicht damit gedient, einfach neue Benennungen für die zunehmende Komplexität des Zusammenwirkens neuer Bedingungen zu schaffen. Nach Miller, Galanter und Pribram sind es jetzt die hierarchisch geordneten Pläne, welche die Wirksamkeit von Verstärkern definieren. Was aber ist ein Plan und wie bildet sich ein relativ überdauerndes Wahrnehmungs- und Erklärungsmuster? Die Lerngeschichte des Einzelnen, seine über ähnliche Situations- und Regelmerkmale generalisierten Muster in der Wahrnehmung, der Erklärung und im Umgang mit Situationen, sind nur ein Bereich, dessen selektiv steuernder Anteil für das derzeitige und zukünftige Verhalten erschlossen werden muss.

Die hier und jetzt vorgefundenen situativen Merkmale sind im sozialen Verhalten in der einfachsten Form (dyadische Beziehung) das Partnerverhalten (C und SD/SΔ), welches wie das interaktionell gezeigte »Sender«-Verhalten einer komplexen individuellen Mitbedingung unterliegt.

Dazu kommen bei sozialen Systemen wie Gruppen und Organisationen Regeln und Gesetze, die ähnlich denen der individuellen Lerngeschichte über das kontingente In-Aussicht-Stellen von regelabhängigen Konsequenzen einen entscheidenden Einfluss auf die Aktualisierung bestimmten Verhaltens nehmen. Antizipierte Konsequenzen können in der zeitlichen Abfolge, der Qualität und in Bezug auf die vielfältigen Quellen (mehrere Individuen, »Gruppen« und Systeme) miteinander konkurrieren oder sich potenzieren. Die hier notwendige »Diagnose« von inneren Vorgängen, von Partnererwartungen und Partnermitteilungen, von Gruppenerwartungen und Gruppensanktionen und von den Spielregeln innerhalb eines geschlossenen Systems, wie einer Gesellschaft, einer Familie oder einer Firma, ist eher Therapieziel als anfängliches Zuordnungskriterium. Der diagnostizierende Therapeut begibt sich in ein Gelände, wo er oftmals seiltänzerisch allein Schluchten überqueren muss (kühn spekulieren), um dann rückschauend zu überlegen, wie er dem Patienten Brücken bauen kann (Strategien vermittelt), ihm nachzufolgen. Erst die begleitende Beobachtung der Schritte des Patienten (Rückübersetzung in situatives Verhalten) kann dann die Anfangsvermutung bestätigen.

Wir haben daher die komplexen diagnostischen und therapeutischen Schritte in Gruppen und Systemen dem dritten Teil des ATP vorbehalten, wo erst die dazu nötigen Voraussetzungen gegeben sind.

Es mag einleuchten, dass kein diagnostisch oder therapeutisch Tätiger bei der Zusammenschau so komplexer Prozesse alle begleitenden, tausendfachen situativen Realisationen einzelner Verhaltensweisen erfassen, beschreiben oder funktional bestimmen kann. Dies soll und kann jedoch für wichtige Zwischenschritte in exemplarischer Form geschehen.

Deutlich bewegen wir uns hier auf verschiedenen Abstraktionsebenen, wenn wir einzelne Verhaltensweisen in der Situation bestimmen wollen oder mit Verhaltensklassen und -mustern und mit Verstärkertypen arbeiten.

Da wir auf jedem Abstraktionsniveau bedingungsanalytisch vorgehen, erscheint es legitim, beide Betrachtungsebenen beizubehalten:

Die molekulare Ebene des »Verhaltens in Situationen« immer dort, wo ihre Bestimmung möglich und ihre Definition unerlässlich ist, und die Makroebene im Abstraktionsniveau von Mustern, Plänen, Regeln und typologischen Situationselementen dort, wo wir Wirkungszusammenhänge und eine Gesamtschau von Bedingungsgefügen benötigen.

Braun (1978, S. 1649 ff.) beschreibt ein Systemmodell »Individuum: Umwelt«, welches in seiner Konzeption das bedingungsanalytische Vorgehen in den Teilen I und III des ATP gut integrieren könnte: Den beiden Subsystemen »Individuum« und »Umwelt« wird jeweils ein objektives und ein subjektives Teilsystem zugeordnet, die als Selbstbild und Weltbild beide strukturell zum Individuum gehören, funktional aber unterschiedlich betrachtet werden. (Zum Selbst- und Weltbild siehe auch Teil I des ATP, ebenfalls zum System wechselseitiger Steuerung und Ist-Soll-Vergleiche.)

Verhalten hat bei Braun »die Aufgabe der Regelung der Beziehung zwischen den Systemen im Sinne der Herstellung von Kongruenz und damit gleichzeitig der Aufrechterhaltung und Wiederherstellung der Homöostase zwischen den Systemen« (Braun, 1978, S. 1671).

Er unterscheidet eine faktische, funktionale und strukturelle Ebene der Darstellung von Sachverhalten. Letztere entspricht in etwa dem, was wir unter dem molaren Abstraktionsniveau verstehen.

Eine rein im formal unterschiedlichen Abstraktionsniveau gelegene Operation innerhalb molaren Verhaltens stellt etwa die Erstellung eines Therapierahmenplans für die zeitlich sukzessiv erfolgende und einander bedingende Beeinflussung von Verhaltensklassen dar.

Vielen Verhaltenstherapeuten fällt es anfangs schwer, bei der Fülle einzelner Fehlverhaltensweisen nach deren funktionaler Beschreibung mittels des S-O-R-K-Schemas noch die Übersicht zu wahren. Sie sehen dann vor lauter einzelnen Modifikationsschritten nicht das Gemeinsame und verlieren leicht den Blick für das Ineinandergreifen und sich gegenseitige Bedingen von Veränderungsmethoden. Hier ist ein Therapierahmenplan auf der Basis der Problembereiche eine große Hilfe. Erst nach dieser funktionalen Interpretation gröberer Einheiten ist es sinnvoll, in einzelnen Bereichen molekulare Zielverhaltensweisen nach dem S-O-R-K-Schema differenziert zu erhellen.

Ein **Therapierahmenplan** soll enthalten:

Die Problembereiche aus der subjektiven Sicht des Patienten, die Ziele des Therapeuten bezüglich zur Überwindung der Störungsbedingungen, die Methoden zur Abschwächung von Störungsbedingungen und zum Aufbau von Alternativverhalten, die zeitliche Gewichtung der einzelnen Änderungsschritte, ihre Zusammenfassung in Therapiemethoden und deren Dauer.

In der *Tabelle 1* haben wir ein Beispiel für einen Therapierahmenplan dargestellt, bei dem bereits in der Rubrik »Problem« eine zeitliche Gewichtung im Hinblick auf die Reihenfolge der notwendigen Änderungsschritte enthalten ist.
Die *Tabellen 2* und *3* stellen dagegen Therapierahmenpläne dar, bei denen die Gewichtung erst in der Rubrik »Methode« erfolgt. Dies hat den Vorteil, dass die Problembereiche zunächst beliebig nach »Einfällen« notiert werden können und die Methodengewichtung mehr auf das dem einzelnen Therapeuten verfügbare Arsenal Rücksicht nimmt.
In der Spalte »Durchführung« werden dann die einzelnen therapeutischen Maßnahmen chronologisch geordnet. Hierbei wird berücksichtigt, dass einzelne Maßnahmen bedingungsanalytisch anderen vorangehen müssen oder dass die Effekte von einzelnen Behandlungsschritten die nachfolgenden beeinflussen werden.
Dieses Muster ist für viele zu Beginn einfacher, bis sie über genügend retrospektive Ordnungsgesichtspunkte zu Therapien komplexer Störungen verfügen. Natürlich geht diesen Rahmenplänen die sorgfältige Analyse des Verhaltens auf molekularer Ebene – etwa nach dem Kanfer-Schema – voraus. Diese differenziernden Pläne können dann als Ausführung dem Rahmenplan beigefügt werden.
Die Therapieplanung auf der Basis isoliert analysierten Störverhaltens macht hingegen Schwierigkeiten, eine Übersicht zum Gesamtvorgehen zu gewinnen.

Tabelle 1

Therapierahmenplan: Generalisierte Fehlschlagangst mit Medikamentenmissbrauch

Problem	Veränderungsziele	Methode	Durshführung	Dauer	Zeitpunkt
1. Missbrauch von Beruhigungsmitteln	Abschwächung des Belohnerwertes der Droge	Umstellung auf Thymoleptika oder Betarezeptorenblocker. Konsultation des Internisten und Psychiaters)		6 Wochen	sofort
	Ersatz der Droge durch Entspannung	Verhaltensregeln zur Medikamenteneinnahme – Einzelsitzung	4 × 30’	ständig falls nötig (Suchtprophylaxe)	sofort
		Erlernen der progressiven Muskelentspannung und des	3 × 60’	3 Wochen	nächster Kurs nach Jacobson
		Autogenen Trainings (Kursprogramme)	5 × 30’	5 Wochen	
2. Beschwerden durch Angstreaktionen im motorischen und vegetativen Bereich	Stimulusneutralisation I: Unterbrechung der intraindividuellen Erregungssteuerung	Gedankenstopp und positive Selbstinstruktionen	4 × 30’	3 Wochen	nächster Kurs
		Behebung von Frühwarnzeichen der Erregung durch Entspannung (Kursprogramme und Einzelanpassung)	3 × 30’	ständig (Prophylaxe)	ab …
3. Angstreaktionen mit Leistungsstörungen und sozialer Einschränkung durch die Vermeidung von Situationen mit »öffentlicher Belohnung«	Stimulusneutralisation II: Überwindung des Vermeidungsverhaltens und Gewöhnung an Situationen mit öffentlicher Beachtung, Kritik und Fehlern	Assertiveness-Training-Programm ATP Bedingungsanalyse Grundkurs und differenzierende Anwendung	5 × 50’ einzeln 45 × 100’ Gruppe plus 10 × 30’ einzeln	7 Monate	ab … (nach Medikamenten-Freiheit von mindestens 2 Wochen) Abschluss:

Tabelle 2

Therapierahmenplan: Depressives Verhalten mit Kontaktvermeidung und Exzessen im Essverhalten

Problem	Veränderungsziel	Methode und ihre zeitliche Gewichtung	Durchführung	Dauer	Zeitpunkt
1. Schlaflosigkeit	Verringern des Grübelns, Entspannung, körperliche Aktivitäten steigern	3 Gedankenstopp 2 Aktivitäten 4 Progressive Muskelentspannung, Autogenes Training	1. Einzel BA	5 × 50'	sofort nach zweiter BA
		2 Aktivitätsprogramm	2. Aktivitätskurs	3 × 50'	
2. Antriebslosigkeit	Suche nach relevanten Verstärkern und Stufenplan zur Aktivitätserhöhung	1 Arbeitsblatt 7+10+11: Verstärkeranalyse 2 Aktivitätskurs	3. Gedankenstopp + Einzelanpassung	3 × 50' 4 × 30'	ab: ab:
3. Selbstabwertung	Vermehrtes Zutrauen, Positives an einfache Schritte, Unterbrechungen	2 Aktivitätskurs 3 Gedankenstopp	4. Progressive Muskelentspannung Autogenes Training	3 × 50' (Kurs) 5 × 30' (Kurs)	ab: ab:
4. Abwertung von Fremdlob	Annahme und Lernen verstärkender Fertigkeiten		5. Selbstkontrolltechniken zur Bedingungsabschwächung der Fresssucht und zur Gewichtsreduktion	5 × 30'	ab:
5. Kontaktängste	Systematischer Abbau, Erlernen von Strategien, Erhöhung der Aktiva	6 Bindung an Lern- und Aktivgruppe		10 × 15' (Kontrollen)	ab:
6. Ständig allein zu Hause sein	Kontakte herstellen und pflegen	6 Bindung an Lern- und Aktivgruppe	6. ATP	45 × 100' (Gruppe)	ab:
7. Fresssucht zur Spannungsreduktion	Belohnungsbedingungen abschwächen	5 Verhaltenssteuerung in Selbstkontrolle			
8. Übergewicht	Gewichtsreduktion	5 Regulierung des Essverhaltens und ggf. der Nahrungs- und Genussmittel		10 × 30' (einzeln)	Abschluss:

Tabelle 3

Therapierahmenplan: Partnerkonflikt mit aversiver Kontrolle durch dominanten Partner. Anorgasmie, Migräne und selbstunsicheres Verhalten

Problem	Veränderungsziel	Methode und ihre zeitliche Gewichtung	Durchführung	Dauer	Zeitpunkt
Erhält Vorwürfe für Unselbstständigkeit – kann nicht fordern und nicht Nein sagen	Verbesserung der Kommunikation, Bedingungen wechselseitiger Steuerung aufzeigen, Verhaltensdefizite ausgleichen	2 Einfacher Kommunikationskurs nach *Berlin* 1 Erklärende BA der Partnerinteraktion 4 ATP	1. Bedingungsanalyse »Partnerinteraktion« (Paar einzeln) 2. Kommunikationsgrundkurs für Paare (nach *Berlin*)	2 × 30' 4 × 100'	4 Wochen nach Einzelklärung ab:
Hat zu Hause »nie recht«	Verbesserung der Kommunikation	4 ATP	3. *Jacobson*-Progressive Muskelentspannung (Kurs).	3 × 50'	sofort
Traut sich nicht allein wegzugehen	Angstabbau, Kritikabbau seitens Partner, größere Selbstständigkeit	5 Partnertherapie im Anschluss	Einzelanpassung: Sexuelle Entspannung. Partnereinbeziehen im Kurs für spätere *Masters*-und-*Johnson*-Technik	1 × 30'	
Hat erhöhte Sexualängste	Stimulusneutralisation	4 ATP mit begleitender systematischer Desensibilisierung und *Masters*- und *Johnson*-Technik im Anschluss			
Steht im Bett unter Versagerangst und zwingt sich zu Rollenverhalten, kann nichts empfinden	Selbstbestrafung verringern, passives Empfinden schulen, Metakommunikation zur Situation	6 *Masters*- und *Johnson*-Methode 3 *Jacobson*-Entspannung, Gedankenstopp 5 Partnertherapie	Einzelanpassung: Migräne, evtl. mitEMG-Feedback, Gedankenstopp-Kurs	5 × 30' 3 × 50' 45 × 100' Gruppe	ab: ab:
Leidet unter häufigen Stimmungstiefs und Migräne	Ansprachedefizit ausgleichen, Bestrafung verringern Körperliche Frühwarnsymptome rechtzeitig korrigieren können, Konfliktlösungsstrategien Kommunikation verbessern	4 ATP 2 Kommunikationskurs 5. Partnertherapie 3 Einzelanpassung diverser Entspannungstechniken (*Jacobson*, EMG-Feedback) 4. ATP 2 Kommunikationskurs	4. ATP 5. Partnertherapie (Vertiefung des Grundkurses auf symmetrischer Beziehungsebene) 6. *Masters*-und-*Johnson*-Technik	10 × 30' 10 × 50' 5 × 30'	ab: ab: (parallel zu entsprechendem Abschnitt von Teil III) ab: (im Anschluss an 5) Abschluss:

3.3.4 Die biografische Anamnese und die genetische Verhaltensanalyse

Neben der Abklärung einzelner Störungen nach ihren Entstehungsbedingungen und dem Verlauf ihres Auftretens gehört auch die biografische Anamnese zur Diagnostik in der Verhaltenstherapie. Hier werden retrospektiv Bedingungskonstellationen von Primärbezugsgruppen in Beziehung zu den hier und jetzt steuernden Einflüssen gesetzt.
In der genetischen Verhaltensanalyse werden die aversiven Konsequenzen seitens der Erzieher und von Spiel- und Leistungsgruppen als Quelle weiterwirkender Bestrafung im Selbstbewertungsbereich problematisiert.
Die Modellfunktion besonders der Eltern wird herausgearbeitet. Dabei kann es um die Relativierung von Annahmen des Unveränderbaren durch Vererbung gehen, um die Aufdeckung unnötig restriktiver Normbegriffe oder um die Problematisierung von Verhaltensweisen, die der Einzelne selbst bei seinen Eltern ablehnte, nun jedoch in ähnlich probleminduzierender Weise bei anderen repliziert. Diese Antimodellfunktion mit Plänen, keinesfalls etwas von Autoritäten zu übernehmen oder ganz konkreten Eigenschaften zu widerstehen oder gar – als Metaregel – immer anders sein und denken zu müssen, haben einen hohen Erklärungswert. Im Rahmen von Plananalysen interessiert besonders die Normen/Wertematrix der Eltern selbst, ihre Erwartungsbildung an die Rolle und Funktion der »Nachkommen« und das Straf- und eventuelle Belohnungsmuster. Letzteres ist bei Selbstunsicheren und Sozialängstlichen nur sehr selten angemessen vorhanden gewesen. Nichtakzeptanz oder nur solche unter Bedingungen war die Regel. In unserer Klientel hatten lediglich 3% einen fördernden und eindeutigen Kommunikationsstil im Elternhaus.
Die Verstärkerreservoire werden modifiziert durch ihre Zugänglichkeit versus Besetzung durch andere Geschwister oder die Eltern selbst. Nachrückende finden viele Positionen besetzt und müssen zwischen der Besetzung vorgegebener Nischen oder besonders findigen Neuangeboten wählen.
Die selektive Veränderung von Verhaltensweisen aufgrund der früheren Rollenfunktion des Klienten im Familiensystem wird für derzeitige Verhaltensexzesse ohne Problembewusstsein zur kritischen Reflexion herangezogen. Hierzu gehören etwa geschlechtsspezifische Verhaltensweisen sowie Verhaltensweisen, die durch die Geschwisterrangfolge sowie durch das Fehlen eines Elternteils mit einer zugewiesenen Ersatzfunktion, durch die soziale Schicht oder durch ein spezifisches Berufsstandbewusstsein festgelegt wurden und in das spätere Selbstverständnis eingingen.
Die Deprivation primärer Bedürfnisse nach Wärme und Liebe, nach Geborgenheit und Sicherheit, nach Verständnis und Anerkennung, aber auch nach ausreichender Ernährung und finanziellen Möglichkeiten, kann als überwertige und oft einseitige Verstärkerorientierung zeitlebens zu Zielgebungen führen, die ein chronisches Ist-Solldefizit, damit Enttäuschung und Verunsicherung bedingen. Die genetische Analyse solcher Deprivations-Anspruchszusammenhänge vermag vielfach zur Reflexion und Änderung grundlegender Fehlprogramme zu führen.
Methodisch erfolgt die Berücksichtigung der Primärfamilie im Rahmen der erweiterten Problemanalyse heute zumeist über Arbeitsblätter (siehe auch Band 1) und biografische Schemata, die als Hausaufgabe mitgegeben werden und gelegentlich nur zum Zwecke der Gutachtenerstellung angeschaut werden.

Die therapeutische Technik besteht in einer gesprächspsychologischen Grundhaltung, wobei nach kurzer Vorgabe eines biografischen Materials die Eigendarstellungen des Klienten selektiv verstärkt werden und lerntheoretisch relevante Zusammenhänge durch Rückkopplungstechniken ausgeleuchtet werden. Ergiebig sind therapiebegleitende Imaginationen mit eingebauten Dissoziationen und wachsenden Möglichkeiten von Bewältigungen in der Vorstellung. Später werden die Eltern in die Verhaltensproben über Rollendarbietung und bei den Hausaufgaben ggf. in vivo einbezogen. Auch beim Rollenspiel mit den verinnerlichten Normen wird ihr Einfluss aufgedeckt und modifiziert.
Rückfragen oder »Scheinwerfer« werden in offener Form, jedoch in Wenn-Dann-Verbindungen in der Exploration so eingesetzt, dass neben der Informationsgewinnung auch schon bedingungsanalytische Zusammenhänge aufgezeigt werden. Sie könnten beispielsweise bestehen in:
Zum Gebiet der aversiven Kontingenzen, »Sie wurden … immer dann. wenn …? Sie fühlten immer, wenn …?«
Zum Modellernen, »Das klingt für mich ähnlich wie …«, »Irgendwie kommt mir dieses Verhalten bekannt vor etc.«
Zum selektiven Verstärken, »Sie sagten, als Ältester waren Sie verantwortlich für …«? »Als Einzelkind wurde Ihnen jeder Wunsch erfüllt?« »Sie haben nur für Ihr braves Verhalten Beachtung bekommen?«
Zur Deprivation: »Da hatte Ihre Mutter nie Zeit für Sie?« »Das klingt für mich jetzt so, als hätten Sie nie etwas für sich gehabt?« »Sie sagten, Ihr Vater nahm nur Notiz von Ihnen, wenn Sie besser waren als andere?«

Diese Beispiele können nur andeuten, was aus den Darstellungen des Klienten für den verhaltenstherapeutischen Prozess der bedingungsanalytischen Problemklärung von Bedeutung sein kann. Natürlich muss die Gesprächstechnik »Hervorhebende Rückmeldung« am Gesagten eng anknüpfen und darf keine zu deutlichen Lösungsvorgaben enthalten.
Bei nachfolgenden Sitzungen kann in der Eröffnung ein zentrales Thema oder ein noch nicht genügend ausgeleuchteter Zusammenhang als Einleitungsfrage vorgegeben werden. Etwa: »Sie sprachen neulich über …?«, »Ich habe nach unserem Gespräch noch über … nachgedacht«, »Mich hat neulich besonders interessiert, dass …«.
Als vorbereitende Instruktion zu diesem Ansatz empfehlen wir die Lektüre des Abschnittes: »Die Entstehung sozialer Schwierigkeiten« aus dem Teil I der ATP-Bücher »Bedingungen und Formen sozialer Schwierigkeiten«.
Das methodische Vorgehen der biografischen Bedingungsanalyse steht zumeist im Feld der Vorbereitung und Wartezeit auf umfassendere systematische Verhaltensänderungen. Sie vermag die Einsicht über Zusammenhänge von Bedingtem und Bedingendem in gezieltes Änderungswissen zu übersetzen.
Bei Klienten ohne gravierende Verhaltensstörungen kann dies gelegentlich als Therapiemethode ausreichende Hilfen bieten, etwa bei Identitätsproblemen Jugendlicher mit den üblichen Voraussetzungen für rein einsichtzentrierte Therapien, z. B. bei sogenannten YAVIS-Patienten, die »Young, Attractive, Verbal, Intelligent and Successful« (Goldstein 1978, S. 5, orig. 1973) sind.

3.3.5 Die Zielanalyse

Der Prozess der Operationalisierung und Gewichtung, der zeitlichen und inhaltlichen Abfolge und Abstimmung von Veränderungszielen entwickelt sich parallel zur Problemanalyse in ansteigender Vielfalt und Präzision vom Erstkontakt an.

- Der Klient beschreibt in der Regel einen negativen Zustand (der Ist-Zustand seiner Schwierigkeiten).
- Der Therapeut versucht Verhaltensexzesse und -defizite diesem Zustand zuzuordnen.
- Der Therapeut möchte die Eigenverantwortlichkeit des Klienten stärken, in dem er ihn eine Alternative zum gestörten Zustand und Verhalten entwickeln lässt.
(»Was möchten Sie stattdessen tun?«) Der Soll-Zustand wird entwickelt. Die Therapieziele werden positiv definiert.
- Der Klient äußert sich hier meist in sehr vagen abstrakten Begriffen. Er möchte etwa selbstsicher sein.
- Der Therapeut versucht gemeinsam mit dem Klienten, diese Zielbeschreibung in beobachtbares Verhalten zu übersetzen.
- Der Klient prüft nach, ob das Bündel an Verhalten seiner Zielbeschreibung entspricht.
- Der Therapeut fragt, was diesen Zielverhaltensweisen im Wege steht (Hindernisanalyse = störungserhaltende Bedingungen).
- Der Klient definiert sein Problemverhalten neu: Durch das Ziel, dem es im Wege steht, ist seine Änderungsnotwendigkeit begründet.
- Der Therapeut erarbeitet die Bedingungen, die das Problemverhalten perpetuieren (Problemanalyse), und leitet hieraus Änderungsvorschläge ab (Indikation).
- Der Therapeut sortiert die problematischen Verhaltensweisen nach dem vermuteten Grad und Zeitpunkt ihrer Beeinflussbarkeit im Hinblick auf die vorgesehene Therapie.
- Er macht dem Klienten hierbei klar, für welche seiner Ziele die durch Therapie mögliche Bedingungsbeeinflussung unzureichend erscheint.

Speziell zur Vorbereitung der ersten Gruppensitzung im ATP sollte der Therapeut noch klären, welche der Ziele in welchem Umfang durch das Therapiepaket abgedeckt sind.
Im Gebiet des selbstsicheren Verhaltens werden ja die Kriterien der Verhaltensmodifikation durch das Programm in vielfältiger Weise vorgegeben.
Die Kenntnis des Verhaltensformungsprogrammes mit ausfädelnder Verstärkung und der Variation von Selbst- und Fremdverstärkung sowie der Verstärkerqualität ist Voraussetzung dafür, dass nicht eine unnötige Fülle individueller Ziele zusammen mit den Kriterien der Verhaltensproben und Hausaufgaben Verwirrung stiftet.
Es ist vollkommen ausreichend, zum jeweiligen Stadium der Therapie nur ein oder zwei Zielverhaltensweisen auf individueller Basis in den Listen zu belassen.
Es sind dies zumeist diejenigen Verhaltensweisen, die dem Einzelnen besondere Schwierigkeiten bereiten, und solche Verhaltensschritte, die ihn zu einer Verhaltensalternative ermutigen, die jedoch noch nicht von seiner eigenen Zielsetzung her ausformuliert werden konnte.

Wir wollen uns jetzt einige formale Schwierigkeiten bei diesem Vorgehen näher ansehen. Bei den ersten Punkten muss ein Klient zunächst ermutigt werden, für sich etwas zu wünschen und über Alternativen zu spekulieren.
Hierzu dienen diverse Anregungen wie: »Wenn Ihnen jetzt sofort drei Wünsche erfüllt würden, was würden Sie am liebsten an Ihrem Befinden, Verhalten oder Ihrer Umgebung ändern?« Wichtig ist bei diesem ersten Schritt, einfach alle Einfälle nach Art des Brainstorming zu notieren. Mager (1973) hat in seinem Buch »Zielanalyse« eine Fülle von technischen Hilfsmitteln für die Schritte bis zur Operationalisierung von Zielvorstellungen gegeben. So kann man sich eine bekannte Person vorstellen, von der man annimmt, dass sie die gewünschten Eigenschaften hat, und deren Verhalten beschreiben.
Dies wird ergänzt durch die Sammlung aller Handlungen, von denen angenommen wird, dass sie bei ihrem Auftreten das Ziel erfüllen könnten.
Im nächsten Schritt werden die Einfälle auf Redundanz geprüft und Wiederholungen gestrichen.
Alle Vagheiten, das heißt nicht klar operationalisierte Verhaltensweisen, werden einer neuen Übersetzung zugeführt. Eine gute Überprüfung einer gelungenen Operationalisierung stellt dabei die Einfügung in den Satz dar: »Ich zeige dir jetzt mal, wie ich ... kann.« Eine Formulierung wie »ich zeige dir mal, wie selbstbewusst ich sein kann« entlarvt die Unmöglichkeit für einen Dritten, hier ein eindeutiges Verhalten zu beobachten. Eine Übertragung in zugehörige Verhaltensweisen und deren situative Einbettung ist zur Zielklärung notwendig, etwa »Ich zeige dir mal, wie laut und deutlich ich eine Ablehnung formuliere, wie gerade ich dabei stehe und wie Ich den anderen dabei anschaue«. Zur späteren Zieldiskrimination ist auch die negative Prüfung der Verhaltenseffekte hilfreich: Wenn ich mich immer so verhalten würde, wäre dann mein Ziel erreicht?
Wenn jemand anderes sich ständig so zu mir verhalten würde, würde ich ihm die gewünschten Zielverhaltensweisen zubilligen?

Es ist wichtig, daran zu erinnern, dass solche Diskriminationsleistungen die Möglichkeiten veränderten Verhaltens voraussetzen. So wäre es ziemlich müßig, jemanden, der sich immer sehr freundlich-nachgiebig verhält, allein durch Überzeugung von seinem Ziel abzubringen, immer und überall ein »netter Mensch« sein zu wollen. Erst wenn er auch eindeutig fordern oder bestimmt nein sagen kann, wird er die Fähigkeit und Bereitschaft zur Zieldiskrimination zeigen.
So kann sich bei der Zieldefinition eine Reihe von normativen und inhaltlichen Problemen ergeben. Solche Probleme, die in der Praxis häufig vorkommen, wollen wir hier näher beschreiben.
Beim ATP ist die sukzessive Weiterentwicklung der Zielverhaltensweisen auf den Er- und Verlernlisten Aufgabe begleitender Einzeltherapie.
Schließlich resultiert eine ganze Reihe von Problemen bei der Zielanalyse aus Missverständnissen zwischen dem langfristigen Zielwissen des Therapeuten und dem Anspruch auf Soforthilfe von Seiten des Klienten.
Änderung als Prozess ist nicht immer lustvoll und Änderungsziele sind nicht immer erreichbar. So kann sich bei der **Zieldefinition** eine Reihe von normativen und inhaltlichen Schwierigkeiten ergeben:

1) Der Klient nennt Ziele, die der Therapeut aus therapeutischen Gründen nicht teilt oder gar für schädlich hält. Dies kommt sehr häufig vor. Wir wollen hier nur einige Beispiele anführen.

Nehmen wir an, dass ein Therapeut es für unabdingbar hält, dass ein 20-jähriger Klient sich von seinen Eltern trennt und weiteren Kontakt zu ihnen nur noch sehr sporadisch aufnimmt. Vielfach stellen Therapeuten solche Umweltveränderungen als Bedingung, bevor eine Therapie überhaupt begonnen wird. Im stationären Bereich erscheint die Zielsetzung leichter durchführbar als im ambulanten. Nehmen wir aber weiter an, dass es am Anfang für den Patienten unmöglich ist, auch nur einen solchen Gedanken zu hegen. Der Therapeut muss also zunächst Abstand von seinem Vorhaben nehmen und könnte nun die Trennung als Endziel der Gruppentherapie sehen. Der Klient jedoch könnte zunächst das Ziel haben, einen tieferen Kontakt zu seinen Eltern herzustellen. Die Bedingungsanalyse könnte ergeben, dass dieses Ziel durch die Wertvorstellung »Du musst deine Eltern lieben« getragen wird. Ein anderes Beispiel ist, dass ein Klient lernen möchte, im Beruf geduldiger zu werden und sich mit Unabänderlichem abzufinden. Die Bedingungsanalyse ergibt, dass der Klient unter dauernden aversiven Bedingungen seitens seines Vorgesetzten lebt. Der Therapeut sieht nun das Ziel, dass der Klient die Stelle wechselt, für unabdingbar.
Ein solcher Gedanke könnte bei dem Klienten am Anfang der Therapie und ohne sorgsame Vorbereitung sehr viel Angst auslösen.
Ein drittes Beispiel wäre, dass eine Klientin in einer Zweckehe lebt und nur deshalb bei ihrem Partner bleibt, weil er ihr eine finanzielle Absicherung bietet. Sie erlebt jedoch einen Konflikt, da sie nicht nur Geld, sondern auch Liebe und Zuneigung von ihrem Partner erwartet. Der Therapeut könnte nun das Ziel haben, dass die Klientin wieder eine Arbeit aufnimmt, um somit finanziell unabhängiger zu werden. Er hätte als Arbeitshypothese, dass nur unter dieser Voraussetzung die »Güte« der Partnerschaft überprüft werden könnte. Die Klientin dagegen will nur lernen, wie sie ihren Partner dazu bringen kann, ihr neben der Versorgung auch noch Liebe zu geben.
Diese drei Beispiele zeigen, dass es für den Therapeuten nicht immer leicht ist, Ziele der Klienten, die mit der bedingungsanalytisch abgeleiteten Änderungshypothese unvereinbar sind, anzunehmen. Es wäre aber therapeutisch falsch, nun mit aller Überredungskraft den Klienten von den entgegengesetzten Zielen überzeugen zu wollen.
Ziele, die sich der Klient nicht selber setzt, können therapeutisch nicht verfolgt werden. Ziele, die Therapeuten formulieren, dürfen nicht inkompatibel zu den Plänen der Klienten sein.
Der Therapeut wird also zunächst die Ziele des Klienten akzeptieren müssen. Er wird aber auch einzeln und in der Gruppe solche Ziele bedingungsanalytisch immer wieder schrittweise problematisieren.
Er wird anstreben, den Klienten Alternativen zu ihrem jetzigen Verhalten anzubieten, und in der Problematisierung darauf hinweisen, dass der Klient solche Fragen nur dann entscheiden kann, wenn er auch die Alternativen kennt. Erst dann ist eine echte Wahlfähigkeit gegeben. Falls sich der Klient am Ende der gesamten Therapie dennoch für die Beibehaltung des ursprünglichen Zustandes entscheidet, so ist dies seine ganz persönliche Entscheidung, und der Therapeut wird sie respektieren müssen.

2) Ein zweites Problem bei der Zielbestimmung liegt darin, dass der *Klient seine Ziele so definiert, dass sie für das Verhalten anderer bestimmt sind.* So zum Beispiel, wenn ein Klient danach strebt, dass seine Frau freundlicher zu ihm wird, sein Chef ihn mehr anerkennt, die Kinder ihn öfter in Ruhe lassen oder wenn eine Klientin von ihrem Partner mehr Aktivität wünscht.

Hier wird die Bedingungsanalyse die eigenen Defizite oder Exzesse herausarbeiten müssen. Der Therapeut könnte darauf hinweisen, dass es nicht völlig unrealistisch ist, das Verhalten anderer uns gegenüber zu ändern, dass wir aber erst wissen müssen, welche unserer eigenen Verhaltensweisen das Verhalten des anderen mitbestimmen. Die Klienten können dies in der Regel nicht auf Anhieb angeben. Der Therapeut wird sie erst an die gezielte Beobachtung solcher Interaktionen heranführen müssen und umschriebene Aufgaben dazu entwickeln.

Manchmal wird nun die Bedingungsanalyse ergeben, dass das beklagte Verhalten anderer überhaupt nicht durch den Klienten beeinflussbar ist.

So wollte eine Klientin erreichen, dass ihr Partner ihr gegenüber weniger aggressiv wird. Die Problemanalyse ergab, dass der Partner hauptsächlich im Zustand der Trunkenheit aggressiv wurde. Die Klientin setzte sich nun als Ziel, ihren Partner vom Trinken abzuhalten. Dieser Versuch scheiterte jedoch. Der Partner teilte weder ihre Zielsetzungen, noch hatte ihr Verhalten Anteil an der Steuerung seines Trinkverhaltens. Das neue Ziel der Klientin war jetzt, sich von ihrem Partner zu trennen. Die Bedingungsanalyse ergab, dass sie das eigentlich schon immer gewollt habe, jedoch eine extreme Angst vor dem Alleinsein hatte. Außerdem zeigte sich, dass sie vor ihren Kindern Angst hatte und dass nur ihr Partner diese derzeit durch Schläge unter aversiver Kontrolle hatte. Erst jetzt konnte die Klientin eine zur Problemlösung adäquate Folge von Teilzielen formulieren: Sie wollte zunächst selbstständiger und unabhängiger werden, um die Angst vor dem Alleinsein zu überwinden und gleichzeitig kompetenter im Umgang mit den Kindern zu werden. Erst jetzt war es auch für den Therapeuten möglich, realistische Änderungsschritte vorzuschlagen. Am Ende des Grundkurses hatte die Klientin genügend Selbstvertrauen entwickelt, um ihre Entscheidungen angstfrei zu treffen. Nach einem letzten, fehlgeschlagenen Versuch, den Partner zur Therapie und damit zur Änderung des Problemverhaltens zu bewegen, trennte sie sich von ihm. Flankierend zum ATP nahm sie an einem Eltern-Kind-Training teil, das die Interaktion zwischen ihr und den Kindern auf eine neue Basis zu stellen half, ihr einen kompetenten Erziehungsstil und den Kindern eine angemessene Entwicklungschance ermöglichte.

3) Ein drittes Problem taucht auf, wenn *der Therapeut Ziele für notwendig hält, die der Klient nicht teilt.*

Dieser Fall kommt sehr oft in der Praxis vor und hängt nicht zuletzt von dem Problembewusstsein des Klienten und der Erfahrung des Therapeuten ab.

Häufig möchte der Therapeut gewisse Verhaltensstile auf die »Verlernliste« setzen, weil er sie als Blockaden der sozialen Interaktion erkannt hat. Solche Verhaltensweisen sind etwa Nörgeln, zynische Kommentare, manipulative Einflussnahmen, unfreundliches Auftreten, dauernde Selbstverteidigung oder Hilflosigkeitsappelle. Der Therapeut wird immer wieder mit dem Klienten eine Problemanalyse unter Berücksichtigung der Lerngeschichte, der situativen Bedingungen und der bereits verfügbaren Lösungsmöglichkeiten erarbeiten müssen. Dies ist auch aus motivatorischen Gründen notwendig. Der Klient kann nur dann Ziele des Therapeuten zu seinen eigenen machen, wenn er dafür ein Erklärungswissen hat. Es ist für ihn akzeptabler, wenn er versteht, dass er solch unzweckmäßiges Verhalten unter ganz bestimmten Bedingungen erlernt hat und dass es unter diesen Bedingungen für ihn vielfach zweckmäßig war. So kann sich herausstellen, dass eine verbale Schlagfertigkeit mit Spott, Ironie oder Zynismus als Selbstverteidigung für ein körperlich schwaches Kind, das oft gehänselt und verprügelt wurde, eine notwendige Bewältigungsstrategie war. Dieser Verhaltensstil, der also in der Vorgeschichte sinnvoll war und häufig negativ verstärkt wurde, behindert jedoch jetzt die vom Klienten gewünschte Kontaktaufnahme.

Ein zweites Beispiel mit einer ähnlichen Problemstellung betrifft das Nörgel-Verhalten. Dieser Verhaltensstil wird oft vom Klienten selbst nicht erkannt, dennoch wird eine positive Kontaktaufnahme dadurch verhindert. Der Therapeut könnte dies in den BA-Sitzungen als Zielbarriere für die gewünschten positiven Austauschbeziehungen ansprechen und das Wirkungsgefüge erklären. So könnte die Nörgelei sowohl negativ als auch positiv verstärkt sein.

Nehmen wir als Beispiel einen Klienten, der in seiner Lerngeschichte oft als »Schuldiger« abgestempelt wurde. Bereits in den ersten therapeutischen Kontakten fiel er dadurch auf, dass er ständig »die anderen« negativ kritisierte. Da die anderen nicht anwesend waren, brauchte er keine Furcht zu haben, dass er für seine Kritik bestraft werden würde. Im Laufe der Bedingungsanalyse brachte er selbst den negativen Verstärkungsprozess seiner Nörgelei zur Sprache. Durch das Nörgeln konnte er die Schuld für Fehlschläge, die er irgendwo sich selbst attribuierte (siehe seine Lerngeschichte), auf andere abladen, ohne dafür eine Bestrafung befürchten zu müssen. Das Nörgel-Verhalten wurde somit innerlich negativ verstärkt. Außerdem bekam es eine positive Selbstverstärkung, indem der Klient dachte: »Ich an der Stelle des anderen hätte es sehr viel besser gemacht« oder »Wenn man mich nur machen lassen würde, dann könnte ich sehr gut sein« Selbstständig etwas durchzuführen wurde jedoch durch eine extreme Fehlschlagangst blockiert, er mochte nicht als »Schuldiger« erscheinen. Dieser ›circulus vitiosus‹ konnte nur durch eine eingehende funktionale Analyse des »Nörgel-Verhaltens« durchbrochen werden. Die Therapieziele des Klienten konnten danach so formuliert werden, dass die notwendigen Änderungsschritte durch den Aufbau eines adäquaten Ersatzverhaltens und die Verringerung positiver Folgen des Problemverhaltens eingeleitet werden konnten. Die positiven Therapieziele waren: »Selbstständig Aktivitäten unternehmen«, »Selbstverstärkung für eigene Aktivitäten«, »Berechtigte Kritik direkt und sachlich aussprechen«. Das Nörgel-Verhalten und die Inaktivität kamen auf die Verlernliste, es sollte innerlich mit Gedankenstopp und positiver Selbstinstruktion und von außen durch Löschung abgeschwächt werden.

Das oben besprochene Beispiel hat gezeigt, dass die Bedingungsanalyse bei der Zielfindung nicht nur auf direkt beobachtbares Verhalten beschränkt werden darf. Auch Gedankenabläufe oder Verhaltenspläne in der Vorstellung unterliegen den hier interessierenden Wirkungsprinzipien. Wir möchten abschließend dafür noch ein Beispiel bringen.

Eine Klientin, von Beruf Studentin, wollte das Planen von Tätigkeiten erlernen. Es war ihr Ziel, den Tagesablauf besser zu strukturieren. Der Therapeut hatte die Vermutung, dass die Klientin zwar dauernd Tätigkeiten plante, diese jedoch an der Durchführung scheiterten. Ziel für den Therapeuten war es also, dass die Durchführung von realistisch geplanten Tätigkeiten erlernt werden sollte. Die Bedingungsanalyse ergab, dass eine Fülle von Hindernissen die Durchführung von Tätigkeiten blockierte und dass gerade auch die selbst gestellten Vorsätze und immer perfekteren Pläne eine hinderliche Funktion hatten. Diese wurden direkt positiv verstärkt, indem der Vorsatz alleine bereits die Vorwegnahme positiver Konsequenzen beinhaltete. Außerdem zeigte sich, dass die Klientin immer

dann solche Vorsätze hegte, wenn sie den ganzen Tag nichts Sinnvolles getan hatte. Sie berichtete über Selbstvorwürfe und über ein Bedürfnis, den verlorenen Tag wiedergutzumachen. Die Selbstvorwürfe wurden dadurch verringert, dass sie gute Vorsätze für den nächsten Tag fasste. Damit wurden die Vorsätze auch negativ verstärkt. Erst nachdem der Klientin dieses Wirkungsgefüge klar wurde, konnte sie ihre Zielsetzung der des Therapeuten angleichen.
Eine häufig auftretende Diskrepanz zwischen den Zielen des Therapeuten und denen des Klienten stellt sich ein, wenn es darum geht, Gefühle äußern zu lernen. Viele Klienten haben im Laufe ihrer Lerngeschichte sehr schlechte Erfahrungen gemacht, wenn sie sich Gefühle »leisteten«. Es sind oft solche Klienten, die durch forsches Auftreten, Zynismus oder Nörgelei imponieren. Meistens findet man in der Lerngeschichte Stigmatisierungen wie Armut, körperliche Mängel und andere Abweichungen wie Linksdominanz der Hirnhemisphären, schlechtes Aussehen, Flüchtlingsdasein oder einfach die Funktion des »schwarzen Schafes« in der Familie. Solche Personen haben gelernt, positiven Gefühlen, wie Zuwendung durch andere, zu misstrauen und negative Gefühle aus Furcht vor Strafe zu unterdrücken. Es bedeutet für sie fast immer eine Überforderung, sich am Anfang der Therapie das Lernziel »Gefühle zu äußern« zu Eigen zu machen. Der Therapeut wird sie dann behutsam in den begleitenden Einzelsitzungen dazu bringen, ein solches Lernziel am Ende des Grundkurses formulieren zu können. Erst dann, wenn bereits genügend Selbstvertrauen an der Basis aufgebaut ist, können solche Klienten aus ihrer defensiven Haltung im emotionalen Bereich hinaus.

In den oben besprochenen Beispielen erwies sich jeweils die Arbeitshypothese des Therapeuten als richtig. Das muss jedoch nicht immer der Fall sein. Aufgrund seines Erklärungswissens könnte der Therapeut auch Annahmen verfolgen, die sich dann bei der Bedingungsanalyse als falsch herausstellen.
Wir möchten hierfür wieder ein Beispiel bringen:
Eine junge Frau klagte über Kontaktschwierigkeiten mit Männern. Ihr Auftreten erschien jedoch nicht gehemmt, sondern forsch und eher aggressiv. Außerdem erlebte der Therapeut sie als manipulativ. Seine vorschnell gebildete Meinung über die Bedingungen der Kontaktschwierigkeiten der Klientin war, dass die Klientin zu forsch Kontakte knüpfte und damit ihre Partner überforderte. Als er diese Vermutung für die Problembeschreibung und Zielbildung anbot, reagierte die Klientin nicht; die Hypothese erschien als nicht relevant. Bei der ersten Verhaltensprobesitzung verlor die Klientin ihr übliches Auftreten und wirkte total verschüchtert. Sie errötete häufig, stotterte, und ihre Gesten waren verkrampft. Als der Therapeut in der nächsten bedingungsanalytischen Sitzung die Kontaktschwierigkeiten ansprach, berichtete die Klientin, dass sie bei Personen, an denen sie ein echtes Interesse hatte, genauso wirkte wie bei den ersten Verhaltensproben. Es sei ihr aufgrund ihres Verhaltens bei den Rollenspielen daraufhin klar geworden, dass sie solche Personen meide und anderen, an denen sie kein Interesse habe, ihr »übliches Theater« vorspiele. Der Therapeut musste nun seine ursprüngliche Annahme, der Kontakt sei durch zu forsches Auftreten blockiert, revidieren. Er analysierte jetzt, wann und bei wem Interesse ihrerseits empfunden wurde, wann das Vermeidungsverhalten einsetzte und wie es aussah. Es zeigte sich, dass die Klientin Angst hatte, sexuell ausgenutzt zu werden. Diese Angst erlebte sie nicht bei Personen, für welche sie kein »echtes« Interesse hatte. In solchen Beziehungen hatte sie das Gefühl, den anderen um den Finger zu

wickeln und die sexuelle Kontrolle über die Situation zu behalten. Bei Personen jedoch, die sie interessierten, schlüpfte sie in eine Weibchen-Rolle und gab, aus Angst vor Verlust, die Kontrolle vollständig ab. Hier nun setzte die Angst, sexuell ausgenutzt zu werden, ein. Um dem zu begegnen, betrog sie denjenigen, für den sie sich interessierte, ohne dass jedoch der erste etwas über ihr Interesse an ihm erfuhr. Das Resultat dieser Verhaltenskette war, dass sie immer Kontakte mit Menschen pflegte, die sie nicht interessierten, und persönlich geschätzte Personen gar nicht näher kennen lernen konnte. Von daher gab sie an, »Kontaktschwierigkeiten mit Männern« zu haben. Ohne die erst bei der Konfrontation mögliche Verhaltungsbeobachtung wäre eine eingehende Bedingungsanalyse nicht möglich gewesen Der Therapeut hätte am eigentlichen Problem vorbei »therapiert«. Eine andere Quelle von Missverständnissen besteht darin, dass der Therapeut nur ungenügend über die innere und äußere Welt des Klienten informiert ist. Dieses Problem stellt sich dann besonders, wenn der Klient einer anderen sozio-ökonomischen Schicht entstammt als der Therapeut. Wertvorstellungen, die gültig sind im Milieu des Therapeuten, sind es nicht unbedingt in dem des Klienten. Der Therapeut könnte sich ein Urteil über die Zielvorstellungen des Klienten bilden, das sich auf eine falsche Grundlage stützt. Gerade bei Klienten, die einer niedrigen sozialen Schicht entstammen, kann dieses Problem durch mangelnde Verbalisierungsfähigkeit unbemerkt interferieren. Der Therapeut sollte dabei immer wieder reflektieren, dass seine Wertvorstellungen nicht unbedingt die einzig gültigen sind. Gerade so verlockende Zieldefinitionen (etwa »Du sollst dich total befreien«), die ein Therapeut sich und anderen wünschen könnte, würden den Klienten wahrscheinlich Schaden zufügen.
Unmittelbar hier schließt sich eine manchmal auftauchende Frage an, inwiefern ein bestimmter Zustand, in dem der Klient lebt, veränderungsfähig ist. Wir haben wiederholt die Erfahrung gemacht, dass es gerade bei einer solchen Problematik unerlässlich ist, Personen aus der näheren Umgebung des Klienten zu einem Gespräch einzuladen. Die Bedingungsanalyse basiert so auf einer umfassenderen Information.
Darüber hinaus sollte der Therapeut sozialpsychologische Erkenntnisse zur Evaluierung der Zielvorstellungen des Klienten mit zu Rate ziehen.
An dieser Stelle möchten wir noch einmal hervorheben, dass in jegliche Art von Interaktion, also auch in jede Art von Therapie, die persönlichen Attribute, Verhaltensweisen und Wertvorstellungen der Interaktionspartner eingehen. Jeder Therapeut ist dabei involviert, möge er sich noch so zurückhalten. Deshalb sollte der Therapeut seine Position immer wieder reflektieren. Nicht zuletzt deshalb schlagen wir bedingungsanalytische Selbsterfahrungsgruppen für Therapeuten vor (die ja heute Bestandteil der Weiterbildungsgänge bei Klinischen Psychologen sind).

4) Ein weiteres Problem, das sehr oft auftritt, ist, dass Klienten sich *unrealistische Ziele* setzen. Einige Beispiele aus der Praxis sind: Jemand möchte mehr im Mittelpunkt stehen und will lernen, witzig zu sein oder auch mal vor Fremden und Bekannten ein Lied singen zu können; ein anderer Klient will lernen, eine stoische Ruhe zu bewahren, wenn er sich ärgert; ein anderer möchte sich über mehrere Stunden vollkommen konzentrieren können; noch ein anderer möchte schlagfertig werden, indem er, wenn er beleidigt wird, sofort eine »Retourkutsche« geben kann. Solche Ziele sind leicht verständlich, wenn man bedenkt, aus welcher sozialen Deprivation sie entstanden sind und in welcher Beziehung sie zu »höheren« Schutzplänen stehen. Hier ist es wichtig, dass der Therapeut die Vor-

stellung, die jemand über selbstsicheres Verhalten hat, untersucht. Oft tragen Klienten ein schillerndes Bild in sich, wie ein selbstsicherer Mensch wirken muss. Dieses Bild ähnelt oftmals dem Verhalten eines hervorragenden Filmschauspielers, der die schönste Rolle bekommen hat. Er ist witzig, erfolgreich, schlagfertig, regt sich nie auf, hat an jedem Finger fünf Frauen und geht am Ende als Gewinner hervor. Dass diese Verhaltensweisen und Dialoge in mühsamer Kleinarbeit mit viel Überlegung geschrieben und geprobt wurden, entgeht dem Zuschauer. Dieses Bild muss in der Bedingungsanalyse überprüft werden.

Außerdem soll sich der Therapeut immer vor Augen halten, dass aus »einer Zwiebel nie eine Rose »werden kann. Aus der Zwiebel kann jedoch eine Pflanze entwickelt werden, die in ihrer Eigenart ebenfalls Schönheit ausstrahlt. Dieses Gleichnis ist nicht dazu geeignet, es wörtlich in der Bedingungsanalyse anzubringen, wohl aber muss der Therapeut helfen, das Bild, das hinter solchen unrealistischen Zielen steht, zu hinterfragen und zu korrigieren. Das kann er am besten, indem er die Rolle der sozialen Deprivation erklärt und dann allgemein in der Gruppe ein Gespräch über die Vorstellungen und Funktionen von Selbstsicherheit und sozialer Kompetenz anregt.

4. Indikationsstellung zum ATP

Die Zuordnung einer bestimmten Therapie für eine bestimmte Störung ergibt sich im bedingungsanalytischen Modell zwangsläufig aus der funktionalen Bestimmung der störungsbedingenden Variablen.

Liegt ein sozialphobisches Verhalten hoher Intensität, Dauer und Frequenz vor, dann muss das Vermeidungsverhalten überwunden werden und die aversive Qualität des auslösenden Stimulus extingiert werden. Bei der Überwindung des Vermeidungsverhaltens können wir therapeutisch auf der Stimulusseite die aversive Qualität durch die hierarchisch abgestufte Darbietung oder durch die Konfrontation über lange Dauer und hohe Frequenz reduzieren. Auf der Seite der Konsequenzen erreichen wir mit der Verringerung der aversiven Stimulation eine Abnahme der negativen Verstärkung für das Ausführen der Vermeidungshandlung. Ihr belohnender Effekt nimmt ab. Dies können wir auch dadurch fördern, dass die Konfrontation mit dem Stimulus in einer emotional entspannten Situation (nettes Gruppenklima, Muskelentspannung, gelöste Atmosphäre) geschieht. Gleichzeitig nehmen wir alle positiven Fremdkonsequenzen vom Vermeidungsverhalten weg und machen diese auf das neue Ziel- oder Alternativverhalten kontingent.

Das Alternativverhalten muss im zwischenmenschlichen Bereich in aller Regel neu gelernt werden, sei es, dass es niemals in zweckmäßiger Weise erworben wurde, oder sei es, dass es aus Übungsmangel bei langer Vermeidung nicht mehr parat ist. Die Alternativverhaltensweisen werden unter Einsatz der erprobten Lernprinzipien erarbeitet, durch die Vorgabe von Modellen, durch Bekräftigung von neu erprobten Verhaltensweisen und durch die schrittweise Erarbeitung von Strategien unter diskriminativer und ausfädelnder Verstärkung.

Der wechselseitige Einfluss von Maßnahmen zur Stimulusneutralisation und zur Kontingenzveränderung zeigt, dass zur Überwindung von Vermeidungsverhalten sowohl respondentes als auch operantes Lernen eingesetzt wird. Die Indikation zu einer Therapie kann nur mit dem funktionalen Modell der Bedingungsanalyse in optimaler Weise getroffen werden: Wir modifizieren das Fehlverhalten, indem wir sämtliche Zugriffe zu seinen steuernden Bedingungen wählen, die ursächlich begründet und technisch machbar sind.

Wir schaffen mit dem neuen Verhalten jedoch auch neue, vom Auftreten der Verhaltensweise abhängige Bedingungen (etwa die veränderten Reaktionen der Umwelt). Diese liefern als Folge der neuen Eindeutigkeit mehr positive Verstärkung oder Akzeptanzerlebnisse, was das neue Verhalten verfestigt. So wird eine Entwicklung in Gang gesetzt, die sozial kompetentes Verhalten mehr und mehr fördert und die über die verbesserte Verstärkerbilanz zu mehr Selbstvertrauen führt. Gleichzeitig wird die Umwelt dadurch verändert, dass den mannigfach aversiven »Kontrollverhaltensweisen« oft selbst nur durch Dominanz die eigene Unzulänglichkeit kaschierender Partner, Eltern, Kinder, Vorgesetzten, Kollegen oder Freunden mit Löschung begegnet wird und diese damit selbst in ihrem Verhalten verändert werden. Bei der Funktion des ständigen Mecker- und Kritikverhaltens, des Liebesentzugs und Rückzugsbestrafungs- und Verunsicherungsverhaltens, der Herabsetzung, Verletzung, der Ausbeutung und des Missbrauchs, der Erniedrigung und der Einflößung von Schuldgefühlen, der Verhöhnung, Einschränkung, Desorientierung etc. geht es der Therapieklientel dann wie einem Schiff, das vom drückenden Ballast befreit, sich zunehmend aufrichtet, während die sich bislang durch Druckausübung sichernde Bagage jetzt destabilisiert ins Schwimmen kommt oder selbst Änderungsmotivation entwickelt.

Nach dem bedingungsanalytischen Modell müsste jeder Verhaltenstherapeut bei einer gleich gründlichen Problemanalyse zu einer ähnlichen Auswahl therapeutischer Techniken gelangen. Seine Vorgehensweise wird im Hinblick auf die Techniken so multimodal sein, wie es die Bedingungen seines analysierten Problems verlangen. Seine Therapie wird wie die getroffene Indikation jedoch auf dem Boden des funktionalen Modells des Verhaltens bleiben und damit als bedingungsanalytische Vorgehensweise unimodal bleiben. Wenn heute mehr und mehr Strategien des therapeutischen Vorgehens aus anderen Richtungen der Psychotherapie für die systematische Variation von Bedingungen eingesetzt werden, so stellen diese sich doch in dem Moment als Verhaltenstherapie dar, wenn wir ihren erhofften Einfluss in unser hypothetisches Bedingungsmodell einbetten können und mit der Modifikationsmaßnahme die Richtigkeit unseres Vorgehens überprüfen können.

Die weiteste Indikation zur Teilnahme an einer großen Selbstsicherheitstherapie wie dem ATP ist sicher der Wunsch, sich einfach wohler zu fühlen und blockierte Ressourcen besser zur Entfaltung zu bringen.

Eine weitere, nur mittelbar klinische Indikation besteht bei der Vielzahl überangepasster und sozial erfolgreicher Personen mit Verhaltensexzessen, die durch ihre Mühe oder durch die durch sie verhinderten sozialen Alternativen (etwa Partnerprobleme beim Workoholic) Störungscharakter gewinnen oder bereits mit wieder manifesten sozialen Ängsten und tiefen Depressionen in ihren Schutzhaltungen vorbeugender Art dekompensiert sind.

Klinische Indikationen bilden für das ATP auch die sogenannten Persönlichkeitsstörungen. Von Beginn an haben diese Klienten nicht so erwünschte Schutzstrategien entwickelt, haben also mehr mit Rückzug, Abhängigkeit, paranoider Fremdschuldzuweisung, »histrionischer« und »borderlinehafter« Verwirr- und Erwartungs-/Konsequenzdemontagen mit Entmachtung anderer (Tarnung und Löschung), Zwangsritualen stellvertretender Absicherung etc. auf ihre sozialen Ängste reagiert und für sich und andere störende Verhaltensexzesse entwickelt. Die in beiden Fällen notwendige Programmänderung ist schwierig und fast nur mit sehr komplexen Beeinflussungen möglich. Hier wird die Indikation die Anwendung des ATP in der Gruppe mit intensiver Einzeltherapie begleitend erfordern. Hierher gehören auch Indikationsstellungen für sehr schwierige Konstellationen aus anderen diagnostischen Bereichen, bei denen mit reiner Einzeltherapie und ohne sehr umfassende Modifikationsbemühungen am »Selbst«, an strategischen Alternativen, an verbesserter Problemlösefähigkeit und kommunikativer Eindeutigkeit die Bedingungen für die Änderung ihre Störungsbedingungen nicht zu schaffen sind.

Dieses Spektrum nur partiell begründeter (etwa »Selbsterfahrung«), nur mittelbar oder prognostisch schwieriger und außerordentlich zeit- und methodenintensiver Indikationsstellungen weist bereits auf den Aspekt hin, dass hier nicht nur Fragen nach der Eignung der Methode, sondern auch nach der klinischen Notwendigkeit – auch unter Ein-

beziehung der Frage nach eventuell weniger aufwendigen Alternativen – gestellt werden müssen.
Während im ersten Beispiel die Einschränkung zur Kostenerstattung nicht krankheitswertig genug ist, reicht diese bei den schweren Störungsbedingungen der letzten Beispiele nicht aus. Abgesehen von einigen wenigen isolierten Verhaltensstörungen, wie manchen Formen der Leistungsstörung, kindlichen Fehlverhaltens oder manchen sexuellen Störungen, haben wir es im klinischen Bereich fast regelmäßig mit komplex-bedingten Gefügestörungen im Verhalten zu tun.
Im engeren Indikationsbereich des ATP mit zentralen Sozialphobien kommen ca. ein Drittel der Klienten gezielt mit Einschränkungen und Veränderungszielen im Bereich der Fehlschlag- und Kontaktängste, mit Durchsetz- oder Abgrenzschwierigkeiten, also gezielt wegen Selbstunsicherheit und sozialen Ängsten, zur Therapie, ein weiteres Drittel mit vordergründig depressiven Verhaltensexzessen bei und als Folge von Sozialphobien und Selbstwertstörungen und der Rest mit sucht- und zwanghaften, psychosomatischen, psychosozialen und psychosexuellen Störungen als Anlass zur Therapie.

4.1 Störungsanlass und Indikation

In der Literatur ist sowohl die Einschätzung der Häufigkeit als auch die des Entstehungszeitpunktes sozialer Phobien sehr willkürlich und divergent. Dies hängt einmal mit unterschiedlichen Etikettierungen zusammen. So werden in den klassischen Diagnoseschemata nach DMS oder ICD nur die Fehlschlagangst und eine Art Panikstörung bei ihrer Nichtvermeidbarkeit (Zittern, Schwitzen) als Sozialphobie beschrieben, der Rest wandert in die Kästchen »Selbstunsichere Persönlichkeit (für weitere generalisiertere Ängste) oder »Dependente Persönlichkeit« (für spezifische Schutzstrategien und Schwierigkeiten im Umgang mit Nähe bei Kontaktangst, Nicht-nein-Sagen können) etc.
In der engen Fassung diagnostischer Schemata ist die Sozialphobie gar seltener als die Agoraphobie, während sie eher nie fehlt bei bedingungsanalytischer Ableitung der Verhaltensexzesse und dem empirisch belegten breiteren Generalisationsbereich.
Noch diffuser sind Angaben zur Entstehung. Da werden für die Schüchternheit das zarte Jugendalter, dort die späte Trennung, für die Fehlschlagangst das Schulalter oder die spätere Beförderung genannt. Wir selbst haben den Begriff der primären Sozialphobie benutzt, wenn die Ängste seit Kindheit und Jugend nachweisbar waren, und die sekundäre Selbstunsicherheit für erst im Erwachsenenalter auftretende Störungen benutzt. Für einen nicht unerheblichen Anteil der Klientel mit funktionierender Vermeidung sind diese Angaben jedoch irreführend. Erfolgreiche Vermeidung lässt ja die befürchtete und ängstigende Erfahrung gar nicht erst aufkommen. Erst der Anlass, der die Anwendung von bisheriger Schutzstrategien verhindert und oder alternative Vermeidungspraktiken nicht zulässt führt zu manifesten Angst und bei völliger Blockade von Coping-Strategien zu Hilflosigkeit und Panik.
Der **Anlass** einer Störung ist bei Sozialphobien selten mit der Entstehung identisch. Diese lässt sich zu über 90% auf Einflüsse der ersten zwei Lebensjahrzehnte zurückführen.

Klinische Indikationsstellungen über den Anlass der Nichtvermeidbarkeit können sein: Im Schulalter Prüfungen (Behandlungsanlass: Leistungsstörungen durch Vermeidungsverhalten – Altersgruppen 9 bis 25), später Bewerbungen oder Vorträge (mit oft unüberwindbaren Blockaden) und dem nach zwei bis drei Jahre folgenden sozialen Veränderungsdruck, Altersgruppen 20 bis 30), später Beförderungen und Präsentationspflichten oder Rollenübernahmen mit öffentlicher Beachtung aus anderen Gründen, ab Mitte 30) und schließlich die Dekompensation autoritärer, suchthafter oder perfektionistischer Schutz- oder Kompensationsversuche (Erschöpfung, Verlangsamung durch Fehlerkontrollzwänge, Alkoholschäden, Isolierung im alternativen privaten Ansprachebereich, ab Mitte 40).
Im Kontakt- und Bindungsangstbereich liegt die biologisch und sozial einschneidendste Vermeidungsfolge im Pubertätsalter und diese »Nichtvermeidbarkeit« – mit den nach Aufklärungsgrad und Therapieangebot unterschiedlichen Zeitverzögerungen von 2 bis 4 Jahren – führt bei Sozialängstlichen dann zu den üblichen Behandlungsanlässen »wegen Schüchternheit«in der Altersgruppe 18 bis 25.
Die Bindungsangst als empirischer Unterbereich der Kontaktangst und im Eigentlichen eher eine vorbeugende Schutzstrategie gegen Enttäuschung und Verlassenheitsschmerz bei Verlust von Nähe wird in ihrer Schutz-Frustbilanz eher später umkippen, so dass die Nähewünsche realisiert werden- zunächst jedoch mit dem Vorbehalt und Hintertürchen der Wahl bereits gebundener oder ebenfalls nicht bindungsfähiger Partner und der planvollen Zerstörung der Beziehung bei zuviel Nähe. Der Behandlungsanlass liegt hier meist erst spät, ab 40 etwa, wenn depressive Resignation über die vielen misslungenen Kompensations- und Vermeidungsstrategien eintritt und oft die Panik hinzukommt, dass die Vermeidungsstrategie«stets neue Partner« als Altersfolge nicht mehr so leicht umgesetzt werden kann.
Im Bereich »Fordern«, »Bedürfnisse zulassen und vertreten« liegt der Behandlungsanlass, zu dem Selbstunsichere klinisch relevante Probleme entwickeln und Hilfe suchen, zumeist in den Altersgruppen 25 bis 35, 40 bis 45 und von 50 aufwärts. In der ersten Gruppe ist es die Realisation, dass sie beruflich immer weiter ins Hintertreffen geraten, die zur Aufgabe der Vermeidung durch Zurückhaltung und Tarnung führt, in der zweiten kann die depressive Einsicht, dass der hier meist selektiv im Privaten erfolgte Bedürfnisverzicht nicht durch beruflichen Einsatz kompensiert werden konnte und in beiden Sektoren das nur stille Wirken wenig Gegenleistung brachte, den Behandlungsanlass geben, mitunter auch Folgeprobleme bei paranoider Attribution der ausbleibenden Anerkennung hohen Leistungseinsatzes.
Im Sektor »Nicht-nein-Sagen« mit den Ängsten vor Ablehnung, Konflikt und Trennung ist der Anlass fast immer erst die späte Dekompensation der vorbeugenden Verzichts- und Bedienerrolle. Diese ist zwangsläufig durch die Escalation von selbst verstärkten Anforderungsexzessen anderer, durch die blockierte Zurückweisung aversiver Übergriffe anderer und durch die zensierte eigene Wertschätzung und Bedürfnispflege – in der Regel um Mitte 40 zu erwarten - wo dann schwerste Depressionen, Hilflosigkeit und Verlassenheitsgefühle Behandlungsanlass werden.

Im Hinblick auf die Indikation zu den Änderungsstrategien oder Therapien können die folgenden Überlegungen zur Ordnung des Vorgehens helfen:
Auf Seiten des Problemverhaltens steht fast jedem Exzess ein Defizit gegenüber. Ein

Zwangsverhalten oder ein Suchtverhalten steht vielfach mit dem Mangel an positiv bekräftigten sozialen Verhaltensweisen in Beziehung. Sei es, dass die Aufgabe der Arbeit und der Rückzug an den »häuslichen Herd« zur Einstellung verstärkender Tätigkeiten führte oder langfristige Zielsetzungen zu wenig an positiven Konsequenzen versprechen. Damit steigt wiederum der Wert der negativen Verstärkung an, ebenso durch den in der Regel unlustbetonten Zustand der negativen Selbstwertbilanz. Eine rein respondente Technik (stimuluszentriert) würde ohne Bilanzausgleichsversuche wie soziale Veränderungen und die Vermittlung adäquater verstärkender Verhaltensweisen vielfach zu kurz greifen.
Umgekehrt gehört zu den meisten Defiziten ein behandlungsbedürftiger Exzess (etwa an Selbstabwertung, Sozialangst und Überanpassung), der bei der Indikation zur Therapie berücksichtigt werden muss und zwangsläufig wieder in komplexere Strategien mündet. Das Assertiveness-Training-Programm ATP stellt eine Änderungsstrategie dar, bei der sowohl im respondenten als auch im operanten Lernsektor die erprobten Techniken der Verhaltenstherapie in dieser Zweigleisigkeit des Verlernens von Problemverhalten und des Aufbaues von Alternativverhalten verwirklicht sind (siehe Abschnitt Konstruktionsprinzip).

Neben den ›klassischen‹ Indikationsbereichen: Exzess an sozialen Ängsten, Defizit an sozialen Fertigkeiten und ein gestörtes Selbstwertgefühl ist es in seinem Aspekt der Vermittlung verstärkender Alternativverhaltensweisen daher bei nahezu allen komplexen Störungen im psychosozialen und psychosomatischen Bereich indiziert, wenn eine Therapienotwendigkeit und eine Therapiefähigkeit nachgewiesen werden können.
Mit »Therapienotwendigkeit« meinen wir die Bedingung, dass Art und Ausmaß der Störungen nicht mit einfacheren Hilfen, Kurztherapien oder in einem nur beratend anleitenden Eigenstudium des ATP zu überwinden sind.
Zur Feststellung der Notwendigkeit dient neben der Bedingungsanalyse des Problemgefüges die Quantifizierung der Störung durch entsprechende Fragebögen. Diese sind in eigenen Testmappen dargestellt und werden vom Verlag jetzt gemeinsam als Testband zum ATP ausgeliefert.
Im Hinblick auf die Entstehungsbedingungen und die Dauer der Störung kann die Aufteilung sozialer Ängste in primäre, die etwa seit der Schulzeit ununterbrochen bei einem Erwachsenen fortbestehen, und in sekundäre, die relativ kurzfristig bei einem zuvor selbstsicheren Menschen auftraten, hilfreich sein (wenn es sich nicht um primäre Ängste bei dem spätem Anlass nicht möglicher Vermeidung handelt).
Bei den sekundären sozialen Ängsten ist die Indikation zu einer immerhin ein Jahr dauernden Therapie vorsichtiger zu stellen als bei den primären. Kurzfristige aversive Stimmungseinbrüche, etwa im Rahmen einer depressiven Phase oder bei Verstärkerverlusten durch Umzüge, Partner- und Arbeitsplatzwechsel, können zu einer erheblichen Verunsicherung führen, die dennoch bei guten sozialen Fertigkeiten oft in eigener Regie überwunden werden kann. Anders ist die Entwicklung selbstunsicheren Verhaltens bei einer Partnerschaft zu werten, in der ein stark kontrollierender Partner weiterhin für die Beibehaltung der Störung sorgt (siehe Teil III des ATP: Die Paarbeziehung als in sich geschlossenes Steuerungssystem). In aller Regel können Zweifel über die Notwendigkeit dieser Therapie während der Warte- und Vorbereitungszeit, die ja vielfach ein halbes bis ein Jahr dauert, ausgeräumt werden.

4.2 Phobische Funktion und Indikation

Die im engeren Zielgebiet sozialphobischen Verhaltens gelegene Indikation können wir nach den 4 Zielbereichen und dort wieder *nach den steuernden und abhängigen Bedingungen* der phobischen Sequenz einteilen. Das sind stimulusbezogene oder Situationsprobleme, Probleme durch unmittelbare und sekundäre emotionale und körperliche Reaktionen, die Vielzahl der Probleme durch die Rückzugsvermeidung und durch die vorbeugenden Schutzexzesse; sowie die Folgestörungen über die Selbstbewertung und Ansprachebilanz, über Suchtverhalten als Spannungsabfuhr bei Nichtvermeidbarkeit, als Ersatzbefriedigung oder als hemmungslindernde Bedingung, über somatische Gegenregulationen oder langfristige Funktionsstörungen und schließlich über die krankmachenden Bedingungen der sozialen Umwelt als Ursache und als Folge des eigenen gestörten Verhaltens.

Im **Fehlschlagangstbereich** sind die Problembesetzten *Situationen* im Gebiet der Leistungserbringung und der Einhaltung von Normen unter öffentlicher Beachtung oder in Gegenwart von autoritären Personen gelegen, also nicht vermeidbare Expositionen und potentielle Kritiksituationen wie Prüfungen, Vorträge, Darbietungen, Auftritte, Einladungen und Gespräche sowie Situationen mit Verstößen gegen die Schutzpläne von Makellosigkeit, Ordnung, Perfektion, Einmaligkeit und Originalität.

Die Indikation zur Therapie stellt sich hier über die Nachteile der nicht zu bewältigenden und vermiedenen Situationen, akut etwa als Prüfungs- oder Redeangst, verspätet als Schul- oder Arbeitsstörung mit Leistungsabfall und Verlust der Arbeit.

Bei den vorbeugenden Schutzstrategien mit situativer Bewältigung durch Versuche, Kritik oder Bloßstellung, Misserfolg und Fehler gar nie auftreten zu lassen, finden wir dagegen statt der Probleme durch Nichttun die über die Exzessbildung, besonders mit Einengung, Spannung/ Sucht oder Erschöpfung und depressiver Dekompensation.

Von den *emotionalen Reaktionen* als primäres, unmittelbar durch den phobischen Stimulus ausgelöstes Gefühl führt die hohe Erregung und Angst mit Wahrnehmungs-, Handlungs-und Denkblockaden bei Nichtvermeidbarkeit zur Therapie oder Sucht.

Unmittelbarer Behandlungsanlass kann dabei die *körperliche Reaktion*, besonders das Zittern sein, welches bei hoher Erregung nicht nur als Intentionstremor, sondern durchaus auch situationsüberdauernd und mit grobschlägigen Bewegungen ablaufen kann.

Bei Personen mit häufiger feinmotorischer Beanspruchung wird das Zittern sich auch als reale Fehlerquelle im Beruf zeigen. Motorische Gegensteuerungen, die die ausfahrenden, fehlerhaften Bewegungen beim Schreiben, Zeichnen oder feinmechanischen Tätigkeiten verhindern sollen, werden dann selbst – etwa als Schreibkrampf- zum Problem und oft erst darüber zur Therapieindikation. Wir haben die ersten Verhaltenstherapien an Menschen mit dieser Störung durchgeführt und dabei viele wichtige Strategien auch für das ATP entwickelt.

Zittern, Schwitzen, Erröten ohne inneren Gegenplan wird als das behandelt, was es ist: Teil einer ängstlichen Reaktion und Methoden zum Angstabbau zugeführt. Bei »Gegenplänen« können die sichtbaren Körperreaktionen Panikgefühle auslösen oder als Bestätigung der negativen Erwartung im Sinne einer sich selbst erfüllenden Prophezeiung den Teufelskreis von Angst, Versagen und Abwertung verstärken. Die »Bestätigung« des

eigenen Nichtkönnens und der Ablehnung seitens anderer führt zu sekundären Gefühlen (im Hinblick auf den phobischen Stimulus, ausgelöst hier durch Bewertung der eigenen Reaktion und Konsequenzen) der Unzulänglichkeit, des Versagens und der Ablehnung. Dies führt in den Indikationssektor »Depression«.
Unmittelbare Erregungsfolge kann als Ejaculatio praecox zur Indikation einer Fehlschlagangstbehandlung werden, ebenso wie die Impotentia erigendi, Spannungsschmerzen, Magen-Darmprobleme über angstbedingte Motilitätserhöhungen etc. Zu den mannigfachen Störungen im Selbstwertbereich, den zahllosen Problemen der Vermeidung und Schutzstrategien und den real aversiven sozialen Umfeldstörungen sei hier nochmals auf die ausführlichen Darstellungen im ersten Buch zum ATP verwiesen.

Bei den »isolierten« Stimulusbereichen bedarf es einer ökonomischen Entscheidung, ob im Einzelfall mit einer isolierten »problemzentrierten« Therapie auszukommen ist oder ob günstiger das ATP als Basistherapie zur allgemeinen Entängstigung eingesetzt wird und die Sonderproblematik in einigen wenigen Spezialsitzungen erfasst wird. Nach unseren Erfahrungen ist der Einsatz einer systematischen Desensibilisierung selbst bei Prüfungsängsten oder einer Impotentia erigendi seltener als isolierte Therapie bedingungsanalytisch indiziert als in Kombination mit dem ATP. Auch ökonomisch ist vielfach die Eingrenzung auf eine Hierarchie nicht möglich. Folgeprobleme eröffnen sich in der Therapie, oder neue Probleme entstehen in ähnlichen Bedingungskonstellationen und erfordern dann doch noch umfassendere Therapie.

Reine Vortragsängste sind dagegen oftmals ökonomischer mit einem Vorgehen aus den Reizüberflutungsmethoden, etwa mittels Implosion oder Habituationstraining, zu überwinden, wenn sie den einzigen Anlass der Beeinträchtigung durch Fehlschlagängste darstellen, oder wenn eine begleitende allgemeine Selbstsicherheitstherapie sichergestellt ist. Durch »Aussitzen« allein ist noch kein sozial wichtiges Problem gelöst worden.
Bei dieser Methode werden ja keine neuen Alternativverhaltensweisen vermittelt. Dies wäre schon vom geringen Zeitaufwand dieser Methoden her nicht als parallele Maßnahme denkbar.
Die Methoden der Reizüberflutung mit der schnellen Extinktion von Verhaltensexzessen versprechen daher als isolierte Maßnahme auch nur dann dauerhaften Erfolg, wenn die Entängstigung blockierte Verhaltensweisen freisetzt, die selbst verstärkende Qualität haben und nicht erst mühsam neu gelernt zu werden brauchen. Dies gilt etwa für die an das Haus gefesselten Agoraphobiker, für manche Formen der Angst vor Zuschauern (öffentliche Beachtung) wie Vortragen oder Tanzen, vorausgesetzt, die nötigen Fertigkeiten sind vorhanden.
Ein Sonderfall stellt hier die Errötungsfurcht (Erythrophobie) dar. Ist sie Begleiterscheinung allgemeiner Sozialangst wie bei manch »schüchternem Jüngling«, so verschwindet sie in der Regel mit der wachsenden Entängstigung und Sicherheit im Kontakt. Handelt es sich um klassische »Erythrophobie« mit der panischen Angst, damit die eigene Unzulänglichkeit offenbaren zu müssen, die bis da erfolgreich kontrolliert und verborgen wurde, dann muss dies mit direkter Konfrontation über lange Dauer und Antipanikstrategien behandelt werden. Ein Versuch mit Methoden, die unmittelbar die Reaktion verhindern, etwa durch Abstufung und Entspannung, würde im Vermeidungsplan: Zeige keine Schwäche, werde nicht rot, bleiben und als planimmanente Hilfe langfristig diesen sogar festigen.

Therapieziele dieser Art sind leider aus praktischen Gründen wie nur geringe zeitliche und finanzielle Möglichkeiten, gelegentlich auch aus mangelndem bedingungsanalytischen Denken nicht selten. Planimmanente Hilfen, etwa Reizüberflutung als Mutprobe und Heldentat bei Plänen mit Stärke zeigen zu müssen, Hausaufgaben bei Perfektionisten über den Ehrgeiz, bei Nicht-nein-Sagern über das Pflichtgefühl zu verkaufen, gehört zu therapeutischen Kunstfertigkeit, dort stehen zu bleiben und langfristig nicht auch den Vermeidungsplan oder das Störungsprogramm ändern zu wollen, eher ganz zum Gegenteil.

Ein anderes Problem ergibt sich, wenn es tatsächlich zu Fehlern kommt, der Redeängstliche sich verspricht oder stottert, der Schreibängstliche (Schreibkrampf) unleserlich schreibt, die beobachtungsängstliche Sekretärin sich vertippt und anderes mehr. Soweit diese Fehler unmittelbare Angstfolge sind (etwa aus Verkrampfung geschehen), sind ihre Bedingungen im ATP berücksichtigt. Darüber hinaus wird im Standardvorgehen aber auch gelernt, Fehler zu tolerieren und zu »unvermeidlichen« Fehlern zu stehen. Dies berührt auch das Problem der Stigmatisierung. Körperliche, geistige und soziale Abweichungen, wie sie 70% unserer sozialphobischen Klientel angeben, werden im Selbstbild und von anderen vielfach mit Fehlern gleichgesetzt. Nur einige dieser Stigmata sind so gravierend, dass sie mit Funktionseinbußen einhergehen und eine tatsächliche Behinderung darstellen. Hier wird es oft zweckmäßig sein, Personen ähnlicher Behinderung zu einer gemeinsamen Therapiegruppe zusammenzustellen, um das Lerntempo und den Lernstoff der limitierenden Bedingung anzupassen. Wir haben mit solchen Rehabilitandengruppen, etwa Jugendliche mit frühkindlichem Hirnschaden oder mit Spastik, früher gute Erfahrungen gemacht.
Bei traumatischen Restschäden von Erwachsenen, etwa Funktionsausfällen und sekundärer Verunsicherung nach Schädel-Hirntraumen, Insulten und Ähnlichem, sind wir eher dafür, diese Personen in Gruppen von Nicht-Behinderten zu integrieren, eben um der Stigmatisierung durch die akut eingetretene Schädigung entgegenzuwirken.
Es muss jedoch bedacht werden, dass sozial inkompetente Personen dies auch in ihrer Toleranzschwelle für die Fehler anderer sind. Ihre gestörte soziale Wahrnehmung macht es den sozial Ängstlichen und speziell den depressiv Eingeengten oft schwer, auf andere eingehen zu können und selbst das Verständnis aufzubringen, das sie von anderen für sich in Anspruch nehmen. Daher gilt als Regel, nicht mehr als einen stärker abweichenden Stigmatisierten oder Psychotiker in eine Gruppe zu integrieren. Eine stärker abweichende Person kann als schwaches Glied die Gruppenkohäsion über die gemeinsame Verantwortlichkeit sogar fördern.
Was die Stigmatisierung im Aussehen anbelangt, sind wir immer wieder erstaunt, in welchem Ausmaß sich die Gesichtszüge, das gesamte Erscheinungsbild und Auftreten mit einer Therapie verändern können. Es ist also in der Regel nicht zweckmäßig, hieraus schon vor Therapiebeginn limitierte Ziele abzuleiten, andererseits sollten Hoffnungen zur Überwindung stigmaabhängiger Störungen auch nicht gerade geschürt werden.
Ein guter Therapeut wird das »unvorteilhafte Äußere« seines Klienten ebenso wie sein ungeschicktes Verhalten in die Änderungsbemühungen einbeziehen. So können etwa eine neue Frisur oder die Änderung der Kleidung bedingungsanalytisch indizierte »Therapien« sein, sie sind zumindest die ersten Anzeichen beginnender Wertschätzung.
Die innere Schönheit, die sich (in der Verhaltensbeobachtung statistisch gesichert) als

untrügliches Zeichen bleibender Veränderungen beim ATP bei vielen einstellt, strahlt im Übrigen über jeden anatomischen Makel hinweg, was diese frühen Ausführungen relativiert.
Die soziale Stigmatisierung durch eine traumatische Lerngeschichte und durch sozioökonomische Nachteile ist einer der wesentlichsten Bedingungshintergründe selbstunsicherer Personen. Sie sagt uns nur etwas über die Notwendigkeit aus, am Anfang der Therapie ein absolutes Fernhalten von Misserfolgen und Bestrafungen einzuhalten, um nach einer lebenslangen Folge von Enttäuschungen und Versagungen erstmals wieder Zutrauen zur eigenen Lernfähigkeit aufzubauen. Wo immer es die Verhältnisse zulassen, werden wir später alle Entscheidungen fördern, die zum Ausgleich dieser Nachteile beitragen. Hierzu gehören etwa soziale Veränderungen durch das Nachholen qualifizierender Schulabschlüsse, beruflicher Aus- und Weiterbildung, Veränderung des Wohnsitzes oder des Arbeitsplatzes.
Die Frage, wann eine reale Behinderung oder eine aversive Lebenssituation als nicht (therapeutisch) beeinflussbar erscheint und damit als Kontraindikation zu einer Therapie nach dem ATP zu werten wäre, lässt sich nur selten vor einem Änderungsversuch eindeutig entscheiden. Auch mit tatsächlichen unkorrigierbaren Behinderungen lassen sich meist genügend Freiräume zur Entwicklung von störfreien Verhaltensweisen finden, die das Leben des Betreffenden erträglicher gestalten. Der junge Mann, der unter traumatischen Bedingungen noch bei den Eltern lebt, kann erst mit der Therapie sich diesen Bedingungen entziehen. Der aversiv kontrollierende Partner kann oft erst dann zur Teilnahme an einer Therapie motiviert werden, wenn sein Verhalten durch die Selbstsicherheit des anderen keine Verstärkung mehr erfährt. Der von einem real aversiven Vorgesetzten schikanierte Arbeitnehmer hat manchmal die Chance, auch hierauf modifizierend Einfluss zu nehmen oder aber infolge seiner größeren sozialen Kompetenz einen Arbeitsplatzwechsel erstmals für denkbar zu halten. Schließlich ist therapeutisch dort, wo die real aversive Bedingung ohne Einflussmöglichkeit fortbesteht, nicht mehr die Bewältigung im Sinne der Veränderung dieser Bedingungen das Ziel des Bemühens, sondern im Sinne der größeren Frustrationstoleranz ein Unabhängigerwerden von diesem einen Verhaltenssektor, oder über eine Relativierung durch Werteveränderungen, Dissoziationen, Neuattributierungen und Reframing dennoch »Stimulusentschärfung« möglich.

Im zweiten Bereich der Ebene sozialer Ängste, der **Kontaktangst**, begegnen wir heterogenen Störungsbedingungen. Da spielt zum einen die Fehlschlagangst im Sinne befürchteter Blamage oder Ablehnung eine Rolle, zum anderen Berührungsängste, Bindungsängste, Verpflichtungs- und Verantwortungsscheu, Angst, andere zu enttäuschen oder zu kränken, und fast durchweg auch ein Mangel an sozialen Fertigkeiten. Diese sind bei den typischerweise generalisiert sozial gehemmten oder schüchternen Personen, die vielfach noch nie einen Partner hatten, vor allem Gesprächstechniken und die Fähigkeit, soziale Diagnosen zu stellen. Bei den bindungsängstlichen Personen sind solche Fähigkeiten meist gut ausgeprägt; die Situation kann erst ab einer bestimmten Enge der Distanz, Dauer und Intimität der Beziehung nicht mehr gehandhabt werden. Die Fähigkeit, Gefühle zuzulassen, sie zu äußern, Zärtlichkeiten auszutauschen, eindeutige Auskünfte über sich selber zu geben und Mehrdeutiges zu entschlüsseln, also der emotionale und kommunikative Bereich, ist hier gestört.

Auf einer typologischen Ebene der Beschreibung ist dem ersten Beispiel der »schüchterne Jüngling« oder »das graue Mäuschen« dem zweiten Beispiel die oder der forsch und distanziert auftretende »Erfolgsfrau« oder »Erfolgsmann« zuzuordnen. Hier kann das emotionale Defizit in der Verstärkerbilanz anfangs noch durch die Arbeit ausgeglichen werden oder die Kontaktschwierigkeiten durch diese vermieden (Workaholic). Psychosomatische Störungen oder eine Dekompensation mit massiven Depressionen, Suchtverhalten (»stiller Suff«, »Kummerspeck« sind nicht selten der Behandlungsanlass. Im Hinblick auf die Indikation zum ATP finden wir bei beiden Arten der Unfähigkeit, die zur Kontaktaufnahme und die der Unfähigkeit zur Kontakterhaltung, häufig den Behandlungsanlass über Begleitdepressionen mit Ansprachedefiziten. Die Bedingungskonstellationen sind zwar unterschiedlich, dennoch haben beide die Indikation zur »Kontakthierarchie.

Der dritte Bereich der ersten Indikationsebene zum ATP ist die mangelnde Fähigkeit, eigene Bedürfnisse wahrzunehmen, diese eindeutig zu formulieren und vertreten zu können.

Der entsprechende Fragebogenfaktor **Fordern können** zeigt hohe positive Beziehungen zu anderen Maßen der sozialen Kompetenz (siehe *Experimentelle Ergebnisse zum ATP, Band1: Die Arbeiten zum Begriff der sozialen Kompetenz*).

Hier ist eine therapeutische Intervention besonders für solche Personen notwendig, die unter generalisierten sozialen Ängsten leiden. Auch überangepasste Konfliktvermeider mit psychosomatischen Störungen, Depressive im Sinne der »Gelernten Hilflosigkeit« Seligmans (1975) oder Menschen, die unter ständig aversiven oder sich widersprechenden Konsequenzen auf eigene Ansprüche hin aufwuchsen und vor solchen Ansprüchen Angst haben oder nicht wissen, wie sie diese vertreten sollen, sind hier angesprochen.

Die Zielsetzung der Forderhierarchie im ATP hebt sich nun aber deutlich von einer hemdsärmeligen Selbstbehauptung um jeden Preis ab. Nach einem anfangs notwendigen Erfolgserlebnis des Durchsetzens wird nach den Anwendungsbereichen differenziert. Als Kontraindikation für die Forderhierarchie gelten Personen, deren Verhaltensexzesse Rücksichtslosigkeit und ein asozial ausschließlich auf sich selbst Zentriertsein sind, wenn ihr Verhalten nicht gleichzeitig auch im Sinne größerer Verantwortlichkeit geformt werden kann. Wir haben von zu kurz angesetzten Selbstsicherheitstherapien, vereinzelt aber auch bei unvollständigen ATP-Durchführungen von Klienten gehört, die ihre Fähigkeit zu fordern in unrealistischer bis aversiver Weise ausspielten und selbst Erpressung und Gewalt für legitime Mittel hielten, um sie bei Ablehnung ihrer Forderungen einzusetzen. Zur Indikationsstellung gehört also auch, dass Therapeuten den Abschluss ihrer Wege zum Ziel voraussehen können.

Besonders bei den kurzen Aufenthalten in Kliniken ist unbedingt für eine ambulante Weiterführung des dritten ATP-Teiles für solche Patienten zu sorgen, bei denen die diskriminative Anwendung des im Grundkurs Gelernten noch fehlt und ein neuer Verhaltensexzess etwa im oben beschriebenen Sinne sich anbahnen könnte. Besondere Vorsicht scheint im Hinblick auf das Fordern bei den psychiatrischen Diagnosegruppen »schizophrenieforme Psychosen« und den sogenannten »Psycho- oder Soziopathen« angebracht zu sein. Diese müssen zwar vielfach dringend lernen, eindeutige und fördernde Konsequenzen auf eigene Ansprüche zu erfahren oder im zweiten Falle eine eher innen gesteuerte Kontrolle aufzubauen, dies gelingt jedoch nicht mit einer Hauruckmethode des »Behaupte Dich selbst«.

Im Hinblick auf die Indikation können wir beim Fordern auch sagen, dass ohne die Garantie einer formenden Einflussnahme bei manchen Klienten der schützende Mantel sozialer Ängste und Hemmungen das noch akzeptabelste Bekleidungsstück darstellt.
Heute hat sich diese Problematik in unserer Klientel weitgehend aufgelöst, was auf die dezidierte Beschränkung der eigenen Verantwortungsnahme in der eindeutigen und vollständigen Expression von Bedürfnissen und der viel klareren Vetos bei grenzüberschreitenden Du-Botschaften zurückgeführt wird.
Im vierten Bereich der ersten Indikationsebene, soziale Ängste, der Unfähigkeit, sich gegen unangemessene Ansprüche anderer zur Wehr zu setzen, dem **Nicht-nein-Sagen-Können**, spielen Ängste vor dem Verlust von Zuneigung, vor Ablehnung oder Missachtung und davor, die Gefühle anderer zu verletzen, diese zu kränken oder zu enttäuschen, eine Rolle. Konflikte werden nicht zugelassen, die eigenen Ansprüche zurückgestellt. So versucht man es jedem immer recht zu machen.
Konfliktvermeidung um jeden Preis und Überanpassung zeigen sich häufig erst als subjektiv störend, wenn ihre Spätfolgen in Form von Ausnutzung, Überbeanspruchung oder einer chronisch defizitären Verstärkerbilanz zutage treten. Die Vermeidungspraktiken dieser sozialen Ängste sind also nicht von vornherein Fehlverhaltensweisen, sondern enthalten eher ein Programm, welches auf lange Sicht zu sozialen Störungen führt. Übermäßige Hilfsbereitschaft oder Fürsorgeverhalten, Arbeitsbereitschaft oder Leistungsexzesse wiegeln sich im Rahmen der wechselseitigen sozialen Steuerung dermaßen auf, dass die Betreffenden die Gegenregulation der anderen mit immer höheren Ansprüchen an sich selbst als gegen sich gerichtet empfinden und – weil doch so grundlos eigennützig – bei der eigenen Hilfsbereitschaft die Welt nicht mehr verstehen. Auch hier sind es wieder häufig psychosomatische Störungen, depressive Reaktionen oder Partnerkonflikte, die den unmittelbaren Anlass der Therapiesuche darstellen.
Andere Bereiche sozialer Angst, die sich ebenfalls empirisch isolieren lassen, wie die Angst vor Normenverletzung, führt zur Angst vor Strafe. Auf der zweiten Zielebene des ATP haben wir es mit all den Indikationen zu tun, bei denen neue Verhaltensweisen zum Ausgleich der Verstärkerbilanz notwendig werden; sei es, dass sie als Alternativverhalten zur dauerhaften Ablösung eines Problemverhaltens benötigt werden, sei es, dass einfach ein Minus an verstärkenden Fertigkeiten vorliegt. *Defizite an sozialen Fertigkeiten* spielen direkt oder indirekt bei der überwiegenden Mehrzahl gravierender und länger dauernder Störungen eine Rolle. Zur Art und Genese dürfen wir auf Teil I der ATP-Bücher verweisen. Wir unterscheiden generelle soziale Verhaltensdefizite mit einer eigenständigen Bedeutung zur ATP-Indikation von nur milieu-, situations- und personbezogenen Defiziten, die unabhängig vom Angstaspekt her auch mit umschriebenen Problemlösestrategien zu beeinflussen sind.
In der dritten Zielebene, dem *Selbstwertkonzept*, treffen sich die Änderungsfortschritte auf den beiden ersten Ebenen der Entängstigung und der sozialen Skills und werden durch die systematische Beeinflussung von Selbstbewertungsstrategien im ATP ergänzt (s. Abschnitt Programmstruktur, Verstärkermatrix, Selbstkontrolle).
Naturgemäß sind es besonders die Defizite in der Selbstwertbilanz, die als neurotische, reaktive oder als Depression vom Typ »gelernter Hilflosigkeit« die häufigsten ATP-Indikationen auf der Basis klinischer Diagnosen darstellen. Wir wollen uns jetzt den *klinischen Diagnosen* aus dem Bereich der Medizin zuwenden.

Einflussmöglichkeiten und Hindernisse von medizinischer Seite gehören in die Therapiezuordnung und -planung. Auch in ihrem Wert umstrittene klassifikatorische Diagnosen haben zumindest Erfahrungswerte in prognostischer Hinsicht, die im Einzelfall abzuklären sind.

Von interner Seite sollte bei exzessiven Ängsten mit multiplen Phobien und panischen Attacken immer auch eine Hyperthyreose ausgeschlossen oder gegebenenfalls eingestellt werden. Wir haben klinisch unerkannte Überfunktionen der Schilddrüse in etwa 4 Prozent unserer ambulanten Patienten mit multiplen Phobien festgestellt.

Alle Schmerzen, Kollapszustände und körperliche Dysfunktionen sind beim entsprechenden Facharzt abzuklären. Schwieriger ist die Koordination der Therapien. Gelegentlich müssen auch Psychologen erst rein antisymptomatische lindernde Maßnahmen vorschalten, bis die körperliche Schädigung überwunden ist, bevor er die vielfach belastenden kausalen Maßnahmen einleiten kann.

Umgekehrt müssen die lindernden Medikamente dann entfallen, wenn sie keine strikt antisymptomatische oder kausale Bedeutung haben und nur der Abschirmung und Beruhigung dienen, bevor wir eine ursächliche Therapie beginnen. Therapeutische Anforderungen, etwa ATP-Übungen, die unter Beruhigungsmitteln absolviert werden, werden die Ängste nur ungenügend beseitigen. Nach Absetzen der Medikamente kann die Angst wieder voll zutage treten, da lediglich »state-dependent« gelernt wurde. Bei manchen internen Krankheitsbildern wie dem juvenilen Diabetes, der Zuckerkrankheit bei Jugendlichen, erfordert die gute medikamentöse Einstellung eine emotionale Stabilität, die vielfach aufgrund gestörter sozialer Beziehungen und eines negativen Selbstwertkonzeptes nicht gegeben ist. Hier wird das ATP in aller Regel Erfolge bringen, die die internistische Therapie wesentlich erleichtern. Ähnliches gilt für viele Fälle des Bluthochdruckes, die sich aus den belastungsabhängigen Formen, die vielfach mit dem ATP schwinden, entwickelt haben. Bei Magen-Darm-Geschwüren und eventuell beim Asthma bronchiale liegen vielfach soziale Defizite und Ängste, speziell mangelnde Konfliktlösungsstrategien, Störungen im Nein-Sage-Bereich, im Bereich des Gefühlsausdruckes und Kontakts vor, die in sich selbst eine Indikation zum ATP darstellen und einen Einfluss auf das somatische Geschehen nehmen können.

Andere Verhaltensstörungen, wie die des Trink- und Essverhaltens und Medikamenten- oder Drogenmissbrauchs, gehen oft unmittelbar mit körperlichen Schäden einher und bedürfen dann einer Mitbehandlung durch den zuständigen Arzt. Andererseits werden von somatischer Seite Bedingungen des Problemverhaltens leicht übersehen werden, während die psychologisch-funktionale Interpretation eine hinreichende Bestimmung und Linderung erlaubt.

Die Bedingungsanalyse ohne Berücksichtigung somatogener Faktoren bleibt jedoch unvollständig und die Therapie kann in ihrem prognostischen Aspekt nicht genügend sicher bestimmt werden. Diese kleine Mühe, schon nach dem Erst- oder Zweitinterview die ausstehenden Erhebungen von medizinischer Seite her zu veranlassen, sollte nicht gescheut werden.

Lernmüdigkeit bei Kindern sollten beim Kinderarzt, Vaginismus beim Gynäkologen oder Erektionsstörungen beim Andrologen mit abgeklärt werden. Auch der Hausarzt, der den Klienten in der Regel gut kennt, kann zur weiteren Richtungsbestimmung eingeschaltet werden. Der noch so klare Schreibkrampf kann beim Carpaltunnelsyndrom auftreten, das Zittern essentiell vererbt sein oder im Rahmen eines Morbus Parkinson auf-

treten oder/und bedarf – trotz aller Seltenheit solcher Befunde – der fachneurologischen Zusatzklärung. Ein Patient kann wegen sozialer Störungen in Behandlung stehen, ein seit Jahren bekanntes und abgeklärtes cerebrales Anfallsleiden haben, stimulusabhängige Spannungskopfschmerzen zeigen und dennoch einen Hirntumor langsam wachsender Art haben. Sobald Psychologen für einen längeren Zeitraum die therapeutische Verantwortung für einen Patienten übernommen haben, müssen sie auch an solch seltene Komplikationen denken und das, was neben dem Bedingungswissen an Störeinflüssen vorhanden sein kann, einer kompetenten Abklärung zuführen.
Umgekehrt sollte dies natürlich auch für die Mediziner gelten. Die dort noch vorherrschende psychoanalytische Erklärungsweise gestörten Verhaltens wird diese Kompetenz leider auf längere Sicht hin eher behindern. Für alle Ärzte, die in die Abklärung von Differentialdiagnosen bei Psychologischen Psychotherapeuten eingeschaltet werden, sollte es selbstverständlich sein, sich nicht therapeutisch einzumischen oder gar Suchtmittel zu verschreiben. Dies passiert gegenwärtig wieder so häufig, dass erhebliche Zweifel zur Kosten/Nutzenseite dieser Art von »Zusammenarbeit« auftreten.
Kommen wir nun zu der Zusammenarbeit mit dem Psychiater:
Soweit die Bereiche von Verhaltensstörungen, Psycho- und Soziopathien und das Gebiet der Neurosen betroffen sind, dürfte die eigene Psychotherapeutenkompetenz ausreichen. Sie muss nicht zum selben Resultat bezüglich der Erklärung und Änderung des Fehlverhaltens führen, weil auch die Psychiater zur Mehrzahl in anderen Modellen denken und unter anderen Bedingungen arbeiten müssen. In aller Regel dürfte hier die »Verständigung« wenigstens so weit gehen, dass psychologische Therapeuten ihre Maßnahmen auf Grund ihres Modells begründen und erklären können, welche der bisherigen psychiatrischen Maßnahmen für dieses Konzept unzweckmäßig erscheinen, und um freie Hand bis zur Überprüfung ihrer Hypothesen (bis Therapieende) bitten. Dies, wenn der Patient vom Psychiater überwiesen wird.

Das Umgekehrte, dass ein Psychologe dem Psychiater überweist, kommt in den genannten Bereichen eigentlich nur bei akuten depressiven Krisen vor, in denen eine unterstützende antidepressive Medikation über begrenzte Zeit oftmals hilfreich wird.

Die Frage der psychiatrischen Abklärung beim Verdacht auf das Vorliegen einer Psychose stellt sich anders dar. Hier muss ein Psychiater konsultiert werden. Die Mitbehandlung durch den Psychiater bei vorgesehenen psychotherapeutischen Behandlungen ist heute immer noch ratsam und zweckmäßig. Über die Art dieser Mitbehandlung lassen sich im Hinblick auf das ATP folgende Empfehlungen geben:
Klienten mit wahnhaftem Verhalten, mit Wahnideen oder Halluzinationen sollten auf jeden Fall psychiatrischer Abklärung zugeführt werden. Dies gilt auch dann, wenn die fraglichen Verhaltensweisen nur anamnestisch als zurückliegender Verhaltensexzess angegeben werden.
Wahnhafte Verhaltensweisen sind als übersteigertes Misstrauen, als Gefühl der Schutzlosigkeit beim Blickkontakt oder des körperlich spürbaren Gefühls der kritischen Beachtung bei sozial Ängstlichen relativ häufig. Sie werden dann wie sehr starke Ängste gehandhabt und mit Zwischenhierarchien berücksichtigt. Topografisch ähnlich können jedoch die ersten Anzeichen eines produktiven Verfolgungs- oder Beziehungswahns sein, die bei Absetzen von Medikamenten im Rahmen einer paranoiden Psychose wieder auftauchen. Die akuten Bedingungen eines solchen Wahnverhaltens mit fehlender Realitäts-

kontrolle können wir derzeit ebensowenig psychotherapeutisch beeinflussen wie Sinnestäuschungen. Bei aller Plausibilität sozialpsychologischer und funktionaler Bedingungsaussagen ist unser empirisches Wissen über die Effizienz psychotherapeutischer Maßnahmen in Bezug auf diese Gruppe von Problemverhaltensweisen noch unzureichend.

Akute paranoid-halluzinatorische Symptome also machen einen Therapiezugang etwa nach dem ATP, speziell in seiner Gruppenanwendung, ziemlich sinnlos. Sie sollten medikamentös wenigstens bis auf wahnhaftes Verhalten, also mit Distanzierungsmöglichkeit reduziert sein. Die Menge der Medikamente kann und soll mit Therapiebeginn auf eine Erhaltungsdosis reduziert werden, die weit unter den üblichen psychiatrischen Dosierungen liegt, um keine unnötige Beeinträchtigung der Lernfähigkeit zu riskieren.

Frühzeitige Absetzversuche von Neuroleptika während der Therapie sollten möglichst unterbleiben, weil zu oft mit einem Aufflackern der Symptomatik zu rechnen ist. Hier ist eine sehr enge Zusammenarbeit zwischen den Therapeuten beider Fachrichtungen notwendig. Die Konsultationen beim Psychiater sollten im abklingenden Schub oder bei Aufflackern der Symptome einmal wöchentlich erfolgen. Die erneute Reduktion von kurzfristig erhöhten Medikamentengaben sollte in Rücksprache mit dem Gruppentherapeuten jedoch sobald als möglich erfolgen.

Wir haben es uns zur Regel gemacht, nie mehr als einen Patienten mit diesem Problemverhalten in einer Gruppe zuzulassen, weil sonst häufig manipulative »Machtkämpfe« um die Mittelpunktposition oder Induktionen des Problemverhaltens auftauchen.

Als Ergebnis der verbesserten sozialen Kompetenz haben wir bei schubhaften Verläufen in aller Regel eine sehr veränderte Erlebnisweise und Bewältigungsfähigkeit psychotischer Einbrüche beobachten können. Im Regelfall waren neue Schübe ohne Unterbrechung des Arbeitsverhältnisses ambulant neuroleptisch aufzufangen, der emotionale Rapport blieb in aller Regel auch während des Schubes erhalten, verhindern konnten wir diese mit unseren Maßnahmen allein aber ebensowenig wie alle anderen psychotherapeutischen Zugänge. Insgesamt erscheint bei den paranoid-halluzinatorischen Psychosen die Progredienz über soziale Maßnahmen wie das ATP beeinflussbar zu sein. Unbeeinflusst zeigten sich Denk- und Antriebsstörungen.

Anders ist die Situation bei chronifiziertem Wahnverhalten, das häufig zum operanten Verhalten wird und durch Kontingenzänderung ganz verschwinden kann (etwa der sogenannte sensitive Beziehungswahn oder monothematische isolierte Wahnvorstellung anderen Inhaltes). Da solche Wahnsetzungen oft als Kompensationsversuche erniedrigter Selbstwertgefühle gesehen werden können (erhöhende bis größenwahnsinnige Inhalte), ist die Entscheidung zur Therapieindikation mitunter schwierig und kann nur über eine Kosten/Nutzenanalyse getroffen werden. Allgemein bietet das Plankonzept mit der Funktionsanalyse psychotischer Verhaltensexzesse viele nützliche Ansätze.

Schließlich sind die Resultate bei Jugendlichen mit einer Borderlinesymptomatik (unbedingt komplementär zu den Test- und Entmachtungsplänen vorgehen), vereinzelt auch bei den Diagnosekategorien mit der sogenannten »Minussymptomatik« (Minus im Verhältnis zu den Verhaltensexzessen der »produktiven« Erscheinungsbilder) mit den früheren Diagnosen »Schizophrenia simplex« und »pseudoneurotische Schizophrenie« auf lange Sicht ermutigend, wobei im dritten Teil des ATP die Familie intensiver als üblich einbezogen wird und besonders konkrete richtig/falsch Diskrimination, klare und einfache Strukturierungen, normgebende Regeln und Übungen auch mit Modell in der Realität gegeben werden und möglichst keine Übungen gemacht werden, die reinen Transfercharakter haben und keine reale Anwendung im normativen Sinne vorsehen oder solche mit »Überlernen »(etwa Lautstärke beim Ärger äußern).

Eine exakte ursächliche Interpretation gelegentlicher Überraschungsresultate, bei denen die symptomatologische Diagnose mangels »Zielverhalten« nicht mehr gestellt werden konnte, ist schon dadurch erschwert, dass die Zuverlässigkeit der Diagnosen in diesen Bereichen gering ist und nachträglich ihre Berechtigung bezweifelt werden kann. Außerdem ist wenig über die Verlaufsform der Störung bekannt. Immerhin sind es ja gerade diese Diagnosen, die auch wenig auf die medikamentöse Therapie ansprechen.

Ein Sonderproblem paranoiden Verhaltens stellen die Wahnideen bei Schwerhörigen dar. Hier ist die körperliche Mitbedingung reduzierter Wahrnehmungsfähigkeit auch mit den modernsten Hörhilfen vielfach nicht auszugleichen. Die Therapie muss rein technisch einzeln oder in einer Gruppe gleich Behinderter erfolgen. Nur über eine allgemein verbesserte Selbstwertbilanz können die realen Verunsicherungsanlässe teilweise gemildert werden. Vielfach hat sich jedoch auch hier die Schwere der Hörstörung als auch instrumental eingesetztes Verhalten erwiesen.

Viel problematischer ist die psychiatrische Mitbehandlung bei der zweiten bedeutsamen Form psychotischen Verhaltens, der sogenannten phasischen monopolaren oder bipolaren (manisch-depressiven) Depression.

Einerseits haben wir durch unser bedingungsanalytisches und bilanztheoretisches Erklärungs- und Änderungswissen mit Ausnahme der Manie so brauchbare Zugänge zum depressiven Verhalten, dass wir die Interpretation des Psychiaters als »endogen« scheuen, andererseits gibt es unbestreitbare Verlaufsformen dieser Störung, die nicht durch äußere Bedingungen allein zu erklären sind und sich noch am ehesten mit einem biochemisch/neurohumoralen Regelkreismodell erklären lassen. Hier bewirken denn auch stimmungsaufhellende und antriebssteigernde »Antidepressiva« in kurzer Zeit mehr, als es mit unseren noch so komplexen psychotherapeutischen Zugängen möglich ist. Als Faustregel sollte eine nur achtwöchige Medikamentenkur bei massiven Depressionen, die länger als 10 Tage anhalten, und natürlich bei Selbstgefährdung – eventuell mit vorübergehendem Schutz – immer versucht werden. Die Gefahr der Abhängigkeit ist gering und der diagnostisch-therapeutische Wert im Hinblick auf den sofort möglichen Beginn der Therapie und die kurze Dauer hoch. Wenn bei richtiger Medikamentenwahl und Dosierung innerhalb von vier Wochen keine merkliche Zustandsänderung eintritt, kann dieser Zugang auch als nicht hilfreich wieder fallen gelassen werden. Immer wieder bieten eine so aversive Zuständlichkeit wie die Störungen bei Depressionen Überraschungen für die funktionale Verhaltensinterpretation. Soziale Ängste, Defizite, massive Selbstabwertung und oft exzessive Zwänge lassen sich hinlänglich, wenn auch nicht immer ausreichend, bedingungsanalytisch klären und verschwinden vielfach allein durch die Beseitigung des gestörten Befindens. Möglicherweise reicht die Dauer dieser Bedingungen nicht aus, um dauerhaftes Fehlverhalten zu lernen. Nach Abklingen der »Phase« oder des aversiven Zustandes herrschen wieder Löschungsbedingungen für das Problemverhalten vor. Wir empfehlen daher, als therapeutische Konsequenz alle kurzfristigen Modifikationen wie Gedankenstopp, Aktivitätspläne und dergleichen einzusetzen, die funktional als problemabschwächend erscheinen. Mit allen langfristigen Maßnahmen wie dem ATP sollte in der Regel eher abgewartet werden.

Die Dauer ambulanter Warte- und ATP-Vorbereitungszeit von etwa einem halben bis einem Jahr ist oft eine hinlängliche Entscheidungshilfe, ebenso die sorgfältige Exploration zur Lerngeschichte, ob und welche Problemverhaltensweisen die depressiven Einbrüche längerer Dauer (ein bis sechs Monate) überdauerten. Dies wäre als Hinweis für die Unabhängigkeit seiner Bedingungen vom depressiven Geschehen zu werten. Neben der zeitlich begrenzten antidepressiven Therapie und den genannten Vorsichtsmaßregeln ist die Lithiumprophylaxe nach zwei bis drei »sicheren« Phasen ein wichtiger Beitrag psychiatrischer Depressionsbehandlung. Hierzu raten wir meist erst dann, wenn es auch nach der Therapie mittels des ATP zu erneuten Phasen kommt. In allen anderen diagnostischen Bereichen ist die Behandlung depressiven Verhaltens nahezu eine Spezialindikation für das ATP, wie unsere Resultate zum Wirkungsspektrum zeigen (siehe Band II der Experimentellen Ergebnisse). Hier sind viele der psychiatrischen Maßnahmen, wie die Entlastung, die Langzeittherapie mit Beruhigungsmitteln und die Verstärkung von Problemverhalten durch Zuwendung und Interesse, oftmals sogar störende Bedingungen für den Therapieerfolg.

4.3 Die Indikation im Hinblick auf die verschiedenen Durchführungsmöglichkeiten des ATP

Die Möglichkeiten, das ATP bei psychosozialen Störungen als therapeutische Methode zu verwenden, variieren zwischen den Durchführungsmöglichkeiten: Einzeltherapie oder Gruppentherapie und dem standardisierten, kompletten Vorgehen oder thematischer und methodischer Schwerpunktbildung und gegebenenfalls nur partieller Verwendung.

Für die Durchführung des ATP als Gesamttherapie in Einzelanwendung können sprechen:

- Der Klient bietet aufgrund von Zusatzstörungen oder intellektuellen Mängeln keine ausreichende Gruppenfähigkeit.
- Der Klient ist im Indikationsbereich des ATP so extrem beeinträchtigt, dass er das Lerntempo einer möglichen Gruppe zu stark behindern würde.
- Der Klient kann aus technischen Gründen an einer Gruppentherapie nicht teilnehmen.
- Der Therapeut hat nicht genügend Klienten für eine sinnvolle Gruppenzusammenstellung zur Verfügung.
- Der Therapeut befindet sich am Beginn seiner ATP-Ausbildung und möchte zunächst die gruppenfreien Aspekte der Therapie meistern.

Für die Wahl einer Gruppendurchführung des ATP sprechen:

- Soziales Verhalten untersteht einer Vielzahl von personenbezogenen Bedingungen und Mediatoren, die in der Zweierbeziehung Therapeut–Klient zu unzureichend repräsentiert erscheinen.

- Die Steuerungsbedingungen in der Genese und Erhaltung sozialen Verhaltens sind kultur- und milieuspezifisch ähnlich und führen zu ähnlichen Störungen.
- Eine Gruppe mit ähnlichen Störungen und Störungsbedingungen hat ähnliche Änderungsziele und erlaubt gemeinsame Änderungsmethoden.
  Die gemeinsame Durchführung von Änderungsmethoden in einer Gruppe ist in der Ersparnis von Therapeutenstunden ökonomischer als Einzeltherapien. Die Gruppe kann wichtige Vorteile in der Anwendung von Lernprinzipien liefern. Dazu gehören die positiven Kontingenzen für das neu erprobte Verhalten, Beiträge zur Selbstwertbilanz durch Zugehörigkeitsgefühle und über gemeinsame Kontakte und Aktivitäten, Modellaspekte und die Übernahme von Kontrollfunktionen.

Gegen die Wahl einer Gruppendurchführung können jedoch gerade die letztgenannten Aspekte der Gruppendynamik sprechen.

- Die Gruppe kann aversive Modellaspekte, aversive Kontrolle und unerwünschte Kontingenzen setzen. Therapeuten mit mangelndem Steuerungswissen und »nichtgruppenfähige Mitglieder« sprechen gegen die Gruppendurchführung. Die Gründe für eine Einzeldurchführung des ATP sind weitere Gründe gegen eine Gruppendurchführung.

In der Praxis sind die häufigsten Gründe für die Wahl von Einzeltherapien bei extremen Beeinträchtigungen der Klienten gelegen. Insbesondere spielt bei hirnorganisch Geschädigten das Problem mangelnder Generalisierungsfähigkeit der Übungen auf die wechselnden Alltagsprobleme eine Rolle. Hier muss zusätzlich zum Standardprogramm die Anwendung eines jeden Verhaltensbausteines für ein jedes Problem trainiert werden.
Diese erfordert viel Geduld und einen Zeitaufwand, wie er für übliche Indikationsstellungen nicht erforderlich ist.
Aber auch bei extremen Formen sozialer Angst mit fehlender Gruppenfähigkeit, etwa sehr starken Sprechängsten und psychogenen Phonationsstörungen, kann das Einzelvorgehen zwingend werden.
In unserer eigenen Klientel waren Einzelanwendungen bislang nur in wenigen Extremfällen unerlässlich. Für diese Zurückhaltung spielten zwei technisch-methodische Probleme eine große Rolle: Die Übungen mussten »live« durch den Therapeuten dargeboten werden. Ein geschulter Rollenspielpartner wurde notwendig, wenn nicht der Klient erst mühsam auch in dieser Rolle geschult werden sollte. Zwei Therapeuten für einen Klienten ist jedoch ein ökonomisch kaum vertretbarer Weg.
Eine Lösung dieses Dilemmas ist jetzt durch die Videoverfilmungen der Modelle gegeben.
Für den zweiten Teil des ATP ist die Einzelanwendung wesentlich komplizierter.
Die Übungen mit Freunden, am Arbeitsplatz und in der Familie verlangen vielfach eine größere Wahlmöglichkeit von Übungspartnern als der Grundkurs; die Übungspartner sind nicht mehr durch Straßenpassanten zu ersetzen, der Einzelne ist also mehr auf Übungsmöglichkeiten in der Gruppe angewiesen als im Grundkurs. Viele Übungen des zweiten Übungsteiles werden zudem durch eine emotionale Verankerung in einer Gruppe gefördert (Einladungen, Ausgehen), wofür die Einzeltherapie wenig Ersatz bietet. Die Übungen des zweiten Teiles (Band III) haben einen Grad von Komplexität, der den Klienten in seiner Funktion als Übungspartner schnell überfordert.

Dieser Nachteil könnte ebenfalls durch Videomodelle ausgeglichen werden. Ein möglicher Kompromiss besteht darin, viele Einzel- oder Kleinstgruppentherapien mit nur einem Therapeuten über den Grundkurs durchzuführen und die Einzelpatienten dann zur differenzierenden Anwendung mit einem Kollegen in einer Gruppe zusammenzufassen. Dies erfordert Koordination in zeitlicher und persönlicher Hinsicht.
Wesentlich leichter ist die Frage von Einzel- oder Gruppentherapien dann zu beantworten, wenn nicht die gesamte Durchführung des ATP indiziert erscheint, sondern nur einzelne Therapiemethoden oder Problemabschnitte ergänzend zu einer anders zentrierten Therapie herangezogen werden.
Hier wird die primär gewählte Form der Einzel-, Partner- oder Familientherapie beibehalten und einzelne ATP-Abschnitte – wie der Kommunikations-, Arbeits- oder Familienteil – als systematische Ergänzung der Problembearbeitung gewählt.
Bei der Frage thematischer Schwerpunktbildungen im ATP-Vorgehen ist es entscheidend, ob ein Therapeut genügend Klienten mit ähnlichen Störungskonstellationen auf seiner Warteliste hat, um Gruppen mit einem modifizieren Schwerpunktprogramm (etwa eine reine Fehlschlagangsthierarchie – eventuell um Zwischenitems erweitert, mit Entspannung oder begleitendem Habituationstraining) zu bilden.
Fehlt diese Voraussetzung und sind die Störungen so partiell, dass nur eine Hierarchie betroffen ist, wird er sich besser für eine Einzeltherapie entscheiden.
Hier ist der Aufwand eines Selbstsicherheitstrainings fragwürdig und die Therapiegestaltung als systematische Desensibilisierung meist überlegen.
Auf die gruppendynamischen Aspekte des Für und Wider einer Gruppendurchführung gehen wir im Abschnitt »Gruppenzusammenstellung« näher ein.

4.4 Der Unsicherheitsfragebogen »U« und der Fehlschlagangstfragebogen »FAF« als Hilfen bei der Indikationsstellung nach dem Spektrum und der Intensität sozialer Ängste

Diese Fragebögen sind mit einem Testmanual und Auswertungsschablonen in der Testmappe gemeinsam mit anderen Therapiekontroll- und Indikationshilfen enthalten. Der »U«-Fragebogen dient der differenzierten Erfassung sozialer Ängste und Fertigkeiten in der diagnostischen Abklärung. Er erlaubt mit seinen vier Grundhierarchien, spezifisch eine Therapiezuordnung zum ATP oder zu einer isolierten Desensibilisierung vorzunehmen. Er stellt ein wichtiges Hilfsmittel bei der Gruppenzusammenstellung für das ATP dar. Die »U«-Ausgangswerte geben unmittelbare Hinweise für die Gestaltung der ATP-Durchführung. Der »U«-Fragebogen gibt bei der Zwischenbilanz nach dem Grundkurs und bei der Abschlussmessung nach Teil III des ATP wichtige Rückmeldungen über die Therapieziele und liefert Anregungen zu korrigierenden Maßnahmen.

Der Fragebogen gelangt bei uns immer zusammen mit dem FAF zum Einsatz. Dieser Fragebogen zur Fehlschlagangst ist ebenfalls im Testbuch mit seinen experimentellen Daten beschrieben. Der Einsatz geschieht bereits nach dem Erstgespräch, wenn die Ein-

schränkung und Störung des Patienten durch soziale Ängste und Defizite mitbedingt erscheint.
Die Werte werden dann in der Reihenfolge FAF, U1, U2, U3, U4, U5, U6 notiert. Die Abweichungen von den Referenzgruppen (bei uns in der Regel die Normalenstichprobe und die der Sozialphobiker,) werden unterstrichen (s. S. 10 Testmanuals). So kann das Verteilungsmuster der Schwierigkeiten auf einen Blick erfasst und der Therapieansatz bestimmt werden.
Die Muster typischer Beeinträchtigungen sind dabei nach ihrer Häufigkeit:
In allen Bereichen herrschen Exzesse oder Defizite vor. Das ATP ist die Therapiemethode der Wahl.
Es liegen nur Exzesse im engeren Bereich sozialer Angst, der Fehlschlag- und Misserfolgsangst sowie der Kontaktangst vor. Ein ATP ist indiziert, die spezifische Gruppenzusammenstellung kann Schwerpunktbildungen in diesen Hierarchien anbieten.
Es besteht eine vorwiegend im Gebiet der Fehlschlag-, Kritik- und Autoritätsangst gelegene Einschränkung. Die fehlende Generalisation auf andere Bereiche spricht eher für isolierte Methoden aus dem Gebiet der Reizüberflutung oder der Desensibilisierung.
Es liegen lediglich erhöhte Werte in der Skala 4 »Nicht-nein-Sagen-Können« vor. Häufig sind die Normalwerte in den anderen Skalen ebenfalls über noch funktionierende vorbeugende Schutzstrategien kaschiert und die Indikation für ein ATP prognostisch günstiger als für Spezialgruppen, wie etwa das Emotionalitätstraining. Dieses Vorgehen mit einer Verbindung der Neinsageübungen und dem Kommunikationsteil ist bei Schwerpunktsproblemen emotionaler Abhängigkeit im Privaten und bei im Alltag zu kontrollierter Emotionalität eine alternative Durchführungmöglichkeit.
Diskrepanzen erhöhter Sozialangst mit einer ungestörten oder gar übertriebenen Fähigkeit zu fordern und sich durchzusetzen erklären sich meist aus guter beruflicher Qualifikation und sind dann auf diesen Sektor beschränkt oder sie sind Ausdruck aggressiver Abwehr emotionaler Nähe und dann Folge sozialer Ängste.
Die Skala »Anständigkeit« (Wohlanständigkeit) ist mit Items zur Normeinhaltung eine Interpretationshilfe zur Fehlschlagangst. Der FAF kann bei hohen Werten und niedrigeren in der Fehlschlagangstskala des U darauf hinweisen, das die »Sozialphobie« vorwiegend in einer starken Negativsicht der eigenen Person und Zukunft besteht, ohne dass im Konkreten Beachtungsängste vorliegen. Zumeist geht er in seinen Werten jedoch mit dem U mit. Beide Tests sind parallel zum ATP entwickelt worden, aufwendig untersucht und haben sich und in der Indikationsstellung zu Selbstsicherheitstherapien sehr gut bewährt.
Sie erlauben durch z. T. ähnliche Fragen wie die Übungsinhalte eine sehr zuverlässige Zuordnung.
Im Spektrum der unterschiedlichen Ängste geben sie Auskunft für die notwendige Breite der Therapieansätze, in der Intensität der Störung über die Notwendigkeit der Therapie.

C Die Therapiedurchführung

1. Die Wartezeit und die Gruppenvorbereitung

Die Therapiedurchführung besteht aus einem Übungsteil und einem bedingungsanalytischen Teil. Beide sind ineinander verzahnt. Die Übungen setzen jeweils ein bestimmtes Ausmaß im Verständnis der Steuerungsprinzipien voraus.
Mit den Übungen und der sich anschließenden Verhaltensänderung werden neue Bedingungen geschaffen. Diese machen eine neue Analyse des Problems erforderlich.
Vom Beginn des therapeutischen Kontaktes über die diagnostische Abklärung, die Indikationsstellung und Therapievorbereitung bis zum Abschluss der systematischen Änderungsarbeit und gelegentlich noch anschließend in problemzentrierten Beratungen wird die Vermittlung von Bedingungs- und Änderungswissen sukzessive auf einem jeweils neuen Niveau vertieft.
Zwischen der Indikationsstellung und dem Therapiebeginn ergeben sich in aller Regel Wartezeiten. Diese Wartezeiten sind von sehr unterschiedlicher Dauer. Vieles, was zu Beginn der systematischen Durchführung des ATP erarbeitet wird, kann zum Ausfüllen solcher Wartezeiten vorverlegt werden.
Damit wird die ATP-Wartezeit zur Therapievorbereitungszeit.

1.1 Die »Bibliotherapie« oder der Einsatz der Klientenbücher

Die Grundlage der Therapie und diagnostischen Abklärung ist in den Klientenbüchern dargestellt. Diese Anleitung für Therapeuten setzt die gründliche Kenntnis dieser Texte als wichtigen Teil der Therapie voraus. Bereits bei der Erstveröffentlichung haben wir uns so entschieden, die ursprünglich für Therapeuten gedachte Einführung in die bedingungsanalytische Psychotherapie und die grundlegenden Texte zum Thema »Bedingungen und Formen sozialer Störungen« (Titel von Buch 1) unmittelbar für den Gebrauch durch den »interessierten Laien« umzuschreiben. Auch heute sind wir der Meinung, dass die Kenntnis der Inhalte zu therapeutischem Niveau führt, unabhängig ob Psychologen oder Nichtpsychologen sich ernsthaft damit aueinandersetzen. Beide benötigen allerdings die Praxis der Selbsterfahrung, um die theoretischen Ausführungen umsetzen zu können und kreative Anwendungen aus dem bedingungsanalytischen Denkmodell ableiten zu können. Eine wiederholte Lektüre zum Therapiezeitpunkt wird nahegelegt.
Praktisch ist eine Problemanalyse oder die Vermittlung der Therapiegrundlagen jedoch kaum ohne thrapeutische Hilfe zu leisten. In diesen Bereichen bleiben die Texte der Klientenbücher Hilfsmittel der Therapeuten. Klare Vorgaben und die Kontrolle der Aufga-

ben – etwa über die Arbeitsblätter – sind unerlässlich. Klienten ohne Beziehung zu Büchern und mit ersichtlichen Schwierigkeiten sollten nicht zur Lektüre genötigt werden. Die Vorgabe einfacher Abschnitte wie der Texte zur Begriffsbestimmung und Entstehung sollten als Einstieg gewählt werden.
Gelingt die Vermittlung der Buchinhalte, so liegt ein großer Vorteil darin, dass Therapeuten und Klienten dieselbe Sprache mit übereinstimmenden Erklärungs- und Änderungsmodellen benutzen können. Dies ist nicht nur für die Wirksamkeit der Therapie von hohem Wert, sondern vor allem auch eine verhaltenstherapeutische Grundposition. Nur im offenen und transparenten Zusammenwirken von interessiertem Klienten und helfendem Experten kann der gemeinsame Weg entwickelt, geplant und gegangen werden. Die Möglichkeit aktiver und kritischer Teilnahme an diesem Prozess kann durch die Bücher vorbereitet und vertieft werden. Patienten sind nicht hilflos auf »Gedeih und Verderb« irgendwelchen großen Zampanos oder autoritären Führern und Machern ausgeliefert. Für unser Thema »Selbstvertrauen und soziale Kompetenz« ist diese therapeutische Beziehung und mitwirkende Nutzung am Expertenwissen eine wesentliche Grundbedingung.

In Band 2 der Bücher für die Therapienutzer sind solche »Vorbereitungen« im Textteil vor den Übungen zu finden. Es handelt sich um Basisfertigkeiten, wie sie in jeder Verhaltenstherapie nützlich sind, und um spezifische Vorbereitungen auf den Übungsteil der Therapie.

Die therapeutischen Aktivitäten in dieser Wartezeit schließen sich teilweise an den Prozess der Indikationsstellung an. Hierzu gehören etwa:

- Maßnahmen zur Verbesserung der Therapiefähigkeit wie der Abschluss von Entzugs- und Entwöhnungsmaßnahmen bei Medikamenten- oder Alkoholabhängigkeit,
- das Einüben von Rhythmussprechen bei Stottern,
- die Entängstigung im Hinblick auf die Teilnahme an einer Lerngruppe,
- der Abschluss medikamentöser antidepressiver oder neuroleptischer Intensivtherapien,
- die Entlastung von akut aversiven Stimulationen durch die Vermittlung von Entspannungstechniken, Selbstkontrolltechniken, Krankschreibungen, der Aufbau von belohnenden Ausgleichsaktivitäten und die Vermittlung von Defensivstrategien gegenüber Betriebs- oder Familienangehörigen.
  Wie bei jeder systematischen Entängstigung gehört auch beim ATP das Fernhalten aversiver Stimulation stärkerer Ausprägung zu den Voraussetzungen eines guten Therapieerfolges. Dies ist im Hinblick auf die Nichtvermeidbarkeit sozialer Interaktionen, speziell bei der ambulanten Durchführung und der langen Therapiedauer, oftmals nur bedingt erreichbar und bedarf zumeist spezieller Interventionen.

Das therapeutische Geschick bei diesen akuten Einzeltherapiemaßnahmen besteht vor allem darin abzuwägen, welche Bedingungen in welchem Ausmaß bereits vor dem ATP modifizierbar sind und modifiziert werden müssen. So kann gelegentlich mit einigen wenigen Partnersitzungen ein »Stillhalteabkommen« hinsichtlich der Aversionsspiralen erreicht werden. Eine Verlängerung dieser Therapie vor dem ATP wäre aber dann sinnlos, wenn die einseitige Kontrolle über den unsicheren Partner so stark ist, dass sie in der gemeinsamen Arbeit der Partner nicht ausgeglichen werden kann. Wir können dann, nach der Herstellung neuer Bedingungen, also zum Ende der ATP-Durchführung des unsicheren Partners, die gemeinsame Arbeit mit beiden Partnern wieder aufnehmen. Ebenso soll eine notwendige Entängstigung im sexuellen Verhalten bei einem chronischen Sozialängstlichen nicht bereits vor dem ATP, sondern ökonomischerweise nach dieser Therapie erfolgen. Es ist aber wichtig, solche Planungen für den Klienten transparent zu machen, damit er den Stellenwert einer jeden geplanten Maßnahme für seine drückendsten Probleme begreift.

Neben den Maßnahmen, die sich im Rahmen der Indikationsstellung zur Therapievorbereitung ergeben, wird die Wartezeit zur Vertiefung des bedingungsanalytischen Erklärungswissens benutzt.

Hierzu gehören:

- Die Vertiefung des Grundlagenwissens nach Teil I der ATP-Bücher,
- die Vertiefung und Präzisierung der Problem- und Zielanalyse,
- die genetisch orientierte Abklärung der relevanten Verstärkerqualitäten,
- die Erhellung der ursprünglichen und der jetzigen Funktion therapierelevanter Pläne,
- die Bilanzerstellung der Aktivitäts- und Verstärkermatrix mit akuten Ausgleichsaktivitäten und
- die Planung sozialer Veränderungen auf der Basis des zukünftig veränderten Verhaltensrepertoires.

Eine Erklärung und Anleitung hierzu findet sich im Abschnitt »Therapievorbereitung« des zweiten Klientenbuches.

Mit Ausnahme der Durcharbeitung des ersten Teiles der ATP-Bücher sind diese bedingungsanalytischen Schritte schon Bestandteil der ersten Sitzungen in ATP-Gruppen. Das Ausmaß, in dem sie in der Vorbereitungsphase berücksichtigt werden, ist von der Dauer der Wartezeit abhängig.

Die Wartezeit als Zeitraum von der Indikationsstellung bis zur Therapiedurchführung sollte idealerweise zwischen vier Wochen (stationär) und zwölf Wochen (ambulant) liegen. Diese Zeit reicht aus, um den ersten Teil des ATP in seinen für die Therapievorbereitung notwendigen Abschnitten durchzuarbeiten und liefert auch für die abzuklärenden und motivatorischen Aspekte genügend Spielraum. Im stationären Bereich können hier etwa medikamentöse Behandlungen abgeschlossen oder doch ausreichend reduziert werden und die Motivation und Therapiefähigkeit durch unspezifische Anforderungen wie Arbeitstherapie und symptomzentrierte Selbstkontrollprogramme getestet werden. Im ambulanten Sektor werden wir in aller Regel zunächst akute Bewältigungsstrategien einüben müssen (etwa durch ein Aktivitätsprogramm, Antipanikstrategien, positive Erwartungsbildungen und Imaginationen), um der stationären »Entlastung« etwas entgegensetzen zu können. Wir machen den Klienten den Unterschied von Soforthilfen und ursächlichen Langzeitmaßnahmen von Beginn an klar, um beide Motivationsbereiche fördern zu können. Diese Maßnahmen können bis zu einem halben Jahr dauern und dienen der Herstellung eines therapiefähigen Zustandes im ATP.

Wenn es nicht möglich ist, die praktische Durchführung des ATP innerhalb eines Jahres zu verwirklichen, taucht das Problem der Erschöpfung der Motivation auf. Hierbei spielt besonders die Intensität der theoretischen Vorbereitung eine Rolle. Das reine Wissen über die Ursachen und Zusammenhänge ohne aktive Änderung schafft gerade bei diesem Therapieansatz mit seinen immer wieder aufgezeigten Änderungsstrategien leicht Frustrationen, dies im Unterschied zu vielen anderen Therapiemodellen, die ausschließlich auf das Moment der Einsicht vertrauen und kein gerichtetes Änderungspotential aktivieren.
Der »Einstieg« in den ersten Teil der ATP-Bücher sollte mit dem Abschnitt »Methoden der Erziehung« geschehen, in dem die Lernprinzipien an einfachen Beispielen erläutert werden. Die unter Kontrolle der Arbeitsblätter sich anschließende Problemanalyse bereitet dann direkt auf das praktische Bewältigen vor. Eventuell können bei Bedarf auch die ersten Seiten des Buches zum Teil I bis zum U-Fragebogen als Beginn gewählt werden. Wir geben die Fragebögen immer, unabhängig von den Büchern, bereits nach dem Erstinterview, und zwar zuerst FAF und U, wenn soziale Ängste im Vordergrund stehen. Die Arbeitsblätter 7, 10 und 11 geben wir dann zuerst, wenn depressives Verhalten akut zu beeinflussen ist.
Die im ersten Buch folgende systematische Darstellung über soziale Ängste, Defizite und Fehlverhaltensweisen und zum gestörten Selbstwertkonzept ist eher als Vertiefung des Verständnisses gedacht. Dieser Teil kann auch nach dem Grundkurs sinnvoll nachgeholt werden. Es sind dies Abschnitte, die ursprünglich für den Therapeuten geschrieben waren und ohne seine Vermittlungshilfe bei nicht vorgebildeten und beeinträchtigten Personen auf Schwierigkeiten stoßen können.
Andere Schwierigkeiten aus der theoretischen Vorbereitung kommen von einer möglichen Problemvertiefung durch wachsende Einsicht. Relativ gut funktionierende Vermeidungspraktiken, etwa bei problemüberspielenden, distanzierten Personen, werden als Zielbarrieren »entlarvt«. Damit wird eine Anpassungsleistung, ein positives Aktivum des Verhaltens, als fragwürdig oder als Gegenstand zukünftigen Verlernens bewertet. In Ermangelung der praktischen Überwindung und der positiven Alternative kann hier die Selbstwertbilanz noch mehr ins Negative abrutschen.
Wir haben aus all diesen Gründen die Versuche eingestellt, Gruppen zur Therapievorbereitung rein bedingungsanalytisch über den ersten Teil des ATP zu führen. Spätestens nach sechs Wochen sind die ersten Ermüdungszeichen, dann eventuell sogar Krisen zu beobachten. Das Verhaltensrepertoire der Einzelnen ist der Situation, mit anderen in einer Gruppe zu interagieren, noch nicht gewachsen. Daher ist die systematische Einzelarbeit analog zu Teil I vorteilhafter.

1.2 Die vertiefte Problemanalyse über die Arbeitsblätter zum ATP

Die Wartezeit kann besonders zur *Vertiefung der Bedingungsanalyse* unter Einsatz der Arbeitsblätter aus dem ersten Buch genutzt werden. Neben den rein erfassenden und beschreibenden Hilfsmitteln – hier speziell **Arbeitsblatt 4** zur Problembeschreibung und **Arbeitsblatt 3** zur Problementstehung sind hier zwei Gebiete besonders wichtig:

- Die Arbeitsblätter zur Ermittlung der Bedingungen und Muster in der phobischen Funktion und diejenigen zur
- Ermittlung von potentiellen Verstärkern, Werte- und Planstrukturen und zur Erstellung einer aktuellen Ansprachebilanz.

Die phobische Sequenz wird zunächst über die Vermeidungsexzesse erhellt. Dies ist wichtig, da außerhalb der zum Therapieanlass werdenden aktualisierten Ängste mit unvermeidbaren Situationen kein Problembewusstsein besteht und damit auch keine Wahrnehmung für phobische Stimulusmuster. Das **Arbeitsblatt 5** besteht aus einem Inventar möglicher Vermeidungsverhaltensweisen und Schutzpläne, die unterschiedlichen Situationen – etwa aus den vier Hierarchien zur sozialen Angst – zugeordnet werden. Diese sind als Angebot in der Liste vorgegeben. Ziel bei diesem Vorgehen ist es, situativ überlappende Muster der Vermeidung zu erkennen, also eher plangesteuerte Muster als situationsspezifisches Verhalten. Zweitens kann so aber auch schon die nach Art der Phobie und Stimulusklasse unterschiedliche Bewältigungs- oder Fluchtstrategie ersichtlich werden. Schon die Häufigkeit der Bejahungen innerhalb der nach Art der Strategien geordneten Feststellungsbereiche erlaubt einigermaßen solide Annahmen zum vorherrschenden Muster. Mehr als die Hälfte aller möglichen Zustimmungen kann als Planverdacht formuliert werden. Die Liste kann darüberhinaus als reines Suchinstrument für phobische Stimuli benutzt werden. Hierbei sollen die Klienten zu jedem Vermeidungsexzess Situationen zuordnen, in denen sie sich typischerweise so verhalten.
Im **Arbeitsblatt 6** wird ein entsprechendes Vorgehen für die emotionalen Reaktionen angeboten.
Inhaltlich analog zu den Arbeitsblättern 5 und 6 ist das *Situationsbewertungssystem SB-EMI-S als* **Arbeitsblätter 8 und 9** zu sehen. Die phobische Sequenz wird quantitativ in der Intensität von Vermeidungs- oder Annäherungsverhalten, nach den kognitiven Steuerungsgrößen der Bedrohlichkeit und Schwierigkeit auf der Stimulusseite, der »O-Variable« positive Selbstbewertung oder persönliche Inkompetenzeinschätzung, nach den konkret erwarteten bestrafenden oder belohnenden Konsequenzen und nach 7 bipolar definierten Skalen zur Messung emotionaler Reaktionsmuster eingeschätzt. Es dient der Therapiekontrolle ebenso wie der diagnostischen Klärung. Hier stellt es das erste konsequent entwickelte und empirisch überprüfte Messmittel zur vollständigen funktionalen Situationsbestimmung dar. In unserem Anwendungssektor Sozialphobie geben wir vier typische Situationen aus den unterschiedlichen Zielgebieten zur Auswahl vor. Diese sind dort abgedruckt. Die eine ausgewählte Situation wird dann über alle 13 Skalen bewertet. Die Ergebnisse werden über Standardwerte und deren Vertrauensintervalle in eine Grafik eingetragen, die den Auswertematerialien in der Testmappe beiliegt. Die Bewertungssituation, an Hand derer stellvertretend das phobische Muster bestimmt wird, wird bei den Kontrollen zur Zwischen- und Endbilanz gleich gehalten. Die Verschlankung der Auswertungsfigur ist auch eine optische Rückmeldungshilfe. Für den Therapeuten und Diagnostiker ist die Aufklärung unterschiedlicher Varianzanteile der Vermeidung oder Bewältigung hinsichtlich der gesamten Steuerungsvariablen von Bedeutung.
Der zweite Schwerpunkt der Arbeitsblätter betrifft nach dem phobischen Muster die *Werterwartung* (**Arbeitsblatt 7**), die aktuelle und potentielle *Verstärkerbilanz* und die

zugehörigen *Aktivitätsmuster (Arbeitsblatt 10)* sowie die *Befindlichkeit* als deren Folge (*Fragebogen EMI-B als Arbeitsblatt 11*).
Mittels der Arbeitsblätter 7 und 10 und ergänzend 3, 4 und 5 decken wir auch problematische Kontingenzen und Pläne auf. Arbeitsblatt 10 wird bei vorwiegend depressiven Eingangsproblemen auch schon zur Hilfe bei Verstärker-, Aktivitäts-, und Ansprecheveränderungen eingesetzt. Unter Anleitung sollen pro Woche je einer der dort aufgelisteten Lebensbereiche durchforstet werden. Aktiva des Verhaltens, also Verhaltensweisen mit positiver Wertung und höherer Frequenz, sollen ermittelt werden und potentielle Verstärker, also Tätigkeiten hoher positiver Bewertung mit noch niedriger Frequenz, sollen systematisch gesteigert werden. Aversive Tätigkeiten sollen entsprechend reduziert werden.
Dieses Vorgehen ist ausführlich in den Klientenbüchern beschrieben worden.
Für weitere mögliche Intensivierungen der bedingungsanalytischen Arbeit schon während der Wartezeit sei auf die folgenden Ausführungen zu den ersten bedingungsanalytischen (BA)-Sitzungen in der Gruppenarbeit verwiesen. Zunächst müssen wir diese Gruppe aber noch zusammenstellen. Hierzu sind Überlegungen zur Methodik verhaltenstherapeutischen Gruppentrainings notwendig.

1.3 Die Zusammenstellung von ATP-Gruppen

Die Zusammenstellung einer ATP-Gruppe ist neben der Güte der Therapie und dem therapeutischen Können von wesentlicher Bedeutung für die Therapieresultate. Sie ist Bestandteil der Therapie selbst und leitet die Durchführung des ATP ein.
Wir konnten bei der Therapieauswahl und der individuellen Indikation bereits ersehen, welche Kriterien ein abgewandeltes therapeutisches Vorgehen nahe legten, und haben im Abschnitt »Therapievorbereitungen« die Möglichkeiten dargestellt, wie individuell unterschiedliche Ausgangsvoraussetzungen zur Therapieteilnahme in der Gruppe zumindest teilweise ausgeglichen werden können. Bei der Gruppenzusammenstellung müssen wir zwei völlig unterschiedliche Beziehungen zwischen den therapeutischen Wegen und der Auswahl der Patienten unterscheiden. In dem einen Falle lassen wir die Durchführung der Therapie unverändert und passen ausschließlich die Auswahl der Patienten diesem Vorgehen an. In dem anderen Falle passen wir die therapeutische Methode einer gegebenen Klientel an.
Der erste Weg wurde bei der experimentellen Phase der ATP-Entwicklung notwendig, in der das Vorgehen so streng festgelegt war, dass keine therapeutischen Abweichungen erlaubt waren. Der zweite Weg bietet sich bei der Anwendung des ATP als Konzept einer bedingungsanalytischen Therapie mit sehr breit gefächerten Maßnahmen und Methoden an, wie es etwa in den vorbereitenden und vertiefenden Texten der drei Klientenbücher deutlich wird.
Die Fragen, die jeder Gruppentherapeut bei Beginn seiner Therapie entscheiden muss, betreffen die Zahl seiner Gruppenmitglieder und die Art seiner Gruppenmitglieder.

1.3.1 Gruppengröße

Die Zahl der Teilnehmer richtet sich nach dem Erfahrungsstand und der Anzahl aktiver Therapeuten.

Die Zahl von acht Patienten sollte jedoch nicht überschritten werden. Für Therapeuten, die noch wenig Erfahrung mit dem ATP haben, empfehlen wir eine sukzessive Erhöhung der Teilnehmerzahl. Man macht anfangs das ATP in Selbsterfahrung, dann mit Einzelpatienten und legt später für umschriebene Therapieabschnitte mehrere Einzeltherapien zusammen. Dies kann etwa über die Redeübungen (Zuschauer) beginnen. Eine hohe Sicherheit in den Verhaltensproben und In-vivo-Übungen ist die Voraussetzung, mit einer ersten Gruppe von 4 bis 6 Teilnehmern zu arbeiten. Weniger würde die Gefahr der Gruppenauflösung bei Ausscheiden einzelner Mitglieder, mehr die Gefahr fehlender Übersicht mit sich bringen. Wenn Therapeuten ohne reguläre Weiterbildungsmöglichkeit ausschließlich auf ihre eigene Erfahrung angewiesen sind, würden wir für den ersten und zweiten »Gruppendurchgang« empfehlen, zwei bis vier laufende Einzeltherapien »zum gemeinsamen Üben« zusammenzulegen, sporadisch zunächst oder etwa im Verhältnis Gruppe/Einzeln von 2 zu 1. Dies bleibt formal eine Einzeltherapie, die lediglich durch die Chance erweiterter Übungsmöglichkeiten, Modellvorgaben und Rückmeldungen aufgewertet wurde. Die gemeinsamen Übungsteile wären als Zwischenstufe zum gezielten Einsetzen der Gruppenstrukturen in der Zielannäherung der Einzelnen noch »Therapie in der Gruppe« (versus »Gruppentherapie«).

1.3.2 Die Art der Gruppenmitglieder: Homogenität oder Heterogenität

Die Zusammenstellung von Gruppenmitgliedern nach den Kriterien Einheitlichkeit oder Unterschiedlichkeit in psychologischen und sozialen Merkmalen ist für die folgenden Therapieaspekte von Bedeutung:

- die Modellfunktion eines jeden für jeden,
- das gemeinsame Lerntempo einer Gruppe und die inhaltlichen Schwerpunktbildungen,
- die Relevanz von Verstärkern im gemeinsamen Lernprozess,
- die Förderung von gemeinsamen sozialen Aktivitäten und für
- die Gruppenkohäsion, welche als therapeutisches Instrument besonders im Teil III des ATP bei der Bildung autonomer Problemlösegruppen als Langzeitsicherung relevant wird.

Merkmale oder Verhaltensweisen der Zuordnung auf der einen Seite und Ziele und Methoden auf der anderen Seite stehen bei der verhaltenstherapeutischen Gruppenarbeit in einer differenzierten Wechselwirkung:

Heterogenität oder Homogenität definiert sich nicht auf das Zusammensein mit anderen, auf »die Gruppe« allein. Sie wird nach den Therapiezielen und den Therapiemethoden in unterschiedlicher Weise benötigt. Das Problem einheitlicher oder unterschiedlicher »Zuordnungskriterien« ist eine Funktion der Therapie und nicht des »Mythos Gruppe«.

Wir wollen nun unter dem Gesichtspunkt der Themen- und Methodenzentrierung des ATP-Vorgehens diejenigen Gesichtspunkte diskutieren, die nach unseren Erfahrungen bei den einzelnen Merkmalen für oder gegen eine eher homogene Gruppenzusammenstellung sprechen. Dazu ist es wichtig, sich die Funktion des Gruppenzusammenhaltes, der Kohäsion, als Folge homogener Gruppenzusammenstellungen noch einmal zu verdeutlichen. Ein hoher Gruppenzusammenhalt wird bei der Lösung emotionaler Beziehungskonflikte speziell im Teil III des ATP benötigt. Hier wird die Gruppenstruktur zum Übungs- und Anwendungsfeld für kommunikative Lösungen.
Zu Beginn des Grundkurses (Teil II des ATP) kann der Vorteil einer von vornherein kohäsiven Gruppe in der größeren Kooperation und gegenseitigen Förderung von Lernprozessen, speziell bei der differenzierenden Verstärkung und bei den In-vivo-Übungen, gesehen werden. Dies ist erwünscht und soll letztlich gefördert werden, nicht nur um den augenblicklichen Therapieerfolg zu verbessern, sondern auch, um bei ambulanten Gruppen nach dem offiziellen Therapieabschluss das System gegenseitiger Hilfe noch für längere Zeit zu etablieren.

Der Nachteil einer sich zu früh einstellenden Gruppenkohäsion liegt unserer Ansicht nach darin, dass ein enger emotionaler Bezug zu den Gruppenmitgliedern gerade am Anfang Fragen der Konkurrenz, der Ablehnung, des Gefallenwollens und gegenseitiger Abhängigkeit aufwirft, denen die Gruppenmitglieder noch nicht gewachsen sind. Wir hätten hier leicht Bedingungen vor uns, die denen der bislang vermiedenen externen Gruppenkontakte ähneln. Bei sozial ängstlichen Personen kann unter solchen Gruppenbedingungen die Angstabnahme als therapeutisches Ziel kaum sinnvoll verfolgt werden.
In der ambulanten Praxis mit eingeschränkten Möglichkeiten eines großen Wartelistenpools versuchen wir Homogenität durch die Altersgruppe 17 bis 35 oder 28 bis 65 und Heterogenität nach männlich/weiblich herzustellen. Die Streuung darf groß sein. Natürlich wären bei entsprechender Nachfrage und Praxismilieu auch Gruppen höheren oder jüngeren Alters in homogener Besetzung möglich.

1.3.3 Kriterien der Gruppenzusammenstellung und unterschiedliche Therapieschwerpunkte

Bei der Gruppenzusammenstellung im Hinblick auf das therapeutische Vorgehen wollen wir die Merkmale der einzelnen Gruppenmitglieder unter drei Gesichtspunkten betrachten:

(1) Voraussetzungen, die für das Lerntempo entscheidend werden können,

(2) Voraussetzungen, die eine methodische Schwerpunktbildung im Vorgehen erlauben,

(3) Voraussetzungen, die für die Gruppenkohäsion förderlich sind.

Voraussetzungen für ein gleiches Lerntempo liegen im engeren Zielbereich des ATP, das heißt, sie betreffen die Einschränkungen im Gebiet sozialer Ängste, sozialer Fertigkeiten und negativer Selbstwertkonzepte.
Im Gebiet sozialer Ängste steht uns der U-Fragebogen als Hilfsmittel der Objektivierung von Beeinträchtigungen in den vier Haupthierarchien des ATP zur Verfügung.

Wir werden uns bemühen, Personen mit annähernd gleichen Werten in den vier Faktoren: »Angst vor Misserfolg« (U1) und »Kritik« (U2) Kontaktangst »Fordern können« (U3) »Nicht-nein-Sagen-Können« (U4) zusammenzustellen. Diese Gruppe der generalisiert Selbstunsicheren und die Gruppe mit hohen Werten allein in den Fehlschlag- und Kontaktangstskalen bilden ja die Indikation im engeren Sinne. Diese Gruppe kommt häufig wegen Angst vor Fehlern, Versagen, Kritik, Blamage, gehäuftem Erröten, Leistungsstörungen beim Beobachtetwerden in der Arbeit und wegen Schüchternheit im Kontakt, also unmittelbaren Angstreaktionen, oder wegen deren Folgen als Depression, psychosomatischen Störungen und wegen Konflikten in Behandlung.
Wenn das Erfahren unmittelbarer Angstreaktionen zum Anlass der Therapie wird, liegen häufig nicht vermeidbare Lebenssituationen vor. Es kann daher sein, dass generalisierte Vermeidungshaltungen sich gar nicht herausgebildet haben und dass diese zweite Gruppe mit sozialer Angst im engsten Sinne in den Werten für »Fordern können« und »Nicht-nein-Sagen-Können« keine wesentlichen Abweichungen aufweist. Bei diesen Personen bietet sich die methodische Schwerpunktbildung im Angstabbau mit zusätzlichen Angstbewältigungsmethoden, wie Entspannungs- und Habituationstechniken, an. Die Wechselwirkung zwischen unmittelbar erfahrener Angst bei dieser Personengruppe und nicht möglicher Vermeidung ergibt sich häufig aus der Arbeitssituation. Diese erlaubt in aller Regel keinen Wechsel. Die Personen stehen häufig in beruflichen Positionen, die eine real erhöhte Gefährdung oder Beachtung bei Versagen mit sich bringen. Dazu gehören etwa Lehrer, Kassierer und Angestellte in verantwortungsreicher Überwachungs- oder Leitungsfunktion.
Der Bereich »Fordern können« wird hier häufig auf die berufliche Position bezogen und bei diesen Personen relativ gut eingeschätzt. Dies bedeutet aber nicht, dass sie außerhalb ihrer beruflichen Funktionalität genauso in der Lage sind, Ansprüche zu formulieren und adäquat durchzusetzen. Ein völliges Herauslassen der Forder-Hierarchie bei dieser speziellen Gruppenbedingung wäre also nicht von vornherein begründet.

Neben der Gruppe mit einer generellen Einschränkung im Gebiet der vier Hauptangsthierarchien des ATP und jener Gruppe mit einer Zentrierung auf die beiden Angsthierarchien im engsten Sinne imponieren von den U-Werten her häufig Personen mit einem hohen Wert in »Nicht-nein-Sagen-Können«. Dies sind in der Regel Personen, die durch eine Überanpassung angsterzeugenden Situationen lange Zeit erfolgreich aus dem Wege gehen konnten. Sie sind ideal kooperative Gruppenmitglieder, dürfen jedoch in dieser sich therapeutisch anbietenden Funktion ja gerade nicht gefördert werden, da ihr Problem durch diese »selbstlose« übermäßige Bereitschaft, nur für andere da zu sein, mitbedingt ist. Zur Frage der Gruppenkohäsion hätten wir also hier das Dilemma, dass eine ausschließliche Kriteriumsauswahl nach dem Merkmal: Hohe Werte im Faktor des U-Fragebogens »Nicht-nein-Sagen-Können« zwar die Wahrscheinlichkeit hoch kohäsiver Gruppen mit einer harmonischen Interaktion erhöhen, gleichzeitig jedoch die Therapieziele für jeden Einzelnen boykottieren würde. Wenn das therapeutische Vorgehen bei einer so homogen zusammengestellten Gruppe nun die tatsächlichen Ziele jedes Einzelnen verfolgen würde, wäre gerade der gegenteilige Effekt, den das Merkmal als solches nahelegt, erreicht: Die Gruppe würde nur aus Mitgliedern bestehen, die lernen müssen, ihre übermäßige Anpassung zu überwinden. Die gemeinsame Kommunikation würde in Ermangelung anderer Alternativen am Anfang sehr stark gedrosselt werden müssen, jeder Einzelne müsste erst lernen, seine Interessen zu erkennen und wahrzunehmen. Wir könnten bis etwa zur Mitte des dritten Teils des ATP, wohl erst nach dem Erreichen der richtigen personalen Distanz im Gebiet »Ansprüche zu stellen« und »Ansprüche zu akzeptieren« mit der situativ ausdifferenzierenden Feinarbeit beginnen und hätten dann das Extrem einer unkooperativen Gruppe einzeln lernender Patienten vor uns. Es ist ganz wichtig, sich den Unterschied zwischen der Gruppenkohäsion als therapeutisches Vehikel und dem Endziel jedes einzelnen Gruppenteilnehmers im Hinblick auf selbstsicheres Verhalten klarzumachen. Es ist möglich, dass die subjektive Einschätzung der Annehmlichkeit der Therapie bei Beibehaltung jener kooperationsfördernden, aber übermäßig nachgiebigen Haltung sogar erhöht schiene. Auf Anhieb würde also die Gruppe der »Nicht-nein-Sagen-Könnenden« vielleicht als angenehm harmonisch und sehr befriedigend in ihren Resultaten bewertet werden, das eigentliche Problem der einzelnen Teilnehmer wäre aber damit nur verdeckt worden. Früher oder später würden sie mit ihren programmierten Fehlhaltungen auch in dieser neuen Gruppe zu Konflikten gelangen. Adäquate Lösungsstrategien wären nicht gelernt worden.

Homogenität oder Heterogenität von Gruppenmitgliedern ist also niemals ein Kriterium an sich, sondern bedarf der differenzierten Reflexion im Hinblick auf die individuellen Therapieziele und das therapeutische Vorgehen.

Halten wir zu unserem ersten Punkt, dem Gesichtspunkt eines für alle Therapiemitglieder einheitlichen Lerntempos, also fest: Die unmittelbare Einschränkung im Gebiet sozialer Ängste scheint hierfür die wesentliche Voraussetzung zu sein. Wir bemühen uns um eine Gleichstellung in den Werten für Soziale Angst. Dagegen scheint es nicht zweckmäßig, Personen mit gleich großen Werten im Faktor »Nicht-nein-Sagen-Können« und relativ niedriger Bewertung im Sektor erfahrener Angst homogen in einer Therapiegruppe zusammenzufassen.

Das Lerntempo wird natürlich auch von den intellektuellen Fähigkeiten der Gruppenmitglieder bestimmt. Insbesondere für die Neuerfahrung an Hand der Inszenierungen und Utilisierung von Zwischenschritten mit der ständigen Transferbildung und im Hinblick auf die Diskriminationsleistungen von Schutzstrategien zu neuen Problemlösungen, von einem Zuviel beim einen, zum Zuwenig beim anderen, spielen intellektuelle Umstellfähigkeit, Flexibilität und Übertragungsfähigkeit eine große Rolle. Zum Kriterium der Gruppenzusammenstellung wird die Intelligenz einmal hinsichtlich des Vermittlungstempos und zum anderen hinsichtlich der Durchführungsart. Verminderte Transferleistung verlangt klare und verbindliche, konkret in der Übung festgelegte »Richtig«-»Falsch«-Kriterien und möglichst ubiquitäre Handlungsstrategien. Da die extremen Varianten mit Schädigungen der Hirnleistungsfunktion in der ambulanten Praxis selten so häufig auftauchen, dass sich das ATP als Spezialgruppe anbietet, und wiederum in spezialisierten klinischen Einrichtungen speziell in der Arbeit bei Hirnschäden und jugendlichen Psychotikern keine reinen Selbsterfahrungsprobanden an eben diesen Gruppen interessiert sein dürften, regelt sich das Problem meist über den Ort und Rahmen der Anwendung. Für den Therapieerfolg an sich spielen die Intelligenz und Verbalität nur eine Rolle hinsichtlich der Durchführung. Einsichten können auf einem einfach strukturierten Niveau klarer werden und überzeugendere Handlungsanweisungen liefern, als bei ständigem Neureflektieren. Die Unmittelbarkeit des neuen Akzeptanzerlebnisses, der Verstärkungswert neuer Handlungsmöglichkeiten »omnipotenter« Art wie des Weglassens von Begründungszwängen und die Einfachheit klarer und eindeutiger

Wunschäußerungen wirken oft bei größerer Deprivation sogar besser als wenn zunächst ein lange Zeit erfolgreiches Schutzrepertoir abgebaut werden muss und der damit verknüpfte ideologischen Überbau ins Wanken gerät.
Im Bereich sozialer Fertigkeiten spielen für die Gruppenzusammenstellung in sehr starkem Maße der berufliche Status und die Position, das Erziehungsmilieu und die Schulbildung und die oben erwähnten Variablen, wie frühere Partnererfahrungen, eine wesentliche Rolle. In einer Arbeit von Whitbaker et al. (1964) wird bezüglich der Bewältigungsmethoden von Patienten und der Konfliktbereiche eine maximale Heterogenität bei der Gruppenzusammenstellung, für die Fähigkeit, Angst ertragen zu können, jedoch eine Homogenität befürwortet.
Wir selbst sind dazu übergegangen, beim ATP gerade Personen nach dem Sektor Konfliktbereiche und Soziale Fertigkeiten eher in homogenen Gruppen zusammenzufassen. Sicherlich stellt das sozioökonomische Milieu eines Patienten eine wesentliche Voraussetzung für kohäsive Gruppen dar. Die Sekundäreffekte einer Gruppentherapie in ihrer Bereitstellung neuer Kommunikationsflächen lassen sich eher nutzen, wenn die Personen in ihren Interessenlagen und Aktivitäten von vornherein mehr Gemeinsamkeiten zeigen. Auch von der Akzentuierung der therapeutischen Methode bieten Gruppen, die im Gebiet sozialer Fertigkeiten eher homogene Voraussetzungen liefern, leichter Schwerpunktbildungen des Vorgehens an.
Fehlen soziale Fertigkeiten weitgehend, so ist auf eine intensive Videoschulung kaum zu verzichten. Sind soziale Fertigkeiten in einem hohen Maße vorhanden, können wir uns eher auf den Aspekt des Angstabbaus und der Angstüberwindung konzentrieren. Die bedingungsanalytischen Sitzungen werden entsprechend andere Schwerpunkte haben und bei homogen guten sozialen Fertigkeiten sehr viel eher der tatsächlichen Komplexität interaktiver Steuerung gerecht werden können.
Die Nachteile der Homogenitätsprämisse im Bereich sozialer Fertigkeiten bedürfen einer Spezifizierung auf die Art der zur Auswahl stehenden Gesichtspunkte. Personen mit einem großen Vermögen in Selbstreflexion und hohem Verbalisationsgrad können etwa das Therapiegeschehen dahingehend negativ beeinflussen, dass die wesentliche Voraussetzung neuer Erfahrung durch Handeln eher in den Hintergrund gedrängt wird und die Therapiesitzungen immer wieder in die Problematisierung von Begriffen, etwa unter normativen Aspekten, gedrängt werden. Dies kann viel Zeit kosten und letztlich die individuellen Therapieziele der einzelnen Mitglieder boykottieren. Denn nicht die größere Einsicht in interaktive Zusammenhänge ist das ausschließliche Ziel von Mitgliedern mit bereits bestehenden besseren sozialen Fertigkeiten, sondern gerade hier ist die praktische Änderungsarbeit am eigenen Verhalten vielfach wichtiger als die oft nur zu Vermeidungszwecken eingesetzte Rationalisierung und Problematisierung.
Für die Gruppenzusammensetzung ist also primär eine Homogenität bezüglich der Angstmerkmale entscheidend, innerhalb dieser Homogenität kann eine Differenzierung nach fehlenden oder guten sozialen Fertigkeiten in den Extrembereichen vorgenommen werden. Gruppen, die bei guten sozialen Fertigkeiten dem Einschränkungsmuster Vermeidung (Nicht-nein-Sagen-Können) im Angstgebiet entsprechen, würden dagegen bei einer homogenen Zusammensetzung eine spezielle Schwerpunktbildung erfordern. Sie müssten immer wieder mit ihren Schwierigkeiten konfrontiert werden. Das gelingt nur, wenn ihr Anpassungs- und Selbstlosigkeitsbedürfnis therapeutisch anfangs aufgenommen wird. Man gerät hier leicht in Gefahr, problematisches Verhalten zu verstärken.

Zwei besondere soziale Fertigkeiten spielen für die Gruppenzusammensetzung eine entscheidende Rolle, obwohl sie diagnostisch zu diesem Stadium der bedingungsanalytischen Klärung nicht immer sicher zu bestimmen sind. Die eine Fertigkeit betrifft den Sektor der sozialen Wahrnehmung. Gemeint sind Personen, die die Welt um sich überhaupt nicht wahrzunehmen scheinen und nicht in der Lage sind, auf andere einzugehen. Diesen Mangel an sozialen Fertigkeiten finden wir häufig bei depressiven Patienten und bei Patienten, die ihre soziale Isolation ausschließlich der Umwelt zur Last gelegt haben und sich jetzt von dieser als »verkannte Genies« distanzieren. Es ist naheliegend, dass eine Gruppenzusammenstellung auf Grund eines solchen Mangels an sozialen Fertigkeiten niemals ein Homogenitätskriterium sein darf. Im Gegenteil, wir werden bei der Besprechung von Gruppendevianten noch auf die Toleranzgrenze bei der Hereinnahme dieser Außenseiter zu sprechen kommen. Der zweite Bereich betrifft Personen mit einer ausgeprägten Verhaltensschwäche im Sinne der »gelernten Hilflosigkeit« nach Seligman (1975). Auch hier wäre es fatal, eine Gruppe nach diesen Merkmalen homogen zusammenzustellen. Die einzelnen Teilnehmer würden sich in ihrer Passivität nur unterstützen. »Führer« oder »Zugpferde« sollten bewusst zum Ausgleich für solche Gruppenmitglieder vorgesehen werden.
Personen mit vorbeugenden Vermeidungen und hohen intellektuellen Fähigkeiten können dagegen gut »homogen« zu einer ATP-Gruppe zusammmengefasst werden, in der viel unmittelbare Erfahrung, viel Übung und emotionale Wahrnehmung sowie Konfrontationen mit den irrationalen Ausführungsbestimmungen ihrer Pläne zu Therapieschwerpunkten werden.

1.4 Der Therapievertrag

Das Arbeitsblatt liegt dem zweiten Teil der ATP-Bücher als **Arbeitsblatt Nr. 12** bei und wird vor Beginn des Grundkurses – in der Regel bei Klärung der Therapievoraussetzungen und Ziele- als verbindliche Entscheidung und Information zu den Durchführungsmodalitäten ausgefüllt. Es ist im Wesentlichen wie alle Arbeitsblätter so aufgebaut, dass es nicht nur für das ATP, sondern für die meisten verhaltenstherapeutischen Vorgehensweisen eingesetzt werden kann. Angepasst wird es ja durch Streichungen oder Ergänzungen in jedem Fall.
Therapieverträge dieser Art haben juristisch keine Gültigkeit. Als klare Absprache über die Erfordernisse und Möglichkeiten bei einem doch nicht unerheblichen Aufwand von beiden Seiten, dem Patienten und dem Therapeuten, ist ihr Abschluss in jedem Fall zu empfehlen. Vielfach äußern Therapeuten Bedenken gegen eine solche Einengung und begründen dies damit, dass sie doch niemanden zu etwas zwingen wollen. Dies ist unrichtig. Der Klient hat ein Anliegen, der Therapeut berät ihn nach bestem Wissen und Gewissen über Lösungsmethoden. Die Basis der dann folgenden gemeinsamen Arbeit ist immer ein Vertrag, nur eben nicht immer explizit und transparent. Mehr Manipulationsmöglichkeit und Unmündigkeitserklärung steckt in einem nicht erklärten Vorgehen als im Bekennen und Festlegen.

Verhaltenstherapie macht konsequente Schritte zu einem Ziel notwendig und kann Hindernisse zum Ziel als zwangsläufig zu Überwindendes transparent machen.
Die ersten sieben Verpflichtungen des Klienten beinhalten entsprechend ausschließlich Verhaltensweisen, die für das Therapieziel unerlässlich sind.
Die achte Verpflichtung, Informationen über andere Personen an Dritte nicht weiterzugeben (Schweigepflicht für Patienten), ist eine Vorsorge, die bei jeder Gruppentherapie empfohlen wird. Die neunte Verpflichtung zur Mitwirkung bei der Therapiekontrolle sieht ausdrücklich vor, die genaue Art und den Umfang solcher Kontrollen gemeinsam festzulegen, auch um den Klienten vor Überansprüchen des Therapeuten zu schützen.
In der Garantie des Therapeuten werden Punkte definiert, die jeder gern als selbstverständlich akzeptiert, gegen die in vielen Fällen aber aus Gründen wie Bequemlichkeit, Nichtzuständigkeit oder einfach aus fehlender Kompetenz verstoßen wird.
Oftmals nehmen Therapeuten an, dass ihre Verantwortlichkeit dann aufhöre, wenn Patienten formal ihren Wirkungsbereich verlassen. In der zielorientierten systematischen Vorgehensweise der Verhaltenstherapie kann ein solch formaler Einschnitt – etwa das Ende einer Kur – nur bedeuten, dass der Patient lediglich anbehandelt wurde. Der Therapeut muss ihm also das Therapieziel als Zwischenschritt definieren können und Richtlinien zur Fortführung mitgeben.
Die Garantie (Punkt 2.2 im Arbeitsblatt) ist durch die eigene Erfahrung der Therapeuten im bedingungsanalytischen Erklärungs- und Änderungsmodell oft limitiert. Eine dreijährige Weiterbildung mit einer spezifischen Selbsterfahrung im Inhalts- und Methodensektor der Therapien, die man selbst vermittelt, erscheint hierzu Voraussetzung. Die Formulierung geht daher auch mehr auf das Wollen (ich werde mich bemühen) als auf das Können. Ähnliches gilt für den Einsatz von Lernhilfen wie der Video-Verwendung, wo gelegentlich noch technische Probleme, aber auch die »technischen Kompetenzen der Therapeuten« zu Einschränkungen führen.
Richtige Sünden werden häufig bei Punkt 2.3 – der Kontrolle und Rückmeldung über die Therapiefortschritte – begangen. Manchmal werden einfach »schlechte« Werte nicht rückgemeldet, weil Therapeuten dies als persönliches Versagen bewerten, auch ein Problem der Kompetenz.
Der Absatz 2.6 regelt die negativen Konsequenzen, die der Therapeut bei Nicht-Einhaltung der erforderlichen und zumutbaren Schritte des Patienten zur Zielannäherung ergreift. Was eine schwerwiegende Gefährdung der Therapieziele darstellt, wurde hier bewusst nicht ganz festgelegt. Ob etwa ein Ausschluss nach zweimaligem oder viermaligem Fehlen erfolgen soll, ist vielfach nur im Einzelfall abzuwägen. Dennoch zwingt dieser Passus die Therapeuten auch zurKonsequenzen mit unpopulären Maßnahmen, wenn die Interessen der Mehrheit in der Gruppe von Einzelnen gefährdet werden und alle anderen therapeutischen Interventionen erfolglos geblieben sind.
Die Frage der Absicherung in Grade der Verbindlichkeit der Vereinbarungen, etwa durch die Erhebung von »Kautionen«, das heißt materiell spürbarer Bußen, hängt wieder vom Einzelfall ab. Die meisten Therapeuten stimmen darin überein, dass eine solche Verbindlichkeit als Klausel bei Partnertherapien zu empfehlen ist. Hier ist die positive Therapiemotivation oft geteilt und führt zum schnellen Dahinschmelzen einer Gruppe. Bei geschlossenen Gruppen langer Dauer müssen die finanziellen Bedingungen ebenso wie die inhaltlichen eine kontinuierliche Durchführung gestatten, die nicht durch Fehlen oder Abbrüche gefährdet werden darf.

In den anderen Punkten werden die formalen Aspekte der Therapie, wie Dauer, Zeitpunkte und Kosten, geregelt.
Auch hier bedeutet der Vertrag nicht nur eine Verpflichtung für den Klienten, sondern auch für Therapeuten, und damit eine Sicherung der Patientenbelange. Weder spontane Badegelüste des Therapeuten noch nachträgliche finanzielle Ansprüche können die hier festgelegten Termine und Zahlungsbedingungen gefährden.
Neben der Klärung der Finanzierung von Ausfallsitzungen bedarf die Frage einer klaren Regelung, wann und was an dem umfangreichen Angebot der ATP-Strategien und sozialen Hilfen Krankenbehandlung im Sinne des Indikationskataloges Verhaltenstherapie ist und wann Selbsterfahrung oder ganz vorwiegend eine Verbesserung sozialer Kompetenz – oder Fertigkeiten – den Anlass zur Teilnahme darstellt, ohne dass die Art der Beeinträchtigung dies zwingend erforderlich macht. Gegebenenfalls müssen finanzielle Regelungen in klarer Trennung von den über die Krankenversicherung finanzierbaren Bereichen getroffen werden. Dies trifft häufig für den Kommunikationkurs als Anschlussangebot zu.
Schwierigkeiten können die rigorosen Formulierungen und jede Art von Festlegung und die finanzielle Seite machen. Letztere ist bei Selbstunsicheren oft ein Bereich, der mit den Selbstlosigkeitsplänen und den Einstellungen, nichts für sich, aber alles für andere zu tun, kollidieren kann. Die Festlegung kann mit den Plänen, schwierigen Situationen und Risiken jederzeit aus dem Weg zu gehen, unvereinbar sein und dadurch Angst und Zweifel machen. Die rigorose Formulierung kann Pläne zum Schutz gegen autoritäre Einmischung und Druckausübung mit Widerstand aktivieren. Hier würden wir komplementär vorgehen und uns (analoge) Regeln diktieren lassen, beim pflichtbewussten Zweifler und Festlegungsängstlichen kann eine paradoxe Strategie helfen, die gerade Fehlen oder Zuspätkommen ohne Entschuldigungen und Planungen zulässt, und bei der mangelnden Wertschätzung die therapeutische Selbsterfahrung.

1.5 Bedingungsanalytische Basisstrategien in der Therapiedurchführung und Selbstkontrolle

Die bedingungsanalytischen Sitzungen im Grundkurs haben die folgenden therapeutischen Zielsetzungen:
Das Vermitteln der Steuerungsprinzipien in didaktisch günstiger Weise und in einer fortlaufenden Anpassung an den durch Übung veränderten Erfahrungszustand.
Das Erarbeiten und Reflektieren der therapeutischen Zielsetzung der einzelnen Gruppenmitglieder in ihrer individuellen Gewichtung und ihrer schrittweisen Annäherung zur Lösung komplexer Probleme.
Die Förderung des Transfers des Gelernten in Alltagssituationen. Hierzu gehören das Erarbeiten von Schritten zur Problemlösung von alltäglichen Schwierigkeiten und die Einleitung sozialer Veränderungen.
Die Reflexion des Gelernten im Hinblick auf seine Wertigkeit und die Einbettung in die eigene Wertorientierung. Hierzu gehören die Ermittlung der subjektiven Determinanten

von Verstärkern, die Bilanzierung von Konsequenzen und der Abbau des Anteils negativer Verstärkung in der Selbstwertbilanz zugunsten positiver Langzeitfolgen und von Fremdverstärkern.
Das Fördern der sozialen Wahrnehmung mit dem Ziel, gemäß den Steuerungsprinzipien eine soziale Diagnose erstellen zu können. Dazu gehören auch die kommunikativen Fertigkeiten und Systemanalysen.
Das Durcharbeiten von Schwierigkeiten, deren Ursprung in der Gruppeninteraktion liegt.
Die BA-Sitzungen im Grundkurs gestalten sich im Wesentlichen gemäß denjenigen Inhaltsbereichen, die in Teil II des ATP jeweils unter dem Titel »Zur Anwendung der Steuerungsprinzipien« abgehandelt sind. Die BA-Sitzungen dienen hauptsächlich dazu, das Gelernte zu vertiefen, die Problemlösefähigkeit für alltägliche Schwierigkeiten zu schulen und – jeweils auf dem erreichten Lernniveau – flexibel anzuwenden. Es soll der Transfer der Steuerungsregeln auf Verhaltensstrategien im Alltag gefördert werden. Daher ist es zweckmäßig, die BA-Sitzungen immer »programm-begleitend« zu gestalten. In aller Regel werden bedingungsanalytische Problemlösungen mit der Besprechung von »Hausaufgaben« und »Selbsterfahrungsexperimenten« gleich zu Beginn einer jeden Sitzung durchgeführt. Die strategischen Grundlagen sind durch das vorbereitende Buchstudium bekannt oder sie werden mit Beginn der praktischen Übungsteile neu vermittelt und vertieft. Das gilt auch für flankierende Einzelsitzungen oder die Durchführung ganz als Einzeltherapie. Einzelne Interventionen werden bei den entsprechenden Übungen erläutert, so auch in diesem Text.

In den BA-Sitzungen sollen auch aktuelle Schwierigkeiten, wie sie etwa aus der Gruppenstruktur entstehen können, sofort aufgearbeitet werden. Durch die starke Strukturierung des Grundkurses werden sich gruppendynamische Prozesse in der Regel hauptsächlich positiv auswirken: es wird eine aufgabenorientierte Atmosphäre geschaffen. Das Unterbinden negativer Kritik im Grundkurs hilft dabei, dass keine zu starken Spannungen entstehen. Allerdings möchten wir darauf hinweisen, dass auch in einem solchen Rahmen, in dem für jeden transparente Spielregeln gelten, gruppendynamische Prozesse von Anfang an bewusst gesteuert werden müssen.
Die gestellten Aufgaben (Verhaltensübung und Hausaufgaben) erfordern von jedem, dass er sich für das Fortkommen der Gruppe voll einsetzt. Der Therapeut macht die Gruppe darauf aufmerksam, dass es wichtig ist, die jeweilige Schwierigkeitsstufe sowohl in der Verhaltensübung als auch in den Hausaufgaben zu bewältigen, bevor die folgende Stufe in Angriff genommen wird. Der Therapeut kann dies auch damit begründen, dass jedes Mitglied für den anderen ein adäquater Übungspartner in den folgenden Sitzungen sein soll. Es ist daher Aufgabe eines jeden, einem anderen Gruppenmitglied, das bestimmte Aufgaben nicht lösen kann, über diese Hürde zu helfen. Solche Zwischenschritte werden in den BA-Sitzungen besprochen und ihre Durchführung dort festgelegt. Für diese gemeinsamen Aufgaben wird ein Mindestmaß an Kohäsion erforderlich. Der Therapeut kann die Kohäsion fördern, indem er die Ähnlichkeiten zwischen den Gruppenmitgliedern herausstellt und auf gemeinsame Lösungswege hinweist. Eine andere Möglichkeit zur Steigerung der Gruppenkohäsion ist es, der Gruppe nahe zu legen, die Hausaufgaben zuerst mit anderen Gruppenmitgliedern und dann alleine durchzuführen. Der Therapeut kann der Gruppe auch vorschlagen, sich nach den Sitzungen noch irgendwo zu treffen,

um sich etwas besser kennen zu lernen. Allerdings macht er darauf aufmerksam, dass solche Treffen der Entspannung und der Belohnung nach dem Üben dienen und nicht einer unkontrollierten Problembesprechung. Zu leicht wird sonst ein schwaches Gruppenmitglied überfordert oder zum »Mülleimer« für die Probleme eines anderen gemacht. Gerade im Grundkurs, wenn die Ängste vor Misserfolg und Ablehnung noch sehr stark sind, können einzelne Mitglieder einer sehr kohäsiven Gruppe so an Wichtigkeit gewinnen, dass eine Ablehnung durch sie mehr befürchtet wird als durch Fremde. Das geht mit einer erheblichen Schwierigkeitserhöhung für die Rollenspiele einher, die dadurch nicht mehr angstmindernd, sondern -steigernd erlebt werden können. Der Therapeut kündigt in diesem Zusammenhang auch an, dass gegen Ende des Grundkurses »Privattreffen« vorgesehen sind, die dann unter bestimmten Regeln ablaufen werden. Die Therapeuten machen klar, dass es im Augenblick darum geht, dass jeder erst für sich Verantwortung übernehmen lernt und sich unabhängig von anderen bestimmen lernen soll.
Konflikte können sich ergeben, wenn das Verhalten eines Gruppenmitgliedes, das im Vergleich zu den anderen »zu gut« ist, als hinderlich empfunden wird. Auch ein Gruppenmitglied, das nach Ansicht der Gruppe zu wenig übt, verletzt die Gruppennorm. In den BA-Sitzungen muss hier der Therapeut sofort eingreifen, da sonst solche Personen von der Gruppe allmählich ausgeschlossen werden und unter Angst-, das heißt Nichtlernbedingungen gesetzt werden. Dies könnte nicht nur den Einzelnen, sondern die gesamte Gruppe in ihren Lernzielen scheitern lassen.

1.5.1 Über das Loben und Kritisieren

In der weiteren Problemanalyse, das heißt nach unserem Plan meist zwischen der ersten der vierten Therapiestunde, werden die einfachen Lernprinzipien erklärt. Die Klienten können sich hierauf vorbereiten, indem sie nochmals Kapitel 3 von Band I des ATP durchlesen. Hier werden die Lernprinzipien an den Methoden der Erziehung erklärt. Nachdem nun die Liste mit den Erlern- und Verlernzielsetzungen erstellt ist, erklärt der Therapeut, wie Verhalten abgeschwächt oder verlernt und wie es aufgebaut oder erlernt werden kann. Die Klienten werden in der Regel die Prinzipien bereits selber verbalisieren können. Sie werden rasch begreifen, dass sie ein Lächeln positiv verstärken müssen, wenn jemand »freundliches Lächeln« auf der Erlernseite seiner Liste hat. Wenn jemand etwa Selbstabwertung auf der Verlernliste hat, dann bedeutet das, dass sie eine solche Äußerung nicht beachten oder »löschen« sollen. Sie können dann einfach das Thema wechseln. Auch tröstende Worte sollen unterbleiben, da auch diese Zuwendung verstärkend auf das Problemverhalten wirken kann. Es spielt hierbei noch keine Rolle, ob die Selbstabwertung tatsächlich im Sinne des »fishing for compliments« von der positiven Fremdkonsequenz »so schlimm ist es doch gar nicht« abhängig ist oder nur über interne negative Verstärkung, wie Vorwegnahme und damit Verhinderung von befürchteter Kritik oder von Anforderungen, erfolgt. Im therapeutischen Vorgehen ist es zweckmäßig, sich die Listen anzusehen und einzelne, für die Gruppenarbeit wichtige Punkte exemplarisch herauszugreifen. Ein Beispiel dafür ist die Selbstabwertung. Der Therapeut kann nun die Funktionalität dieser Verhaltensweise in ihrer Entstehung und Aufrechterhaltung erklären und ihre Funktion im Rahmen der »Wozu-ist-es-gut«-Planbestimmung, hier beispielsweise als ein Zuvorkommen der befürchteten Kritik von außen erläutern. So werden selbstabwertende Äußerungen fast zu Ritualen, um Verletzungen von außen abzuwehren. Sie sind damit negativ verstärkt. Außerdem können sie positiv verstärkt sein, wenn etwa von außen statt Kritik tröstende oder aufmunternde Worte folgen, womit es möglich ist, dass ein selbstquälendes Verhalten auch nach Angstfreiheit beibehalten wird. Die Therapeuten weisen weiter darauf hin, dass dieses Verhalten, obwohl man dessen Sinn verstehen kann, mit dem Therapieziel Selbstvertrauen unvereinbar ist. Selbstabwertungen blockieren somit das gesetzte Ziel, sie sollen also »gelöscht« sprich nicht beachtet werden. An einem anderen Beispiel könnten sie erklären, dass selbstabwertende Äußerungen auch der Vermeidung von Problemen, deren Lösung Selbstsicherheit erfordert, dienen können. Er kann dies an »sich selbst erfüllenden Prophezeiungen« darstellen, etwa »So etwas schaffe ich nie, ich bin zu dumm dazu« o. Ä. Sie zeigen auf, dass eine solche Äußerung ein gutes Alibi dafür ist, das Problem gar nicht erst anzugehen und damit die Prophezeiung »ich habe es nicht geschafft« zu erfüllen. Da sich die Klienten nun entschlossen haben, anhand der Therapie ihren Problemen – auch den »kleinsten«, die ja oft nur Teilhindernisse bei der Bewältigung der »großen« sind, aktiv gegenüberzutreten, muss diese Barriere aus dem Weg geräumt werden. Hier könnn die Therapeuten wiederum anhand der Beispiele das Prinzip der Konfrontation statt Vermeidung erklären. Es ist jedoch wichtig darauf hinzuweisen, dass Mut zwar erforderlich ist, aber in der Regel nicht ausreicht.

Konfrontation unter real aversiven Konsequenzen ist ein Fehler.

Selbstunsicheres Verhalten bewirkt in der Interaktion mit anderen gerade diese sehr häufig. Um sich mit den Problemen zu konfrontieren, muss man wissen, wie man sie lösen kann. Außerdem rufen Probleme Angst hervor. Hier erklärt der Therapeut das Prinzip der schrittweisen Annäherung und betont die Wichtigkeit, die vorgegebenen Schwierigkeitsstufen einzuhalten. Die Klienten sollen nicht auf eigene Faust Schwierigkeitsstufen vorwegnehmen. Er erklärt dabei die Funktion der Verhaltensübung und des Modelllernens.

Er bittet die Klienten, falls sie bei den Hausaufgaben Schwierigkeiten empfinden, die sie nicht selber lösen können, dies zu berichten, damit er dort bereits helfend eingreifen kann. Schwierigkeiten sollten nicht mitgeschleppt werden. Sie hemmen ein Weiterkommen.

Die Therapeuten betonen die Unerlässlichkeit eines angstfreien Rahmens, um optimal lernen zu können. Deshalb ist eine der wichtigsten Spielregeln im Grundkurs das Unterlassen von Kritik. Die Therapeuten erklären, dass Kritik eher als eine Bestrafung empfunden wird und selbst dann dem Neulernen im Wege steht, wenn sie von den Betreffenden als die »zutreffendste Äußerung« – und damit größere Wahrheit – gewünscht wird. Hier bitten sie die Gruppenmitglieder, über ihre eigene Erfahrung mit dieser Form von Strafe zu berichten. Am Ende dieser Berichte wird es möglich sein, den Klienten aufzuweisen, dass unter Strafe nur Angst und Vermeidung gelernt wird.

Dies zu verlernen ist jedoch das wichtigste Ziel des Grundkurses.

Der Therapeut erklärt dann die Funktion der positiven Rückmeldung. Er erläutert, dass neue Verhaltensweisen nur unter positiven Bedingungen optimal gelernt werden können, und befragt die Gruppenmitglieder nach ihren Erfahrungen mit Situationen, in denen sie Erfolg hatten. Jetzt kann er die motivatorische Qualität, die erfolgversprechende Verhaltensweisen besitzen, herausarbeiten. Je mehr Erfolg oder positive Rückmeldung ein Verhalten mit sich bringt, um so größer wird die Wahrscheinlichkeit, dass es häufiger angewandt wird.

Lernen und die Lust am Lernen wird also durch Erfolg und nicht durch Misserfolg gesteuert. Natürlich sollte die positive Rückmeldung ehrlich sein und nicht in eine undifferenzierte »Lobhudelei« ausarten, da damit das Lob seinen Wert verlieren würde. Für den Anfang erscheint es am günstigsten, dass die Klienten versuchen, das Verhalten der Therapeuten nachzuahmen. Auf jeden Fall sollte Kritik unterlassen werden. Eventuell notwendige Korrekturen wird zunächst nur der Therapeut einbringen. Viele Klienten möchten anfangs lieber Kritik anstelle eines Lobes hören. Dies nimmt nicht wunder, da negative Kritik ein SD ist, womit sie irgendwie umzugehen gelernt haben. Kritik ist ihnen geläufig. Diese wird als Handlungskonsequenz antizipiert. Ihr Ausbleiben verunsichert sie. Wenn sie keine Kritik mehr von ihrer Umwelt bekommen, dann tragen sie oft selber Sorge für ein Fortbestehen dieser Konsequenzen. Mit Lob dagegen können sie nicht gut umgehen. Sie berichteten darüber, dass sie selten gelobt wurden oder, wenn sie etwas »Gutes« getan hatten, dies für selbstverständlich erachtet wurde. Es ist wichtig, in der BA diese Punkte ausführlich zu besprechen. Lob und Kritik haben ihre Wertigkeit in der Lerngeschichte bekommen. Nicht immer hat Lob eine positive oder angenehme Qualität. Die Lerngeschichte kann darüber Aufschluss geben.

Wir wollen jetzt einige bedingungsanalytische Aspekte von Lob als SD für aversive Konsequenzen betrachten.

Viele Patienten berichten darüber, dass sie Misstrauen empfinden, wenn sie gelobt werden. Dieses Misstrauen kann seinen Ursprung darin haben, dass die Klienten für Verhaltensweisen zunächst kritisiert und dann »getröstet« wurden. Oft wurden sie mit anderen verglichen, schnitten dabei schlecht ab, wurden aber sodann »getröstet«. Nicht selten findet man, dass kritisierte Verhaltensweisen von den damaligen »Verstärkerverwaltern« (ihren Erziehern) sehr hoch angesehen waren, während die gelobten Verhaltensweisen, die dann als »Trost« verwendet wurden, mit einer niedrigeren Bewertung der Qualität behaftet waren. Diese Sequenz kann auch durch zwei Elternteile mit unterschiedlichen Funktionen aufgebaut werden. So kann der Vater als Leistungsverwalter kritisieren, die Mutter als ausgleichende Wiedergutmachung – oder einfach, um dem anderen zu widersprechen –, dann trösten und »loben«.

Im Laufe der Generalisierung bekommt also Lob eine aversive Qualität, da immer negative Kritik vorangegangen ist. Lob kann damit ein SD dafür werden, etwas Falsches gemacht zu haben.

Ein anderer Grund, Lob gegenüber misstrauisch zu sein, kann darin liegen, dass es immer mit einer Forderung verknüpft wurde. Etwa: »Es ist ausgezeichnet, wie sauber du die Küche gemacht hast. – Sei ein Schatz, trag jetzt auch noch den Müll runter« oder: »Du hast dich sehr angestrengt in der Schule. – Ich weiß, du kannst noch mehr erreichen. Lern jeden Tag noch eine Stunde länger und du wirst der Beste.«

Lob bekommt hier die Qualität einer (konstruktiven) Kritik. Durch die Forderung an Mehr-Leistung wird eine weitere Verstärkung in Aussicht gestellt. Dies beinhaltet eine zweifache Konsequenz: einerseits wertet es das aktuelle Lob ab, da offensichtlich noch nicht genug geleistet wurde, andererseits wird ein Mehr gefordert, wozu das Individuum nicht unbedingt bereit ist. Außerdem kann die Forderung nach Mehr so hohe Ansprüche beinhalten, dass Angst, fehlzuschlagen, auftritt.

Nicht selten haben Klienten mit einer solchen Lerngeschichte zu hohe Ansprüche an sich selbst. Sie empfinden das Lob für unangemessen und kommen gleichzeitig unter Leistungsdruck. Ein Konflikt kann hier entstehen, wenn sie unter eben dieser Steuerung die störungsbedingende Leistungshaltung abbauen wollen.
Ein weiterer Grund, Lob als unangenehm zu empfinden, kann darin liegen, dass es mit der Forderung nach einer Gegenleistung wie Liebe und Dankbarkeit verknüpft wurde, wozu das Individuum vielleicht nicht immer bereit war. Hier zeigt sich meistens ein ähnliches Wirkungsgefüge wie oben. Die Konsequenz jedoch ist nicht eine Forderung nach Mehr-Leistung, sondern nach Zuneigung. Etwa: »Du bist ein ganz guter Junge, komm auf meinen Schoß. Du musst mich immer liebhaben.« Möglicherweise ist diese Forderung unvereinbar mit dem Bedürfnis nach Unabhängigkeit und Selbstständigkeit des Kindes. Lob könnte hier ein SD sein für erwünschte Hilflosigkeit und Abhängigkeit. Falls ein Klient gerade solche Verhaltenstendenzen auf die »Verlern-Seite« seiner Wunschliste gesetzt hat, könnte das Lob des Therapeuten oder der Gruppe ihn in Angst versetzen, nun von ihnen abhängig zu werden. Schließlich sei noch der Aspekt besprochen, den wir anfangs bereits erwähnten. Lob kann einfach deshalb, weil der Klient es nie bekommen hat, Verlegenheit und Unsicherheit hervorrufen. Hier handelt es sich um einen SD für Unsicherheit und »Nicht-wissen-wie-sich-zu-verhalten«. In diesem Falle wird eine Gewöhnung an die differentielle Verstärkung rasch eintreten.
Auf die oben beschriebenen Probleme muss therapeutisch differenzierter eingegangen werden.

So können die Therapeuten die Funktion von Kritik als Zurechtweisung, als Angstauslöser erklären. Es ist wichtig, dieses Thema dann in der Gruppe anzusprechen, wenn die Klienten bereits einige Erfahrungen mit der differentiellen Verstärkung bei den Verhaltensübungen gemacht haben. Sie werden etwa in der vierten BA-Sitzung dazu aufgefordert, darüber zu berichten, wie sie Lob und Kritik in den Verhaltensübungssitzungen empfinden.
So ergaben sich in einer Problemsitzung folgende Äußerungen: Jemand empfand jeden Vorschlag als Zurechtweisung für seine Ungeschicklichkeit; ein anderes Gruppenmitglied sagte, dass selbst dann, wenn jemand in der Gruppe eine andere Meinung als die seine vertrat, er dies als Kritik empfand; eine dritte Person meinte, dass sie auch dann, wenn jemand positive Kritik gab, diese für sich in eine Selbstbestrafung umwandelt.
Es wurde dann besprochen, dass die Rückmeldung auf jeden Fall positiv sein sollte. Einige Klienten äußerten den Wunsch, sich ihre Rückmeldung selbst zu geben. Andere dagegen sagten, dass dieses für sie nicht praktikabel sei, da sie sich selbst noch zuwenig beobachten könnten. Sie würden die Rückmeldung des Therapeuten und von den anderen Gruppenmitgliedern brauchen, um optimal lernen zu können. Eine solche Besprechung soll in Handlungsanweisungen einmünden, wobei für jedes Gruppenmitglied besprochen wird, wie sich die anderen verhalten sollen, damit es optimal lernen kann.
Auf keinen Fall sollte der Therapeut negative Kritik zulassen oder sie selber äußern. Er erklärt dabei, dass die Gruppe ein Experimentierfeld ist, wobei es für jeden notwendig sei, in einem angstfreien Raum neues Verhalten ausprobieren zu können.

Wahrscheinlich besteht die häufigste Sünde gegen das therapeutische Grundprinzip der Entängstigung in Verstößen gegen diesen Grundsatz der Straffreiheit.

Besondere Beachtung verdient auch die indirekte Form von Kritik, wenn Therapeuten verbal oder nonverbal erkennen lassen, dass einiges an den Übungen schon ganz gut gewesen sei, die gesamte Zielpalette aber nicht erarbeitet wurde oder einzelne Verhaltenskriterien noch nicht »optimal« waren. Selbst ein zu leichtes Lob für ein Gruppenmitglied, welches relativ mühelos gute skills zeigt, kann bei einem anderen als Kritik wirken (»so gut kann ich das nie«). Loben Sie die Anstrengung, das Bemühen, das einfache Tun. Heben Sie die Fortschritte bei der hervorhebenden Bekräftigung hervor (dieser Satz war sehr laut und deutlich). Setzen Sie der Angst entgegenwirkende Bedingungen (fröhliche, aufgelockerte Atmosphäre, motorische Aktion und Entspannung). Lernen, wie man mit konstruktiver Kritik und Tadel für echte Fehler umgeht, ist erst Gegenstand der Feinarbeit im dritten Teil des ATP.
Zu diesem Zeitpunkt haben die Übenden für sich selbst Kritik als wertende und damit schon übergriffige Beurteilung längst durch die eindeutige subjektive Rückmeldung eines unangenehmen Gefühls als Folge eigener Wertung, ausgelöst durch die Wahrnehmung eines bestimmten Verhaltens von anderen, ersetzt und gelernt, bei anderen solche Rückübersetzungen zu fördern.

1.5.2 Voraussetzungen der Habituation – die Technik des »Angstzulassens« oder die Antipanikstrategien

Im Gebiet der Beachtungs- oder Fehlschlagängste ist die Exposition langer Dauer und häufiger Wiederholung die Angstabbaumethode der Wahl, wenn weder real aversive Folgen drohen noch Vermeidungshaltungen mit sinnvoller Schutzfunktion im Plankonzept unserer Klientel dem entgegenstehen. Im Rahmen von Selbstsicherheitstherapien sind diese »flooding«-Prozeduren allein nicht ausreichend und hier den bereits geschilderten, vielfach verzahnten hierarchischen Vorgehensweisen in der Änderung von Selbstkonzept, -wahrnehmung und -bewertung unterlegen.
Innerhalb eines umfassenderen und bedingungsgerechten Vorgehens, indem Fehlschlagängste vor allem auch durch die eigenen Bewertungskriterien und die eigene Grundakzeptanz, über vermehrte Anerkennung und Bestätigungen und die Abnahme aversiver Selbst- und Fremdbewertungen unnötig gemacht werden, ist die Nutzung der Exposition unter »flooding«-Bedingungen dennoch eine unverzichtbare Angstabbaumethode. Besonders bei Gruppentherapien sind ja die Konfrontation mit mehreren Fremden und die Exposition vor diesen eine natürliche und dafür ideale Übungsmöglichkeit. Damit aber Habituation stattfinden kann, ist außer der äußerlichen Anwesenheit, also hier der Teilnahme an einer therapeutischen Konfrontation, auch die innere Bereitschaft zur offenen und zulassenden, zur echten und vollständigen inneren Konfrontation statt Vermeidung notwendig. Dies gilt für abgestufte wie unmittelbare Konfrontationen, bei letzterer wirkt sich ein Mangel an echtem Einlassen oder Zulassen lediglich gravierender aus: Panik, Hilflosigkeit oder Therapieabbruch durch Erfolglosigkeit sind zwangsläufige Folge.
Bei allen Übungen ist das Erzeugen der immer gefürchteten und deshalb vermiedenen öffentlichen Beachtung lediglich die Inszenierung der äußeren Auslösebedingung. Das psychologisch entscheidende Üben findet hinsichtlich des Umgangs mit den Erwartun-

gen vor der Übung, den gedachten Bewertungen von anderen und den eigenen normativen Missbilligungen während und nach der Inszenierung des auffälligen Verhaltens im Kopf der Übenden statt. Diesen Vorgängen widmet der Therapeut seine Aufmerksamkeit und bemüht sich um dezidierte Änderungen in demselben.
Neben den aktiven Veränderungen der *Kognitionen* vor und nach der Konfrontation, der Einflussnahme auf die »Vorsicht« und die »Rücksicht« sorgen die Therapeuten für die Einhaltung der Voraussetzungen zum Löschen des Vermeidungsverhaltens im Sinne der *Flooding-Strategien* oder des Habituationstrainings. Diese sind:
die *absolute Unterbindung aller Vermeidungsprozeduren und eine möglichst lange und wiederholte Konfrontation.*
Der wichtigste Übungsplatz ist dafür die Anwesenheit und Exposition in der Gruppe von anfangs Fremden.
Diese Situation wird bewusst genutzt und als *Mittelpunktsübung zum Angstzulassen* gestaltet. Die »öffentliche Beachtung« wird noch dadurch erhöht, dass die übende Person auf einem Stuhl steht, während die Teilnehmer der Gruppe und die Therapeuten langsam musternd um sie herumgehen und jeder auch Blickkontakt aufnimmt. Die Gruppenteilnehmer machen dabei die Übung 18 zur sozialen Wahrnehmung. Die übende Person ist instruiert, dass sie weder durch Lachen, noch Wegschauen, noch kontrollierend Starren, noch durch Verschränken der Arme oder innere Reframingtechniken die Situation erleichtern darf. Entsprechend darf kein Mitglied der Gruppe dabei durch Grinsen einen Anlass geben, aus der Situation zu kommen. An der Tafel steht in Blickrichtung für den Übenden gut lesbar sein Fahrplan für das 4-Punkte-Programm des Angstzulassens oder der *Antipanikstrategie*. Diese sind nach der Entwicklung durch den modellgebenden Therapeuten zuvor besprochen worden. Sie sind:

1) *eine genaue und vollständige Beschreibung der Körperwahrnehmung.*
Von Kopf bis Fuß soll hierbei die Körperreaktion benannt und mit Worten beschrieben werden, die zumindest ein »eher« als Intensitätsmaß enthalten. Der Ausdruck »normal« oder »ich fühle nichts« wird nicht akzeptiert. So können der Kopf eher dumpf oder klar, das Gesicht eher verspannt oder locker, eher warm oder kühl erscheinen, der Hals eher weit oder eng, die Kehle eher trocken oder feucht, die Hände entsprechend und eher zittrig oder ruhig, der Brustraum weit, das Herz schnell, regelmäßig, stark schlagend, die Atmung tief oder flach, der Bauch locker oder verkrampft, die Knie eher fest oder weich sein.
Als Therapeut beobachtet man die Reaktion und fragt bei sichtbarer Erregung unschuldig, ob denn schon was da wäre zum Beschreiben und gibt dann das Signal, sich mit den Übungen an der Tafel zu befassen. Wenn ersichtlich wird, dass sich nichts rührt, werden die geschilderten Vermeidungspraktiken kontrolliert, etwa indem gefragt wird, ob die Übenden sich auch eine andere Art des Blickkontaktes vorstellen können oder ob sie es hier bei ihrer Selbsterfahrung wirklich brauchen, die volle Kontrolle zu halten. Hin und wieder, besonders wenn die Übung nicht schon ganz zu Anfang – etwa in der zweiten oder dritten Sitzung – zur Beschleunigung der Gruppenadaptation gemacht wird, sondern erst hier in der sechsten oder siebten Sitzung, zeigen die Übenden schon keinerlei negative Reaktionen mehr. Dann wird dies sofort angemessen positiv verstärkt und die Übung auf die Beschreibung angenehmer Empfindungen umgewandelt. Wenn die Betreffenden keine zwanghafte Mittelpunktsproblematik haben, darf die Situation auch

so gelabelt werden, dass das Sich-bewundern-Lassen und Sich-dabei-Genießen ja die viel näher liegende Nutzung dieser einmaligen Chance darstellt.

Die Genauigkeit der Beschreibung auf der Empfindungsebene wird genutzt, um den häufigen Erwartungskurzschluss »Jetzt geht es mir schlecht und gleich bleibt die Luft weg, fange ich zu schwitzen an, das Herz stolpert« zu durchbrechen und die Reaktion auf der Wahrnehmungsebene überprüfbar zu machen. Der Gedanke an die vermeintlich sichere Katastrophe geht ja mit der Vorwegnahme der körperlich aversiven Reaktion einher, nur dass dieses sich vielfach ausschließlich im Kopf abspielt und zumeist noch gar nicht spürbar ist. Die blindwütigen Vermeidungsversuche nach dem Motto »Dies darf auf gar keinen Fall passieren« verhindern dann jede Möglichkeit korrigierender Neuerfahrung. Der Zwang zur Körperwahrnehmung ist wie das Zuendedenken der zweiten Phase, also die eigentliche Konfrontations- oder Expositionsleistung, die äußere Situation nur deren Inszenierung!

Die Körperbeschreibung wird auch als Teilübung zur Entwicklung emotionaler Wahrnehmung und Ausdrucksfähigkeit und zur Überprüfung der Echtheit von Verhaltensproben utilisiert.

Die Vollständigkeit dient ebenfalls der Korrektur verkürzter und verzerrter Gefühlsdeutungen und kann darüber hinaus in Richtung »Teilalarm« oder beginnende Habituation utilisiert werden, wenn einzelne Regionen oder physiologische Prozesse keine Erregungszeichen spüren lassen.

Dann wird mit der Frage *»was ist das Schlimmste von den beschriebenen Reaktionen«* eine Symptomatik ausgewählt, mit der quasi stellvertretend für die Gesamtreaktion die folgende Überprüfung der Vermeidungsnotwendigkeit eingeleitet wird.

2) Die zweite Phase befasst sich mit dem *Zuendedenken der gefürchteten sozialen – und der körperlichen Konsequenzen,* die im Augenblick und hinsichtlich der Möglichkeit des langen Ausharrens erwartet werden. Mit der Frage, was könnte passieren, wenn Sie einfach gar nichts gegen diese unangenehme Empfindung oder Erwartung tun? bleibt der Therapeut immer dran und gibt sich keinesfalls schon mit den ersten Annahmen zufrieden. Diese sind die bislang nicht hinterfragten Setzungen »Es darf nicht soweit kommen« mit dem krampfhaften Mobilisieren aller Flucht- und Abwehrpläne. Negative Erwartungen und Katastrophenphantasien sollen soweit in der Gruppe möglich sofort inszeniert werden und die Antipanikstrategie dabei jedesmal neu durchgeführt werden. Dies kann die Angst vor nassen Händen betreffen als gezieltes Nassmachen, den Händedruck dann durch alle Anwesenden, das Zittern durch bewusstes Tun oder das Angestarrtwerden in liegender Position bei Ohnmacht oder Kontrollverlust. Letzteres kann so inszeniert werden, dass etwa bei der Angst, »ich könnte jetzt fallen«, gefragt wird »möchten Sie es ausprobieren?« und dann natürlich Auffanghilfen gegeben werden – und bei der weiteren Angst, alle könnten jetzt von oben auf meine Hilflosigkeit starren, mit dem entsprechenden Arrangement durch die Gruppe eine Art »Skulptur« nachgestellt wird.

Die Inszenierung solcher Katastrophenphantasien erfordert dann einen jeweils neuen vollständigen Durchgang der vier Phasen des »Zulassens«. Als Antipanikstrategie ist ja erst hier ihr Einsatz absolut notwendig. Diese letzte aller Befürchtungen erhält ihre aversive Konsequenz aus meiner gedachten Hilflosigkeit und Ohnmacht, also Setzungen, die zur panikartigen Abwehr führen. Oftmals gelingt es durch Umattribution – etwa »wirkliche Stärke« ist nicht das Verhindern, sondern das Dazustehen und Zeigenkönnen all

meiner Gefühle –, schon hier eine zentrale Eingabevoraussetzung zu verändern. Auch die längere Dauer – zu Ende ist die Situation erst – wenn eine spürbare Abnahme der Erregung (als Folge des Zulassens) eintritt –, kann genutzt werden, um die »beginnende Gewöhnung« erleben zu lassen. Die erfolgt seitens der Gruppe mit einer akzeptierend sachlichen Haltung – etwa Erarbeitung von Hilfsstrategien bei beibehaltener Inszenierung. Wenn als letzte erwartete Konsequenz der Tod genannt wird, kann dies so verarbeitet werden, dass mit der Frage, »was wäre dann mit Ihren Erregungswahrnehmungen« (Wir fragen lieber so als nach Ängsten) und der wahrscheinlichen Antwort, »die hören auf«, eine oft recht lösende Neuverbindung geschaffen wird.
Es geht hier oft um die Konfrontation mit recht starken Ängsten und jeder Therapeut muss sich sicher sein, dass weder ein Abbruch durch Flucht stattfindet noch dass real aversive Konsequenzen eintreten. Real aversiv wäre, einen Zitterer mit vollem Glas absichtlich zittern zu lassen, nicht jedoch das absichtliche Zittern ohne Verschütten, oder einen Parkinsonkranken absichtlich in sozialen Beachtungssituationen zittern zu lassen, weil hier das Zittern keine Habituationschance hat und damit keine K-Abnahme sondern eine K-Zufügung verursacht wird. Da in dieser Hinsicht viele Fehler auch schon bei einfachen Konfrontationsübungen gemacht werden (besonders heute, wenn Therapeuten ohne bedingungsanalytischen Sachverstand die wieder entdeckten Flooding-Strategien rein mechanisch anwenden), bleibt die Übung in der hier geschilderten Anwendung als Habituationbeschleunigung an Gruppen erfahrenen Therapeuten vorbehalten. Als Bestandteil der Konfrontationen mittlerer Schwierigkeit, wie bei den hier anstehenden Übungen, ist ihr Einsatz unkompliziert.
Eine sehr wichtige Nutzungsmöglichkeit der zweiten Phase ist es, im Hinblick auf die letzte befürchtete Konsequenz, also auf das, was »auf gar keinen Fall« passieren sollte, zu erfragen, *was die betreffende Person dann tun möchte, um sich zu schützen,* oder mit dieser spezifischen »Endzeitbefürchtung« umzugehen. Wir sind ja hier auf der Ebene von »Oberplänen« oder Grundbefürchtungen. Aus der anfänglichen Angst, sich als Redner blamieren zu können, ist jetzt etwa die Angst vor Ausgrenzung und dem Verlassenwerden geworden. Mein Schutzplan besteht nicht mehr im Verbergenwollen meiner Erregung, sondern im Aktivieren von näheschaffenden Verhaltensweisen: Bitten um Hilfe, Witzigsein oder sich »lieb Kind machen«, andere bewundern und sich abwerten, Bedürfnisverzicht und Unterordnung oder Zustimmung können jetzt relevante Strategien sein. Dass gerade diese zur Bewältigung der Redeangst als Anlass nicht sehr förderlich sind, ist leicht zu vermitteln. Eine differenzierende Planklärung kann in der konkreten Situation von großer Hilfe sein (Will ich das hier und jetzt?).

3) In der dritten Phase fragen die Übenden sich, was trotz der – »zugegebenermaßen recht unangenehmen« – Empfindung und trotz der schlimmen Befürchtungen (deren Realitätscharakter in der Auseinandersetzung mit dem Zuendedenken schon einen kleinen Knacks bekommen hat) ihnen helfen könnte, *die Abnahme der Erregung ohne jede Hilfe oder Ablenkung abwarten zu können* und sich weiterhin voll und ganz auf die Wahrnehmung der Situation einzulassen. Das »trotz« ist wichtig, weil es falsch wäre, die Angst runterzuspielen oder sie zu relativieren. Es darf mir schlecht gehen und ich darf Schwächen zeigen. Erst mit dieser Entscheidung kann ein Zulassen stattfinden. Erst mit dem *Zulassen* wird das panikmachende Versuchen, die Situation um jeden Preis und trotz der blockierten Schutzstrategien verhindern zu wollen, aufhören. Erst wenn ich nicht

mehr aus einem Flugzeug in großer Höhe aussteigen möchte oder erst wenn ich die unsinnigen Versuche, meinem Körper die Reaktionen verbieten zu wollen, aufgebe, bin ich wirklich in der Situation und kann Gewöhnung erfahren. Gleichzeitig hört die ständige Neustimulation des Erregungssystems auf, die aus der Panikreaktion herrührte, trotz erfolgloser oder real aversiver bisheriger Schutzstrategien oder »versperrter Fluchtwege« sofort einen anderen Ausweg finden zu müssen. Dieses Nachlassen der Erregung tritt mit der Entscheidung des Zulassens oft sichtbar ein. Vielfach führt aber auch schon die lange Erörterung der Strategien in der Gruppenübung und die Transferbildung für die anderen zu Gewöhnungsprozessen mit Angstabnahme. Damit diese auf das Zulassen attribuiert werden kann, müssen wir uns als Therapeuten dann ein wenig mit der »Zulassungsentscheidung« beeilen oder unser Zuspätkommen als Erfolg des Übenden darstellen: »Sie haben sich ja schon die ganze Zeit der Situation gestellt und ihr Körper hat offensichtlich schon gelernt, dass er es aushalten kann, und beginnt, sich zu gewöhnen«, oder »Achtung, ich fürchte, Sie fangen schon an das zu genießen«, könnten Kommentare in dieser Richtung sein.
Ohne Zulassen gibt es keine Gewöhnung, also auch keinen Erfolg aller unmittelbaren Konfrontationsübungen. Mit dem Verzicht auf undurchführbare Schutzversuche unterbleibt die Panikreaktion.

4) Die unmittelbar nach der Entscheidung des Zulassens einzuleitende vierte Phase besteht in der Wiederholung von der ersten. Die Abnahme der Erregung wird hinsichtlich der akuten motorischen Spannungen und bei der vegetativen Unruhe sofort spürbar, während einzelne Reaktionen sich langsamer abbauen. Der Vergleich mit der Anfangsbeschreibung verankert den Erfolg und dient der positiven Verstärkung des Zulassens und Aushaltens. Das Kriterium für die früheste Beendigung der Übung ist eine gegen Beginn verminderte Erregung. Komfortaktivitäten wie Entspannung dürfen erst dann eingesetzt werden. In der Angstzulassungsübung wäre ein Gedankenstopp kontraindiziert, im Hinblick auf neue Ausmalungen nach dem Zulassenkönnen der Empfindungen in der einen Situation wäre er wieder angezeigt.

1.5.3 Entspannungsverfahren und ATP-Durchführung

Entspannungstechniken gehören heute so sehr zum Repertoire des aufgeklärten Patienten, dass Therapeuten zumindest im Bereich von größeren Städten auf die eine oder andere Technik bei ihren Klienten zurückgreifen können. Wenn nicht, ist die Vermittlung mit ganz wenigen Sitzungen möglich und kann in die beginnende Therapie eingebaut werden.
Der Einsatz kann sinnvoll werden als Erregungsverminderungen über Muskelentspannung bei Übungen ohne Hierarchie oder zu großen Schwierigkeitssprüngen in einer gemittelten Hierarchie, zur Verbesserung von Wahrnehmungsleistungen und der Vorstellfähigkeit bei zu hoher Erregung, als Methode zur Verbesserung der Körperwahrnehmung oder – in ihrer ursprünglichen Bedeutung – als Hilfe, aversive Empfindungen oder diese induzierende Gedanken – zu verringern.
Im ATP sind sie in der Gruppenanwendung entbehrlich und als eher zeitraubender Faktor anzusehen, in der Einzelanwendung und Begleittherapie haben sie durchaus ihren

Platz. Externe Versuche aus den letzten Jahren auf dem Gebiet des Managementtrainings, den Mangel an hierarchischer Vorgehensweise durch »standardisierte« Sitzungen mit dem Erlernen von Entspannung in der Selbstsicherheitsgruppe zu kompensieren und gleich ATP-Übungen höherer Schwierigkeit nach der Entspannung üben zu lassen, konnten in ihren Resultaten nicht überzeugen.

In der Einzelarbeit ist nach wie vor die kombinierte Bewältigung zunächst in der Vorstellung und dann – zeitverzögert – in der Realität mit vorgezogenem »Rollenspiel« eine sehr sinnvolle und ökonomische Vorgehensweise.

Falls Therapeuten in Situationen geraten, in denen sie ein angstbetontes Gruppenklima – etwa zu Beginn der Therapie bei für mehrere Personen schwierigen Übungssituationen oder bei einer entglittenen Gruppendynamik durch Muskelentspannung – »entkrampfen« wollen, haben sich uns spielerische, motorische Aktivitäten und die Förderung des positiven Grundklimas, wie hier geschildert wird, eher bewährt als die dort manchmal krampfigen Entkrampfungsübungen.

Zum Zeitverlust, der bei der Vermittlung von solchen Selbsthilfen befürchtet wird, und – davon abhängig – der notwendigen »Tiefe« der Entspannung, bestehen noch sehr viele Missverständnisse. Dies ist zum Teil darauf zurückzuführen, dass die Verfahren von ihren Begründern unter anderen Erklärungsmodellen und mit anderer Zielsetzung entwickelt wurden.

Ihre Reduktion auf die bedingungsanalytisch wirksamen Prinzipien erlaubt eine erhebliche Straffung ohne Effizienzeinbuße. Im Extrem reicht beim ATP die Verkürzung auf eine »Streck- und Räkelübung« à la Jacobson.

Die vier Grundregeln für sämtliche Entspannungsverfahren sind:

1) Ein relativ neutraler Vorstellungsinhalt wird mit körperlich und seelisch angenehmen Empfindungen derart verknüpft, dass er nach regelmäßiger und häufiger Wiederholung später diese Zustände selbst auslöst.

2) Die Wahrnehmung körperlich seelischer Zustandsveränderungen setzt eine passive schweifende Aufmerksamkeit voraus und ist mit aktiven Absichtshandlungen (Erfolgszwang) nicht zu vereinbaren.

Für die Verfahren der muskulären Entspannung gilt weiterhin:

3) Das Erlernen körperlicher Veränderungen setzt ein Kontrollkriterium voraus.
   Dieses ist im Sinne biologischer Rückmeldung beim Verfahren nach Jacobson (1929 zit. nach Langen 1978, S. 2160) der Unterschied zwischen vorausgehender Anspannung und plötzlicher oder schrittweiser Entspannung, beim Verfahren nach Schulz (1932, 14. Auflage 1975, Autogenes Training) das Erleben der Schwere für die Entspannung der Skelettmuskulatur und das Erlebnis der Wärme für die Entspannung der glatten Muskulatur, etwa der Gefäßmuskulatur oder der Muskeln des Magen-Darm-Traktes.

4) Lernen geschieht schrittweise. Die Gesamtentspannung wird durch eine Reihe umschriebener körperlicher Übungen erzielt, wobei es für die bezweckte Reflexbildung wesentlich ist, für sich selbst immer die gleiche Reihenfolge der Übungen beizubehalten und möglichst vor jeder Übung das Auslösesignal (Vorstellungssatz, etwa »Ganz ruhig«) zu wiederholen.

Die Beeinflussung des inneren Erregungskreises durch Entspannung wird etwa an folgendem Modell veranschaulicht: Eine Wahrnehmung oder ein Gedanke löst eine körperliche Erregungsreaktion oder eine unangenehme Empfindung aus. Diese gilt es abzuschalten. Bei den körperlichen Entspannungsverfahren wird die Rückmeldung von körperlichen Erregungen zum allgemeinen Aktivierungszentrum, das für das Gesamtgefühl der Nervosität, Unruhe und Anspannung verantwortlich ist, systematisch so verändert, dass ein auf »Erwartungen« geeichtes Signal eingeübt wird.
Ähnlich wie in einer Telefonzentrale (alten Stils) gerät hier die Telefonistin in Aufregung und Anspannung, je mehr Teilnehmer (in diesem Fall angespannte Muskeln, beschleunigter Herzrhythmus, Atmung und Darmmotorik) sich bei ihr melden. Jeder einzelne Übungsschritt, jeder entspannte Muskel kann dann mit dem Ausschalten eines solchen Anrufers oder dem Ausgehen eines Lichtchens in der Zentrale verglichen werden; man selbst (die Telefonistin) wird ruhiger, indem man schrittweise Körperabschnitte in ihrer Erregung reduziert. Diese verminderte Erregung lässt sich durch entsprechende Geräte nachweisen, die Nutzung dieser Hilfsmittel der biologischen Rückkopplung ist vielfach jedoch aufwendiger als das Erlernen einer körperlichen Empfindung. Zu der Methode des Autogenen Trainings gehört das passive Wahrnehmen einzelner Körperabschnitte unter zunehmendem Nachgeben (Empfindung der Schwere bei den Muskelübungen). Diesen Effekt können wir mit der »amerikanischen« Methode nach Jacobson schneller erreichen. Die aktive Anspannung und das darauffolgende Loslassen, die Entspannung, dienen als Hilfsmittel, um die veränderte Muskelempfindung wahrnehmbar zu machen. Die Progressive Muskelrelaxation (fortschreitende Muskelentspannung nach Jacobson, siehe auch Bernstein und Borkovec, 1975) wird aus folgenden Gründen in aller Regel als Ersttechnik vermittelt:

- Der Effekt ist im Gegensatz zum Autogenen Training sofort oder in recht kurzer Übungszeit erreichbar.
- Das Training in der Muskelempfindung durch die Entspannungstechnik nach Jacobson verkürzt das Erlernen des Autogenen Trainings in Bezug auf die notwendige körperliche Selbstwahrnehmung ganz wesentlich.

Der Vorteil dieses Verfahrens gegenüber der passiven Entspannungsmethode des Autogenen Trainings besteht in der gezielteren Beeinflussungsmöglichkeit von Verspannungszuständen einzelner Muskeln. Dieser Vorteil kann auch später beibehalten werden, indem nur diejenige Muskulatur, deren Verspannungsgrad mit körperlich isolierten Beschwerden verbunden ist, nach Jacobson trainiert wird und anschließend zur Vertiefung der allgemeinen Entspannung das Autogene Training angeschlossen wird.
In der gleichen Weise können wir uns auf die Übung einzelner Muskelpartien beschränken, wenn wir das individuelle Erregungsmuster kennen lernen und dort frühzeitig entspannen, wo die ersten Missempfindungen wahrgenommen werden.
Das Verfahren nach Jacobson ist auch bei einem Aktivierungsgrad wirksam, der den Effekt des Autogenen Trainings zunichte macht, etwa beim nächtlichen Aufwachen. Ein wesentlicher Vorteil beruht auch darin, dass viele Übungen unauffällig in Alltagsaktivitäten eingebaut werden können. Der Nachteil der Methode nach Jacobson im Vergleich zum Autogenen Training liegt in einer etwas verlangsamten Generalisierung. Für eine vertiefte Entspannung braucht man auch nach längerer Übungszeit einen relativ höheren Zeitaufwand als beim letztgenannten Verfahren.

Die Vermittlung kann in zwei Kurzsitzungen erfolgen. Am Beispiel – etwa des Bizepsmuskels – wird dann das Vorgehen kurz demonstriert. Die angespannte Muskulatur soll beim Erstdurchgang auch ertastet werden, dann, mit geschlossenen Augen, vor dem »geistigen Auge« wahrgenommen werden. Die Anspannung hat nur eine sekundäre Funktion und darf daher zeitlich nicht ausgedehnt werden. Bei bereits schmerzhaft verspannten Muskeln, die im Bewusstsein sowieso sehr deutlich repräsentiert sind, genügt die Kurzanspannung von einer Sekunde. Der zweite Schritt, der der Lockerung, des Loslassens der Spannung, kann – analog zum Autogenen Training – an einen Auslösesatz gekoppelt werden, etwa den Vorstellungssatz »Ganz ruhig« Der Satz wird nicht vorgesprochen, sondern vorgestellt (siehe Autogenes Training). Die Muskeln werden bei der Entspannung aktiv gelockert. Zum Diskriminationslernen von Anspannung und Entspannung ist anfangs auch das schrittweise abgestufte Lösen der Anspannung hilfreich. Hier wird in Spannungsprozenten attribuiert: Die Anspannung wird als 100%ige Verkrampfung vorgegeben und über 80%, 50%, 30% bis zur – nun leichter definierbaren – Spannung oder Gelöstheit reduziert. Die ein- bis zweiminütige dritte, entscheidende Phase, die des sich Einfühlens in den Unterschied vom eben noch angespannten zum jetzt gelockerten gelösten Muskel, kann durch aktive Lockerungskorrekturen vertieft werden. Ein bis zwei Wiederholungen zur Vertiefung des Zustandes sind bei besonders verspannten Muskeln zu empfehlen. Ein Mehr geht zumeist in eine Leistungseinstellung, die mit dem Effekt der Entspannung nicht zu vereinbaren ist.
Die Reihenfolge der Übungen und ihre Gestaltung wird wie folgt erklärt: »Zu jeder Bewegung gehört das Zusammenziehen oder Anspannen von Muskeln. Eine systematische Durcharbeitung aller Muskeln setzt daher nur die Überlegung voraus, welche Bewegung vom Scheitel bis zur Sohle wir durchführen können.«
Die Bewegungsmöglichkeiten sind beim Kopf die Furchung der Stirn in Querfalten (wobei sich die Längsmuskeln zusammenziehen), als zweites die Furchung der Stirn in Längsfalten (wobei sich die quer verlaufenden Muskeln zusammenziehen), die Bewegung der Augen und so fort. Die einzelnen »Fratzen«, die zur Lockerung der Gesichtsmuskeln nach demselben Vorgehen zwischengeschaltet werden können, haben in der Regel keinen Beitrag zur allgemeinen Entspannung oder zur Beseitigung umschriebener aversiver Empfindungen, sind jedoch bei Sozialängstlichen mit sehr versteifter Mimik als Zusatzübung, besonders vor Kontaktübungen und beim »sich anlächeln«, ratsam. Bei den Gesichtsmuskeln ist besonders anfangs die Hilfe der tastenden Hände von Bedeutung. Es wird etwa erläutert, dass die Anspannung auch die Schläfenmuskeln erfasst. Bei der Entspannung mit dem Vorstellungssatz »Ganz ruhig« streichen die Hände die Falten aus der Stirn. Der einzige kritische Punkt der Technik, außer einer zu lang anhaltenden Muskelentspannung, ist bei den möglichen Bewegungen des Kopfes gegeben. Die Anspannung (Verkürzung der Nackenmuskeln) hat physiologisch eine Rückwärtsbewegung des Hinterhauptes, damit eine übermäßige Stresskrümmung der Halswirbelsäule zur Folge, was zu heftigen Schmerzen führen kann. Dem wird entgegengewirkt, wenn bei gestreckter Halswirbelsäule erst die Schultern hochgezogen werden und dann der Kopf gerade eingezogen wird. Der Muskelanspannungseffekt ist ohne wesentliche Lageveränderung der Halswirbel damit auch gegeben.
Das Autogene Training wird, wie oben beschrieben, anhand der vier Prinzipien lerntheoretisch erklärt. Dazu gehört auch, dass der Signalsatz »Ich bin ganz ruhig« keinen Befehl darstellt, sondern nur eine spezifische Tönung eines an sich noch neutralen Auslösers

vorgibt. Vorstellen heißt sinnlich wahrnehmen, also etwas Gehörtes oder Gesehenes auf sich wirken lassen. Als gesehen eignen sich zwei Darstellungsformen; auf dem Hintergrund der geschlossenen Augen kann man sich eine schwarze Tafel vorstellen, auf der jeweils nacheinander eines der Worte der Vorstellungsformeln in Gedanken zu lesen ist. Das Lesen erfolgt entsprechend der gefühlsmäßigen Tönung von Ruhe und Entspannung langsam und rhythmisch. Eine andere Methode ist es, sich jedes einzelne Wort langsam fließend über eine große Leuchtschrift, wie sie etwa zur Darstellung von Nachrichten auf Pressehäusern zu sehen ist, vorzustellen.

Die lerntheoretische Reduktion oder Veränderung der fünf Grundübungen des Autogenen Trainings ist folgende: Vor jede Körperübung wird einmal die Vorstellung Ich-bin-ganz-ruhig gesetzt (Signal). Es folgen anfangs ungefähr sechs bis zehn Durchgänge der Körperformel, etwa bei der ersten Übung »Rechter-Arm-ist-ganz-schwer«, wobei bei jedem Vorstellungswort leicht rhythmisch nachgegeben wird und nach jedem Satz das Gefühl im geübten Körperabschnitt wahrgenommen wird. Es ist wichtig, dass sich hier keine Erwartungsbildung einstellt. Der Arm muss nicht schwer werden, man registriert nur das Erlebnis des Armes auf der Unterlage.

Diese Übung wird regelmäßig zwei- bis dreimal täglich über eine Woche durchgeführt, bevor sich die zweite Übung anschließt. Ihr Aufbau ist nach der lerntheoretischen Variante zur ersten analog. Einmal den Signal(Reiz)satz »Ich bin ganz ruhig«, dann sechs- bis zehnmal den Satz »Beide Arme sind ganz schwer« vorstellen. Wenn sich in der späteren Übungsfolge die Empfindung der Schwere bereits nach ein oder zwei Körperformeln einstellt, kann naturgemäß die Zahl der Wiederholungen in diesem Abschnitt verkürzt werden. Auf jeden Fall ist darauf hinzuweisen, dass ein krampfhaftes Mitzählen nicht nötig ist. Analog zu dieser Übung schließt sich nach der dritten Woche die dritte Muskelübung an; einmal der Satz »Ich bin ganz ruhig« und sechs- bis zehnmal die Körperformel »Beide Beine sind ganz schwer«. Mit diesen muskulären Entspannungsübungen des Autogenen Trainings erreicht die Mehrzahl der Klienten bereits den gewünschten Allgemeineffekt der Entspannung und den Hauptvorzug des Autogenen Trainings, das leichtere Einschlafen. Auf die Besonderheit der Vermittlung durch Vorsprechen (Fremdsuggestion) muss jedoch geachtet werden. Zur Vertiefung der Allgemeinentspannung können auch gefahrlos die beiden Wärmeübungen angeschlossen werden. Hier muss jedoch eine neue Erlebnisqualität der biologischen Rückmeldung erklärt werden. Die Empfindungsqualität bei den Wärmeübungen ist mehr ein Lösen, Lockern und Leichtwerden.

Eigentlich indiziert sind die Wärmeübungen nur bei Patienten mit einem labilen Hochdruck, mit gehäuften Verkrampfungen der Magen-Darm-Muskulatur und mit Durchblutungsstörungen. Für psychologische Zwecke der Spannungsreduktion müssen sie nicht unbedingt angeschlossen werden. Sie werden wesentlich verkürzt über das positive »Ruhebild« einer Lieblingslandschaft und der angenehmen Wärme der Sonne auf der Haut des Körpers und der Gliedmaßen bei gleichzeitig angenehmer kühler Brise im Gesicht und der Schwere des Körpers auf der Wiese, im Sand etc. vermittelt.

Das positive Bild wird utilisiert beim Gedankenstopp, bei der Entspannung zur imaginativen Bewältigung oder bei der Selbstbildkonstruktion über die Wahrnehmung eines gelöst-entspannten »Ebenbildes« (in Abwandlung einer Technik von D. Susskind als idealised self image).

Ganz wichtig für die Steuerung beim Erlernen dieser passiven Entspannungsmethode ist es, dem Patienten von Anfang an eine Rücknahme dieser Zustände anzutrainieren. Ohne diese Fähigkeit ist die Methode nicht unproblematisch. Der häufigste Nebeneffekt ungenügender Steuerung ist es, dass die Patienten während des Trainings unbeabsichtigt einschlafen. Die Rücknahme geschieht folgendermaßen:
Wiederum wird eine auslösende Vorstellung vorgegeben, etwa »Wenn ich jetzt zurücknehme, werde ich mich ausgeruht und erfrischt fühlen« oder ... »fit und aktiv«, dann werden einige energische Räkel- und Streckbewegungen, etwa analog zur Generalstreckübung bei Jacobson, vollführt.
Viele Missverständnisse in der Vermittlung von Entspannungstechniken betreffen den Einsatz von Fremdsuggestionen. Vielfach werden die Methode von Jacobson und das Autogene Training durch verbale Suggestion des Therapeuten vertieft. Dies ist an sich zweckmäßig. Selbst bei ausschließlicher Verwendung derjenigen Suggestionen, die sich der Patient als Autosuggestionen gibt, treten so die Entspannungseffekte in aller Regel viel intensiver und früher ein. Dies wirkt wesentlich motivationsfördernd. Dennoch muss jede Fremdsuggestion zurückgenommen werden. Insbesondere körperliche Suggestionen, wie »Rechter Arm ist ganz schwer«, können sonst zu Nachwirkungseffekten führen, die etwa beim Autofahren eine erhebliche Gefährdung der Patienten mit sich bringen können. Dies gilt selbstverständlich auch für Zustandssuggestionen oder andere verbale Aufforderungen, die nicht in das Entspannungstraining hineingehören. Hier muss zwischen der Vermittlung der Entspannungsmethoden als selbständige Bewältigungsstrategie für den Patienten und dem therapeutischen Einsatz, etwa bei der Systematischen Desensibilisierung, unterschieden werden. Natürlich wird bei letztem Verfahren der Therapeut ein breiteres Spektrum von entspannungsfördernden Beeinflussungstechniken einsetzen. Diese muss er jedoch beherrschen. Dies gilt sowohl für den Umgang mit emotionalen bildhaften Vorstellungen zur Unterstützung der Entspannung als auch für fremdsuggestive Zustandsinduktionen. Nach unseren eigenen Beobachtungen wird allzu leicht vergessen, dass hier alle Kautelen der Fremdsuggestion bzw. der hypnotischen Beeinflussung strengstens zu beachten sind. Posthypnotische Handlungs- und Zustandsbeeinflussungen entfallen als Gefahr nicht einfach dadurch, dass wir die Methode anders benennen. Wir werden also bei der Auswahl der unterstützenden Fremdbeeinflussungsformeln sehr vorsichtig sein müssen und umschrieben suggerierte Effekte wörtlich wieder zurücknehmen. Es sollte klargemacht werden, dass das therapeutische Vorsprechen der Formel nur eine illustrative Funktion hat. Man erreicht dies am besten dadurch, dass man den Patienten die Funktion der Fremdsuggestion erklärt, sie dahingehend beruhigt, da nur solche Formeln verwandt werden, die sie sich auch selbst geben, dass beim eigenen Vorsprechen alle die Augen geschlossen halten und die Übung durch Veranlassung des Therapeuten (wörtliche Rücknahme) gemeinsam beenden. Während der Fremdsuggestion geht man herum, kontrolliert die Haltung und wechselt eigene Übung mit Fremdsuggestion ab. Auch hierbei setzen wir erprobte Lernhilfen ein, etwa wenn wir bei den Kontrollen der Entspannung positive Rückmeldung durch ein einfaches »Gut« »Ausgezeichnet« verteilen. Schließlich geht es nicht darum, die suggestive Kraft des Therapeuten unter Beweis zu stellen, sondern den Patienten eine Bewältigungsstrategie zum eigenen Einsatz in die Hand zu geben.

Mentale Entspannung

Während die beiden eben beschriebenen Verfahren schrittweiser körperlicher Entspannung im »inneren Regelkreis der Aktivierung« an der Reduktion peripherer Spannungszustände ansetzen, gehen diese Entspannungsverfahren bereits in das Gebiet der vielfältigen Techniken zur Verminderung auslösender oder erregungsinduzierender Gedanken ein. Analog zu einer Technik aus der »Transzendentalen Meditation« kann zum *Umrichten der Gedanken* weg vom Kreisverkehr unlösbarer Konflikte, zwanghafter Fehlersuche oder -vorbeugung ein Silbengebilde ohne Eigenbedeutung zum Vehikel für die in die Ferne geschickten Gedanken werden. Es soll klangvoll, melodisch, subjektiv angenehm sein, wozu sich etwa die Aneinanderreihung von zwei bis drei sinnlosen Silben mit hellen oder dunklen Vokalen und offenen Endungen eignet. Das Wort sollte im Alltag nicht vorkommen, um die Möglichkeit zu verringern, zum unpassenden Anlass die Entspannungseffekte auszulösen, und es sollte keine umschriebene inhaltliche Vorstellung oder Erinnerung hervorrufen, weil sonst die Gedanken nur zu einem neuen intrapsychischen Problem geführt werden. Das richtunggebende Wort darf nicht zur Abwehr von Gedanken gebraucht werden und soll also nur initial, gegebenenfalls bis zu drei-, viermal während der 5- bis 20minütigen Übung zart in Gedanken angestoßen, quasi abgeschickt werden. Sprechblasen, Klangkörper, Raketen und solche, die diese wieder weit von uns entfernt mit ihrem Inhalt an Problemen auflösen – all das sind wirksame und hilfreiche Möglichkeiten der Verlagerung belastender Gedanken nach außen. Die Grundhaltung ist dann die eines passiv Wahrnehmenden, Lauschenden, Abwartenden, wobei das »geistige Auge« den weggeschickten Silben einfach hinterherschaut oder mit der großen Weltraumantenne offen hinterhergelauscht wird. Es erscheint hierbei wichtig zu sein, dass man im Sitzen übt mit dem Blick »leicht über den Horizont« bei geschlossenen Augen. Die Technik ist besonders wirksam oder verstärkend, wenn der »Kopf besonders voll ist«. Insbesondere ist sie auch für sehr depressive Klienten eine leicht lernbare Entlastung und Reinforsementquelle über die angenehme Ausfüllung des interaktiven Raumes oder die Entspannungserlebnisse selbst. Bei Selbstsicherheitstherapien ist auch »Leermachen« des Kopfes von blockierenden Vorsatzbildungen und Selbstanklagen hilfreich, nicht zuletzt, um danach »Platz« für positive Setzungen zu haben.

1.5.4 Die unmittelbare Modifikation von kognitivem Verhalten durch »Gedankenstopp« und »Selbstinstruktionen«

Der Gedankenstopp als umschriebene Unterbrechungstechnik immer wiederkehrender Misserfolgs- und Ablehnungsvorwegnahmen unmittelbar vor der eigenen Übung, und als Möglichkeit, die Selbstabwertung unmittelbar nach einer Übung unter Kontrolle zu kriegen, macht trotz seiner einfachen Logik (als Durchtrennung der S-R-Funktion und der R-K-Funktion ist er auf mikrochirurgischer Ebene ja eine kausale Einflussnahme) oft Schwierigkeiten. Diese beruhen meist auf einer unzureichenden Vermittlung oder zu unpräzisen Anwendungsrichtlinie.

Die Vermittlung in der Gruppe ist wie die Angstzulassungsstrategie bei unseren Videoverfilmungen der achtziger Jahre dargestellt worden. Zur Demonstration der Wirkung von Vorstellungen auf Gefühle werden die Teilnehmer gebeten, sich bei geschlossenen

Augen eine sehr angenehme Vorstellung zu geben und dann innerlich ihre Empfindungen anzuschauen und – ähnlich wie in Phase eins beim Zulassen – umfassend zu registrieren.
Die Vorstellung ist meist als Ruhebild vertraut. Entspannung der Gruppe kann zur Erleichterung der Vorstellung eingesetzt werden. Dann werden – noch bei geschlossenen Augen – sehr unangenehme Vorstellungen eingestellt und die Veränderung der Körperempfindung registriert. Die Erfahrungen werden im Sinne der direkten Beeinflussbarkeit des Befindens über die Vorstellung ausgewertet und die eigene Verantwortlichkeit für die Gefühle über die veränderbaren Vorstellungen (und aller Verhaltenweisen) herausgearbeitet. Anschließend werden die Augen wieder geschlossen und jeder soll sich eine unangenehme Vorstellung oder negative Erwartung suggerieren. Mittendrin setzt der Therapeut seinen Unterbrecher durch lautes »Halt« rufen und Händeklatschen – also die bekannte Schreckmache, um den »Riss im Gehirn« zu erzeugen. Unmittelbar darauf sollen alle wieder ihr positives Bild vom Anfang einstellen, bis das Empfinden wieder angenehm wird. Gelegentlich haben einige durch den Schreck Mühe, wieder in die positiven Vorstellungen zu gelangen, was toleriert wird.
Es gibt Personen, die mittels Gedankenstopp weitreichende Erfolge erzielen, andere bevorzugen Gedankenumlenkstrategien, wie sie als Variante von Meditationsübungen, oder banaler, als Sprechblasentechnik in den Klientenbüchern beschrieben sind. Ihr Schwerpunkt liegt in der Beeinflussung negativer Grübeleien, dem Nachtarocken mit ewigen Selbstvorwürfen und den druckmachenden Vorsatzbildungen zu Tagesbeginn. Wichtig ist, diese Strategien in die Beachtungsübungen einzubauen, und zwar:
Vor der Übung Gedankenstopp gegen Erwartungsängste
– für alle Wenns, Falls, Hoffentlichs als eine ein bis fünf minütige Kontrollperiode.
Während der Übung das Angstzulassen oder die Antipanikstrategie
– wenn sich Erregung mit Vermeidungswünschen einstellt, und
nach der Übung Gedankenstopp für Selbstabwertung und Selbstvorwurf
über eine kurze Innenbesinnung, ob die übende Person zu ihrer Handlung und positiven Bewertung stehen kann.

Ein wichtiger Einsatz des Gedankenstopps liegt auch bei den Verhaltensketten falscher Annahmen und der – zwar in sich logischen, durch die falsche Eingabe in den Schlussfolgerungen jedoch unlogischen – Gedankenketten der
»Sich selbst erfüllende Prophezeihung oder selffulfilling prophecy«
Dieser Begriff wurde von Dorothy Susskind übernommen. Er meinte ursprünglich, dass das eigene Verhalten so gewählt wird, dass die befürchtete Konsequenz ganz vorwiegend durch das eigene Verursachen eintritt. Er meint zweitens in unserer Interpretation, die nichtreflektierte selbstverursachte Konsequenz wird als Rechtfertigung der Anfangsannahme gewertet und das Verhalten, das ursprünglich der Abwehr des Ereignisses dienen sollte, dieses aber erst bedingt hat, sekundär gerechtfertigt. Selbstunsichere mit ihren ambivalenten Plänen erzeugen in vielen Bereichen die Ablehnung, die sie befürchten, erst selbst. Dies beginnt im Bereich der Einstellung zu sich selbst, etwa mit dem eigenen Körperbild. Wer von sich glaubt, dass er ein unbeweglicher Trauerkloß sei, wird sich psychomotorisch so verhalten und entsprechend wahrgenommen werden. Wer von sich glaubt, dass er ein schwacher, unbedeutender Mensch sei, wird sich entsprechend der Körperhaltung diesem Selbstbild anpassen und entsprechend von anderen übergangen werden,

wenn er gebeugt und unauffällig daherschleicht. Wer immer nur die negativen Dinge voraussieht, wird in seiner Mimik gespannt und unfreundlich wirken und entsprechend behandelt werden. Diese Feedbackschleifen sind aber nicht nur über die interaktionellen Verhaltensaspekte Anlass negativer Konsequenzen, sondern auch zum Teil unmittelbar über biochemische Vorgänge. So ist etwa die Häufigkeit des Lächelns mit der Ausschüttung entsprechender positiv stimulierender Botenstoffe auch unmittelbar für ein positives Lebensgefühl mitverantwortlich. Entsprechendes Ausbleiben dieser mimischen Stimulanz wirkt auch über das schlechte Befinden und damit sekundär über negativ diskriminative Stimuli auf andere oder über Einschränkung von positiven Verhaltensraten.

Viele Störungen sind ausschließlich oder ganz vorwiegend durch sich selbst erfüllende Prophezeihungen bedingt, wir können sie zwar über die negative Verstärkung dann später erklären, auch lerntheoretisch und als operantes Verhalten, primär jedoch wird eine Übereinstimmung im Sinne kognitiver Dissonanz zwischen Selbstbild und Fremdbild selbst hervorgerufen. Ein Beispiel ist die Selbstverstümmelung aus Selbsthass. Häufig wird die eigene Unvollkommenheit in Form von Pickeln bekämpft, die dann so exzessiv bearbeitet werden, dass schließlich hässliche Narben das Gesicht entstellen. Die Reinigungs- oder Makelentfernungsrituale gehen von Drücken, Schnitten bis Sandpapierbearbeitungen der Haut. Kosmetische Operationen mit maskenhaften Entstellungen oder Kunstfehlern können sich selbsterfüllende Prophezeihungen von Überzeugungswerten, hässlich zu sein, im Effekt darstellen, ebenso die eigene Verschandelung. Der Autor erinnert sich an viele Beispiele, wo Menschen aus Unsicherheit über ihr Aussehen so intensiv bestimmte Hautstellen durch Make-up oder in Putzprozeduren bearbeitet haben, dass es zu Hautekzemen kam und damit die Makellosigkeit natürlich erst recht nicht mehr aufrechtzuerhalten war, was wiederum weitere Korrekturexzesse oder -bedürfnisse zur Folge hatte.

Die *Utilisation* dieser Sequenz aus Erwartung der daraus abgeleiteten Fehlverhaltens und Herstellung der befürchteten Konsequenz, die man dann als Rechtfertigung nimmt, ist einmal kognitiver Art, dass die Erwartungsbildung geändert wird, und zweitens, dass die befürchtete Ablehnung aus der Umwelt ja zum Großteil auf eigenem Fehlverhalten basiert und nicht auf der Schlechtigkeit der Menschen oder der eigenen Person. Die zweite Utilisation geschieht unmittelbar im Austausch der Erwartungsbilder. Produziert werden solche, die positive Haltungen in der Psychomotorik oder Biochemie erzeugen können. Der Gesichtsausdruck des »Trauerkloßes« soll von ernst in leicht und beweglich transformiert werden, dann soll die Unterbrechung der Verhaltensexzesse erfolgen, die erst zum aggressiven Zustand führen, und schließlich die Umwertung des Ergebnisses.

Das Vorgehen ist als Loslösung von missempfindungsinduzierenden Gedanken und als Umstimmung über die anschließende Vorstellung angenehmer Inhalte bereits in den Klientenbüchern (Teil II, Selbstsicheres Verhalten – Grundkurs des ATP) geschildert worden. Wir wollen hier auf eine sehr gezielte Anwendungsmöglichkeit und mögliche Fehler dabei eingehen. Die wohl häufigste therapeutische Unterlassungssünde hierbei ist, dass zuwenig Strukturierungshilfen für das, was, wann, wo und wie lange kontrolliert werden soll, gegeben werden und der Einsatz des Verfahrens nicht im Sinne eines schrittweisen Lernprogramms systematisch überwacht wird. Der Übende ist überfordert. Die therapeutischen Teilschritte zur Festlegung eines Gedankenunterbrechungsplans sind dabei die folgenden:

- *Was soll unterbrochen werden:*
»Unterbrechungswürdig« sind alle Gedanken, die keinen positiven Lösungsbeitrag zur Klärung eines Problems liefern, jedoch regelmäßig von negativen Gefühlen gefolgt sind. Hierzu gehören im engeren Sinne die Vorwegnahme von Misserfolg, Katastrophen oder Beschwerden, was allgemein als Erwartungsangst bekannt ist; weiterhin die Selbstbestrafung in Form handlungsbegleitender Kritik oder Abwertung und in der Äußerungsform als Abwertung von Fremdverstärkern. Schließlich gehören zum Anwendungsbereich auch thematisch oder situativ definierte Grübeleien und Zwangsgedanken, die für das störende Problemverhalten auf dem emotionalen Sektor (Angst, Traurigkeit), auf dem motorischen Sektor (Inaktivität, Vermeidung oder Ausführung von spannungsreduzierenden Zwangsverhaltensweisen) und auf dem kognitiven Sektor (Gedankenketten, Konzentrationsstörungen) zur Beeinträchtigung führen.
Bedingungsanalytisch ist zwischen Gedanken zu unterscheiden, die unmittelbar negative Konsequenzen haben und am Beginn einer »inneren Ereigniskette« stehen, den eigentlichen Angstauslösern, und solchen, deren Exzess in sich selbst störend wirkt, die aber in der Verhaltenskette als Konsequenzen anderer Bedingungen imponieren. Im ersten Fall ist der Gedankenstopp eine hinlänglich bedingungsanalytisch begründete therapeutische Maßnahme: Die Unterbrechung reduziert unangenehme Folgezustände und wird damit durch positive Konsequenzen (negative Verstärkung) aufrechterhalten. Im zweiten Fall hat der gedankliche Exzess vielfach belohnende Funktion, sei es, dass er als Vermeidungsverhalten direkte oder vorweggenommene Unlust mildert oder dass er als ein »anstelle von«, etwa Tagträumen, selbst einen positiven Verstärker darstellt.

Hier wäre die reine Unterbrechungstechnik bedingungsanalytisch unzureichend. Sie muss mit Selbstinstruktionen zur Änderung der Konsequenzen verknüpft werden.
Die Ermittlung des »Was« der Kontrolle setzt immer eine systematische Eigenbeobachtung des Klienten voraus, weil es ja schließlich um seine Gedanken geht. Damit diese Selbstbeobachtung auch die wesentlichen Elemente enthält, muss der Therapeut praktische Beispiele vorgeben. Er erklärt am besten selbst, um was es dabei geht, nämlich die Erfassung gedanklicher Themen in Abhängigkeit von äußeren Situationen und die Bestimmung wörtlich wiederkehrender Satzanfänge, welche regelmäßig in aversive Reaktionen einmünden. Weil es unmöglich ist, alle Gedanken ständig zu kontrollieren, werden klare Kriterien für ein möglichst rechtzeitiges Erkennen der Problemgedanken erforderlich sein. Sie könnten folgendermaßen lauten:
»Man führe die nächsten vierzehn Tage am besten ein kleines Heft ständig bei sich und protokolliere in oder bei der erstbesten passenden Gelegenheit nach Situationen mit negativen Gefühlen, möglichst wörtlich formuliert die zwei oder drei Sätzen, die dem negativen Gefühl unmittelbar vorangingen, sowie in Stichworten die äußere Situation sowie die emotionale oder motorische Reaktion auf die Gedanken.«
Der Therapeut bringt einige Beispiele mit möglicher Relevanz zum Problemgebiet des Patienten, etwa beim Herzphobiker: »Sie haben plötzlich Herzschmerzen verspürt, sind in Panik geraten und haben sich jetzt wieder beruhigt. Sie nehmen Ihr Heft zur Hand und überlegen, was habe ich unmittelbar vor dem Bemerken der körperlichen Sensation gedacht. Sie protokollieren dann etwa ein Stichwort zur äußeren Situation, wie: ›Sonntag früh 10 Uhr, allein in der Küche, Zeitung gelesen: Todesnachricht von einem 37jährigen Mann, dann gedacht‹ und das bitte wörtlich ›der war noch jünger als ich, sehr viel taugt

die Medizin doch noch nicht, wer weiß, was ich mir selbst schon alles eingehandelt habe‹, dann Herzjagen verspürt, dann gedacht ›Um Gottes willen, geht das schon wieder los, hoffentlich ist der Doktor zu Hause‹, dann den Notarzt angerufen und die Fenster aufgerissen.«

Man fügt hinzu, dass es nicht darum geht, große Romane zu schreiben, sondern in der angegebenen Folge ausreichende Verhaltensstichproben über einen Zeitraum von vierzehn Tagen zu notieren. Zweckmäßig ist auch darauf hinzuweisen, dass diese Beobachtung auf keinen Fall länger durchgeführt werden sollte, um Fixierungen zu vermeiden.

Geht es um die Vorwegnahme von Misserfolg oder Katastrophen, ist in Beispielen auch auf die sehr häufige Formulierung solcher Ereignisse in der Form von Wenn-, Falls- und Aber-Sätzen hinzuweisen, damit die Beobachtung gezielt solche Formulierung erfasst.

Bei Selbstbestrafungen wiederum ist ein nachträglicher relativierender Kommentar in Formulierungen wie »Hätte ich doch« oder dergleichen relativ häufig. Die Ziele der Selbstkontrolle, die Unterbrechung der Auslösergestalt (Reizkonfiguration) von inneren Sätzen, können gut an der Selbstbestrafungsformel »Ich kann nicht« deutlich gemacht werden. Man schreibt die drei Worte auf und zeichnet einen Unterbrecher nach den ersten beiden Worten »Ich kann« und kann so leicht demonstrieren, dass diese ersten beiden Worte bei erfolgreicher Unterbrechung eine gänzlich andere Reaktion erzeugen werden als die drei Worte »Ich kann nicht«.

Aufgrund des Selbstbeobachtungsprotokolls wird dann eine Auswahl relevanter Anwendungsgebiete getroffen und ein diskriminativer Hinweisreiz zur Erinnerung und Einleitung der Kontrollperiode gesucht.

Immer wiederkehrende Formulierungen, das Aufsuchen einer äußeren Situation, die inhaltlich thematische Beschäftigung mit einer Person, einem Ereignis oder einem körperlichen Zustand, insbesondere jedoch die Minute vor und nach einer Übung können sinnvolle Festlegungen für systematische Anwendungen sein.

Die Ausführung einer bestimmten Tätigkeit, eine bestimmte Uhrzeit mit akustischem Signal oder eine Markierung könnte zum diskriminativen Stimulus für den Gedankenstopp werden.

Die genaue Festlegung des Kontrollanlasses ist die Voraussetzung für ein rechtzeitiges und regelmäßiges Einsetzen der Technik als systematische Stimuluskontrolle. Sie schafft Kontrollbereitschaft.

- *Wie soll kontrolliert werden:*

Hier ist es ganz entscheidend, die Zeitdauer, den Zeitpunkt und den Anlass der Gedankenstopptechnik festzulegen. Bei exzessivem Zwangsdenken wird man in der Regel mit zweimal 15 Minuten in relativ störfreien Tagesperioden beginnen und tägliche Eigenkontrollen im Heft vorsehen. Das Nicht-Auftreten oder regelmäßige Unterbrechen der Gedanken wird abgehakt. Dann wird nach vier erfolgreichen Tagen langsam, etwa in fünf- bis 15-minütigen Perioden, gesteigert.

Bei thematischen und situativen Kontrollanlässen entscheidet die Frequenz des Verhaltens. Wenn es um nur gelegentlich auftretende, isoliert zu bewältigende Situationen geht, kann man auf die zeitliche Unterteilung verzichten. Im Hinblick auf Selbstabwertungen etwa kann man sich auf die Übungszeit – Therapie und Hausaufgaben beim ATP – beschränken; dem Herzphobiker etwa systematisch körperlich belastende Aktivitäten über eine bestimmte Zeitdauer vorschreiben, währenddessen der Gedankenstopp geübt wird; bei der Erwartungsangst wird man diskriminieren zwischen Spekulationen, die sich auf eine zukünftige Situation beziehen, und solchen, die eher eigene Reaktionsmöglichkeiten während des Aufsuchens einer Situation beinhalten. Im letzten Falle wird Gedankenstopp gelegentlich zur Vermeidung missbraucht (die Situation wird nicht mehr voll erlebt).

Bei der Vermittlung des Gedankenstopps ist es wichtig zu betonen, dass es hier nicht darum geht, die eigenen Gedanken zu bekämpfen, sondern rein mechanisch einen zusätzlichen Satz oder Begriff zur Veränderung einer vorgegebenen Reizgestalt einzusetzen. Man verbietet sich die Gedanken nicht, sondern gewöhnt sich daran, einen Satz zusätzlich zu denken. In der Regel besteht der Unterbrecher aus einem kurzen abrupten Signal, etwa dem Wort »Halt« oder »Stopp«, das zweckmäßig plötzlich und laut gesagt wird oder mit einer abrupten motorischen Reaktion (Vollbremsung, klatschen, auf den Tisch hauen etc) verbunden wird. Dieser erste Teil der Gedankenstopptechnik dient ja als Unterbrecher, der einen »Riss« in die Gedankenkette bringen soll, aber kein Verbot. Es ist nützlich, dass der Therapeut die Unterbrecher auch anfangs in Fremdkontrolle demonstriert und einübt, indem er selbst lauthals »Halt -« ruft, während der Patient zu Kontrollierendes äußert und dabei laut die Hände zusammenschlägt. Diese Klatschübung ist auch für das Erlernen der Technik in einer Gruppe geeignet. Die massive und abrupte Vorstellung des Haltsignals führt in der Regel bereits zu einer Schreckreaktion, die die Gedanken unterbricht und nunmehr positive Selbstinstruktionen oder Handlungsanweisungen zur schrittweisen Bewältigung anstehender Aufgaben ermöglicht.

- *Die positive Selbstinstruktion*

Wie bei jeder Verhaltensformung, etwa bei den Lern- und Aktivierungsplänen, ist man nicht nur bemüht, die aversiven Konsequenzen zu verringern – was hier durch den Gedankenstopp erreicht wurde –, sondern die Kontingenzen dahingehend zu ändern, dass nunmehr positive Konsequenzen an die Handlung gekoppelt werden. Wir möchten hier auf die systematischen Darstellungen zu dem Thema Selbstinstruktionen bei Meichenbaum (1974, 1977) und Mahoney (orig. 1974, deutsch 1977, S. 213 ff.) verweisen.

Selbstinstruktionen haben im Rahmen des Gedankenstopps vorwiegend die Funktion, eine bestimmte neue Richtung anzustoßen; in der Kopplung an bestimmte Verhaltensschritte sind sie Bestandteil der systematischen Selbstverstärkung, wie sie etwa ganz gezielt bei der Selbstbewertung der ATP-Aufgaben mittels diskriminativer Hinweisreize für die Verhaltensformung vorgesehen sind. Ein anderer wichtiger Einsatz der Selbstinstruktion ist die Strukturierung situativer Hinweisreize in Form einer einfachen Schematisierung, die eine unmittelbare Handlungsanweisung enthält. Jede dieser Formeln muss zusammen mit dem Patienten daraufhin überprüft werden, ob sie innerlich akzeptiert wird. Die Formel soll realistisch und formal prägnant sein. Sie soll immer als positive Tatsache oder als positives Ergebnis vorgestellt werden, also nicht in verneinender Form.

Bei Selbstabwertungen und Lobabwehr ist es anfangs zweckmäßig, relativ neutrale Selbstinstruktionen zu wählen, etwa die Formel »Halt – ich übe und das tue ich ganz« (statt »ohne Wenn und Aber« oder »alles andere ist gleichgültig«), als den Patienten zu einer Erfolgssuggestion zu überreden (etwa nach der Formel: »Halt – ich bin überlegen und sicher«, die in Widerspruch zu seinen noch funktionstüchtigen Abwehrplänen steht. Unübersichtliche Handlungsabläufe, etwa im Rahmen einer sich aufschaukelnden Erwartungsangst und Prüfungshektik, lassen sich nach der Unterbrechung mit relativ wenigen klaren Strukturierungen und Verlangsamungen meistern. Beispielsweise kann die Folge: »Halt – ich beginne von vorne, ich arbeite Schritt für Schritt, ich tue, was ich kann, schon eine ausreichende Handlungsanweisung darstellen. Selbstinstruktionen mit strukturierenden Handlungsanweisungen sind zur Erarbeitung von ATP-Übungen eine vielfach äußerst hilfreiche Maßnahme. Die eigenen Verhaltensziele werden mit einer genau umschriebenen Verhaltensweise verknüpft.

Ein bis drei solcher Sequenzen werden vorgestellt und dann beim Üben nachvollzogen (etwa: ich gehe sofort bis auf 30 cm an den anderen heran, ich stehe ganz gerade, ich schaue ihm in die Augen).

Vom Gesichtspunkt der Prägnanz sollten die Formeln möglichst einfach-rhythmisch vorstellbar oder auch in Form schlichter Reime erarbeitet werden, etwa »was immer ich mache, ich bleib bei der Sache«, »was immer ich tue, ich mach's mit der Ruhe«. Es ist ja gerade die Schwierigkeit, in einer überfordernden Situation diskriminative Hinweisreize zur Strukturierung zu finden. Dieses würde durch die krampfhafte Suche nach einer komplizierten Selbstinstruktion, die man in der Situation vielleicht nicht mehr parat hat, nicht gerade gefördert.

- *Die Gedankenverschiebung*

ist eine Unterform des Gedankenstopps, die immer dann zu bevorzugen ist, wenn der Betreffende noch nicht ganz von der Unsinnigkeit seiner Grübeleien überzeugt ist oder wenn die Darstellung des Inhaltsgebietes neben der Erzeugung negativer Emotionen starken Belohnungswert hat. Hierzu gehören etwa Grübeleien über existentielle Probleme, über reale Verluste, aber auch viele Zwangsgedanken, deren sofortige Unterbindung anfangs mit zu starkem Angstzuwachs verknüpft ist. Der Therapeut wählt hier mit dem Patienten einen bestimmten Zeitpunkt am Tag oder in der Woche, an dem dieser eine Stunde in Ruhe »denken« *darf*, und verknüpft diese Zeitangabe mit dem Gedankenunterbrecher, etwa »Halt, ich denke von 6 bis 7 Uhr«, »Halt, Gedanken einerlei, ich denke samstags zwei bis drei« etc. Die Abschwächung der Auslösefunktion der Gedanken ist durch die Entkoppelung von der Reaktion gleich wie beim Gedankenstopp, die »Verschiebung« hilft aber, innere Widerstände zu verringern. Dieselbe Funktion erfüllt auch die sogenannte »Marmeladenglas-Technik«. Der Klient wird hierbei aufgefordert, seine Gedanken, in Gedanken oder Realität, auf einen Zettel zu schreiben, diesen Zettel in ein Marmeladenglas zu legen und anschließend immer in der Vorstellung das Marmeladenglas auf das Regal zu stellen. Der Klient hat dabei den Vorteil, dass er seine Gedanken aufheben kann, er kann das Glas vor seinem geistigen Auge – anschauen oder auch nicht. Kurz, er kann sich mit solchen Gedanken, die im Glas »eingemacht« sind, befassen, wann er will, er ist ihnen nicht ausgeliefert. Bei Zwangsgrübeleien und Exzessen an Vorsatzbildungen – unter dem Aspekt der Vermeidung real anstehender Aufgaben – ist die rein imaginative Technik besser mit dem Zusatz, ich darf sie wieder anschauen, aber vorher prüfe ich immer, ob es wirklich nötig ist. Sie kann aber auch bei realen Überforderungen mit aversiven Aufgaben mit »realen« Marmeladengläsern eingesetzt werden. Die Sortierung nach Wichtigkeit: Einmal wöchentlich, einmal zum Monatsersten oder zu Neujahr bringt schon Entlastung, dass die Dinge sich bis dahin zumeist selbst erledigt haben, eine weitere.

2. Therapeutische Grundpositionen und methodische Schwierigkeiten

2.1 Wohin mit dem Verhaltensexzess: Löschung oder Ressourcennutzung?

Das zu Recht gebrandmarkte Vermeidungsverhalten ist in zweierlei Hinsicht Quelle klinischer Probleme: Zum einen verhindert es, so lange erfolgreich praktiziert, die Korrektur negativer Erwartungshaltungen oder hier eine Adaptation an phobische, also nicht mehr real ängstigende Stimuli. Zum anderen ist es als in sich selbstverstärkende Reaktion im Suchtbereich, Zwangsbereich oder als Persönlichkeitsstörung die Quelle beherrschender dominanter und – über ihre Einseitigkeit und Inadäquatheit – oftmals in sich selbst quälend sowie Korrektur und Alternativen verhindernde Größe. Die Devise »störende Exzesse müssen weg« ist von daher sicher in der Mehrzahl ein adäquates Therapieziel.

Nun darf aber nicht vergessen werden, dass Menschen, die jahrelang oder jahrzehntelang Verhaltensexzesse praktizieren, eine Fülle von Fertigkeiten in der Wahrnehmung und Ausübung dieser Schutzverhaltensweisen erwerben, die durchaus auch weiterhin als Stärken oder Ressourcen nutzbar sind. Dies gilt natürlich nicht nur für die Fähigkeit zu sauberen und qualifizierten Arbeiten bei übermäßiger Pflichterfüllung, Perfektion, Korrektheit als Schutzstrategie gegen Misserfolg oder die ja in professionellen Helferberufen zum Großteil zugrunde liegende Zwangsüberanpassung, wo gelernt wurde, anderen jeden Wunsch von den Augen abzulesen und möglichst vorbeugend schon Wohlgefallen durch Problemlösung für andere, Herstellung von Sonnenschein und Wohlgefallen zu erzeugen, sondern auch für eine Fülle kleinerer Schutzstrategien auf dem Niveau von Mittel- und Unterplänen. Zum Zeitpunkt der Neubearbeitung dieses Buches hat der Autor an einem Tag zwei solcher ressourcenverdächtigen Schutzstrategien erlebt: In einem Falle wurden in der Gruppe die Weitschweifigkeit, das Vielreden, das Den-Punkt-verlieren, das Unflexible eines Gesprächsstils immer wieder gerügt, der zwei Funktionen für den Betreffenden hatte, zum einen: schütze dich durch mögliche Genauigkeit vor Missverständnissen. Statt zu fragen, ob er verstanden worden sei, wurde immer noch einmal nachgelegt, neue Variationen der Erklärung folgten. Die zweite Funktion des Vielredens war die Vermeidung von unangenehmen Gefühlen, die Verlagerung des Problems auf den Kopf oder die Sprache. Angst vor Missverständnissen und Ablehnung, Angst vor Fehlern als Gegenstand der Therapie macht sicher die Perfektion des Bemühens um Genauigkeit beim Schildern eigener Probleme nötiger. Es hilft, mit gezielten Unterbrechungen oder etwa vorübergehenden anderen Absicherungsarten, wie Fragen nach Verständnis, den Teufelskreis zu unterbrechen. Im anderen Falle ist immer wieder die behutsame Hinlenkung zu Empfindungen mit der Überprüfung, ob hier »mindfucking« getrieben wird, aus Vermeidung von emotionalem Erleben hilfreich. Ein Teil der Gruppe fand die Vorstellung, dass die Gesprächigkeit des Teilnehmers dadurch Schaden nehmen könnte, jedoch als sehr störend, weil sie gerade die Präzision seiner Ausführung, die

Vielfältigkeit und nuancenreiche Schilderung seiner Sprache sehr genossen hatten. Die positive Seite dieses Verhaltensexzesses mit zweifacher Vermeidungsfunktion (Perfektion und Gefühle) hat eben genau diesen Stil mit sich geführt, der auch weiterhin seinen Platz haben kann. Überflüssig und gelöscht wird eben nur im bedingungsanalytischen Kontext der Angstvermeidung. Ähnliches gilt für die Sarkasmen eines Satireschreibers, der Stil als Vermeidung eigener Gefühle und aus Unfähigkeit, Ärger direkt zu äußern, entwickelt hat. Warum soll er sich literarisch nicht weiter austoben dürfen. Allerdings wird das Bedürfnis, dies zu tun, stark abnehmen und wäre dann eine wirkliche freiwillige, kreative Leistung, zu der die meisten dann nicht mehr fähig sind. Eine Klientin, die als Autistin aufwuchs, bewältigte einen Großteil ihrer Probleme nach wie vor in sehr starken Imaginationen, die das Problem haben, dass sie einmal ins Irreale abdriften und zum anderen lange Zeit die realen Alltagsprobleme vermeiden halfen. Nachdem sie sich in der realen Konfrontation hier sehr gut im Selbstsicherheitssektor verhalten konnte und die ausufernden Imaginationen auch allmählich beherrschen lernte, wurde die Fähigkeit zum Imaginieren zunächst für die eigene Therapie genutzt, pro Übung eine Phantasie, danach Übertragung in die Realität. Dann wurden ihr diese Methoden für ihre eigene therapeutische Tätigkeit als eigene Ressource und Stärke nahe gelegt.

Es ist wichtig, gleich zu Beginn den Patienten den Eindruck zu nehmen, dass sie nunmehr ihr ganzes Leben lang alles falsch gemacht hätten und zwischen der Möglichkeit der Ressourcennutzung und der absoluten Notwendigkeit des Exzessabbaus in der Vermeidungsfunktion zu unterscheiden. Ob nach dem Wegfall der negativen Verstärkung, also Angstabbau oder Schuldgefühlabbau, dieser Verhaltensexzess noch weiter existiert und ob die positive Verstärkung attraktiv genug und ausreichend ist, sie über diese geschulten Fertigkeiten zu erwerben, bleibt dahingestellt. In vielen Fällen, etwa im Helferberuf, ist es jedoch ratsam, sehr behutsam zu trennen. Wenn die Fähigkeit zum Abgrenzen gegeben ist, ist die vielfältige Möglichkeit des Sich-Einfühlens, Wünsche zu erkennen, ein therapeutisches Grundkapital, das natürlich unverzichtbar bleibt und dem der Betreffende schließlich seine berufliche Qualifikation zum Teil mit verdankt, auf jeden Fall seine Motivation.

2.2 Therapeutische Schwierigkeitsabstufung oder Schwierigkeitsreduktion als Vermeidung

Therapeuten, die noch die klassische Systematische Desensibilisierung nach Wolpe kennen und analoge Formen des Angstabbaues einsetzen, sind mit dem Problem vertraut, dass die Feinabstufung nach Schwierigkeit in der Hierarchie phobischer Stimuli dort ihre Grenzen findet, wo die Zwischenkonstruktion der situativen Annäherung so leicht wird, dass sie keinen eigenen Erlebnisanteil mehr beinhaltet. Zwischen dem Anzeigen bei zu großer Schwierigkeit und dem cool gelassenen Unbeteiligtsein würde die magische Grenze mit etwa 30 Prozent Angst, subjektiv mit einem leichten Kribbeln, leicht flauem Gefühl, einer leichten Beklemmung oder einer leichten Beschleunigung des Herzschlages definiert. Erhöhung der Schwierigkeit führt zur Totalvermeidung im Sinne des Unbetei-

ligtseins oder Garnichttuns oder des inneren unbeteiligten schnellen »Durchziehens« von Übungen. Aber auch manche »Erniedrigung« der Schwierigkeit, etwa über die Abschwächung der eigenen Betroffenheit, kann den selben Effekt haben, wenn der Betreffende dadurch unbeteiligt emotional die Situation in einer fiktiven Als-ob-Haltung, ohne Bezug zu seinem eigentlichen Problem und unter Ausklammerung wesentlicher Erlebnis- und Handlungsebenen absolviert.
Von nicht bedingungsanalytisch geschulten Therapeuten wird bei der Schwierigkeitsstufung gerne die Aufforderung gebraucht, die Klienten sollten sich vorstellen, nicht wirklich in der Situation zu sein. »Stell Dir vor, Du spielst das nur.« Genau dieses ist eine der gefährlichsten Formen der Vermeidung innerhalb der Inszenierung »Verhaltensprobe«. Mit dieser Intervention fördert der Therapeut also eine sehr tückische Möglichkeit des nicht sichtbaren Aussteigens, der inneren Emigration, vor neuen Erfahrungen. Er hilft, Äußerungsformen mangelnder Eindeutigkeit, also selbstunsicheres Verhalten (ohne emotionale Beteiligung bleibt das Verhalten aufgesetzt und ohne Überzeugung) einzuüben. Bei der klassischen Systematischen Desensibilisierung wurde häufig auf dem untersten Niveau der imaginierten Situationsannäherung mit Items gearbeitet, die der Klient erst im Fernsehen sich vorstellte, etwa eine Prüfungssituation, an der er nicht beteiligt war, ein großer Hörsaal oder ein Rednerpult. Dies wurde ohne die visualisierte Anwesenheit oder ohne visualisierten Bezug zu seinem eigenen phobisch besetzten Verhalten angeboten. Dennoch hat hier der Patient mit der Schwierigkeitseinschätzung bei Beginn der Hierarchie, die ja bei jeder Sitzung auch wiederholt wird, durchaus ein Feedback gegeben, wie weit die innere Beteiligung, die er selbst über situative Elemente assoziativ und unwillkürlich, auch ohne kognitiven bewussten Bezug zu seinen Regeln und Plänen herstellt, gewährleistet war. Eine zu niedrige Schwierigkeitseinschätzung war in einem bestimmten Schwierigkeitsniveau irrelevant, eine zu hohe zeigte, dass die angebotene Situation zur Vorstellung führte, die hinsichtlich der eigenen vorgestellten Beteiligung oder negativen Konsequenzen hinterfragt und korrigiert gehörte.
Vom Klienten selbst wird vor allem die partialisierte Erfahrung und Schwierigkeitsreduktion über die Balance der Ausdruckskanäle und der Wahrnehmungskanäle praktiziert. Entscheidend ist hierfür das vorgegebene therapeutische Setting. Bei der Inszenierung »Annäherung an den phobischen Stimulus durch Verhaltensproben« darf und soll der Klient innerlich und äußerlich – wenn auch in kleinen Schritten – vorwärtsgehen, also Annäherungsverhalten statt Vermeidungsverhalten praktizieren. Von seinem gewohnten Muster her möchte er jedoch vermeiden. Der Konflikt lässt sich am leichtesten lösen, indem er einen Schritt vorwärts geht, aber leiser spricht, dass er lauter spricht, aber die Botschaft verfremdet mit Man-Bezug und Verallgemeinerung, dass er persönlicher wird, aber den Blickkontakt wegnimmt, dass er die Distanz verringert, aber ein entschuldigendes Dauerlächeln aufsetzt, dass er bei emotional berührendem Thema plötzlich weitschweifig und abstrakt wird, dass er beim verbalen Äußern von Gefühlen nicht in der Lage ist, körperliche Wahrnehmungen emotionaler Veränderung zuzulassen. Ähnlich dem Konstrukt der kognitiven Konsonanz werden hier unmittelbar und ohne Überlegung emotionale Stimmigkeiten mit den motorischen und verbalen Verhaltensweisen in Bezug zur Situation und ihrer (noch gültigen) Bewertung durch Ausbalancierungen vorgenommen. Wir haben diese Form des Splittings im Erleben als Schwierigkeitsreduktion schon mehrfach besprochen: Sie dienen dem geschulten Blick des Therapeuten als Rückmeldung dafür, dass hier die Schwierigkeit der Übung im Verhältnis zu den Plänen des

Klienten trotz der vorgegebenen Abstufung zu hoch wird. Es gibt Therapeuten, die die Dissoziation des Erlebens und der Wahrnehmung als bewusste Technik der Zielannäherung empfehlen und praktizieren. Von unseren Erfahrungen und der Logik des phobischen Bedingungsmodells her ist dies bei den auf Bewältigung angelegten Verhaltensproben des ATP jedoch unzweckmäßig. Die Erfahrung ausbleibender negativer Konsequenzen kann und muss einem eindeutigen, vollverantworteten Annäherungsverhalten attribuiert werden. Sobald irgendein Hintertürchen offengelassen ist, wird der Betreffende dazu neigen, seine Negativerwartung beizubehalten, weil er sich sagt, wenn ich die Gefühle zugelassen hätte, wäre ich jetzt verletzt worden; wenn ich den anderen angeschaut hätte, hätte ich sicher aggressiv gewirkt und wäre abgelehnt worden (falls wir eine kognitive Interpretation mögen). Die abgestufte Konfrontation muss also auf jedem Schwierigkeitsniveau innerlich und äußerlich voll und ganz getragen werden, gleichzeitig ein wenig Schwellenüberschreitungsängste und Plankonfliktspannungen erzeugen, aber aushaltbar sein. Umgekehrt – eine Reduktion der Schwierigkeit durch Zurücknahme auf einzelnen partiellen Ausdruckskanälen verhindert diese Erfahrung und ist eine Vermeidungsreaktion, die im ATP gerade als Feinindikator für korrektive Maßnahmen im Zielannäherungsverhalten dienen sollte. Für die Einführung dieses Problems bietet sich das allen bekannte Verhalten im Lift als didaktisches Beispiel an: Die hier vorgegebene Nähe ist im Sozialverhalten Fremden gegenüber in den wenigsten Kulturen so vorgesehen und damit angstbesetzt. Sie ist normalerweise eine Distanz, die nur im intimen Kontakt als diskriminativer Hinweis für weitere Nähe dient. Es ist also ganz legitim, hier die durch die äußere Situation im Verhältnis zur kulturellen Distanzmarke zu hohe Spannung durch das verfügbarste Reduktionsverhalten – Wegnahme des Blickkontakts und Schweigen – zu reduzieren. Ebenso sinnvoll war es natürlich für den Phobiker, solange er sich durch Vermeidung schützte, zu lernen, dass er in Situationen, wo er äußerlich anwesend sein musste, dann zumindest innerlich emi- oder immigrierte, sprachliche Entpersönlichung oder körpersprachliche Rücknahmeformen praktizieren lernte, die genauso wie alle anderen Vermeidungsreaktionen ab Beginn der Therapieentscheidung umfunktioniert werden als Indikator für Zielannäherungsstrategien (von der »Weg-von«- zur »Ran-an«-Ideologie).

Im Grunde wird hier ein Reframing vorgenommen. Reframing benutzt aber auch der Klient, um Schwierigkeitsabstufungen im Sinne der Vermeidung zu betreiben. Die häufigste Form ist in der Therapie die Relativierung der Zielannäherungsschritte in der Verhaltensprobe als »Das ist nicht die Wirklichkeit, das ist nur ein Rollenspiel« mit der Folge, dass er seine negative Erwartung weiter beibehalten kann. In der Realität ist natürlich alles ganz anders, dort klappt es nicht, dort sind die Menschen nach wie vor darauf aus, ihn zu kränken, zu verletzen, zu kritisieren. Es ist für ihn anfangs leichter, mit dieser Fiktion zu arbeiten und damit seine alte »kognitive Konsonanz« zu erhalten, als neue Erfahrungen die Dissonanz erzeugen, zuzulassen. Wir haben oben bereits erläutert, dass diese Art der Realitätsverfremdung für die Therapieziele und therapeutischen Vorgehensweisen kontraproduktiv ist und therapeutische Interventionen erfordert. Wir können solche Tricks oder Schutzstrategien, die bei gewollter (und häufiger bei gesollter) Teilnahme an Therapien oder situativen Annäherung erfolgen, andererseits emotional noch nicht ohne Abwehr möglich sind, in Bezug zur Therapie auch als *»therapieimmanente« Vermeidung* bezeichnen. Dazu gehören neben Dissoziationen, Reframing und Umattributionen besonders die Relativierung und Demontage der Therapieregeln und Therapievermittler über das Infragestellen der Richtigkeit und Angemessenheit und Zweckmäßigkeit der normativen, fachlichen oder persönlichen Bezüge.

2.3 Was tue ich wann: die Kunst des richtigen Zeitpunktes

Vom zeitlichen Verlauf her zeigen sich im ATP die »therapieimmanenten Vermeidungen« also solche, die trotz der Festlegung auf Veränderung und Teilnahme an der Annäherungstherapie situativ benutzt werden, besonders in folgender Form:

- Das Problem der Als-ob-Fiktion stellt sich sehr schnell mit den ersten Hausaufgaben ein. Die Aufforderung, mit Fremden »nur um der Übung willen« Kontakt aufzunehmen, nach einem Weg zu fragen, den man schon kennt, oder später sich im Geschäft Gegenstände erklären zu lassen, um sie dann doch nicht zu kaufen, verstößt häufig gegen die Pläne absoluter Ehrlichkeit und Lauterkeit mit der Schutzfunktion, anderen die volle Kontrolle zu überlassen, um sich Ablehnung zu ersparen und andere nur in wirklich dringenden Fällen für sich selbst bemühen zu dürfen.
Die Erklärung, dass andere genauso gern helfen würden, wenn sie wissen dürften, dass es um eine wichtige persönliche Erfahrung und nicht nur eine Auskunft geht, vermag hier meist weiterzuhelfen. Soziale Alltagssituationen als Inszenierung für Selbsterfahrung so zu verändern, dass der wirkliche Anlass vom Üblichen abweicht, birgt natürlich die Gefahr einer Dissoziationsbildung. Auf der Sachebene will ich ja die Interaktionsziele tatsächlich nicht wirklich verfolgen. Der Übungsgewinn für die Therapie liegt ja auch in aller Regel bei den abgestuften Übungen des ATP speziell im Grundkurs nicht in der sachlichen Lösung, sondern in dem emotionalen Zugewinn an Selbstsicherheit, in der Erwartungskorrektur durch Neuerfahrung oder dem emotionalen Gewinn durch Angstabnahme. Von therapeutischer Seite ist es nützlich, diesen Konflikt auch gleich im Sinne selbstwerterhöhender Rahmenbedingungen anzugehen, in dem man erklärt, dass sicher jeder Sozialpartner, der willig ist, anderen durch eine kurze Auskunft oder durch Information zu helfen, auch willens wäre, anderen bei einem viel wichtigeren, persönlicheren Ziel wie dem der Gewinnung von Selbstsicherheit und Angstfreiheit zu helfen. Er kann dies natürlich nicht, wenn er vorher in die Spielregeln eingeweiht ist. Immerhin sind aus dieser Perspektive von der Furcht, andere zu missbrauchen, einige Abstriche zu erwarten. Eine ausufernde Diskussion auf diesem Sektor würde wie immer nur den Vermeidern neuen Spielraum geben. Die sinnvollste Intervention ist natürlich zu sagen, »ausprobieren« und dann erst über diese Erwartungshaltung und Bedenken zu reden. Die häufigsten Kompromisse, die Klienten mit starker Angst vor Sanktionen bei Unehrlichkeit oder bei Inanspruchnahme von anderen (»fall nicht lästig« und »halte nie etwas vor Deinen Eltern verborgen«, »tue nichts Unrechtes, um nicht abgelehnt zu werden«) eingehen, sind Reisen in entfernte Städte, um dort nach dem Weg fragen zu dürfen (wo sie sich immerhin sagen könnten, dass sie die Auskunft auch tatsächlich benötigen). Solche Arrangements sind am Anfang durchaus zulässig, sie werden aber nicht gefördert und mit der Zeit immer weiter als unnötig dargestellt. Wichtiger ist hier erst mal, im Ein-

klang mit sich selbst eine Grenzüberschreitung hinsichtlich des sich direkter »Mehreinlassens« im Sinne von Fordern zu erreichen. Die Pläne selbst können zu diesem Zeitpunkt ja doch noch nicht geändert werden. Die »Vermeidung« therapeutischer Konfrontation durch konsonanzschaffende Arrangements im Durchführungsmodus – anstatt die Dissonanz zu erleben und die Deutung (Plan, Wertung) nachträglich an die neue Erfahrung anzugleichen – ist auch ein Beispiel für die kreative Vielfalt unserer Anpassungsleistungen, hier im Sinne der Beharrung der Sichtweisen durch die Angleichung der »Wirklichkeiten«. Wir können mittels des Konsonanz-Dissonanz-Modells die sukzessive Konfrontation auch als gelenkte Dissonanzerfahrung begreifen, bei der durch die Veränderung des Vermeidungsverhaltens in Annäherungsverhalten unter Konstanthaltung der Situation eine kognitive Angleichungsleistung im Sinne der Konsonanz bewirkt werden soll, und wo bei zu hohem Veränderungsdruck ohne die Möglichkeit von Rückzugsverhalten die Situation (oder die Realität) verändert wird. Bei der abgestuften Darbietung der Situationen, also der therapeutischen »Realitätsveränderung« und der geförderten Annäherung, ist der Druck auf kognitive Konsonanzdeutungen und hinsichtlich alternativer Rückzugsvermeidung geringer. Die neuen Deutungsmöglichkeiten können auch die gewachsenen Handlungsmöglichkeiten und die Vielfalt gedeuteter neuer Konsequenzen (Rückmeldungen und neue Selbstbewertungen) mit integrieren. Selbst- und Weltbild werden in einem wechselseitigen Prozess von sukzessiver Annäherung und Überprüfung der erwarteten und tatsächlichen Konsequenzen synchron entwickelt. Dagegen kann ein hoher Druck auf »Neudeutung« durch erzwungene Konfrontation mit traumatischen Wirklichkeiten ohne Copingstrategien eben die (psychotische) Realitätsverbiegung als konsonanzschaffende Leistung bewirken.
In der Therapie müssen wir solch extrem einseitige Veränderungen der drei Variablen: Situation, Annäherungsverhalten/Konfrontation und Konsequenz/Deutung, auch bei den unmittelbaren Konfrontationen im Bereich öffentlicher Beachtung nicht befürchten. Patienten mit paranoiden Denkmustern und »halluzinatorischen« Wirklichkeitsverkennungen werden dieser Methode ja wohl nicht ausgesetzt. Für die Deutung im Rahmen der »Symptomentstehung« bietet das Modell jedoch interessante Möglichkeiten. Für unser Thema, Selbstsicherheit in abgestufter Form zu entwickeln, bedeutet es, dass die Art der kognitiven Umbewertung viel gezielter und systematischer entwickelt werden kann, aber auch muss, als bei rein mechanischer Erhöhung des Drucks auf Neubenennung durch direkte Konfrontation. Es bedeutet zum Thema unserer neuartigen »Vermeidungsarragements« durch Klienten-Reframing und Umgestalten der Übungssituationen, dass Therapeuten dies nur vorübergehend tolerieren dürfen und besser die Intensität der Konfrontation kleiner halten, also die Annäherungsvariablen in der Hierarchie feiner abstufen. Immer gilt hier auch die Devise, erst die Übung durchzuführen und dann erst die wirklichen Erfahrungen statt nur die Erwartungen zu besprechen. Menschen mit ausgeprägten Fähigkeiten zur Schwierigkeitsverminderung durch Dissoziationen zwischen Auslöser und Reaktion über die Umdeutung oder Umgestaltung der Situationen sollten bei den Übungen zum Neulernen besonders hinsichtlich ihrer emotionalen Beteiligung kontrolliert werden (etwa durch Fragen, was sie jeweils empfinden).
Reframing kann eine äußerst hilfreiche und geniale Art der Bewältigung von Schwierigkeiten sein, kann eine große Ressource bei der Anwendung durch die Klienten selbst sein, kann aber auch wirkliche Änderungen der äußeren Situation und die Entwicklung neuer Fertigkeiten und Handlungsmöglichkeiten verhindern.

Eine Variante dieser Form der Vermeidung ist es, die Übung als Tribut an den Therapeuten von der weiterhin bedrohlichen und vermeidungswürdigen Welt zu trennen. Dies wird dann nach der Übung in der Gruppe mit dem Kommentar »das würde ich in der Realität nie tun« angekündigt. Da dies ja schon in der Therapievorbereitung genügend mit den dahinterliegenden Funktionen und Plänen erhellt worden ist, kann hier einfach ein Gedankenstopp oder auch andere Fremdunterbrechungen in der Gruppe vereinbart werden. Wenn der Zusammenhang unklar ist, wenn es als Hinweis auf zu hohe Schwierigkeiten gewertet werden muss oder als Widerstand gegen den Therapeuten, müsste einem solchen Verhaltensexzess schon Raum in der Problemanalyse gegeben werden. Da die Anfangsbedingungen in einer Gruppe auch bei sorgfältiger Gestaltung des Settings mit Lockerungsübungen, Entspannungsübungen, atmosphärisch entspannten, humorvollen Einlagen etc. niemals so weit für sozial Ängstliche in der Schwierigkeit reduziert werden kann, dass die Anwesenheit von Fremden und die Exposition vor Fremden ganz zu Beginn ohne erhebliche Ängste ablaufen, werden immer starke Vermeidungswünsche ausgelöst, die aber im Widerspruch mit dem Therapieentschluss und -vertrag stehen und so nicht als Flucht oder Abbruch umgesetzt werden können. So ist die normative Relativierung der Übung eine naheliegende Versuchung. Therapeuten sind gut beraten, auch hier einfach zur Übung oder dem Abfragen der Hausaufgaben zurückzukehren. Die Versuche, hier auf der Überzeugungsebene jahrzehntelang gewachsene und von der Angst her einfach noch notwendige Schutzüberzeugungen ins Wanken zu bringen, sind müßig. Hier würde tatsächlich nur ein Vermeidungsverhalten verstärkt, weil die einzige Folge der Diskussionen in der Unterlassung des Tuns gelegen ist. Aber auch das sehr aktiv geförderte, oft ziehend und schubsende Motivieren zur Verhaltensprobe schafft in den allerersten Sitzungen noch keine angstfreien Bedingungen. Es ist hier also ganz zwangsläufig, dass dazu hohe Schwierigkeiten austariert oder relativiert werden. Bei zu starker Richtungsvorgabe auf den Übungspartner etwa wird dann zu früh vor ihm gestoppt, bei zu starkem Gewichten auf Lautstärke wird dann wieder der Blickkontakt vermindert, ein zu starkes Bemühen um das »Abschminken« des Dauerlächelns bei Konfrontationsübungen wird Selbstvorwürfe und Schuldgefühle auslösen (die tunlichst mit in die Übung als veränderte Selbstinstruktion und Gedankenstopp mit eingebaut werden müssten). Kurz, der therapeutische Ehrgeiz auf Eindeutigkeit ist durch die unspezifische Bedingung »Zusammentreffen mit Fremden« in einer Übungsgruppe anfangs etwas zu bremsen. Lobende Hervorhebung von Annäherungsverhalten oder von Eindeutigkeit mit Kongruenz der Ausdruckskanäle dort, wo es sich anbahnt, ja, gewaltsames Herstellen zu diesem Zeitpunkt – nein.

Vielfach wird hier zu Beginn diesem anderen Setting der Konfrontation mit hauptphobischen Stimuli dadurch Rechnung getragen, dass hinsichtlich der öffentlichen Beachtungsangst die Antipanikstrategie im Mittelpunkt der Gruppenbeachtung, etwa erhöht auf einem Stuhl stehend und von allen gemustert werdend, eingeübt wird. Selbst in dieser Situation, in denen der Klient nicht vermeidet, sich äußerlich der gaffenden Menge auf sehr geringe Distanz und noch dazu im Mittelpunkt erhöht zu stellen, kann natürlich Vermeidung praktiziert werden. Vermeidung steht immer im Zusammenhang mit dem Setting und Menschen, die jahrzehntelang geübt haben, phobischen Stimuli auszuweichen, haben eine unerschöpfliche Fülle von erfolgreichen Möglichkeiten in dieser Richtung entwickelt. Interessant ist diese Übung nicht nur zur Beschleunigung der Habituation an die unspezifischen ATP-Gruppenbedingungen (unspezifisch für das hierarchische

Vorgehen), sondern auch zum Aufdecken von inneren Vermeidungsstrategien. Eine Person, die angehalten ist, den Blickkontakt nicht zu vermeiden und nicht die Spannung durch Lachen zu reduzieren, die Hände nicht abwehrend zu verschrauben oder die Arme zu verschränken, sondern völlig offen auf der Wahrnehmungsebene ihre Angstauslöser an sich heranzulassen, wird in der inneren Verarbeitungsweise ihre Vermeidungspraktiken suchen. Dies ist am häufigsten das Ausblenden von Gefühlen, entweder über die kognitive Schiene mit dem »Das ist nicht Deins« (was bis zum psychotischen Sprung bei Menschen mit geübter Dissoziationen in diesem Sektor gehen kann) oder dem »Ich-spüre-gar-nichts« -Verneinen. Als Flucht vorwärts wäre dann eine Möglichkeit des So-zu-Tuns, als ob die Situation bereits Genuss erzeugen würde und »das Bad in der Menge« als Mittelpunktsverhalten schon positiv erlebt werden könnte, zu werten. Dies ist auch dort, wo es glaubhaft angstfrei erlebt wird und positiv gelabelt worden ist, am Anfang für Menschen, die wegen Selbstunsicherheit an einer Gruppentherapie teilnehmen, doch meist nur eine Fiktion. Das heißt, sie spielen die Rolle der Vielbewunderten. Die therapeutisch positive Bekräftigung darf sich daher zu diesem Zeitpunkt noch in Grenzen halten.

- Ein weiterer kritischer Zeitpunkt, in dem das hierarchische Vorgehen mit dem Unnötigmachen des Vermeidungsverhaltens in Konflikt mit anderen Therapiezielen gerät, ist bei Beginn der Kommunikationsübungen im Sektor »Neinsagen bei Freunden« zu erleben und beim Äußern von Wut oder anderen starken Emotionen. Diese Übungen aus dem dritten Übungsbuch speziell im Kommunikationsteil erfordern entweder eine so hohe Expressivität sehr intensiver Gefühle, was entsprechend exzessive Verlassenheitsängste wegen der damit verbundenen Disharmonie aktiviert, damit die erneuten »Vermeidungsmuster« oder Schwierigkeitsreduktionen vor allem als innere Verwirrung, Desorganisation oder äußeres Danebenstehen und grelles Lachen – oder sie aktivieren, etwa im Falle der Nein-Sage-Übungen, Annäherungs-Vermeidungskonflikte, die, wenn sie nicht vollständig aufgedeckt und artikuliert werden, zu verbal inhaltlichen und verbal grammatikalischen Vermeidungsverhalten führen. Dies kann dabei inhaltlich der faule Kompromiss sein und verbal grammatikalisch die Verwässerung der Aussagekraft durch Abstraktion, Flucht in die Konjunktive, Verallgemeinerung und die sprachlichen Abschwächungen hinsichtlich der Auftretenswahrscheinlichkeit (etwa, »man könnte ja unter Umständen«, » manche Menschen würden jetzt«).

- Eine weitere Bewältigung zu hoher Schwierigkeiten oder unlösbarer Konflikte liegt in der »symbolischen« oder stellvertretenden Vermeidung im Sinne einer *Übersprungshandlung.*

Besonders in Situationen, für die noch nie ein geeignetes Repertoire zur Verfügung stand, aber auch in Situationen, wo Zweifel an der Wirksamkeit eigener Strategien aufgekommen sind oder die eigenen Schutzstrategien in den speziellen Situationen nicht möglich erscheinen, gibt es neben dem ohnmächtigen Resignieren oder dem blinden Aktivismus auch Verhaltensexzesse, die im neuen situativen Zusammenhang total sinnlos erscheinen – in einem früheren Zusammenhang jedoch für das Individuum erfolgreich praktiziert worden sind. Hier sprechen wir von einer Übersprungshandlung, die innerlich durch den Abbau von Zweifeln, Ängsten, Spannungsgefühlen, Ohnmachtsgefühlen durchaus Verstärkungswert gewinnen kann und damit sich an Häufigkeit und Intensität steigert. Wir finden solche Übersprungsverhaltensweisen bei vielen *Zwangshandlungen* wieder, bei Buße und Reinigungsritualen, plötzlichen Selbstbeschädigungsexzessen, Ordnungs-, Einkaufs- oder Bewegungsaktivitäten. Ihre bedingungsanalytische Einordnung ist zumeist sehr schwierig. Therapeutisch werden wir in jedem Fall überlegen müssen, wie wir den unangenehmen Zustand unmittelbar vor diesen Verhaltensexzessen lindern können, um seinen Verstärkungswert abzubauen, und welche angemessenen Antworten in dieser Situation eingeübt werden könnten. Dann muss allerdings, und hierzu ist therapeutische Führung und Hilfe im Allgemeinen notwendig, die Übersprungshandlung, also der Griff in die falsche Strategiekiste, konsequent unterbunden werden.

Alle Schwierigkeiten und Interventionen sind in der bedingungsanalytischen Erklärungs- und Zielableitung zeitabhängig. Der therapeutische Prozess mit der Hochrechnung der jeweils neuen Bedingungskonstellation in Bezug zum Veränderungswissen und den Fernzielen muss auf dem Niveau eines jeden neuen Istzustands wiederholt werden. *Therapie verändert fortlaufend auch ihre Eingangsvoraussetzungen.*

Die Kunst des richtigen Zeitpunktes mit dem Wissen, *wann tue ich was, ist das therapeutische Können, die Therapiemethode das Handwerkszeug.*

Die sukzessive Modifikation des Verhaltens – in unserem Therapierahmenplan vorgesehen und spontan dann doch mit vielen Sprüngen und Änderungen umgesetzt – schafft immer neue Möglichkeiten der Wahrnehmung, des Zulassenkönnens von neuen Erklärungs- oder Wertungsgrößen, von Emotionen und Handlungen, die auch als »bedingende Bedingungen« für den möglichen Erfolg einer Änderungsstrategie aufgefasst werden können. Zu frühe Versuche stoßen auf Widerstand, wenn sie funktionstragende Pläne aktivieren, zu späte sind bestenfalls redundant, oft jedoch ebenfalls nicht mehr umsetzfähig, weil etwa Lösungen über problematische Pläne inzwischen den Veränderungsdruck genommen haben.

Die Grundvoraussetzung selbstsicheren Verhaltens ist die Beseitigung phobischer Negativerwartung und phobischer Stimulierung zu Vermeidungsverhaltensweisen. Die gesamte Konzeption des ATP ist auf die fortschreitende und aufeinander aufbauende Neuerfahrung bislang vermiedener Situationen unter möglichst angstfreien Bedingungen ausgelegt. Das Ausbleiben der erwarteten negativen Handlungskonsequenz und eine möglichst hohe kontingente positive Verstärkungsrate des neuen Annäherungsverhaltens sollen diesen Wandel bewirken. Aversive Handlungsfolgen in der sozialen Interaktion werden nicht nur durch Vermeidung vom ursprünglich real aversiven event festgeschrieben, sie werden im Sinne ständiger Neukonditionierung auch durch die negativen Folgen selbstunsicheren, nicht eindeutigen Verhaltens aufrechterhalten. Die überzeugende Eindeutigkeit des Verhaltens setzt die Übereinstimmung von Verhaltensweisen über alle Ebenen hinweg voraus: Das Gefühl und die Körpersprache, die Planstruktur und die innere Überzeugung müssen mit dem Gesagten und Getanen, mit dem verbalen und motorischen Verhalten übereinstimmen.

Dies ist *das Resultat von Selbstsicherheitstherapien und steht nicht am Anfang zur Verfügung.*

Das bedeutet, in jeder Übungssituation darf die erfahrene Erregung, die Diskrepanz zum alten »Plan« oder Wertesystem oder die Intensität der neuen Ausdrucksformen nicht so hoch werden, dass angstmachende Abweichungen und Konflikte zu Kompromissen mit Abschwächung einzelner Ausdruckskanäle oder mit überzogener, einseitiger Vorwärtsvermeidung führen.

Die Schwierigkeitsabstufung benutzt alle Bedingungsvariationsmöglichkeiten: Am Auslöser die Rückführung in der angenommenen Angstgeneralisierung über die systematische Abstufung nach Ähnlichkeit, die gesamte S-Umschreibung durch Reframing in einem anderen Bedeutungskontext, etwa wenn das selbstunsichere, zu freundliche Jasagerverhalten als unfair gebrandmarkt wird, also gegen den Plan besonders nett und hilfreich sein zu müssen verstoßend, weil etwas vortäuschend, was nicht ganz so gemeint, nicht durchgehalten oder einfach nur aufgezwungener Schutz statt echtem positiven Bedürfnis entspringend ist.
Auf der Reaktionsebene wird durch die systematische Variation der Auslöser und der Konsequenzen die anhängige Größe in der aversiven Qualität gering gehalten.

2.4 Zum Umgang mit therapiegefährdenden Plänen: Komplementäre und inkompatible Muster

Die schwierigste Situation in der Therapie entsteht sicher dann, wenn Therapeuten therapieren wollen und Klienten beweisen wollen, dass sie nicht therapierbar sind. Am häufigsten bei Patienten aus der Diagnosegruppe »Borderlinestörung« kann sich ein solches Bemühen aus Planstrukturen ableiten, die zu Testzwecken wirklicher Akzeptanz – also auch wenn Klein-Erna oder -Rolf in die Hose gemacht hatten – entwickelt wurden. Statt sich anzupassen und brav alles zu unterlassen, was Ausgrenzung und Tadel zur Folge hatte, wurde ein trotziges »dennoch« entwickelt und oft eine Methode der Machtausübung und Bestrafung nach dem Motto »Wie du mir, so ich dir« oder die Machtausübung durch Verweigerung und Durchkreuzen der Erwachsenenpläne. Eine häufige Funktion lag auch in der Abwehr und Verweigerung von Ausbeutung: »Nur als hoffnungsloser Versager oder mit der Demonstration unliebenswürdiger bis abstoßender Eigenschaften und Verhaltensweisen kann ich mich vor Überforderung oder Missbrauch schützen«. Jedes therapeutische Bemühen erhöht dann die Beweisnot des »Unheilbaren«. Der Verstärkungswert des Verhaltens, bei Bejahung zu verneinen und bei Verneinung zu bejahen, und die Möglichkeit komplementären »Daraufeingehens« sind auf einer Metaebene und nicht hinsichtlich des konkreten Verhaltens zu suchen. Auf der Metaebene liegt der Wert dieser anscheinend widersprüchlichen Reaktionen zwischen Kooperation und Destruktion der therapeutischen Bemühungen darin, immer am längeren Hebel zu sitzen, Zuwendung unter allen Bedingungen zu erhalten oder diese – quasi partialisiert – bei Zustimmung zu genießen und sich der Gefahr von Ansprüchen, Übergriffen und Gegenleistungen vorbeugend zu entziehen. Dies etwa in der Planbildung »Zeige dich unabhängig, indem du nie anderen zustimmst, behalte dadurch Recht, dass du stets die Meinung anderer oder ihren Träger herabsetzt oder ad absurdum führst«. Es werden zum Teil völlig absurde Angstsituationen konstruiert. So meinte eine Planträgerin bei der Gesprächsübung in der Tram, in der alle hintereinander sitzend gleichzeitig üben, sie könne die Übung nicht machen, weil so viele Menschen vor ihr sitzen würden, als sie vorne saß, es ginge nicht, weil alle sie beobachteten – zumeist versuchte sie jedoch bei Anforderungen die angsterstarrte Salzsäule darzustellen. In selbstgewählten Mittelpunktsituationen konnte sie dann von einer Sekunde zur anderen völlig entspannt brillieren. Auch wenn von therapeutischer Seite hier komplementär jede Anforderung unterlassen wird und, oder je nach Plan mit dem »Eingeständnis« therapeutischer Ratlosigkeit Raum für selbstbestimmte Leistung gegeben wird, ist ein solches Muster für ATP-Gruppen über längere Dauer nicht zu tolerieren. Der Modellcharakter und die Tolerierung bis Falschverstärkung von Fehlverhaltensweisen sprengen alle Gruppenregeln und Vermittlungsprinzipien. Die Therapie sollte hier bestenfalls einzeln versucht werden, was nicht generell für Borderlinestörungen gilt.

Die Pläne, stets einmalig sein zu müssen, können die Schwierigkeit der Übungen und der Rückmeldungen so in die Höhe treiben und andere unter Misserfolgsbedingungen setzen, dass Therapeuten in der Gruppe nicht immer komplementär, sondern oft mit »bestrafender« Unterbrechung reagieren müssen. Dennoch ist die betreffende Person nur über die Absättigung des im Plan enthaltenen Bedürfnisses von ihrer verhängnisvollem Steigerung des Anerkennungszwangs zu heilen. Dieser therapeutische Spagat gelingt nur über die begleitende Einzeltherapie. Hier kann und darf der Therapeut die ungebremste Hochachtung und Bewunderung für das »verkannte Genie« liefern, bis es sich nicht mehr als solches fühlt.

Falls nun dieses Verhalten mit ähnlichen Plänen der Therapeuten kollidieren würde, wäre selbst diese Möglichkeit nicht gegeben.

Widerstand, Aufgabenvermeidung, Regelverletzung oder Therapieabbruch sind zum Großteil Folge nicht komplementären und absättigenden Eingehens auf die Klientenpläne. Sie können in der Gruppe nicht immer verstärkt werden, müssen aber auch nicht durch Überzeugungsversuche oder Druckerhöhung aktiviert und herausgefordert werden.

3. Der Grundkurs

3.1 Der erste Übungsabschnitt: Die Vermittlung der Grundlagen angstfreier Neuerfahrung

3.1.1 Die ersten Sitzungen

Nachdem in letzter Minute noch ein vorgesehenes Gruppenmitglied abgesagt hat und die sorgsame Planung des Therapeuten über den Haufen geworfen hat, nachdem bei der meist langen ambulanten Wartezeit die Einzelnen in ihrer vorbereitenden Therapie schon in höheren Schwierigkeitsgefilden geübt haben und auch so das Konzept des Therapeuten gefährden, und nachdem vielleicht in letzter Minute ein völlig unvorbereiteter Kandidat aus innerlichen oder technischen Gründen einen gut geplanten, frei gewordenen Platz besetzt, kann die 70- bis 100-stündige Prozedur endlich beginnen. Neugierde wechselt mit Bangen, Tatendrang mit Experimentierfreude, mit Angst und Rückzugsverhalten und der Therapeut versucht, beides in eine strukturierte und gelenkte Vorwärtsbewegung umzuwandeln.

3.1.1.1 Die Eröffnung

Der Therapeut begrüßt die einzelnen Teilnehmer, lässt sie möglichst nicht lange in dieser ersten angstbesetzten Anonymität warten und geht gezielt zur ersten Aktion über, der Bekanntmachung. Als Modell beginnt er selbst, da seine Person den Teilnehmern bekannt sein dürfte. In seiner kurzer Vorstellung wird er den Ablauf der Sitzung in einigen Sätzen skizzieren, die Formalien festlegen und, soweit bekannt die ersten Urlaube und die Gesamtdauer des Kurses, bekanntgeben. Für die Vorstellung gibt er die Anweisung, dass sich jeder mit vollem Namen, also Vor- und Nachnamen, kurz vorstellt (bei offenen Gruppen ist der Vorname allein ausreichend und zweckmäßiger) und zwei, drei Sätze zur Zielsetzung im Gebiet Selbstsicherheit, vielleicht auch seine Schwerpunktbildungen in den einzelnen vier Hierarchien und – soweit bekannt – seine vorwiegenden Schutzmuster (Vorwärts- oder Rückwärtsvermeidung in der jeweiligen Hierarchie) darstellt, was dann reihum erfolgt.
Die Vorstellung kann folgende Funktionen oder Utilisierungen haben: Kennenlernen ohne den Schutz der Anonymität, was bei nur Vorname der Fall sein könnte, Steuerung von Nähe und Distanz. Einzelne Teilnehmer, besonders »Gruppenexperten«, neigen dazu, sehr schnell höchst private Dinge in die Gruppe einzubringen. Dies macht dann bei sozial Ängstlichen mit einer anfangs sicher legitimen Schutzhaltung vor zu persönlicher Öffnung leicht Druck und zum Teil sehr starke Ängste. Hier ist Steuerung gefragt. Einzelne werden weniger Probleme mit Nähe haben oder sogar aus Vorwärtsvermeidung zu viel ausschütten und andere werden bei Beginn sehr starke Probleme mit persönlicher Darstellung haben, dies macht den berühmten therapeutischen Spagat von Gruppenleitern erforderlich: Einerseits soll ich die Vorauseilenden nicht behindern oder gar ihr

selbstsicheres Verhalten bestrafen, andererseits soll es nicht zum Modell und zum Maßstab für die Selbstunsicheren werden und diese sollen vor der zu frühen, weil zu stark angstbesetzten, Nachahmung geschützt werden. Natürlich wird der Therapeut die angstfreien, selbstsicheren Verhaltensweisen von Gruppenmitgliedern zumindest für die positive Transferbildung nutzen, etwa für die Gruppenkohäsion, in dem er das Vertrauen des Teilnehmers zu den anderen hervorhebt oder auch, dass der Betreffende bereits so viel Selbstvertrauen hat, dass er sich mit seinen Stärken und Schwierigkeiten darstellen kann. Andererseits wird er den Modellcharakter für die anderen vermindern, indem er etwa sagt: »Zum gegenwärtigen Zeitpunkt ist für die meisten diese Ausführlichkeit der Darstellung noch zu schwierig und die Therapie kann von den Schwerpunkten her auch im Augenblick auf diese Dinge nicht genügend eingehen. Jeder braucht nur so viel über seine Zielsetzungen mitzuteilen, dass die andern im Sektor Selbstsicherheit den Anlass der Therapieaufnahme verstehen, dies kann mit drei oder vier Sätzen geschehen. Sie sind nie gezwungen, auch nicht auf Fragen, mehr zu sagen, als sie möchten.« Tatsächlich ist es ja für die Zielsetzung zu Beginn der Therapie völlig irrelevant, wenn hier ausführliche Probleme ausgeschüttet werden. Selbst wenn Therapeuten hier Zeit für Diskussionen einräumen, ist der therapeutische Effekt gleich null.
In einer Runde von selbstunsicheren Personen sind die Maßstäbe der Bewertung des Feedbacks so eng, dass in aller Regel nur ängstliche Erwartungen geteilt, also verstärkt werden und bestenfalls ein unspezifischer Entlastungseffekt »das habe ich auch« als Tröstung für den anderen, damit aber auch eine symptomverstärkende Verhaltensweise zu erwarten ist. Dieses Problem wird auch bei fehlender therapeutischer Steuerung durch natürliche Schutzmechanismen gemildert. Der Angstpegel der Teilnehmer bei der allerersten Vorstellungsrunde ist zumeist so hoch, dass die meisten weder die Namen noch die Details der anderen mitbekommen, es sei denn, sie erhalten Informationen, mit denen sie sich selbst über das Ähnlichkeitsprinzip angesprochen fühlen.
Die persönliche Vorstellung wird jetzt utilisiert, indem der Therapeut sofort eine Übung dazu inszeniert. Analog zur **Übung 8**, die als **Hausaufgabe Nr. 15** die möglichst freundliche und persönliche Begrüßung entfernterer Zeitgenossen in der Firma oder Nachbarschaft zur Aufgabe macht, werden die Teilnehmer aufgefordert, aufzustehen, jeden, den sie dann treffen, mit Namen so freundlich als möglich zu begrüßen. Jeder soll jeden begrüßen. Diese Inszenierung hat folgende Funktion:

1. Auflockerung der Gruppenatmosphäre durch motorische Aktion
2. Angstabbau durch Bewegung und Sich-Kennenlernen
3. Matrixbildung für die anschließende Herausarbeitung unterscheidender Rückmeldungen hinsichtlich der Eindeutigkeit selbstsicheren Verhaltens in Abhängigkeit von Inhalt und Ziel

Fast alle Übungen dieses ersten Übungsabschnittes »Straße« sind im Gehen oder Stehen durchzuführen, was neben den spielerischen »jeder übt mit jedem« Inszenierungen wie bei der Begrüßungsübung sehr zur Auflockerung beiträgt. Die Übungen selbst sind im Alltag sehr einfach, in der Gruppe durch die Rahmenbedingung »öffentliche Beachtung« zunächst sehr schwer. Die notwendige Einführung der grundlegenden Verhaltensänderungsstrategien in diesem Abschnitt ist ein weiterer Grund, die Schwierigkeit möglichst gering zu halten und in jedem Fall einfache und belohnende Gestaltungen zu wählen.

Der erste Übungsabschnitt vermittelt über die Anwendung des theoretischen Veränderungswissens und durch die erste Überwindung des Vermeidungsverhaltens bereits einen deutlichen Gewinn an Selbstvertrauen und Änderungszuversicht. Der durchschnittliche Zeitaufwand von 5 Sitzungen ist dafür voll gerechtfertigt.

Mögliche Schwierigkeiten:

Besonders bei Selbsterfahrungsgruppen kann hier bereits eine »Orgie von Nähe« mit Umarmungen und Herumgealbere eintreten, was im Sinne der Auflockerung der Gruppenatmosphäre sicher nicht schlecht ist und Priorität hat. Als Erlebnisqualität von Nähe ist die Übung in diesem Setting dagegen ungeeignet. Bei Patienten empfiehlt es sich, einzugreifen, wenn Einzelne Verhaltensweisen einbringen, die anderen sichtlich Angst machen. So freundlich als möglich heißt, adäquat in diesem Setting jemanden mit Handschlag, offenem Blickkontakt, vielleicht einem Lächeln, auf jeden Fall aber mit dem Namen zu begrüßen. Zu lange Gespräche werden mit der Frage, ob schon alle anderen Teilnehmer begrüßt worden sind, unterbrochen.

3.1.1.2 Übungsziele und Beobachtungskriterien

Die Utilisation der eben inszenierten Erfahrung für die diskriminative Verstärkung kann wie folgt geschehen: Die Therapeuten erklären den Stellenwert der Übung in der Kontakthierarchie. Sie lassen die einzelnen Teilnehmer alle Verhaltensweisen des Gegenüber beschreiben, die ihm den Eindruck vermittelten, dass der andere wirklich echt und gern mit ihm Kontakt aufnehmen wollte. Der/die KlientIn notiert auf der Tafel die einzelnen konkreten Verhaltensweisen, also etwa Lächeln, Handschlag, Nähe, Zuwendung. Er/sie kann die Auflistung dann noch durch Situationen, die jetzt nicht geübt wurden, erweitern, etwa: sprachliche Eindeutigkeit, Ich-Gebrauch, subjektive Ebene, Wahrnehmungen eigener Gefühle und Bedürfnisse statt Allgemeinplätze, persönliche Anrede, persönliche Fragen, Berührung etc. Dann fragt er/sie, wie die Einzelnen ihr Problem gelöst haben, wenn sie sich nicht mehr an die Namen der zu Begrüßenden erinnern konnten. Er notiert in einer neuen Rubrik »Fragenstellen« als positives Verhaltenselement im Rahmen der Fehlschlagangst, nachdem er hinterfragt hat, welche Hemmung die Einzelnen hat zögern lassen, die Frage nach dem Namen zu stellen. Hier kommen meistens viele Erzählungen aus dem Alltag, z. B. dass die Einzelnen Probleme bekamen, weil sie etwa einfache Informationen wie Namen immer wieder »vergessen«, weil sie aus Belästigungsangst (Hierarchie Neinsagen) gar nicht erst richtig zuhören oder aus Kritikangst nicht nachfragen. Analog zum Mut, sich auch einmal »dumme Fragen« zu erlauben, wird das Zulassen von Nichtwissen, von Fehlern und Schwächen als rückmeldewürdige Verhaltensweise innerhalb der Fehlschlagangsthierarchie aufgelistet. Es wird noch einmal kurz hinsichtlich der Kontakt- und Fehlschlagangst-Hierarchie konkretisiert, welche Verhaltensweisen zu beobachten sind und positiv zurückgemeldet werden. Dann wird unter Bezug auf die »*Verlernlisten*« erklärt, warum unvollkommene, angstbesetzte oder falsche Verhaltensweisen gelöscht, übersehen und eben nicht rückgemeldet werden. Der theoretische Rekurs, die entsprechenden Texte in den Klientenbüchern und die im Vertrag und einzeln oft erklärte Prämisse, dass Lernen unter negativen Konsequenzen nur zum Anwachsen von Vermeidung, aber nicht zu einem Annäherungsverhalten mit dem Aufbau eines neuen Repertoires führt, kann im Allgemeinen hier sehr kurz gehalten werden.

Die Paradoxie, dass in der Selbstsicherheitstherapie das Fehlermachenkönnen und Fehlerzeigenkönnen (ohne Selbstabwertung) positive Verstärkung erfährt, weil es mit der Überwindung der Schutzstrategie verknüpft ist, dass aber das spontane Fehlermachen zumeist als Zeichen von hoher Anspannung und Angst nicht beachtet und gelöscht wird, dass Fehlerfreiheit um den Preis perfektionistischer oder zwanghafter Vermeidungsstrategien keine positive Bekräftigung erfahren soll (etwa ganz im Gegensatz zu vielen effizienzbetonten Rhetorik- oder Fertigkeitstrainings) wird sich sicher nicht bei der ersten Erklärung in den Gehirnen genügend einnisten und muss immer wieder im Einzelfall beim Feedback differenziert werden.

Die Liste der in der Kontaktrubrik gesammelten Beispiele von eindeutigen (im Sinne des Vermittelns der Botschaft »Ich freue mich, dich zu sehen, anzuhören, zu spüren«) Verhaltensweisen muss hier nicht gleich in allen Aspekten verbaler Eindeutigkeit und Vollständigkeit vertieft werden, erstens weil diese Parameter in den Anfangsübungen nicht auftauchen und zweitens, weil sie die Teilnehmer nur unter Druck setzen. Wichtig sind zunächst solche Beispiele, die in den ersten Übungen auch tatsächlich zu beobachten sind, etwa Blickkontakt, freundliches Lächeln, offene Körperhaltung und Gestik, Zuwendung und ausreichende räumliche Nähe, nickendes und paraphrasierendes Zuhören.

Die Kriterien für das Feedback bei der Hierarchie »Fordern« und »Neinsagen« werden jeweils nach den entsprechenden Verhaltensproben abgeleitet, beim Fordern also bei Übung 1, 3, 5 und beim Neinsagen bei Übung 4. Hier sind es die flexibleren Distanzmarken und Bedürfnisäußerungen ohne »Wenn und Aber«, die als Zeichen von vermehrtem Sich-Einlassen oder vergrößerter Herausnahme, bei Selbstsicherheit eben als Spiel zwischen Nähe und Distanz oder zwischen Wohlbefinden und Bejahung oder Missempfindung und Verneinung der Situation besonders wichtig sind. Auch die unterscheidende Wertung des Lächelns als Anlass positiver Rückmeldung im Kontakt und als Gegenstand der Löschung beim Neinsagen und die den Gefühlen angemessene Lautstärke und der Ichgebrauch beim Fordern sind wichtige Verstärkeranlässe neben Haltung und Gestik. Dies wird etwa an den Übungen 5 und 6 demonstriert. Der Blickkontakt ist die Voraussetzung für die Eindeutigkeit aller Botschaften, unabhängig von den Hierarchien und sollte anfangs immer rückgemeldet werden, wenn er aktiv mit der Kontaktaufnahme und Wunschäußerung erfolgt. Seine Wegnahme beim Zuhören kann als Zeichen der Abgrenzfähigkeit zu einem späteren Zeitpunkt jedoch ebenfalls soziale Kompetenz anzeigen und rückmeldende Bekräftigung verdienen.

3.1.1.3 Mögliche Verzweigungen und Variationen im ersten Übungsabschnitt

Nunmehr können je nach Situation und Klientel *verschiedene Schwerpunktbildungen* verfolgt werden. Bei zu starker Angst können Auflockerungsspiele, Angstzulassungsstrategien oder auch mal Entspannungsübungen eingesetzt werden. Die erste Hausaufgabe kann aus der Anfangsauflockerungsinszenierung und der Liste mit Anhaltspunkten zur Zielbildung und diskriminativen Verstärkung entwickelt werden. Aus den Listen können mit Hinweisen auf die persönlichen Verhaltensexzesse und -defizite mögliche Funktionen hinterfragt werden und diese über eine *»Interviewübung« zur Plananalyse* vertieft werden oder, was sich für den Regelfall anbietet, die erste Verhaltensprobe mit der Systematik des Übens eingeführt werden. Plananalysen bieten sich für Selbsterfahrungsgruppen an und immer dann, wenn die Angst nicht zu hoch ist und die Motivation zum Üben – etwa mangels Vorbereitung – noch mäßig erscheint. Sie müssen immer von konkreten Übungen gefolgt werden und haben so weitgehend nur Einsichts- und Erklärungswert. Sie sind ausführlich in Band 1 (Bedingungen und Formen sozialer Schwierigkeiten) dargestellt und werden zweckmäßig mit den Arbeitsblättern und biografisch zentralen Angaben in Bezug zu den eingebrachten Problemen und den beobachteten Verhaltensexzessen geführt. Die Interviewübung wird dabei so gestaltet, dass jeder seinen Nachbarn befragt: was dessen Eltern jeweils für Erwartungen hatten, welche Funktion er/sie also übernehmen sollte, was folglich bestraft und was als Vorleistung auf eventuelle Akzeptanz gefordert war. Die Pläne der Eltern, ihr eigenes Erwartungs- und Verstärkungsfeld bei deren Eltern, ihre eigene Selbstsicherheit oder soziale Angst, die Normen, Tabus, die Besetzung von Rangplätzen durch Geschwister, Streit und Trennungs- bzw. Verlassenheitsängste sind wichtige Moderatorvariablen in der Planbildung. Die Einschränkung und die positiven Aspekte der mutmaßlichen Planstruktur im Hier und Jetzt werden durch die Darstellung dessen, was jeder im Bereich der Familie, der Freunde, Freizeit und Arbeit am meisten mag und was dort jeweils am unangenehmsten ist (analog etwa Arbeitsblatt 4), ergänzt. Die Übung benötigt viel Zeit. Für das Interview genügen zwar je 10 bis 15 Minuten, in zwei Durchgängen, da ja die Interviewer im zweiten Durchgang(jeder übt mit jedem) noch selbst befragt und vorgestellt werden müssen. Die Vorstellung des Betreffenden, die Befragung und Analyse in der Gruppe mit der sehr vorsichtigen und stets fragend-tastenden Formulierungshilfe können jedoch für den Einzelnen leicht eine Stunde und mehr erfordern. Der Plan wird als stimmig bejaht, wenn die betreffende Person eine klare körpersprachliche Bejahung liefert.

Im Regelfall der ATP-Durchführung versuchen wir jedoch möglichst bereits in der ersten Sitzung das Üben zu üben, Übung 1 durchzuführen und erst zum Schluss die erste Hausaufgabe über die Kontaktübung, evtl. gepaart mit der ersten Forderübung »Informationen in eindeutiger Form zu gewinnen«, zu vermitteln. Dies mit dem Ziel, möglichst viel Aktionsinszenierungen gegen die lähmende Angst in der ersten Sitzung zu bringen, aber auch, um schon strukturierte und gebahnte Selbsterfahrungsmöglichkeiten für die Zeit bis zur nächsten Sitzung anzubieten.

3.1.1.4 Das Üben üben

Übung Nr. 1 (Fordern): Eine einfache Sachauskunft ohne Einschränkung oder Begründung einholen

Entsprechend der generellen Zielsetzung beim Fordern oder Bedürfnisäußern liegt die Zielsetzung dieser Übungsinszenierung darin, eigene Bedürfnisse wahrzunehmen, diese wichtig zu nehmen und sie mit angemessener Intensität in möglichst eindeutiger Form zu äußern. Bezogen auf die erste Übungskonstruktion, eine einfache Ortsauskunft von einer freundlichen, sachkundigen, fremden Person zu erhalten, soll die übende Person damit experimentieren, die eigene gewohnte Verbindlichkeit, den Begründungs- oder Entschuldigungszwang, also die überflüssige und oft verwirrende Verpackung der eigenen Wunschäußerung, zurückzunehmen, wenn, was der Regelfall ist, hiervon zu viel des Guten im Alltag praktiziert wird. Falls jedoch – etwa aus Angst vor Nähe – schon vorbeugend mit schroffen, verschlossenen Verhaltensweisen agiert wird, sollten stattdessen ein Mehr an Verbindlichkeit und eine freundlichere Zuwendung als Übungsziel gewählt werden. Die Eindeutigkeit in der Wunschäußerung, hier der einfachen Informationsbitte, soll auf verbaler Ebene durch den Satz »Können Sie mir bitte sagen, ... (wo der Bahnhof ist)« oder »Ich möchte bitte den Weg zum Bahnhof wissen« ohne Entschuldigung geäußert werden. Auf nonverbaler Ebene soll ich zeigen, dass ich etwas von der anderen Person will, indem ich direkt auf sie zugehe, vor ihr stehen bleibe, sie anschaue und mit angemessen deutlicher Stimme spreche. Das Auftauchen all dieser oder jeweils einer dieser Verhaltensweisen soll später von den zuschauenden Gruppenmitgliedern, soweit es registriert wurde, einfach feststellend als Rückmeldung geäußert werden. Die übende Person soll ihre Ziele, ihre Durchführung und Inszenierung der Übung und anschließend ihre erreichten Ziele im Sinne eindeutiger Verhaltensweisen im Anschluss daran äußern.

Wie man mit der Übung 1 das Üben übt, sollten die Therapeuten selbst aktiv vormachen, und zwar sowohl für die Rolle des Übenden als auch unmittelbar anschließend als Übungspartner für die nunmehr selbst als erste übende Patientin. Der *Begriff »Rollentausch«* wird hier bewusst nicht für diesen Wechsel verwendet. Er ist theoretisch vorbelastet und legt ganz andere Gewichtungen als die Verhaltensprobe nahe. Bei späteren Übungen kann der Rollentausch als eigene Technik eingesetzt werden, um wechselseitig subjektive Möglichkeiten des besseren Nachvollziehens und Verstehens unterschiedlicher Verhandlungspositionen zu schaffen, als Routine nach einer Verhaltensprobe ist dies nicht erforderlich. Die aktive Auswahl passender Übungspartner seitens der Übenden hat eindeutig Priorität.

Der Übungspartner wird bei der Modellvorgabe durch die Therapeuten gleich in der richtigen Schwierigkeitsabstufung und hinsichtlich seiner untergeordneten und restriktiven Funktion vorgegeben. Der Therapeut in dieser Rolle fragt den Übenden, wie und wann er agieren soll, oder wiederholt selbst noch einmal seinen »Job« als Erfüllungsgehilfe für die Verhaltensprobe des anderen und seinen Auftrag. Er sagt bei Übung 1 etwa »Ich gehe also auf dein Zeichen hin los. Ich stelle mir vor, ich bin beim Stadtbummel, also nicht in Eile, sehe dich auch nicht eher an, bis du mich anredest oder vor mir stehen bleibst, und sage dir dann auf Befragen hin in deine Laufrichtung zeigend, freundlich – ja, die erste Straße links.« Der Übungspartner übt selbst nicht. Er erhält keine Rückmeldung, es sei denn, für die gute Darbietung der Vorgabe und die Einhaltung der Schwierigkeitsabstufung. Dennoch lernt auch der Übungspartner, indem er etwa die Auswirkung von selbstsicheren, eindeutigen Verhaltensweisen spürt, was ihn selbst ermuntert, dies auch auszuprobieren oder über die Fertigkeiten in »role taking behavior«, was die soziale Wahrnehmung und – Diagnose verbessert. Da die Übungspartner – besonders bei den Übungen aus dem Bereich »Fordern« – oft selbst sehr schwierige Rollen spielen müssen, etwa wenn sie besonders aggressive Zeitgenossen darstellen müssen, lernen sie auch schon verdeckt mit. Vom Angstpegel her wären diese Verhaltensweisen ja noch viel zu schwierig. In der Fiktion »Ich tue es ja nur dem Übenden zuliebe und da darf ich das« erlauben sie sich schon wesentlich deutlichere Lautstärke und Nähe, als es in eigener Verantwortung möglich wäre. Hier ist also die Dissoziation von Tun und Erleben eine tolerierte – weil vom Setting her nicht wegzudenkende – Bedingung und wird dann als »subkutane« Lernmöglichkeit utilisiert.

Es ist zweckmäßig, auch den Übungsraum gleich so zu strukturieren, dass man hier etwa eine Diagonale für die nächsten Übungen freihält, dass man eine räumliche Ecke für den Übenden und eine für den Übungspartner definiert und dass man die aktive Wahl des Übungspartners vorgibt. Der Therapeut begibt sich also in die Ecke einer Raumdiagonalen, bittet ein Gruppenmitglied in einer direkten persönlichen Bitte »Ich möchte mit Dir üben«, sich ihm gegenüber in die möglichst weit entfernte Gegenposition zu stellen, und macht dann die *vier Phasen einer Übung* selbst vor, nachdem Übung 1 vorgelesen wurde.

Diese Übungsphasen sind:
1) *Die Zielbildung*: Die Therapeuten wiederholen das Standardziel (Ersetzen eines zu sehr verpackenden Wunschäußerungsverhaltens durch eindeutige und direkte Bedürfnisaussagen, hier durch das Ersetzen von »Entschuldigen Sie bitte« durch eine Begrüßung als Signal und die klare Frage »Können Sie mir bitte sagen, wie ich ...«) und bitten dann die anderen Gruppenmitglieder, noch einmal auf die Verhaltensweisen zu achten, die im Sinne der Eindeutigkeit beim Fordern beobachtbar sein könnten. Diskriminativ erklärt er noch einmal zur Freundlichkeit oder Ernsthaftigkeit, was für die jeweiligen Schwerpunkte ausschlaggebend ist: Wenn der Therapeut als Modell etwa sagt, »Ich neige mehr zur Freundlichkeit und möchte stattdessen mit einem ernsteren Gesichtsausdruck üben und dafür Rückmeldungen haben«, sollte er auch anfügen, dass es durchaus sein kann, dass andere ganz im Gegenteil auch mehr Eindeutigkeit durch mehr Freundlichkeit entwickeln könnten und hier eine andere Zielsetzung haben müssten.
Die Übungsziele sollten nach Möglichkeit positiv formuliert werden. Ziele, die in der Formulierung »Ich möchte nicht« angekündigt werden, sollten übersetzt werden: »An welchem anderen, neuen Verhalten könnten wir erkennen, dass Sie Ihr altes Verhalten nicht mehr praktizieren?«, wie genau lautet die selbstsichere Alternative?. Diese ist oft in der Festlegung der ein oder zwei Sätze gegeben, mit denen wir unsere Bedürfnisse und Empfindungen ausreichend klar formulieren können.
2) Bei der *Inszenierung*, dem 2. Teil einer Übung, gibt er/sie einmal dem Übungspartner Regieanweisung »Du bist also ein freundlicher Straßenpassant, der mich nicht gleich von vornherein ins Visier nimmt, sondern mich erst wahrnimmt, wenn ich in seinem Gesichtsfeld auftauche, und der mir mit einem kurzen, freundlichen Satz ›Ja, geradeaus‹ in meine Laufrichtung zeigend, oder ›nach 100 Metern‹ oder ›Geradeaus, und dann erste rechts‹, die gewünschte positive Auskunft gibt und dann weitergeht.
Neben der *Regieanweisung* und *aktiven Auswahl der Übungspartner* gehört zur Inszenierung auch, sich – möglichst mit geschlossenen Augen – so in die Situation einzufühlen, dass die übende Person das zu äußernde Bedürfnis auch tatsächlich spürt. Erst nach dieser *Einstimmung* kommt es zur dritten Phase der Verhaltensprobe,
3) *der eigentlichen Durchführung.*
Auf ein Zeichen setzt sich der Übungspartner in Bewegung und dann geht der Übende möglichst direkt auf ihn zu, grüßt dann als Signal, dass er etwas von ihm möchte, und bleibt kurz vor ihm stehen, gibt seine eindeutige Formulierung wie oben, erhält die gewünschte Auskunft und kann in Laufrichtung weitergehen, verbleibt in der Gegenecke des Raumes und kommt zur vierten Phase der Übung,
4) *der Bewertung* von Zielerreichungsverhalten ohne Abwertung oder Einschränkung.
Die Bewertung erfolgt ja anfangs als reines Aufzählen derjenigen Zielannäherungskriterien, die von den Übenden selbst sicher erreicht worden sind. Sie wird durch die genauso sachliche Rückmeldung von Beobachtungen eindeutiger Verhaltensweisen oder Zielannäherungen durch den Therapeuten und die Gruppe ergänzt, was viele Fragen und Unsicherheuten unnötig macht. Dies wird entsprechend genutzt als Begründung für die sofortige Unterbrechung von Zweifeln und Abwertungen, etwa mit dem Hinweis: Halt,

hören Sie sich bitte erst alle Rückmeldungen an und ergänzen Sie dann Ihre Bewertung durch die Beobachtung der anderen. Mit der Zeit wird eine positive Bewertung, erst sachlicher (Ich finde das gut) und noch später emotionaler Art (Ich freue mich darüber), dezidiertes Übungsziel. Was jeweils verstärkt wird, sind unmittelbar selbstsichere Verhaltensweisen, aber auch mittelbar dazu notwendige Übergangsstrategien. Wann diese wieder gelöscht werden, wann intermittierend im Intervall eindeutiges Verhalten erneut verstärkt wird und innerhalb welcher Hierarchie wann was hervorgehoben wird, ist in den Kriterien »Ziele« und »Beachten Sie« der Übungstexte sowie in den Operationalisierungen für die Bewertungspunkte der Hausaufgaben enthalten. Dieses Gerüst geht auf eine ausgeklügelte Hierarchie zur Lobannahme zurück, muss jedoch nicht sklavisch verfolgt werden.

3.1.1.5 Die Rückmeldung

Zunächst gibt diese der Therapeut als Modell vor. Er meldet seine Beobachtung hinsichtlich der ein oder zwei Zentralziele sachlich anerkennend zurück und verstärkt den Mut zur Übung oder dem Ausprobieren. Als Modell für den ersten Übenden gibt er die Selbstbewertung vor: »Ich habe beabsichtigt, mich nicht zu entschuldigen, das ist mir gelungen, ich hatte den Eindruck, dass ich im Sinne der Eindeutigkeit direkt die Richtung auf den zu Fragenden eingehalten habe. Falls ich jetzt Fragen oder Unklarheiten zu meiner Bewertung hätte, würde ich auf jeden Fall zunächst die Rückmeldung der Gruppe abwarten und danach meine Bewertung ergänzen.« Der/die Übende sollte erfahren, was jeder Einzelne beobachtet hat an anderen Verhaltensweisen, die zeigen, dass das Verhalten eindeutig im gewünschten Sinne war, also angemessene Lautstärke, Abstand/Nähe, Blickkontakt, Mimik, Gesichtsausdruck.
Der Therapeut kann evtl. noch den Umgang mit Rückmeldungen vormachen, die die betreffende Person von ihrer Bewertung her nicht teilt. Statt einer Zurückweisung wird der genaue Wortlaut wiederholt: »Du hast also gesehen, dass ich eine aufrechte Haltung hatte, ... gehört ..., dass ich ...« Dies natürlich nur für die einzig zugelassenen Rückmeldungen eindeutigen Verhaltens und nicht von Fehlern. Zumeist ist diese Intervention erst später und bei hartnäckigen Selbstabwertern und Lob-Relativierern nötig. Als »Double« eines Übenden kann der Therapeut dies bei der Bewertung vorgeben und diese Vorgehensweise dann zum Bestandteil aller nachfolgenden Übungen machen. Utilisiert wird dies dann noch als Vertiefung der Rückfragetechnik aus Übung 2. Diese Intervention wird meist in der dritten oder vierten Sitzung sinnvoll und stellt eine sehr bewährte Zwischenabstufung in der Hierarchie »Lobannehmen« dar.
Dann gibt der Therapeut den Übungspartner vor und bittet den vormaligen Übungspartner, jetzt selbst zu üben. Er hält ihn an, zunächst die Ziele zu formulieren, die Standardziele, und er hinterfragt auch persönliche Ziele in Richtung Vorwärts- oder Rückwärtsvermeidungschwerpunkte, bittet den anderen, sich Zeit zu lassen, sich vorzustellen, dass er wirklich dieses Bedürfnis hat, durch kurzes Augenschließen und Imaginieren einer entsprechenden Szene. Er gibt die volle Verantwortung für die Übung auch an den anderen ab, indem er ihn noch mal bittet, ihn zu instruieren, notfalls mit Korrektur, dass er sich so instruieren lässt, dass er die eine präzise Auskunft in der Laufrichtung des Übenden abgibt, auf Kommando sich bewegt und sich auch modellhaft so verhält, dass er den anderen nicht zu stark mustert, selbst sich leiten lässt von dessen Verhalten und verstärkend in die Laufrichtung des anderen weist.

Dann gibt er Rückmeldung im Sinne der objektiven »Ich habe gesehen, dass Du, dass Sie…«. Sie haben das Ziel, Ihren Wunsch ohne Verpackung und ohne sich für Ihr Bedürfnis zu entschuldigen erreicht. Mit dieser Rückmeldung schafft er einmal den Transfer vom situativen Verhalten in der einfachen geübten Situation auf die noch ausstehenden wesentlicheren Bedürfnisäußerungen, er stellt modellhaft klar, dass es reicht, ein Ziel zu haben und dieses zu erreichen, und bleibt in der Lobhierarchie auf der Feststellungsebene.

Komplikationen und Probleme

Bei der Rückmeldung werden folgende Schwierigkeiten früher oder später auftauchen:
»Das hat der andere schon gesagt – Problem«:
Gruppenmitglieder wollen originell sein und es fällt ihnen nichts mehr ein, wenn andere vor ihnen bereits registriert haben, dass Blickkontakt, angemessene Lautstärke oder das Nichtgebrauchen von Entschuldigungen zu beobachten waren. Hier muss immer wieder darauf gedrungen werden, dass es für den Übenden verlässlicher ist, wenn er aus wiederholten Quellen dieselben Wahrnehmungen bestätigt findet. Die möglicherweise auch schon in der ersten Übung auftauchenden Bedürfnisse nach vollständiger »Rückmeldung«, also auch der Fehler, wird jetzt zweckmäßig nur mit Hinweis auf die Vorbereitung, den Vertrag und den theoretischen Hintergrund kurz präzisiert, aber auf keinen Fall an dieser Stelle diskutiert. Merke: Diskussionen, besonders gern um richtig oder falsch und um Normen, sind anfangs fast immer Vermeidungsverhalten vor den Verhaltensproben.
Bei der Abfrage der ganzen Runde, die anfangs bei der starken Misserfolgsangst notwendig ist, kann auch ganz direkt gefragt werden: Haben Sie eine Entschuldigung gehört, Hat die Übende bei der Frage den anderen angeschaut? Die Genauigkeit der Wahrnehmung wird als soziale Diagnose, also als Teil sozialer Intelligenz, erläutert und den Rückmeldern ein kurzes »gut beobachtet« zur Verstärkung rückgemeldet.
Immer wieder werden anfangs die eigenen engen Normen zu Bewertungen führen, die unsicheres Verhalten verstärken und selbstsicheres Verhalten negativ werten. Auch wenn Wertungen hier ausdrücklich herausgehalten werden sollen, das subjektive Feedback nur für besondere Diskriminationsleistungen benutzt wird und Fehler durch Nichtbeachtung gelöscht werden sollen, wird anfangs immer wieder jemand ein Lächeln zuviel loben oder eine unterwürfige Geste als positiv rückmelden.
Bei sehr dominanten Gruppenleitern kommt – durch die Abfragetechnik gefördert – häufig eine Rückmeldung zustande, in der die Klienten über die übende Person zum Gruppenleiter sprechen. Hier können direkte Anweisung – etwa: »Bitte sagen Sie es der Übenden direkt«, Lenkung durch Anschauen der Übenden, Hinweise und hervorhebende Bekräftigung für die persönliche Anrede – als Kurskorrektur eingesetzt werden.
Die beliebteste Übungsvermeidung der ersten Stunde besteht in Diskussionen zum Thema »Höflichkeit und Entschuldigung«. Eine kurze Information der allen bekannten Grundlagen, dass ja nur die Entschuldigungen Vermeidungsverhalten sind, die zwanghaft erfolgen und beim Nichtpraktizieren Angst vor Ablehnung machen, dass das Wort »Entschuldigung« für viele Selbstunsicheren schon eine Art Denkmuster geworden ist, was ihr »auf der Welt sein« mit beinhaltet, ist meist nötig. Im Zweifelsfalle soll es auch für diejenigen, die die Entschuldigung nur als Signal oder als Floskel bewerten, zum

Zwecke der Überprüfung des Notwendigkeitscharakters beim Auskunftgebenden in dieser Übung einmal weggelassen werden. Dann jedoch sollte jede weitere Diskussion unterbunden werden und erst neue Erfahrungen erbeten werden, bevor das Thema weiter besprochen wird (Was dann nicht nötig ist).
Wir nutzen als Therapeuten möglichst viele der bewährten Lernhilfen: Neben der Grundvoraussetzung bedingungsanalytisch abgeleiteter fördernder Bedingungen besonders die Modellvorgabe, die Instruktion, die direkte und die indirekte Verstärkung.

Die *Videorückmeldung* des eigenen Erscheinungsbildes und der Verhaltensproben ist anfangs bei selbstunsicheren Personen nicht zweckmäßig. Die Konfrontation mit der eigenen Mehrdeutigkeit und den eigenen Angstreaktionen ist sicher nicht als bedingungsanalytisch stimmige Intervention anzusehen, weil sie eher über teils reale, teils in der negativen Selbstsicht und -bewertung gelegene Bestrafungsmomente sensibilisiert statt neue Sichten zu vermitteln oder neues Verhalten unter positive Kontrolle zu bringen. Sie beraubt auch im Mittelfeld der Therapie die Therapeuten der ganz entscheidenden Möglichkeit, das, was sein soll, über das, was selektiv an Annäherungsschritten herausgearbeitet und hervorhebend verstärkt wird, erst zu schaffen. Immer wieder begegnen wir dem zunächst ungläubigen Staunen, dass dies und jenes auf die Gruppe oder Therapeuten so ganz anders gewirkt habe als im Selbstbild verankert – und – der dann nachfolgenden Angleichung des Aussehens oder Verhaltens an dieses Rückmeldungsbild.
Im dritten Teil des ATP erst scheinen uns bei dieser Klientel die Vorteile einer Videorückmeldung die Nachteile zu übertreffen. Die Selbstsicherheit und das äußere Bild (die Klienten werden nachweislich offener, sympathischer oder halt »schöner«) ist zumeist schon auch für die einfache Abbildung verstärkungsträchtig, die Eindeutigkeit des Verhaltens ebenfalls. Die komplizierten kommunikativen Abläufe lassen sich leichter wiederholend rückmelden als über Notizen, die sonst zu diesem Zeitpunkt nötig werden. Dennoch ist insgesamt eine Einsparung dieser Rückmeldeform aus der Sicht der Autoren eher gerechtfertigt als eine vorschnelle Verwendung.

3.1.1.6 Die Modellvorgabe

Als Modell dienen in einer Gruppentherapie auch die Teilnehmer untereinander. Jede hervorhebende Verstärkung kann sowohl ein diskriminativer Stimulus für Nachahmung durch andere werden als auch die Attraktivität und Rangordnung des Gelobten in der Gruppe erhöhen. Da diese bei Selbstunsicheren anfangs oft nach Ähnlichkeit hinsichtlich besonderer Nettigkeit, Höflichkeit, Selbstlosigkeit oder nach den selbst erstrebten Graden an Perfektion, Beherrschung, Kontrolle oder Pflichterfüllung verteilt ist, muss ein Therapeut sehr bewusst unterscheiden, wer wann wofür positive Rückmeldung erfährt. Diese kann hinsichtlich der gemeinsamen Defizite an Anerkennung in der Häufigkeit und Intensität nie genug sein, darf jedoch nicht pflegeleichtes oder hier gruppenförderndes Verhalten als Selbstzweck unterstützen, zumindest nicht von Dauer. Über die anfänglich legitime Utilisierung von Helfer-, Pflicht-, Gehorsams- oder Perfektionsplänen als Lern- und Kohäsionshilfe und die Notwendigkeit der späteren Löschung unter sukzessiver Bereitstellung von Alternativen haben wir in den Abschnitten »Therapiekonzept« und »Therapeuten« ausführlicher Stellung genommen. Es dürfen auch keine Antimodelle für Selbstsicherheit oder unerreichbare »Mastermodelle« durch diese Verstärkung langfristig falscher Verhaltensweisen entstehen. Antimodelle können sich bilden,

wenn bereits besonders nette Zeitgenossen durch Verstärkung noch netter werden (obwohl sie daran schon erkrankt sind) oder besonders brillante noch mehr brillieren, obwohl sie an dem Zwang, immer Spitze sein zu müssen, zugrunde gehen. Mastermodelle lassen die Überwindung von Schwierigkeiten nicht mehr erkennen. Im Gegensatz zu Mastermodellen, die weniger gut nachgeahmt werden und mit dem Kriterium der Unerreichbarkeit eher wirklichen Veränderungsbemühungen im Wege stehen, werden »Copingmodelle« mit größerer Nähe oder Ähnlichkeit und dem ersichtlichen Bemühen um nachvollziehbare Lösungen besser akzeptiert. Dies bedeutet, dass ein Therapeut als Modell durchaus auch mal verschiedene Übungsinterpretationen ausprobieren darf, wenn nur die eindeutigste am Ende steht, dass er falsche eigene Vorgaben korrigieren darf und soll und damit auch den Charakter der experimentellen Probehaltung einführt.
Andererseits sollte das Therapeutenmodell schon selbstsicher sein und zunächst etwas mehr vorgeben, als die Übung im Alltag an Eindeutigkeit verlangt. Dies, weil nur ein Teil nachgeahmt wird, und weil jede Übung ja eine weitere schwierigere vorbereitet. Dies darf jedoch nicht in eine nassforsche Überzeichnung oder in zu unerreichbare Vorgaben ausarten. Das Problem stellt sich häufig bei Übung 1, wenn die für Übung 3 notwendige direkte Konfrontation schon mit vorgegeben wird. Wird dagegen zu wenig Direktheit vorgegeben, heißt dies eine Ermunterung zur Vermeidung, wird zu viel vorgegeben, kann es mit den subjektiv ängstlichen und vorsichtigen Normen der Gruppenmitglieder in Konflikt geraten und entsprechende Diskussionsvermeidungswünsche hervorrufen.
Vorgegeben werden als Modell natürlich nicht nur Übungsausschnitte wie die Durchführung, sondern alle zweckdienlichen Strategien und inneren Vorgänge. Dies können Erwartungen, Bewertungen, Empfindungen, Bedürfnisse und ihre innere Legitimation, Sachkenntnisse, Selbstinstruktionen, also die Gesamtheit des therapeutischen Verhaltens, sein, wenn die Grundvoraussetzung stimmt, dass er durch Fachkompetenz und persönliche Loyalität für andere als Modell und Verstärkerquelle akzeptiert wird und zur Klientel kein allzu großer Abstand besteht. Dieser kann außer in fachlich-persönlichen Schwierigkeiten auch durch Milieu, Sprach- oder Statusmerkmale bedingt sein.
Eine der wichtigsten Künste von Gruppentherapeuten besteht darin, die eigenen Unzulänglichkeiten zu kennen und gezielt andere in bestimmten Aspekten ergänzend oder stellvertretend als Modell einzusetzen und mit dem Gesamtkonzept der Therapieannäherungsschritte und der Kenntnis der individuellen Probleme gezielt indirekte Verstärkung und Modellbildungen zu lancieren.
Versuchen Sie einfach, selbst eindeutig zu sein. Erfahren Sie einfach ein wichtiges subjektives Feedback als Übungspartner selbst nach und geben überzeugend die therapeutisch nötige Empfindung vor. Seien Sie ehrlich und wählen Sie nicht Verhaltensweisen, die Ihnen selbst nicht glaubwürdig gelingen (etwa Kontaktübungen für Jugendliche durch ältere Therapeuten). Gehen Sie mit Video- oder Teilnehmermodellen sparsam um oder verzichten Sie auf diese Lernhilfe ganz, wenn Sie die Voraussetzungen nicht einbringen. Allerdings werden Verhaltensweisen von Therapeuten auch über das Üben hinaus Modellcharakter haben, wenn sie oder die Person für Patienten ausreichenden Verstärkungswert haben. Ein sehr selbstunsicherer Therapeut könnte hier trotz aller Vorteile der Nähe und Nachahmbarkeit in seiner sozial ängstlichen Klientel hinsichtlich der Modellgabe große Probleme schaffen. Trotz Videomodellen sollte aber jeder Therapeut die Übungssequenzen eindeutig selbst vorgeben können. Es ist also notwendig, zunächst in

Selbsterfahrung, dann in Einzeltherapien mit den Verhaltensproben selbst zu experimentieren.

Vergessen Sie in Gruppen bitte nie, dass im zeitlichen Ablauf alles vorangehende Verhalten, ob nun gezielt oder spontan, ob seitens der Therapeuten oder der Gruppenmitglieder, potentiell immer Modellcharakter haben kann, zur unerwünschten Nachahmung – und dies oft in Eskalation bei weiteren Übungen – führen kann und daher unmittelbar richtig gestellt, das heißt bei Übungsmodellen korrigiert neu vorgegeben werden muss.

Als schonende *Korrekturmöglichkeit falscher Modellvorgaben* hat sich uns eine Art »Colombo-Technik« bewährt: Analog zum Modell des sich die Stirn massierenden Kriminalinspektors in der gleichnamigen Fernsehserie versuchen wir den Eindruck zu erwecken, als hätten wir nicht verstanden, was da in der Übung gerade vor sich ging, um nicht gleich den Finger auf die Wunde zu legen und Kritik üben zu müssen. Mit dem Kommentar: »Augenblick mal, ich muss das für mich noch mal nachstellen, was da abläuft, das habe ich nicht richtig rübergekriegt«, oder – wenn verletzende Verhaltensweisen ablaufen: »Ich muss einfach mal austesten, wie das auf mich wirkt«, wird zunächst die Übung oder die kritische Sequenz wiederholt, indem der Therapeut die Position des Übungspartners einnimmt. Seine ganz subjektive ungute Empfindung nimmt er dann zum Anlass, das Verhalten der Übenden zu verändern, was dann ein besseres Gefühl macht. So wird gemeinsam eine Alternative entwickelt und das falsche Modell korrigiert.

Bei den kurzen Übungen am Anfang oder wenn die Übenden gar nicht richtig einsteigen, indem sie etwa aneinander vorbeilaufen, ins Lachen kommen oder gleich mit Entschuldigungen beginnen, wird dagegen sofort unterbrochen, das falsche Verhalten jedoch als »Inszenierungsfehler« umgelabelt, was weniger als eigenes Versagen empfunden wird.

Bei reinen Selbsterfahrungsgruppen – etwa für Therapeuten – wird ohne Modellvorgabe mit hoher Wahrscheinlichkeit einige Meter am Übungspartner vorbeimarschiert, sodass die Richtungsvorgabe auf jeden Fall ins Modell hineingenommen werden sollte. Treten dennoch Entschuldigungen auf, muss der Therapeut entscheiden, ob er dies als Ausdruck einer Selbstunsicherheit, also mit anderen Vermeidungsverhalten gepaart, erlebt hat, oder eher als nebensächliche Floskel im Rahmen eines da und dort schon eindeutigen Verhaltens. Im letzteren Falle darf er hinterfragen und bei der Antwort »Das ist entbehrlich« oder, wenn es im Signalwert gebraucht wurde, es stehen lassen oder auch fragen, ob man es durch ein Begrüßen oder Ähnliches ersetzen könnte. Im ersten Fall ist es an dieser Stelle besonders im Rahmen der Modellvorgabe für andere hilfreicher, noch einmal kurz selbst das Modell vorzugeben und den anderen zu bitten, es einfach nachzuahmen, vielleicht doch mit der Aufforderung, zu experimentieren, ob er auch ohne Entschuldigung auskommen könnte. Normalerweise müsste ja die Schwierigkeit einer Übung runtergefahren werden, wenn Übende sie nicht eindeutig meistern können. Dieses ist bei der ersten Übungsstunde einer neuen ATP-Gruppe deswegen problematisch, weil die Schwierigkeit zum Großteil nicht durch die Übung selbst, sondern durch das Setting »Üben vor Fremden« bedingt ist, sodass wir volle Angstfreiheit unter diesem Gesichtspunkt und damit voller Eindeutigkeit nicht überforciert anstreben dürfen.

3.1.1.7 Videomodelle zum ATP

Vorrangiges Ziel der didaktischen Hilfsmittel zum ATP, der Klientenbücher, der Arbeitsblätter, der Fragebögen und der Videofilme, ist die Entlastung des Therapeuten von der Routinearbeit.
Die therapeutische Qualifikation soll sinnvoller zur Steuerung des Therapieprozesses und zur gezielteren Korrektur individueller Probleme eingesetzt werden. Dies setzt neben der nötigen Qualifikation die Freisetzung aus einer Inanspruchnahme von sich stets wiederholenden Vermittlungseinheiten voraus.
Der Einsatz von Videomodellen anstelle des eigenen therapeutischen Darbietens der Übungsinhalte ist von daher besonders bei längeren Übungseinheiten sinnvoll. Hier werden vielfach nicht nur vom Therapeuten, der das Verhalten des Übenden als Modell vorgibt, sondern auch vom Übungspartner erhebliche Fertigkeiten verlangt. Dies hat bislang den Einsatz von zwei »Rollenspieltherapeuten« nötig gemacht. Durch die Videomodelle lässt sich die Zahl der Therapeuten verringern.
Ein Therapeut ist ausreichend. Er verfolgt mit seiner Therapiegruppe die Darbietung des Übungsinhaltes auf dem Bildschirm. Er kann einem Gruppenmitglied die Anweisung geben, das Verhalten des Übungspartners zu beachten, und hat hierin gleichzeitig eine Schulung seines potentiellen Rollenspielpartners, falls er doch die Situation persönlich vorgeben möchte.
Ein weiterer Vorteil des Einsatzes von Videomodellen besteht sicherlich darin, dass die Inanspruchnahme des Therapeuten verringert wird, wenn er länger dauernde Verhaltensproben nicht wiederholt selbst darstellen muss. Übungslängen von fünf bis zehn Minuten sind keine Seltenheit. Drei bis vier Wiederholungen können pro Übung durch den Therapeuten als Modellkorrektur notwendig werden. Abgesehen von der persönlichen Anstrengung hat dies vielfach den Effekt, dass bei ständiger Wiederholung dieser Verhalteneinheiten Qualitätseinbußen durch Routineerscheinungen zu beobachten sind.

Damit hängt der dritte Vorteil von Videomodellen zusammen, der darin besteht, dass der Therapeut die Routine-Interpretation des Übungsinhaltes in einer für sich entlastenden Form vorgeben kann, und jetzt lediglich diskriminativ im Hinblick auf die speziellen Schwierigkeiten seiner Klientel eine neue Interpretationsform der ganzen Übung oder einzelne Übungspassagen ergänzend vorgibt. Der Übungsablauf selbst ist durch die Darbietung der Standardinterpretation den Teilnehmern dann schon geläufig. Als Standardinterpretation bezeichnen wir die Herausarbeitung der fettgedruckten Handlungsanweisungen, welche den Inhalt der Schwierigkeitshierarchie kennzeichnen. Darüber hinaus kann bei jeder Übung noch der Aspekt des Einübens bestimmter Fertigkeiten hervorgehoben werden. Selbst auf dem Gebiet diskriminativer Verhaltensformung besitzt die Darbietung von Video-Modellen gegenüber der persönlichen Interpretation den Vorteil, dass hier Verhaltensbausteine in unveränderter Form repliziert werden können. Dies betrifft vor allem bestimmte Gesten, die Körperhaltung, den Blickkontakt, den Tonfall oder die Lautstärke, also das nonverbale Verhalten. Der Therapeut wiederholt die entsprechende Videoszene, schaltet eventuell bei der betreffenden Übungspassage auf Schnell-Stopp und gibt etwa vorher den diskriminativen Hinweis: »Achten Sie vielleicht noch einmal besonders auf die Sprache der Hände.«
Diesen Vorteilen stehen jedoch einige Nachteile gegenüber. Das persönliche Modell ist plastischer, anschaulicher und größer zu sehen.

Das persönliche Modell durch den Therapeuten hat unter dem Gesichtspunkt der Kompetenz vielfach einen höheren Status.
Dieser Aspekt kann sich bei negativen Beziehungsaspekten während einer Gruppentherapie jedoch auch hinderlich auswirken: Wenn das Therapeutenmodell abgelehnt wird.
Für viele Therapeuten bleibt es auch beim Einsatz von Videomodellen ein persönliches Bedürfnis, selbst motorisch aktiv zu werden.
Videomodelle können die Notwendigkeit qualifizierter Interpretationsmöglichkeiten einer Verhaltensprobe durch den Therapeuten nicht ersetzen. Sie sind nur entlastende Hilfsmittel. Der Therapeut kann wahlweise persönliche Interpretation vorziehen oder sich auf die diskriminativ hervorhebende Darstellung bestimmter Übungspassagen in Anpassung an die individuellen Probleme beschränken.

Die Therapie hat sich jedenfalls durch diese Möglichkeit wesentlich verbessert. Sie ist effizienter und lustvoller geworden. Beziehungsprobleme wirken sich nicht mehr auf die Übungen aus und die Therapeuten können eine weitaus größere Zahl spontaner events in der Gruppe verfolgen und flexibel utilisieren. Ein weiterer Vorteil besteht darin, dass die Abläufe des Geschehens im Film vielfach leichter zu vermitteln sind als mit schriftlichen Manualen.
Der wesentliche Nachteil liegt in dem enormen Aufwand, richtige Arbeitsmodelle zu entwickeln, und den großen technischen und finanziellen Problemen. Seit den ersten Verfilmungen haben wir immer wieder gesehen, wie schwierig eine wirklich echte und überzeugende Erarbeitung in diesem Medium ist. Schauspieler zeigten sich ganz ungeeignet, Modelle abzugeben, Therapeuten wiederum neigen unter der Kamera zu aufgesetztem Verhalten oder zur Abgabe eines »Mastery-Modells« ohne Nachahmungswert. Am überzeugendsten waren stets Entwicklungen aus Therapeuten-Selbsterfahrungsgruppen, wobei dort wieder die technische Qualität nicht ausreichend zu erzielen war.
Die derzeit noch von den »Münchner Therapiefilmen« erhältlichen 8 Videokassetten zum Anwendungsteil sind Schwarzweiß-Produktionen aus den neunziger Jahren, was ihrer Nachahmbarkeit aus der Sicht der Autoren keinerlei Nachteil bringt. Eine Neuverfilmung des Grundkurses mit ca. drei Stundenbändern harrt noch der technischen Bearbeitung und wird voraussichtlich zur Jahresmitte 1998 lieferbar sein, vorläufig unter der Anschrift der Autoren, die mit dem Kollegen D. Hellauer diese Arbeit über die »Münchner Therapiefilme« (Copyright dort) erstellt haben.

Zu den weiteren Übungen

In der Regel wird nach dieser ersten Sitzung noch als **Hausaufgabe Übung 1** und **Übung 7** entwickelt, bei Übung 1 wird hierbei vielleicht noch einmal darauf hingewiesen, dass für die anstehende Neuerfahrung vorwiegend das Tun selbst wichtig ist und nicht so sehr die Reaktion der anderen.

Übung Nr. 2 (Fehlschlagangst)

Übungsablauf: Einen komplizierten Weg erfragen, die Informationen durch Unterbrechen portionieren, wiederholen und die Gesamtstory zusammenfassen, bis ein wirkliches Verstehen vorhanden ist.

Die Übung steht in der Hierarchie Fehlschlagangst. Das entsprechende Verhalten, das die Schutzpläne »Gib Dir keine Blöße und verdecke Dein Nichtwissen oder Nichtverstehen, um Dich vor Kritik zu schützen« aktiviert hat , ist einmal das Nichtwissen als Unkenntnis und Nichtverstehen zuzugeben, zum anderen – spätestens bei der dritten, vierten Wiederholung – die unter dem Druck der öffentlichen Beachtung auch tatsächlich fehlerhaften Wiedergaben ohne Selbstabwertung aushalten zu können. Die Übung kann aber auch den Plan »Falle niemandem zur Last, sonst wirst Du abgelehnt« aktivieren. Dann steht sie in der Hierarchie »nicht nein sagen können« und erfordert eine Überwindung von Ablehnungsangst für die Wahrnehmung eigener Bedürfnisse. Die Übung kann schließlich mit dem Aspekt des Forderns von nachvollziehbaren Erklärungen und von Informationswiederholungen, im Unterbrechen des Informationsgeschehens mit der »Portionierung« nach jedem Satz auch in der Hierarchie »Fordern« Lerngewinn erbringen und durch die längere Interaktion unter Umständen auch in die Kontakthierarchie hineinragen. Primär geht es jedoch um das Zulassen des Nichtwissens und damit um die Fehlschlagangsthierarchie. Im Hinterfragen der Schutzfunktion setzen wir sogleich unser Reframing: Ist der Betreffende aus Blamageangst nicht in der Lage wiederholt zu fragen, gehört er zu den » Nervtötern«, die immer und überall andere mit ihrer »Inkompetenz« zur Kritik reizen oder vermittelt er durch die Verantwortungsnahme für sein Nichtwissen und die glaubhafte Absicht auf Kenntniserwerb einen souveränen Eindruck? Oder – falls die übende Person, wenn sie aus Angst, lästig zu fallen, sich nur ungenügend ums Zuhören bemüht und ständig andere dafür »anquatschen« muss, dass sie gerade dadurch anderen »auf den Wecker fällt« – als Reframing für die zu selbstlosen Nichtneinsager.

Merke: Das neue Verhalten ist das kompetente, faire, angemessene, das anderen imponiert oder diese entlastet, das bisher gepflegte, vermeintliche Unauffälligkeitsgetue oder Nichtbelästigungsverhalten wird in den Rahmen eines auffälligen, provozierenden, egoistischen, unfairen, anderen auf die Nerven fallende Belästigungsverhalten gesetzt. Geht es wie üblich um die Angst vor Blamage, soll die Erfahrung vermittelt werden, dass das gefürchtete, falsche fehlerhafte Verhalten, nämlich wiederholt zu fragen, nicht auf Ablehnung stößt, sondern ganz im Gegenteil den Erklärenden befriedigt und ihm den Eindruck von Kompetenz beim Fragenden vermittelt.

Strategisch wird positives Feedback für Verlangsamung des Sprachausdrucks, für unterbrechende Gesten, für die paraphrasierend, nickend bekräftigende Zuhörerhaltung, für Unterbrechungen, für die Wiederholung jeder Einzelinformation und zum Schluss der Gesamtstory gegeben – und natürlich fürs wirkliche Verstehen und Finden. Besonders die Übenden mit der Angst, lästig zu fallen, sollen statt Abkürzungen, Weglassungen und vorzeitiger Aufgabe, statt Beschleunigung des Sprechtempos nach dem Plan »Bring es schnell hinter Dich« sich viel Zeit lassen und in sich bleiben und eine möglichst positive Selbstbewertung am Ende der Übung im Sinne der Kompetenz für den Umgang mit eigenen Bedürfnissen entwickeln. Auch dabei wird es als die neue, richtigere Fairness gelabelt, wenn es jemand der Kompetenz anderer überlässt, wann diese nicht mehr oder wie lange diese gern auf unsere Bedürfnisse eingehen.

Die Querverbindung etwa zu Übung 109 aus dem dritten Teil, in der es darum geht, an einer neuen Arbeitsstelle trotz zunächst ablehnenden und abfälligen Verhaltens eines Kollegen, der über das Sachwissen bereits verfügt, diesen zur Information und Anleitung aus erster Hand zu bewegen, kann nützlich sein, um das Transferbewusstsein und die Bedeutung der sukzessiven Kompetenzerweiterung zu demonstrieren.

Die Demonstration von Übungen aus dem höheren Schwierigkeitsbereich einer Hierarchie mit der Transferbildung zur einfachen Vorübung und umgekehrt ist für Gruppen ohne ausreichende Vorbereitung, etwa bei Seminaren oder vielleicht auch bei stationären Kursangeboten, oft verständnisfördernd.

Zur Übung gehört auch, die von den kommunikativen Fertigkeiten in Bruchstücken erstmals aufscheinende Rückkopplungstechnik für spätere Anwendungen zu erläutern.

Besonders wichtig bei Personen,die Angst haben, lästig zu fallen, aus der Neinsagehierarchie ist die Rückmeldung vom Übungspartner, dass er sich durch das genaue Fragen und Wiederholen nicht genervt fühlte, sondern dies eher als Feedback des Verstandenseins ganz im Gegenteil bestätigend und befriedigend wirkte, schließlich hatte ja seine Mühe Erfolg. Hier verwenden wir das *subjektive Feedback*, in dem wir nach dem Empfinden des Betreffenden fragen. Dies sollte der Therapeut sehr sorgfältig dosieren, es möglichst selbst machen oder nur dann dem Übenden die Frage nahe legen, wenn er sicher ist, dass der Übungspartner kompetent genug ist, diese Rückmeldung auch geben zu können. Subjektive Rückmeldungen kann nur der Übungspartner geben und kein Beobachter. Es spiegelt die Summe aller Wahrnehmungen der Botschaft des anderen, ist aber zunächst das Produkt der eigenen Wertmaßstäbe. Da diese bei Selbstunsicheren ja per se bei Therapiebeginn zu eng und ängstlich sind, zu überzogen und zu kritisch, ist die subjektive Rückmeldung in vielen Situationen, wo es um größere Eindeutigkeit geht, oft negativ. Besonders beim Fordern, aber auch beim Neinsagen führt die Frage: »Wie hat das auf Dich gewirkt?« häufig zur Aktivierung von Verbotsnormen und damit aversivem Feedback für den Betreffenden. Richtig gefragt – also bei der richtigen Person zum richtigen Zeitpunkt – kann aber bei Übung 2 mit hoher Regelmäßigkeit die Antwort erzielt werden, dass die Art des fragenden Zuhörens für den anderen positiv wirkte. Gefördert kann diese Rückmeldung natürlich auch dadurch werden, dass der Therapeut wieder die Übung vorgibt, dann Übungspartner ist und hier die Technik verwendet, dass er nach innen schauend die interessante Entdeckung macht, dass das Verhalten des anderen auf ihn in der und der Weise gewirkt hat, das kann er dann entsprechend interpretieren und begründen und so einen entsprechenden Erwartungsrahmen setzen.

Als *Schwierigkeit* bei dieser Übung taucht fast regelmäßig bei den Nichtneinsage-Personen die Bemühung um die Aufrechterhaltung des Plans wieder auf, andere nicht ohne Not für sich in Anspruch nehmen zu dürfen. Die Angst, der andere könne das – auf der Sachebene nur vorgeschobene Bedürfnis nach Ortsinformationen – als Lüge durchschauen, die Betreffenden beschimpfen und ablehnen, verursacht einen zusätzlichen Konflikt mit Plänen, immer pflegeleicht, offen, ehrlich und damit für andere total kontrollierbar sein zu sollen.

Der Therapeut wird also bei der Modellvorgabe ein besonders glaubhaftes »In sich Hineinversetzen« in eine Situation, in der die komplizierte Information für ihn absolut ernsthaft und wichtig ist, vorgeben und etwa sagen: »Ich habe schon mehrere Personen gefragt und mit meiner früheren Strategie immer so getan, als hätte ich es verstanden und will jetzt nicht mehr den Deppen spielen und immer wieder neu jemanden fragen müssen, und ich irre schon einige Zeit herum und möchte diesmal mich nicht mit vorschnellen Informationen abspeisen lassen, die mich vielleicht zu weiteren nutzlosen Bemühungen veranlassen. Ich will es einfach wissen und verstehen.«

Wichtig ist auch, den perfektionistischen Drang der Übungspartner zu bremsen, die dann immer komplizierte Erklärungen abgeben. Eine Erklärung sollte nicht mehr als vier aufeinander folgende Passagen enthalten. Wird dies überzogen, unterbricht der Therapeut. Ohne diese Intervention kommt es schnell zu sich aufschaukelnden Schwierigkeits-

erhöhungen, die auch mit der Rückkopplungstechnik eine zum Ende fehlerfreie Wiederholung für die Übenden erschweren. Damit die erklärenden Übungspartner auch jederzeit die Information wiederholen können, schlagen diese einen Standpunkt und ein Ziel vor, etwa vom Zentrum zu ihrem Arbeitsplatz, der Übende selbst muss ja diese Strecke nicht vorher kennen. Selbstverständlich ist der Vorbau zu Übung 2 analog zur Übung 1, die Fragestellenden üben wiederum ihre Wünsche in direkter Form, also ohne Entschuldigung und ohne Floskeln auszudrücken.
Bei allen Übungen zur Fehlschlagangst und Übungen zum Nichtneinsagenkönnen ist es besonders wichtig, nach der Inszenierung des Konflikts oder der emotionalen Grenzüberschreitung das Übungsverhalten auch auf den *inneren Dialog* im Anschluss an die Inszenierung der Selbsterfahrung auszudehnen. Die Übenden werden angehalten, sich nach der Interaktion noch einige Sekunden mit sich und ihren Gefühlen zu befassen und zu prüfen, wieweit sie zu ihrem neuen Verhalten stehen können. Dieses wird bei der Zielwiederholung als erstes abgefragt, bevor dann die Leistung Sachinformation: »Findest Du Deinen Weg« und die jeweils im Sinne Fehlschlagangst oder Neinsagen eindeutigen sichtbaren Verhaltensweisen rückgemeldet werden.

Die **zweite Sitzung** kann sich als Fortsetzung der ersten Sitzung noch mit Plananalysen befassen, es kann sich anbieten, zur besseren Transparenz zunächst die Forderungshierarchie von Übung 1 direkt zu Übung 3 zu steigern, also zu einer einfachen Auskunft unter erschwerten Bedingungen und nur »verzögerter Zustimmung« als Partnerreaktion weiterzugehen.
Gelegentlich sind unter dem Gesichtspunkt »Das Üben üben«, zur Durchführung von Hausaufgaben oder zur Art der Verstärkung, zu Plänen oder bei vorgezogener Antipanikstrategie noch so viele grundlegende Dinge zu vermitteln, dass die Übung 2 erst in späteren Sitzungen durchgeführt wird.
Oft gelingt es zu Ende der ersten Sitzung bereits, den **Therapievertrag** einzuführen, gelegentlich wird die zweite Sitzung benötigt, am häufigsten wird der Vertrag jedoch vor Therapiebeginn zunächst in den Einzelsitzungen schriftlich abgesegnet und dann nur einige aktuelle Passagen in der Gruppe erörtert. Zu Beginn der Gruppentherapie ist vor allem die Passage über die Schweigepflicht in der Gruppe wesentlich, deren eleganteste Regelung durch die Benutzung des Vornamens geleistet wird. Damit wird gerade zur ersten Sitzung auch ein bahnender Effekt in der Anrede gesetzt, die persönlichere Form der Du-Anrede unter den Gruppenmitgliedern ist hier auch aus anderen Gründen (schnellerer, privaterer Kontakt) wünschenswert.

Vom therapeutischen Standpunkt ist es dagegen durchaus begründet, eine größere Distanz zu den Gruppenmitgliedern zu erhalten und bei der Sie-Anrede zu bleiben. Dies hängt aber sehr vom setting und der Klientel ab. Ein eleganter Kompromiss, der die Marken zwischen Nähe und Distanz weit auseinanderzieht, ist die Möglichkeit, als Therapeut in der Gruppe die Gruppenmitglieder ebenfalls mit Vornamen anzureden, aber beim Sie zu bleiben. Diese Form erlaubt auch eine größere Übereinstimmung mit der Anrede in den Einzelsitzungen, wo die »Sie«-Anrede zu Recht der Regelfall bleibt. Durch den Kompromiss, Vornamen und »Sie«-Anrede zu verbinden, kann ein Therapeut dann recht flexibel von viel Nähe (etwa beim Loben) wieder auf seine Sonderrolle als Koordinator und Steuerer umschalten. Auch für den im fortgeschrittenen Stadium der Therapie notwendigen »Rückzug« des Therapeuten ist eine flexible Distanzmarkierung nützlich.

Älteren Gruppenmitgliedern ist die Verwendung des »Du« gelegentlich mit zu starken Nähemarkierungen und Angstgefühlen verbunden, was aber im Laufe der Entwicklung seit Begründung des ATP immer seltener geworden ist. Dennoch ist es sicher angezeigt, in dieser Altersgruppe eine Wahlmöglichkeit zuzulassen, dann jedoch die Vorteile der Vornamenregelung etwa hinsichtlich der Schweigepflicht noch einmal hervorzuheben.

3.1.1.8 Die Hausaufgaben oder das Selbststudium

Die Umsetzung der therapeutischen Erarbeitung in den Alltag ist der wichtigste Teil der Therapie und muss von Anfang an mit großer Sorgfalt und Konsequenz aufgebaut werden. Im Übungsbuch sind die Seiten mit den Hausaufgaben so hervorgehoben, dass sie schnell gefunden werden können und auch im Alltag unter Benutzung des Buches durchgeführt werden können. Ein ausgeklügeltes Selbstverstärkungssystem in Form der Punktebewertung berücksichtigt sowohl die anfänglichen Schwierigkeiten, sich qualitativ zu loben, die Möglichkeit, dass bei mehrdeutigem Verhalten die sonst hochwahrscheinliche positive Reaktion von Seiten der Umwelt ausbleibt und dass selbst dann noch eine erfolgreiche Bewertung in der Summe erzielt wird. Gelungen ist die Übung immer schon mit der Hälfte der möglichen Punktezahl. Die Punkte sind Markierungen, die jeweils anzeigen, was besonders wichtig erscheint. Sie können jedoch auch mit inneren Sätzen gepaart zur Selbstverstärkung benutzt werden oder als Basis einer externen Verstärkung mit Umtausch in Freizeit- oder andere Lustaktivitäten. Dieses System enthält auch hervorhebende Bewertungskriterien im Sinne der intermittierenden Verstärkung. Verhaltensweisen, die bei aufeinander folgenden Übungen regelmäßig mit Punkten versehen sind – wie anfangs etwa der Blickkontakt –, werden dann wieder eine Zeit lang nicht bewertet und erst später wieder positiv hervorgehoben. Wir können Therapeuten nur sehr ans Herz legen, bei der unerlässlichen Besprechung der Hausaufgaben in der Gruppe sich diese Bewertungsformulierungen und Kategorien zu Gemüte zu führen.

Hausaufgaben sind nicht nur die Umsetzungen von in der Gruppe erarbeiteten Übungen oder Problemlösungen im Alltag, sondern auch die systematischen fortlaufenden Begleitübungen zur Verbesserung der sozialen Wahrnehmung und Diagnose einschließlich des Buchstudiums, der Bedingungsanalyse und Zielbildung, der Messung und Kontrolle sowie die stetigen Bemühungen um eine innere Umbewertung. Dazu dienen besondere Übungen, die primär im Eigenstudium ohne die vorgehende Erprobung (horizontale Hierarchie im ATP) unter geschützten Bedingungen in der Gruppe durchgeführt werden, und besonders die flankierenden Einzelsitzungen. Allgemein nützliche Erkenntnisse und Erfahrungen aus diesem Teil der Therapie werden in die Gruppe bei der Hausaufgabenbesprechung jeweils zu Beginn einer Sitzung eingebracht. In guten Gruppen kann in zunehmendem Maße auch ein Teil von Verhaltensproben, besonders ab dem Abschnitt »Öffentliche Veranstaltungen« in das Selbststudium als Gruppenaktivität delegiert werden. Im Anwendungsteil sollen die langwierigen individuellen Übertragungen in die jeweiligen Problembereiche dann ganz ohne Therapeuten bei den Privattreffen nachvollzogen werden. Diese Hausaufgabe wird wiederum durch andere vorbereitet: Zunächst gemeinsame Außenübungen, dann die Einladungs- und gemeinsamen Ausgehübungen, schließlich davor gelagerte Arbeitssitzungen.

Das *therapeutische Problem* stellt sich vor allem in der Selektion und in der Kontrolle des Zeitaufwandes, wenn, was unerlässlich ist, für jeden Einzelnen die Erfahrungen des Selbststudiums zu Beginn einer jeden Sitzung besprochen werden.

Zu Beginn einer jeden Sitzung (mit Ausnahme von solchen, in denen eine unterbrochene Übungsserie für Einzelne noch abgeschlossen werden soll) fragen wir – anfangs wieder »reihum« mit wechselndem Startpunkt – jeden Einzelnen direkt, welche Ziele er in den Verhaltensproben zu Hause erreichen konnte, welche Punkte er sich geben konnte und was ihm geholfen hat, innerlich ganz in die Situation hineinzukommen. Wir geben positives Feedback dafür und für den Mut zum Experimentieren.
Das »Reihum-Abfragen« der Hausaufgaben hat folgende Funktion:

- Material zur Verstärkung, Auflockerung und für Transferbildungen zu gewinnen sowie
- Kontrolle über die Durchführung überhaupt und
- Kontrolle über die Eindeutigkeit der Umsetzung unter nichtbestrafenden Bedingungen im Alltag als unmittelbare Voraussetzung für die Entängstigung.

Spontaneitätsförderung ist erst bei angstfreien Gruppensitzungen sinnvoll. Dann kann gefragt werden: »Wer möchte berichten?« Auslassen dürfen wir jedoch niemanden und die Spontaneität der einen geht allzu oft zu Lasten derjenigen, die sowieso die größeren Schwierigkeiten haben. So sind auch erst später – etwa zu Ende des Grundkurses – Fragen im Sinne der Eigeninitiative sinnvoll, etwa: Welche Experimente (statt Übungen) konnten Sie in Richtung Ihrer Selbstsicherheit machen?« – oder – wiederum später: »Was für Erfahrungen konnten Sie mit Ihrer Selbstsicherheit machen« und schließlich: »Wo konnten Sie es sich letzte Woche besonders gut gehen lassen?« (Dies ist ja schließlich das Fernziel und nicht die Selbstsicherheit an sich.)
Am Anfang werden solche Fragen sehr schnell zum Verlassen des Schwierigkeitsabstufungsrahmens verführen. Die Formulierung der Fragen sollte auch gar nicht erst die Möglichkeit des Nichtdurchführens von Übungen denkbar werden lassen. Fragen derart, etwa »Wer hat geübt?«, sind kontraproduktiv! Stattdessen fragen Sie unter der Voraussetzung des Übens als Selbstverständlichkeit: »Welche Ziele konnten Sie bei der Übung erreichen, eventuell noch ganz zu Beginn«, »Was hat Ihnen geholfen, Ihre negative Erwartung zu überwinden« und später – mit Schwerpunkt auf Strategien – »Was konnten Sie in der Übung umsetzen?«
Wenn Klienten berichten, dass sie bei einzelnen Übungen nicht den gewünschten Erfolg erreichen konnten, ist es immer sinnvoll, ihre Übung in der Gruppe nachstellen zu lassen. Fast regelmäßig werden dabei fehlende Eindeutigkeit, also Mehrfachmitteilungen (Doppelbindungen) verwirrenden Aussagecharakters, festgestellt, die zur ablehnenden Reaktion führten oder einfach die Bedürfnisäußerung nicht erkennen ließen. Da widersprüchliche Ausdrucksformen dem inneren Konflikt zwischen der Erwartung von Ablehnung und Missbilligung und dem Zielannäherungsdruck, die Konfrontation suchen zu sollen entsprechen, kann das Problem des Ausbleibens positiver Konsequenzen auch zu einer Plananalyse utilisiert werden. Die Schutzstrategie wird über unsere »Wozu-ist-es-gut-Frage« (Etwa beim Neinsagen in Übung 4 zu lächeln) als Ursache der Ablehnung entlarvt. Eine Übungswiederholung unter Weglassung des Planes, anderen immer Freundlichkeit und Willigkeit signalisieren zu müssen, bringt dann die notwendige Eindeutigkeit. Diese wird über das subjektive Feedback des Therapeuten als Übungspartner (erst gibt er die Übung nach der falschen Demonstration durch den Klienten erneut selbst vor) und die beobachtende Rückmeldung der Gruppe hinsichtlich der

Akzeptanz und Deutlichkeit der Botschaft bekräftigt. Bis zur nächsten Sitzung sollten dann mit dieser Version neue Erfahrungen vorliegen.
Für den Fall, dass Einzelne ihre Hausaufgaben nicht gemacht haben, ist ebenfalls eine Plananalyse oftmals hilfreich, insbesondere wenn es um Personen geht mit antiautoritären Schutzplänen, die sich gegen alles wehren müssen, was ihnen im Sinne der Pflicht von Lehrern und Therapeuten, Vorgesetzten, Vätern etc. vorgesetzt wurde. Nützlich sind Fragen »Was kann Ihnen helfen, die notwendige Verhaltensprobe für Ihre Selbsterfahrung dennoch zu inszenieren«, »Wie können Sie sich die Übung attraktiver machen, die Schwierigkeit verringern, positive Konsequenzen unmittelbar danach vorsehen etc.?«
Häufig bitten wir am Anfang Gruppenmitglieder, denen die Übung leicht gefallen ist, die Übung mit solchen, die keinen Erfolg hatten oder vermieden haben, zusammen in Selbststudium noch mal zu machen. Dies soll so geschehen, dass das Gruppenmitglied mit geringen Schwierigkeiten dem anderen die Übung im Alltag erst vormacht, der andere steht wie beiläufig in der Gegend und beobachtet das Modell, anschließend dient das helfende Gruppenmitglied zur Rückmeldung, während der Teilnehmer das Verhalten nachahmt. Bei Einzeltherapien muss der Therapeut in ähnlicher Funktion diesen Part selbst übernehmen. Dies kann bei wiederholtem Anbieten jedoch auch Abhängigkeitsprobleme und neue Vermeidungsstrategien bedingen. In Kliniken hat es sich vielfach bewährt, Co-Therapeuten, die allerdings sehr gut geschult sein müssen, für diesen Zweck einzusetzen. Co-Therapeuten dürfen nicht selbst als Durchführende der Haupttherapie eingesetzt werden, weil das komplizierte Instrumentarium wirklich eine sehr solide und umfangreiche bedingungsanalytische Ausbildung erfordert. In unserer eigenen Erstanwendung unter stationären Bedingungen in den frühen siebziger Jahren am Max-Planck-Institut für Psychiatrie haben wir täglich vormittags eine Doppelstunde Gruppenübungen in vitro durchgeführt, nachmittags gingen die Co-Therapeuten vom Pflegepersonal dann regelmäßig in vivo üben.
Absolute Vermeidung von Hausaufgaben ist eine große Seltenheit geworden, wenn ambulant mit entsprechender Vorbereitung gearbeitet wird. Sollte es dennoch am Anfang versucht werden, muss umgehend die Schwierigkeit erniedrigt werden, sei es durch Übungsvariation, motorische oder humorvolle Auflockerung oder durch Entspannungsübungen. Modell und die Ad-hoc-Zerlegung in jeweils erfolgreiche Zwischenschritte (shapen) sind ausreichende Möglichkeiten, das Problem zu überwinden. Vielfach reicht anfangs aber auch eine klare Richtlinienwiederholung, etwa mit dem Hinweis, was denn helfen könne, die notwendige Erfahrung bei der nächsten Sitzung ganz sicher vorweisen zu können.

Besondere Probleme: Widerstand oder die Teilnehmer machen ihre Hausaufgaben nicht

Zwei Beispiele aus Weiterbildungsseminaren mögen dieses Problem verdeutlichen:
Anna berichtet von einem Patienten mit einem unrealistisch hohen Anspruchsniveau, einem hirnschadenbedingten, verzögerten Transfer und großen Misserfolgsängsten, der zunehmend die Hausaufgaben vermeidet. Stattdessen flüchtet er sich in Tagträume mit Erfolgsphantasien und verbringt mit ihr die Sitzungen immer mehr in Diskussionen darüber, wie das Vermeidungsproblem nun zu lösen sei. Sie sehe sich in eine Position gedrängt, in der sie immer mehr Hilfen und Erleichterungen anbiete, auch weil sie immer mehr an seiner Lernfähigkeit zweifele und doch immer weniger zum Üben komme.

Auch die Versuche, öfter in vivo zu gehen und ihm alles vorzumachen, würden zu keiner eigenen Durchführung anregen. Die Analyse der möglichen Bedingungen erbringt folgendes:

Der Verhaltensexzess »Diskutieren« statt angstbesetzte Übungen zu machen nimmt als negativ verstärkte Alternative zum Üben immer mehr zu. Dasselbe gilt für die Erfolgsphantasien Sie nehmen als Wunscherfüllung in der Phantasie den Veränderungsdruck weg. Er erfährt durch das immer mehr verstärkte Bemühen um seine Person auch starke positive Verstärkung für seine »Unfähigkeit«, Hausaufgaben zu machen. Je wichtiger diese Verstärkung und die Beziehung zur Therapeutin wurden, um so größer wurde die Angst, sich im Ernstfall bei der realen Verhaltenstestung zu blamieren und dafür abgelehnt zu werden. Die an sich richtigen Versuche, durch Erleichterung das neu aufzubauende Verhalten von seinen hemmenden Negativbedingungen zu befreien, reichten bei weitem nicht aus, den hohen Belohnungswert für die Beibehaltung des alten Verhaltens (Vermeidung) zu übertreffen. Die positive Verstärkung musste vom Vermeiden abgezogen und an die Übungsannäherungsschritte kontingent gemacht werden. Die negative Verstärkung wurde dann durch ein Ganztags-Flooding über mehrere Tage in öffentlicher Beachtung durchbrochen.

Die häufigste negative Verstärkung für Hausaufgaben- und Übungsverweigerungsexzesse besteht nach dem Schutz vor Ablehnung und Misserfolg in der Aufrechterhaltung von Zwangsverweigerungsplänen und muss dann komplementär zu diesen angegangen werden, anstatt mit »Mehrdesselben« den Druck und damit den Widerstand zu erhöhen.

Im zweiten Beispiel hatte eine bisher gut arbeitende Gruppe komplett das Durchführen von Hausaufgaben eingestellt. Hans berichtete, dass, die Woche davor sei ein Feiertag gewesen, niemand in der Gruppe irgendeine der zahlreichen Hausaufgaben gemacht hätte. Diese seien zwar recht umfangreich gewesen, weil aus der Vergangenheit immer mehr Übungen noch anstanden, aber der Zeitraum von 14 Tagen hätte doch ausreichen müssen. Überhaupt habe er doch nie gedrängelt und von vornherein immer reichlich Zeit gelassen. Auf Befragen gibt er auch an, dass ihm selbst das System der Hausaufgaben zu sehr nach Schule riecht und er keinesfalls als Oberlehrer wirken wollte. So habe er zu den Terminen auch nicht so sehr auf Erledigung gedrängt und schon gar keine Kontrollen vorgenommen.

Für die Durchführung des Selbststudiums gab es also keinerlei positive Bekräftigung. Der Druck, Übungen in die Realität umzusetzen, wurde durch stets neue Vorsatzbildungen (dann bitte in den nächsten zwei Wochen) ständig verringert. Die abgelehnte Kontrolle ersparte ein durchaus nützliches C – fürs Nichtüben. Nach dem Motto »Mehrdesselben« wurden die nicht bewältigten Hausaufgaben sukzessiv dem neuen Pensum zugeschlagen und damit Unerfüllbarkeit und C-Erwartung für die Übungsdurchführung geschaffen. Das Verhalten der Gruppe war also lediglich ein bedingungsgerechtes und folgerichtiges Umsetzen einer therapeutischen Fehlverhaltensweise.

Die weiteren Hausaufgaben des ersten Abschnittes werden mit den umzusetzenden Übungen aus der Gruppe so verteilt, dass pro Woche nicht mehr als zwei neue Übungen anstehen. Dabei haben immer die Verhaltensproben, die bereits geübt wurden, Priorität.

Übung Nr. 3: »Eine Auskunft gegen Widerstand fordern« **(Fordern)**
Verglichen mit der Kodierung der die schwierigkeitsbedingenden Variablen bei der ersten Übung aus der Forderungshierarchie mit 1 für die freundliche Person, mit 1 für die Handlung (einfache Informationen erfragen) und dem Schwierigkeitsgrad 1 für die Konsequenz als unmittelbare positive Auskunft (Fo 1.1.1), handelt es sich hier bereits um eine Kodierung von 2 für die Person (noch unbekannter Straßenpassant, jedoch sehr mürrisch-unfreundlich, 2 für die Handlung, wiederholend mehr Genauigkeit zu fordern und 3 für die Art der Konsequenz als »verzögerte Zustimmung« (Fo 2.2.3). Der Übungspartner als mürrischer Straßenpassant, der alles andere vorhat, als artige Erklärungen abzugeben, fühlt sich gestört und antwortet mit einer wegwerfenden, ausweichenden Äußerung wie »Ja, geradeaus« und versucht dann sofort weiterzugehen. Die übende Person, die erst durch direktes Stehenbleiben vor dem anderen dessen Aufmerksamkeit erzwang, muss jetzt versuchen, sich noch einmal in seinen Weg zu stellen. Diese Reaktion mit der Forderung »Können Sie es mir bitte genauer sagen« wird dann durch eine kurze präzise Auskunft, die zunächst weiterhilft, verstärkt. Auf der Angstprozentskala wird diese Situation zu Beginn meist mit 50% eingeschätzt. Auch wenn durch die ersten Übungen schon unsere tolerablen 30% erreicht sind, soll hier in allen Phasen und Rollen eine sehr deutliche Modellvorgabe erfolgen. Einzelne Abschnitte wie das Überholen des Übungspartners oder ihn durch rückwärts mitgehen unter Kontrolle zu halten, sollten vorher separat ausprobiert werden. Das klare »Ich benötige die Hilfe und ich will sie« gelingt nur über eine gefühlsmäßige Wunschlegitimierung unter der Extremvorstellung, nach langem Herumirren in Kälte und Nässe endlich einen Menschen zu sichten. Die Hilfe ist notwendig und sie muss durch diese Person erfolgen. Von daher soll und darf mein Ausdrucksverhalten eine hohe Intensität erhalten. Ein Anrecht, den anderen aus seinem Konzept zu bringen, habe ich gleichwohl nicht. Dieser macht den für sich günstigsten Kompromiss, den lästigen Frager loswerden zu wollen, indem er ihm die kurze Präzisierung gibt, selbst. Er bleibt zuständig für sein Problem und behält Entscheidungsmöglichkeiten. Dies wird *utilisiert*, wenn in der unmittelbar für jeden im Anschluss zu inszenierenden Neinsagesituation Übung 4 trotz derselben Intensität beim Fordern keinerlei Erfolg beschieden ist – dies allerdings in der Rolle des Übungspartners, weil die Übende ja nein sagen soll. Beide Übungen werden also hintereinander und dann sogleich im Rollentausch geübt und mit viel Modellvorgabe und gezielter Abfrage der *grundlegende Aspekt von Selbstsicherheit* im Grundkurs herausgearbeitet:
Ich soll und darf immer eigene Gefühle und Bedürfnisse in aller passenden Intensität äußern, wenn ich mich auf mich beschränke und keine Übergriffe wie Werturteile oder Tätlichkeiten (hier etwa Anrempeln oder Hinterherschimpfen) zeige. Der andere hat immer wie ich selbst die Chance und Verantwortung, für sich eindeutig im Einklang mit seinen Bedürfnissen zu handeln. Ihm diese Chance zu nehmen, indem ich ihn durch Vermeidung im Unklaren über mich lasse oder mir anmaße, für ihn zu denken und zu handeln, wird umgekehrt als grober Übergriff und als arrogante Einmischung gelabelt.
Schwierigkeiten ergeben sich, wenn diese Botschaft noch nicht Platz findet, etwa bei nicht vorbereiteten Teilnehmern. Dann ist auch die Herausarbeitung des subjektiven Empfindens von Störung beim Übungspartner eher schädlich, weil zu stark konfliktbildend, mit den zentralen Plänen nie lästig zu fallen.
Die Übung wird nicht in der Realität wiederholt, weil die Erfolgsaussicht zu diesem Zeitpunkt durch noch unklare Verantwortungszuweisungen unsicher sind und die

Gefahr entmutigender Reaktionen besteht. Außerdem müssten die Übenden spekulieren, wer wie mürrisch erscheint, was ja gerade abgebaut werden soll.

Übung Nr. 4: Ich werde um eine Auskunft angegangen, habe es jedoch so eilig, dass ich mich durch »nichts und niemanden« aufhalten lasse und die Auskunft entschieden ablehne. **(Neinsagen)**
Die Übung ist in Bezug auf den Übungspartner »unbekannter Straßenpassant« Schwierigkeitsgrad 1. Dazugehörig der Ort, eine belebte Straße, wo der Fragende ja wahrhaftig genügend andere und nicht so Eilige fragen könnte. (Die Ortsvariable wurde nur in der Kontakthierarchie separat von der Personvariable gesteigert, da sie dort klare SD-Funktionen hat.) Ebenfalls 1 sollte der Schwierigkeitsgrad für die Handlung sein, aus ganz zwingenden, »objektiven« Gründen eine ganz kleine Gefälligkeit wie eine nicht zwingend notwendige Auskunft zu versagen. Die Reaktion des anderen ist akzeptierend, was bei Eindeutigkeit der Eile auch der natürliche Impuls ist. Aggressive Kommentare sind also sicher in der Übung falsch, um wenigstens von der Partnerreaktion her den gewünschten Grad 1 zu erhalten (Nn 1.1.1). Nun ist beim Neinsagen die negative Konsequenz (analog bei öffentlicher Beachtung) ganz vorwiegend durch die innere Bewertung, etwa durch moralische Verurteilung nach dem Motto »Du solltest Dich schämen, so egoistisch zu sein« bedingt. Zur Übung und zur Definition der Konsequenz absolut zugehörig ist also eine Unterbrechung der Selbstbestrafung und eine Einübung positiver, akzeptierender Feststellung hinsichtlich des geübten Verhaltens »Neinsagen«.
Auch diese inneren Vorgänge vor und nach der Übungsdurchführung (vorher hier die Suche nach einem persönlich total akzeptablen Grund) sollten als Modell laut denkend vorgegeben werden.

Schwierigkeiten:

Für viele Patienten, besonders solche mit der hier häufigen traumatisch konditionierten Verlassenheitsangst, existieren keine Grauzonen ihrer Ängste oder Abstufungen nach der »Berechtigung« eigener Bedürfnisse. Diese überhaupt als Möglichkeit zu denken wäre schon gefahrbringend. Auch die sekundär negative Konditionierung über die Strafe »Schäm Dich, Du hast ein Bedürfnis« führt – besonders bei Klienten mit Eltern als hauptberufliche »Lebende Vorwürfe« – zu so generalisierten Sanktionen, dass die einfache Formulierung »Nein« weder verbal noch kognitiv und schon gar nicht emotional zur Verfügung steht. Entsprechend sind solche Personen nicht in der Lage, einen Anlass zu akzeptieren, der ihnen das Recht zum Neinsagen gestatten würde. Gelegentlich muss dann »planimmanent« die Fiktion gewählt werden, ein anderer bräuchte noch eiliger wichtigere Hilfe, um mit Überzeugung die Auskunft nicht zu geben. Dies darf jedoch nur eine kurzfristige Zwischenkonstruktion sein, da sie am eigentlichen Ziel, eigene Bedürfnisse zu legitimieren vorbeigeht.
Vom sichtbaren Verhalten sind drei Aspekte besonders für die Glaubwürdigkeit entscheidend: Die eilige Gangart mit einem geradlinigen Kurs soll so schnell sein, dass Eile glaubhaft ist, jedoch ohne Unterbrechung noch den kurzen Blickkontakt bei der Mitteilung »Keine Zeit« (und nur dann) ermöglicht. Die Gestik sollte bei Auftauchen des Hindernisses, was der lästige Frager ja primär für den Eiligen ist, mit beiden Händen symbolisch wegschiebend sein.

Die Rückfrage der Therapeuten könnte lauten: »Wie konnten Sie Ihr Recht, sich nicht aufhalten zu lassen, ausdrücken« und, »was hat Ihnen geholfen, anschließend zu sich zu stehen« (dazu wird noch ca. eine Minute nach der Inszenierung des Konflikts still geübt). Vom Übungspartner, hier dem Fragenden, der den Auftrag erhält, für sich so hartnäckig wie bei Übung 3 zu fragen, wenn auch diesmal sicher ohne Erfolg, weil ja der andere hier sein Bedürfnis wichtiger nimmt, wird gefragt, was die Botschaft des Verneinenden war. Im eindeutigen Sinne kommt die Mitteilung »Ich habe absolut keine Zeit für Dich, weil ich es so eilig habe« rüber und niemand findet an der Situation etwas Kränkendes. Bei Personen, die lächeln und innerlich nicht zu sich stehen und sich dann zu schnell (Flucht vorwärts ohne Blickkontakt) oder doch aufhaltend sich etwa umschauend ohne echte Hilfe verhalten, kommen regelmäßig subjektive Rückmeldungen derart, dass sich die Fragenden nicht erst genommen fühlten und aggressiv wurden. Hier wird also subjektives Feedback gezielt als C-Konsequenz für die versuchte Beibehaltung des selbstunsicheren Verhaltens eingesetzt.
Beim Übungspartner wird sein erfolgloses Bemühen utilisiert für die Einsicht, dass auch bei größter Eindeutigkeit keine Erfolgsgarantie besteht, weil andere Menschen eben auch andere Bedürfnisse haben können, dass jedoch die überzeugende Äußerung der Bedürfnisse die Voraussetzung für die mögliche und bei Übereinstimmung der Interessen wahrscheinliche Wunscherfüllung ist.
Für Therapeuten ist es wichtig, zwischen den vielfältigen Nutzungsmöglichkeiten der Übungen auch zur Transferbildung, Plananalyse und direkten Aufweichung von Einstellungen nicht die Funktion der Schutzpläne zu übersehen und sich nicht zu ausführlich mit aktivierten, noch benötigten Plänen einzulassen. Also statt müßiger und zeitraubender Überzeugungsversuche und Diskussionen nur Bedingungsveränderungen unter unterscheidenden Hervorhebungen und Übungen zu neuem Verhalten anzuwenden.
Da die Übungen 3 und 4 in einer Sitzung gemacht werden, beide aber nicht als Hausaufgabe geeignet sind, empfiehlt es sich, für die kommende Sitzung die *Wahrnehmungsübung 18* einzuführen.
In dieser – zumeist der vierten Sitzung – werden wieder zwei wichtige Übungen zur körpersprachlichen Bedürfnisäußerung zusammen erarbeitet und die Unterschiede zur unterscheidenden Rückmeldung und sozialen Wahrnehmung genutzt.

Übung Nr. 5: Als Fußgänger seinen Kurs beibehalten und weder ständig auszuweichen noch andere anzurempeln **(Fordern)**
Ähnlich wie bei Übung 3 und 4 bietet sich zur Durchführung hier an, auf dem Flur zu üben, um den nötigen Platz zu bieten. Dieser Raumwechsel hilft neben der Bewegung beim Spannungsabbau. Von der Inszenierung her ist es wichtig, dass instruktionsgemäß eine Dreierformation dem Übenden entgegenkommt. Nur dann ist bei Kurs auf die mittlere Person für den Eiligen ein seitliches Ausweichen klar inadäquat und nur so kann er die Mitteilung »Mach mir bitte Platz, ich habe es eilig« nonverbal mittels der Beibehaltung der Gerichtetheit, mit einem kurzen Stopp und einem ebenfalls nur kurzfristig dann aufgenommenen Blickkontakt »rüberbringen«.

Schwierigkeiten: Ein schon zwei/drei Meter zuvor gesuchter Blickkontakt macht aus der Szene ein aggressives Kräftemessen à la »high noon«. Dies würde auch dann der Fall sein, wenn die angemessenen Kompromisse wie leichte Drehbewegung in der Schulter beim

Durchgleiten ausgelassen werden. Es geht bei der Selbstsicherheit nie um das Rechthaben und Rangordnungsbalzen. Vorwärtsvermeider ohne Blickkontakt wirken wie »Stoffel«, weil ihr Verhalten nicht ersichtlich motiviert ist und dann auf der Beziehungsebene gedeutet wird. Anrempelei ist immer Folge fehlender eigener Eindeutigkeit oder einer interkulturellen Verständigungsproblematik. Die Körpersprache ist ja kulturell sehr unterschiedlich codiert und reich an Missverständnissen. Die Übung ist für Fußgängerzonen mit viel Tourismus nicht so geeignet. Sie löst Angst vor Gewalt im Hinblick auf die Körpergröße und das Geschlecht bei Einzelnen starke Angst aus. Hier empfiehlt es sich, eine Zwischenhierarchie unterschiedlicherer Mittelspersonen zu wählen.

Übung Nr. 6: Ich bitte durch ein freundliches Lächeln und Stehenbleiben mein Gegenüber, mich durchzulassen **(Kontakt)**
Im Gegensatz zur Übung 5, bei der durch das Moment der Eile die übende Person moralisch das höhere Recht hatte, nicht auszuweichen, schlendert hier die übende Person rechts und links schauend wieder gerade auf die Mittelsperson einer Dreiergruppe zu. Diese ist im Gespräch – wie gehabt – auch, um ein zu frühzeitiges Kontaktaufnehmen mit möglichen Beziehungsproblemen zu verhindern. Wieder bleibt die übende Person ganz kurz vor der mittleren Person stehen, die sie ja jetzt erst wahrnimmt, schaut diese bewusst an, lächelt und harrt der Dinge, die da kommen mögen. Diese sind bei der eindeutigen Botschaft »Könntest Du mich bitte durchlassen« das freundliche Platzmachen und gemeinsame Vorübergleiten, bei längerer Anlächelei würde die Situation zur Herstellung von Eindeutigkeit den sprachlichen Austausch erfordern.
Schwierigkeiten: Es ist wichtig die *Nähe auszuhalten*, die durch die geringe Distanz und das Lächeln bewirkt wird. Das Stehenbleiben soll tatsächlich erfolgen, jedoch nur kurz dauern. Die Partner werden selbst ausgewählt und wie bei Übung 5 variiert. Bei der Rückmeldung wird gefragt: »Was war die Botschaft?«, um klar zu machen, dass hier eine subjektive Deutung aus der Gesamtheit des nonverbalen Veraltens vorgenommen wird.
Eine Zweierformation würde im ersten Beispiel zu unbegründeten und inadäquaten »Pärchenspalten« führen, in diesem Fall möglicherweise noch zusätzliche Gegenreaktionen begleitender Partner provozieren, weil Eindeutigkeit vom Setting her nicht zu erzielen ist.
Der Unterschied, einmal das Recht zur bevorzugten Bedürfniserfüllung zu haben und fordern zu dürfen und dann wieder eine Abstimmung mit den Interessen anderer suchen zu sollen, wird herausgearbeitet und fühlbar verdeutlicht. Selbstsicherheit verlangt in beiden Fällen nach klarer Wunschabbildung.

Übung Nr. 7: Ich nehme mir das Recht, auch mal als erste durch die Tür zu gehen **(Fordern)**
Die Einfachheit des Ablaufs verleitet dazu, diese Übung von vornherein im Selbststudium durchführen zu lassen. Das gemeinsame Üben in der Gruppe kann jedoch gut zur Auflockerung benutzt werden. Darüber hinaus ermöglicht die Art der Problemlösung eine sehr nützliche Diskriminationsleistung zwischen Menschen, die sich vordrängen und dann selbst auf Kosten anderer sich durchsetzen, was anfangs als Übergangsform sicher besser ist als ewiges Warten und immer die/der Letzte zu sein – und solchen Lösungen, wo sichtlich unabhängig von anderen einfach eine günstige Ausgangsposition gewählt wird und der kürzeste Weg zum Ziel geradlinig verfolgt wird. Diese Verhaltens-

weisen sind so eindeutig, dass sie klar wahrgenommen und respektiert werden, sie führen ersichtlich selten zu Gerangel.
Eine andere Transferbildung kann darin gesehen werden, dass mit dem üblichen »Bitte nach Ihnen« ja eine subtile Machtausübung von Männern Frauen gegenüber oder von sich unterlegen Fühlenden anderen gegenüber ausgeübt wird. Ich gebe dem anderen ja die Genehmigung, also bin ich überlegen, das offene Verhalten jedoch submissiv. Die Unvereinbarkeit solcher Schutzstrategien und Ersatzkonstruktionen mit Selbstsicherheit wird dargestellt.
Die Übung ist auch für die Mehrzahl der einfachen Angstvermeider in der Realität sehr belohnend. Übergriffe in Form der Lösung auf Kosten anderer kommen bei der Modellerarbeitung in der Gruppe kaum vor.

Die weiteren Anregungen zum Selbststudium des ersten Übungsabschnittes sind mit Ausnahme der **Wahrnehmungsübung 18** nicht obligat. Diese ist als regelmäßige und später durch Fragen zu vertiefende Verhaltensweise eine wichtige Schulung der sozialen Wahrnehmung und – Diagnose, was sowohl für erfolgreiches Kontaktverhalten, für Fordern und auch Abgrenzen die Voraussetzung ist.
Das Mustern soll beiläufig sein. Eine Faustregel für die Dauer des sowieso erst schweifenden Blickkontaktes lautet, noch eine Sekunde zu warten, bevor man dem Wunsch nach Wegsehen nachgibt. Die Übung kann mit Vorteil im Rahmen eines »Gedächtnistrainings« aufgegeben werden: Jede Wahrnehmungsinformation über den anderen wird unmittelbar im Geiste wiederholt, überprüft, ergänzt und erweitert und schließlich die Gesamtstory über den anderen nach Verlassen der Situation rekapituliert und möglichst abends noch in einem Übungsheft festgehalten. Der Blickkontakt, später das Fragenstellen wird durch den Rahmen als Interviewer, Explorer beiläufig gelernt. Vielfach empfiehlt es sich, eine grobe Hierarchie für die Art von Menschen zu machen, die besonders in der Wahrnehmung ausgegrenzt und generalisiert abgelehnt werden, und zunächst mit sympathischen Personen zu beginnen. Die blinden Flecken in der Wahrnehmung von Selbstunsicheren oder besser die wenigen wahrgenommenen Punkte in der sozialen Vermeidung können durch regelmäßige Übungen dieser Art gut verändert werden.

Die Hausaufgaben 16 und 17 vorlesen zur Vorbereitung der ersten Gruppenvorträge **(Fehlschlagangst)**
werden meist durch das Arrangement des verdeckten, subkutanen Übens ersetzt, wobei reihum jeder einen Absatz der Übungstexte vorliest, während die Therapeuten etwa das Videomodell einstellen, also nicht zuhören. Die Aufforderung erfolgt ganz beiläufig als normaler Beitrag zu den Übungen. Später wird dann zugefügt, dass, wer mag, daraus auch eine Übung machen kann, indem er versucht, absichtlich einige Versprecher zu machen und zu probieren, wie er damit umgehen kann. Dies gelingt fast nie, weil der Auftrag als paradoxe Intervention wirkt, was auch nützlich ist. Als schrittweise Vorbereitung auf das Reden in der Gruppe sind diese Vorübungen in unserer Klientel weitgehend entbehrlich geworden. Wenn es bei völlig blockierten und extrem Redeängstlichen und bei Personen mit Sprechstörungen notwendig wird, sie erst gruppenfähig zu machen, dann ist in der Vorbereitungszeit eine Einübung in Rhythmussprechen und eine Systematische Desensibilisierung auf die Gruppensituation hin sinnvoll, wie sie hier in Resten aufscheint.

Hausaufgabe 14: Sich selbst im Spiegel freundlich anlächeln steht einmal im Dienst der verbesserten Selbstwahrnehmung, des freundlicheren Umgangs mit sich selbst und der Verbesserung des **Kontaktverhaltens.** Wichtig ist, dass zunächst über die Vorstellung einer lustigen Situation das passende Gefühl erzeugt wird. Dies wird bei Übung 8 oder ihrer Hausaufgabenvariante 15 vorbereitet, wobei sich die Grüßenden vorstellen sollen, es sei ein wunderschöner Urlaubstag und sie wollen andere an ihrer Freude teilhaben lassen. Die Imagination von positiven Erlebnissen oder Vorstellungen, die die meisten schon von Entspannungstechniken kennen (Ruhebild des Autogenen Trainings etwa), wird in einer der nächsten Sitzungen im Rahmen des Gedankenstopps wieder aufgenommen und begleitet als kontinuierliche Hausaufgabe viele Übungen und die systematische Verankerung von Selbstinstruktionen.

3.2 Zweiter Übungsabschnitt: »Verkehrsmittel«

Der zweite Übungsabschnitt enthält zunächst Übungen zum Umgang mit öffentlicher Beachtung, dann solche zum Umgang mit Aggressionen anderer und zur Gesprächsführung. Von den Strategien werden die Antipanikstrategie oder das Angstzulassen, die »gebrochene Schallplatte« und Rückkopplungstechniken eingeführt.

Die Verhaltensproben

Die ersten beiden Übungen gehören zur Hierarchie »Fehlschlagangst« (Angst vor Misserfolg, Kritik, Blamage und sich der öffentlichen Beachtung aussetzen).

Als Inszenierung möglicher Beachtung wird das laute Zurufen einer situativ angemessenen Botschaft benutzt. Dies kann über die Köpfe von anderen hinweg zum Fahrer eines öffentlichen Verkehrsmittels, zu einem, im Gedränge 5 m weit entfernten, Übungsmitglied sein, als sehr laut Erklärender für einen schwerhörigen Besucher (Hausaufgabe) oder als Autofahrer druckmachendem Gehupe anderer gegenüber.

Die Fehlschlagangstübungen erfordern ja keine interaktiven Fertigkeiten, ihr eigentliches Problem und dessen Bewältigung finden in den eigenen Gefühlen, Erwartungen und Gedanken statt. Der Umgang mit diesen inneren Vorgängen stellt die eigentliche Übung dar.

Vor der Inszenierung mit dem lauten Rufen und Winken wird der Gedankenstopp gegen Erwartungsangst eingesetzt und auch gegen spätere Selbstabwertungen. Während der bewussten Wahrnehmung der anderen wird dagegen mit der 4-Phasentechnik des Angstzulassens (Antipanikstrategie) gearbeitet: Dem genauen und vollständigen Beschreiben eigener Körperempfindungen, dem Zuendedenken über die Frage nach der schlimmsten aller Befürchtungen, dem Prüfen, was trotz dessen und trotz des schlechten Befindens an Vermeidungswünschen helfen kann, hier und jetzt die Erregung so lange auszuhalten, bis sie sich von selbst erniedrigt, und nach der Entscheidung zum Zulassen die Wiederholung der genauen Körperwahrnehmung. Bis zu diesem Punkt stellen alle Ablenkungen, Selbstinstruktionen oder Entspannungen Vermeidungspraktiken dar. Sie sollten als komfortschaffende Möglichkeit erst nach dem Zulassen eingesetzt werden.

Die Strategie wird zumeist schon in der dritten oder vierten Sitzung eingesetzt, um die Gewöhnung an die Gruppe zu beschleunigen. Zu diesem Zeitpunkt ist die Anfangsangst meist schon auf einem erträglichen Niveau, aber doch noch hoch genug, um die Exposition, erhöht und begafft vor und von den anderen, als Live-Übungsfeld wählen zu können.
Auch bei den In-vivo-Übungen und Hausaufgaben zur Fehlschlagangst wird die Technik des Umgangs mit der Angst geübt, allerdings bei systematischen und oft wiederholten, möglichst langdauernden Inszenierungen. Die häufige Wiederholung wird über die Aufforderung, jeder möge mit jedem die Hausaufgaben durchführen, erreicht, die lange Dauer bis mindestens zum Kriterium: »jetzt könnte ich auch noch länger bleiben«, also bis beginnende Erregungsreduktion oder Gewöhnung bei dazu passenden Inszenierungen, erreicht.
Diese Angstabbaumethode aus dem Gebiet unmittelbarer Konfrontation entspricht dem Habituationstraining oder anderen »Flooding«-Prozeduren und ist bei Selbstsicherheitstherapien ausschließlich für Beachtungsängste indiziert. Wenn die Übungen mit dem lauten Rufen erst in der Gruppe erarbeitet werden, sollten Therapeuten also besonders die Strategien im Umgang mit der Angst einüben und die In-vivo-Durchgänge sorgfältig kontrollieren. Die Gruppe kann bei der Verhaltensprobe mitüben, indem sie als sicht- und verständigungserschwerende Menge zwischen Rufer und – ebenfalls laut zurückrufendem Übungspartner – selbst laute »Fahrgeräusche« oder Brummen von sich gibt, was auch schon Blamageängste aktivieren kann.
Beachten Sie, dass Habituation unter tatsächlich aversiven Konsequenzen nicht stattfinden kann: Wählen Sie situationsangemessenes Verhalten, also keine Provokationen und vermeidbaren Beeinträchtigungen anderer.

Der Gedankenstopp
als umschriebene Unterbrechungstechnik immer wiederkehrender Misserfolgs- und Ablehnungsvorwegnahmen unmittelbar vor der eigenen Übung und als Möglichkeit, die Selbstabwertung unmittelbar nach einer Übung unter Kontrolle zu bekommen, macht trotz seiner einfachen Logik (als Durchtrennung der S-R-Funktion und der R-K-Funktion ist er auf mikrochirurgischer Ebene ja eine kausale Einflussnahme) oft Schwierigkeiten. Diese beruhen meist auf einer unzureichenden Vermittlung oder zu unpräzisen Anwendungsrichtlinie.
Die Vermittlung in der Gruppe ist wie die Angstzulassungsstrategie bei unseren Videoverfilmungen der achtziger Jahre dargestellt worden.
Es gibt Personen, die mittels Gedankenstopp weitreichende Erfolge erzielen, andere bevorzugen Gedankenumlenkstrategien, wie sie als Variante von Meditationsübungen oder banaler als Sprechblasentechnik in den Klientenbüchern beschrieben sind. Ihr Schwerpunkt liegt in der Beeinflussung negativer Grübeleien, dem Nachtarocken mit ewigen Selbstvorwürfen und den druckmachenden Vorsatzbildungen zu Tagesbeginn. Wichtig ist, diese Strategien in die Beachtungsübungen einzubauen, und zwar:
Vor der Übung Gedankenstopp gegen Erwartungsängste für alle Wenns, Falls, Hoffentlichs als eine bis zu fünf Minuten dauernde Kontrollperiode; *während* der Übung das Angstzulassen oder die Antipanikstrategie, wenn sich Erregung mit Vermeidungswünschen einstellt;

nach der Übung Gedankenstopp für Selbstabwertung und Selbstvorwurf über eine kurze Innenbesinnung, ob die übende Person zu ihrer Handlung und positiven Bewertung stehen kann.

In der Durchführung ist bewusst das Üben mit anderen Gruppenmitgliedern vorgesehen. Gelegentliche Ausweichmanöver, dies lieber mit dem eigenen Partner zu machen, sollten nicht toleriert werden. »Diese sind nicht genug instruiert und nicht neutral genug« reicht als Erklärung für die Ablehnung aus.
Das Zurufen kann natürlich auch in einem anderen Setting erfolgen, wenn die Schwierigkeit vergleichbar ist. Im vollen Kino zu rufen wäre bereits Hausaufgabe 81. Beliebt sind Rolltreppen, wenn eine Person gerade runter-, die andere hochfährt. Immer soll auf soziale Adäquatheit geachtet werden. Reine Provokation, vermeidbare Störungen anderer wie Übungen bei laufendem Film und unsinnige Handlungen wie das laute Rufen durch ein leeres Abteil führen zu sozialen Negativreaktionen und sind zur Erwartungskorrektur ungeeignet. Dazu zählt auch der Versuch, mit dem Fahrer ein Gespräch zu beginnen, während eine kurze Auskunft meist möglich ist.

Die **Autopanne (HA 29)** verlangt zwei Übungspartien, einmal soll ich nach Abschalten des Motors (der Wagen springt nicht mehr an – dazu muss er nicht zertrümmert werden, nur um glaubhaft zu wirken) das *Zulassen der Erregung und eventueller Kritiken aushalten* (Fehlschlagangst), zum andern soll aktiv *Hilfe geholt werden,* was die zweite Person übernimmt. In diesem Aspekt steht die Übung in der Hierarchie *Fordern und auch Neinsagen,* weil die »Belästigung« anderer nicht im Programm der Bediener steht. Es gibt zu diesem Zeitpunkt noch Strategen, die mit ihrer Hilfefrage nie Erfolg haben. Dies liegt daran, dass sie vermeiden und stets die Falschen fragen oder selbst nicht an ihr Recht glauben und damit auch für andere unglaubwürdig sind. Solche Misserfolge bei Hausaufgaben sollen in der Gruppe in der Verhaltensprobe nachgestellt und korrigiert werden. Vom Aspekt der *Fehlschlagangst* her ist hier auch das *Verlangsamen* in Sprache, Bewegung und inneren Sätzen als *Antistrategie* gegen die »Schnell-weg«- oder »Bring's-schnell-hinter-dich«-Pläne sinnvoll einzusetzen, wenn es nicht von der Übung »zulassen« ablenkt und zu viel wird.
Von der Inszenierung her soll ausdrücklich nur die rechte Fahrspur erlaubt werden und falscher Ehrgeiz als unnötige Behinderung anderer und aus der Situation gehen problematisiert werden. Oft üben auch mehrere Teilnehmer, was viel Spaß machen kann. Dann sollte zum Üben die Crew aber immer wieder aussteigen, damit das Hilfsansinnen der beiden Übenden wieder glaubwürdig wird.
Bei der *Schwerhörigenübung* (**Hausaufgabe 30, Fehlschlagangst**), soll jedes Gruppenmitglied mit jedem anderen üben. Das macht 8 Durchgänge zu je zwei Stunden möglichst innerhalb von 4 Wochen und kommt damit unserem Habituationstraining von 8 Stunden täglich über zwei Wochen nahe, wenn wir die Gruppe und andere Expositionen dazurechnen. Wenn Redeängste und Beachtungsängste stärkerer Ausprägung nicht vorliegen kann diese Wiederholung auch erlassen werden.

Übung Nr. 21, 22, 23: Ich fordere unter wachsendem Widerstand, meinen für mich reservierten Platz zu räumen *(Fordern, öffentliche Beachtung)*
In den *Übungen 21, 22 und 23* geht es um das folgende Verhalten: »Für eine zehnstündige Zugfahrt hat der Übende eine Platzkarte. Der Platz ist durch eine gleichaltrige Person

besetzt. Der Übende fordert die andere Person auf, den Platz freizumachen. Auch hier gilt der Grundsatz, die Verhaltensprobe so realistisch wie möglich zu gestalten. Die Stühle werden wie in Zugabteilen eng einander gegenübergestellt, der Übende trägt etwa Mantel und Gepäck. Manche Klienten berichten über Schwierigkeiten, sich richtig in diese Situation hineinzuversetzen. Sie sagen etwa, dass sie in den vorhergehenden Übungen (Bereich »Straße«) mehr Schwierigkeiten während der Verhaltensprobe als in der Realität empfunden haben, es hier jedoch umgekehrt sei. Dies ist auch verständlich: Die Übungen aus dem Bereich »Straße« finden ganz zu Anfang statt, und es dürfte viel schwerer sein, sich der Beobachtung von acht zunächst fremden Personen auszusetzen, als in der Anonymität der Straße einen Fremden nach einer Auskunft zu fragen. Bei den »Zugübungen« kennen sich die Gruppenmitglieder bereits besser und sind mit der Technik der Verhaltensprobe vertraut. Bei den Übungen 22 und 23 stoßen sie auf die ersten ernsthaften Widerstände von anderen. Die Strategie, diesen zu begegnen, fehlt noch. Die 2 bis 3 Sätze, die das eigene Problem, hier den Wunsch, sich auf den eigenen Platz zu setzen, abbilden, werden vor der Übung erfragt und bleiben die einzige verbale Aussage. Sie werden – allerdings mit wechselnder und wachsender Intensität wiederholt (Technik der gebrochenen Schallplatte).

Es ist wichtig, dass die Klienten sich auch richtig in die Situation hineinversetzen, indem sie sich angesichts der 10-stündigen Fahrt und der Menschenmenge auf ihren reservierten Platz freuen und ganz natürlich zunächst enttäuscht sind, dass sie erst mal Arbeit haben, diesen räumen zu lassen. Das Betreten und suchende Herumschauen nach der Platznummer sowie die Zeitnahme für das Ablegen der Garderobe sind Verhaltensweisen, die oft durch Fehlschlag- und Belästigungsängste blockiert sind. Damit hierdurch nicht zusätzliche Übungserschwerungen beim eigentlichen Inhalt, dem »Fordern ohne Streiten«, eintreten, wird unter Zeitlupe (gegen die Vermeidung, es schnell hinter sich zu bringen und den Mantel erst gar nicht abzulegen) dieser Teil der Übung mit einem netten normalen Zeitgenossen, der seinen Irrtum sofort einsieht und den Platz zur Verfügung stellt, vorgeschaltet. Diese Technik der vorgeschalteten Übungen bei Serien wachsenden Widerstandes dient dem situativen »warming up«.

Hier kann auch das erste Mal das Problem auftreten, dass der Schwierigkeitsgrad der Übung allmählich hochgeschaukelt wird. Der Übungspartner soll sich ja in der Übung 22 mürrisch, in der Übung jedoch flegelhaft verhalten. Klienten, die sich schwer umstellen können, neigen dazu, unmittelbar, nachdem sie selbst Übungspartner waren, dann als Übender ebenfalls gleich in einem mürrischen oder aggressiven Ton anzufangen. Die Erfahrung hat gezeigt, dass ohne sofortige Korrektur vom Therapeuten das Gespräch zwischen beiden übenden Partnern immer aggressiver wird. Dies ist jedoch nicht das Ziel. Es soll sich ja nur der Partner aggressiv verhalten, der Übende soll gerade lernen, den aggressiven Ton nicht zu übernehmen, sondern nach einer sachlichen Lösung zu suchen. Eine Möglichkeit, dem zu begegnen, ist es, den Übungspartner nach der Übung nicht sofort als Übenden auftreten zu lassen und ihm, bevor er selbst übt, die Situation noch mal zu erklären. In Übung 23 ist vorgesehen, dass der Übende den Zugführer holt, um sich gegenüber der rücksichtslos agierenden Person durchsetzen zu können. Hier ist es wichtig zu erklären, dass der Übende lernen soll, die Situation durch eigenes sachliches Verhalten zu lösen. Das Zurückgreifen auf Autoritätspersonen soll nur dann geschehen, wenn der andere sich absolut gegen jegliche Lösung sperrt.

In der Durchführung begegnen wir hier erstmals einer Schwierigkeitsstaffelung, die mit einer Vorübung zur Bewältigung des Settings beginnt. Dies ist hier die öffentliche Beachtung und die Enge mit Bewegungseinschränkung im Zugabteil. Verlangsamung und Einfühlen (Freude über die Reservierung, Enttäuschung über die Besetzung und erst bei Weigerung zu räumen Ärger) sind die bedürfnissteuernden Gefühle. Aus ihnen leitet sich eindeutiges Handeln ab, was schon in der ersten Abstufung bei der wahrgenommenen Platzbesetzung durch andere die eigene Liebenswürdigkeit dämpft. Wichtig ist in diesem Zusammenhang auch, noch einmal auf das *Zuendeführen* jeder Verhaltensprobe hinzuweisen. Die Handlung ist zu Ende, wenn die übende Person ihren Platz eingenommen hat, und nicht, wenn der Übungspartner aufsteht. Erstmals sind hier auch Requisiten erforderlich, eine Jacke oder ein Mantel zum langsamen Ablegen und Aufhängen, ein Gepäckstück zum »Einmauern« des anderen.
Vor jeder Übung sollte gefragt werden: Mit welchen drei Sätzen möchtest Du Dein Problem definieren? Alle anderen Mitteilungen erfolgen körpersprachlich als Variation und Intensivierung des Themas. Die Therapeutin steht hinter dem Übungspartner, also außerhalb des »Zugabteils« und promptet die Intensität der Übenden, impft den Widerpart mit aggressiven Bemerkungen, damit dieser nicht zu früh aufhört, und stupst ihn an, wenn er trotz eindeutigen Verhaltens der Übenden weiter sitzen bleibt. Bei den Steigerungen ist zudem häufig eine Unterbrechung (Vorhang) mit partialisierten Modellgebungen notwendig. Dann steht die Therapeutin meist neben der Übenden und macht eine einzelne Passage vor. Hier, wo auch der Partner Hilfe braucht, kann eine Art »Rollenspiel mit sich selbst« entstehen, wenn der Therapeut stellvertretend für den aggressionsgehemmten Übungspartner Beschimpfungen oder Zynismen artikuliert und aus derselben Position den Übenden mit seinen drei Sätzen, jedoch in wachsender Intensität und Nähe, agieren lässt.

Die Technik der gebrochenen Schallplatte besteht im Wiederholen der zwei bis drei Sätze, mit denen sich eigene Bedürfnisse ausdrücken lassen. Das bedeutet einen Satz als Konkretisierung der Situation oder als Bezug zum auslösenden Verhalten des anderen in der funktionalen »Wenn-Dann«-Formulierung, einen Satz zum dadurch ausgelösten Gefühl und einen zum dadurch bedingten Bedürfnis.
Wenn es mir gut tut, dann möchte ich mehr davon, und wenn es mir nicht gut tut, dann möchte ich, dass das mich störende Verhalten aufhört.
Hier heißt das: Ich habe diesen Platz für mich reservieren lassen und ich möchte mich jetzt auf meinen Platz setzen, und (was ich nicht möchte) Ich möchte mit Ihnen nicht diskutieren. Subjektiv formuliert und in der Ichform vorgetragen unter Verzicht auf jegliche Entgegnung oder Beschimpfung, objektive Begründung oder Problemlösung für den anderen (Setzen Sie sich doch dort hin), erlaubt die Beschränkung und Wiederholung meines jeweiligen Anliegens bei mir zu bleiben und dem Gegenüber unmissverständlich meine Position mit ihren Wünschen und Abgrenzungen zu zeigen. Dies ist selbstsicheres Verhalten. Dass diese Botschaft kein lediglich nervendes, damit auch gelegentlich erfolgreiches, monotones Runterleiern eines eingeübten Verschens ist, wird hier erarbeitet durch Modell und Rückmeldung in:

- Betonung und Rhythmik (Ich, für mich ...),
- durch die anwachsende räumliche Nähe mit Vorbeugen und der wegweisenden Gestik,
- das Ablegen der Gepäckstücke und durch die wachsende Lautstärke.

Schwierigkeiten entstehen mit der Ich/Du-Problematik, weil in Situationen, in denen andere unsere eigenen Rechte bewusst missachten, diese Übergriffe kaum ohne direkte Handlungsanweisung an den anderen zurückgewiesen werden können. Das »Stehen Sie sofort auf« als Finale mit dem plötzlichen weiten Vorbeugen und der Hinausweisung mit dem Arm in Richtung Tür bei sehr lauter, plötzlich noch mal gesteigerter Lautstärke ist für die Umsetzung meiner Aufforderung wichtiger als die übliche Einhaltung der Beschränkung auf Ichaussagen. Vor der Eskalation aversiver Aufschaukelung bin ich durch die gebrochene Schallplatte, hier mit der Beschränkung auf die Sachebene, ja geschützt.
Eine räumliche Nähe von ca. 30 cm im Blickkontakt ist nötig, um den anderen dabei zu erreichen, was nur mit entsprechendem Runter- und Vorbeugen möglich ist. Zeigende gestische Hinweise (»Hinaus!«) sollten in Richtung einer durchführbaren Handlung, also nicht Richtung Abteilfenster (dafür reicht die Selbstsicherheit noch nicht), benutzt werden. Als Handlungsanweisung an den anderen ist hier Bezug auf das ideomotorische Prinzip genommen, wonach sich wahrgenommene Bewegungen motorisch beim Betrachter umsetzen.
Die Schwierigkeiten der Übung, damit auch ihr großer Befreiungseffekt, liegen aber in der Durchbrechung zentraler Schutzpläne vor Kritik, Ablehnung und gewaltsamen Übergriffen. Das *Zulassen von Ärger* in die Intensität meiner Forderung und Lautstärke führt sehr häufig zur Rücknahme der Eindeutigkeit auf anderen Ausdruckskanälen: Beim Lauterwerden gehe ich einen Schritt zurück oder richte mich auf, beim Vorbeugen werde ich wiederum leiser. Wir haben diese Ausbalancierung der Schwierigkeit wie das Herausgehen aus der Situation durch Lachen, Schimpfen oder Weinen als Folge zu hoher Schwierigkeit kennen gelernt. Da zum Erfolg der Übung jedoch eine glaubhafte Intensität notwendig ist, sollen Therapeuten immer wieder die Stärke des Widerstandes neu vorgegeben und den jeweilig Übenden anpassen. Auch der Anspruch, Ärger gleich eindeutig und nur subjektiv zu äußern, muss hier noch hinter dem Schon-mal-das-Gefühl-zulassen-Können zurückstehen. Wichtig sind die Garantie des Erfolges mit einer sich selbst verstärkenden Platzeinnahme und die Garantie des Ausbleibens von Verletzungen als Streitfolge, wozu auch wieder sehr darauf zu achten ist, dass keine körperliche Berührung, auch nicht mittels der abgelegten Sachen, erfolgt und keinesfalls eine Eskalation von aversiven Konsequenzen im Streit eintreten darf.

Hier dazu einige *Beispiele problematischer Übungssituationen*: Natascha gelingt die Übung trotz exzessiver Benutzung der Lautstärke bis in Nähe des Stimmüberschlagens sehr schlecht. Die Analyse und Rückmeldung in der Gruppe ergibt einmal, dass sie in der Gestik statt in Richtung Abteilausgang immer auf den Sitz und die Person des Kontrahenten zeigt. Dies wird zu Recht gedeutet als die innerliche Einstellung, den Aggressionen mit Gegenangriff so zu begegnen und eben hier körpersprachlich doch Beziehungsaussagen zu machen, was dazu führte, dass die Übungspartner sich nicht aufgefordert fühlten zu gehen.
Zweitens wurde die Stimme gesteigert ohne die Nähe zu verringern, dadurch kam eine besonders schnelle Steigerung zustande. Als Folge dieser schnellen »Zum-Punk-gehen-Methode« in einem Ausdruckskanal stieg die Übende gleich viermal aus der Übung aus, d. h., sie konnte innerlich nicht mehr zu ihrem Verhalten stehen. Dies gelang erst, als sie wieder auf die rein sachliche Ebene zurückkehren konnte, mit angemessen lauter Stimme und korrigierter Gestik reagieren konnte.

Schwierigkeiten und Utilisierungen

Im ersten Teil der Sitzung nach den Übungen 21 bis 23 wird das Thema *indirekter Aggressionsäußerung* thematisiert. Peter hat noch in der Sitzung zuvor darüber berichtet, dass er häufig sehr ernsthaft Mordgelüste und Mordphantasien anderen Menschen gegenüber hat, wenn er sich in seinen Rechten beschnitten und bedrängt fühlt, z. B. ausgebremst oder drängelnd überholt wird, eine Parklücke besetzt wird, auf der Loipe beim Skilanglauf bedrängt oder von Nachfolgenden überholt wird. Er erzählt, dass es ihm gelungen sei, nicht mehr wie sonst ewig diesen Widerlingen hinterherzuschimpfen, was seine Frau früher immer veranlasst habe, traurig oder ebenfalls aggressiv auf ihn zu reagieren, weil er ihr mit seinem negativen Gefühlen den ganzen Tag verdorben hatte. Nun konnte er erleben, dass seine Frau ihre Ärgergefühle besonders rüpelhaften Zeitgenossen gegenüber auch unmittelbar äußerte, er wurde für sein nicht mehr aggressives Ärgerabfuhrverhalten belohnt. Gisela berichtet über ihre Mobbing-Situation am Arbeitsplatz, in der sie mit einer Kollegin nur noch über Computer-Mitteilungen kommuniziert, wobei die Kollegin die typische Mobbingmethode wählt, die eigene Verantwortung für ihre negativen Äußerungen zu leugnen, indem sie über eine dritte Person spricht, etwa »das müsste Gisela eigentlich schon längst wissen, statt hier ständig rumzufragen«, »Gisela hat sich wieder nicht herablassen können, diese Dinge selbst zu erledigen«. Statt wie früher mit spitzen Gegeneinspeisungen ins Internet zu reagieren, hat sie vielfach gar nicht oder nur in abgrenzender Form reagiert und erfährt jetzt, dass die Kolleginnen sämtlich auf ihrer Seite sind und das spitze, nörgelnde oder hier indirekt über Computer abwertende Verhalten der Kollegin selbst als störend und aversiv brandmarken. Als weitere indirekte Formen der Wut- und Ärgeräußerung wurden dann aus der Gruppe genannt das Reden über nicht anwesende Personen in negativer Form, Zynismen, Sarkasmen, das negative Über-jemanden-Reden, der sich nicht wehren kann, indem man die Öffentlichkeit oder bei Einladung die Anwesenheit von guten Freunden als diskriminativen Stimulus nimmt, wo man weiß, dass etwa der Partner aus Angst öffentlicher Abwertung oder Harmoniebedürfnis sich nicht auf einen Streit einlassen wird und man ihm dann »die ganze Wahrheit« sagen kann (statt der üblichen indirekten Ärgeräußerungen Meckern, Kritisieren und Herabsetzen eben) oder als das Ablassen des Ärgers an Unbeteiligte in nörgelnder dummtuender oder schimpfender Form (Gott und die Welt verfluchen).

Übung Nr. 24 (Neinsagen)

Die Übung kann auch zur Auflockerung eingesetzt werden, wenn sie in der Inszenierung, dass alle aufstehen und miteinander üben, eingesetzt wird. Dies bietet sich auch deswegen an, weil der eigentliche Übungsteil sich wieder innerlich abspielt: Wie weit kann ich bei mir und meinen Belangen bleiben und mich nicht von damit unvereinbaren Wünschen anderer unter Druck setzen lassen? Je zwei Teilnehmer sind im Gespräch, ein dritter stört, indem er mit einem »wichtigen« Anliegen unterbricht. Wenn sich der Übende, der zwei Unterbrechungen zurückgewiesen und ohne Beschleunigung ausgehalten hat, dann aktiv dem Dritten zuwendet, bleibt das übriggebliebene Gruppenmitglied als Störenfried für die nächste Gesprächsrunde übrig etc.

Bei der Durchführung sind die häufigsten Fehler Entschuldigungen, oder die Problemlösung für den anderen, oder zu schroffe zurechtweisende Vorwärtsvermeidung mit dem Unterton »Sehen Sie nicht, dass ich im Gespräch bin«. Dies wird anschließend problematisiert, das betreffende Mitglied mit fehlender Eindeutigkeit und Zurechtweisung bekommt Gelegenheit, die Situation erneut zu proben, wobei es dann meist gelingt, einfach nur in der Ich-Formulierung zu bleiben (»Nein, ich möchte mein Gespräch erst beenden, ich komme auf Sie zu, wenn ich fertig bin«). Mögliche Abstufungen können sein: Der Betreffende geht zurück und verschwindet oder er kommt zwei bis maximal drei Mal wieder. Der Betreffende setzt sich wieder hin oder er bleibt, was der Regelfall ist, für die vorgegebene Schwierigkeit, in dichtem Abstand von ca. 1/2 bis 1 Meter in der Nähe des Übenden stehen. Für den Übenden ist wichtig, mit Selbstinstruktionen und Verlangsamung dem Drang zu widerstreben, nunmehr sich dem anderen beschleunigt zuwenden zu müssen. Ähnliche Alltagssituationen, etwa auf dem Gang der Klinik mit ständigen Anfragen, werden zum Anwendungstransfer besprochen und Utilisierungen zwecks Infragestellen von Helferplänen vorgenommen. (Es ist unmöglich, es allen gleichzeitig recht zu machen. Zum Schluss werden alle nur brüskiert, weil schlecht bedient, und man selbst wird schlechte Hilfen anbieten – als planimmanente Umattribuierung.) Dazu kann auch die subjektive Rückmeldung vom Übungspartner benutzt werden, wenn dieser ersichtlich in seinem Gesprächsanliegen geopfert wird.

Übung Nr. 25 (Kontakt)
Diese Übung aus der Kontakthierarchie bietet mehrere Übungsmöglichkeiten im Umgang mit Nähe und Distanz. Kommunikationsstrategien werden als offene Fragen, als persönliche Frage, als themenzentrierte Rückfrageschleife und als verstärkendes Paraphrasieren eingeübt. Diese bestehen besonders in:

- der körperlichen Zuwendung bei Gesprächsbeginn,
- den persönlichen und offenen Frage: »Wie fanden Sie das …, was können Sie mir da empfehlen?« und
- dem Herstellen und Aushalten der Pause und analog dazu die Gesprächswiederaufnahme und Verabschiedung.

Definitiv soll mit diesen letzten zwei Akten das Spiel von Nähe und Distanz eingeführt werden, was eine der Grundvoraussetzungen ist, die Schutzfunktion: »Lass Dich nicht zu nahe mit anderen ein« (als Funktion der Verlassenheits- und Ablehnungsangst) handhabbar zu machen.
Die Übung kann ebenfalls zur Auflockerung der Gruppenatmosphäre eingesetzt werden. Zunächst werden die einzelnen Übungsschritte als Fahrplan an der Tafel in Blickrichtung der Zweierstuhlreihen (»Tram«) gut sichtbar notiert, dann setzt sich eine Hälfte der Gruppe als Ansprechpartner und Rückmelder, während die anderen die Wahl ihrer Gesprächspartner vornehmen und umgekehrt. Die Angstemotionen der Übung sind zum einen aus der Kontakthierarchie: Schüchternheit vorwiegend in Bezug zur mangelnden eigenen Attraktivität bzw. der Annahme davon. Zweitens als Unterbereich die Angst vor Nähe. Drittens die Angst vor Blamage hinsichtlich der »dummen« Gesprächsbeiträge. Diese kontaktangstfreie Angstquelle muss auf jeden Fall separat geortet werden und war bei vielen Desensibilisierungen im Kontaktangstbereich die erneut vermeidungsbedingende Größe.
Hier ein Beispiel für typische Schwierigkeiten:
»Elke berichtet, dass es ihr gar nicht schwer fiel, eine Pause zu machen, weil sie schon vorher nicht im Gespräch zugehört habe. Sie habe es so satt, ständig das Gelabere anderer anzuhören, dass sie schon vorbeugend abschalte. Bei unwichtigen und fremden Per-

sonen könne sie sogar schon mitten im Gespräch – sobald es Persönliches enthalte – aufstehen und sagen: ›Lassen Sie mich mit Ihren Problemen in Ruhe.‹« Die Gruppe hinterfragt dieses Verhalten als vorbeugende Vermeidung von Nähe und zeigt Elke auf, dass sie sich selbst betrügt, wenn sie Informationen will, hier auch die persönliche Nutzung der Erfahrung anderer und diese dann – wie in ihrer Übung – mitten im Erklärungsansatz (der ja auf ihre Frage hin erfolgte) sitzen lässt und sich zur vorgeschriebenen »Pause« abwendet. Von diversen Vorschlägen entschließt sich Elke schließlich, ausprobieren zu wollen, die Erklärung auf ihre Informationsfrage anzuhören, vom anderen so lange etwas zu nehmen, wie es ihr nützlich erscheint, ohne danach als Gegenleistung länger verständnisvoll zuhören zu müssen. Sie wartet die persönlichen Empfehlungen ab und macht erst dann die Pause. Sie fühlt sich gut und sieht einen zentralen Knoten in ihrem Umgang mit anderen gelöst.

Immer wieder zeigen die Grade des Sicheinlassens die Abhängigkeit der Schwierigkeit der Pause von der vorher selbst geschaffenen Nähe auf. Die Übenden mit Angst vor Nähe »schaufeln sich quasi selbst ihr Grab«, weil sie so gut verstärkend zuhören, dass sie die anderen geradezu einladen, und aktiv dazu bewegen, mehr und länger sich mitzuteilen, was die Schwierigkeit des Nein-Sagens, der Rücknahme der Verstärkerbedingungen – hier als Pause – mit Abwendung und Verstummen enorm erhöht. Diese situative Fehlsteuerung spiegelt die Gesamtproblematik der Überanpassung durch Nettigkeit und Hilfe sehr gut wider: Die eigene Bereitwilligkeit wird halt gerne benutzt, und dies um so lieber und öfter, je mehr ich mich um liebevolles Verständnis und (oft geheucheltes) Interesse bemühe. Je effektiver ich helfe und je zuverlässiger andere mit mir rechnen können, umso größer wird die Beanspruchung durch andere, umso schwerer komme ich aus meinen durch Vorleistung gestifteten Missverständnissen heraus. Schließlich führt die Fülle der Inanspruchnahme zum Zusammenbruch des Schutzverhaltens vor Ablehnung: entweder zur resignativen und depressiven »Ich-kann-nicht mehr-Mitteilung« oder, wie hier, zum aggressiv-vorbeugenden Rundumschlag. Dies ist zusätzlich zum Verstärkerentzug besonders für die länger bekannten und fehlprogrammierten Beziehungspersonen besonders verletzend, weil sie neben der Bestrafung durch »response cost« jetzt auch noch persönlich verunglimpft werden (ihr Heischeverhalten wird ihnen zum Vorwurf gemacht).

3.3 Dritter Übungsabschnitt: »Geschäfte«

Die ersten Übungen dieses Abschnittes erscheinen vielleicht etwas leichter als die letzten Übungen aus dem Bereich »Verkehrsmittel«. Es hat sich in der Praxis gezeigt, dass es manchmal gut ist, Therapiesitzungen mit einer kurzen leichten Übung anzufangen. Dies scheint die Anfangshemmung schnell zu beseitigen: die Angst, die Übungen nicht »richtig« durchzuführen, schwindet.

Übung Nr. 32 (Neinsagen)
In der Gruppe ist Übung Nr. 32 eine solche leichte Übung. Sie besteht darin, dass ich viele Informationen über einen leicht erschwinglichen billigen Artikel einhole, ohne die-

sen dann zu kaufen. Dass dies ohne Vorwurf möglich ist, wird meist als befriedigend erlebt.

Die Übung 33 (Fordern) besteht darin, dass ich mich ausführlich über einen komplizierten und teuren Gegenstand informieren lasse, ihn mir in seiner Funktion zeigen lasse und um Preisvorteile handele, dann aber nicht kaufe. Dies soll in mehreren Geschäften wiederholt werden. Die Übung vertieft die Rückfragestrategie aus Übung 2 und das verstärkende Zuhören aus Übung 25, was hier allerdings bevorzugt schon zielorientiert zur Förderung fachlich kompetenter Erklärungen eingesetzt wird. Der Klient soll eine einfache Form von Rückkopplung lernen, indem er Rückfragen stellt; außerdem soll er Verhaltensweisen des Verkäufers verstärken.
Es ist wichtig, den Klienten besonders diese beiden neuen Elemente zu vermitteln. Gerade die Rückkopplung und Verstärkung des Partners sind für spätere Kontaktsituationen besonders wichtig (so zum Beispiel in der Hausaufgabe 51: »Eine Weile mit einem Verkäufer in einem Kiosk oder Zeitungsladen zu plaudern«). Falls die Klienten diese Elemente während der Übung nicht beherrschen, können sie separat geübt werden. So könnten etwa verstärkende Sätze, wie: »Ich bin Ihnen sehr dankbar, dass Sie mir so gut geholfen haben«, »Sie kennen sich wirklich gut aus«, »Sie sind ja Fachmann, was ist Ihre Meinung dazu?«, gesammelt und von den Gruppenmitgliedern aufgeschrieben werden. Die Übenden sollten anfangs über den Gegenstand wenig wissen.

Übung Nr. 34 (Neinsagen)
Die Übung kann in zwei Varianten eingesetzt werden. Als einfache Neinsageübung mit der klaren Wunschäußerung, sich alleine umschauen zu wollen und »Ich komme auf Sie zu, wenn ich Sie brauche« als Übernahme der Kontrolle über dieses Bedürfnis mit nur schweigendem, ein- bis zweimaligem Neuanbieten des Verkäufers und entsprechenden Wiederholungen der »Gebrochenen Schallplatte« mit dem Inhalt, was ich möchte und was ich nicht möchte oder:
Ein sehr beflissener Verkäufer bietet wiederholt seine Dienste an, obwohl die übende Person sich klar und eindeutig geäußert hat, sich erst alleine in aller Ruhe umschauen zu wollen, sodass ein Beziehungskonflikt entsteht und der Ärger geäußert wird. In dieser Steigerung wird die Übung im Kommunikationsteil wieder aufgenommen. Hier geht es um das das Zu-sich-Stehen und die ausreichende Zeitnahme für ein Sachbedürfnis.
Probleme kann es geben, wenn bewertende Äußerungen, Belehrungen oder Vorwürfe zur Zurückweisung des Verkäufers benutzt werden. In solchen Fällen kann vorhandener Ärger zu vorgezogenen Strategien eindeutiger emotionaler Reaktionen in der zitierenden »Wenn-Dann«-Abfolge veranlassen.
In der *Übung 35*: »Schuhe anprobieren«, wird vor allem diskriminativ **Fordern und Neinsagen** geübt. Bei der Durchführung der Verhaltensprobe ist es für die Therapeuten wichtig, eine ausführliche Modellsituation darzubieten, da die Nachahmung in der Regel nur zu 50 Prozent erfolgt. Der »Verkäufer« soll viel Überredung und Freundlichkeit zeigen, hierdurch wird das Neinsagen erschwert; Ziel ist es, freundlich bestimmt zu bleiben. Für die Rückmeldung ist die Zahl der »Ich-möchte«-, »Das-gefällt-mir«- versus »Ich-möchte-nicht«-, »Das-gefällt-mir-nicht«-Formulierungen entscheidend. Auch hier wird richtungsfreies Spiel von Nähe und Distanz utilisiert. Zum Neinsagen kommt dann noch hinzu, dass der/die Übende ohne neue Schuhe und ohne weitere Floskeln den Laden verlassen soll. Das Fordern wird geübt durch die wiederholte Bitte um Vorlage neuer Exem-

plare (etwa fünf Mal). Bezüglich der Fehlschlagangst konzentriert sich die Übung auf langsames Ausprobieren aller Modelle und die Äußerung: »Das ist mir zu teuer« (letzteres zum Setting, da die Übung nur in Geschäften mit gutem Service und meist auch hohen Preisen sich abspielt).
Generell sind die Übungen aus dem Einkaufsbereich für die Übungspartner ebenfalls verstärkend, da jeder diese Rollen recht gut zu übernehmen weiß.

Übung Nr. 36, 37, 38 (Fordern, Neinsagen)
Die Abfolge der drei Umtauschübungen dient nicht nur der Schwierigkeitsabstufung innerhalb der Forderhierachie. Die Übung Nr. 36, die in der Gruppe keinerlei Probleme macht, wird im Alltag gern vermieden, weil der Aufwand nicht gerechtfertigt erscheint. Wenn sich jedoch Ärger über die gehäuften Missgeschicke fehlerhafter Waren (hier Lebensmittel) einstellt oder gar Wut auf das vermeintliche »Reingelegt worden sein«, dann muss die betreffende Person lernen, dass sie Missstände sofort und mühelos durch Reklamationen beheben kann. In der Gruppe wird die Übung als Aufwärmübung benutzt, dann folgt die Umtauschübung mit der mürrischen und leicht vorwurfsvollen Verkäuferin bei der Übung, ein Kleidungsstück nicht mehr haben zu wollen, weil es nicht gefällt, und schließlich der Umtausch schadhafter Ware unter persönlicher Diffamierung. Eingeübt wird die »gebrochene Schallplatte« mit Unterbrechungen und Löschung unerwünschter Verhaltensweisen und rhythmisch betonte sowie gestisch unterstrichene eigene Forderung oder Rückgabe. Die Übung wird in Anknüpfung an die Folge 21 bis 23 (reservierter Platz) zum Umgang mit Aggressionen anderer oder dem Beharren auf der Sachebene genutzt, die ja hier den Bedürfnissen (neuer Pullover statt Streit) entspricht.
Die strategische Steigerung liegt in der Vertretung eines Sachmangels, über dessen Ursache keine Beweisfähigkeit besteht, hinsichtlich dieser Bedingung hilft nur subjektive Gewissheit und Überzeugung. In der nächsten relevanten Übung dieser Hierarchie »Lebensmittel umtauschen« wird die reine Subjektivität zum Anlass der Rückgabe gewählt. Die Subjektivität als Begründung wurde in der Übung Nr. 37 »Dieses Stück gefällt mir nicht mehr, dieses Stück möchte ich (deswegen) auf keinen Fall behalten« eingeführt. Das faule Kompromissangebot (Reinigung) als Teil der Übung Nr. 38 wird natürlich zurückgewiesen. Die Forderung nach dem Geschäftsführer wird zwar gestellt, es soll hier jedoch nicht der Eindruck erweckt werden, als würde der Verkäufer damit erpresst. Wenn der Verkäufer – wie im Videomodell vorgegeben – bei dieser Forderung einlenkt, ohne ihn zu holen, entspricht das in der Regel dem üblichen Gebaren und ist vorzuziehen, auch wegen der leichteren Erfolgsattribution dem eigenen Einsatz gegenüber. Wenn der Geschäftsführer geholt wird, was irgendwann in den Übungen durchaus sinnvoll sein kann, sollte die betreffende Übungsperson sich sofort vorstellen und selbst aktiv den Sachverhalt aus ihrer Sicht kurz darstellen und ihre Forderung wiederholen.

Schwierigkeiten und Utilisierungen bei Übung Nr. 39 und 40 (Fordern, Neinsagen, Ärgeräußern)

Einem Vertreter wird keine Ware abgenommen und in der Steigerung ein aggressiver Eindringling hinausbefördert.
Die Übung ist besonders gut geeignet, zwischen Vorwärtsvermeidung im Sinne des Angstbeißens und aufgesetzter Aggressivität meist im Wechsel mit Rückzugsvermeidung

wie ängstlichem Kichern, also Situationsunterbrechern, zu differenzieren gegen die Äußerung von wirklichem Ärger. Die Mehrfachmitteilungen des Angstbeißers führen dazu, dass entweder die Stimme zu schrill wird, dass zu schnell mit Zurückweisungen gearbeitet wird, dass bei Wechsel in Kichern z B. der anderer wieder in Sicherheit gewiegt wird, sodass dann ein schnelles Zuschlagen der Tür durchaus, weil überraschend für den anderen, doch zum indirekten Körperkontakt führen kann. Mit angemessener Steigerung der Lautstärke hingegen bleibt die Stimme meistens vor dem Überschlagen geschützt. Sie wirkt eindeutig, die Mimik bleibt ernst, es bleibt im Ablauf der Handlung kein Zweifel, wie auch die Tür zügig geschlossen wird, so dass hier weder direkte noch indirekter Körperberührungen zu beobachten sind. Hier sind oft mehrere Durchgänge erforderlich, um den Panzer der eigenen Aggressionshemmung zu durchbrechen. Die Lautstärke und das Türzuschlagen sollten ohne Rücknahme erfolgen. Schrille Töne sind erlaubt, Körperberührung oder Beschimpfungen keinesfalls.

Bei der Inszenierung der Übung ist es auch wichtig, sich auf die sogenannten Fangfragen zur Herstellung des »yes set« einzustellen. So erfordern bestimmte Fragen am Anfang ein »Ja«, um den anderen aus dem Konzept zu bringen, weil bei einem »Nein« sofort die Gegenoffensive abläuft, etwa die Frage, gehören Sie auch zu den Leuten, die gegen die freie Religionsausübung (etwa für Sekten) sind, gehören sie auch zu den Leuten, die gegen ein Resozialisierung von Vorbestraften sind, etc. Verneint der Gefragte die verneinende Formulierung, so bejaht er das Konzept, was als Zustimmung für die Unterstützung von Spendenaktionen und anderen, etwa sektenkonformen, Interessen interpretiert wird. Sagt der Betreffende aber »Ja« hat es der Werber zunächst mal schwerer, sein auf paradoxe Zustimmung ausgerichtetes Konzept zu verfolgen.
Die Übung hat von der Inszenierung her zwei Schwierigkeiten. Zum einen ist die notwendige Wut in der zweiten Übung nicht dadurch herzustellen, dass wie vorgesehen der Vertreter so lange in der Wohnung herumfuhrwerkt, bis ich wirklich zur Weißglut gereizt bin. Hier ist es sinnvoller, die notwendige Vorbereitung über Phantasieübungen widerlicher Konfliktpartner oder über Aufheizübungen durch die Gruppe, also situationsfremd, vorzubereiten. Die zweite Tücke hängt mit dem Grundproblem des »bei sich bleibens« zusammen. Ärger soll ja in der nötigen Intensität aber ohne Werturteile über den anderen und auch ohne dem anderen etwas anzuschaffen, geäußert werden können. Ähnlich wie im Zug gibt es aber bestimmte Situationen, in denen ich eine Handlungsanweisung nicht vermeiden kann, nämlich dann, wenn meine eigenen Rechte durch den anderen in einer klaren Form beeinträchtigt sind. Die Äußerung »raus hier, verlassen Sie sofort meine Wohnung« ist also vom Sprachgebrauch auch eine leichte Grenzüberschreitung, aber unumgänglich, um dem Vertreter zu zeigen, was ich von ihm erwarte. Das Schlagen mit der Tür, was nicht in jeder psychologischen Praxis in der nötigen ungebremsten Intensität und Lautstärke möglich sein wird, ist ein wichtiger Akt des Sich-nicht-Zurücknehmens und Zensierens, also des Zu-seinen-Gefühlen-Stehens. Wo die Möglichkeit gegeben ist, sollte es separat geübt und dann integriert werden. Dasselbe gilt für die Lautstärke, auch hier können Übungen gegen die Tür – also noch nicht gegen den Interaktionspartner – das richtige notwendige Maß entwickeln helfen. Dennoch wird es immer Zeitgenossen geben, die so aggressionsgehemmt sind, dass es absolut unmöglich ist, jemanden anzuschreien. Hier wird die Konfliktfähigkeit schon dadurch zu erhöhen sein, dass vielleicht das Lächeln, das Guten-Tag-Wünschen und andere Ver-

bindlichkeiten aus der klaren Zurückweisung in angemessener Lautstärke herausgenommen werden. Die Angst vor Lautstärke gilt ja nicht dem Krach, sondern den früher damit verbundenen schmerzlichen Übergriffen. Lautstärke als reine Abbildung einer inneren Zuständlichkeit oder als Begleitung zu einer intensiven Wunschäußerung ohne Abwertung anderer stellt eine ganz andere Qualität dar – dies als mögliches Neulabel. Überforcierte Versuche, bereits hier den »Durchbruch« zu erzielen, sind jedoch sinnlos und entsprechen den »plan-inkompatiblen« fehlerhaften Zielen.

Übung Nr. 41 (Fehlschlagangst)
Bei der Übung Nr. 41: »Einen Zeitungsartikel vorlesen, die Gruppe redet währenddessen durcheinander«, sollten die Sitzgelegenheiten richtig in Form eines »Hörsaals« angeordnet werden. Vorne kann ein Tisch als Pult dienen. Wir betonen, dass die Übung nicht dem Erlernen des Vorlesens oder Vortragens dient, sondern dass mit allem experimentiert werden darf, was bislang als peinlich oder blamabel gefürchtet wurde. Auch der Text oder die Durchführung in freier Rede oder als Vorlesen darf frei gewählt werden (es hört ja doch niemand zu). Die Gruppe ist im gegenseitigen lauten Gespräch. Dies ist einerseits schützend gegen die Beachtungsangst, andererseits auf Dauer auch frustrierend, sodass die meisten sich schließlich das Zuhören freiwillig wünschen. Sie dürfen auch hier frei entscheiden, wann sie dies wünschen, und erhalten dann die wohlwollende Aufmerksamkeit.
Probleme können entstehen, wenn der Therapeut sich zu sehr an der Unterhaltung der Gruppenmitglieder beteiligt, gar auch mit dem Rücken zum übenden Teilnehmer sitzt und ihm die Kontrolle über dessen Übung entgleitet, dieser etwa garnichts sagt oder abbricht.

Zu den Hausaufgaben des Übungsabschnittes »Geschäfte«
Ab hier erscheint in der Rubrik »Richtlinien für meine Bewertung« die Definition der Kriterien der Selbstbewertung in der »Ich«-Form.
Die Klienten sollten jetzt allmählich von der Fremdbewertung zur Selbstbewertung und damit zur Selbstverstärkung übergehen. Der Therapeut achtet jetzt auch darauf, dass die Klienten bei der Verhaltensprobe und der Hausaufgabenbesprechung sich selbst hervorhebend bewerten und positiv verstärken.
Eine Schwierigkeit entsteht durch die hohe Zahl an zu übenden Hausaufgaben. Hier kann mit unserer Begrenzung auf zwei bis drei Übungen pro Woche nur mit einem wachsenden »Rückstau« gearbeitet werden, d. h., die Übungen des Grundkurses ziehen sich als Hausaufgabe in den Anwendungsteil, der ja weniger dezidierte Umsetzungen im Selbststudium erfordert.
Bei der Hausaufgabe 43: »Sich in einem Geschäft ausführlich informieren« (äquivalent zur Verhaltensprobe 33), können folgende Schwierigkeiten auftreten: Der Klient sucht etwa solche Fachgeschäfte auf, die Ware verkaufen, über die er gut informiert ist. Hierbei kann es vorkommen, dass er den Verkäufer quasi einer Prüfung unterzieht. Dies wäre der Fall, wenn ein Rundfunktechniker ein Radiogeschäft aufsucht. Damit ist jedoch die Aufgabe nicht erfüllt. Der Klient soll sich über einen Gegenstand informieren, den er nicht kennt. Der Techniker müsste dann etwa ein Geschäft für Orientteppiche oder eine Bank zur Übung auswählen. Da in dieser Übung bereits kommunikative Fähigkeiten geübt werden (Rückkopplungen durch Rückfragen und Verstärken der Äußerungen des Part-

ners), sollte diese Hausaufgabe auch unter dem Aspekt der Kontaktaufnahme durchgeführt werden. So könnte ein kontaktängstlicher Klient die Übung zuerst in einem Radiogeschäft mit männlichen Partnern, später jedoch in einer Buchhandlung oder in einem Kunstgewerbeladen, wo er eher junge weibliche Partner findet, durchführen. Viele kontaktängstliche Klienten vermeiden hier, indem sie die Verkäufer lediglich als »Funktionsträger« betrachten. Sie sehen in ihnen nicht die Menschen, die sich in ihrem Beruf bemühen, ihre Kunden zufriedenstellend zu bedienen.

3.4 Vierter Übungsabschnitt: »Lokal/Café«

Verhaltensproben

Wie zu Anfang dieses Abschnittes angegeben, können bei bereits gut fortgeschrittenen Klienten die Übungen hier unmittelbar ›in vivo‹ durchgeführt werden; vorausgesetzt, dass die Teilnehmer es gewohnt sind, Restaurants zu besuchen, und nicht schon vom Setting her Angst entwickeln. Wenn es notwendig erscheint, können die Übungen mit dem Aspekt öffentliche Beachtung aushalten zu lernen auch wieder unter Flooding-Gesichtspunkten inszeniert werden.
Wir lassen in der Regel eine Kombination der Übungen bis zum Umtausch einer nicht sachgemäß ausgeführten Bestellung als »warming up« und als Demonstration der Hausaufgaben durchführen und üben an Hand der Übung Nr. 57 die *»subjektive Wahrheit« als Abgrenzhilfe* gegen Fremdbeschuldigungen.

Übung Nr. 57 (Neinsagen)
Ich lasse im Restaurant ein Gericht zurückgehen, weil es nicht meiner sachgemäßen Bestellung entspricht, allerdings mit der Begründung, dass die Speise für mich in dieser Form ungenießbar ist (versalzen). Entscheidend für die richtige Durchführung ist die innere Überzeugung, damit Kongruenz zwischen den Gefühlen bzw. der Körpersprache und dem verbalen Verhalten besteht. Dann allerdings ist die Argumentation »Für mich ist es ungenießbar, ich kann das so nicht essen« durch nichts zu erschüttern oder in Frage zu stellen. Diese Übung ist für viele, die aus der Rückwärtsvermeidung zunächst in das mühsame »Sichbehauptenmüssen« als eine Art Übergangslösung im Sinne der Vorwärtsvermeidung hineingerutscht sind, eine große Erlösung. Ein Übungsmitglied empfand den Wechsel wie vom Schwertfechten zum lockeren Florett, wo sie sich mühelos zurücklehnen konnte und mit der ganzen Überzeugung ihres subjektiven Rechtes und mit viel Charme und Ruhe allen üblen Blockade- und Vorwurfsversuchen des Übungspartners zum Trotz ihren Wunsch nach einer einwandfreien Speise erfüllt bekam. Dies entspricht ja auch dem Grundverständnis von Selbstsicherheit, wie es der Therapie zugrunde liegt, Wohlbefinden und nicht Rechthabenmüssen oder gar Auftrumpfen auf Kosten anderer ist Ausdruck wirklicher Selbstwertschätzung. Die »Begründung« für die Wunschäußerung »Dieses gefällt mir, dieses gefällt mir nicht, dieses möchte ich haben, weil es mir gefällt, dieses möchte ich nicht mehr haben, weil es mir nicht mehr gefällt, weil es mir nicht gut tut« ist wirklich nur im »Bauch« oder in den eigenen Bedürfnissen zu finden.

Die Übungsteile »löschen bei Vorwurfsverhalten des anderen« als Wegschauen bei unsachgemäßem und übergriffigem Verhalten müssen gelegentlich erleichtert werden. Personen mit besonderen Schwierigkeiten in der Neinsagehierarchie empfinden es oft als unartig, wegzuschauen oder wegzuhören, auch wenn andere ihre Ablehnungen oder Vorwürfe über sie hinweggießen. Zu stark ist die eingebläute Schiene »Ich muss mir dies hineinziehen, um dann Besserung zu geloben, und artiges Wohlverhalten zur Buße absolvieren«. Auch hier ist es für viele eine erlösende Erfahrung, dass nicht tun zu müssen, sondern wirklich nur aktiv bei der eigenen Bedürfnisäußerung den Blickkontakt wieder aufzunehmen. Vom Schwierigkeitsniveau ist es für viele allerdings zum diesem Zeitpunkt nicht zu ihren wirklichen Gefühlen kongruent zu lösen, hier sollte dann kein Druck gemacht werden. Die Übung Nr. 57 ist auch für die Klientel eine Wendemarke, die von vornherein die schnoddrige, aggressive oder spaßige Abwehrhaltung bei Konfliktandrohung praktizieren müssen. Viele Powertypen beharren bei der Übung immer noch auf der Feststellungsebene und wollen zum Beispiel beginnen, »Dieses Steak ist angebrannt«, hier soll sofort eine Unterbrechung und Richtigstellung erfolgen in die subjektive Formulierung »Für mich ist es angebrannt, ich kann das so nicht essen«. Auch die Verfremdung der Übung auf objektive Kritikbestände muss sofort unterbrochen werden, z. B. wenn jemand nicht auf die Ungenießbarkeit abzielt, sondern auf einen Mangel – etwa fehlende oder verwechselte Beilagen, der objektiv zu überprüfen ist. Hier lässt sich natürlich die hundertprozentige Subjektivität und Überzeugung durch innere Wahrheiten nicht praktizieren und die Gefahr (auch wenn der objektive Mangel subjektiv formuliert wird als »aus meiner Sicht ») eines unnützen Streites im Sinne des Rechthaber-oder Gewinnerspiels ist sehr bedeutend.

Zu den Hausaufgaben

Die Hausaufgaben dienen vornehmlich der Gewöhnung an öffentliche Beachtung. Sie sollten daher genau und so oft als möglich durchgeführt werden. Bei Personengruppen, die wenig oder keine Erfahrungen auf diesen Gebieten sammeln konnten, wird es notwendig, dass der Therapeut oder Kotherapeut sie zunächst ›in vivo‹ begleitet. Dann sollte ein Selbstkontrollprogramm darauf abzielen, dass diese Übungen möglichst oft durchgeführt werden. Die Gruppe oder kleinere Subgruppen sollten zunächst die Aufgaben gemeinsam durchführen. Später jedoch – vor allem bei der *Hausaufgabe 61*: »Sich in einem vollen Lokal zu jemandem setzen und dort mindestens eine Stunde verweilen« – sollten die Hausaufgaben unbedingt auch alleine durchgeführt werden.

Bei der **Hausaufgabe 63 zur paradoxen Intention** ist es wichtig, dass der Therapeut diese Technik präzise erklärt. Sie sollte ohne die Vorstellung einer bestimmten Situation geübt werden. Die ganze Konzentration sollte ausschließlich auf das Sich-Befehlen der emotionalen Reaktion gerichtet sein. Die Anwendung bleibt beschränkt auf Personen mit real aversiven Körperreaktionen ohne den Vermeidungsplan, nie eine Schwäche oder Fehlreaktion zeigen zu dürfen.

Die **Hausaufgabe 67:** »Sich zu anderen Menschen setzen, ohne von sich aus ein Gespräch anzufangen«, ist wichtig, um Stille und Entspannung in der Nähe von anderen Menschen zu üben. Zur richtigen Durchführung dieser Übung ist es jedoch notwendig, dass bereits vorher (oder zumindest spätestens bei dieser Übung) eine Gewöhnung an die »Lokalsituation« eingetreten ist. Nur so kann der Klient wirklich entspannt Platz nehmen und sich der passiven Wahrnehmung anderer Personen hingeben.

Zur **Hausaufgabe 69**: »Sich für einen demnächst zu haltenden Vortrag über ein Thema, das einen selbst betrifft, vorbereiten«, ist folgendes wichtig: Der Therapeut erklärt den Klienten, dass der Vortrag hauptsächlich eigene Erfahrungen, Meinungen und Empfindungen enthalten soll. So könnte jemand darüber reden, welche Hobbys er hat, wie er dazu gekommen ist, welche Vorlieben er früher gehabt hat; oder er könnte erzählen, welche Tiere er mag, was er am Wochenende mit seiner Familie unternimmt, welche Kurse er besucht oder Ähnliches. Falls er über die Prinzipien dieses Trainingsprogramms reden möchte, sollte er mit Beispielen erzählen, wie er sie angewendet hat, was er inzwischen gelernt hat, was er noch erreichen will. Personen, die über ihren Beruf reden möchten, sollten das Thema nicht kompliziert gestalten. Sie sollten etwa nicht schwierige technische Vorgänge erklären, sondern eher wie sie arbeiten, was ihre Aufgabe ist, wie viele Kollegen sie haben, ob ihnen der Beruf Spaß macht und wie sie dazu gekommen sind.
Nach der Vortragsübung Nr. 41 lassen wir jetzt diese zweite Vortragsübung im Rahmen der Selbstvorstellung bei der »Zwischenbilanz« am Ende des Grundkurses üben, gefolgt vom sogenannten großen Vortrag mit Gästen am Kursende.

3.5 Fünfter Übungsabschnitt »Öffentliche Veranstaltungen«

Verhaltensprobe

Dieser situative Rahmenbereich enthält vorwiegend Fehlschlagangstübungen, die auch im Selbststudium möglich sind, und zwei recht schwierige Kontaktübungen.
Die Übungen im Kino – besonders das laute Zurufen über die gesamten Sitzreihen hinweg mit einem Gruppenmitglied als Übungspartner – frischt die Gruppenkontakte ebenso auf wie die jetzt regelmäßigen Einladeübungen (jeder die ganze Gruppe) zur Überwindung perfektionistischer Gastgeberzwänge und die Übung, in der die gesamte Gruppe tanzen geht. Schwierigkeiten gibt es bei sehr heterogenen Gruppen und einzelnen Randpositionen. Erhöht nun der Therapeut den Druck auf »Gemeinsamkeit« wird diese noch aversiver und die Gruppe zerfällt möglicherweise. Andererseits müssen die Privattreffen geplant und kontrolliert werden. Konventionell aufwendige Einladungen setzen andere leicht unter Druck. Einladungen, bei denen die Partner des Gastgebers teilnehmen sind ebenfalls im Sinne des Splittens der Gruppe in Mitglieder ohne und solche mit Partner riskant.

Übung Nr. 74 ist sehr schwierig und zeitintensiv. Sie kann in manchen Gruppen durch die spätere Kontaktübung »Verabredung im Hotel« (Übung 101) ersetzt werden. Wird sie dennoch erarbeitet, etwa im Schwerpunkt Jugendliche mit Kontaktangst, dann soll die Durchführung portioniert werden und die Umsetzung in den Alltag deutlich zeitverzögert ablaufen und eventuell in der »helfenden« Anwesenheit eines vormachenden oder rückmeldenden Gruppenmitgliedes stattfinden. Im »Therapeuten-Slang« wird Übung Nr. 74 wegen ihrer diversen Schwierigkeiten und Einsatzmöglichkeiten auch »die scharfe 74« genannt. Die Übung stand ursprünglich in der Kontakthierarchie weiter hinten unter dem Abschnitt »Freunde«, der jetzt in Teil III des ATP veröffentlicht ist. Wir haben sie

jedoch an diese Stelle im Grundkurs vorgezogen, damit auch dann, wenn lediglich der Grundkurs (etwa stationär) durchgeführt wird, ausreichende Kontaktfähigkeiten trainiert werden können
Diese Übung enthält die wichtigsten Kontaktstrategien: Offene Fragen stellen, eigene Meinungen und Ansichten äußern, die Äußerungen des Partners verstärken und rückkoppeln. Nonverbal ist vor allem wichtig, einen gelockerten Gesichtsausdruck zu zeigen, zu lächeln und Blickkontakt herzustellen. Hier erscheint es ratsam, die verschiedenen verbalen Kontaktstrategien separat einzuüben (dies etwa als je einziger Schwerpunkt einer Teilübung), vor allem jedoch das Stellen von offenen Fragen und das Rückkoppeln. Eine Faustregel bei den offenen Fragen ist, diese mit sogenannten W-Fragen (»Was«, »Welche«, »Wann«, »Warum«, »Wie«, »Weshalb«) anfangen zu lassen; so zum Beispiel
»Welche Meinung haben Sie dazu?«
»Warum haben Sie Berlin verlassen?«
»Was gefällt Ihnen an dieser Stadt besonders?«
»Wie sind Sie zu dieser Ansicht gekommen?«

Bei der Rückkoppelung ist es für den Therapeuten wichtig, darauf zu achten, dass keine eigenen Interpretationen beim Paraphrasieren mit eingehen.
Viele Klienten vermeiden es, ihre eigenen Meinungen, Erfahrungen oder Empfindungen zu äußern. Dies sollte besonders beachtet werden, damit der Angesprochene nicht in eine Art »Kreuzverhör« gerät. Auch wenn die eigene Meinung gegenteilig ist, sollte sie unbedingt geäußert werden. Der Therapeut sollte darauf achten, dass alle Meinungsäußerungen mit »Ich« oder »Meine« anfangen.
Wir haben oft beobachtet, dass bei der Einübung dieser Aufgabe die Klienten unter erheblichen Belastungen stehen können, da sie auf so viele verschiedene Aspekte achten sollen. Auch deshalb ist es günstig, die Übung zunächst aufzuteilen. Eine solche Aufteilung wurde auch in der Modellvorgabe beim Videofilm (siehe Therapeutenabschnitt) vorgenommen. So kann man, wenn die verschiedenen Strategien durchgearbeitet worden sind, die Übung in ihrem Ablauf dreifach unterteilen: zuerst werden die Verabschiedung, dann die Führung des Gesprächs und zuletzt das Ansprechen durchgeprobt. Bei den Übungen sollten die Klienten stets »sich selbst« spielen, das heißt ihren wahren Beruf, Familienstand, Wohnort erwähnen.
Schwierigkeitserhöhend ist die »Alles-oder-nichts«-Ideologie der vielfach Ansprache deprivierten Kontaktängstlichen, die meinen, aus jedem Gespräch, wenn sie es denn einmal geschafft hätten, müsse sich sogleich eine Traumbeziehung entwickeln. Die Attraktivität der Partner soll sich auf den situativ gebotenen Rahmen und nicht auf solche überhöhten Wünsche richten: Also wer bietet die interessantesten, unterhaltsamsten, nettesten oder auch nur leichtesten Gesprächsbedingungen, Bedingungen für gemeinsame Unternehmungen etc.
Schließlich möchten wir noch auf eine Art der Kontaktstörung hinweisen, die nicht selten gerade bei dieser Übung zutage tritt. Viele Klienten vermeiden den Kontakt dadurch, dass sie ihr Gegenüber in Kategorien einordnen und damit oft »abqualifizieren«. Sie tendieren dazu, ihren Partner rasch nach Beruf, Alter, Geschlecht und Familienstand zu klassifizieren. Nachdem sie diese Information eingeholt haben, ist es nur noch ein kleiner Schritt zur Ansicht »Der (oder die) ist nicht interessant für mich«. Der Kontakt wird dann schnell wieder abgebrochen. Hier kann eine Subhierarchie eingesetzt werden, die

der Überprüfung dieser Vermeidung durch Vorurteile oder der Verbesserung der sozialen Wahrnehmung dient. Das Fragen nach dem Beruf des anderen und das Erwähnen des eigenen kann Schwierigkeiten mit sich bringen. Gerade für Klienten, die zuvor sehr wenig Erfahrung im Knüpfen von Kontakten hatten, kann das Sprechen über den Beruf ein dankbares Thema sein. Die Therapeuten sollten jedoch darauf achten, dass dieses Thema nicht in eine Fachsimpelei oder in ein »Niederreden« ausartet. Wichtiger ist, über die persönlichen Aspekte des eigenen Berufes zu reden, etwa: »Ich möchte dort nicht immer arbeiten, weil ich lieber im Team arbeiten möchte« oder »Ich mag meinen Beruf, weil ich gern mit Menschen zusammenkomme«. Wenn vom Beruf des Partners die Rede ist, sollten auch hier persönlich-offene Fragen gestellt werden, etwa: »Wie sind Sie zu Ihrem Beruf gekommen?« oder »Was machen Sie in Ihrem Beruf besonders gern?«

Abschließend möchten wir noch einige Bemerkungen zum Ziel der Übung machen. Offene Fragen stellen und rückkoppeln sind sehr wichtige Kontaktstrategien, ihre Einübung sollte jedoch nicht in eine Überforderung der Klienten münden. Ziel ist es, dass diese Strategien flexibel eingesetzt werden können. Wir meinen damit, dass es natürlich auch erlaubt sein soll, geschlossene Fragen zu stellen und auch mal einen Satz mit »man« oder »es ist« zu sagen. Wir beobachten, dass Klienten manchmal unter Selbstbestrafung geraten, wenn sie sich etwa dabei »ertappen«, eine geschlossene Frage gestellt oder einen »man«-Satz gesagt zu haben. Der Therapeut sollte hier Hilfestellungen und Korrektursätze, die ins Gespräch miteinfließen können, anbieten. Hierfür zwei Beispiele: »Mögen Sie Ihren Beruf?« (geschlossene Frage) – »Ja« »Was gefällt Ihnen am meisten an Ihrer Arbeit?« (offene Frage, die den Fluss des Gesprächs weiterführt). Oder: »Es ist manchmal bedrückend, wenn man sieht, wie die Leute so aneinander vorbeihasten« (»man«-Satz), und gleich anschließend die Korrektur: »Das heißt, ich empfinde es manchmal so (»ich«-Satz), wie empfinden Sie das?« (offene Frage). Das Einüben von solchen Korrektursätzen erscheint uns besonders wichtig, da das Anwenden kommunikativer Strategien ganz besondere Fertigkeiten voraussetzt und es lange braucht, bis diese flüssig angewandt werden können.

Eine weitere Schwierigkeit, die sich bei dem Stellen offener Fragen ergibt, ist die, dass der Klient in Hektik gerät und keine Gesprächspausen zur Beantwortung erträgt. Es ist sehr wichtig, dem Klienten klarzumachen, dass eine offene Frage für den Gesprächsfluss zwar sehr förderlich ist, dass sie jedoch für den Partner schwieriger ist als eine geschlossene Frage. Deshalb entsteht häufig, nachdem die offene Frage gestellt wurde, eine Pause, in der der Partner seine Gedanken sammelt, um zu antworten. Es ist ja gerade das Wesen einer offenen Frage, dass sie mehrere und differenzierte Antworten erlaubt. Sie gibt dem Befragten damit einen Freiheitsspielraum. Dieser sollte ihm auch gewährt werden. Viele Klienten jedoch werden nun unsicher bei der entstandenen Pause. Sie fürchten, ins »Fettnäpfchen getreten zu sein«, den anderen überfordert zu haben, oder einfach, dass das Gespräch stocken könnte. Dadurch nehmen sie dann die Pause zum Anlass, selbst weiterzureden, Antworten vorwegzunehmen, ihre offene Frage in eine geschlossene umzuwandeln, kurz: Sie nehmen den Spielraum, den sie vorher gewährt haben, jetzt wieder weg. Hierfür wieder einige Beispiele: Auf die offene Frage: »Warum haben Sie Berlin verlassen?« können mehrere Antworten erfolgen. Der Partner antwortet nicht sofort: er denkt an mehrere Gründe und versucht, diese nun nach Wichtigkeit zu ordnen, er will seine Antwort differenziert gestalten. Während dieser Prozess abläuft, hakt bereits der Fragende nach, etwa: »Haben Sie das Klima nicht vertragen oder aus beruflichen Grün-

den?« Der andere: »Ja, auch ...«, daraufhin der Fragende: Oder möchten Sie nicht so gerne darüber sprechen?« Der Partner: »Na ja, es ist schwierig so.« Der Fragende: »Ach, ist ja nicht so wichtig.« Schon beim ersten Nachhaken wurde der Kommunikationsfluss unterbrochen, der Klient hat eifrig immer mehr Barrieren aufgebaut. Jetzt käme er in die Verlegenheit, ein neues Thema anzuschlagen. Wir haben oft beobachtet, dass um es einmal extrem auszudrücken, die Klienten eher lernen sollen, wann sie schweigen als wann sie sprechen sollten.
Eine Faustregel, die hier Wunder wirken kann, ist die folgende: Nachdem der Klient eine offene Frage gestellt hat, sollte er innerlich langsam bis zehn zählen und dabei den Blickkontakt halten. Inzwischen hat der Partner die Gelegenheit gehabt, sich in dem gewährten Spielraum frei zu bewegen, und der Klient gerät nicht unter den Druck, dauernd neue Themen ansprechen zu müssen.
Sehr beliebte Kommunikationsfallen sind auch die Antworten auf nur befürchtete Äußerungen der anderen – etwa bei Schuldgefühlen, die nicht geäußerten Wünsche zu erfüllen, gedachte Zweifel beim anderen durch Begründungen zu zerstreuen oder nicht erfolgte Vorwürfe zurückzuweisen.

Zu den **Hausaufgaben des fünften Übungsabschnittes** »öffentliche Veranstaltungen«: Hier wird das programmmäßig angebotene Bewertungssystem mehr und mehr ausgeblendet und zum letzten Male vorgegeben. Die inhaltlich angegebenen Kriterien haben sich von der Überwindung der Vermeidung, der positiven Beurteilung des konkreten Verhaltens, der Selbstverstärkung bis zur Verstärkung von Selbstbewertung und positiven Einstellungen gewandelt.
Nach diesem Abschnitt sollten Klienten vollends selber in der Lage sein, ihr Verhalten und Empfinden, ihre Einstellungen, ihre soziale Wahrnehmung und ihre Handlungen autonom zu bewerten und zu verstärken. Dies ist umso notwendiger, als sie in Teil III des ATP lernen sollen, mehr auf ihren jeweiligen Interaktionspartner einzugehen. Sie brauchen dafür das im Grundkurs erarbeitete Selbstvertrauen.

Die ersten drei **Hausaufgaben (Nr. 76, 77 und 78)** dieses Abschnittes dienen der Überwindung der Angst vor öffentlicher Beachtung.

Die Hausaufgabe 79 (Kontakt): »Sich in einem Café zu einer sympathischen Person setzen und ein Gespräch anfangen«, sollte erst nach der intensiven Einübung durchgeführt werden. Für stark kontaktgestörte Klienten kann es auch hier notwendig werden, eine Zwischenhierarchie zu entwickeln. Subhierarchien können dann wichtig werden, wenn die Klienten die Kontaktübungen vorher zuwenig geübt oder sie teilweise vermieden haben. Bei Klienten mit wenig oder überhaupt keiner Vorerfahrung im Knüpfen von Kontakten können sie auch trotz intensiver Übung vorher nötig sein. Hier gilt es, den beschriebenen Schwierigkeitssprung auch in der Realität wettzumachen.
Subhierarchien können nach zwei Gesichtspunkten entwickelt werden:

1. Die Handlung (ein Gespräch führen) bleibt konstant, und die Schwierigkeit im »Partner« wird gesteigert (etwa zuerst ältere Personen gleichen Geschlechts, dann ältere gegengeschlechtliche Partner; dann gleichgeschlechtliche jüngere, schließlich gegengeschlechtliche jüngere Partner). Dieses Vorgehen mag dort Anwendung finden, wo das Führen eines Gespräches die Hauptschwierigkeit darstellt. Durch die allmähliche Steige-

rung in der Variable »Partner« kann eine Gewöhnung an die Variable »Handlung« eintreten. Die hier erforderte Handlung kann somit zunächst unter wenig belastenden Bedingungen (etwa Rentner als Partner) durchgeführt werden, das Selbstvertrauen in der Fähigkeit, Gespräche zu führen, wächst.

2. Der Partner (gegengeschlechtliche, sympathische Person) wird konstant gehalten, während die Handlung allmählich gesteigert wird. Diese Vorgehensweise eignet sich besonders dort, wo nicht das Gespräch als solches, sondern der Partner die Hauptschwierigkeit bedeutet. Die Abstufung der Variable Handlung könnte wie folgt aussehen: Zuerst einen Satz sagen, etwa: »Darf ich mich zu Ihnen setzen?« und eine geschlossene Frage, etwa: »Kennen sie sich hier aus?« usw. bis zur Hauptschwierigkeit.
Es erscheint nicht günstig, in einer Subhierarchie die Schwierigkeit noch weiter herunterzusetzen, da in der Therapie vorher bereits mehr bewältigt wurde; dies würde einen Rückschritt bedeuten. Deshalb ist es ratsam, mindestens eine Variable in ihrer höchsten Schwierigkeit konstant zu halten. Wichtig ist es, dass der Therapeut den Klienten ermuntert, so oft als möglich zu üben.
Es erscheint günstig, in einige Versuche auch den Satz: »Ich möcht' mich gerne ein bisschen mit Ihnen unterhalten«, aufzunehmen.

Übung Nr. 75 (Kontakt, Nähe)
Sie ist mit der sehr intensiver Nähe und dem Austausch angenehmer Rückmeldungen eines jeden mit jedem sehr kohäsionsfördernd. Die Therapeuten geben Modell zum Abstand (30 cm) und zur Art des Händehaltens. Diese werden ganz umfasst, statt nur die Fingerspitzen zu berühren. Das schweigende Sichanschauen soll ca. 2 Minuten währen, wobei wichtiger als die Zeitvorgabe das Gefühl ist, es jetzt auch noch länger aushalten zu können. Dies ist ja unser Kriterium zum Schutz vor negativer Verstärkung des Abbruchverhaltens. Dies ist der richtige Zeitpunkt, sich gegenseitig in der Formulierung »Ich mag an Dir, dass Du ..., oder ... wenn Du ...« die drei oder mehr positiven Rückmeldungen zu geben, die jeder ohne Kommentar anhört. Es ist ganz wichtig, dass wirklich jeder mit jedem übt. Die Teilnehmer stehen einfach alle auf und greifen sich den Nächsten etc. Wenn die Nähe ganz unerträglich wird, darf etwa in der Körperdistanz variiert werden, jedoch keinesfalls die Spannung über Lachen reduziert werden, da dadurch die Übenden schnell aus der Situation rauskommen. Gegebenenfalls lässt der Therapeut dann mit größerer Distanz und neutralerer Rückmeldung wiederholen. Auch Abbrüche und vorzeitiges Aussteigen werden so aufgefangen. Dabei sitzt der Therapeut so im Raum, dass er die Teilnehmer nur beiläufig betrachtet, etwa arbeitet und nicht als Zuhörer auftritt. Nach der Übung sollte die Sitzung ohne weiteren Kommentar schließen, da die Erfahrungen von so viel Nähe und Akzeptanz für viele eine erstmalige und sehr tiefreichende ist, die in Stille erst mal verarbeitet werden will.

3.6 Sechster Übungsabschnitt: »Behörden«

Die Übungen beziehen sich auf den Umgang mit Beamten, d. h. »Autoritätspersonen«, somit auf Fehlschlagangst. Sie sind aber auch hinsichtlich des Rechtes zum Widerspruch, zum Konflikt, der Angst vor Lautwerden – aktiv und passiv – wichtige Übungen im Umgang mit blockierter Ärgeräußerung.

Schwierigkeiten und Utilisierungen bei Übung Nr. 88 und 89

Ein Beispiel, wie die Aggressionshemmung zur grotesken Umdeutung führen kann: Die Klientin, aufgewachsen bei einer sehr autoritären Mutter, die nie eine andere Meinung neben sich stehen ließ, hat ihr Leben lang, und auch in ihrer beruflichen Ausrichtung, die Hilfe von Schwachen und Unterdrückten als Kompensationsplan gewählt. Sie meldet sich in der Übung nicht etwa um aktiv zu üben, sondern um die Rolle des Beamten zu übernehmen. Auf Befragen gibt sie an, dass es ihr wichtig sei, dass der arme Beamte nicht ins Unrecht gesetzt würde, schon gar nicht durch die Hinzuziehung eines Vorgesetzten Nachteile erleiden sollte. Lieber wolle sie als Modell sein Verhalten so verändern, dass dies nicht nötig würde. Eine Identifikation mit der Übungsrolle, die sie moralisch ins Unrecht setzte, war anfangs nicht möglich. Erst als die gesamte Gruppe sie davon überzeugte, dass ja der Beamte Terror ausübt und zu Unrecht den Übenden schikaniert, war sie mit Mühe vom eigenen Übungswert dieser Position zu überzeugen, jedoch ohne wirkliche Eindeutigkeit. Die Übung war also zu schwierig von dem blockierenden Plan »Werde nie wie Deine Mutter«, »Setze andere nie ins Unrecht« und »Meide jeden Konflikt, d. h. beschwere Dich nie«. In Gruppen mit geringen Autoritätsangstproblemen und geringer Aggressionshemmung üben wir oft nur die *Übungen Nr. 88 und 89*, sowie »Freundliche Überredung« (91) und »Umgang mit Uniformträgern« (Widerspruch Polizisten, *Übung Nr. 98*). Für Klienten, die unter Diktaturen gelebt haben oder aus Ländern mit einer Tradition in selbstherrlicher und willkürlicher Beamtenschaft und Polizei stammen, ist dieser Teil jedoch besonders wichtig. So waren in den »neuen Ländern« ja schon Zweifel an der Allmacht der Partei oder gar ein kritisches Hinterfragen der Funktion und Zuständigkeit ihrer Schergen *(Übung Nr. 98)* real bedrohliche Verhaltensweisen. Aber auch in den »alten Ländern« ist zunehmend darauf zu achten, dass in der Übung keine Bewertung von Polizisten vorgenommen wird, weil die Gefahr dadurch zwangsläufig in den Dunstkreis der »Beamtenbeleidigung« zu geraten sich ständig erhöht. Selbst bei unseren eindeutigen subjektiven Verantwortungsnahmen für unangenehme Gefühle können hier keine Akzeptanzgarantien gegeben werden. Es ist wichtig, einerseits die Funktion und Bedeutung der – von den übenden Klienten ja mitbezahlten – Angestellten im Auftrag der Wahrung von Interessen des Gemeinwohls hinterfragen zu können, jedoch im Umgang mit den – nicht immer besonders kompetenten – Ausführenden auf der Sachebene zu bleiben und mit dem Vertreten eigener Ansprüche und dem Zurückweisen unberechtigter Übergriffe den eigenen Freiraum zu verteidigen. Soziale Kompetenz ist nach unseren Untersuchungen besonders eng mit guten Werten im Bereich »Fordern-Können« verbunden. Dies ist für viele Therapeuten wegen der Nachbarschaft zu aversivem Durchsetzverhalten auf Kosten anderer – hier etwa des Missbrauches von verliehenen Machtinsignien auf der einen Seite und – auf der anderen Seite von strategischer

Überlegenheit oder der Einschüchterung über Dienstaufsichtsbeschwerden – negativ besetzt. Dies kann zu Lasten der erforderlichen Eindeutigkeit des Ausdrucksverhaltens gehen und fehlende Glaubwürdigkeit zur Folge haben.

Schwierigkeiten im Übungsabschnitt »Behörden« können sich auch bei Therapeuten ergeben, die selbst ihre Autoritätsprobleme noch nicht überwunden haben, und aus Abneigung gegen den gesamten Bereich Übungen zum Umgang mit den »autoritären Kackern« vermeiden und den gesamten Bereich weglassen.

Ein Beispiel mag diese Wechselwirkung therapeutischer Wertungen mit den Übungsresultaten negativer Art aufzeigen: Therapeut Tom empfindet die »Freundliche Überredung« in *Übung Nr. 91* als »Schleimen«, das heißt, die Vorstellung ist für ihn sehr negativ besetzt, weil er davon ausgeht, dass hier ein »Nach dem Munde reden« als unehrliche Verstellung und unterwürfige Zustimmung geprobt werden soll. Er lässt die Übung in diesem falschen Verständnis durchführen und glaubt, dass er seine persönliche Wertung ja nicht einfließen lassen darf. Zum Schluss findet nicht nur er seine Bewertung bestätigt, auch die übenden Klienten lehnen diese Art manipulativer Unterordnung zu Recht ab. Was die Übung voraussetzt, ist die Identifikation und ›Verantwortungsübernahme für eigene Bedürfnisse‹: Wenn der Beamte Ausführungen macht, die meine Anliegen fördern, dann ist das ein Verhalten, das mir gut tut und bei dem mein Bedürfnis, hiervon mehr zu erfahren, absolut legitim ist und mit voller Überzeugung (damit Eindeutigkeit) vertreten werden kann. Umgekehrt gehört es auch zur seelischen Hygiene – und ist nicht nur eine Frage der Erfolgsoptimierung durch bewussten Einsatz verhaltensformender Lernprinzipien – unangenehme Verhaltensweisen nicht auch noch durch Beachtung und Argumentation zu unterstützen, sondern sie bewusst abzuschwächen oder auch auszublenden.

Die Situation 91, »einen Beamten freundlich zu überreden«, ist besonders geeignet, ein flexibles Anwenden von Nichtbeachtung und Verstärkung einzuüben. Gerade diese Gesprächsstrategie könnte für viele Klienten von größtem Nutzen sein. Sie wird in Teil III noch wiederholt.

Zur Durchführung der *Situation 92:* »Einen Vortrag vor einem größeren Zuhörerkreis halten«. Hier können die Klienten Bekannte oder Verwandte als »Publikum« einladen.

Falls mehrere Gruppen gleichzeitig stattfinden, können zwei Gruppen zusammengelegt werden. Wir legen heute diesen Vortrag kurz vor das Ende des erweiterten Grundkurses mit 35 Sitzungen oder des verkürzten Gesamtkurses (früher 50 Doppelstunden). In der Gestaltung bleibt formal die Dauer von 5 Minuten reden und 5 Minuten Diskussion führen und inhaltlich sich Pausen, Fehler, Nichtwissen zu gestatten unveränderte Bedingung.

Für das *Selbststudium* ist es ausreichend, den Übungsrahmen festzulegen. Hier soll jeder einige Behördengänge absolvieren, die schon lange nützlich oder notwendig wären: Finanzämter, Bauämter, Gemeinde- oder städtische Referenten für Spezialfragen kämen hier in Frage. Die Übungen sollen dann bei passendem Anlass durchgeführt werden. Die *Übungen Nr. 93, 94, 95* stehen dabei vorwiegend im Bereich »Fordern«, das heißt, hier soziale Kompetenz wahrnehmen, während *Übung Nr. 96* wieder eine recht schwierige Fehlschlagangstübung darstellt, die ruhig zeitverzögert aufgegeben werden kann.

Vielfach ist es im Abschnitt Behörden auch so, dass noch Hausaufgaben aus den früheren Abschnitten anstehen.

Bei wöchentlich 2 bis maximal 3 Übungen müssen ja in den besonders hausaufgabenintensiven Abschnitten 1 bis 5 zwangsläufig die Aufgaben über einen längeren Zeitpunkt verteilt werden. Dies ist an sich günstig, weil ja zwischenzeitlich »in vitro« weitere Freiräume erarbeitet worden sind, die die »In-vivo«-Übung erleichtern. Die Übungen sollten jedoch immer neu gegeben werden, damit nicht ein Überhang offener Aufgaben motivationsschwächend wirkt.

4. Die Zwischenbilanz

Der Abschluss des ATP-Grundkurses (Teil II der Klientenbücher) setzt in vieler Hinsicht eine Zäsur:
Das Übungfeld für selbstsicheres Verhalten verlagert sich von den Interaktionspartnern aus dem Bereich »Fremde, Öffentlichkeit« zu Bezugspersonen, mit denen längere und intensivere Kontakte bestehen.
Waren erstere eher ein unverbindlicher Freiraum zum Ausprobieren von neuem Verhalten, so stellen letztere überdauernde Bedingungen in der Verhaltenssteuerung Einzelner dar, deren Einfluss der Klient systematisch verändern soll.
Schon von daher ist es nicht mehr ausreichend, durch häufige Wiederholungen des neuen Verhaltens bei wechselnden Partnern Angstfreiheit zu erzielen. Die Hausaufgaben als Wiederholung der Verhaltensprobe in der Realität entfallen. An ihre Stelle treten Aufgaben zur Problemlösung und die Ermunterung, bei passender Gelegenheit selbstständig das Gelernte in den Alltag zu übertragen. Weil im Bereich der drückendsten Probleme zumeist das Fehlverhalten von Nachbarn, Freunden, Betriebs- und Familienangehörigen bedingend mitwirkt, kann der Klient nicht mehr mit so hoher Wahrscheinlichkeit wie im Grundkurs positive Konsequenzen für sein neues Verhalten erwarten. Er muss auch gegen reale Ablehnung und Misserfolge gefeit sein. Dies setzt ein ausreichendes »Sicherheitspolster«, das heißt eine bessere Selbstbewertung und eine Verfügbarkeit über möglichst vielseitige Anerkennungsquellen, voraus.
Parallel zur zunehmenden Entängstigung und Schulung in sozialer Diagnose sowie in kommunikativen Problemlösefertigkeiten nimmt im dritten Teil die unterscheidende Anwendung des Verhaltens einen wichtigen Platz ein. Bislang vorwiegend mit dem eigenen Fehlverhalten und der Verwirklichung eigener Ansprüche befasst, sollen die Klienten anderen bei deren Selbstverwirklichung helfen können. Kaum selbst freigeschwommen, müssen sie auch lernen, da und dort wieder zurückzustecken, freilich ohne ihre Selbstbewertung damit in Frage zu stellen. Es mag einleuchten, dass eine solche Diskriminationsleistung nur dann verfolgt werden kann, wenn das Ziel des Grundkurses erreicht ist, sich in alltäglichen Interaktionen ohne Vermeidung weitgehend angstfrei verhalten zu können, die Selbstbewertung mit eigenen Kriterien vorzunehmen und die Bedürfnisse unabhängig von den gedachten Erwartungen anderer äußern zu können.
Die Gruppe wird in vieler Hinsicht an Bedeutung zunehmen. Als Übungspartner für die Verhaltensproben in den eher emotionalen Beziehungsproblemen ist der Klient mehr auf sie angewiesen. Die Art der Übungen, die gegenseitige zunehmende persönliche Offenheit und Kenntnis der jeweiligen Probleme mit den vielen Gemeinsamkeiten, die »Privattreffen« und der intensive Austausch positiver Bekräftigung, Hilfe und Akzeptanz machen die Gruppe zu einer der wesentlichen Verstärkerquellen in der Ansprachebilanz der Klienten (die Kohäsion in ATP-Gruppen ist entsprechend hoch). Zum Aufbau neuen *Altersverhaltens* in denjenigen Bereichen, die anfangs in seiner Umwelt wenig Aussicht auf Verstärkung liefern, ist der Klient besonders auf diesen Rückhalt seitens seiner Gruppe angewiesen. Gleichzeitig treten jedoch zu diesem Zeitpunkt gruppendynamisch bedingte Spannungen deutlicher als im Grundkurs zutage. Gruppenbildungen und »Füh-

rerwechsel« sind etwa Prozesse, die sich häufig dadurch anbahnen, dass Personen mit großen Schwierigkeiten im Bereich »Öffentlichkeit« bislang »Schlusslichter« waren, im privat-emotionalen Sektor nunmehr jedoch die anfangs bei den eher oberflächlichen Kontakten »Erfolgreicheren« übertreffen und deren Position einnehmen.
Für den Therapeuten stellen sich bei der Zwischenbilanz zwei Aufgaben:

- Sie/er muss sich über den bislang erreichten Therapiestand vergewissern und gegebene Mängel mit aller Macht jetzt ausgleichen.
- Sie/er muss an die neuen Ziele des dritten Teiles heranführen, für die ein erfolgreicher Abschluss des Grundkurses eine wesentliche Voraussetzung darstellt.

Für die Erstellung der Zwischenbilanz empfehlen wir das folgende *Vorgehen:*

4.1 Das Vorgehen

Die Fragebogen U und FAF sowie die Arbeitsblätter 4 und 5 werden zur nächsten Sitzung aufgegeben und spätestens 2 Wochen danach – am besten zunächst in den Einzelsitzungen – ausgewertet und besprochen. Für die Therapiekontrolle ist es vielfach hilfreich, auch das Situationsbewertungssystem »SB-EMI-S« mit derselben Situationsvorgabe wie bei Therapiebeginn einzusetzen. Die »Verschlankung« der Figur, die sich aus den aufgezeichneten Standardwerten ergibt, kann eine positive Rückmeldung zum Therapieerfolg sein. Wichtiger ist jedoch, ob etwa bei regulärer Angstabnahme und dennoch verzögerter situativer Annäherung über die 13 Bewertungsskalen Anhaltspunkte für differentielle aversive Steuerungselemente abgeleitet werden können. Eine Situation kann über die noch nicht positive Selbsteinschätzung in der Situation vermieden werden, ohne dass noch Angst empfunden wird. Die Analyse nach diesem System wird in den Einzelsitzungen vorgenommen und – bei Problemen mit dem Auswertungsaufwand – nur bei entsprechender Fragestellung eingesetzt.
Die Zwischenbilanz kann auch nach dem Grundkurs einschließlich des Übungsabschnittes »Kollegen« oder einiger Übungen aus den Bereichen »Nachbarn« oder »Freunde« durchgeführt werden, je nach Stand und Fortschritten der Gruppe. Die öffentliche Bilanzerstellung in der Gruppe oder die »Zwischenzeugnisse« sollen ja ein positives Feedback liefern. Von den kontinuierlich sich fortsetzenden Hierarchien mit Verzweigungen in den genannten Bereichen ergeben sich keine Schwierigkeiten, den Schnitt etwas später vorzunehmen.
Dann stellt sich jedes Gruppenmitglied in einer Vortragsübung vor zu den Themen: Was hat mich zur Therapie geführt – meine früheren Schwierigkeiten in Beruf, Familie, Freundeskreis und Partnerschaft; mein derzeitiger Stand und worauf ich besonders stolz bin und weitere Veränderungsziele an sich und den sozialen Bezügen. Der Therapeut schreibt die Werte in den U-Faktoren und im FAF bei Beginn, zum Zeitpunkt der Zwischenmessung und die Zielwerte für Angstfreiheit (Normalwerte gleich Mittelwerte von Nicht-Patienten) und nach Abschluss von ATP-Gruppen an die Tafel. Die Klienten können darauf in ihrer Bilanz zurückgreifen, was therapeutisch gefördert wird, wenn die

Werte realistisch und positiv erscheinen oder auch nicht – dies wenn die Gefahr besteht, dass hier eher entmutigende Rückmeldungen auftreten. Die richtige Utilisierung dieser sehr wichtigen Verstärkermöglichkeit erfordert besonders in der Gruppe therapeutisches Geschick. Ähnlich wie beim Einsatz von Videorückmeldungen kann weniger »Objektivität« – hier das Weglassen der Zahlen – mehr sein.
Die Gruppenmitglieder geben nach dem Vortrag, der hier natürlich länger dauern kann, Rückmeldung zu den Gesamtveränderungen in persönlicher Form (Was mir an dir besonders gefällt), sie dürfen zu diesem Zeitpunkt jedoch auch schon Anregungen für neue Ziele oder Übungsschwerpunkte liefern. Diese Form der Zwischenbilanz ist recht zeitaufwendig, da in der Regel nur bis zu zwei der Teilnehmer in einer Sitzung besprochen werden können.
Eine Kosten-Nutzenerwägung im Vergleich zur Einzeldurchführung der Rückmeldungen ist jeweils neu notwendig.

4.2 Fragebogenwerte und Schwierigkeiten der Interpretation

Die Werte gefallen den Therapeuten oder den Klienten nicht. Sie erscheinen fehlerhaft oder lediglich als Mitteilung an die Gruppe oder den Therapeuten, sich nicht genug um die betreffende Person gekümmert zu haben. Die Einschätzungen sind unrealistisch und dienen den perfektionistischen Vermeidungsplänen oder Kritikangst kompensierenden Geltungsansprüchen in der Gruppe.
So kann es vorkommen, dass ein Einzelner oder gar die gesamte Gruppe geringe Veränderungen in den Fragebögen aufweist, obwohl der Therapeut aus dem Verhalten in der Therapie auf eine deutliche Verhaltensänderung geschlossen hatte.

Dies kann Gründe haben, die dem therapeutischen Prozess anhaften, etwa wenn Einstellungsänderungen den Verhaltensänderungen nachhinken, oder wenn die Alltagserfolge gegenüber ungelösten Problemen im engeren Beziehungsnetz als relativ unbedeutend bewertet werden.
Zeigt die Mehrzahl der Gruppenmitglieder jedoch in ähnlichen Bereichen ähnlich magere Resultate, muss sich der Therapeut zunächst nach eigenen Fehlern fragen. Die häufigste Ursache solcher Misserfolge liegt wohl darin, dass die Gruppe durch Zeitdruck, zu hohe Anforderung oder zu gering belohnendes Therapeutenmanagement unter aversive Bedingungen geraten ist, die einer Entängstigung im Wege standen. Häufiger deckt die Zwischenbilanz Schwierigkeiten einzelner Teilnehmer auf, die durch externe Belastungen oder ungenügende Hilfestellungen im Grundkurs ihr Vermeidungsverhalten nicht überwunden hatten oder zu irgendwelchen Zeitpunkten erneut vermieden haben.
Aus Angst vor Kritik wird dies dann gelegentlich verschleiert und erst bei einer gründlichen Erfolgsprüfung bemerkt.
Die therapeutische Korrektur- und Ausgleichsarbeit steht jetzt oft unter Zeitdruck. Die kalkulierte Gesamtdauer muss eingehalten werden, ohne Hierarchien offen zu lassen. Betreffen die Mängel die Gesamtgruppe, ist es wichtig, nicht mit einer »Mehr-desselben-Strategie« den Druck zu erhöhen, sondern stattdessen das weitere Voranschreiten in den

Übungen zu verlangsamen und sich auf notwendige Wiederholungen und Vertiefungen einzulassen.

In der Einzelarbeit sind intensive Videoschulungen, das Mitgehen von Therapeuten oder geschulten Helfern, »In-vivo«-Entlastungsmaßnahmen wie familiäre Krisensitzungen oder flankierende Einzeltherapien für anderweitige Probleme notwendig. Verstärkt können auch Gruppenmitglieder in die »In-vivo«-Übungen und zur Entlastung durch Kontakte, Hilfen und zu Kontrollen herangezogen werden.

Nicht immer sind die Bedingungen für weiterbestehendes Problemverhalten sofort ersichtlich und durch Übungshilfen korrigierbar.

Eine neue Problemanalyse wird erforderlich. Diese kann unter der Zuhilfenahme der Arbeitsblätter 4 und 5 und ggf. der Arbeitsblätter 7 und 10 geschehen.

Die Frage, welche maßgebenden Verstärker für die Beibehaltung des alten und das Nichtvollziehen des Zielverhaltens maßgebend sind, muss vorrangig bei der Planung von Korrekturen geklärt sein.

Dem Klienten gegenüber wird der Therapeut diese neue Problemanalyse zweckmäßig eher auf die gewünschten neuen Ziele hin (Hindernisanalyse für Teil III) als auf die nicht realisierten Ziele von Teil II vornehmen. Es ist für die Klienten oftmals leichter zu sagen, was sie im Hinblick auf neue Ziele behindert, als die als Versagen empfundene Schwierigkeit im Erreichen bereits angestrebter Ziele zuzugeben. Dies gilt etwa für den Rückfall in Medikamenten- oder Alkoholmissbrauch, der nicht selten einer therapeutisch kritischen Situation folgt und dann die Schwierigkeiten perpetuiert.

Für die neue Zielanalyse kann auch das folgende Vorgehen hilfreich sein:

Die Klienten sollen alle ursprünglichen Zielverhaltensweisen auf den alten Verlernlisten (siehe Grundkurseröffnung) und dann auf der Erlernseite durchgehen und alles Erreichte einkreisen.

Aus motivatorischen Gründen soll hier also nur das Positive festgehalten werden. Dann sollen auf der Erlernspalte solche Verhaltensweisen neu eingetragen werden, von denen der Klient sich eine Vertiefung und Intensivierung wünscht. Diese Ziele beziehen sich also auch noch auf den Grundkurs und entsprechen zumeist dem Nichterreichten.

Das Hauptproblem bei der Zwischenbilanz ist der Wegfall von Verstärkern durch die reduzierten Hausaufgaben und verkürzten Feedbackgespräche vor Übungsbeginn.

Danach folgt an Wichtigkeit der Verstärkerschwund durch Wertewandel, wenn bislang belohntes Überanpassungsverhalten, Perfektionismus, Stärkedemonstrationen oder elitäre Abgrenzung zunehmend als Angstvermeidung bewusst werden und unter Löschungsbedingungen geraten.

Die dritthäufigste Quelle von Problemen im Therapiefortschritt sind die sozialen Umgruppierungen und Neuorganisationen in der Gruppe, im Freundeskreis, der Partnerschaft, bei Eltern und in der Arbeit.

Technische Probleme können entstehen, wenn die Teilnehmer die Bögen nicht abliefern: In aller Regel hat hier der Therapeut selbst die Wichtigkeit von Messungen und Rückmeldungen nicht überzeugend vertreten. Ein fester, realistischer Zeitpunkt, möglichst für die nächste Woche, die Besprechung, wo die Vorlagen zu finden sind, die Vergewisserung, dass jeder Kopiervorlagen hat, und die Bereitstellung entsprechender Kopien können dem entgegenwirken.

Die Werte erscheinen unglaubwürdig.
Therapeuten sollten auch rein technische Fehler einkalkulieren und da und dort Kontrollauswertungen vornehmen. Ungewöhnlich schlechte Resultate werden auf die Stimmungslage hinterfragt, in der der Fragebogen ausgefüllt wurden und eine eventuelle depressive Einfärbung vermerkt, was für die Interpretation des Übungsfortschritts ganz wichtig werden kann. Die sehr schlechten, mitunter auch die sehr guten Fragebogenwerte sind als Selbsteinschätzung auch auf den möglichen Mitteilungscharakter für die Gruppe zu hinterfragen. Fühlt sich jemand vernachlässigt, so kann es sein, dass er sich in besonders düsteren Einschätzungen darstellt; vielleicht mit der Mitteilung, die Gruppe, der Therapeut, hat sich um mich zu wenig gekümmert. Scheut jemand die Konkurrenz mit Personen in der Gruppe, die deutlich sehr viel besser profitiert haben und stellt sich dann gleich als Versager dar, statt als »mittel« oder nur »gut«? Wie weit kann soziale Erwünschtheit, oder ein Plan, der Beste in der Gruppe sein zu müssen, Daten verändert haben? Erscheinen die Werte für den Vergleichszweck zu Therapiebeginn zu problematisch, kann der Therapeut in der Zwischenbilanz vor der Gruppe auf die Benutzung der Werte verzichten, aber erst, wenn alle die Fragebogen abgeliefert haben. Er kann die Bilanz frei erstellen. Entscheidend für die Verwendung der Daten ist letztlich der Verwendungszweck. Therapeuten benötigen sie als Rückmeldung. Diese klafft gelegentlich sehr mit der eigenen Einschätzung auseinander. Sie muss dann ursächlich hinsichtlich eigener Fehler und solcher beim Klienten hinterfragt werden.
Als belohnende Zwischenzensur, ergänzend zum Vortrag »Meine früheren Probleme, mein Stand heute und meine weiteren Ziele« sind sie nur geeignet, wenn sie im Sinne positiver Bekräftigung eingesetzt werden können.
Die Reihenfolge der Darstellung von Zwischenwerten bzw. die Zwischenbilanz als Vortrag kann zufällig erfolgen, sodass keiner sich bevorzugt oder benachteiligt fühlt. »Zufällig« sollte aber vielleicht eine Karte oder ein Fragebogen oben liegen, die ein ausgewogenes, realistisches Resultat vermitteln. Sowohl ein unerreicht gutes Resultat als Erstvorgabe ist problematisch für den Leistungsdruck der nachfolgenden Darstellung als auch ein unverhältnismäßig negatives, was wieder entmutigende Effekte für die Nachfolgenden haben kann.

Die Zwischenbilanz eines Mitglieds verbraucht unverhältnismäßig viel Zeit, etwa einen ganzen Abend, also eine Doppelstunde, andere kommen nicht oder nur mit verkürzten Rückmeldungen dran.
Dies kann im Extrem auch Fehlverhalten eines schwierigen Gruppenmitglieds verstärken, was über die Verschlechterung die Aufmerksamkeit auf sich zieht, andererseits sind die Zwischenbilanzen eher dazu gedacht, die Bedingungen für verzögerte Umsetzungen des Therapieangebotes aufzudecken, was einfach Zeit kostet. Im Regelfall wird also pro Abend bestenfalls die Analyse für zwei bis drei Klienten möglich sein. Damit in der Zwischenzeit wieder aktiv geübt werden kann, wird die Zwischenbilanz dann oft über vier Wochen gestreut, wobei dann für Einzelne wieder die Werte nicht mehr aktuell sind. Die häufigste Problematik besteht in weiterhin hohen Fehlschlag- und Kritikängsten. Hier ist das Nachhinken der Negativeinschätzung im FAF-Fragebogen eher die Regel. Im konkreten Situationsvorgabebereich des U-Fragebogens zeigt die Fehlschlagangst dagegen zu zwei Dritteln schon Normalwerte. Die Wiederholung aller relevanten Übungen des Grundkurses, oder besser, aller Übungen, auch vom Verstärkerwert her, die effektive

Kontrolle über positive Selbstinstruktionen in Art und Häufigkeit, die Beibehaltung zu hoher Bewertungskriterien mit hausgemachter Bestätigungsinflation und über beibehaltene Abwertemuster müssen überprüft werden. Die Verstärkermatrix von Seiten des Therapeuten und der Gruppe soll hinsichtlich Häufigkeit, Intensität und Angemessenheit überprüft und verbessert werden. Möglicherweise ist da und dort dem Therapeuten auch tatsächlich entgangen, dass Gruppenmitglieder mit nach wie vor schlechten Werten einfach überfordert waren, und er muss die Übungen für diese Mitglieder zurückfahren und eventuell flankierende Maßnahmen der Einzeltherapie intensivieren. Einen wichtigen Beitrag zur Problemanalyse leistet zu diesem Zeitpunkt und später auch das Rollenspiel mit der eigenen normativen Instanz, dem Hinterkopf, der Du-Stimme etc., also der räumlichen Trennung von Ich-Bedürfnissätzen und Du-Ver- oder Gebotssätzen. Dies kann auch in der Gruppe mit gemeinsamen Neuinszenierungen und neuen Plananalysen hier wieder aufgenommen werden.
Für die weitere Gestaltung der Therapie bedeuten schlechte Werte in Fehlschlagangst auch, die weiteren Übungen aus dem Fehlschlag- und Kritikbereich aus dem Sektor »Kollegen und Vorgesetzte«, aber auch »Familie« mit vorzusehen und eventuell feiner abzustufen. Die Interpretationen der unveränderten Werte allein ist bereits delikat im Hinblick darauf, den Misserfolg zu relativieren und hier nicht die Fehlschlagangst durch schlechte Noten oder ein Durchgefallen real aufzufrischen. Gelegentlich ist es hier möglich, den Weg statt des Zieles oder des Zielkriteriums zur Verstärkung zu verwenden, etwa wenn Klienten extrem hohe Ausgangswerte hatten, dass die immer noch hohen Werte aber bereits einen deutlichen weit zurückgelegten Weg signalisieren, etwa vergleichbar denjenigen Resultaten, die von einer mittleren Einschätzung jetzt schon in den Normalbereich vorgestoßen sind. Eine andere Art der Relativierung kann das freundliche Eingehen auf die Art des Bewertungsmaßstabes sein, etwa »Da haben Sie mal wieder tüchtig zugelangt« (in der Selbstabwertung) und den Unterschied zwischen realer Leistung und nur vom Wertesystem eingefärbten Benotungen zur Misserfolgsrelativierung zu benutzen. Eine ähnliche Funktion kann die Frage haben »Wozu ist es für Sie gut, sich weiterhin in diesen Bereichen allzu ängstlich darzustellen?« und eine Plananalyse anzuschließen. Das Entscheidende ist sicher jedoch die Intensivierung des positiven Feedbacks als indirekter Form der Beeinflussung der Fehlschlagangst.

Schließlich kann mitunter auch die *Verschlechterung von Werten Ergebnis einer positiven Veränderungsarbeit* sein. Dies geschieht gelegentlich, wenn bei der Zwischenbilanz schon die zugrunde liegenden Schutzpläne der Effizienz, der Perfektion, der hohen Ansprüche geändert sind und über das reale Feedback im Alltag aus dem an sich positiven »Fehler zulassen können« und sogenannte Schwächen nicht mehr zu verbergen, negativ wird, weil aus der Sicht der anderen eine Erwartungsnorm von Makellosigkeit und Perfektion durchbrochen wird (Strafe durch response cost). Hier kann und muss die viel zentralere Bedeutung der Planänderung gegen die passageren Veränderungen, die ein Umlernen von Bezugspersonen erfordern, hervorgehoben werden. Ähnliches gilt für die positiven Veränderungen beim Neinsagen. Auch hier kann die Planänderung die erfolgreiche Umsetzung von Abgrenzverhalten im Alltag bei Personen, die die ständige Überanpassung, Harmonisierung und Aufopferung ausgenutzt hatten, zunächst zu aversiven Reaktionen führen und passagere Verunsicherung oder Werteanstiege bedingen. Neben Fragen des Gesamtbilanzausgleichs, des Aufbaus neuer Beziehungen muss allerdings in diesen speziellen Fällen überprüft werden, wie vollständig und eindeutig die Abgrenzverhaltensweisen bei guten Bekannten und engen Bezugspersonen waren und ob nicht eine Art Vorwärtsvermeidung hier brüskierend gewirkt hat. Falls im Kontaktbereich noch hohe Werte sind, ist dies entweder Folge einer generell schlechten Veränderung, mitunter depressiven Einbrüchen oder von Übungsvermeidung. Hier müsste dann die ganze Hierarchie wiederholt werden. Im üblichen Stand stehen die wichtigsten Kontaktübungen wie im Café, am Urlaubsort, beim Tanzen etc. noch aus. Auf jeden Fall ist bei der Zwischenbilanz die Festlegung von zu schaffenden Kontaktflächen, also von Kontaktmöglichkeiten, eine wichtige neue Zielbildung. Ähnliches gilt für den Bereich »Fordern«. Hier sind im allgemeinen die Fortschritte am deutlichsten. Bis auf Bewerbungen, Gehaltserhöhungen und ähnliche Anwendungen sind ja auch sowohl vom Entängstigungsgrad als auch von der Fertigkeitsvermittlung her die intensivsten Vorarbeiten geleistet. Auch hier empfiehlt sich eine konkrete Festlegung, ob und wo die Bedürfnisäußerung in wichtigen Lebensbereichen zwecks Interessensausgleich ansteht. Zur Auflockerung wird immer wieder die Skala »Anständigkeit« benutzt, in der bei erfolgreicher Therapie »Unanständigkeit« erzielt wird, was natürlich nur ein Freimachen von zu engen Normen der »Wohlerzogenheit« bedeutet und damit auch in aller Regel ein lockerer Umgang mit möglicher Kritik und Missbilligung.

Die Selbstdarstellung des Klienten als Vortrag beginnt damit, dass die unmittelbaren Anlässe und Erwartungen an die Therapie dargestellt werden, dann die eigenen Erfolge berichtet werden, sodass hier etwa fünf bis zehn Minuten Vortragsleistung vorgesehen sind. Dann darf die Gruppe alle Fragen stellen, »die sie schon immer an der betreffenden Person interessiert haben«. Die Person kann weiterhin, wie am Anfang der Vorstellung in der Gruppe, bestimmte Fragen nicht beantworten. Im Allgemeinen wird man aber alles, was für den Gruppenkontakt und zum Verständnis der Problemlage wichtig ist, hier im Sinne eines Outen eher fördern. Damit schafft die Übung im Allgemeinen auch den Abbau von Restbarrieren und vertieft die ja schon angelaufenen Privattreffen.

4.3 Probleme beim Aufbau der Selbstkontrolle

4.3.1 Zur Bilanzierung von Konsequenzen bei Störungen im Zielannäherungsverhalten

Die sozialen Veränderungen, die sich der Klient vornimmt, mögen sie noch so minimal sein, sind auf ihre voraussichtlichen Konsequenzen zu prüfen. Sie müssen nicht immer zweckmäßig sein und können sogar eine gefährdende Bedingung mit dem Wiederaufgreifen der alten problematischen Verhaltensweisen darstellen.

Der Zeitpunkt, zu dem jemand äußere Störbedingungen kraft eigenen Verhaltens ändern kann, muss jeweils bedingungsanalytisch neu überprüft werden. Die Veränderung externer Steuerungsgrößen so hoher Relevanz wie im Arbeits-, Freundes- und Familienbereich hat Verschiebungen in der gesamten »Verstärkerbilanz« zur Folge. Diese sollen einkalkuliert werden. Eine Methode, dem Klienten hierbei zu helfen, stellt die gemeinsame

Bilanzierung von derzeitigen und zukünftigen, »extrapolierten« Verhaltenskonsequenzen dar. Als Hilfsmittel einer solchen vergleichenden Kontingenzanalyse können »Systemanalysen«, wie sie etwa zur Arbeit im dritten Teil dargestellt sind, und erweiterte Verhaltensanalysen dienen. Auch der Einsatz der Situationsbewertungsskala SB bei konkurrierenden Situationen ist hilfreich, um Zielkonflikte zu lösen. Die erweiterte Verhaltensanalyse besteht hier in der subjektiven Kalkulation von Verstärkerwertigkeiten mutmaßlicher Verhaltensfolgen in gegenseitiger Abwägung.
Die Bilanzierung von Konsequenzen gestaltet sich auf folgenden Ebenen:

- Der individuellen »Ist-Soll«-Dimension
  Verhaltenskontrollierende Bedingungen sollen für »höherwertige« Konsequenzen des »Soll-Verhaltens« in der zeitlichen und qualitativen Modalität abgewandelt oder abgewogen (Selbstkontrolle) werden. Bilanziert oder aufgerechnet wird hier zwischen kurzfristigen und langfristigen sowie zwischen passiven (Vermeidung) und aktiv hervorgerufenen Konsequenzen.

- Der individuellen Gesamtsituation im Verhältnis von Verhalten und dem Beitrag der Gesamtheit positiver und negativer Konsequenzen zum Selbstwertgefühl
  Das Paradigma der Aktivitäts-Verstärkerbilanz bei der Aktivitätsregulierung beinhaltet die Annahme, dass positive und negative Verhaltenskonsequenzen sich in der Gesamtheit des Aktivitätsspektrums ausgleichen. In der Therapie wird diese Aufgabe der kurzfristigen Belohnung selbst beim Wegfall problematischer Verhaltensweisen zum Verstärkerdefizit und – parallel hierzu – zum depressiven Selbstwertgefühl führen, wenn nicht auf anderen Sektoren für Ausgleich gesorgt wird (Aufbau von Alternativen). Neben dem »output« an Verhalten (Aktiva) wird die »Verstärkerbilanz« durch die verfügbaren Verstärkerquellen und ihre Bewertung bestimmt (siehe hierzu Teil I zum dynamischen Bilanzmodell des ATP: »Störfreiheit ist dabei die ausgeglichene Bilanz von erlebter Belohnung und Verhalten in Bezug auf die gezeigten Aktivitäten, die Wertigkeiten, die Ziele, die sozialen Möglichkeiten und die aversiven Umwelteinflüsse«).
  Die Wahrnehmung oder Verbesserung der individuellen Verstärkerbilanz ist als therapeutisches Hintergrundkonzept der Bilanzierung von Verstärkern auf der Ebene von einzelnen Zielverhaltensweisen übergeordnet.

- Der Ebene der Interaktion von zwei innerhalb eines sozialen Systems in gleicher Rollenfunktion zueinander stehenden Personen
  Hier betrifft die Bilanzierung das Geben und Nehmen auf einer Beziehungsebene, etwa den Austausch von Zärtlichkeiten. Nur wenn die Interaktionssequenz für beide positive Konsequenzen enthält, wird partnerschaftliches Verhalten verstärkt.

- Der Ebene von geschlossenen sozialen Systemen
  Hier finden wir das Bilanzierungsparadigma zuerst in der Aufrechterhaltung von Strukturmerkmalen und Regeln innerhalb des Systems. Die Beachtung und Einhaltung der durch diese Merkmale definierten Systemeigentümlichkeiten (positive Verstärker) garantieren dessen Fortdauer. Dem kann die Bilanzierung mit individuellem Bezug auf allen drei vorgenannten Ebenen zuwiderlaufen.

Aus therapeutischer Sicht kann die »Homöostase« der systemerhaltenden Verstärker zum Problem werden, wenn sie nur auf Kosten negativ verschobener Verstärkerbilanzen

Einzelner gewahrt werden kann. Wenn ein Patient aus seiner Sündenbockfunktion in einem »heilen Familiensystem« Schaden nimmt, ist der Therapeut aufgefordert, die Struktur des Verstärkeraustausches im System zu ändern. Diese »Bilanzierung« von Systembilanzen versus individueller Verstärker-Aktivitäts-Bilanz stellt oftmals therapeutisch nahezu unlösbare Probleme. Gleichwohl werden solche Entscheidungen bei der Planung sozialer Veränderungen und eventueller Anschlusstherapien im Familien- und Arbeitsbereich unumgänglich. Beispiele für solche Problemanalysen sind im dritten Teil der ATP-Bücher dargestellt. Die Bilanzierung auf der Systemebene wird im Abschnitt »Die Einbeziehung primärer Bezugspersonen« geschildert.
Hier wollen wir auf die therapeutischen Probleme beim Zielannäherungsverhalten unter dem Aspekt wirksamer Verstärker näher eingehen. Sie betreffen die Bereiche:

Konflikt- und Problemlösung

Die Bilanzierung von Konsequenzen kann wieder auf dem Niveau des Verhaltens in Situationen (molekular [Mikroebene]) und auf dem Niveau von Verhaltensmustern und -plänen (molar [Makroebene]) (siehe Abschnitt »Funktionale Verhaltensanalyse«) betrachtet werden. Handelt es sich eher um kurzfristige, situativ orientierte Konfliktlösungen, sprechen wir von Situationsbewältigungen. Wird hingegen die langfristige Zielsetzung zur Verwirklichung der Konfliktlösung gewählt, so sprechen wir von einer Problembewältigung (siehe auch Braun 1978, S. 1675).
Die kurzfristigen »Lösungen« der Situationsbewältigung müssen nicht mit den langfristig erforderlichen Strategien zur Problemlösung übereinstimmen. Zu Beginn einer Therapie stehen sie als »Vermeidung« von Problemlösungen der Änderungsarbeit immer im Weg. Im Therapieprozess ist der Rückgriff auf die kurzfristige Belohnung früherer Situations»bewältigungen« ein Hinweis für die Abweichung vom Therapieziel. Die positiven Kontingenzen für Zielannäherungsverhalten haben keine ausreichende Kontrollfunktion. Die Bilanzierung antizipierter Verhaltenskonsequenzen und der Prozess der Optimierung ihrer Auftretenswahrscheinlichkeit im positiven Sinne ist aus subjektiver Sicht die Entscheidungsgrundlage der Konflikt- und Problemlösung. Das Problemlöseverhalten (problem-solving nach D'Zurilla und Goldfried 1971) ist damit Gegenstand jeder Therapie. Der Therapeut gibt dabei gezielte Hilfen, die es dem Einzelnen oder einer Gruppe ermöglichen, die situativen Gegebenheiten und das Verhalten neu zu definieren.
Hier werden Situationsmerkmale und Verhalten systematisch variiert, die eine Neubestimmung des Problems fördern (analog der »self-regulation« nach Kanfer 1975).
Der Therapeut verändert gleichzeitig unmittelbar die Auftretenswahrscheinlichkeit von kontingenten Verstärkern, sei es, dass er sie im Hinblick auf das Ziel umvalidiert oder planmäßig in Selbst- und Fremdkontrolle appliziert (analog der »self-control« nach Kanfer 1975).

Wir haben in Teil I, beim Selbstkontrollbegriff nach Skinner (1973), schon darauf hingewiesen, dass die Kriterien, mittels derer ein Klient Selbstkontroll-Prozesse durchführt, selten seiner eigenen Wahl unterstanden.

Es ist unsere Überzeugung, dass es ehrlicher ist, die Verantwortung für unsere therapeutische Konsequenz nicht dadurch zu leugnen, dass wir all unsere eigenen Entscheidungen und Fremdkontrollen als Selbstkontrolle des Klienten ausgeben. Jeder Therapeut hat nach der – allerdings gemeinsam entwickelten – Zielbestimmung die Aufgabe, geeignete

Annäherungsschritte und dafür geeignete kontrollierende Bedingungen einzuleiten. Er führt die »Selbstregulation und die Selbstkontrollprozesse« des Klienten zunächst auf hypothetischer Ebene selber durch, bevor er jemanden in die eigene Verantwortung entlässt.

Die Bilanzierung von Konsequenzen und die Errichtung neuer Verhaltenskontingenzen machen hiervon keine Ausnahme. Sie stellen eine der wesentlichsten Bedingungen für den Erfolg von Änderungsbemühungen oder die Überwindung von Therapieproblemen dar.

Wir wollen diese Prozesse im Folgenden an Beispielen therapeutischer Entscheidungen beim ATP verdeutlichen.

Die folgenden Aspekte in der Bewertung von Konsequenzen werden zur Entscheidungshilfe herangezogen.

Der Therapeut wird immer in seinem Handeln kurz- und langfristige Konsequenzen abwägen, auch wenn ihm diese Tatsache nicht immer gegenwärtig ist. Die kurzfristigen Konsequenzen sind leicht zu registrieren, sie treten ja ›per definitionem‹ unmittelbar auf das untersuchte Verhalten auf. Ihre langfristige Auswirkung jedoch ist nicht sofort zu erkennen, sie ist lediglich in einer Vorhersage begründet. Diese wiederum wird aus der Erfahrung desjenigen, der die Vorhersage trifft, oder aus der Theorie, auf deren Basis er die Vorhersage getroffen hat, begründet sein. Obwohl wir uns hier in einem therapeutisch sehr problematischen Bereich befinden, in den auch moralische Bewertungen mit eingehen, erachten wir ein bewusstes Abwägen der Konsequenzen als Entscheidungshilfen für unerlässlich.

Wir wollen jetzt auf typische Verstärkerkombinationen eingehen. Die Symbole für Konsequenzen wurden im Abschnitt »funktionale Verhaltensanalyse« dargestellt. Sie werden durch Nummern für die zeitliche Abfolge ergänzt.

Die Funktion: K + kurz führt zu K – lang, steht etwa für Suchtverhalten. Das Trinken von Alkohol verschafft im Augenblick einen positiven Zustand (z. B. meine Hemmungen fallen weg [K̸ –], es tritt für meine vorhergehende Anspannung Erleichterung ein [K̸ –], mir fallen jetzt die besten Witze ein und damit habe ich viel Erfolg [K +]), auf lange Sicht jedoch werde ich bei Steigerung der Trinkmenge und -frequenz mit erheblichen negativen Folgen zu rechnen haben (ich werde Alkoholiker, werde zittrig, zerfahren, abhängig, krank, von meiner Umwelt abgelehnt [alles K̸ –]).

In Bezug zur Sucht erscheint diese Funktion sehr klar. Sie lässt sich jedoch auch auf jegliche Art von Vermeidungsverhalten übertragen. Bei sozialen Verhaltensweisen, die sehr lange positiv oder negativ verstärkt wurden und dadurch wie »traits« wirken, kann es schwieriger sein, sie zu beschreiben und ihre Wirksamkeit herauszufinden.

Die Funktion K – kurz führt zu K + lang, als Paradigma der Selbstkontrolle (Skinner 1953, Kanfer 1975) stellt das Grundproblem eines jeden therapeutischen und erzieherischen Handelns dar.

Diese Funktion kann nur dadurch aufrechterhalten werden, indem der langfristig zu erwartenden positiven Konsequenz eine höhere Wertigkeit beigemessen wird als der aktuellen kurzfristigen negativen.

Durch Darben und Entsagungen werden, ähnlich wie in der katholischen Lehre, Punkte für eine bessere Zukunft (oder für die Ewigkeit) gesammelt. Das bedeutet, dass eine solche Funktion in ihrer Effektivität nur dadurch zu erklären ist, dass auch dem aktuellen Entsagen eine positive Bedeutung beigemessen wird. Die verzögert eintretende, übergeordnete positive Konsequenz muss sich aus den jeweils kleinen kurzfristigen »Investitionen« zusammensetzen. Das bedeutet, dass für denjenigen, der die kurzfristigen negativen Konsequenzen auf sich nimmt, ein logischer Zusammenhang mit dem zu erwartenden positiven Ereignis bestehen muss. Durch diesen symbolischen Prozess werden die Mühen der kleinen Schritte wieder belohnt.

Hier stellen sich häufig schwierige therapeutische Probleme. Motivationskrisen, Überforderung der Belastbarkeit von Klienten oder eine Veränderung in der Bewertung des übergeordneten Zieles sind häufige Schwierigkeiten, die sich aus der Frustrationstoleranz im Umgang mit kurzfristigen K-Kontingenzen ergeben.

4.3.2 Motivationskrisen

Motivationskrisen zeigen sich darin, dass etwa die Klienten anfangen, sich selber zu »betrügen«, indem sie sich bereits im Voraus für ein Verhalten verstärken, das sie noch nicht ausgeführt haben. Andere Zeichen sind, dass sie in der Verstärkung immer nachlässiger werden. Sie verstärken sich nur noch für Vorsätze, haben kaum noch Zeit für Übungen oder halten das Selbstkontrollprogramm nicht durch. Oft »bestrafen« sie sich selbst (oder auch der Therapeut!), indem sie sagen, sie seien faul, willenlos, inkonsequent, eben doch nicht für »höhere Ziele« geschaffen, und verlieren den Mut. Dies bedeutet therapeutisch jedoch nichts anderes, als dass der Verstärkungsplan falsch ist.

Hier können mehrere Bedingungen mitwirken. So kann es sein, dass die Verstärker ihre Wirksamkeit nach und nach verlieren und eine Art »Sättigung« eintritt. Oft sind die Verstärker im Verhältnis zu dem gefragten Schritt in ihrer Wertigkeit nicht äquivalent. Sie sind entweder zu groß, zum Beispiel für eine Stunde Arbeit einmal ins Kino gehen zu können, oder zu klein, etwa für einen ganzen Tag arbeiten am Abend einen Orangensaft trinken zu dürfen. Verstärker können so gewählt sein, dass sie zeitlich inkompatibel mit sonstigen notwendigen Handlungen sind, oder sie sind in ihrer Inhaltsrelation zum Zielverhalten inkompatibel. Das Üben selbstsicheren Verhaltens unter einer Werterwartung von Zuwendung, die kompatibel zum hilflosen, jedoch inkompatibel zum selbstsicheren Verhalten ist, wurde bereits mehrfach als Therapieproblem aufgezeigt. Andere wieder zeigen Verhaltensexzesse im Arbeitsbereich, wollen aber eigentlich dafür – neben der Anerkennung als Mensch – geliebt werden.

Bei diesen Beispielen sind die langfristigen Werterwartungen inkompatibel zum Verhalten. Sie werden nie erreicht, Sättigung bleibt aus. Die minderwertigeren Erfolgserlebnisse reichen in der Gesamtbilanz nicht aus, um Zufriedenheit (als Ist-Soll-Ausgleich) herzustellen. Das unter falscher Währung belohnte Verhalten steigert sich mangels möglicher Erfüllung zum Exzess.

Es kann auch vorkommen, dass das Selbstkontrollprogramm an sich in Ordnung ist, dessen Ziel jedoch für den Klienten dermaßen problematisch ist, dass er sich dagegen wehrt. Die Folgen der langfristigen Konsequenz können sich erst im Laufe der Therapie abzeichnen, ohne dass der Patient sie vorher in Betracht gezogen hätte. Hier wird es notwendig, in erneuten Zielanalysen die langfristigen Zielsetzungen mit all ihren Konsequenzen zu diskutieren und für negative Begleitumstände, die möglicherweise eintreten könnten, Bewältigungsstrategien zu entwickeln.

Schließlich kann im hierarchischen Vorgehen ein Annäherungsschritt zu groß gewählt sein. Das geforderte Verhalten ist in Relation zur erzielbaren Verstärkung zu schwierig. Dann wird die Toleranz für das Ertragen kurzfristiger durch deren unverhältnismäßig hohe Intensität überfordert.

4.3.3 Überforderung der Belastbarkeit des Klienten

Eine Überforderung kann dann eintreten, wenn zwar Ziel, Programmschritte und Verstärker vom Klienten akzeptiert und in ihrer Wirkung angemessen sind, das angestrebte Verhalten an sich jedoch noch mit sehr viel Angst verbunden ist und den Klienten zu einem bestimmten Zeitpunkt in der Therapie überfordert. An anderer Stelle sprachen wir davon, dass beispielsweise bei Problemen im Elternhaus Therapeuten oft vor Beginn der Therapie von den Klienten fordern, sich von ihren Eltern zu lösen. Unsere Erfahrung in der ambulanten Anwendung des ATP hat jedoch gezeigt, dass dieses Ziel manchmal erst bei Abschluss der Therapie oder sogar einige Zeit später erreichbar erscheint. Der Aspekt der Überforderung spielt bei vielen angestrebten sozialen Veränderungen eine Rolle. Es ist dann therapeutisch notwendig, eine Nachsorge vorzusehen, in der solche Probleme bewältigt werden können.

Es kann aber auch therapeutisch ungünstig sein, auf Veränderungen in der Zeit zu hoffen. Manchmal erscheint es wirksamer, wenn Therapeuten einen gewissen Druck ausüben und den Klienten immer wieder mit seinem Zielverhalten konfrontieren. Sie können den Konflikt, in dem der Klient sich befindet, nach und nach verschärfen, indem sie mögliche Vermeidungswege abschneiden und das Ziel immer wieder in den Mittelpunkt rücken. So kann der Therapeut zeitliche Begrenzungen vorschlagen, in denen der Klient etwa ein Zimmer gemietet, sich beim Arbeitsamt gemeldet, einen Rechtsanwalt aufgesucht oder beim Personalleiter vorgesprochen haben soll. Wichtig hierbei ist, dass der Therapeut zwar die notwendigen Schritte fördert, dem Klienten dafür aber ausreichende Stützen zur Bewältigung anbietet. So könnte er etwa mit dem Klienten vereinbaren, gemeinsam mit dessen Angehörigen über den vorgesehenen Auszug zu sprechen, er könnte mit ihm einzeln zusätzliche Rollenspiele mit Video-Rückmeldung durchführen, selbst mit dem zuständigen Psychologen im Arbeitsamt telefonieren oder Ähnliches.

Die Gründe zu der Entscheidung darüber, ob der Klient jetzt oder erst später mit dem Problem sozialer Veränderungen konfrontiert werden soll, sind vielfältig. Der Therapeut muss abwägen, inwiefern Belastungen noch angemessen sind und ab wann sie für den Klienten schädlich sind. Hierzu ist zunächst einmal wichtig, dass sich der Therapeut selber vollkommen sicher ist in Bezug auf die Ziele, die er mit dem Klienten vereinbart hat. Hat er Zweifel, so soll er diese unbedingt mit Kollegen diskutieren. Er soll sich über mögliche Kontingenzänderungen und Risiken im Klaren sein. Selbstverständlich wird dieses nicht immer vollständig möglich sein, da ja das Verhalten und die Lebensbedingungen des Klienten eben kein »offenes Buch« sind. Wichtig ist jedoch, dass der Therapeut zusammen mit Kollegen die Situation bedingungsanalytisch zergliedert, umso mit Vorhersagen treffen zu können.

Aus der Sicht des Klienten ist entscheidend, ob er für die von ihm beschlossenen Schritte effiziente Verhaltensmöglichkeiten zur Verfügung hat und ob er, bei eintretenden »K«-Folgen, insgesamt über eine positive Verstärkerbilanz verfügt. So könnte zum Beispiel eine Hausfrau erst dann aus dem bequemen Heim ausziehen, wenn sie eine belohnende Tätigkeit angefangen hat und finanziell unabhängig ist.

4.3.4 Der Klient ändert die Wertigkeit von Fernzielen

Es kann vorkommen, dass der Klient im Verlaufe der Therapie die ursprünglich geäußerten Ziele nicht mehr weiter verfolgen will und sich wider besseres Wissen für die Beibehaltung des Status quo entscheidet. So strebte ein Klient beispielsweise ursprünglich eine Veränderung des Arbeitsplatzes an, weil er den dauernden Schikanen eines unmittelbaren Vorgesetzten ausgesetzt war. Als er zur Therapie kam, war er bereits mehr als ein halbes Jahr krankgeschrieben. Am Ende des Grundkurses fühlte er sich in der Lage, an seinen Arbeitsplatz zurückzukehren, und berichtete in der Gruppe darüber, dass er nun mit dem Vorgesetzten (mit dem er den Raum teilen musste) besser auskam. Er entschied sich jetzt entgegen seinem ursprünglich formulierten Ziel dazu, den Arbeitsplatz zu behalten. Im Verlauf der Zeit stellte sich jedoch heraus, dass sich der Vorgesetzte in seinem Verhalten nur vorübergehend geändert hatte. Er war zu seinem früheren, aversiv kontrollierenden Verhalten zurückgekehrt. Als dann auch noch andere Mitarbeiter dieses Vorgesetzten zur Therapie kamen, wurde es klar, dass die Bedingungen des schikanösen Vorgesetztenverhaltens nicht durch die neuen Kontingenzen seitens unseres ATP-Absolventen allein zu ändern waren.

Schließlich blieb ihm nichts anderes übrig, als sein primär formuliertes Ziel wieder aufzugreifen und eine andere Stelle zu suchen.

Wenn der Patient sich zur Beibehaltung eines bestimmten Zustandes entschließt, obwohl die Bedingungsanalyse dieser Situation nahe legt, dass sie langfristig zu negativen Konsequenzen führt, ergibt sich für den Therapeuten ein schwierig zu lösendes Problem. Einerseits kann er der Meinung sein, dass seine Verantwortlichkeit dahin gehe, den Patienten vor krankheitsfördernden Bedingungen zu schützen, andererseits kann er die private Entscheidung des Klienten respektieren wollen. Dieser Konflikt erscheint uns nicht sofort lösbar. Der Therapeut wird abwägen müssen, ob die Entscheidung des Klienten auf einer Vermeidung, die therapeutisch lösbar ist, beruht oder ob sie die Folge einer Analyse der objektiven Grenzen ist.

Günstig erscheint uns, wenn sowohl der Klient als auch der Therapeut zunächst einmal »Zeit gewinnen«. Viele Entscheidungen müssen nicht von heute auf morgen getroffen werden. Auch hier ist das Vorhandensein einer therapeutischen Nachsorgemöglichkeit sehr wichtig. In dem Fall, den wir oben als Beispiel beschrieben haben, wurde die letzte Entscheidung, die Arbeitsstelle doch zu wechseln, erst ein Jahr nach Ende des ATP getroffen. Der Klient verfügte nach wie vor über die gelernten Strategien und hatte auch keine Angst vor einer Veränderung. Die während der Therapie getroffene Entscheidung, die Stelle zu behalten, beruhte auf einer Analyse der aktuellen Bedingungen. Diese hatte ergeben, dass die Stelle sehr viele positive Verstärker für den Klienten beinhaltete, mit Ausnahme des Vorgesetzten-Verhaltens.

Da dieses sich zeitweilig verändert hatte, war die Bilanz positiv ausgefallen. Sie schlug erneut ins Negative um, als es deutlich wurde, dass das neue Verhalten des Vorgesetzten nicht dauerhaft war. Als sich der Klient erneut für die Änderung seines Arbeitsplatzes entschied, geschah dies auf einer kompetenten Basis. Er hatte nicht mehr das Gefühl davonzulaufen, sondern er war der Meinung, er habe ehrlich versucht, seine im ATP neu gelernten Möglichkeiten einzusetzen. Er sei jedoch an die »objektiven« Grenzen der Macht gestoßen.

Für diesen Patienten ergaben sich bei der Arbeitssuche keinerlei Probleme, da er gute Zeugnisse hatte. Dies ist jedoch nicht bei allen unseren Klienten der Fall. Oft leiden sie unter tatsächlichen Handicaps, sind in ihrer Leistungsfähigkeit gemindert, oder ihre Vorgeschichte weist Fehlzeiten und Stellenwechsel auf, die einem Arbeitgeber gegenüber schwer zu erklären sind. Der Therapeut wird die Zielbildung dahingehend steuern, dass eine Anpassung an derart erschwerende Gegebenheiten erfolgen kann, anstatt den Klienten sinnlose Illusionen zu erhalten.

Dort, wo die Grenzen zwischen »objektiver« und vermeintlicher Einschränkung fließend sind, entsteht die Problematik. Wir sind der Meinung, dass die Ziel- und Teambesprechungen hier von größtem Nutzen sind. Im Allgemeinen können immer wieder neue Ziel- und Motivationsanalysen gemeinsam mit dem Klienten genügend Klärung bringen.

4.3.5 Aktiv bewirkte versus passiv erfahrene Konsequenzen

Ein zweiter Gesichtspunkt, wonach Konsequenzen in ihrer therapeutischen Wirksamkeit bewertet werden können, ist die Unterscheidung zwischen aktiv hervorgerufenen und passiv erlebten »erduldeten« Konsequenzen.

Um den Unterschied zwischen aktiv hervorgerufenen und passiv erlebten Konsequenzen deutlich zu machen, möchten wir einige Beispiele aus dem Arbeitsblatt Nr.10 : »Aktivitätsliste – Verstärkerbilanz (AVB)« anführen. So hat in dem ersten Bereich: »Zu Hause, wenn ich allein bin«, das Item »Entspannungsübungen machen« eine aktiv hervorgerufene positive Konsequenz, während das Item »Einfach abschalten und an nichts denken« ausgesprochen passiv ist. Analog diesem Gegensatz sind etwa Item 22 »Briefe an Verwandte und Bekannte schreiben« und Item 20 »Post lesen«, Item 35 »Mit Bekannten telefonieren« und Item 19 »Einen Anruf bekommen« und etwa Item 7 »Kreuzworträtsel lösen oder ein Puzzle legen« gegenüber Item 2 »Fernsehen« als jeweils aktive und passive Tätigkeit zu sehen.

Naturgemäß ist die Funktion von passiv erlebten Konsequenzen eher die einer Vermeidung oder einer negativen Verstärkung (K –), während die aktiv herbeigeführten Konsequenzen eher die Funktion einer positiven Verstärkung (K +) haben. Dies ist jedoch nicht immer der Fall. So ist im zweiten Bereich, »Zu Hause, wenn ich mit meiner Familie oder guten Bekannten zusammen bin«, Item 63 »Mein Partner sagt, dass er mich mag«, durchaus ein K +, wenn auch passiv erlebt. Wir möchten darauf hinweisen, dass der oben beschriebene »Aktiv-Passiv«-Gegensatz nicht zu verwechseln ist mit dem von Rotter et al. (1972); beschriebenen Konstrukt des »internal versus external locus of control of reinforcement«, das sich auf Kausalattribuierungen bezieht. Wir werden diesen Aspekt weiter unten erneut aufgreifen.

Oft klagen Klienten über fehlende Aktivitäten. Sie fühlen sich antriebs- und einfallslos. Sie wissen nicht, welche der Aktivitäten, die ihnen positive Verstärkung verschaffen könnten, sie aufgreifen sollen. Bei der Erstellung der Zwischenbilanz und bei der Definition von sozialen Veränderungen stellt dieser Aspekt oft eine schwere Barriere zur Erreichung der Zielsetzung dar. Das Arbeitsblatt Nr. 10 kann hier wichtige Hinweise vermitteln. Der Therapeut kann etwa feststellen, dass passive Verstärker eine höhere Frequenz gegenüber solchen, die aktiv hervorgerufen werden, haben. In dem dritten Bereich der Aktivitätsliste »Freizeit« stellen zum Beispiel 34 von den insgesamt 37 Items aktiv herbeigeführte Verstärker dar. Wenn nun die Bilanz so aussieht, als würde der Klient Belohner hauptsächlich aus einem passiven Erleben schöpfen, und eine sehr niedrige Frequenz im aktiven Herbeiführen von Belohnern aufzeigt, kann hieraus folgende Änderungshypothese erwachsen: Damit die Gefahr gebannt wird, in die alten problematischen Verhaltensweisen zurückzufallen, ist es notwendig, mehr aktive Verstärkerquellen zu erschließen.

Dem Therapeuten stehen nun mehrere Möglichkeiten zur Verfügung, das aktive Verhalten zu fördern. Er erarbeitet zusammen mit dem Klienten einen Aktivitätsplan, in kleinen Schritten aufgebaut, die jeweils mit bereits vorhandenen Verstärkern belohnt werden. Diese kann er dem Arbeitsblatt 10 entnehmen und bevorzugt solche Verstärker empfehlen, von denen er durch die (geringe) Frequenzangabe vermutetes, dass sie unter Deprivation stehen, die jedoch in ihrer Qualität als noch sehr hoch eingeschätzt werden. Falls er feststellt, dass nur solche Verstärker in Frage kommen, die das problematische Verhalten fördern oder mit dem neuen Verhalten unvereinbar sind, z. B. Item 32 »Im Bett liegen und dösen«, kann er auf direkte Tokens zurückgreifen, die dann in materielle Verstärker eingetauscht werden können. Wirkungsvoller erscheint uns jedoch, wenn er stattdessen die Funktion der Gruppe benutzt. So kann er in seinem Verstärkerplan das neue Verhalten vikariierend in der Gruppe verstärken. In der Regel werden zumindest bestimmte Gruppenmitglieder gut miteinander auskommen und einen hohen gegenseitigen Belohnerwert besitzen. Hier kann der Therapeut geschickt in der Einzelsitzung einem Gruppenmitglied, das bereits weiter fortgeschritten ist, bestimmte Aktivitäten gemeinsam mit einem anderen Gruppenmitglied nahe legen. Er wird, etwa in den BA-Sitzungen, nach diesen Aktivitäten fragen und ihre Bedeutung hervorheben. Dasjenige Gruppenmitglied, welches noch keine der erwünschten aktiven Verstärker zur Verfügung hat, wird somit vikariierend für das angestrebte Verhalten verstärkt. Nach einiger Zeit wird auch dieses Gruppenmitglied solche Verstärker zur Verfügung haben, die wirksam in einem weiteren Aktivitätsplan und zur direkten Verstärkung in Selbstkontrolle eingesetzt werden können.

Wir möchten jetzt die Bilanzierung von Konsequenzen zur Konfliktlösung an einem Beispiel aus einer therapeutischen Gruppe darstellen.

In dieser Gruppe war ein dreißigjähriger Beamter, der an sehr starken Kontakthemmungen litt. Er hatte eine Freundin, die sozial keinerlei Schwierigkeiten hatte und von der er angab, dass er bei ihr unter aversiver Kontrolle stände. Er hätte die Verbindung gerne gelöst. Er fand hierzu jedoch nicht den Mut. Einerseits hatte er Angst, keine neue Freundin zu finden, auf der anderen Seite befürchtete er die Reaktion seiner Eltern, die auf eine Ehe drängten. Er erhoffte nun mit Hilfe der Therapie unter anderem auch diese problematische Situation bewältigen zu können.

In derselben Gruppe befand sich eine zweiunddreißigjährige Frau, die ebenfalls an sehr starken Kontaktschwierigkeiten litt. Sie war noch nie eine Partnerschaft eingegangen und verbrachte vor der Therapie jedes Wochenende und jeden Urlaub mit ihrer Mutter. Beide Frauen waren sehr stark voneinander abhängig. Sie unternahmen nichts, ohne sich miteinander in Verbindung zu setzen. Die Tochter verließ mehrere Male am Tag ihren

Arbeitsplatz, um ihre Mutter, die selber auch berufstätig war, anzurufen. Ein Therapieziel dieser Patientin war, sich aus der mütterlichen Umklammerung zu lösen und selbstständig zu werden. Sie wollte stattdessen mehr Kontakte mit Gleichaltrigen herstellen lernen.
Für diese Gruppe war aus technischen Gründen zwischen Grundkurs und Fortführungskurs eine Urlaubsperiode von einem Monat vorgesehen. Zu diesem Zeitpunkt löste sich die Beziehung des Beamten zu seiner früheren Freundin, etwa zwei Wochen vor Anfang des Urlaubs. Die junge Frau war wiederholt mit der Gruppe weggegangen, sie hatte die Wochenenden entweder alleine oder mit neuen Bekannten oder Kollegen verbracht.
Den Urlaub wollten nun beide, die sich gegenseitig sehr sympathisch fanden, zusammen verbringen. Beide Patienten hatten diesen Entschluss ihren Therapeuten einzeln mitgeteilt und um ihren Rat gefragt. Die Therapeuten brachten das Problem vor die Teambesprechung. In der Teambesprechung bilanzierten wir die mutmaßlichen Folgen dieser Reise und postulierten, dass es für die Ziele der Patientin derzeit ungünstig wäre, mit dem anderen Gruppenmitglied in Urlaub zu fahren. Wir gingen davon aus, dass es langfristig günstiger sei, zunächst selbstständig handeln zu können, bevor sie eine Partnerschaft eingehen sollte. Zu dem damaligen Zeitpunkt (Ende des Grundkurses) schätzten wir die Gefahr zu hoch ein, dass die Patientin von einer Abhängigkeit (der Mutter) in die andere überwechseln würde. Die Problemanalyse mit der Patientin ergab, dass der gemeinsame Urlaub vermutlich für die Patientin kurzfristig folgende positive Konsequenzen haben würde: Sexuelle Erfahrung und Austausch von Zärtlichkeiten (Kk +), in ein fremdes Land in Urlaub fahren und neue Eindrücke sammeln (Kk +), die Angst, alleine zu fahren und selbstständig planen zu müssen, wäre vermieden (Kk –). Da wir vom Therapieziel her die Selbstständigkeit als Voraussetzung für die Partnerschaftsfähigkeit ansahen, mussten wir dem Aspekt der Angstvermeidung die höchste Gewichtigkeit geben. In einem Gespräch mit der Patientin stellte sich dann auch heraus, dass wir unsere Hypothese beibehalten konnten: ihr wichtigstes Ziel war nach wie vor Selbstständigkeit; sie hatte den Vorschlag, gemeinsam zu fahren, vor allem deswegen angenommen, weil sie Angst gehabt hätte, alleine zu fahren.
In Bezug auf die langfristigen Konsequenzen stellte die Hoffnung auf Partnerschaft ein Ki + dar. Die Aussicht auf die Fortsetzung ihres Abhängigkeitsverhältnisses bei lediglich neuen Bezugspersonen und das Verfehlen ihrer eigenen Ziele machten hieraus ein Ci. Dies schwächte die Absicht ab, führte aber in Bezug auf I die kurzfristigen Konsequenzen der geplanten Reise zu einem Konflikt.
Ihr Konflikt vom Typ K + kurz versus K – lang konnte umgewichtet werden. Das akute Vermeiden von selbstständigem Verhalten als Gefährdung eines langfristig wichtigen Zieles wurde vom $\not K$ – der Angstreduktion zum $\not K$ + der Wegnahme positiver Konsequenzen für die Zielannäherung und zum K – als negative Bewertung für ängstliches Vermeidungsverhalten. Diese Umbenennung ergab bei der Bilanzierung der kurzfristigen Konsequenzen eine deutliche Abschwächung des erwarteten Belohnungswertes der gemeinsamen Reise. Die Alternative, allein zu fahren, führte darüber hinaus als Zielannäherungsverhalten zur Umbewertung der kurzfristigen Folge Kir, die als freiwillige Verzichtleistung im Sinne der Selbstüberwindung nunmehr bei Nichteintreten belohnender erschien als ihr Erstreben um einen derzeit noch zu hohen Preis. Die langfristige Konsequenz für das Alternativverhalten »alleine reisen« in der Einübung von Selbstständigkeit ($\not K$ –) und der Überwindung behindernder Abhängigkeit (K –) wurde ebenfalls überwie-

gend K +. Die Entscheidung wurde jetzt als K_k + versus K_l + für das Zielverhalten »Selbstständigkeit« eindeutig zugunsten der Alternative »alleine reisen« gefällt.
Als der Urlaub beendet war, kam sie wie ausgewechselt zurück. Sie bewertete ihre Leistung, alleine weggefahren zu sein und neue Bekanntschaften gemacht zu haben, als das Allerhöchste, das sie hätte erreichen können.
Für den Beamten stellte sich die Situation ähnlich dar. Hier war unsere Hypothese, dass es für ihn wichtiger sei, Kontaktverhalten zu lernen und neue Frauenbekanntschaften zu schließen, als solche Kontakte zu verfolgen, für deren Knüpfung er nicht allzu viel tun musste (jemanden in einer therapeutischen Gruppe kennen lernen).
Als sich die Beziehung zu seiner Freundin zwei Wochen vor dem Urlaub löste, hatte er sofort der jungen Frau aus der Gruppe den Vorschlag gemacht, zusammen zu fahren. Dieser Kontakt war ihm sicher. Er konnte somit der Angst vor neuen Kontakten und der Ungewissheit, keine neue Freundin zu finden, entgehen (zweimal kurzfristig K –).
Auch für ihn war es jedoch langfristig gesehen günstiger, alleine in den Urlaub zu fahren. Unsere Hypothese bestätigte sich auch, als er zurückkam. Er sagte scherzend, er habe zwar keine »neue Freundin mitgebracht«, habe jedoch die Übungen Nr. 74 und 101 jeden Tag mehrere Male mit großer Sicherheit und mit viel Erfolg durchgeführt. Er habe nicht gewusst, dass es so viele interessante Leute gäbe.
Wir möchten abschließend noch ein Wort zu dem Therapeutenverhalten sagen. Als die Therapeuten hörten, dass die beiden Gruppenmitglieder zusammen in Urlaub fahren wollten, wussten sie, dass das nicht gut für die Klienten war, und brachten das Problem in die Teambesprechung. Nicht nur ihr »Gespür« war hierfür verantwortlich, sondern handfeste bedingungsanalytische Grundlagen. Obwohl wir generell nur äußerst ungern in private Entscheidungen der Patienten eingreifen, war es in dieser Situation unbedingt angezeigt. Aus der oben stehenden Analyse folgt, dass wir sonst einen gravierenden Fehler gemacht hätten und möglicherweise den Therapieerfolg der Klienten um einiges zurückgeworfen oder sogar gefährdet hätten.

5. Der dritte Teil des ATP: Die Fortsetzung der Angstabbauhierarchien und die Einübung kommunikativer Problemlösestrategien

5.1 Die Verhaltensproben und die verschiedenen Durchführungsmöglichkeiten

Von der Annahme voll aktivierter Angststeigerungs- oder Zielannäherungsschritte (die angstfreie Bewältigung des topitems) her müsste jede Hierarchie bis zur letzten Übung angeboten werden. Da gut Zweidrittel bereits in der erweiterten Grundkursversion von 20 bis 25 Sitzungen angstfrei werden und der Rest meist in den weiteren 10 bis 15 Doppelstunden des dritten Teiles einen ausreichenden Lerngewinn mit »Normalwerten« für soziale Ängste erreicht – bei 80 bis 90% Befindensverbesserungen und Verbesserungen in den sozialen Bezügen um die 70% –, konnte die von 50 auf 35 Sitzungen verkürzte Version im letzten Jahrzehnt aufrechterhalten werden. Diese Verkürzung ohne Qualitätseinbuße war durch die Verbesserungen über die Videomodelle und strategisch konzeptuellen Neuerungen möglich geworden, die hier besprochen wurden. Wir gehen also im Regelfall so vor, dass wir entweder nur ausgewählte Übungsabschnitte und Verhaltensproben anbieten oder aber den gesamten Partner- und Familienteil als Kommunikationskurs nachschieben, was freilich eher die Ausnahme bleibt. Die wenigen ATP-Gruppenteilnehmer, die hier eine vollständige Bearbeitung nach dem regulären Kurzdesign nötig haben, lassen sich aus technischen Gründen (Wartezeiten) schlecht in neuen Gruppen organisieren. Es empfiehlt sich dann, hier einzeln oder mit Einbeziehung der Partner noch nicht abgeschlossene Hierarchien zu vollenden oder bei entsprechender Anfangsindikation gleich ein Langzeitdesign mit 50 Sitzungen und einer intensiveren Bearbeitung des Kommunikationsteils zu wählen. Bei ausschließlichen Schwierigkeiten in der Neinsagehierarchie und emotionaler Abhängigkeit kann auch die erwähnte Emotionalitätstrainingsvariante von Rita de Muynck mit partialisiertem Grundkurs, Plananalysen und Hierarchien bis in den Partner/Elternbereich sowie viel emotionalen Wahrnehmungs- und Expressionsübungen durchgeführt werden.
Der *erweiterte Grundkurs* schließt zumeist noch die Übungen Nr. 99 (Die Beseitigung einer Ruhestörung gegenüber einer Gruppe [»Fordern«]) und die Übungen Nr. 109/110 (Fehlschlagangst, Umgang mit Kritik seitens der Kollegen) oder die Übungen Nr. 111/112 (Neinsagen bei Kollegen) ein. Vielfach streuen wir diese Übungen an Tagen mit einer Zwischenbilanz ein, um den Bezug zur Angstbewältigung nicht zu verlieren.
In den 10 bis 15 Sitzungen des Folgeteiles werden dann eventuell noch die Übungen zum Umgang mit Kritik durch Vorgesetzte und Abgrenzübungen gegen diese erarbeitet, wenn die Art der Gruppenprobleme und Restängste dies erfordert, oder es wird sogleich zum *Kommunikationsteil* übergegangen. Dieser enthält die Übungen Nr. 101, 102 (Kontakt, Ausdruck positiver Gefühle in direkter Form) und die Übungen Nr. 113, 100, 106, evtl. 107 als Inszenierungen zum Rückmelden unangenehmer Gefühle – etwa von Ärger

– in eindeutiger und vollständiger Form, was die alte Form angstbesetzter und wertender Kritik ersetzt. Diese Übungsserie wird meist mit einer Variante der Geschenkübung Nr. 102, in der das Geschenk nicht gefällt, als Diskriminationsübung zur Freudeäußerung in der ersten Form eingeführt.
Dekodierungsübungen werden über die Übungen Nr. 123, 125 und 126 vermittelt.
Wichtig ist die Erweiterung der Übungen und Strategien in den Videobeispielen. So wird für die meisten Übungen des dritten Teiles eine zweite Fassung als »individuelle schwierigkeitsanaloge Übertragung in persönliche Alltagsprobleme« – wahlweise mit Eltern oder Partnern – angeboten, im Arbeitsbereich eine Variante mit einer Gruppe von Kollegen, jeweils ergänzend zu Einzelkonflikten.
Auch die Möglichkeit, bei gut funktionierenden Privattreffs als Selbsthilfegruppe die jetzt sehr zeitintensiven Übungsdurchführungen nach der Modelldarbietung und einigen Musterdurchgängen ins Selbststudium zu verlagern, war eine Hilfe bei der Verkürzung der Durchführung. Hier sind die Videos, die dann von der Gruppe selbstständig eingesetzt werden, ebenfalls eine wesentliche Erleichterung.

5.2 Zu den Zielen des dritten Teiles »Selbstsicheres Verhalten« – Differenzierende Anwendung »im Freundeskreis, am Arbeitsplatz, in der Familie«

Wir können hier drei Gruppen von Zielen unterscheiden:

- Lernziele, die in Kontinuität zum Grundkurs den weiteren Abbau sozial phobischen Verhaltens und den weiteren Aufbau selbstsicheren Verhaltens betreffen. Hierzu gehören: die Fortsetzung der systematischen Entängstigung und der hierarchisch strukturierten Problembewältigung in den Hierarchien Fehlschlag- und Kontaktangst sowie der Nein-sage-und Forderhierarchie. Sie sind Gegenstand des Übungsteils.

- Ziele, die der Abschwächung aversiver Bedingungen in der sozialen Umwelt und dem Aufrechterhalten des selbstsicheren Verhaltens auch nach der Therapie dienen.
  Hierzu gehören: das Planen und Einleiten von sozialen Veränderungen, die Umwandlung der privaten Treffen in eine autonome Selbsthilfegruppe und – bei entsprechenden Voraussetzungen – die Einbeziehung von Partnern oder Familienmitgliedern, um auf dem neuen Niveau größerer Unabhängigkeit neue Regeln und Funktionen der Gemeinschaft selbst zu entwickeln und diese unter positive Verstärkung zu bringen.

- Ziele, die der unterscheidenden Anwendung selbstsicheren Verhaltens und der Wahrnehmung und Berücksichtigung von Partnerinteressen dienen. Hierzu gehören: soziale Wahrnehmung und Diagnose, die Kalkulation und Bilanzierung verhaltenssteuernder Konsequenzen, Konflikt- und Systemanalysen auf bedingungsanalytischer Grundlage und kommunikative Fertigkeiten zur Problemklärung und -lösung.

Diese Fertigkeiten werden systematisch durch die Begleittexte im dritten Teil erläutert und in Hausaufgaben unter Einzeltherapieführung erarbeitet. Ihre Anwendung wird auch bei der Aufarbeitung von gruppendynamisch bedingten Konflikten eingeübt und geht in die Übungen und Veränderungsbemühungen der sozialen Umwelt ein.

Die Vielzahl und Komplexität dieser Ziele bei zumeist begrenzter Zeit macht eine Gewichtung der therapeutischen Aktivitäten notwendig. In viel stärkerem Maße als im Grundkurs können und müssen hier individuell abgestimmte Schwerpunkte herausgegriffen werden. Dies darf jedoch nicht zu Lasten der Systematik im ersten Zielgebiet oder der konsequenten Verfolgung der Veränderungen aus dem zweiten Zielgebiet gehen.
Wir wollen diese Zielgebiete unter dem Gesichtspunkt der Durchführung und Schwerpunktbildung im Einzelnen beschreiben und gehen dann zur Art des Vorgehens über.
Die Ziele der Übungen im Bereich *Systematische Entängstigung* lassen eine grobe Zuordnung von Anwendungsgebieten und Schwierigkeiten zu. Klienten mit der Hauptschwierigkeit im Sektor Angst vor Misserfolg und Kritik werden besonders bei den Arbeitsplatzübungen, speziell dem Teil »Vorgesetzte«, und bei den Vorwurfsübungen im Abschnitt Familie gefordert.
Sie werden hier sowohl noch ihre »Maximalängste« (topitems) verringern müssen, als auch die Veränderung äußerer Bedingungen einleiten.
Bei den Kontaktängstlichen sind auf jeden Fall der Abschnitt »Freunde« und der Kommunikationsteil von besonderer Bedeutung.
Besondere Schwierigkeiten in der dritten Hierarchie »Fordern und sich durchsetzen« werden sich bei »Vorgesetzten«, »Kollegen« und »Nachbarn« üben lassen.
Der Aspekt des Forderns tritt im dritten Teil für die Mehrzahl jedoch in den Hintergrund, teils weil die Fertigkeiten aus dem Grundkurs ausreichen, teils weil die Art der Interessendurchsetzung hier eine Umformung in Kompromisse (Partner) erfordert.
Die höchste Anforderung stellt der dritte Teil im Angstbereich jedoch an die Klientengruppe, die in ihrer Angst vor Ablehnung und Verlust in der Hierarchie »Nicht-nein-sagen-Können« ihre Hauptbeeinträchtigung aufweist. Dies wird sich in dem Anwendungsbereich »Freunde« (Geld nicht leihen) oftmals massiv zeigen und bedarf einer speziellen Schwerpunktbildung im Familienabschnitt. Im Aufbau eigener Aktivitäten und bei der Loslösung aus zu einseitiger Kontrolle werden wir hier auch die Schwerpunkte sozialer Veränderungen finden.
Eine Gruppe von Klienten, deren Partnerschaftsprobleme weniger in dem Herstellen von oberflächlichen Kontakten als in dem Bereich, körperliche Nähe zu ertragen und Bindungen einzugehen, liegen, wird ebenfalls erst im dritten Teil ihre Hauptarbeit noch zu leisten haben. Die Bereiche Freunde und Familie, die gruppendynamisch bedingten Konstellationen und der Bereich »Gefühle erfahren und äußern« und das Austragen von Konflikten auch unter Ärgeräußerung aus dem Kommunikationsteil werden für sie von zentraler Wichtigkeit.

Bei Einzeltherapien oder Spezialzusammenstellungen hatten wir ja bereits die Zupassung nach Hierarchien besprochen.
Ein therapeutischer Kunstgriff, Einsparungen an Übungsaufwand zu erreichen und dennoch die Systematik der Hierarchien zu erhalten, besteht darin, dass einzelne Klienten

Übungen in der Therapiesitzung auslassen können, wenn sie dort keine Schwierigkeiten mehr sehen (Achtung: Vermeidung!), dies aber bei den Privattreffen (siehe unten) nachholen sollen.
Bei allen Übungen, die im Anwendungsfeld geplanter sozialer Veränderungen der einzelnen Klienten stehen, sollten diese die Möglichkeit haben, solche Übungen noch einmal unter den für sie speziell gültigen Bedingungen zu wiederholen.

5.3 Das Planen sozialer Veränderungen

Die Veränderung steuernder Umweltbedingungen als Hauptdeterminanten des Problemverhaltens ist ja das Fernziel der Therapie.
Unsere anfängliche Problem- und Zielanalyse im Rahmen der diagnostischen Abklärung hat uns Auskunft über die Beeinflussbarkeit von sozialen Störungsbedingungen gegeben. Sie können unabhängig vom Fehlverhalten der Klienten sein und sich jeder therapeutischen Einflussnahme entziehen oder durch rein soziale Maßnahmen zu beheben sein.
Im Falle einer Indikationsstellung zum ATP galten sie als mitbedingt durch das eigene Fehlverhalten, oder es wurde zu einer Lösung aus ihrer Kontrolle ein neu zu lernendes Alternativverhalten als erforderlich angesehen.
Unter diesem Aspekt können wir beim Fortbestehen permanenter Störungsbedingungen in den sozialen Bezügen unserer Klienten nie sicher sein, das Therapieziel erreicht zu haben. Bei Wegfall der innerhalb therapeutischer Maßnahmen errichteten Kontingenzen könnte das Verhalten wieder unter die ausschließliche Kontrolle der externen Störbedingung geraten. Wir müssen in diesen Fällen dem Klienten klarmachen, dass die Therapie nicht Selbstzweck ist, sondern Mittel zum Zweck, eben dem der sozialen Veränderung ist.
Solche sozialen Veränderungen könnten in Veränderungen der Wohnungseinrichtung, der Wohnungsgröße, der Wohnungsart – etwa Wohngemeinschaften – und des Wohnortes liegen, in der Freizeitgestaltung mit Vereins- oder Clubbeitritten, mit privaten Einladungen und Veranstaltungen, in der Weiterbildung und Kontaktflächenerweiterung durch Kurse (Tanzen, Sprachen lernen, kreative Tätigkeiten, berufsbezogene Fortbildung und so fort), im Verlassen des Elternhauses, im Aufsuchen oder Verlassen von Wohngemeinschaften, im Verbessern von Arbeitsbedingungen, dem Bemühen um eine neue Stelle oder einen neuen Beruf, in der Neuregelung von Partner- und Familienbeziehungen und dergleichen.
Die sozialen Veränderungen sind in aller Regel nicht nur eine Frage selbstsicheren Verhaltens. So sind im Berufs- und Wohnungssektor Alternativen eher »gesellschafts- und konjunkturabhängig«. Ökonomische Verzichtleistungen werden gelegentlich erforderlich, um aversive soziale Einflüsse abzuschalten.
Auch im emotionalen Sektor ist die Neuregelung alter Beziehungen mit Konflikten verbunden. Für deren erfolgreiche Lösung ist in aller Regel die Voraussetzung bei Abschluss des dritten Teiles gegeben und bedarf vielfach auch einer systematischen Änderungsarbeit am Verhalten von Partnern.

Der Klient schafft vielfach erst mit seinem neuen Verhalten die externen Bedingungen, unter denen sich eine bislang aversiv kontrollierende Bezugsperson zur Kooperation bequemt (Verstärkerentzug bei emotionaler Befreiung aus einseitiger Kontrolle und bei kompetentem Partnerverhalten).
Auch wenn Partner- und Familientherapie aus diesem Grund vielfach erst als Anschlussmaßnahmen möglich sind, müssen sie doch jetzt geplant werden.

Viele Veränderungen werden erst als Ziel eingebracht, wenn nach dem Grundkurs neue Voraussetzungen und Wahlmöglichkeiten bestehen. So könnte die Fähigkeit, Kontakte zu knüpfen, die »eigene Bude« oder den Auszug von zu Hause als Ziel bedingen. Manche Ziele sind erreicht, manche nicht mehr relevant. Vor allem im emotionalen Bereich werden nun viel eher Gefühle und Bedürfnisse zugelassen. Eine Sicht des »Miteinanders« anstatt des »Gegeneinanders« stellt sich ein. Dies ist nicht zuletzt durch die verbesserte soziale Wahrnehmung bedingt. Die Klienten sind jetzt in der Lage, Verhalten von anderen distanzierter zu sehen; sie fühlen sich dem nicht mehr ausgeliefert. Wenn jemand aus ihrer Umgebung ein bestimmtes Verhalten zeigt, dann glauben sie nicht, dass es unbedingt gegen sie gerichtet oder durch sie veranlasst wurde. Kurz: Sie sehen den anderen eher in seinem eigenen Bedingungsgefüge. Das erlaubt ihnen nun, mit diesem Verhalten umgehen zu können, anstatt davon überrollt zu werden. Auch berichten sie darüber, erheblich toleranter zu werden. Ein Klient sagte einmal, er habe sich die ganze Zeit so angestrengt zu lernen, wie er sich gegen Unrecht, »das ihm angetan wurde«, verteidigen könne, und nun brauche er es nicht mehr. Man könne ihn damit kaum noch reizen.
Nach der Einzelvorbereitung werden die Klienten gebeten, ihre Ziele in der Gruppensitzung vorzutragen. Noch bestehende Hindernisse und Überwindungsmöglichkeiten werden gemeinsam erarbeitet. Wichtig für die Mithilfe der Gruppenmitglieder ist dann eine zeitlich festgelegte Abfolge von Teilschritten, um die geplante Maßnahme zu erreichen. Zu diesen Zeitpunkten werden immer wieder Nachfragen gestellt und Hilfen gegeben, falls das Vermeidungsverhalten aus eigener Kraft nicht überwunden werden kann. Die Gruppe kann neben dieser Kontrollfunktion auch wertvolle Anregungen über neue Aktivitäten und technisch-organisatorische Probleme liefern.

5.4 Das Vorbereiten und Einüben von Privattreffen

Die formale Durchführung

Die sogenannten Privattreffen haben wir erst bei der ambulanten Durchführung des ATP eingeführt. Hier werden bestimmte Verhaltensübungen in Hausaufgabe durchgeprobt. Solche Privattreffen finden jeweils zwischen den therapeutischen Sitzungen statt. Die Klienten treffen sich weiterhin zweimal pro Woche, davon einmal ohne und einmal mit den Therapeuten. Die Therapeuten können somit jederzeit eingreifen und die Durchführung überwachen. Die Privattreffen werden, bevor sie durchgeführt werden, genauestens durchgeprobt, und es werden Verhaltensmaßregeln erstellt, um einen optimalen Ablauf zu gewährleisten. Sie finden in den Wohnungen der Gruppenmitglieder statt. Am besten wird im Beisein des Therapeuten ein Plan erstellt, in dem festgelegt wird – möglichst abwechselnd –, wo, wann und bei wem sich die Gruppe trifft. Es ist wichtig, darauf hinzuweisen, dass es Arbeitstreffen und keine Parties sind. Es soll also zwei Stunden hintereinander gearbeitet werden, während der Arbeit soll nicht getrunken werden. Nützlich ist ein kleines Protokoll, das jeweils von einem anderen Gruppenmitglied erstellt wird, in dem der formale Ablauf, die Dauer der Sitzung und vor allem die Fragen, die während der Sitzung aufgetaucht sind, und ihre erarbeitete Lösung aufgeführt werden.

Inhaltliche Vorbereitung

Die Privattreffen sollen in ein oder zwei Therapiesitzungen gut vorbereitet werden. Die Therapeuten setzen sich räumlich von der Gruppe entfernt und beobachten das Geschehen. Sie unterbrechen bei Abläufen, die sie korrigieren wollen, sonst soll die Gruppe die Sitzung so durchführen, wie sie es ohne Therapeuten tun würde. Als Übung wird die Nr. 102: »Sie erhalten ein kleines Geschenk« durchgeprobt.
Vor Anfang dieser Probesitzung ist es wichtig, mit den Klienten folgende Verhaltensregeln durchzugehen:

(1) Die Verhaltensübung soll so realistisch wie möglich durchgespielt werden, so soll etwa ein echter Gegenstand als Geschenk benutzt werden. Die Verhaltensübung soll ganz, von Anfang bis Ende, ausgespielt werden, das heißt bei der Übung Nr. 102: Jemand besucht den Übenden, er kommt also zur Tür herein; zunächst begrüßen sich beide und so weiter bis zum Anbieten einer Sitzgelegenheit.

(2) Die eigene Zielbestimmung und die Rückmeldung
Der Übende teilt vor Anfang der Übung mit, was er bei dieser Übung lernen möchte, etwa: »Für mich ist es wichtig, dass ich keine Schuldgefühle bekomme, dass ich mich nicht verpflichtet fühle, etwas zurückzuschenken.«
Daraufhin können die Gruppenmitglieder fragen: »Wie setzt sich das in Verhalten um, das wir registrieren können?« Der Übende »Ich möchte nicht allzu viel reden, mich nicht so überschwänglich bedanken.«
Nach Beendigung der Übung soll der Übende zunächst selber bewerten, ob er sein Ziel erreicht hat oder ob er die Übung noch mal durchführen möchte, eventuell mit einem schwierigeren Partner.
Erst danach sollen die Gruppenmitglieder ihre positive Rückmeldung geben.

(3) Kritik an den Übungen
Hier kommt es darauf an zu lernen, an durchgeführten Rollenspielen Kritik zu äußern. Auch dies muss im Rahmen einer angstfreien Atmosphäre bleiben. Die Kritik soll deshalb konstruktiv sein.
Wenn ein Gruppenmitglied mit seiner Durchführung der Übung nicht zufrieden ist, soll er dies in Form einer Verhaltensanweisung äußern. Er soll einen Wunsch äußern, etwa: »Ich möchte die Übung nochmals wiederholen und mehr Blickkontakt haben. Außerdem möchte ich freundlicher lächeln. «
Falls er seine Kritik negativ äußert, etwa: »Ich war zu unfreundlich«, dann können die Gruppenmitglieder fragen: »Auf was möchtest du stattdessen achten?« Das Gruppenmitglied könnte nun sagen, es möchte so wirken wie sein Vorgänger. Falls es dabei nicht genau definieren kann, was ihm am Verhalten eines anderen gefallen hat, kann

dieser vorschlagen, die Übung nochmals vorzuspielen. Falls ein anderes Gruppenmitglied eine Kritik an der Durchführung vorbringen möchte, soll auch er diese in Form einer Verhaltensanweisung äußern. Er macht damit einen Vorschlag. Das betreffende Gruppenmitglied kann nun selber entscheiden, ob es die Übung unter Beachtung des Vorschlages nochmals durchführen will oder nicht. Falls sich das Gruppenmitglied nicht entscheiden kann, empfiehlt der Therapeut, den Vorschlag des anderen zu überprüfen, indem das Mitglied die Übung nochmals durchführt unter Berücksichtigung des Vorschlages. Danach kann der Übende besser entscheiden, ob er den Vorschlag für die Zukunft annehmen möchte oder nicht.

(4) Es treten Unsicherheiten auf, ob eine Übung »richtig« oder »falsch« durchgeführt wurde, ob das gezeigte Verhalten angemessen war. Hier empfiehlt es sich, den genauen Text und vor allem die Kriterien unter »Beachten Sie« im Buch nochmals durchzugehen. Sehr viele Probleme erledigen sich damit von selber. Falls jedoch weiter Unsicherheiten bestehen bleiben, soll diese Frage unbedingt ins Protokoll geschrieben werden. Sie kann dann gemeinsam mit den Therapeuten bei der nächsten Sitzung gelöst werden.

6. Übungsabschnitt: »Nachbarn«

Nachbarn sind in der Kontakthierarchie zumeist recht einfache Personen. So wurden sie bereits beim persönlichen und sehr freundlichen Grüßen in der ersten Hausaufgabe dieser Hierarchie eingeführt. Beim Fordern, Neinsagen (Sichabgrenzen) und in der Fehlschlagangst (Normabweichung, Kritik) können sie im Konfliktfall durch die Unausweichlichkeit ihrer Präsenz und die oft real aversiven Verhaltensweisen der Lärmbelästigung und üblen Nachrede zu den topitems der genannten Hierarchien werden. Die Art der chronifizierten Nachbarschaftskonflikte entspricht hinsichtlich der gezielten aversiven Stimulation und Übergriffe der betrieblichen Mobbingsituation. In solchen Fällen ist hier die direkte Konfrontation noch zu früh in der Hierarchie. Änderungsstrategien zum Vorbereiten und Planen sozialer Veränderungen können mit gezieltem Löschen oder Rückfragetechniken beginnen. Ganz im Vordergrund stehen jedoch Umbewertungen, Dissoziationsversuche und Plananalysen, um die selbst bereitete Ohnmacht hinsichtlich nicht durchführbarer Schutz- oder Gegenaggressionspläne zu beseitigen. Im Zuge wachsender Selbstsicherheit gelingt es meistens auch hier, sich nicht mehr auf ein unsinniges Gewinner-/Verliererspiel einlassen zu müssen, sich die Probleme und Problemlösungsstrategien anderer nicht mehr zu Eigen zu machen und als wirklich Überlegener -analog zu christlichen Attribuierungen – die »Feinde« oder die »Armen im Geiste« großzügig und versöhnlich zu sehen – sie vielleicht nicht gerade zu lieben, aber doch in ihrem blinden und dumpfen Wüten für sich gewähren zu lassen.

Die Übung Nr. 99 ist wichtig in der Hierarchie **»Fordern«** und zum **»Ärgeräußern«** sowie als *Erfolgserlebnis gegen massiven Widerstand einer Gruppe.*
Zur sozialen Diagnose wird die ständige und unerträgliche Lärmbelästigung gegen einen Spielverderber und Partyschreck diskriminiert. Die sehr laute Gruppe (singt meistens als gutes Mitüben gegen Beachtungsängste) muss überbrüllt werden. Der Ärger muss spürbar sein durch entsprechendes Einfühlen zu Vorgeschichte in a) und über die Unverfrorenheit und Belästigung, in Teil b) trotz Ruheversprechen doch wieder den Übenden »aus dem Bett gejagt zu haben«. Der Ärger muss direkt ohne Wertung, jedoch mit klaren Handlungsanweisungen herausgeschrien werden.
Die Gruppe ist aufdringlich, einladend, fröhlich. Sie wird völlig ignoriert (Neinsagen), nur beim Wohnungsinhaber wird ohne Berührung oder Diskussionen mittels »gebrochener Schallplatte« das eigene sehr wichtige Bedürfnis nach ausreichendem Schlaf durchgesetzt. Das hier erarbeitete Grundmuster, dass in einer Gruppe immer nur ein Interaktionspartner ausgewählt wird, wurde vielfach vorbereitet (etwa in der Zugübung Nr. 23) und setzt sich beim Umgang mit Gruppenüberredungsversuchen für den trockenen Alkoholiker oder bei Hänseleien von Kollegen (Varianten 112 und 113) fort.
Gelegentlich wird die Situation für die Therapeuten dadurch erschwert, dass deren Hausbewohner zum Mitüben antreten.
Die Neinsageübung Nr. 100 wird in Variationen zeitverzögert zumeist nur in Hausaufgabe geübt. **Übung Nr. 101** gehört als **Kontaktübung** und als Übung zum Äußern von intensiver Freude in den Kommunikationabschnitt und wurde wegen ihrer Stellung in der Hierarchie nach hier vorgezogen.

7. Übungsabschnitt: »Kollegen«

Hier wird erstmals der Umgang mit real aversiven Konsequenzen bei massiver Kritik und eigenen Fehlern geübt.

Übung Nr. 109 (Fehlschlagangst, Fordern)

Die Übung wird je nach dem Vorziehen des Kommunikationsteils »Freunde« oder in unmittelbarer Folge des Grundkurses nach den Beamtenübungen unterschiedlich interpretiert.

Nach Möglichkeit sollte zuvor die Übung »Freundliche Überredung eines Beamten« vor die Übung Nr. 109 gestellt werden. Es geht um das partielle Löschen und Verstärken einer Person mit aversivem, ablehnendem Verhalten und einem erfolgreichen Umprogrammieren dieser Person. Im Gegensatz zu der Situation beim Beamten werde ich hier in Übung 109 direkt massiv attackiert und mein Nichtwissen wird mir zum Vorwurf gemacht. Die Video-Übungsvariante spielt sich in einer Gruppe gemeinsam Lernender ab, in der ein Mitglied nicht mitkommt und von den anderen trotz Vorwürfen ein verstärktes Eingehen auf das eigene Problem fordert. Bei Personen, die diese Übung ohne genügende Selbstsicherheit erstmals – etwa ohne Grundkurs – machen, ist die emotionale Erregung aus Angst oder Wut so groß, dass alles andere, was im Video gezeigt oder im Buchtext vorgegeben wird, inadäquat erscheint und folglich auch unecht, damit eher als »schleimen«, »schmeicheln« etc. gewertet würde. Nur Personen, die wirklich weghören können und die sich klarmachen können, dass ihr eigenes Bedürfnis unabhängig von den Motiven des anderen geäußert und verfolgt werden kann, die sich also nicht »die Jacke des anderen anziehen«, ist die Vorgabe mit dem eindeutigen Wechsel von Nichtbeachtung der Vorwürfe, aber sofortiger positiver Rückmeldung und auch Kompetenzhervorhebung des Gegenübers als Spiegel echten Fühlens möglich. Die Fähigkeit, differenziert nach eigenen Bedürfnissen zwischen Nähe und Distanz zu wechseln, wann immer die eigene Befindlichkeit es erfordert, ist Selbstsicherheit. Wenn ich mir sagen kann, die Machtspielchen des anderen, die schlechte Laune oder Missgunst sind nicht mein Problem, sondern ich möchte in dieser Übung aus kompetenter Hand Informationen haben, dann werde ich keine Ärgergefühle entwickeln und mich nicht auf irgendeine Beziehungsebene drängen lassen. Erhalte ich die gewünschte Unterstützung, wird es mir dann auch nicht schwer fallen, andere in ihrer Kompetenz anzuerkennen, (auch weil ich keine Feindschaften als vorbeugenden Schutz gegen »schwierige Übungspartner oder Widerlinge« brauche). Eine Teilnehmerin hatte von Kursbeginn an eine negative Einstellung bei der Anwendung der Rückkopplung in wörtlicher Form. Selbst hier, wo es nur um Sachinformation wie schon bei der Übung 2 (die komplizierte Wegbeschreibung mittels Rückkopplung überprüfen) geht, war ihr dieses Verhalten nicht mit echter Überzeugung oder mit echtem Verstehenwollen der Information möglich. Eine verkürzte und unechte Rückmeldung jedoch wirkt im Sinne der Sich-selbst-erfüllenden-Prophezeiung; weil nicht wirklich gemeint wird dieses Verhalten tatsächlich zum befürchteten Nachplappern und dann zur Ablehnung führen. Die genaue Wiedergabe ist für den Erklärenden das positive Feedback, »der andere hat mich verstanden, meine Arbeit war nicht umsonst«. Die Übungspartner bei dieser Person hatten keinerlei Motivation empfunden, hier von ihrer abweichenden, starren Haltung abzurücken. Erst das Anwenden dieser einfachen verstärkenden Verhaltensweise konnte sie umstimmen, natürlich auch das gezielte Hervorheben ihrer eigenen Kompetenz. Eine andere Person, die Schwierigkeiten durch eloquentes Sprüchemachen vermeiden lernte, verstimmte die Kollegin noch zusätzlich durch Vergleiche »Ich gehe lieber zum Schmied, statt zum Schmiedchen«, statt einfach nur zu sagen, »Ich möchte es von Ihnen lernen, ich habe gehört, dass Sie hier die größte Kompetenz besitzen«. Eine andere Übende hatte nachher furchtbare Schuldgefühle, weil sie als Begründung, es ausgerechnet von der vorgesetzten Kollegin zu fordern, erklärte, sie hätte es bereits bei einem anderen Kollegen versucht, der nicht so selbstsicher und kompetent gewesen sei. Nachher hat sie sich zu Recht vorgeworfen, hier eine Person angeschwärzt zu haben. Jedes Einführen von Dritten zur Begründung ist selbstunsicheres Verhalten, auch unkollegiales Verhalten und disqualifiziert die Teilnehmer. Es dient letztlich der Funktion, die Verantwortung für die eigene Entscheidung nicht selbst zu tragen.

Übung Nr. 110 (Fehlschlagangst)
beinhaltet Kritik für einen Fehler, der tatsächlich gemacht wurde, jedoch nicht der eigenen Verantwortung unterlag, weil er durch die Information über die Unkenntnis des Arbeitsganges voraussehbar war. Diese Inszenierung dient als Schwierigkeitsabstufung zwischen 109 und 119/120. Wichtig ist hier die Unterscheidung, einen Fehler zugeben zu können und dazu stehen zu können sowie Unkenntnis kompetent als sachliche Information einzuräumen, von der inkompetenten Form vorbeugender Entschuldigung durch herabsetzende Äußerungen zur eigenen Kompetenz oder zahlreicher Begründungen für das Nichtwissen. Die Übung kann nach der Modellvorgabe vielfach in die Privatübungen zur Erarbeitung für jeden Einzelnen delegiert werden.

Übung Nr. 111
Die Übung *Nr. 111* ist wie die Übung *Nr. 112* eine **Nein-Sage-Übung.** Die Schwierigkeitssteigerung von 111 zu 112 entspricht dem Arrangement, dass in 111 eine sachliche Begründung für das Nein-Sagen und in 112 eine bedürfnisorientierte Begründung (ich mag nicht mehr) gewählt werden soll. Dies lässt sich in den Video-Modellen so scharf nicht trennen. Die Inszenierung der Übung Nr. 111 in den bisherigen Videomodellen mit der moralischen Erpressung durch eine angeblich kranke Person, die Hilfe braucht, und die dies benutzt, um andere auszunutzen, macht die Übung gegen die Übung Nr. 112 mit einer eher fakultativen gewohnheitsmäßigen Missbrauchshandlung des anderen für Wohnungsausbau eher schwerer. Die Nein-Sage-Übungen im Abschnitt »Kollegen« stehen zwischen den Nein-Sage-Übungen im Abschnitt »Freunde«, in denen eine vollständige Schilderung subjektiver Vorgänge im »Wenn-Dann-Duktus«, auch in konflikthafter Form, benutzt wird und den bisherigen Verneinungen ohne Begründung, nur über die »gebrochene Schallplatte« und sie geht von der Fertigkeit her zunächst zu den Nein-Sage-Übungen im Bereich Vorgesetzte über (117/118), wo eine subjektive oder gar vollständige Begründung gefährlich und unzweckmäßig wäre. Die Nein-Sage-Übung bei guten Freunden erfordert die Darstellung der inneren Aversionsannäherungskonflikte (ich mag dich und ich möchte dir helfen, aber ich mag es nicht, mich ausgenutzt zu fühlen und mich über dich und mich zu ärgern, wenn ich das Gefühl habe, dass unsere Beziehung ganz vorwiegend oder ausschließlich auf meinen Vorleistungen basiert).

Aber auch im Bereich Kollegen erweist es sich bei vielen Verhaltensproben als nicht ausreichend, auf der Sachebene zu bleiben, besonders wenn gut befreundete Kollegen gewählt werden, sind die kommunikativeren Formen der Mitteilung der Verneinungsnotwendigkeit zweckmäßig. Im Übergang wird mit der gebrochenen Schallplatte nur motivatorisch argumentiert (es tut mir nicht gut und ich mag nicht mehr). Vielfach wird auch hier ein Konflikt entstehen, der je nach Art der Beziehung durchaus im Sinne der Vollständigkeit zum Verständnis und zur Akzeptanz meines plötzlich ablehnenden Verhaltens auch notwendig mit geäußert gehört. Übung Nr. 111 sollte mit der leicht erhöhten Schwierigkeit und beiden Alternativen bis also sachbezogene Ablehnung und Eingang auf die Beziehung mit Äußern von unangenehmen Gefühlen erarbeitet werden. Übung Nr. 112 kann dann mit der reinen gebrochenen Schallplatte (ich mag mich nicht ärgern und ich tue es nicht) im Selbststudium bei den gemeinsamen Gruppensitzungen angeschlossen werden.

Eine Sitzung mit typischen Schwierigkeiten könnte etwa so aussehen:

1. Fritz verschanzt sich hinter dem Prinzip und sagt: »Ich habe mich entschlossen dies nie wieder zu tun, du nutzt mich nur aus und das will ich nicht.« Der Betreffende hört die Botschaft und ist verstimmt, er kann sie in der Begründung nicht nachvollziehen und bricht achselzuckend die Beziehung ab. Fritz wollte diese Konsequenz auch wieder nicht und ist ebenfalls verstimmt, Schuldgefühle stellen sich ein und Wiedergutmachungsversprechungen. Erst die wiederholte Übung mit der Schilderung von unangenehmen Gefühlen vermag dem Übungspartner glaubhaft das Problem von Fritz als unerträglich darzustellen. Er kann jetzt nachvollziehen, dass unter Bedingungen, die so starken Ärger und so negative Gefühle bei Fritz machen, eine weitere »Hilfe« nicht mehr erwartet werden kann und beschließt, woanders sein Glück zu versuchen. Die Beziehung kann weiterhin fortbestehen.

2. Karin sagt tapfer mit weiter freundlichem Gesichtsausdruck und ohne jede emotionale Überzeugung in der Stimmlage, dass die andere sie ausnutzt und dass sie sich nicht mehr ausnutzen lassen will, und geht dann dazu über, der Partnerin eine Lösung ihres Problems anzubieten, indem sie vorschlägt, du könntest doch dies und das versuchen um fertig zu werden und wie wäre es, wenn du die und die Person zur Hilfe hinzuziehen könntest? Die Verlagerung des Helfenwollens auf ein anderes Problem aus Schuldgefühlen für die – trotz »Ausnutzung« innerlich nicht akzeptierte Neinsage-Übung – war ihr so nicht bewusst. Als Botschaft kam an, ich will dir aus unerfindlichen Gründen in der einen Sache nicht helfen, aber ich bin weiter bemüht, dein Problem in anderen Bereichen zu lösen, sodass für den Übungspartner lediglich eine Irritation entstand, in dem Sinne entweder kann sie es nicht oder aus irgendwelchen Gründen ist sie in dieser Situation heute übellaunig. Ein leichter Frust, aber kein totaler Beziehungsabbruch entsteht, aber natürlich bleibt das Muster des Übungspartners, immer Hilfe und Unterstützung von den Übungen zu erwarten, erhalten. Dies wurde auch genährt durch die absolute Unglaubwürdigkeit der »Begründung für das Nicht-mehr-helfen-Wollen« in der alten Ausgenutzungssituation. Es braucht drei Durchgänge und schließlich den Einsatz eines Hilfsmodells, bis Karin versteht, dass sie in der Situation ein neues Problem bekommt und dass ihr Ärger, wenn ihre Botschaft vom anderen überhört wird und ihre ureigensten Bedürfnisse vom anderen

einfach ignoriert werden, so nie aufhören kann. Als sie lernt, mit der Situation mitzugehen und immer wieder in sich hineinzuhorchen, um ihr eigenes Bedürfnis zu spüren, und durch lautes Denken die inneren Vorgänge dem anderen mitteilt, wird sie echt und glaubwürdig und verliert die formelhafte, nur vorbeugend gebrauchte Floskel »ich kann und ich will nicht mehr«.

3. Helga hat das Problem, bei Reizüberflutung in Verwirrung zu geraten. Diagnostisch liegt eine psychische Störung vor, mit der Gefahr unter hoher Stimulation aus der Situation und aus der Realität wegzudriften. Fehlende Vorleistungen verursachen sofort Akzeptanz- und Verlassenheitsängste und dies wieder verstärktes Absicherungsverhalten, Nachtarocken, Anrufe, die bewirken sollen, vom anderen dennoch gemocht zu werden, nachdem sie ausnahmsweise einmal keine Zeit hatte. Unter dem Druck, bei sich und ihrem Unmut über die Situation zu bleiben, dass sie immer als einzige nachgeben, ihre Termine anderen anpassen muss, ihre Urlaube aufschieben, ihre eigenen Sätze nicht zu Ende bringen kann, den anderen Bewunderung und Verständnis entgegen bringen muss, selbst aber nie gefragt wird, gerät sie in zunehmenden Konflikt zwischen der Angst ausgegrenzt und verlassen zu werden, und dem ständigen, bisher nur innerlich erlebten und nie geäußerten Ärger, über die fehlende Empathie und Sensibilität der anderen. Sie wird zunehmend verwirrt, steigt aus und weiß nicht mehr, was andere in der Situation sagen, verliert den Faden, es bleibt das vage Gefühl, sich hier und im Alltag in den entsprechenden Situationen irgendwie falsch verhalten zu haben, und aus dieser Angst heraus werden ins Blaue hinein neue Hilfs- und Anpassungsversprechungen und Dienstleistungen angeboten. Die Korrekturschleife, mit der ihr die Möglichkeit geboten wird, auch verspätet wieder dort anzuknüpfen, dass sie laut denkend ihre inneren Zuständlichkeiten einfach nur beschreibt, auch ihre Konflikte, hilft ihr schließlich die Situation aushalten und kontrollieren zu können. Sie macht eine Pause, schaut nach innen und stellt mit »einerseits und andererseits« ihre Konflikte einfach dar, also entweder Aversions-Aversionskonflikte mit zwei unangenehmen Konsequenzen oder ihre Annäherungs-Vermeidungskonflikte mit dem, was sie möchte, und dem, was sie als unangenehm fürchtet.

4. Renate, die ihr Leben lang sich noch nie abgrenzende Botschaften getraut hatte und ihr Leben lang auf Bedienerrolle getrimmt wurde, erinnert sich an ganz ähnliche Situationen in ihrem früheren Beruf, in denen sie »hoffnungslos untergegangen war und immer wieder ›umgefallen‹ ist, obwohl sie die Situation kannte und sie sich grenzenlos ausgenutzt gefühlt hat«. Im ersten Durchgang verwendet sie etwas Vorwärtsvermeidung mit Du-Sätzen »ihr nutzt mich immer aus, du kannst auch mal deine Sachen alleine machen«, etc., aber es gelingt ihr immerhin, emotional im Gefühl und Ausdrucksverhalten ihren Ärger über die Situation zuzulassen und einzubringen. Im zweiten Durchgang schafft sie das in einer eindeutigen Ich-Formulierung, das Gegenüber kann ihr rückmelden, dass er ihr Problem voll versteht und akzeptiert. Sie selbst fühlt sich vom Ärger befreit und ist fassungslos und erstaunt, dass es so wenig Mühe gemacht hat, das zu tun, was sie ihr Leben lang schon immer wollte, einfach ohne Schuldgefühle zu eigenen Wünschen und Bedürfnissen zu stehen und bei Kollisionen mit denen der anderen nein zu sagen.

Übung Nr. 113/114 (Fehlschlagangst, Ärgeräußern, Fordern)
Als Übung Übergriffe und Unterstellungen zurückzuweisen und sich nicht mit Sachmängeln herumzuplagen, sondern diese abzustellen, also in der Hierarchie »Fordern« ist die Übung im vorgegebenen Rangplatz leicht zu bewältigen. Wird sie dagegen benutzt, um auch das »Ärgeräußern«, das »Lautwerden« als Lösung auf der Beziehungsebene zu üben, wird die Schwierigkeit wesentlich erhöht. Dann müssen zumindest die Kommunikationsstrategien bekannt sein, in denen die Rückmeldung unangenehmer Gefühle Kritik und Vorwürfe ersetzen kann also Übungen aus dem Bereich »Freunde« wie 102 b, 105 oder 107. Andererseits ist neben der die Schwierigkeit erleichternden Subjektivität und vollständigen Abbildung innerer Bedingungsketten auch die emotionale Intensität zur Glaubwürdigkeit unerlässlich, und diese erfordert bei Wut auch Lautstärke. Therapeuten kommen hier leicht in Schwierigkeiten, welche Ausdrucksmittel sie in der jeweiligen Hierarchie wieweit zur Eindeutigkeit bringen können. Schnell ist die Schwierigkeit erhöht und die Teilnehmer sind überfordert. In dem forcierten Bestehen auf Lautstärke und der zum Erzeugen des nötigen Ärgergefühles fast unerlässlichen motorischen Aktion, mit der Faust rhythmisch gestisch begleitend auf den Tisch zu hauen, kollidieren die Überangepassten jedoch endgültig mit ihren Plänen der harmonisierenden Beschwichtigung und der stillen Duldung mit Konfliktvermeidung. Der Druck, es dennoch zu tun, kann dann zur Hilflosigkeit, Resignation oder Vorwärtsvermeidung mit indirekt aggressiver Ärgeräußerung führen. Die Situation ist in etwa der vergleichbar, wenn Patienten mit dem Plan, nie eine Schwäche zeigen zu dürfen, aufgefordert werden, gerade dies zu tun und etwa das Erröten zuzulassen. Bei Unvermeidbarkeit und verhinderter Flucht oder Schutzstrategie muss Panik oder Totstellreflexe, ziellose Ersatzaktivitäten oder resignative Selbstaufgabe eintreten.
Diese *Schwierigkeit* – aber auch die Wichtigkeit der Übung speziell in Gruppen von Ablehnungsängstlichen mit Harmonisierungsproblemen und pflegeleichter Nicht-neinsage-Erziehung – soll durch die Beschreibung häufiger Komplikationen beim Ablauf eines Übungsdurchganges in der Gruppe dokumentiert werden. Die Übung wurde in der Rangplatzordnung für »Fordern« angeboten und in der Funktion »Ärger äußern« durchgeführt. Die so provozierte hohe Angst und Panik musste dann mit Dauer, Wiederholung und Angstzulassen – also als Reizüberflutungstechnik – angegangen werden, um den Sprung in der Hierarchie auszugleichen.

Antons Verhaltensexzesse bestanden vorwiegend in psychosomatischen Reaktionen auf Kritik, Dominanz und Unrecht an der Arbeitsstelle und sehr verspäteten, exzessiven und bei geringsten Anlässen überschießenden Wutäußerungen im Alltag. Bei Nichteinhaltung seiner restriktiven Verhaltensnormen durch andere fühlte er sich jedoch persönlich verunglimpft und konnte verspätet und bei anderen (Mülleimer seiner Gefühle) zur Furie werden. Sonst beherrschte ihn eine starke Ablehnungsangst, Harmonisierungsstreben, ein Dauerlächeln, nach dem Motto »tu mir nichts Böses, ich bin ein netter Mensch«. Bei der Übung selbst gelingt es Anton im Teil »Durchsetzen«, relativ leicht seine Wut hier in Lautstärke und zielgerichtete Forderung einzubringen. Dies entspricht den Übungsfortschritten seit der Zugübung, Umtauschübung, Behörden etc. Die Formulierung »ich spüre eine maßlose Wut oder ich empfinde einen maßlosen Ärger« in derselben Lautstärke und Direktheit zu äußern macht hingegen große Mühe. Hier muss ein Double gegeben werden, auch weitere Provokationen, also Hilfen für den Übungspartner, schließlich gelingt es und er wird den Ärger nach der Übung los.

Im Anschluss übt Gerd, Typ Softie, mit vielen idealistischen Engagements, behutsam auf Samtpfötchen sich durch die Welt bewegend, ständig bemüht, niemanden zu kränken, dabei aber mit ideologisch verbrämten Aggressionsabfuhren. Gerd gelingt es, zunächst auf den Tisch zu hauen und überschießend laut zu werden im Sinne der Forderung, aber auch hier zensiert er sich, schließlich wird die Wut über die Körpersprache durch ein knallrotes bis blau anlaufendes Gesicht und hohe Lautstärke geäußert, gleichzeit aber die verbale Eindeutigkeit weiter blockiert. Auch er ist zunächst nicht in der Lage, auf die Beziehungsebene mit dem Äußern des Gespürten einzugehen. In dem Moment, wo die Wut verbalisiert wird, wird wieder deutlich die Intensität des Ausdrucksverhaltens Richtung Lautstärke, Nähe (hier Vorbeugen und auf den Tisch hauen) reduziert. Als es schließlich mit den genannten Hilfen doch geht, weicht der Verfärbungseffekt im Gesicht. Gerd fühlt sich erleichtert und kommentiert selbst »jetzt könnte ich mit dir (zum Übungspartner) wieder ein Bier trinken gehen, vorher hätte ich dich erwürgen können«.
Volker hat besondere Konflikte mit einer sehr energischen, temperamentvollen Partnerin, die ihm immer wieder seine Unentschiedenheit vorwirft. Er neigt zu perfektionistischer Vermeidung, indem er jedes Wort auf die Goldwaage legt, und erhält von der Partnerin auch Vorwürfe, dass er zu aggressiv wird. Auch hier ist das Aggressivwerden die verspätete Ohnmachtsreaktion. In der Übung selber ist nicht mal die Durchsetzvariante möglich. Die Angst ist so stark, dass er im Gegensatz zu bisherigen Übungen wieder sein entschuldigendes Lächeln und in einer verbindlichen, fast fragenden Form seine Forderung nach einem intakten Gerät stellt. Das Verhalten ist dermaßen inadäquat zum Anlass der Forderung und dem Mobbing-Verhalten des Gegenübers, dass es schon beim Zuschauen aggressive Gefühle auslöst. Mit sehr viel Hilfen gelingt es schließlich, Eindeutigkeit von gefühltem, mimischem, gestischem und verbalem Verhalten herzustellen, was absolut überzeugend auf den Übungspartner wirkt, Gefühle von Akzeptanz erzeugt, während er vorher aggressiv wurde. Nach dem Äußern der Wut ist für beide Seiten wieder ein faires Aufeinanderzugehen möglich und die Spannung beim Übenden weggenommen.
Als viertes männliches Gruppenmitglied zeigt Tommi die besten Übungsfortschritte. Tommi hatte sehr starke Angst vor Autoritäten und fühlte sich seinen jeweiligen Chefs gegenüber absolut wehrlos ausgeliefert. Er fühlte sich nicht nur zum Dauerlächeln verpflichtet, sondern hat immer versucht, durch Geschenke und Mitbringsel Unheil von väterlicher oder anderer autoritärer Seite abzuwenden. Tommi gelingt es relativ gut in klarer, zum Gefühl des Ärgers passender Stimme zunächst die Fordervariante (Kontrolle und kein defektes Gerät mehr) zu verlangen. Bei der Beziehungsebene muss jedoch auch er üben, weil er hier verbale Verkürzungen vorgenommen hatte. Erst mit dem vollen Beschreiben seiner Zuständlichkeit in lauter Form und mit der Korrektur der Distanz-, Ausweich- und Vermeidungsreaktion wird er seinen Ärger los und wirkt kompetent.
Bei den Teilnehmerinnen fällt auf, dass relativ häufig die Ohnmachtsfalle mit Weinen einsetzt, wenn die Vorwärtsvermeidung nicht funktioniert. Als Vorwärtsvermeidung versucht zunächst ein Mobbing-Opfer, Christa, mit einem schnellen Anstieg von »flammendem Zorn« und dem Anschreien des anderen einen Punktegewinn zu erzielen. Nach zwei Sätzen merkt sie, dass sie sich vergaloppiert hat, und gerät in ein leicht »hysterisches« Lachen. Die Situation wird in der Schwierigkeit heruntergefahren, sie muss langsamer, parallel zu ihren Empfindungen, die Situation aufbauen. Sie muss nicht mehr

neben sich treten und nicht mehr durch Ironisieren, Lachen und Veralbern die Situation relativeren. Sie steigert langsam Lautstärke, Nähe und Gestik, wirkt zum Schluss absolut kompetent und überzeugend. Sie verliert ihre Feindbildeinstellung und kann den inneren Knoten lösen, den Ärger loswerden. Bedeutsam für sie in ihrer Mobbing-Situation war hier, dass die Eskalation der Aversionsspirale unterbrochen wurde, zweitens, dass sie sich die Unglaubwürdigkeit und damit die Blößen ersparte, die dann von den Mobbing-Kollegen ausgenutzt wurde und drittens, dass sie erstmals erfahren hat, dass das Aushaltenkönnen und das direkte Zulassen der unangenehmen Gefühle einen Gewinn an Glaubwürdigkeit und gleichzeitig die emotionale Befreiung gebracht hatte.

Anschließend übt Gerda und erklärt von vornherein als Ziel, dass sie die Übung keinesfalls mit »auf den Tisch schlagen« machen würde. Dieses Verhalten würde sie in ihrem Leben nie ausüben wollen. Gerda hatte unter einer sehr autoritären Mutter mit einem für sie verheerenden Durchsetzvermögen zu leiden. Sie entwickelte alternativ einen äußerst behutsamen und sehr vorsichtig distanzierten Annäherungsstil an andere. Konflikte vermied sie auch am Arbeitsplatz durch jahrelanges Schweigen und Schmollen. Bei der Übung versucht sie ohne die befreiende und Ärgergefühle stimulierende Gestik »auf den Tisch hauen« auszukommen, wurde dafür immer lauter und senkte kompensierend wiederum den Blick. Sie kommt schnell zum Punkt, dass sie sich bei dieser Zensur ihres Ausdrucksverhaltens nicht durchsetzen kann, und gerät in Hilflosigkeit und Weinen. Mit vereinten Kräften und Schwierigkeitsabstufungen ist es nach mehreren Durchgängen dann doch möglich, dass sie sogar spontan mit beiden Händen auf den Tisch haut, ihren Ärger loswird und das Feedback eines absolut akzeptablen, eindeutigen überzeugenden Ärgerausdrucks sogar vom Übungspartner erhält (auch mit dem faktischen Gewinn der Kontrolle und des Austausches des defekten Gerätes).

Dann übt Renate, die eine schwere Zurückweisung durch eine Nachbarin im Haus erlitten hatte, die sie mit Verachtung und Übergriffen in die Defensive gedrängt hatte und dabei ihre moralischen Fairplay- und Nettigkeitsnormen stark verletzte. Sie kann Ärger zulassen, zumindest in der Intensität der Forderungen. Sie ist hier eindeutig überzeugend und kann ihr Recht vertreten. Um auf die Beziehungsebene zu gehen (was ja bislang bei allen tunlichst im Grundkurs nicht geschehen sollte), benötigt jedoch auch sie mehrere Durchgänge, bis sie auf die Beschreibung ihrer Empfindungen geht und ihren Ärger ebenfalls laut herausschreien kann, was eindeutig ist und ein lösendes Gefühl macht (vorher gab es kurzfristig ebenfalls Ohnmachtsreaktionen mit der Neigung, nicht mehr weiterzuwissen und weinen zu müssen).

Schließlich übt Christine, die mit einem kämpferisch forschen Verhalten und gleichzeitig ständig lächelnder, liebenswürdiger Mimik und Gestik sowohl Kritik- als auch Ablehnungsängste zu kompensieren sucht. Die fehlende Eindeutigkeit auf der Beziehungsebene mit der Vorwärtsvermeidung, zu schnell auf »180« zu gehen, und das Gefühl, nunmehr »das Pulver verschossen zu haben«, führen ebenfalls zu einer leichten Hilflosigkeitsreaktion mit Weinen. Mit Hilfen gelingt es schließlich auch hier, über verlangsamendes Annähern, doubeln und vermehrte aversive Stimulation des Partners als gesteigerte Provokation auf die Gefühlsebene zu gehen und in eindeutiger Form bei passender Expressivität über die Empfindungen zu sprechen bzw. sie herauszuschreien (ich ärgere mich maßlos und das mag ich nicht). Christine sagt, dass dies die wichtigste Erfahrung bisher in ihrem Leben war. Erstmals sei es ihr gelungen, unangenehme Gefühle direkt zuzulassen und direkt zu zeigen. Das Erlebnis, dies tun zu können, ohne aversive Gegenreaktion auszulösen und gleichzeitig sich völlig befreit und gut zu fühlen, würde eine Schlüsselstellung zur Überprüfung ihrer entsprechenden Harmonisierungs-Schutzpläne erhalten.

Diese Schilderung zeigt zum einen die Wichtigkeit der Übung, zum andern die hier viel zu hohe Schwierigkeit auf. Die durchgehenden Bemühungen des Grundkurses, auf der Sachebene zu bleiben und sich nicht auf Beziehungsfallen einzulassen, können nicht einfach umgekehrt werden, wenn – wie bei dieser Sitzung beobachtet – die Übung einfach als Fortsetzung des Grundkurses angeboten wird. Diese Art der Übungsnutzung soll in den Kommunikationsabschnitt eingebaut werden und wird dort nach den Kritikübungen an Freunden angeboten.

Übung Nr. 114: (Fordern, Neinsagen)
»Sie verwahren sich gegen einen Betrug oder anderen aversiven Übergriff und verschaffen sich Ihr Recht.« Die Übung ist besonders durch die derzeitig verbreitete Verbiesterung am Arbeitsplatz mit gezielter Verunglimpfung von Mitarbeitern und hinterhältiger Übervorteilung wieder bedeutsamer geworden. Sie steht vorwiegend im Sektor des Forderns, weil sie eine Richtigstellung bzgl. der falschen Bewertung oder fälschlicherweise erfolgten Behauptung oder des geistigen Diebstahls von (Korrektur, Richtigstellung) erfordert. Natürlich ist es auch eine Nein-Sage-Übung und hier speziell im Sinne direkten Ärgeräußerns. Sie wird im Regelfall in die Durchführung bei den Privattreffen delegiert. Bei Mobbing-Situationen wird sie intensiv einzeln und/oder in der Gruppe erarbeitet.
Eine Schwierigkeit stellt sich bei allen Strategien mit dem Aufzeigen der eigenen Betroffenheit ein: Langfristig kann gerade dies als »Treffer«-Rückmeldung für die Übergriffe anderer verstärkend wirken.

Zum Problem des Ärgeräußerns versus Löschen

Die Fähigkeit ungebremst und eindeutig unangenehme Empfindungen direkt loszuwerden ist eine wirksame und oft notwendige Strategie, um andere in die Schranken zu weisen, besonders aber als Akt seelischer Hygiene nicht auf der »stummen Wut« sitzen zu bleiben. Andauernde und wiederholte aversive Verhaltensweisen von anderen sollten jedoch besser durch gezielte Nichtbeachtung oder themenwechselnde Ablenkungen gelöscht werden (gegebenenfalls kann zuvor kurzfristig auch die Funktion des störenden Verhaltensexzesses hinterfragt werden, wie es im Kommunikationsteil erarbeitet wird). Andererseits ist Löschen bei sichtlich eigener Betroffenheit oder Ärger nicht glaubhaft und wirkt dann eher wie Dummtun oder gekränkt-trotziges Sich-Zurückziehen, was entweder Erfolgserlebnis für den anderen oder bestrafendes Ereignis sein kann. Die negative Konsequenz gilt jedoch der Person und nicht dem aversiven Auslöseverhalten. Der »goldene Mittelweg« ist oft darin zu sehen, dass frühzeitiger unangenehme Gefühle ohne Einladung zum Beziehungskrieg kurz und eindeutig, in der jeweils zutreffenden Intensität, geäußert werden, auch mal als aversive Konsequenz für den anderen, und so zumeist ausreichen, als diskriminativer Stimulus für Zurückweisung des Übergriffes ohne Aussicht auf Machtausübung durch Gegenangriff oder bedienende Schönwetterpolitik. Im Regelfall des ATP gehen die innere Unabhängigkeit und Löschen als zugehörige Größen Hand in Hand. Die meisten Teilnehmer können sich über versuchte Übergriffe anderer gar nicht mehr aufregen, weil sie diese nicht mehr auf sich beziehen, sondern als das Problem des anderen stehen lassen können.

Die Übung kann Probleme machen,wenn sie in einer Argumentationsschraube ausartet wobei dann der Ärger meistens nur indirekt geäußert wird, dem kann vorgebeugt werden, indem die eigene Betroffenheit wieder mit den zwei Sätzen, »das ärgert mich« und »das mag ich nicht« als gebrochene Schallplatte eingesetzt wird.

8. Übungsabschnitt: »Vorgesetzte«

Im Bereich der Hierarchie »Fordern« und »Fehlschlagangst« sind hier – mit Ausnahme noch bestehender Abhängigkeitsverhältnisse zu autoritären Vätern oder Müttern – die höchsten Schwierigkeiten und zumeist auch die größte praktische Relevanz der Übungen erreicht. **Übung Nr. 121,** *eine Gehaltserhöhung oder Bewertungskorrektur zu fordern oder ein Vorstellungsgespräch offensiv zu führen,* setzt sicher auch soziale Diagnose und formale Möglichkeiten voraus. Die eigene überzeugende Darstellung mit subjektiven Wahrheiten zu den persönlichen Wünschen und Fähigkeiten, aber auch das kompetente Einräumen von Wissens- oder Fertigkeitsdefiziten, die noch durch entsprechende Schulung beseitigt werden müssen, das Löschen und Verstärken fördernder oder bremsender Aussagen des anderen und gegebenenfalls Hinterfragungen unklarer Positionen sind hier als Übungsstrategien gefragt.
Die Übungen Nr. 115 und 116 (»Fehlerangst«, »Fordern«) sind Vorübungen, um mit dem »Setting« Chefzimmer, Sitzordnung und Gesprächsstil umgehen zu lernen, ähnlich den Besuchen des Prüflings im Sekretariat und zu einer Beratung mit dem Prüfer selber. Die komplexen Abläufe machen eine Unterteilung in einzelne Passagen sinnvoll, oft auch abgestufte Wiederholungen im Sinne des Shapens. Wegen des hohen Zeitaufwandes und der nicht überall vorhandenen Relevanz der Übung kann sie auch in Einzelarbeit delegiert werden.
Übung Nr. 119 und 120 sind **Fehlschlagangstübungen**, die den Umgang mit massiven Vorwürfen und einmal begründeter Kritik, einmal unbegründeter durch Vorgesetzte einüben lassen. Im Video werden auch für den sehr schwierigen Part des brüllenden Chefs Modell- und Inszenierungshilfen gegeben. Die in den Büchern noch als »Vernebeln« beschriebene Rückkopplung von Vorwürfen mit der Hoffnung auf Distanzierung haben wir schon mehrfach als mögliche Eigentor-Strategie in Frage gestellt. Sinnvollerweise sollen die Gefühle des schimpfenden Chefs, also sein Ärger, nicht jedoch der Inhalt seiner negativen Feststellungen oder Beschuldigungen, zurückgekoppelt werden. Wie immer muss dies mit echtem Fragezeichen und nicht mit untergejubelter Bewertung oder feststellender Distanzierung erfolgen, um Akzeptanz zu finden. Schon ein falscher Tonfall kann in solcher Situation zu einer gefährlichen Steigerung der aggressiven Verhaltensweisen statt zum erhofften Nachlassen des Ärgers führen.

In den beiden **Neinsageübungen Nr. 117/118** ist die geforderte Überstundenregelung inzwischen nur noch für die wenigsten denkbares Übungsziel. Andererseits sind doch auch immer wieder mutige ATPler mit fast aussichtsloser Überstundenausbeutung ohne Schaden auf 0 Überstunden gegangen, ohne dass ihre Karriere dadurch Schaden genommen hätte. Auch diese Übung wird bei dem verkürzten Design in die Einzeltherapie verlagert und nur bei Relevanz im Alltag geübt.
Der differenzierende Umgang mit »freundlicher Überredung« in **Übung Nr. 117** ist hingegen immer eine Übung in der Gruppe wert. Die positive Verstärkung einzukaufen, ohne sich zu Gegenleistungen verpflichtet zu fühlen, ist ein wesentlicher Teil des neuen Selbstbewußtseins.

D Die Kommunikative Problemlösegruppe – eindeutige Bedürfnisäußerung und zweiseitige Lösungen

1. Übersicht zu den Kommunikationskursen*

Kommunikationskurse werden in vielfältiger Form im außerklinischen Bereich angeboten. Kommunikative Abläufe sind im Arbeitsbereich für das Wohlbefinden der Mitarbeiter, für die klare und eindeutige Vermittlung von Instruktionen und für die Überprüfungs- und Korrekturschleifen, letztlich für das Funktionieren und die Effizienz von Unternehmen ein zentrales Anliegen. Trainer der verschiedensten Herkunft machen hier zumeist betriebsbezogene Übungen zu den Minimalregeln: Ichgebrauch, persönliche Wertung oder Empfindung, konkreter Situationsbezug und aktives Zuhören durch Rückfragen.

Besonders in den USA gibt es für Partner- und Familienselbsthilfen eine Vielzahl von Manualen oder Anwendungsbüchern mit ähnlichen Inhalten. Im deutschen Sprachraum wurden das Programm von Berlin (Das offene Gespräch, 1975) als Übungskurs und die Bücher von Gordon zu allen möglichen Konferenzen oder Problemlösungen auf dieser Basis am bekanntesten. Für nichtgestörte Beziehungen liefern Übungen aus diesem Bereich durchaus nützliche Verbesserungen der kommunikativen Abläufe.

Therapeutische Interventionen am Kommunikationsablauf unter gezielter Veränderung des Mitteilungs- und des Zuhörerverhaltens sind als Kommunikationsübungen oder als Kommunikationskurse Bestandteil vieler verhaltenstherapeutischer Gruppenbehandlungen. Sie werden bevorzugt eingesetzt, um die Aufnahme und Vertiefung von Kontakten zu fördern und um Verletzungen und Missverständnisse in der Interaktion mit anderen zu verringern.

Zum ersten Bereich gehören Kommunikationsübungen im Rahmen von Kontaktangstbehandlungen in Selbstsicherheitstherapien.

Die kommunikative Kompetenz setzt Angstfreiheit voraus. Die verbalen Fertigkeiten, die erlernt werden, entsprechen den reinforcing skills nach Lewinson (1974). Ihr Einsatz bewirkt positive Gefühle beim Interaktionspartner, dies bedingt positive Reaktionen oder Antworten, die wiederum eigene positive Gefühle hervorrufen etc. Dies führt zu einer Erhöhung wechselseitiger Sympathie und fördert damit die Kontaktintensität, -dauer und -frequenz.

Zur Förderung von Kontaktverhalten werden etwa auf der verbalen Ebene die sogenannten offenen Fragen, etwa die Wie-,Was-, Welche-Fragen, die keine einfache Ja/Nein-Ant-

---

* Aus: Münchner Therapiefilme. © R. Ullrich, 1990. Abdruck in: S. Sulz (Hrsg.), Das Therapiebuch, 1994

wort zulassen, eingeübt, die Fähigkeit zum unmittelbaren Ausdrücken eigener Wünsche wird, etwa über das »laute Denken« angestrebt oder es wird das belohnende Zuhören durch Paraphrasieren oder positiv verstärkende gesprächsbegleitende Rückkopplungen geübt.

Die bedingungsanalytischen Voraussetzungen für die eigene echte und überzeugende Mitteilungsfähigkeit mit Übereinstimmung auf allen Ausdruckskanälen und für die Fähigkeit, angstfrei auf andere zugehen zu können, werden im Selbstsicherheitsaspekt der Therapie geschaffen. Diese Formen der Kommunikationsverbesserung sind daher Bestandteil breit gefächerter Selbstsicherheitstrainings wie des ATP.
Neben den Bemühungen um die Verbesserung des Kommunikationsverhaltens zur leichteren und vertieften Kontaktnahme ist die Überwindung von »Funkstille« und von Bestrafungsspiralen in geschlossenen Gruppen der häufigste Anlass für gezielte Interventionen am Gesprächsverhalten.
Außer der Vermittlung der kommunikationsfördernden Strategien spielen hier die Unterbindung und das Unnötigmachen der gegenseitigen Verletzungen und die Aufdeckung und Analyse von konfliktbedingenden Missverständnissen die Hauptrolle bei der Änderung des Gesprächsverhaltens.
Eindeutige Mitteilungen der eigenen Wahrnehmungen und der dadurch bedingten inneren Wertungen, Gefühle und Wünsche auf der einen Seite und die Übersetzung unklarer Äußerungen beim andern durch Rückfragetechniken bilden hier den Schwerpunkt der Kommunikationsübungen.
Kommunikationskurse bestehen als separate Behandlungseinheit zumeist in Übersetzungsübungen oder Dekodiertechniken. Die Begriffe Codieren und Decodieren wurden aus der Nachrichtentechnik übernommen. Codieren bedeutet die Verschlüsselung einer Nachricht. In der Kommunikation wird häufig das Gemeinte, etwa eine Aussage zur Beziehung, nicht so mitgeteilt, dass die Botschaft aus den Worten allein verständlich werden kann. Die Beziehungsaussage wird als analoge Kommunikation der buchstabengetreuen oder wörtlichen Mitteilung als der digitalen Kommunikation gegenübergestellt (siehe Watzlawick et al. 1967).

Wenn wir uns die mannigfaltigen Möglichkeiten unserer sprachlichen Selbstschutz- und Vermeidungs- oder Tarnstrategien anschauen, so erscheint der Vergleich zur Nachrichtenverschlüsselung in den Geheimdiensten sehr zutreffend. Die Kunst, etwas so zu sagen, dass nur bestimmte Zuhörer die Anspielung verstehen, die unzähligen aversiven Übergriffe anderen gegenüber, ohne dafür persönliche Verantwortung übernehmen zu müssen oder der vielfach notwendige Schutz vor Ablehnung und Verurteilung durch indirekte Mitteilungen stellen den wesentlichen Freiheitsspielraum unterdrückter und abhängiger Menschen dar.
Diese Fertigkeit ist eine der wichtigsten Social-skill-Bereiche. Sie ist stark von kulturellen, sozioökonomischen und geschlechtsspezifischen Parametern geformt. Auf die zentralen Unterschiede nach geschlechtsspezifischer Kommunikation hat Tannen (1986) mit sehr anschaulichen Beispielen hingewiesen.

Die Entschlüsselung von Botschaften, das Decodieren, ist je nach der Wichtigkeit der Mitteilung dem Enträtseln von Geheimschriften durchaus vergleichbar. Die Wichtigkeit der Tarnung ist eine Funktion der eigenen Ablehnungsangst in Bezug zu bestimmten

Wünschen und Personen. Das Erkennen von Verfremdungen und Verschleierungen, ihr Unnötigmachen durch Angstabbau und die Einübung von Übersetzungsstrategien – besonders in Form von Rückfragetechniken – stellt das Grundgerüst der kommunikativen Problemlösegruppen dar.
Zusätzlich werden aversive Mitteilungsformen durch rigorose Festlegungen des Übungssettings und durch die strikte Beschränkung auf Aussagen nur zur eigenen Person unterbunden. Anklagende und vorwurfsvolle Du-Sätze werden zu klaren Abbildungen eigener unangenehmer Gefühle und daraus abgeleiteter Änderungswünsche, manipulative »Wir sollten, man müsste und Du könntest ja schließlich auch mal ...« zu »Ich möchte« (weil es mir gut tut, wenn ...).
Diese inneren Wahrnehmungen von Empfindungen als Gefühle oder Bedürfnisse werden als die letzte, nur vom handelnden Subjekt selbst bestimmbare Wahrheit definiert. Die/der andere kann helfen, sie zu erfragen, aber nicht mehr sie in Frage zu stellen!
Er/sie kann seine innere Wahrheit dagegenstellen.
Neben dem Kriterium größtmöglicher Eindeutigkeit ist die Darstellung von inneren Bedingungsketten ein zentrales Anliegen unserer kommunikativen Problemlösegruppen.

Innere Bedingungsketten sollen vollständig erfahrbar und mitteilbar gemacht werden und darüber die am äußeren Verhalten nicht lösbaren Beziehungskonflikte erhellt und verstehbar gemacht werden.
In dieser Definition deckt sich die Zielsetzung mit dem zentralen Anliegen fast aller Therapieansätze. Die Patienten selbst in dieser Therapeutenkunst auszubilden verlangt daher auch Schutz vor Missbrauch. Das bedeutet die Einbettung der Kurse in therapeutisch geleitete und von beiden Seiten gewollte und zu verantwortende Bedingungsveränderungen, etwa in Partner-, Familien- oder Gruppentherapien.
Wie so oft in der bedingungsanalytischen Psychotherapie ist dabei das Arsenal an Fertigkeiten oder nützlichen Gesprächsstrategien recht einfach und übersichtlich, die Wirkungsprinzipien oder – besser – Erklärungsregeln sehr klar und überzeugend und die Anwendungsvoraussetzung mit den vielseitigen Angstblockaden und Wahrnehmungsstörungen diffizil und komplex und am arbeitsintensivsten für den Therapeuten.
Die folgende Beschreibung befasst sich vorwiegend mit der Vermittlung verbaler Problemlösefähigkeiten, während ja die emotionalen Voraussetzungen über den Selbstsicherheitsteil im ATP geschaffen wurden.
Als isolierter Therapiebaustein wird dieses Vorgehen von uns als Kommunikatives Problemlösetraining bezeichnet. Hier besteht es aus den theoretischen Begleittexten der Patienten und Therapeutenbücher, den Übungen aus der Kontakthierarchie und aus den Verhaltensproben zu den Übungsabschnitten »Freunde« sowie »Partner und Familie«.
Geübt wird die Konfliktanalyse, für die Lösungen braucht der Klient in aller Regel keine therapeutische Hilfe!

In dieser speziellen Anwendung darf nicht vergessen werden, dass die Kommunikationskurse bei uns in aller Regel in das ATP eingebettet bleiben. Eindeutig sein können setzt Selbstsicherheit und Abgrenzfähigkeit voraus.
Ein Verzicht auf Schutzstrategien ist nur möglich, wenn der Schutzanlass nicht mehr existiert und nicht mehr erwartet wird.

Dies muss also zuvor durch therapiegeleitete Neuerfahrung gewährleistet sein. Bei den hier anstehenden interaktionellen Problemen ist dies in der Regel die systematische Entängstigung im Hinblick auf Ablehnung und Kritik. *Sich zu trauen, eindeutig zu kommunizieren ist Selbstsicherheit.* In unserem Therapiekonzept wird das eindeutige Codieren daher zunächst im Grundkurs des Assertiveness-Training-Programms ATP vermittelt.

Kommunikationskurse sind auch Bestandteil der meisten Partnertherapien und vieler Familientherapien. Ihre Wirkung und ihre Berechtigung, unter Therapie eingeordnet zu werden, hängt auch dort davon ab, ob und wieweit es gelingt, die bedingungsanalytischen Voraussetzungen für die Anwendung der neuen Gesprächsstrategien zu schaffen. Selbst dann ist die absolute Eindeutigkeit und Offenheit im Gespräch keine realistische oder auch nur wünschenswerte Dauerform im Gespräch. Dieser absolute Offenheitszwang wird aber in missbräuchlichen Verwendungen von Kommunikationskursen bei totalitären Gruppen, etwa politischer oder weltanschaulicher Art wie in manchen Sekten, angestrebt. Im therapeutischen Rahmen gilt das für selbstsicheres Verhalten allgemein Gesagte: *Man soll es können können, jedoch nicht müssen müssen.*

Ursprünglich haben wir die Kommunikationsübungen unter Einbeziehung der Partner nach dem ATP-Grundkurs als Partnergruppe durchgeführt. Dieses Vorgehen hatte durch die Möglichkeit der stellvertretenden Übungen mit Abstufungscharakter und die unterschiedlichen Modellvorgaben sowie die Führung durch beide Autoren mit nach Geschlecht unterschiedlichen Identifikations-, Modell- und Gesprächsmustern noch den Charakter einer eigenständigen Partnertherapie. Für die Partnerhausaufgaben wurde von uns ebenso wie später in den Partnertherapien von Schindler, Hahlweg und Revenstorf (1980)ein damals (1972) gerade durch Ursula und Josef Hoffman am Max-Planck-Institut übersetztes Programm aus dem Human Development Institute eingesetzt: Berlin. Das offene Gespräch (1975). Dieses inzwischen leider vergriffene Buch mit acht Lektionen stand also für einige gemeinsame Vorgehensweisen (Schindler et al., Simone und Klaus Grawe, Ullrich de Muynck u. Ullrich) in den heutigen Kommunikationstherapien Pate ebenso wie die Bücher aus dem Palo-Alto-Forschungskreis, besonders Watzlawick und die Bücher von Anita und Herbert Mandel (1971).

Ab 1976 wurden die Dekodierungsübungen in den Anwendungskurs des ATP eingebaut und ab 1982 mit Videomodellen eingesetzt. Dies wurde dann noch durch die bedingungsgerechte Analyse innerer Vorgänge unter dem Gesichtspunkt der Vollständigkeit sowie durch Plananalysen ergänzt. Die Partner wurden erst dann und über die begleitenden Einzelsitzungen einbezogen, wo nötig jedoch vor der Selbstsicherheitstherapie der nichtdominanten Partner 2 – 5 Stillhaltesitzungen mit Abschwächungsstrategien gegen aversive Kommunikationsspiralen angeboten.
Neben diesen Kommunikationskursen mit der definitiven Zielsetzung, verbales Verhalten zur eindeutigen und vollständigen Mitteilung und Hinterfragung subjektiver Problemursachen zu schulen, existiert in jeder Therapierichtung ein mehr oder weniger klar definierter Ansatz zum Fördern eindeutiger Äußerungsformen und der Verbalisationsfähigkeit oder Bewusstmachung innerer Vorgänge. Die Schulung emotionaler Eindeutigkeit und Expressivität ist bereits beim »Erfinder« der Selbstsicherheitstherapie im verhaltenstherapeutischen Setting (Salter 1949) zu finden, sie spielt eine große Rolle in gestaltpsychotherapeutischen Techniken oder in humanistischen Strömungen, wobei dann das Prinzip Eindeutigkeit zumeist durch Echtheit ersetzt wird. Wenn die unterschiedliche Wahrnehmungsrepräsentanz zur Aufdeckung von Konflikten transparent gemacht wird

und Übersetzungsübungen Wahrnehmungsdefizite und -verzerrungen vermindern sollen, so ist dies ebenfalls ein Ansatz, Kommunikation eindeutiger zu machen.
Für das Bewusstmachen innerer Vorgänge gibt es in allen Therapierichtungen die verschiedensten Strategien, die auch im Rahmen gezielter Kommunikationsübungen eingesetzt werden, ohne nun gleich definitiv Kommunikationstherapie sein zu müssen. Neben der verbalen Hinterfragungs- oder Rückkopplungstechnik als Vorgehensweise der Kommunikationskurse und dem Spiegeln eigener Unstimmigkeiten ist durchaus auch die Imagination, die Focussierung oder eine Funktions/Zweckanalyse (Pläne) eine sinnvolle Ergänzung zur Klärung von Handlungsmotiven und Gesprächsformen.

Zusammenfassend können wir die hier beschriebenen Kommunikationskurse als Bausteine bedingungsanalytischer Psychotherapien beschreiben, in denen interaktionelle Probleme durch das Einüben von eindeutigem Mitteilungsverhalten (Codieren) und von Strategien des aktiven Zuhörens mit Hilfen für eine eindeutige und vollständige Abbildung innerer Vorgänge, welche eine gegebene Gesprächssituation bedingen (bedingungsanalytisches Decodieren), analysiert, verstehbar und ggf. lösbar gemacht werden können.

Indikation

In der um Dekodierungstechniken zur Konfliktanalyse erweiterten Form bilden Kommunikationskurse eine wirksame Methode bei Selbsterfahrungsgruppen von Therapeuten.
Im klinischen Bereich besteht überall dort eine Indikation für Kommunikationstherapie, wo eine indirekte oder unvollständige, eine mehrdeutige oder unverständlich-transformierte Mitteilungsform Beziehungs- und Identitätsstörungen bedingt und wo über andere therapeutische Strategien die Voraussetzungen zum angstfreien Mitteilungsverhalten geschaffen worden sind.
Ein weiterer klinischer Indikationsbereich sind defizitäre Kontaktfertigkeiten, die meist mit Angstblockaden einhergehen und entsprechend eingebettet angegangen werden müssen, und sich aversiv aufschaukelnde interaktionelle Zerstörungsprogramme.

Vor jeder Änderungsplanung müssen gestörte Kommunikationsabläufe jedoch erst erkannt und analysiert werden. Die Übertragung unseres bedingungsanalytischen SORK-Schemas auf interaktionelle Abläufe setzt dabei das Individuum zunächst als Moderatorvariable eines Informationsaustausches ein und erstellt parallel für die Kommunikanten separate Funktionsaussagen. Bezogen auf die hier interessierende Größe »Interaktionsverhalten«, werden diese als Beziehungsnormen oder Rollendefinitionen eine weitere Quelle intervenierender Variablen für den nach dem SORK-Schema zu analysierenden Kommunikationsablauf. Störungen als kommunikative Missverständnisse, Defizite, Exzesse mit ihren aversiven Auswirkungen, ihren Konflikten oder Problemen durch missglückte Vermeidungs- oder Kompensationsversuche müssen jedoch immer in allen drei Mitwirkungsbereichen analysiert werden :
Dem interaktionellen oder interpsychischen Ablauf, der intrapsychischen Wahrnehmungs-, Bewertungs-, Empfindungs-, Bedürfnis- und Konsequenzerwartungsebene und der sozialpsychologischen Ebene von System- und Rollendefinitionen.
Damit ergibt sich für die Indikation eines bedingungsgerechten Vorgehens von kommunikationsverbessernden Maßnahmen zwangsläufig, dass Kurse mit ausschließlichem An-

satz am Interaktionsverhalten selbst (als der bedingten Variable) unproblematische Verhältnisse in der Subjekt- und Systemebene aufweisen müssen. Entsprechende Einschränkungen gelten für den primär individuellen oder systemischen Ansatz.
Dies kann bei therapeutischen Selbsterfahrungsgruppen, bei ziel- und strukturdefinierten Gruppen aus dem Privat- oder Arbeitsbereich durchaus der Fall sein. Häufig ist selbst dann für einzelne Mitglieder und Bedingungen eine Ausweitung des therapeutischen Zuganges über die reine Fertigkeitsvermittlung von Mitteilungs- und Zuhörerverhalten hinaus notwendig. Die gestörte Kommunikation eines größeren Systems kann durch die besonderen Schwierigkeiten eines einzelnen verursacht sein und lässt sich dann nur beheben, wenn diesem einzelnen durch Therapie sein besonderes Schutzbedürfnis mit der Notwendigkeit verfremdeter oder abwehrender Kommunikation genommen wird.

Schließlich wird die Indikationsstellung zur Therapie mit Ansatz am Kommunikationsgeschehen noch dadurch kompliziert, dass bestimmte Interaktionsmuster und Rollenzuteilungen zwar kurzfristig relativ störungsfrei funktionieren, aufgrund ihrer Verstärkungsbedingungen jedoch zwangsläufig so zunehmen müssen, dass die Dekompensation des kommunikativen Systems vorhersagbar ist. In diesem Bereich liegt die Indikation für Kommunikationstherapien im vorbeugenden, prophylaktischen Sektor.

Gerade in engen Beziehungen etwa besteht sehr oft in zentralen Verhaltensbereichen ein Interaktionsmuster, bei dem die Schwäche des einen durch die Stärke des andern, die Angst des einen durch eine andere Angst beim andern und – verhängnisvoller – der Wunsch nach mehr Nähe die Angst vor zu viel Nähe beim andern aktiviert.
Über die wechselseitigen Verstärkungsprozesse wird dann aus einer anfangs oft sinnvollen und häufig Partnerwahl bedingenden Ergänzung (der Schüchterne profitiert etwa von der Kontaktfähigkeit des andern, bekräftigt diese und vermeidet eigene Ansätze) eine so starke Asymmetrie, dass die immer größer werdenden Defizite des einen aversiv für den andern werden und die immer stärkeren und intensiveren Verantwortungs- und Führungsnahmen beim andern als Verhaltensexzess aversiv für den Defizitträger werden. Ein Belohnungsaustauschsystem der Partnerschaft dekompensiert. Die dem Ergänzungssystem und der zwangsläufigen Eskalation zugrunde liegenden Fehlverhaltensweisen (etwa Bestätigung auf Kosten Schwächerer oder Beibehaltung von Unselbstständigkeit und Abhängigkeit durch Verantwortungsdelegation an Stärkere) werden dann oft nicht erkannt und verändert, sondern der Partner gewechselt und oft eine neue Runde mit gleichen Eingangsvoraussetzungen und zwangsläufig der Wiederholung des sich negativ aufschaukelnden Prozesses eingeleitet.

Mit Watzlawick (1967) hat sich die Unterscheidung gestörter Partnerbeziehungen als komplementäre, sich ergänzende oder ausschließende, asymmetrische gegenüber der auf Gleichheit oder Ähnlichkeit basierenden Beziehungsform als die »richtige« und symmetrische Beziehung eingebürgert. Beide Extreme können nicht in reiner Form existieren und beide haben im Positiven und im Negativen ihre eigenen Stärken und Schwächen. Bei der Partnerwahl ist es sicher günstiger, auf der Basis von viel Übereinstimmung eine Beziehung zu begründen als auf der Basis ganz asymmetrischer Ergänzungsmodelle, wie sie besonders in der Rollenfortsetzung aus der Primärfamilie abgeleitet werden.
Die Fortsetzung der alten Abhängigkeitsverhältnisse mit der durch Kompensation über den anderen möglichen Beibehaltung eigener Defizite geschieht etwa über die Partnerwahl von großen Brüdern oder kleinen Schwestern, dominanten Vaterfiguren oder müt-

terlichen Umsorgerinnen etc. Die Vielzahl der durch Rollenfestlegung, Funktionsteilung und unterschiedliche Sozialisation zumeist geschlechtsspezifisch abweichenden Verhaltensweisen und nicht zuletzt der »kleine Unterschied« in der biologischen Ausstattung definieren in jeder Beziehung große Interaktionbereiche als komplementär. Damit wird jede Beziehung in vielen Bereichen progressiv asymmetrisch. Sie muss begleitend immer wieder in den Funktions- und Rollenaufteilungen neu definiert werden. Sie kann auch durch sekundäre künstliche Angleichung als Gegenbewegung vor der drohenden Dekompensation der Ungleichheitsspirale gerettet werden. Diese Verzichtlösungen hinsichtlich konflikthafter Bedürfnisse haben wir im ATP als den defizitären Kompromiss beschrieben. Dabei wird der anfangs »stärkere« Partner krank, bei der ungesteuerten Asymmetrie der Schwächere.

Im Kommunikationsablauf bieten die Rollendefinitionen den Deutungsrahmen für Mitteilungen. Wenn etwa Herr C. sagt »Ich habe Hunger », dann kann Frau C. bei der Rollenzuteilung »kochen« das als Aufforderung empfinden zu kochen, wenn der zweite Bedeutungsrahmen »Uhrzeit« dazu passt oder – nach Tischzeit – auch als Vorwurf, dass sie nicht genug oder gut gekocht hat. Dabei muss Herr C. überhaupt keine analoge Mitteilung in dieser Richtung gemacht haben! Er könnte auch aus anderen Gründen zu wenig gegessen haben, aus anderen Gründen erneut Hunger haben etc.
Umgekehrt könnte bei der Rollenverteilung »Mann ist fürs Einkaufen zuständig« die eindeutige Feststellung von Frau C. »Ich habe kein Salz mehr« für Herrn C. eine Aufforderung bedeuten, dieses mitzubringen, wenn er zum Einkaufen gehen wollte oder als Vorwurf, wenn er den Einkauf schon getätigt hätte.
Diese Beispiele sollen zeigen, dass nicht immer auf Seiten des Mitteilenden Doppelbindungen und Mangel an Eindeutigkeit die Ursache für chronische Missverständnisse beim Zuhörer sind und auch ein genaues Zuhören alleine nicht vor solchen Fehlinterpretationen schützt.

Im Kommunikationskurs wäre hier keine technisch raffinierte Rückübersetzung auf das wirklich Gemeinte sinnvoll, die einfache wiederholende Rückfrage und ggf. noch die Aktivierung der Wunschfunktion über eine zweite Rückfrage würde das Problem klären. Die Komplementarität der Verhaltensweisen von Partnern ist jedoch nicht automatisch negativ zu sehen. Nicht jede Schwäche des einen ist für das Lebens- und Selbstwertgefühl gefährdend. Die gegenseitigen Verstärkermöglichkeiten im wechselseitigen Austausch signalisieren Zuneigung und Verständnis. Auch die Verringerung von etwas Unangenehmem durch die Hilfe des Partners ist angenehm und beziehungsvertiefend.

Eine diagnostisch tückische Variante von Beziehungsstörung ist die als Metakomplementarität (Watzlawick) oder als Pseudosymmetrie benennbare Rollengebung, in der ein Partner den anderen »auf den Thron hebt«, das kleine Hascherl von seinen Gnaden groß macht und so seine Überlegenheit ausspielt, etwa nach der Funktion des »Bitte nach Ihnen«. Dieses Beispiel mag zeigen, dass die diagnostische Zuordnung der Funktion des kommunikativen Verhaltens ohne Berücksichtigung intrapsychischer Bedingungen und der subjektiven Rollendefinition nur über den interaktionellen und den systemischen Aspekt nicht sicher genug bestimmt werden kann.

Mit dieser für die gesamte bedingungsanalytische Indikationsstellung gültigen Ableitung können wir auch für die kommunikativen Problemlösegruppen als Indikation formulieren :

Gestörte Beziehungen mit sich anbahnenden oder schon vorhandenen Erkrankungen des Einzelnen und soziale Ängste mit der Vermeidung von klaren Wunsch-, Gefühls- oder auch Bewertungsäußerungen stellen die Indikation von seiten dieser Klientel her dar. Alle aus Vermeidung notwendigen Tarnstrategien des verbalen Verhaltens und die Missverständnisse bedingenden eloquenten Verklausulierungen oder rollenspezifischen Fehlwahrnehmungen sind die Verhaltensexzesse und inadäquaten Verhaltenweisen, die durch eindeutige, vollständige und im Rahmen adäquate Verhaltensweisen ersetzt werden müssen.

Ziele

Die Berechtigung, die Einübung von eindeutigeren Mitteilungsverhalten und von unterstützenden bis aufdeckenden Zuhörerverhalten überhaupt als selbstständige Kurseinheit anzubieten, ergibt sich aus der damit verbundenen Bedingungsveränderung. Der Austausch aversiver Konsequenzen wird vermindert, der Austausch positiver Konsequenzen gefördert, wenn es gelingt, die entsprechenden Fertigkeiten auch tatsächlich zur Anwendung zu bringen und diese Anwendung im Rahmen gleichberechtigter (»symmetrischer«) Beziehungen erfolgt. Dies ist Aufgabe der therapeutischen Indikationsstellung und Bedingungsveränderung zur Herstellung der Kursvoraussetzungen.

Auf der interaktionellen Betrachtungsebene stellt die Aussage des sich Mitteilenden den Auslöser für das nachfolgende Reaktions- oder Antwortverhalten des Zuhörers dar und diese Antwort bestimmt wiederum als Konsequenz auf die Mitteilung die zukünftige Wiederholungshäufigkeit eben dieser vorausgegangenen Verhaltensweise. War die Reaktion für den Sprecher positiv, so steigert sich dieses Verhalten, war sie negativ oder bleibt es einfach ohne ersichtliche Konsequenz, so schwächt sich das zukünftige Verhalten oder Gesprächsmuster ab.

Jedes Verhalten, auch der Versuch sich »rauszuhalten«, stellt für das Gegenüber im Hinblick auf seine Erwartungen eine verhaltensformende Konsequenz dar. Gewollt oder ungewollt manipuliere oder forme ich meine Interaktionspartner. Damit bin ich sowohl für deren positive Verhaltensweisen und Eigenschaften als auch für die Fehler, unangenehmen Eigenschaften und die mich störenden Verhaltensweisen mit verantwortlich.
Da wiederum die Zuneigung füreinander vom Austausch positiv besetzter Interaktionen und die Abneigung vom Erfahren negativer Verhaltenskonsequenzen abhängt, die Gleichgültigkeit vom Ausbleiben oder Löschen gemeinsamer Aktivitäten, ist jeder Interaktionspartner auch für die gemeinsame Beziehung durch seinen eigenen Kommunikationsstil verantwortlich.
Verhaltensweisen mit positiven Konsequenzen für den anderen wecken positive Einstellungen und Gefühle, die wiederum in positiv empfundene Antworten auf das Absender-Verhalten eingehen oder dieses bedingen – oder umgekehrt – ein Angriff führt zum Gegenangriff etc. Nach dem Motto »Wie man in den Wald hineinruft, so schallt es heraus« oder – im Positiven – dem lerntheoretischen Begriff der verstärkenden Fertigkeiten bin ich über meinen Kommunikationsstil und seine Rückwirkungen auch für mein eigenes Befinden verantwortlich.
Leider ist nicht alles positiv Gemeinte für den anderen auch belohnend und nicht alle bestrafenden Äußerungen werden vom andern als solche empfunden. Die unterschiedli-

chen Lebenserfahrungen oder Konditionierungen und die unterschiedlichen Erwartungen und Lebenspläne führen dazu, dass »Gutes« mit »Schlechtem« und »Schlechtes« mit »Gutem« vergolten werden kann.

Kommunikative Problemanalyse und -lösung soll helfen, Gemeintes zu Gesagtem zu machen, d. h. im Codieren und im Decodieren eine größtmögliche Eindeutigkeit herzustellen.
Die *Kriterien der Eindeutigkeit* beim Mitteilen oder Codieren sind dabei:

1. Übereinstimmung von Empfindungen mit dem nonverbalen und dem verbalen Verhalten.
2. Übereinstimmung von Empfindungen mit den adäquaten (im Sinne von selbstsicherem Verhalten und sozial üblichen) Auslösern im primär konditionierten Kontext.
3. Die verbale Eindeutigkeit in der Verwendung des » Ichgebrauchs« und der damit verbundenen selbstständigen Verantwortungsübernahme.
4. Der Rekurs auf wahrnehmbare oder spürbare innere Vorgänge als »letzte«, nicht mehr diskutierbare subjektive Wahrheiten, also die Prädikate »Ich fühle oder Ich möchte« zu verwenden.
5. Als Objekt eine genaue konkrete Situation, Person und Verhaltensweise zu benennen.
6. Als zwischen der Wahrnehmung des Fremdverhaltens und der eigene problematischen Reaktion vermittelnde Wertungen und Gedanken zu registrieren und diese im zeitlichen Bedingungskontext zu zitieren.

Das »eigene Problem« besteht also aus einer persönlichen Empfindung, ausgelöst durch eine persönliche Interpretation der Mitteilung von anderen und dem durch die Art der Empfindung ausgelösten Bedürfnis, sowie der subjektiv erwarteten bestrafenden oder fördernden Reaktion.
Die Fortführung von Eindeutigkeit in diesen inneren Bedingungsbereich hinein bezeichnen wir als *Vollständigkeit* einer Mitteilung. Sie ist für das gegenseitige Verständnis die neben der Eindeutigkeit wichtigste Voraussetzung und wird in den Übungen des dritten Teils wechselseitig erarbeitet. Dies macht die Analyse von fremden Mitteilungen, also zunächst ein Decodieren Richtung Eindeutigkeit und später im »Wenn-Dann«-Ablauf oder – bei Konflikten – in den Abläufen – auch Richtung Vollständigkeit –, nötig. Einen anderen aus sich heraus wahrnehmen und verstehen zu können ist jedoch erst möglich, wenn die dialogischen Monologe Selbstunsicherer mit bloß gedachten Antworten, Bewertungen und Wünschen anderer unnötig geworden sind und ausbleiben.
Die Voraussetzung um einen anderen aus seinen eigenen Bedingungen heraus verstehen zu können ist die Fähigkeit, in sich bleiben zu können und eigene Selbstbewertungskriterien zu entwickeln.
Wer im Gespräch versucht sich für eine vermutete Erwartung des anderen, für oder gegen eine lediglich unterstellte Wertung hin zu verhalten, kommuniziert letztlich mit sich selbst. Er kann sich nicht unabhängig erfahren und bestimmen und den anderen schon gar nicht aus dessen Kriterien heraus wahrnehmen oder begreifen.
Wir hören vom anderen immer nur das, was wir selbst hören wollen und können. Das Wollen hängt mit den eigenen Schutzplänen, das Können mit den eigenen Erlebnis- und Deutungsmöglichkeiten zusammen.

Der Zwang zum wiederholenden Zuhören beim anderen und die geschulte Fähigkeit der Selbstreflexion – etwa hinsichtlich der blinden und tauben Flecke und ihrer Funktion – schafft Platz für die Wahrnehmung und das Verstehen von anderen in ihren eigenen Verhaltensweisen.
Sich aus den eigenen Bedingtheiten heraus eindeutig darstellen zu können, ist eine wesentliche Voraussetzung für das Verstandenwerden von anderen bzw. hier spezifischer, in dem dargestellten inneren Abläufen nachvollzogen werden zu können. Dies wiederum ist die Voraussetzung, gemeinsame Problemanteile zu erkennen und trennende besser akzeptieren zu können.

In der Praxis von verbalen Problemlöseversuchen reicht es oft nicht aus, lediglich durch klare Subjekt-, Objekt- und Prädikatseindeutigkeit den Problemträger und den Problemverursacher herauszuarbeiten. Im Gegenteil, die klare Verantwortungsübernahme für die Botschaft in der Ichform kann zunächst die Schuldzuweisung gegenüber der verschleiernden Wirform für den Zuhörer erhöhen (nach dem Motto »Jetzt zeigst du endlich dein wahres Gesicht«). Um wirklich aus der Schuld/Rechtfertigungsachse oder der Kritik/Gegenvorwurfspirale herauszukommen, ist es hilfreich, das Gegenüber nicht als ein willentlich frei und absichtsvoll handelndes agens, sondern als ein passiv und zwangsläufig reagierendes agens, quasi selbst als ein Opfer begreifen zu können. Wenn nun noch der andere nicht Opfer der eigenen Verhaltensweisen, sondern gar seiner höchstpersönlichen Wertungen, Vorurteile und Verhaltensdeutungen wäre, dann würde ja seine Reaktion eher auf seine Lebensgeschichte, etwa als Opfer der meist nicht so geliebten Schwiegereltern, denn auf das eigene schuldhafte Versagen zurückzuführen sein. Auf diese innere Deutung, also auf das, was der Zuhörer dann denkt, wenn er etwas vom anderen wahrnimmt, erfolgt also die Reaktion des anderen. Die unangenehmen Gefühle, die ihrerseits wieder zu den meist auch für den anderen unangenehmen Antworten führen, sind also zum großen Teil hausgemacht.
Noch mehr Verständnis für sich selbst, den anderen und den Interaktionsprozess gewinnen wir aus der zusätzlichen Analyse des inneren Konfliktes, der aus dem, was der Reagierende am liebsten tun würde (Annäherungsverhalten bei angenehmen und Distanzverhalten bei unangenehmen Gefühlen) und den in der Situation erwarteten Konsequenzen resultiert. Je nach deren positiver oder negativer Valenz entstehen so eine Fülle von *Annäherungs-Annäherungs- oder von Vermeidungs-Vermeidungs- oder von Vermeidungs-Annäherungskonflikten.*
Im Partnergespräch werden die handlungbestimmenden Konsequenzen ebensowenig wie die Auslöser unmittelbar durch das offene Verhalten des andern, sondern durch zunächst innere Vorgänge beim Reagierenden oder Zuhörer bedingt. Dass die diskriminativen Hinweisreize im Verhalten des andern meist ungeprüft in stereotyper Weise für die Konfliktdeutung und das darauffolgende Verhalten bestimmend werden und nicht das in der konkreten Situation tatsächlich gezeigte oder gemeinte Verhalten des andern, wird als ein weiterer Beleg für die Notwendigkeit benutzt, im Kommunikationsablauf erst und zunächst die inneren Abläufe von Bedingungsketten zu erhellen.
Eine »vollständige« Botschaft müsste danach enthalten:

1. In Bezug zur Wahrnehmung des Verhaltens beim Sprecher meine **wertenden Gedanken: Wenn Du ... sagst, machst ... dann denke ich ...**

2. In funktionalem Bezug zu den vorangehenden Gedanken die dadurch ausgelösten Gefühle: **Wenn ich dann denke ..., dann fühle, spüre ich ...**
3. Als zeitliche Folge dieser Gefühle die hierdurch bedingten unmittelbaren Bedürfnisse oder Wünsche: **Wenn ich dann fühle, dass ..., dann möchte ich am liebsten ...**
4. Die durch das unmittelbare Bedürfnis im bewerteten Kontext erwarteten Konsequenzen – hier als ein bis mehrere **»Wenn-ich-dann-möchte ...,-dann-denke-ich«**-Rückschleifen der inneren Verhaltenskette gedacht
5. **Und tue, sage schließlich etwas ganz anderes** oder – als ungelöster Konflikt – teile ich alle Bedürfnisse zusammen mit, auch die sich widersprechenden – etwa auf unterschiedlichen Ausdruckskanälen.

Diese Abläufe wurden von den Autoren zunächst aus taktischen Gründen in die Kommunikationskurse eingeführt, um die Eindeutigkeit durch Vollständigkeit zu erhöhen. Da solche Abläufe selten bewusst sind, erfordert ihre Verwendung beim Codieren hohe Introspektionsfähigkeit und beim Decodieren nahezu therapeutische Fertigkeiten. Im ATP und analogen Vorgehensweisen in Selbsterfahrungsgruppen sind diese Voraussetzungen gegeben, in verkürzten Kommunikationskursen muss der Therapeut den Dekodierungspart für beide übernehmen. Dies wird auch in den Situationen nötig, in denen der Stand der Therapie und der Stand der Beziehung zwischen Partnern eine weitere Kenntnisvertiefung erlaubt oder erfordert – etwa über die Plananalyse bei den Bewertungen und Bedürfnissen oder das Focussieren bei den Gefühlen etc.
Von theoretischer Seite könnte es problematisch erscheinen, wenn wir all diese inneren Vorgänge – also die »black box« – als verbales Verhalten im Sinne des methodischen Behaviorismus labeln würden. Dann würde ein verbales Verhalten ein anderes erklären – wie es auch in der Annahme einer unmittelbaren Wechselwirkung von Gesprächen ohne das Postulat grundsätzlich anderer Entitäten als vermittelnde innere Vorgänge wäre. Für uns waren Gedanken und Empfindungen von Gefühlen und von Bedürfnissen sowohl in der Wahrnehmung als auch in ihrer Äußerungsmöglichkeit sowohl auf den Verhaltensebenen als auch im zeitlichen Kontext hinlänglich unterscheidbare Vorgänge, um die Kontingenzanalyse auch auf inneres Verhalten ausdehnen zu können.

Vorgehen

Zunächst soll die Frage nach den bedingungsanalytischen, damit auch *motivatorischen Voraussetzungen* für das Erlernen und Anwenden von veränderten kommunikativen Strategien geklärt werden.
Die Voraussetzungen für das *Erlernen* sind relativ einfach herzustellen, wenn die Interaktionspartner keine Konflikte miteinander haben und die Kursleiter für lernfördernde Bedingungen sorgen.
Die zweite Voraussetzung für veränderte Kommunikationsmuster, nämlich die negative Erwartung und/oder Erfahrung durch eine fördernde positive zu ersetzen, wird im Allgemeinen durch Selbstsicherheitstherapien der einzelnen Interaktionspartner und durch Partner- und Familientherapien angestrebt. Dabei sollte das Kernstück dieser Vorgehensweise der systematische Abbau der negativen Erwartungen oder der sozialen Ängste sein.

Starke Kritik- und Ablehnungsängste lassen auch bei eindeutigen Botschaften keinen Raum für angenehme Gefühle beim andern. Sie führen zu *negativen Übersetzungen* in Vorwurf, Kritik und Ablehnungsäußerungen und zu entsprechenden Reaktionen mit aversiven Bedingungen für den sich eindeutig Mitteilenden. Angst und Schuldgefühle versperren den Blick und Zugang zum anderen. Ärger und Wut in zumeist nicht adäquat erkannter und geäußerter Form lassen sicher keinerlei Motivation für ein artiges rückfragendes Zuhören aufkommen.
Negative Selbstbewertungen vermindern die Attraktivität und Nähe in Beziehungen ebenso wie die durch Ablehnungsangst bedingte Unfähigkeit zur Abgrenzung und die mangelnde Fähigkeit zur klaren Wunschäußerung.
Im Assertiveness-Training-Programm ATP wird deshalb die Vermittlung der Kommunikationsstrategien verzahnt mit dem Abbau der Ängste vor Kritik und Versagen, der Angst vor Ablehnung im Herstellen des Kontakts, in der Herstellung von Nähe und beim Äußern eigener Wünsche und im Verneinen von Wünschen anderer. Die Selbstakzeptanz und das Annehmen von positiven Fremdkonsequenzen werden ebenfalls in hierarchischer Form angeboten.

Für Therapeuten, die Teile des ATP für ihre Kommunikationskurse verwenden, sei auf die Verdichtung und Verzahnung der einzelnen Übungen hingewiesen, die oft mehrfache Übungsschwerpunkte möglich sein lassen: So ist Übung 1 eine Situation zum Abbau der Angst beim Äußern eigener Wünsche oder Forderungen (einfache Informationsfrage), geübt wird aber auch schon die Eindeutigkeit der Äußerung in Ichgebrauch und Weglassen überflüssiger Verpackungen als Grundfertigkeit im Codieren.
Übung 2 ist eine Übung zur Kontaktaufnahme, zur Wunschäußerung, zur Fehlschlagangstbehandlung und im Rahmen von »Hilfe durch andere beanspruchen«, auch in die Hierarchie Neinsagen hineinreichend. An Fertigkeiten wird in ihr geübt die Grundform der Rückfragetechniken in Form der präzisen Teilwiederholung und der zusammenfassenden »Situations- oder Problemabbildung«. In den meisten Übungen aus dem Abschnitt »Geschäfte« geht es primär um Fordern oder Neinsagen, die Fertigkeit zur Gesprächsführung wird jedoch ebenfalls geübt und muss entsprechend verstärkt werden. Von den einfachen Rückfragen zur Inhaltsüberprüfung, den offenen Fragen zur Gesprächsförderung, dem Paraphrasieren und gezielten positiven Bekräftigungen steigern sich über die insgesamt 127 Übungen die kommunikativen Fertigkeiten bis hin zur therapeutischen Qualität mit der bedingungsanalytischen Dekodierung von Konflikten oder eines »stummen Vorwurfsverhaltens« von Müttern oder Partnern.
Zu den Übungen kommen der schriftliche Instruktionsteil zur Transferförderung, das therapeutische Rückmelden und das Verstärken von Modellen, der Instruktionsteil und die Videobegleitmaterialien. Die Art der Rückmeldung selbst wird von vornherein als Kommunikationsübung gestaltet und so bekräftigt: Sie soll in der Ichform erfolgen, eine klare Wahrnehmung von Verhalten beinhalten und später eine klare positive Empfindung widerspiegeln. Solche Rückmeldungen werden sehr früh auch in Frageform wiederholt, was eine beiläufige intensive Übung im Decodieren zusätzlich darstellt.

Für die Durchführung im freien Rollenspiel sollen hier noch einige Anregungen folgen: Lassen Sie bei schwierigen Situationen zunächst andere Gruppenmitglieder ohne unmittelbare Betroffenheit ihre Lösungen erarbeiten oder geben Sie selbst ein Modell vor. Doubeln Sie dann den Rollenspielpartner, um in der Verhaltensprobe nochmals situative

Schwierigkeitselemente variieren zu können und ein ermutigendes Feedback für Teilschritte und als subjektive Gesamtwirkung geben zu können. Korrigieren Sie negative Resultate und Rückmeldungen anderer sofort, indem Sie die Übung unterbrechen oder direkt im Anschluss selbst als Partner einspringen, um die »Wirkung des zu erprobenden Verhaltens selbst auszutesten«. Benutzen sie als weitere nicht direkt bestrafende Unterbrechung sofort bei aversiven Wendungen und Vermeidungen den »Vorhang«. Analog zum Geschehen auf der Bühne bleiben dabei die Rollenspielpartner schweigend in der Übungssituation, während die Gruppe oder der Therapeut als Zuhörer die Probleme analysiert, Rückmeldungen gibt und als »lautes Denken« auch neue Strategien einführt.
Auch der »Kriegsrat« hinter dem Vorhang mit dem Interaktionspartner hilft zu klären, welche Inhalte er hinterfragen möchte und wie er die eigenen spontane Erwiderungen zunächst aufschieben kann.
Vergessen Sie nie, dass bei der Einbeziehung des Partners, der nicht nach Therapie gefragt hat, immer mit Widerstand gerechnet werden muss, da dieser als kontrollierender Teil von den therapeutischen Veränderungen des Partners eher response cost, also Bestrafung durch Verlust positiver Verstärker, zu erwarten hat. Laden Sie ihn zum Erstgespräch als »Fremdberichterstatter«, der Ihnen und dem Primärklienten damit weiterhilft. Bei den Kommunikationsübungen ist die spätere Teilnahme des andern, nachdem Ihr Klient diese Strategien selber zur Verfügung hat, ebenfalls leichter über die Motivation als »Übungshilfe« (obwohl er zu diesem Zeitpunkt die Hilfe meist selbst am notwendigsten hat) oder – über die dezente Begründung, dass die Techniken etwa im Beruf fürs Fortkommen nützlich sein können – zu erzielen, als ihn der Therapie bedürftig zu erklären. Motivieren sie die kostbare nicht therapierte Hälfte über die Intelligenz- und Wahrnehmungsleistung, um die Mitteilungen Ihres Partners genau und vollständig zu wiederholen, kurz, seien Sie komplementär zum Überlegenheitsplan, um die neuen Spielregeln etablieren zu können. Andernfalls warten Sie mit der Einbeziehung, bis das neue Verhalten Ihres Primärpatienten die alten Machtstrukturen ändert, was zwangsläufig bei konsequent selbstsicherem Verhalten folgen wird.
Vergessen Sie schließlich nicht, dass die Wirkung auch der so effizienten Kommunikationsstrategien von Ihren Deutungen, Überzeugungen und Erklärungen abhängt.
Jede Regel wirkt durch ihr label.

Wirkungsweise

Die unmittelbaren Wirkungsannahmen für die Kommunikationstechniken sind:

1. Die Abschwächung von Vorwurf und Beschuldigung, von Anklage und Herabsetzung durch die eindeutige und klare Darstellung eigener Bedingungsketten für unangenehme Empfindungen und nachfolgende negative Interaktionspläne.

2. Die Steigerung positiven Gesprächsverhaltens durch Zuhörenkönnen, durch bessere Wahrnehmung und angstfreiere Äußerungsmöglichkeit angenehmer Empfindungen und daraus abgeleiteter Annäherungsverhaltensweisen.

3. Der Abbau aversiver Interaktionsspiralen oder chronischer Konflikte durch bedingungsanalytisch geschultes Problemlöseverhalten und ein vertieftes Verstehen der Partner.

Neben der Wirkungsweise unserer Techniken über die Kriterien Eindeutigkeit und Vollständigkeit hinaus bietet auch der Rahmen von Kommunikationsübungen eine Reihe von Bedingungsveränderungen:
Der unmittelbare Abfolgezwang, zunächst Botschaften wiederholend nachvollziehen zu müssen, verhindert zum Beispiel auch die Ausspielung von Machtasymmetrien durch Rechthaben, die besseren Argumente suchen, das Totreden und eloquentes Brillieren etc. In diesem Sinne ist während der Sitzungen eine regelgesteuerte Entmachtung der dominierenden Interaktionspartner möglich.
Ob und in wie weit die Voraussetzungen zur wiederholten Anwendung bei einem klaren Überwiegen der negativen Konsequenzen gegenüber den positiven im Bereich gestörter Partnerschaften wirklich zu erzielen sind, hängt nicht nur von der therapeutischen Effektivität ab. Hier ist die bedingungsanalytisch folgerichtige Entscheidung eben häufig die – in der Regel zumindest dann schon einseitig beschlossene Trennung.
Die Wirkung von kommunikativem Problemlösetraining ist hier nicht über die Kriterien einer verbesserten Partnerschaft zu erfassen, ähnlich wie ein gelöstes Abhängigkeitsproblem Heranwachsender durch Ablösung von der Primärfamilie nicht unbedingt in einer Verbesserung von Beziehungsparametern zu erfassen ist.
Diese Probleme könnten zur Auffassung führen, dass die Kommunikationsregeln dort am wenigsten wirken, wo sie am notwendigsten erscheinen. Die Untersuchungen zum HDI(Human Development Institute)-Programm von Berlin und die der Autoren Schindler, Revenstorf und Hahlweg zeigen, dass die günstigen Veränderungen mit Verbesserungen von Parametern der Beziehung, des Selbstwertgefühls und des Wohlbefindens und mit den Effekten auf das gestörte Verhalten oder Symptom sich bei gestörten Beziehungen nicht einfach durch das Selbststudium eines Kommunikationskurses erzielen lassen, sondern im Rahmen einer Therapie, die auch die Voraussetzungen zur *Anwendung der Regeln* schafft.
Nach unseren Erfahrungen ist die bedingungsanalytische Voraussetzung für die Wirksamkeit von kommunikativen Problemlösestrategien, damit ihre Effektivität in folgender Anwendungsreihenfolge am günstigsten:
Therapeutenselbsterfahrungsgruppen, Assertiveness-Training-Programm ATP, Kommunikationskurse mit begleitender Einzeltherapie, etwa eingebettet in Teile des ATP als Emotionalitätstrainingsgruppen, oder als bedingungsanalytische Problemlösegruppen gefolgt von Familientherapie mit der Möglichkeit unterschiedlicher Rollen- und Modellbildungen, Partnergruppen, und zuletzt erst die Arbeit mit gestörten Partnern gemeinsam. Sehr viel günstiger ist natürlich der Ansatz bei Paaren zur Problemvorbeugung.

Jede wirksame therapeutische Intervention verändert auch das Ausdrucksverhalten und das Kommunikationsverhalten. Isolierte Hypothesenprüfung im klinischen Sektor der Kommunikationsforschung sind dennoch selten und wegen der komplexen Wechselwirkung der Bedingungsgrößen auch nur beschränkt zu den Wirkungsprinzipien selbst möglich. Die Resultate der Untersuchungen von der Arbeitsgruppe Schindler, Revenstorf und Hahlweg zur Partnertherapie (siehe dort) und die der Autoren zur Selbstsicherheitstherapie (siehe dort) zeigen eine Vielzahl von Verbesserungen auch im Beziehungssektor auf, die sinnvoll auf veränderte Kommunikationsstrategien zurückgeführt werden können.

Isolierte und gezielte Untersuchungen zu den Kommunikationsabläufen haben Ullrich de Muynck und Ullrich 1982 an 79 ATP-Patienten im Rahmen eines aufwendigen Verhaltensbeobachtungsprojektes vorgenommen. Die Stichprobe aus sozialphobischen und depressiven Patienten fortlaufender ATP-Gruppen mit unterschiedlichen Therapeuten und damals noch ohne Videomodelleinsatz wurde auch hinsichtlich biografischer Daten aufgeschlüsselt.
In der Vorgeschichte zeigten 71% dieser Patienten deutliche Doppelbindungsmuster bei je einem, bei beiden oder im Verhältnis der sich widersprechenden Erwartungen der Elternteile gegenseitig. Nur von 3% wurde das Verhalten der gegenwärtigen Bezugspersonen als positiv kommunikativ, auf den Probanden eingehend, bewertet.

Im Verhaltenstest »Kontaktverhalten« hatten die Probanden den Auftrag, eine ihnen jeweils unbekannte Person im Wartezimmer anzusprechen und das Gespräch 10 Minuten lang zu führen. Von der Ansprechperson wurde nur mitgeteilt, dass diese »auch warten würde«. Diese Person war eine instruierte, gegengeschlechtliche, jeweils unbekannte, für die drei Messanlässe vor Therapie, nach Therapie und Nachkontrolle verschiedene, attraktive Testperson (Letzteres wurde zumeist durch den Status als psychologischer Kollege oder Praktikant garantiert). Sie sollte nicht selbst kommunikativ aktiv werden, sondern sich durch das Verhalten des anderen leiten lassen. Im unmittelbaren Verhaltensregistrieren und Videoauswerten wurden pro Person 7 Auswerter und Beobachter eingesetzt, diese wechselten, die Messanlässe und Patienten waren nicht bekannt.
Die Resultate zur Wirkungsweise der im ATP vermittelten Kommunikationsstrategien und der Angstabbaumaßnahmen waren :

1. Die Gesamtsprechzeit nahm erheblich zu, die Zahl langer Schweigeeinheiten ab.
2. Die Sprechweise wurde modellierter, flüssiger, deutlicher, in der Lautstärke angemessener.
3. Die Rubriken »Offene Fragen«, »Kommunikative Fragen« und »Rückkopplungen« zeigten signifikante Verbesserungen, auch zur Person des Gegenüber wurde gesichert häufiger Bezug genommen.
4. Die Mimik, Gestik und Kopfzuwendung (Blickkontakt) wurden gesichert offener bzw. reicher und zugewandter.
5. Die Qualität des sprachlichen Ausdrucks und der inhaltlich positive Bezug des Gesprächs verbesserten sich.

Für die Annahme der wechselseitigen Gesprächssteuerung wurden dreifache Interaktionssequenzen untersucht, die unsere Erwartungen in folgenden Punkten bestätigten :
Die Gesprächspartner werden positiver angesprochen, auf deren nunmehr auch positive Reaktion erfolgen wiederum positive Konsequenzen durch die Probanden wie Rückkopplungen oder paraverbales Verstärken. Dieses Ergebnis stellt einen *unmittelbaren Nachweis der Reinforcing skills* nach Lewinsohn dar und stützt damit die zentralen Hypothesen über die Interaktionssteuerung nach Lernprinzipien.
Im Vergleich zu einer von den Beurteilern jeweils besonders ausgeprägt erlebten Bezugsperson als externes Kriterium (soziale Validierung nach Kazdin, 1979) wirkten die Probanden im Gesprächsverhalten zu 55% verbessert in »geschickt«, »gelöst«, »hartnäckig«, »sympathisch« und » attraktiv«.
Die Resultate blieben in der Nachkontrolle 6 Monate nach Therapieende stabil (55 der 79 Probanden konnten noch einmal zum Verhaltenstest gewonnen werden).

Langzeitnachkontrollen mit Selbsteinschätzungsbögen (länger als 2 Jahre, 60 Probanden der 79 mit anfänglichem Verhaltenstest erfasst) zeigen im Bereich Freunde, Partner und Familie die folgenden Veränderungen:

1. 68% geben das Verhalten Fremder ihnen gegenüber als positiver an.
2. DieZahl der Freunde verdoppelt sich, die Beziehung zu diesen wird von 83% als verbessert erlebt.
3. Von vorher 50% Singles nahm die Zahl partnerloser Probanden auf 15% ab.
4. 62% erlebten den Kommunikationsstil in der Partnerschaft als verbessert.
5. 70% erlebten die Beziehung zu Familienmitgliedern (Eltern, Kinder) als verbessert.

Wurden die Fragebogenwerte für die Gesamtstichprobe bei Therapieende erhoben, erreichten sie in Kontaktangst und Ablehnungsangst (Nicht nein sagen Können) Normalwerte, das sind Mittelwerte von Nichtpatienten. Der Endwert für Kritikangst lag hier nur im oberen Streubereich des Normalwertes. Diese Ergebnisse haben sich seit der weiteren Revision und den Einführungen der Videomodelle 1982 noch wesentlich verbessert. Die Testsituation »Kontaktgespräch« wird gesichert weniger schwierig, bedrohlich und mit erhöhten positiven Erwartungen erlebt.

Insgesamt können kommunikative Fertigkeiten nachweislich mit erhöhten positiven Konsequenzen für das eigene Wohlbefinden, die Wertschätzung und das Verständnis von Partnern und in ihrer Auswirkung auf davon abhängige Verhaltensbereiche trainiert werden, wenn die Voraussetzungen für ihre Anwendung auch durch Therapie geschaffen werden.

Hindernisse und Schwierigkeiten

Die Motivation und die Antimotivation, also die Barrieren, sind eine Frage der erwarteten Konsequenzen. Diese sind eine Funktion der eigenen Lerngeschichte mit den Plänen und Strategien zur Abwehr von negativen – und zur Gewinnung von positiven Konsequenzen. Indirekte Kommunikation hat entweder die Funktion, eine K-Erwartung zu verringern oder eine K+Erwartung zu realisieren. Die K-Erwartung als Kritik, Vorwurf oder Ablehnung kann durch die direkte Kommunikation des Partners, d. h. hier durch das Klarmachen, dass der Mitteilende über sein eigenes Problem spricht, verringert werden. Dieses weiß der in die Therapie neu einbezogene Partner jedoch noch nicht. Für ihn heißt die Aufgabe »mehr Eindeutigkeit« zunächst mehr, weil klarere, K-Erwartung. Zusätzlich wird von ihm verlangt, dass er seine bewährten Schutz- und Machtstrategien wie den vorbeugenden Angriff oder die Schuldzuweisung als vorbeugende Verunsicherung des anderen aufgibt. Nur die Therapeutenaussagen über die möglichen positiven Auswirkungen nach erfolgreicher Durchbrechung der sich aversiv wechselseitig verstärkenden Interaktionsfolter werden wohl kaum solche Vorbehalte und Handlungsbarrieren durchbrechen.
Die Übungsbarrieren können auch aus Konflikten entstehen, die der Klient im Hinblick auf die Kommunikation außerhalb des engeren Anwendungsrahmens, in dem Vertrauen nicht Auslieferung bedeuten muss, hat.

Auch die mit der Partnerschaftsnorm verbundenen Grenzmarkierungen von Nähe und Distanz können durch eindeutigere Kommunikation Antimotivation statt mehr Nähe

schaffen Hier kann sich dann eine therapiespezifische Form der »komplementären Schismogenese« (nach Bateson, siehe Watzlawick et al.) entwickeln: Der Übungswunsch des einen als Wunsch nach mehr Verständnis wird zum Hinweisreiz für zu große Nähe beim andern und zur Übungsbarriere. In diesem Falle werden die neuen Formen der Kommunikation zum neuen Beziehungskrieg. Der mehr Distanz Suchende (oft der Mann) reagiert sauer auf den »Psychokack«, die andere (oft die Frau) fühlt sich zurückgewiesen und unverstanden, sie verstärkt ihr Bemühen um eine größere Verständigung etc.
Ein anderer Versuch, die Waffen des Patienten ungültig zu machen, ist das »Das ist Dein Problem«. In einer wegwerfenden »Du-gehst-mich-nichts-an«-Einbettung gehört diese Äußerung zu den Taktiken des Ehekrieges, insbesondere bei Partnern mit Therapieerfahrung. Dennoch ist es zunächst eine der wesentlichsten Voraussetzungen für eine Klärung von Problemen, die jeweils individuellen Wertungen, Empfindungen und Bedürfnisse zu erkennen und diese als eigenen Problemanteil separat vom Anteil des anderen äußern zu können.
Im ATP wird im Grundkurs Selbstsicherheitstherapie sehr viel Mühe darauf verwandt, sich von der überzogenen Ausrichtung auf die Erwartungen von anderen zu befreien und als Maßstab des eigenen Verhaltens wieder die nur selbst spürbaren inneren Wahrnehmungen zuzulassen. Die Maßstäbe für die eigene Bewertung in sich selbst zu suchen soll dabei Unabhängigkeit von anderen schaffen. Im kommunikativen Ablauf wird die eindeutige Mitteilung eingeübt und die tausendfach überzogenen Spekulationen und Absicherungen hinsichtlich Akzeptanz zunächst als das »Problem des anderen« erklärt. Als positives Neulabel mit Bezug zu oft zentralen Plänen Selbstunsicherer wird dies auch als Akt der Fairness erklärt: Der andere soll eine Chance bekommen, sich selbst in seinen Ansichten und Bedürfnissen unbeeinflusst äußern zu können. Die unterstellte Kenntnis durch Gedankenlesen, die in der automatischen Bezugnahme beinhaltet ist, wird hingegen als manipulativ bewertet.
Die Motivation, überhaupt zur Kenntnis zu nehmen, dass ein Interaktionspartner sich ändert oder Informationen bislang unbekannter Art über sich mitteilt, stößt auf die Barriere, dass mit jeder Änderung beim andern auch das eigene Abwehrsystem in Bewegung geraten kann, was gerne vermieden wird. Diese Funktion haben unsere Stereotypbildungen mit der Festschreibung von Eigenschaften und Konsequenzerwartungen beim andern. Nach über 10 Jahre langem Zusammenleben sollen nur noch in 10% richtige Deutungen über situative innere Vorgänge beim andern zu erzielen sein!

Anfangs wird der Zuhörer meist gar nicht fragen wollen, sondern lieber gleich Antwort geben: Eine Lösung vorschlagen, eine Deutung geben, eine Korrektur, eine Rechtfertigung oder einen Vorwurf formulieren wollen. Dies ist eine Funktion der negativen Verstärkung und entspricht auch der besonders bei Freunden und Angehörigen verbreiteten Auffassung, dass man sich doch nach so langer Zeit so gut kennen müsste, dass jeder eh schon weiß was der andere jeweils dazu meint oder welches Problem er wieder anbringen wird. Bei einer im Ausland mit Dolmetscher durchgeführten Familientherapie fiel uns auf, dass der dolmetschende Schwager doppelt so viel redete wie die übrigen Kombattanten. Auf die Frage, was er da mache, bestätigte der Dolmetscher, dass der andere es zwar noch nicht gesagt habe, es jedoch sicher gleich gesagt haben würde. Auf so interpolierte, erahnte, vorweggenommene Antworten reagieren Partner relativ häufig, ohne die Komik der Situation als »Dialog mit sich selbst« zu erkennen.

Als »Sie werden jetzt gleich sagen, fragen ...« und darauf besser selbst zu antworten, existiert diese Entmündigung und Außerkraftsetzung von Zuhörern als Vortrags- oder Diskussionsstrategie.

Der Therapeut muss den Zuhörer also oft erst motivieren, sich überhaupt auf den Partner einzulassen. Dazu kann der Ehrgeiz bemüht werden, indem die Genauigkeit in der Wahrnehmung und Wiederholung als Frage der Intelligenz erläutert wird, die Präzision als Detektivarbeit zur neuartigen Auflösung des Beziehungspuzzles oder die Neugierde geweckt werden.

Ein großes Problem ist die Tatsache, dass diese Art zu kommunizieren so viel Konzentration, Zeit und positiven Verständigungswillen erfordert, dass sie sich nicht in die Alltagskommunikation als ständige Dekodierungsarbeit integrieren lässt.

Es ist daher wichtig, *die Dekodierübungen oder Problemanalysestunden zeitlich zu verabreden, sie nicht länger als eine Stunde dauern zu lassen und jedes Nachtarocken zu untersagen.*

Als reine Krisenintervention erfahren unsere Dekodierungstechniken auf Dauer das gleiche Schicksal wie Entspannungsübungen und viele andere Selbsthilfestrategien: Ist der Anwendungsanlass behoben, so verlieren sie ihre belohnende Funktion (die negative Verstärkung bleibt aus).

Eine eher akute Barriere für den Einsatz von Dekodierungstechniken ist die eigene emotionale Blockade. Stärkere Grade von Ärger lassen ein wohlmeinendes Eingehen auf den Ärgernismacher nicht zu. Hier kann bestenfalls erwartet werden, dass der Ärger in direkter Form, also ohne Vorwurf losgelassen wird. Nach dem Loswerden des Ärgers in aller zutreffenden Intensität, aber ohne Fremdbeschimpfung, ist dann der Zugang auf den anderen, eine Terminvereinbarung für einen erneuten Problemdurchgang, diesmal mit Dekodierung möglich.

Begrenzte Verbalität aus intellektuellen, somatischen und besonders häufig sozialen Gründen kann ebenfalls den sinnvollen Einsatz von kommunikationsfördernden Methoden in Frage stellen. So lehnte einmal ein besonders einsilbiger Bajuware nach drei Partnersitzungen ein weiteres Einlassen auf seine Frau über die Wiederholungstechnik ab, weil er »ja sonst zukünftig doppelt so viel mit ihr reden müsse«. In den Entstehungszeiten unserer Kommunikationstherapien hatten sich einmal vier inzwischen bekannte Spezialisten gemeinsam an einem Einödbauern und seiner Verbalität versucht. Nach einem intensiven Training konnte sein verbales Repertoire von einem fragenden »So?« auf ein mehr zuhörendes »So so« erweitert werden. Seinen Lebenswunsch nach einer Bäuerin konnte er sich wundersamerweise allerdings auch hiermit erfüllen.

Kontraindikationen

Schweigen als nonverbale Kommunikation, unverständliche, mit rein subjektiven Kodierungen (etwa verdichteter konkretisierender symbolischer Art, totale Abstraktion) und relativierende, indirekte Mitteilungen mit der Möglichkeit sich sofort wieder vom Gesagten distanzieren zu können sind Schutzstrategien gegen Ablehnung und Verletzung in der Interaktion mit anderen. Die dadurch vermiedene Angst steht in positiver Beziehung zur Intensität der Vermeidung von Eindeutigkeit. *Je unverständlicher die Botschaft, umso größer ist das Schutzbedürfnis.* Dem subjektiven Schutzbedürfnis hat zumindest früher eine Schutznotwendigkeit entsprochen. Therapeuten müssen sich immer erst genau über

die Funktion des Verhaltens vergewissern, bevor sie es abbauen wollen. Zwar schützt sich der Patient zumeist selbst durch Therapieverweigerung und Abbruch, die Angstintensität bei Dekodierungsversuchen etwa psychotischer Gesprächsinhalte kann aber durchaus so hoch werden, dass sie einen neuen Sprung im Kommunikationsmodus mit einem neuen Schub auslöst.
Die Dekodierung von zu stark angstbesetzten Inhalten ohne Abstufung, alternativen Bewältigungshilfen und dem Schutz vor aversiven Konsequenzen ist ein therapeutischer Fehler.
Bezugspersonen, die angstbesetzt sind und real aversive Kontrolle über den Patienten ausüben, Dekodierungsstrategien zu vermitteln, kann zur Schädigung des Patienten führen, wenn unser Klient nicht zuvor gelernt hat, kompetenter mit anderen umzugehen. Der Versuch, das Verhalten der »Symptomträger« gleich im pathogenen Milieu selbst zu verändern, ist hier oft unzweckmäßig. Die unmittelbare Aufnahme von Partner- oder Familientherapien kann in sich eine Kontraindikation darstellen. Zumindest wäre eine nicht bedingungsanalytisch eingebettete und geplante Einübung gemeinsamer Dekodierungsstrategien in dieser Konstellation riskant und nicht indiziert.
Eindeutigkeit wider Willen ist in sozialen Beziehungen eine Auslieferung an die totale Kontrolle durch andere und jede Beihilfe dazu eine Beihilfe zur (Körper- oder) Seelenverletzung; auch dann, wenn sie im Gewand von Kommunikationskursen stattfindet.

Relative Kontraindikationen für Dekodierungsübungen, besonders hinsichtlich ihrer motivationserhellenden Funktion im Aspekt der Vollständigkeit, stellen auch Beziehungen dar, bei denen das Arrangement gemeinsamen Zusammenlebens auf einem Konsens über die Verleugnung bestimmter Probleme oder spannungsfördernder Wünsche basiert. Der Therapeut muss hier besonders sorgfältig abwägen, ob sein therapeutischer Auftrag hier Änderungen nötig oder auch nur sinnvoll macht.

2. Zu den Kommunikationsübungen im dritten Teil

Die Kommunikationsübungen im dritten Teil des ATP haben neben der Fortführung von Kontaktübungen das Ziel:

- die Selbstwahrnehmung zu schärfen,
- die Kodierung des selbst Wahrgenommenen zu üben,
- die Fremdwahrnehmung und Dekodierung der Mitteilungen des Kommunikationspartners zu schulen.

Diese Fertigkeiten werden zu den hier anstehenden Lösungen von Beziehungsproblemen benötigt.
Alle drei Bereiche sind eng miteinander verknüpft und werden in den Verhaltensübungen, die diesen Bereich betreffen (Freunde, Familie), geprobt. Sie sind zusätzlich Hauptgegenstand der Hausaufgaben, Kommunikationskurse und Systemanalysen.
Diese Therapieinhalte sind in den Klientenbüchern ausführlicher dargestellt. Wir wollen uns hier auf besondere Probleme bei ihrer Vermittlung beschränken.
Zur praktischen Erprobung werden hier auch realistische Situationen benutzt, die sich aus der Gruppeninteraktion ergeben oder die als schwierigkeitsgerechte Übertragung in relevante Alltagssituationen anstehen.
Wenden wir uns zunächst dem erstgenannten Ziel der Kommunikationsübungen zu, der

Selbstwahrnehmung und die Kodierung eigenen Erlebens.

Bei der Problemanalyse im Hinblick auf die Kommunikationsübungen ist es zweckmäßig, dass die Klienten die drei Kommunikationskurse im dritten Buch vorher lesen.
Die Problematisierung in der Therapiestunde zentriert sich zunächst darauf, überhaupt **Gefühle** wahrzunehmen. Viele Klienten blockieren hierbei und geben an, entweder keine Gefühle zu empfinden oder eine extreme Angst vor ihnen zu haben. Um diese Angst zu umgehen, unterdrücken sie ihre Gefühle aktiv. Andere wiederum berichten, ihren Gefühlen gegenüber hilflos zu sein und Angst zu haben, zu viele Gefühle zu empfinden oder ihnen ausgeliefert zu sein. Oft stellt sich heraus, dass es partnerabhängig ist, ob und welche Gefühle zugelassen werden. Wenn etwa eine Person sehr nahe steht, werden die Angst vor Ablehnung beim Äußern von positiven Gefühlen und die Angst vor Vorwürfen bei negativen Gefühlen besonders intensiv erlebt. Falls eine Person zu fremd ist, wird Misstrauen empfunden und befürchtet, der Fremde könne die gezeigten Gefühle ausnutzen.
Die Problemanalyse sollte aufzeigen, dass erst dann Gefühle zugelassen werden können, wenn man in der Lage ist, mit ihnen umgehen zu können. Auch hier wird das phobische Verhalten zunächst im Vordergrund stehen.
Hier ergibt sich bereits ein erstes Problem, Gefühle zu benennen. Zur ersten Orientierung erstellt die Gruppe in einem »Brainstorming« eine Liste mit Benennungen von positiven (angenehmen) und negativen (unangenehmen) Gefühlen. Zur differenzierten Benennung kann auch das *Emotionalitätsinventar EMI* benutzt werden. Die Klienten sind durch verschiedene Messanlässe bereits mit dem EMI vertraut. Es könnte im Hin-

blick auf eine festgelegte Gruppensituation ausgefüllt werden. Auch die Beschreibung rein körperlicher Zustände (was macht es im Magen, Hals, Brust) ist anfangs eine nützliche Hilfe, Gefühle zu erfahren. Diese Technik wurde ja als erste Phase des »Angstzulassens« bereits bei zahlreichen Anlässen im Grundkurs geübt, sodass heute dieses Problem hier nicht mehr so gravierend auftritt. Eine weitere Quelle wachsender Vertrautheit mit den Körperwahrnehmungen und Gefühlen sind bei den meisten Erfahrungen mit der Technik des »focusing« (analog zu Gendlin) aus der begleitenden Einzeltherapie.
Eine andere Anwendung dieser Technik ist es, wenn der Therapeut den nonverbalen Ausdruck bei der Übung beschreibt und den Klienten damit konfrontiert. So zum Beispiel: »Sie machten so eine Geste (ahmt die Geste nach), bei der Sie die Hand auf die Brust legten...Welches Gefühl geht damit einher? Wie heißt es?« Der Klient könnte sagen, er wisse es nicht, er fühle sich nur unwohl. Dann könnte der Therapeut den Hinweis geben, doch mal auf der Liste nachzuschauen, welches Gefühl am besten zu dieser Geste passen würde.
Ein zweiter wichtiger Aspekt ist das Beschreiben von *inneren Vorgängen in Wenn-Dann-Beziehungen.*

Eine häufige Barriere zur Kommunikation besteht darin, dass das Individuum einen inneren Dialog durchmacht und nur die Endfolgerung laut mitteilt.
Ein solcher innerer Prozess beinhaltet oft eine Menge Behauptungen, die vorweggenommene Antworten auf nichtgestellte Fragen sind. Wir möchten dies anhand eines Beispieles erläutern.
Ein Ehepaar will verreisen. Am Morgen vor der Abreise will der Ehemann noch vor dem Frühstück einige Besorgungen machen. Er geht an der Küche vorbei und hört, wie seine Frau etwas über Hörnchen sagt. Er versteht daraus, dass er beim Bäcker vorbeigehen und frische Hörnchen mitbringen soll. Seine Frau hat jedoch die Mitteilung gemacht, dass sie inzwischen Hörnchen im Ofen auftauen will. Sie legt die Hörnchen in den Ofen und verlässt die Küche, um noch zu packen. Als der Ehemann wieder zurückkommt, legt er die frischen Hörnchen auf den Tisch. Die Frau kommt herein und nimmt an, dass dies die aufgetauten Hörnchen sind.
Der Leser kann sich bereits den Fortgang der Geschichte als lustige Szene aus einem französischen Spielfilm vorstellen. Dem ist jedoch nicht so. Die Geschichte artet in einen handfesten Krach aus, als die Ehefrau sagt: »Ich habe dir doch gesagt, dass Hörnchen im Ofen sind. Wieso nimmst du sie nicht heraus? Ich muss wohl alles alleine machen, während du spazieren gehst.« Der Ehemann sagt darauf: »Also gut. Ich gehe demnächst wieder ins Café frühstücken. Ich will morgens nicht mehr hier sein.«
Die Frau versteht dies als endgültige Aussage und denkt: »Sogar frühstücken können wir nicht mehr zusammen. Es geht alles den Bach runter. Ich möchte mich von ihm trennen, bevor alles restlos kaputt ist.«
In unserem Beispiel kam die »endgültige Aussage« des Ehemannes sehr rasch, es wurden vorher relativ wenig Worte gewechselt. Das meiste spielte sich eben innerlich ab.
Die Rekonstruktion dieses inneren Prozesses als Verhaltenskette könnte wie folgt lauten: Wenn du zu mir sagst, dass ich spazieren gehe, während du arbeiten musst, dann fühle ich mich zurechtgewiesen, getadelt. Da fühle ich mich gekränkt. Ich empfinde dann eine Opposition gegen dich und möchte irgendwie zurückschlagen, dich strafen. Ich möchte dann am liebsten sagen, dass ich ab sofort nur noch im Café frühstücken will und das auch tue. Ich möchte mich der Situation entziehen.«

Die Erläuterung der inneren Vorgänge erlaubt es dem Empfänger der Botschaft, diese besser zu verstehen. Sie fördert den Prozess, sich in den Sender hineinzuversetzen.
Der direkte Ausdruck von Gefühlen ist schwierig, die Darstellung innerer Vorgänge ist es noch mehr. Der Therapeut könnte dies fördern, indem er »promptet«:
»Wenn ich ...sehe, höre, dann fühle ich mich...ich denke mir dann ...und möchte dann am liebsten ...«
Falls der Klient überhaupt nicht in der Lage ist, den inneren Vorgang darzustellen, übernimmt der Therapeut seine Rolle. Dabei sagt er dem Klienten, dass er ihn korrigieren solle, wenn er etwas sagt, womit der Klient nicht einverstanden ist. Wichtig ist, dass der Therapeut auch hierbei modellhaft Hilfestellung gibt, indem er sich bei der Übung schräg hinter den Klienten setzt und bei Bedarf für ihn spricht (Prinzip des »doubling«).
Eine dritte wichtige Kodierung ist das Mitteilen von eigenen Wünschen und Bedürfnissen.
Die Klienten kennen bereits die direkte Form der Mitteilung in Ich-Sätzen, möglichst in der Präsensform und in Verhaltensbegriffen. Es ist für die Therapeuten wichtig, darauf zu achten, wenn Sätze in der Vergangenheits- und Konjunktivform geäußert werden, sie entsprechend in Präsens und Indikativ umzuformulieren. In unserem »Hörnchen«-Beispiel von vorhin könnte der Ehemann sagen: »Du hättest mir ja etwas lauter sagen können, dass du Hörnchen in den Ofen legst, dann hätte ich dich verstanden.«
Die Ehefrau könnte sagen: »Und du hättest ja mal rückfragen können, woher hätte ich denn wissen sollen, ob du mich verstanden hast oder nicht.« Korrigiert lauten beide Sätze wie folgt:
Ehemann: »Wenn du etwas von mir wünschst und ich bin nicht im Raum, dann möchte ich gerne, dass du es laut und deutlich äußerst.«
Ehefrau: »O. K. Aber ich bin mir nicht im Klaren darüber, ob du mich auch wirklich verstanden hast. Ich möchte gern, dass du noch mal kurz zurückfragst. Auf diese Weise können wir uns nicht missverstehen.«
Ein therapeutisch wichtiger Punkt ist es, darauf zu achten, dass die Klienten die Äußerung ihrer eigenen Wünsche und Bedürfnisse nicht wieder zurücknehmen, etwa indem sie sagen: »Ich möchte gern öfter mal was unternehmen, aber ich weiß ja, dass du so viel um die Ohren hast.« Oder: »Es ist nicht, dass ich nicht gerne mit dir zu Hause wäre, aber hin und wieder möchte ich mal etwas unternehmen, nicht dass ich dich damit belasten will, aber ... und so weiter.« Oder: »Es soll jetzt kein Vorwurf sein, ich weiß ja, dass du nicht gerne über Probleme sprichst, aber manchmal möchte ich mit dir doch mal einiges besprechen, natürlich nur, wenn du es auch willst ...« Hier sollte der Therapeut darauf hinweisen, dass es legitim ist, eigene Wünsche zu haben, und dass es ein Lernziel ist, auch dazu zu stehen. Es ist vor allem wichtig zu vermitteln, dass diese Zurücknahmen kommunikative Barrieren darstellen. Der andere ist nicht mehr in der Lage, so zu reagieren, wie wenn ihm der Wunsch direkt angetragen würde. Entweder kann er den Wunsch nicht so ernst nehmen, wie er geäußert wurde, oder er kann ihn, moralisch gesehen, nicht mehr ablehnen. Er könnte sich dadurch unter Druck gesetzt fühlen.
Dieser Vorgang ist bei Klienten, die am gesamten ATP teilnehmen, zu dem Zeitpunkt, an dem die Kommunikationsübungen angesetzt werden, fast nicht mehr zu beobachten. Bei Klienten jedoch, die nur an einer Variante der Therapie von Band III (Emotionalitätstraining) teilnehmen, tritt dies sehr oft auf. Auch Klienten, die nur an einer Partnertherapie teilnehmen, zeigen gehäuft dieses Verhalten.

Eine weitere wichtige therapeutische Intervention ist die Möglichkeit, den Klienten anzubieten, bereits Gesagtes zu korrigieren. Die Therapeuten können als Modell solche *Korrektursätze* vorüben. Nach unserer Erfahrung nimmt diese Möglichkeit eine zusätzliche Anspannung, die durch die Aufgabenstellung bedingt ist, weg. Der Klient befindet sich in einer mehrfach schwierigen Situation: Er soll Gefühle äußern, innere Vorgänge mitteilen, sich selber wahrnehmen, eigene Wünsche und Bedürfnisse äußern und zusätzlich auf die richtige Kommunikationsform achten. Vor allem bei dem Äußern von Kritik und negativen Gefühlen ist es therapeutisch wichtig, begünstigende Bedingungen zu schaffen. Hiermit ist gemeint, dass zunächst die Mitteilung in die herkömmliche Form gebracht wird, sie jedoch anschließend sofort in dem hier dargestellten kommunikativen Sinne korrigiert wird. So zum Beispiel: »Du willst immer, dass alles nach dir geht, und bevormundest die anderen. Das heißt (jetzt Korrektur): Ich fühle mich durch dein Verhalten bevormundet« (Gefühle).

Oder: »Du lächelst immer so spöttisch, wenn ich etwas erzähle, dabei machst du dich lustig über mich, so was würde ich dir nie antun.« (Jetzt Korrektur): »Das heißt, ich fühle mich gehemmt, wenn du, während ich etwas erzähle, dabei lächelst. Dann denke ich, ich habe einen Fehler gemacht oder etwas Dummes gesagt, und das macht mich ängstlich. Aber irgendwie sträubt sich auch etwas in mir, und dann denke ich »jetzt erst recht«, und fange dann an, richtig zu flunkern« (Darstellung eines inneren Prozesses, eigener Gefühle) .

Die Funktion der Korrektursätze ist vielfältig. Zum einen verringern sie die Angst, der Kommunikationsaufgabe nicht gerecht zu werden. Das »fehlerhafte Verhalten« wird zum SD für Korrektursätze statt für Versagen. Zum anderen haften sie als Letztgesagtes noch am deutlichsten beim anderen und machen es dem Partner möglich, auf eine richtige Kodierung einzugehen anstatt auf den zuerst geäußerten Vorwurf. Außerdem fördern sie die Diskrimination zwischen Vorwurf und eigenen Empfindungen. Sie erhöhen damit die Fähigkeit zur Selbstwahrnehmung.

Bei der Mitteilung eigener Empfindungen, innerer Prozesse und Wünsche ist es unumgänglich, das Verhalten des Gegenübers miteinzubeziehen. Der Therapeut sollte darauf achten, dass der Klient nur das beobachtete Verhalten beschreibt und nicht interpretiert. Hiermit kann ein häufiger Fehler umgangen werden.

Anstatt zum Beispiel zu sagen: »Du sitzt da so gekränkt und stumm, das regt mich auf. zu sagen, sollte die reine Beschreibung des beobachteten Verhaltens mitgeteilt werden, etwa: »Wenn du mich nicht anschaust, mich nicht grüßt, wenn ich hereinkomme, nichts zu mir sagst und weiter in deinem Buch liest, dann fühle ich mich …« Manchmal kann der Codierende auch rein als Spiegel fungieren, indem er nur das Verhalten des anderen beschreibt, ohne eigene Gefühlsmitteilung, etwa: »Du schaust weg, du erwiderst meinen Gruß nicht, du sprichst sehr wenig usw.« Damit erleichtert er es dem Gegenüber, sich nun auch zu äußern.

Der letzte Punkt, den wir hier anführen möchten, ist das Codieren von metakommunikativen Mitteilungen. Die zwischenmenschliche Kommunikation enthält einen Inhalts- und einen Beziehungsaspekt. Der Inhalt bezieht sich rein auf »Daten« und »Fakten«, während der Beziehungsaspekt etwas darüber aussagt, wie diese Fakten aufzufassen sind. Diese Information über die Information nennen Watzlawick, Beavin und Jackson (1969) Metakommunikation.

Diese geschieht häufig non- oder paraverbal in Gestik, Mimik, Tonfall, Betonung oder Auslassung bestimmter Inhaltsaspekte. Die metakommunikativen Stimuli einer Aussage wirken nach Mandel et al. (1971) als positive oder negative soziale Verstärker, die von großer verhaltensmäßiger Bedeutung sind. So können sich häufig unausgesprochene Missverständnisse dadurch ergeben, dass die kommunizierenden Indizien eine verschiedenartige Lerngeschichte im Hinblick auf die in der Botschaft verwendeten Reize haben.
Derselbe Reiz kann je nach individueller Verstärkungsgeschichte ein konditionierter positiver oder negativer Verstärker sein (Mandel et al., 1971, S. 35).
So kann der Therapeut häufig beobachten, dass zwei Klienten sich über Inhalte zu streiten scheinen, während sie in Wirklichkeit Beziehungsprobleme miteinander haben.
Er sollte dabei vom inhaltlichen Problem auf das jetzt gezeigte Verhalten übergehen. Akut auftauchende Beziehungsprobleme sollen immer vorrangig besprochen werden. Ihre Handhabung ist notwendig, bevor das inhaltliche Problem zu einer befriedigenden Lösung kommen kann. So könnte sich jemand während der Kommunikationsübung manipuliert, unter emotionalen Druck gesetzt oder als Folge einer Doppelbindung wie gelähmt fühlen. Geschulte Therapeuten werden hier sofort unterbrechen, ihre Beobachtungen mitteilen, die Verhaltensweisen als Beziehungsproblem identifizieren und die beiden Übenden auffordern, über dieses zu sprechen. Sie werden eine Umschreibung der Situation liefern, durch die die beiden Klienten zu einer Meta-Kommunikation gelangen können. Viele Klienten blockieren gerade hier, da sie unmittelbar Verletzung oder Kränkung befürchten. Die Therapeuten müssen hier behutsam, jedoch auch zielstrebig vorgehen. Ein inhaltliches Problem kann sich nicht lösen, wenn es durch ein Beziehungsproblem überschattet wird. Das ist auch ein wichtiger Eingriff, um Frustrationstoleranz zu fördern. Diese kann jedoch nur dann aufgebaut werden, wenn die Klienten ein Mittel zur Handhabung der Frustration zur Verfügung haben. Die Einübung gegenseitiger metakommunikativer Botschaften, mit Darstellung der inneren Vorgänge, wird ein besseres Verständnis füreinander hervorrufen. Frustrationen können dann auftreten, wenn etwa ein Klient einem Gruppenmitglied gegenüber Wünsche der Zuneigung, Offenheit, Freundschaft äußert, die dieses zu diesem Zeitpunkt der Behandlung nicht erfüllen kann oder wodurch es sich überfordert sieht. Der Betreffende sollte das in einer präzisen Beschreibung des inneren Prozesses mitteilen. Die Handhabung von Frustration wird dadurch erleichtert, dass das Ausmaß an Informationen über solche Prozesse die Fähigkeit, sich in die Lage des anderen zu versetzen, fördert. Damit wächst das Verständnis für das Verhalten des Gegenüber, auch wenn die Ziele der vermehrten Zuneigung zunächst nicht erreicht worden sind. Derjenige nun, der die an ihn herangetragenen Wünsche zunächst abgelehnt hat, wird sich durch das Verständnis mehr öffnen können. Die Angst wird geringer. Somit kann ein Prozess der Annäherung und des Vertrauens einsetzen.
Bereits bei den Kontaktübungen im Grundkurs, speziell bei der Übung Nr. 74 »Gesprächsaufnahme im Caféhaus«, bestand die Möglichkeit, dass die Übenden auf Personen trafen, die nicht unbedingt zu einem Gespräch aufgelegt waren. Die Klienten haben nun mühsam gelernt, dies nicht sofort und ausschließlich eigenem Versagen zuzuordnen. Sie haben aber auch wiederholt erfahren, dass ihre Umwelt sehr viel freundlicher zu ihnen ist, als sie bei Anfang der Therapie annahmen. Sie haben inzwischen ebenfalls gelernt, dass Ablehnungen öfter situativ bedingt sind. Bei der Kritikübung im dritten Teil lernen sie jetzt zu unterscheiden, dass auch reale Ablehnungen ganz bestimmter Verhal-

tensweisen auftreten können. Sie sollen dies jedoch als Hinweis zur Verhaltensänderung statt zur Selbstabwertung umsetzen.
Hier kann es vorkommen, dass auch ganz massive negative Gefühle geäußert werden. Es entsteht eine Situation, die therapeutisch sehr schwer zu handhaben ist. Bei dem einen Klienten soll das neu gewonnene Vertrauen, negative Gefühle äußern zu können, verstärkt werden, bei dem anderen soll das neu gewonnene Selbstvertrauen vor zu massiver Ablehnung geschützt werden.
Außerdem sollen die positive Atmosphäre der Gruppe und damit die für alle optimalen Lernbedingungen bestehen bleiben. Der Therapeut muss Sorge dafür tragen, dass beide Parteien sich weiterhin akzeptiert fühlen und sich auch weiterhin gegenseitig tolerieren können.

Wir möchten jetzt anhand eines Beispieles einige Vorschläge zum Therapeutenverhalten machen.
Nehmen wir an, dass Herr B. mit Herrn C. eine Kritikübung durchführt. Herr B. fängt an. Er schildert einen Abend, an dem er über seine Arbeit sprach, wobei Herr C. eine ironische Bemerkung gemacht hat. Dies hat Herrn B. sehr verletzt. Im Verlauf der Übung kommt heraus, dass Herr B. bereits von Anfang der Therapie an über Herrn C. keine sehr gute Meinung hatte. Dies scheint gegenseitig zu sein. Kurz gesagt, beide Klienten mögen sich nicht. In dem Augenblick, in dem der Therapeut merkt, in welche Richtung sich die Kommunikation bewegt, unterbricht er und schlägt vor, das Gespräch in verschiedene Übungsabschnitte zu unterteilen. Zuerst lobt er Herrn B. für seinen Mut, das Beziehungsproblem angesprochen zu haben. Vor allem wäre das, was Herr B. Herrn C. zu sagen hat, für diesen besonders wichtig. Herr B. könnte hiermit nicht nur sich selber, sondern auch Herrn C. hilfreich sein. Er gibt Herrn C. die Anweisung, zunächst einmal das Problem von Herrn B. darstellen zu lassen, aufmerksam zuzuhören und nur rückzukoppeln.
Diese Intervention hat für beide Klienten psychologisch Vorteile: Herr B. bekommt den Freiraum, den er offensichtlich braucht, um seinen negativen Gefühlen Luft zu machen, und Herr C., der ja betroffen ist, bekommt die Möglichkeit, sich als »nur rückkoppelnder Übungspartner« emotional etwas zu distanzieren. Der Therapeut sollte natürlich darauf achten, dass Herr B. seine Kritik ausschließlich in »Ich-Sätzen« ohne Bewertung und nur als Zitat seiner inneren Vorgänge äußert. Er wird deshalb des öfteren Korrektursätze vorschlagen müssen. Außerdem wird er wahrscheinlich oft Herrn C. bei der Rückkopplung behilflich sein müssen. Falls in der Gruppe zwei Therapeuten mit relativ gleichem Ausbildungsstand anwesend sind, können sie sich hierin aufteilen. Nach einiger Zeit sollten dann die Rollen ausgewechselt werden, und Herr C. kann nun das Problem aus seiner Sicht darstellen. Der Therapeut wird je nach Situation das Tempo des Rollentausches bestimmen müssen. Wichtig hierbei ist, dass die Frustrationstoleranz bei Herrn C. wächst, je mehr Information er über die Gefühle von Herrn B. bekommt. Das heißt, je mehr Herr C. über die inneren Vorgänge des Herrn B. erfährt, um so leichter fällt es ihm, diese nachzuvollziehen und sie als das Problem des Herrn B. zu identifizieren (»Mein Problem« / »Dein Problem-Strategie zur Konfliktentschärfung).
Unabhängig von dieser akuten Strategie wird Herrn B.s Frustrationstoleranz auch umso höher, je unabhängiger er von äußeren Quellen der Verstärkung ist. Je mehr seine Verstärkerbilanz positiv ausgeglichen ist, umso weniger verletzlich wird er reagieren. Eine

positive Verstärkerbilanz wird in der Therapie unmittelbar durch die Selbstverstärkung und mittelbar durch eine verbesserte soziale Interaktion erreicht.

Schließlich möchten wir noch darauf hinweisen, dass der Therapeut den Unterschied zwischen »privaten Vorgängen« und kognitiven Bewertungen herausarbeiten soll. Unter privaten Vorgängen verstehen wir:

- Eigene Gefühle wahrnehmen, benennen und direkt äußern,
- innere Prozesse wahrnehmen und darstellen,
- eigene Bedürfnisse und Wünsche direkt und ohne Einschränkung äußern,
- Beziehungsprobleme über meta-kommunikative Mitteilungen darstellen und die damit einhergehende mögliche Frustration handhaben.

Die kognitiven Aspekte im emotionalen Bereich bestehen aus:

- Meinungen und ihrer Bewertung bezüglich emotionaler Beziehungen,
- Feststellungen und Beobachtungen über das Verhalten und seine Bedingungen und ihre Interpretation.

Hierbei ist es wichtig, dass der/die TherapeutIn darauf hinweist, dass Bewertungen (Etwa dieses Gefühl ist »richtig« oder »falsch«) und Interpretationen von Verhalten (Etwa Du machst das nur, weil du davor Angst hast, dich zu blamieren«) unterlassen werden sollen.
Hierfür gelten *drei besondere Spielregeln:*

1) Alles, was jemand über sich selbst aussagt, ist prinzipiell richtig und wahr. Ein anderer kann unterschiedlicher Meinung sein oder es verschieden empfinden, auch das ist richtig und wahr.
2) Alle geäußerten Gefühle sind richtig und wahr. Es gibt keine »schlechten« oder falschen Gefühle. Es gibt jedoch solche, die ich nicht habe, während ein anderer sie hat, und umgekehrt.
3) Es besteht ein grundlegender Unterschied zwischen »Mein Problem« und »Dein Problem«. Dies bedeutet, dass ich nicht automatisch verantwortlich bin für die Lösung des Problems eines anderen. Auch kann ich dem anderen nicht ein Problem ausreden oder abstreiten. Wenn er ein Problem hat, so ist auch das richtig und wahr.

Die Beachtung dieser Spielregeln ist besonders wichtig und hilft eine unnötige Sensibilisierung zu vermeiden. Vor allem wird das prinzipielle Akzeptieren und damit die Möglichkeit zur Offenheit gefördert. Außerdem erlaubt es den Gruppenmitgliedern, sich leichter in die Dekodierung der Mitteilungen einzuüben. Dies wollen wir im nächsten Abschnitt besprechen.

Die Fremdwahrnehmung und die Dekodierung des Wahrgenommenen

In den Kommunikationsübungen soll nicht nur die Selbstwahrnehmung, sondern auch die Fremdwahrnehmung geschult werden. Die verschiedenen Formen der Dekodierung sind bereits im »Kommunikationskurs Nr. 3« im dritten Teil des ATP besprochen worden. Wir wollen hier hauptsächlich über die **Rückkopplung** sprechen.

Eine effektive Rückkopplung erfordert:

– *Blickkontakt*
Während der Codierende spricht, soll der Decodierende ihn anschauen. Die beiden Übungspartner sitzen deshalb am besten einander in etwa gegenüber.

– *Konzentration und Aufmerksamkeit*
Diese kann dadurch gefördert werden, dass der Codierende seine Mitteilungen nicht zu umfangreich gestaltet. Falls zu viele Aspekte auf einmal mitgeteilt werden, kann der Decodierende nicht mehr rückkoppeln, einfach weil er die Hälfte vergisst. Der Therapeut soll deshalb etwa nach zwei unterschiedlichen Mitteilungen eingreifen. Der Codierende kann nach der Rückkopplung fortfahren, falls er noch mehr mitteilen möchte. Wenn der Decodierende einen wichtigen Aspekt der Mitteilung nicht rückgekoppelt hat, kann das der Therapeut an seiner Stelle tun. Wichtig ist, dass der Therapeut den Decodierenden allmählich dahingehend fördert, dass dieser den Inhalt vollständig rückkoppelt.

– *Die präzise Wiedergabe der Mitteilung*
Sehr oft enthalten Rückkopplungen Inhalte, die nicht gesagt worden sind, eigene Mitteilungen oder Angriffe, die entweder verbal oder non verbal mitgeteilt werden. Der Therapeut soll hier unterbrechen und diese Beobachtung erklären. Vor allem ist es wichtig darauf hinzuweisen, dass es notwendig ist, beide Aspekte zu trennen. Zunächst soll nur rückgekoppelt werden, damit das Gegenüber diese Rückinformation bestätigen oder korrigieren kann, und erst danach soll die eigene Mitteilung codiert werden.
Um zu einer präzisen Wiedergabe der Mitteilung zu gelangen, ist es zunächst von Vorteil, die Mitteilung wörtlich wiederzugeben. Danach kann dann die Paraphrasierung geübt werden.

Bei der Erklärung der Rückkopplung haben viele Klienten Schwierigkeiten, deren Funktion zu verstehen. Es kann daher zunächst eine Blockierung eintreten, die das Lernen erheblich verzögern kann. Am häufigsten wird argumentiert, dass man ja verstanden habe, was der andere gesagt hat, man würde sich lächerlich vorkommen durch das »Nachplappern«, man habe Angst, der andere könne sich auf den Arm genommen fühlen, und so weiter. Diese Ängste sind berechtigt, wenn das Rückkoppeln in einer falschen Form geschieht. Ein bloßes unbeteiligtes »Nachplappern« oder ein ironischer Tonfall sollten nicht auftreten. Ein Verstehenwollen ist immer die Voraussetzung zum eindeutigen Rückfragen. Schwierigkeiten können dadurch vermieden werden, dass die Therapeuten ein Modell vorgeben, wobei die Klienten sich aufschreiben sollten, wann, wie und welche Kodierungs- und Dekodierungsstrategien benutzt worden sind. Ein kurzes Kontrastbeispiel eines Streites nach dem herkömmlichen Muster, wobei »ein Wort das andere ergibt«, mag auch hier sinnvoll sein. Das richtige Modell sollte jedoch stets ausführlicher und, unmittelbar bevor die Klienten anfangen zu üben, gezeigt werden. Der Therapeut sollte die Funktion der Rückkopplung kurz erklären. Durch die Rückkopplung kann der Decodierende zeigen, dass er die Mitteilung verstanden hat. Verstehen ist ein innerer Prozess, der oft von außen nicht zu beobachten ist. Um dennoch dem anderen zu zeigen, dass seine Mitteilung empfangen wurde, kann der Empfang durch die Rückkopplung des Besagten verdeutlicht werden. Die Mitteilungen werden auf Richtigkeit überprüft. Außerdem fördert die Aufgabe, rückzukoppeln, ein aktives Zuhören. Bei-

de Gesprächspartner gewinnen Zeit, um sich mit dem angesprochenen Problem zu konfrontieren.
Der Interaktionspartner wird durch die Rückkopplung verstärkt. Er kann dadurch leichter dazu gelangen, seine Probleme zu erkennen und selber Lösungen zu entwickeln. Auch hier sollte der Therapeut nicht ins Argumentieren geraten. Er sollte Klienten selbst erfahren lassen, wie die Kommunikationsstrategien wirken, gerade bei der Übung, in der sie gegenseitig Kritik äußern.
Doppelbindungen sind erfahrungsgemäß sehr schwer zu decodieren, da sie einen Konflikt im Empfänger der Botschaft hervorrufen, der nicht lösbar erscheint. Viel eher empfindet er eine Lähmung oder Hilflosigkeit oder fühlt sich ohne Anlass ins Unrecht gesetzt. Seine Empfindung: »Was immer ich tue, es ist falsch«, ruft eine Blockade hervor.
Doppelbindungen in der Kodierung entstehen meistens aus Angst, vom anderen wegen der eigenen Ansprüche oder Gefühle abgelehnt zu werden.
Solche Angstbarrieren sind in gestörten Partnerschaften oftmals durch Kommunikationstechniken allein nicht zu überwinden. Gelegentlich betreffen die Inhalte solcher Ängste auch etwas, was nicht ohne größeren Schaden an der Beziehung offenbart werden kann. Der Therapeut sollte zwar solche Zwiespältigkeiten aufdecken, aber nicht immer auf ihrer kausalen Erklärung beharren. Im Einzelgespräch kann entschieden werden, inwieweit die zugrunde liegenden Ängste irrealer oder realer Art sind.
Als mögliche Technik zur Aufdeckung von Doppelbindungen haben wir das **»Doppelbindungs-Echo«** beschrieben. Unter Hinweis auf die wahrgenommenen Situationsmerkmale und divergierenden Ebenen im Senderverhalten wird das Gefühl eigenen Zwiespaltes in Frageform rückgemeldet.
Die Technik der Teilentscheidung von zwiespältigen Botschaften wird als »Echo des gelösten Konflikts« beschrieben. Die Rückkopplung nur einer Inhaltsgebung der Doppelbindung zwingt den anderen zu differenzieren. Dies kann auch als paradoxe Rückmeldung geschehen, wobei bewusst die Aussage in ihrer inhaltlichen Einseitigkeit übertrieben wird. Ähnlich können in Gruppen Doppelbindungen in der Form unterschiedlicher Aufforderungen oder Konsequenzen mehrerer Personen auf ein und dieselbe Verhaltensweise oder Person hin gehandhabt werden: Der Empfänger zwiespältiger Botschaften meldet sein Gefühl des Zwiespaltes und der Verunsicherung zurück und knüpft es mit »Wenn-Dann-Aussagen« an das Verhalten der Sender, oder er konfrontiert die Sender mit einer einseitigen Interpretation ihrer Botschaften, oder er meldet ihnen Ihre divergenten Entscheidungen zurück.

3. Die Verhaltensproben – Übungsabschnitt »Freunde«

Hier werden besonders die Kontakthierarchie und die Neinsagehierarchie fortgeführt. Diese bedingen ja hinsichtlich der Angst vor Nähe ihre Schwierigkeiten wechselseitig. Die individuelle »Lobannahmehierarchie« erreicht hier ihren Abschluss.

Für den Kommunikationskurs werden die emotionale Eindeutigkeit und Intensität geübt. Kritik wird durch die Rückmeldung unangenehmer Gefühle, Lob und Komplimente durch die Rückmeldung angenehmer Gefühle ersetzt. Innere Konflikte werden in jeweils vollständigen »Wenn-dann-Sequenzen« über die innere Bedingungskette abgebildet.*

Übung Nr. 101 (Kontakt) enthält in *Teil a)* eine normale Kontaktübung. Im Urlaub eine Verabredung zu einer gemeinsamen Unternehmung zu treffen erfordert vor allem eine gute soziale Diagnose. Jede persönliche Äußerung des Übungspartners mit konstruktiver Nutzungsmöglichkeit soll sofort über Rückkopplungen ausgeleuchtet werden; jede Äußerung Richtung eigener Bedürfnisse – auch nur mittelbarer Nutzungsart – soll sofort verstärkt und persönliche Wünsche und Gefühle eingebracht werden. Wenn Therapeuten bemerken, dass die Übenden zu verkrampft sind, um den anderen in dessen Bedürfnissen wahrnehmen zu wollen, kann über »Vorhänge« der jeweilige Kenntnisstand über den andern abgefragt werden. Hier ist die Vorgehensweise analog zur Übung Nr. 51, persönliche Informationen über einen Geschäftsinhaber/Verkäufer zu erfragen. In einer Therapeutengruppe versuchte einmal ein Übender, sein Gegenüber für eine gemeinsame Segelpartie zu gewinnen, ohne zu registrieren, dass diese Nichtschwimmerin war und Wasser auch wegen Tiefenphobie fürchtete. Die Situation kann dann leicht grotesk werden, wenn der Übende mit »Mehr-Desselben« nachlegt, wenn der gewünschte Erfolg nicht eintritt, weil er meint, es läge an seiner zu geringen Überzeugungskraft.
Unter dem Aspekt emotionaler **Intensität und Eindeutigkeit** beim Zeigen von **Freude** und Begeisterung steht die Inszenierung in **101 b**:
Die Verabredung war so schön, dass über die eigene Freude und Begeisterung das Gegenüber am nächsten Tag wieder zu einer gemeinsamen Aktivität inspiriert wird. Um auch den Umgang mit Enttäuschungen zu üben und sich im Sinne positiver Grundannahmen nicht sofort entmutigt zurückzuziehen, hat der Übungspartner jedoch schon eine andere Verabredung und kann nicht. Die Übung erfordert nun so viel ansteckende positive Gefühle zu zeigen, dass das Gegenüber davon angesteckt wird und lieber den Tag mit der Übenden verbringt. Im Patiententext steht hier noch etwas von Lösungshilfen: Diese sollen nicht als Vorschläge formuliert sein wie »Könnte man nicht …«, sondern nur durch Ichbotschaften – hier auch von Sätzen wie »es ging mir so gut dabei, ich hatte so viel Spaß mit Ihnen«, also schon auch eindeutig hinsichtlich des »Objektes der Begierde«.

---

* Die Ausführungen zum ATP als »Kommunikative Problemlösegruppe« sind z. T. (Übersicht, Übungskommentare) den Videoverfilmungen (Eine Kassette zum Teil »Freunde«, zwei Kassetten zum Bereich »Partner und Familie« [Copyright Münchner Therapiefilme]), entnommen. Ein weiteres Videoband mit Demonstrationen der Vorgehensweise ist in Erprobung.

Ganz entscheidend ist die Definition der Attraktivität und des persönlichen Austausches: Nicht der Mann oder die Frau fürs Leben wird angesprochen, sondern eine Person, die in irgendeiner Hinsicht oder in einem Interessensbereich attraktiv erscheint (etwa als Gesprächspartner). Zum ewigen Diskussionsthema vor der Übung ist es ganz wichtig zu klären, dass *nur indirekte, nicht eindeutige Botschaften wie Anmache wirken und nur die Mehrdeutigkeit und Auslassungen zu Missverständnissen führen.*

Als Ausgangspunkt für die Übersetzung von indirekten Gefühlsäußerungen in direkte hat sich uns die Inszenierung durch **Übung Nr. 102** bewährt. **In Teil a) dient sie dem Äußern freudigen Gefühls, in Teil b) auch dem Äußern von Enttäuschung und widerstrebenden Empfindungen**. Ein guter Freund erhält ein Geschenk als Botschaft, dass ich ihn mag, gerne an ihn denke und mich freue, ihm durch mein Geschenk eine Freude zu machen (ggf. auch etwas Wertvolles als Ausdruck meiner Wertschätzung gebe). Dabei übt nicht nur der Schenkende, Nähe (Bei der Begrüßung freudig in den Arm nehmen) zu zeigen und positive Gefühle eindeutig auszudrücken; im Sinne von Selbstsicherheit hebt die übende Person auch hervor, dass diese Gabe bewusst und gezielt gesucht wurde, und wie sehr auch die eigene Freude, diese Sache gefunden zu haben, eine Rolle spielt. Die beschenkte Person übt ebenfalls. Sie freut sich zum einen darüber, dass der Freund an sie und den Anlass (etwa Geburtstag) gedacht hat, sich an die früher geäußerten Vorlieben erinnerte und – im ersten Durchgang der Übung – auch über das Geschenk. Beide werten das Geschenk durch das gemeinsame Auspacken, Ausprobieren, Platzieren etc. auf. Weil beide in unterschiedlicher Funktion üben, ist für jeden auch der Durchgang mit beiden Rollen notwendig.
In der Inszenierung102 b behält die beschenkte Person alles bei, also die Freude über den Besuch, dass die andere sich erinnerte, an sie gedacht hat, ihr eine Freude machen wollte (als Botschaft »Ich möchte dir zeigen, wie sehr ich dich mag«) lediglich beim Auspacken des Geschenkes und der Entdeckung, dass es total gegen ihren Geschmack geht oder ihr wegen einer Erinnerung an widerliche Personen oder Ereignisse unangenehm ist, kommen die neuen Gefühle der Enttäuschung, dann des Missfallens, dann der Ablehnungsangst und schließlich die der Zerrissenheit mit dem inneren Konflikt auf, einerseits den Freund nicht zu kränken und andererseits sich nicht selbst über sich und den Gegenstand ärgern zu wollen.
Die Übung wird leicht zu schwierig, da beide Ausdrucksformen berücksichtigt werden sollen: *Kritik als wertende Feststellung* soll durch *die Rückmeldung unangenehmer Gefühle* ersetzt werden und die neue Übung soll mit *»Einerseits-Andererseits-Bedingungsketten von Konflikten* abgebildet werden. Es empfiehlt sich dann, als Zwischenstufe **Übung Nr. 34** in einer Beziehungskonflikt-Variante vorzuschalten und die Konfliktäußerung nicht zu intensiv auf Vollständigkeit zu verfolgen. Diese wird später noch genügend oft eingeübt. Übung Nr. 34 ermöglicht ja das Steigern oder Ausreizen zu folgender Zwischenvariante: Die Hilfsangebote der Verkäufer werden nicht wie üblich nach der klaren, als gebrochene Schallplatte wiederholten Aussage »Ich möchte mich erst alleine in Ruhe umschauen, ich komme auf Sie zu, wenn ich Sie benötige« eingestellt, sondern die Verkäufer werden angehalten, in einer besonders dreisten Form dicht beim Übenden stehen zu bleiben und die Hilfe ein drittes und viertes Mal anzubieten. Hier ist dann der Punkt gegeben, auf die Beziehungsebene zu wechseln und das neue Verhalten des Verkäufers: Er geht auf meine eindeutigen Wünsche nicht ein und belästigt mich

durch aufdringliches Verhalten, zum Gegenstand der neuen eindeutigen Aussage zu machen, die hier lautet: »Ich fühle mich gestört, wenn Sie so dicht bei mir stehen, es ärgert mich« und/oder, je nach dem, was die Personen empfinden, »Wenn ich Ihnen drei Mal klar sage, was ich möchte, und Sie dies nicht zur Kenntnis nehmen, dann spüre ich ...«.

Wir haben immer wieder bei Fortbildungen gesehen, dass dort, wo Eindeutigkeit durch Überspringen in der Hierarchie oder zu große Angstblockaden nicht möglich ist, immer wieder durch Unvollständigkeit der Botschaften dann gerade die befürchteten Ablehnungen provoziert wurden. Eine Teilnehmerin, die sich gerade mit der körpersprachlichen Mitteilung befasste und noch sehr starke Ängste im Äußern eigener Bedürfnisse zeigte, versuchte ihren Ärger nunmehr mit der Körpersprache auszudrücken und war sehr stolz, da sie da und dort eine zornige Stimme, funkelnde Augen oder eine gerade Haltung an den Tag legte, allerdings ohne die notwendigen Worte »Das stört mich, das ärgert mich etc.«. Es war ihr nicht klar gewesen, dass diese Zwischenform zwar vom Zulassenkönnen der Körpersprache eine Steigerung und positive Entwicklung darstellte, aber von der fehlenden verbalen Eindeutigkeit dann zu all den Missverständlichkeiten und »Peinlichkeiten« führen musste, die sie gerade vermeiden wollte.
Die Körpersprache ist zwar hinsichtlich der Gefühle und Wünsche oft eindeutiger als der verbale Ausdruck, für sich alleine als interaktionelle Mitteilung jedoch keine ausreichend klare Botschaft.
Sehnsüchtiges Anhimmeln oder brummiges Schmollen lassen bestenfalls eine motivatorische Richtung erkennen.

Die **Übungen Nr. 103** und **108**, sich zunächst für Sachlich-Faktisches auf der Verhaltensebene und sich dann für persönliche Eigenschaften und Vorlieben zu **loben**, sind im regulären ATP zumeist schon bei den Rückmeldungen und in der Zwischenbilanz geübt worden.
Als Auffrischung und zum Ausgleich der Verstärkereinbrüche mit Wegfall der Hausaufgaben kann sie – kombiniert mit **Übung Nr. 106, einem guten Freund positive Rückmeldung geben** – in der Gruppe durchgeführt werden. Alle lobenden Äußerungen werden dabei in die persönliche Formulierung: »Ich mag an mir, an dir ..., dass ich/Du oder wenn ich/Du ...« gebracht.
Übung Nr. 104 ist in der **Neinsagehierarchie** eine eher leichte Übung, die Abgrenzung gegen autoritär und indirekt gebrauchte Meinungsmache durch persönliche und subjektive Mitteilungen zum Ziel hat. Als Kommunikationsübung benutzen wir sie zumeist in Form der auflockernden Variante, dass jeder mit jedem übt, dem anderen zunächst einen wertenden Allgemeinplatz in der »Man-sollte«- oder »Du-musst-doch«-Formulierung zuwirft, dann der andere diese – übersetzt in eine Ichbotschaft – zurückkoppelt oder decodiert (Du für dich denkst, findest also ...?) und sich dann abgrenzend mit »Ich dagegen denke ...« äußert, dann dem nächsten einen Man-Satz zuwirft etc.
Ausgedehnt auf weitere Durchgänge mit »Ich empfinde, fühle da anders« und »Meine Bedürfnisse sind ganz andere« ist diese Art der Abgrenzung in sich ein sehr guter und weit reichender **Kommunikationskurs im Neinsagen**. Als gebrochene Schallplatte ohne weitere Begründung über das Zitat eigener Wahrnehmungen hinaus ist es eine absolut zuverlässige Defensivstrategie gegen verbale Man-, Du- oder Wir-Übergriffe. Als Defensivstrategie benötigt das Verhalten keine vorangehende Entängstigung oder Planänderungen. In seiner Subjektivität und als Zitat eines »Hier stehe ich und kann nicht anders« (als

sagen was ich wahrnehme) vermindert es die Wahrscheinlichkeit aversiver Fremdkonsequenzen (kein Vorwurf) und erhöht über Freiräume und Respekt Ansprache und Wohlbefinden. Im Verhältnis zum geringen Aufwand der Vermittlung empfehlen wir diese Vorgehensweise besonders in Kliniken, in denen die Zeit zur systematischen Entängstigung nicht ausreicht.

In der **Übung Nr. 105 (Neinsagen, Fordern, Konflikte abbilden)** und **Nr. 107 (Fehlschlagangst**, Abgrenzen, Rückmeldung unangenehmer Gefühle in vollständigen inneren Bedingungsketten) gehen wir im strategischen Arsenal und hinsichtlich emotionaler Offenheit schon wesentlich weiter.
In Übung Nr. 105 ist es wichtig, das Gefühl, sich ausgenutzt zu fühlen, als Folge der eigenen Wertungen darzustellen (Wenn ich mich dann erinnere, dass du schon 10-mal ..., in letzter Zeit ständig ..., dann empfinde ich das ...). Es sind also immer die eigenen Bewertungen, die unsere unangenehmen Gefühle erzeugen.
Noch deutlicher wird das für die **»sekundären« Gefühle**, die sich über die innere Auseinandersetzung mit dem »primären« Gefühl (primär im Sinne der äußeren Anlässe) ergeben. Dies sind etwa Schuld- oder Schamgefühle über Selbstvorwürfe, Wut als Folge selbst definierter und erlebter Ohnmacht, Unsicherheit als Folge widersprüchlicher oder unklarer Konsequenzerwartungen, Verzweiflung und Resignation bei der Deutung von Belastungen als unveränderlich oder die eigene Hilflosigkeit angesichts fehlender Problemlösefähigkeiten oder mangelnder Kontrollüberzeugung.
Durch »lautes Denken« in Wenn-Dann-Form und gelegentlich durch die Darstellung innerer Vorgänge im Rollenspiel mit der eigenen normativen Instanz kann ein guter Freund oder Partner Einblick in diese Vorgänge gewinnen. Das führt bei grundsätzlich erhaltener Sympathie in der Regel zu einem »betroffenen« Verständnis (Das habe ich nie gewusst, dass es für dich so ein Problem darstellt) und Änderungsbemühen.
Die Darstellung des Konfliktes, der die notwendige Rückmeldung kritischer Art bislang verhindert hatte ist auf diesem Niveau unerlässlich und Teil der Schwierigkeitsdefinition der Übungen. Es ist noch Zuneigung da mit realer Verlustangst. Bei »Freunden«, die ganz vorwiegend nur noch nerven und wo nur die eigene Zensur den Ärger bislang zurückhielt, wird die Übung analog zur Neinsageübung mit Kollegen (Nr. 111, Nr. 112) durchgeführt.
Wichtig ist, dass im Modell die Emotionen deutlich und intensiv angemessen vorgegeben werden, sodass die »innere Qual« zwischen der Zuneigung und Verlustangst und dem ständigen Ärger, der Traurigkeit, Enttäuschung, dem Sichzurückgesetzt- und Ausgenutztfühlen mit den mannigfachen Selbstwertkränkungen auch glaubhaft vermittelt wird. Ein Rückzug aufs Prinzip nach dem Motto »Ich werde nie wieder ...« (einem Freund Geld leihen, Gäste einladen, Beziehungen eingehen) ist als vorbeugende Konfliktvermeidung keine akzeptable Lösung zum Aufbau selbstsicheren Verhaltens.
In **Übung Nr. 107: »Ich übe Kritik an einem Freund«**, geht es ebenfalls um die Rückmeldung der eigenen Betroffenheit und Belastung durch die stets wiederkehrende aversive Verhaltensweise des anderen. Strategisch gilt das für 105 Gesagte. Die Übung kann auch real in Bezug auf Konflikte mit Übungspartnern aus der Lerngruppe ausgeführt werden. Dies ist in der Regel schwieriger als mit der Vorbereitung über Verhaltensproben mit Nichtbetroffenen. Da auch hinzukommt, dass die Sympathie zumeist doch nicht ganz so groß ist wie bei Freunden und die Angst vor Ablehnung auch die Akzeptanz der

Gruppe mit beinhaltet, empfiehlt es sich, doch erst den Konflikt von anderen darstellen zu lassen und/oder erst eine Übung mit dem Problem bei einem guten Freund außerhalb vorzuschalten. Eine weitere Vorbeugung vor möglichen Gruppenproblemen kann sein, die nachfolgenden **Übungen Nr. 106 und 108** mit positiver Rückmeldung durch die Gruppenmitglieder unmittelbar anzuschließen.

4 Übungsabschnitt »Partner und Familie«

4.1 Übersicht

Hier erreichen die Hierarchien Neinsagen, Kritik-, Fehlschlagangst und Fordern ihre Maximalitems. Im Bereich »Kommunikative Problemlösung« geht es um die Dekodierung und Ausleuchtung von Bedingungsketten bei anderen und um konstruktive Kompromisse.

Mit »Familie« sind hier im Sinne der hierarchischen Steigerung solche Personen gemeint, die die stärkste Angst vor Liebesverlust und Verlassen-Werden auslösen. Sie aktualisieren mit ihrem Verhalten und durch die emotionale Nähe die ursprüngliche kausale Bedingung für die Abhängigkeit und Unsicherheit der Klienten. Viele Klienten berichten darüber, dass sie erst nach dem Studium der drei Kommunikationskurse in der Lage sind, die Mechanismen der Beschränkung und Unterdrückung durch indirekte Kommunikation zu erkennen. Vielfach wird auch erst die geringere Ängstlichkeit solche Wahrnehmungen hier erstmals zulassen. Auch hier gilt die Aufgabe, Situationen zu sammeln, die für die Gruppenmitglieder relevant sind. Die Klienten üben, solche Maximalsituationen anhand der in den Beispielen dargestellten Strategien zu lösen. Nach der Bedingungsanalyse sollte jedoch der Schwerpunkt auf der Verhaltensprobe liegen. Die Klienten sollen ja in die Lage versetzt werden, solche Konflikte auch in der Realität zu lösen.

Falls es therapeutisch möglich ist, erscheint es ratsam, die Partner der Klienten über die begleitende Einzeltherapie miteinzubeziehen. Viele Partner jedoch weigern sich, andere sind zwar guten Willens, sind jedoch bei den Kommunikationsübungen überfordert.

Übung Nr. 122 aus der Hierarchie »Neinsagen« vermittelt eine Abgrenzung durch Löschen von Vorwürfen und Wiederholen eigener abweichender Wünsche und Vorstellungen.

Die Hierarchie **»Fordern können«** enthält hier noch eine **Übung Nr. 123**, »Gegen den Widerstand von Familienangehörigen allein verreisen«. Sie stellt auch eine **Neinsageübung** über die Bejahung eigener Bedürfnisse in Abweichung von denen des Partners dar. Ziel dieser Übung ist es, aufzuzeigen, dass die Forderung nicht auf Kosten des Partners durchgesetzt werden soll. Sie wird jedoch trotz der Vorwürfe des Partners nicht fallen gelassen. Um einen Interessenausgleich herbeizuführen, werden kommunikative Fähigkeiten in Form offener Fragen und Rückkopplung eingesetzt. Beide Partner sollen fähig werden, ihren eigenen Wünschen nachzugehen. In den Videoverfilmungen haben wir bei der Übung die »Lösung« mit der eigenen vollständigen Wunschdarstellung und gebrochener Schallplatte und die über rückkoppelnde Gefühls- und Bedürfnisabbildung des Partners gegenübergestellt.

Die Hierarchie »Kritik- und Fehlschlagangst« enthält die **Übungen Nr. 124 und 125 aus dem Fehlschlagangstbereich**. In der Übung Nr. 124 wird der Klient für Leistungen, mit denen er selber zufrieden ist, von Familienmitgliedern getadelt. Hier wird hauptsächlich der Ausdruck unangenehmer Gefühle und Kritik und der Ausdruck positiver Gefühle in Bezug auf die eigene Leistung geübt.

In der Übung Nr. 125: »Auf ein immer wiederkehrendes Vorwurfsverhalten eines Familienmitgliedes einwirken«, werden Strategien des Codierens und vor allem des Decodierens, »Löschen« von Vorwurfsverhalten und das Erzielen eines **konstruktiven Kompromisses** geübt. Beide Übungen können beliebig variiert werden, je nach Relevanz für die einzelnen Klienten. So können etwa neu erworbene Verhaltensweisen des Klienten von seinem Partner kritisiert werden, indem zum Beispiel der Klient nach einem gemeinsamen netten Besuch dafür getadelt wird, »welchen Quatsch er nun wieder zusammengeredet habe«! Hier werden Verhaltensweisen, die für den Klienten positive Konsequenzen hervorrufen, von seinem Partner unter aversive Kontrolle gestellt. Wenn er sie ausführt, gerät er in einen »Annäherungs-Vermeidungs-Konflikt«. Hier gilt es, diesen Konflikt zu lösen. Lösungen können aber auch die Einsichten in unvereinbarere Bedürfnisse, Gefühle oder auch Ansichten sein, ohne immer einen »Wirbrei« zu verfolgen. Allerdings sollten die Übenden auch in der Lage sein, zu untersuchen, welche Gefühle den Partner zu einer aversiven Kontrolle veranlassen. Nur dann kann ein konstruktiver Kompromiss oder eine echte Akzeptanz der unterschiedlichen Positionen herbeigeführt werden.
Die Übung Nr. 126: »Den Partner dazu bringen, über sich selbst Auskunft zu geben«, gehört strategisch zur **Kontakthierarchie.** In der Hierarchie **»Fehlschlagangst«** ist sie mit dem **»stummen Vorwurf«** für viele ebenso schwierig wie der Umgang mit lautem Vorwurf. In der **Neinsaghierarchie** ist die häufigste und aversivste Form der Bestrafung mittels Liebesentzug und Dummtun oder eben »stummen Vorwurf« angesprochen.
Diese Verhaltensprobe sollte so gestaltet werden, dass die Klienten sämtliche Kommunikationsstrategien anwenden können. Die Therapeuten sollten ein ausgesprochen emotionelles und auch hier sehr lebensnahes Modell zeigen. Der »Partner« sollte im Rollenspiel eine Reihe von Doppelbindungen, indirekte Äußerungen, Vorwürfe und versteckte Andeutungen machen, damit der Übende genügend Gelegenheit bekommt, die erlernten kommunikativen Fähigkeiten flexibel einzusetzen. Bei der Beobachtung des Modells können die Klienten sich die angewandten Lösungen notieren. Auch hier können dann einzelne Lösungen bei Bedarf separat durchgeprobt werden. So können Therapeuten den »Partner« spielen und kommunikationsblockierende Äußerungen geben, während die Gruppe, als eine Person die Übenden spielt. Jeder sagt das, was ihm einfällt. Auf diese Weise kann die Gruppe hervorragende Lösungsmöglichkeiten erarbeiten.
In der **Übung Nr. 127 aus der Neinsagehierarchie**, die die letzte Übung dieses Abschnittes ist, wird aufgezeigt, dass mit der Ablehnung des Klienten erhebliche Verstärkerverluste des Partners einhergehen können. Der Klient sollte daher zusammen mit dem Partner eine Liste erstellen, in der jeder seine Wünsche und Interessen einbringt. Der Therapeut sollte hierbei behilflich sein und dafür Sorge tragen, dass die Bilanzen ausgewogen sind. Bei schwerwiegenden Störungen in der Partnerschaft kann dies, wie bereits früher erwähnt, nicht die einzige Maßnahme sein. Oft jedoch reichen zwei oder drei Partnersitzungen aus, um zu einer Neudefinition der Partnerschaft zu gelangen und für beide einen fruchtbaren Boden zur Entfaltung eines jeden und zur gegenseitigen Bekräftigung zu schaffen.

Alle Übungen dieses Teils können wahlweise oder hintereinander sowohl in der Anwendung auf Partnerschaften und/oder Eltern durchgeführt werden. Im Videomodell sind jeweils zwei verschiedene Inszenierungen vorgegeben, eine – analog zum Abschnitt Kollegen, Freunde, Vorgesetzte – immer als »individuelle Übungsvariante«, also in der Übertragung in den Alltag.

4.2 Beispiele für Übungsschwierigkeiten beim Decodieren

Übung Nr. 124 wird in der Buchform vorgegeben als Zurückweisung von Kritik **(Fehlschlagangsthierarchie)**: In der Nichtzustimmung und im Widerspruch zur Bewertung von Partner oder Eltern ist sie vorrangig emotional eine **Neinsage-Übung** und im Bereich positiver Abgrenzung und Aufforderung an die Bezugsperson, ihre Beeinflussungsstrategie zu ändern, eine Übung aus dem Bereich **»Fordern können«**. Von den sozialen Fertigkeiten her sollten ausreichende **Decodierfähigkeiten** da sein, d. h. die Rückfragetechniken sollen auch Wenn-Dann-Funktionsaussagen und »Wozu ist es für Dich gut?«-Motivationshinterfragungen beinhalten. Emotional sollte so viel Angstfreiheit vorhanden sein, dass nicht eigene Schuldgefühle zur vorzeitigen Anpassung in Form von Zustimmung zu ängstlichem Rückzug oder aggressivem Vorwurfsverhalten führen. Eindeutiges Rückfragen wirkt nur belohnend, wenn die Absicht, den anderen verstehen zu wollen, vorhanden ist. Die Absicht, den anderen zu verstehen, ist bei hoher Angst oder Aggression nicht zu erwarten. Die Inszenierung kann im Setting einer verabredeten Problemlösebesprechung so gewählt werden, dass zunächst die/der Übende dem Übungspartner ein Verhalten zur Kritik vorschlägt, das die übende Person selbst bejaht und eindeutig positiv verwendet, zumindest in den wesentlichsten Aspekten, während es in der Vergangenheit oder Gegenwart von engen Bezugspersonen zum Gegenstand wiederholten Vorwurfsverhaltens und Änderungsdruckes gemacht wurde. Da bei einer verabredeten Problemlösesituation im Allgemeinen keine störenden, aggressiven Affekte vorhanden sind, ist es der übenden Person möglich, und dies sollte Gegenstand der Inszenierung sein, die Rückmeldung unangenehmer Wertungen oder Empfindungen der anderen Person zunächst als »das Problem des anderen« in voller Wenn-Dann-Funktion und evtl. Motivationsanalyse auszuleuchten. Dabei muss unbedingt darauf geachtet werden, dass sie sich und ihr Verhalten nicht als Auslöser der unangenehmen Gefühle des anderen rückkoppelt, sondern sich und ihr Verhalten nur als Auslöser für Wertungen und Gedanken des anderen rückkoppelt, die dann erst die unangenehmen Gefühle (= das Problem des anderen) ausmachen. Nicht ich und mein Verhalten sind die Ursache des Ärgers beim anderen und damit Anlass des Vorwurfsverhaltens oder der druckmachenden Anforderung oder der schuldgefühlerzeugenden Abwendung, sondern die Wertung meines Verhaltens durch den anderen, die ja nun ganz wesentlich bedingt ist durch dessen Lerngeschichte und die Normen und Pläne seiner Eltern.
Hierfür ein Beispiel: »Du ärgerst Dich also, wenn ich das Haus verlasse und den Tisch nicht abräume?« als Beispiel für die verkürzte Wiedergabe mit der Möglichkeit der Schuldzuweisung für mich als Person – oder – »wenn ich das Haus verlasse und Du siehst dann, dass der Tisch nicht abgeräumt ist, dann denkst Du, ich hätte nicht überlegt, dass Du auch noch frühstücken möchtest und wertest dann mein Verhalten als egoistisch und dann fühlst Du dich zurückgesetzt?«

Übung Nr. 126: »Die Auflösung eines stummen Vorwurfs und die Abgrenzung der vollständigen und eindeutigen Gegenüberstellung der eigenen inneren Möglichkeiten«
Die Übung ist in der Inszenierung etwa mit der Liebesentzug praktizierenden Mutterbesetzung das Topitem der **Neinsagehierarchie.** Wir können auch sagen, wir sind am Ende

des rückläufigen Weges der weitläufigen Aufarbeitung von Generalisierungen in zunächst ganz entfernten Bereichen bis hin zu immer bedrohlicher werdenden möglichen Verlusten angelangt. Dennoch ist im Verhältnis zur früheren realen Bedrohlichkeit dieses Verhaltens heute bei weitem nicht mehr so real aversiv. Mütter und Partner lernen schnell um, wenn sie mit diesen Methoden keine Macht mehr ausüben können, und registrieren, dass sich die bislang unsicheren Angehörigen wirklich ihrer gewohnten Kontrolle entziehen. Unter echter innerer Beteiligung setzt die Übung also Entängstigung voraus. Daneben bietet sie aber eine Fülle strategischer Möglichkeiten, die durchaus im Sinne einer sukzessiven Shaping-Prozedur in mehrere Teilübungen zerlegt, eine sinnvolle Art der Einübung in Dekodierungstechniken darstellt.

Zum technischen Aspekt und zum Fertigkeitssektor

Die Übung birgt in ihrer komprimierten Form den Widerspruch in sich, dass ein wiederholtes Eingehen auf das Fehlverhalten des anderen – hier die emotionale Erpressung durch Rückzug und Schweigen – ja genau dieses befürchtete Verhalten verstärken würde und damit zur Eigentorstrategie würde. Langfristig könnte das erpresserische Verhalten des anderen eher durch Bestrafung, also Herausschreien des eigenen Ärgers, oder durch Löschen (wenn es denn tatsächlich nicht mehr zum harmonie- oder erlösungsdrängenden Schuldgefühl führt) abgeschwächt werden. Langfristig muss es gelöscht werden. Da taktisch sowieso kein echtes Verstehenwollen des anderen zu erwarten ist, solange die eigenen negativen Emotionen handlungsbestimmend sind, sei es, dass sie als aggressives Gefühl Rache und Gegenverletzung diktieren oder als Schuldgefühl Wiedergutmachung, erfordert die Übung eine Absprache derart, dass ich dieses immer wiederkehrende Fehlverhalten des anderen nicht länger hinnehmen möchte und in einer ruhigen Minute bzw. Stunde die Situation neu und anders mit dem Partner oder mit dem Elternteil aufarbeiten möchte. Von der Standardinszenierung her bleibt die übende Person zunächst in der Schilderung einer vollständigen und emotional positiven Erlebnisschilderung, versucht kurze Informationsfragen zum Verhalten des anderen zur Überprüfung der Zuhörerbedingung und geht schließlich auf die Beziehungsebene, d. h. spricht über ihre Gedanken und dadurch ausgelösten Gefühle im Hinblick auf die Wahrnehmung des Schweigens, auf die eigenen Mitteilungen hin. Diese Durchgänge in einer vollständigen inneren Abbildung auch konfliktreicher und auch drastisch gedachter Bedürfnisse kann selbst gelegentlich das Gegenüber schon zu seiner zweiten Äußerungsform: dem Äußern indirekter vorwurfsvoller Ärgerstatements, anregen. Solche Äußerungen werden sofort aufgenommen und geduldig ausgespiegelt, wobei hier jetzt die Technik der **rückkoppelnden Konflikterhellung**, die vorher in Band 3 beschrieben worden ist, bewusst variierend eingesetzt wird: Die als **Echo des ungelösten Konfliktes** beschriebenen Dekodierungsstrategien von Doppelbindungen sind ja: beim **Echo des gelösten Konfliktes** die Herausnahme einer Mitteilungsart, etwa der sprachlichen oder der verbalen oder einer bestimmten, einseitig im Ausdrucksverhalten nur über einen Mitteilungskanal ablaufenden Botschaft, als die ganze Wahrheit (zum Beispiel, wenn der Übungspartner oder die gekränkte Mutter mit eingefrorener oder aggressiver Stimme sagt, dass sie sich überhaupt nicht über das Verhalten des anderen geärgert habe: Es hat Dir nichts ausgemacht, dass ich zu spät kam, Du sitzt dort ganz ruhig und gelassen und bist voller Wohlwollen mir gegenüber; oder aber die feindselige Tonlage als ganze Botschaft benutzend: »Deine Stimme sagt mir, dass

Du voller Wut, Kränkung, Hassgefühle oder Ähnlichem bist.« Als Echo eines ungelösten Konfliktes würde die Doppelbindung an sich angesprochen, etwa: »Einerseits sagst Du mir, dass es Dir nichts ausmacht, andererseits bebt Deine Stimme und wirkt auf mich sehr aggressiv«, oder: »Einerseits weinst Du, und andererseits sagst Du, es macht Dir nichts aus«, oder: »Einerseits weinst Du und versuchst gleichzeitig zu lachen« etc. Ebenso wie die direkte Ausleuchtung der Doppelbindung kann natürlich die Spiegelung der eigenen widersprüchlichen Empfindungen eingesetzt werden, etwa, »wenn Du einerseits ... und dann andererseits ..., dann macht es mit mir widersprüchliche Empfindungen, Bewertungen ...; einerseits denke, fühle, möchte ich mich, andererseits usw.«

Übungsschwierigkeiten

Bei der Dekodierung wird auch von Therapeuten oft zu lange bei den Wertungen und den faktischen Äußerungen verweilt, statt immer wieder geduldig die Gefühle des anderen anzuklicken oder auszuleuchten, etwa beim Zuspätkommen, dass lange darüber diskutiert wird, ob der andere der Meinung war, dass die Verabredung 1/2 acht oder erst 1/2 neun Uhr hätte stattfinden sollen, auch dann mit der Abgrenzung am falschen Ort zu lange durchhaltend »Für mich war es 1/2 neun« mit der Gefahr einer Rechthabediskussion statt weiterzumachen und zu sagen, »Du für Dich bist also davon ausgegangen, dass die Verabredung 1/2 acht stattfinden hätte sollen, Du hast Dich darauf gefreut, dass ich 1/2 acht kommen würde und sitzt jetzt seit einer Stunde wartend, Du hast Dich enttäuscht gefühlt und zum Schluss bist Du wütend auf mich geworden, als Du gedacht hast, dass Dir das immer wieder mit mir passiert. Du hast das als Zeichen mangelnder Zuneigung interpretiert.« Fünf bis fünfzehn solcher immer wieder neu auch auf die Ausgangssituation zurückgehenden Schleifen sind oft nötig, bevor der andere sich so weit nachvollzogen fühlt, dass er bereit ist, die strafende Haltung wegzulassen und in direkter Form über seine Gefühle zu sprechen. Dieses sollte auf jeden Fall dann noch einmal aufgenommen werden, bis die befreiende Genau-richtig-Reaktion, »Genau, jetzt hast Du verstanden, ich hab' mich furchtbar traurig gefühlt oder – es hat mich furchtbar wütend gemacht«-Reaktion erfolgt. Erst dann ist Aufnahmebereitschaft beim anderen zu erwarten und Aufnahmefähigkeit vorauszusetzen, der Plan, den anderen zu strafen, kann aufgegeben werden, ohne dass wie üblich Wiedergutmachungsversprechungen oder Verhaltensweisen mit Verstärkung des Fehlverhaltens notwendig wurden.
Eine andere Gefahrenquelle besteht darin, dass die Übenden beim Rückkoppeln voller Schuldgefühle nicht die Wertungen des anderen und die Annahmen des anderen, über die ja beide unterschiedlicher Meinung sind, als Anlass der schlechten Gefühle des anderen zitieren, sondern verkürzt ihr eigenes Verhalten oder ihre eigene Person, z. B. »Du bist traurig, weil ich zu spät gekommen bin«, statt »Du bist traurig, weil Du dachtest, ich hätte 1/2 acht Uhr hier sein sollen und Du das aus Deiner Sicht folglich zu späte Erscheinen um 1/2 neun als einen Mangel an Aufmerksamkeit oder Wertschätzung interpretiert hast.« Oder »Du bist sauer, weil ich nicht bei Dir essen möchte«, statt »Du bist jetzt sauer, weil Du meinst, mir schmeckt es bei meiner Frau (der Mutter) besser, und dann fühlst Du Dich zurückgesetzt«. Die eigenen Schuldgefühle machen es vielen Übenden ohne vorheriges ATP nahezu unmöglich, sich und ihre Person als schuldhaften Faktor aus der Rückkopplung herauszunehmen, in diesem Fall ist die Rückkopplung nicht viel anders als die üblichen Entschuldungsversuche und Wiedergutmachungsansätze (die Übenden

nehmen die Schuld in der Art des Ursache-Wirkungszusammenhangs, den sie durch die Rückfragetechnik darstellen, auf sich (und bedienen die gedachten Vorwürfe und Fragen der Partner »vorauseilend«). Die Übung wird in der strategischen Anwendung auf den Außenbereich zerlegt in langfristige Löschstrategien von Fehlverhaltensweisen der Partner oder Eltern in abgestufter und konkreter Form und in abgrenzenden distanzschaffenden Arrangements (partnerfreie Tage, Zeiten, in denen Eltern nicht anrufen). Die Restgemeinsamkeit wird über belohnte Nähe (Verwöhnungstage oder möglichst persönliche Gespräche am Telefon) intensiviert.
Eine sehr zentrale Dekodier- und Problemlösetechnik ist der *emotionale Scheinwerfer*. Hierbei wird – quasi als Geburtshilfe für Emotionen – ein blitzlichtartiges Ausleuchten mit einer humorvollen, verständnisvollen Aussprechhilfe wie »Du bist ganz schön sauer, gespannt, verärgert, wütend!« gesetzt. Ist das richtige Gefühl getroffen und der richtige Zeitpunkt, kommt es meist zur sofortigen Lösung der anklagenden Vorwurfs- oder Schmollhaltung. Ohne dass die eigenen Gefühle in eindeutiger Form artikuliert werden und der andere sieht, dass seine Botschaft angekommen ist, wird er weiter Druck ausüben und keinesfalle als Zuhörer in Frage kommen.

4.3 Eltern als Übungspartner – Neubewältigung oder Rekonditionierung

Die Kommunikationsübungen des dritten Teils führen ja die Angsthierarchien in den Bereich der Bezugspersonen hinein, die in der Regel entweder durch ihre Strafreize mit Ablehnung oder Verlassen eine reale Bedrohung der notwendigen Nähe und Versorgung anzeigten oder über unmittelbares Zufügen von Schmerzen die konditionierte emotionale Schuld- oder Angstreaktion aufgebaut haben. Dort, wo sie als ursprünglicher real aversiver UCS in Erscheinung traten, wird mit hoher Wahrscheinlichkeit immer dann eine Sensibilisierung oder Angstauffrischung bei Konfrontationen auftreten, wenn wir ohne Bewältigungs- oder zumindest Dissoziationsmöglichkeit Rollenspielarrangements wählen, in denen die Betreffenden Eltern gegenüber wieder in die abhängige Kindheitsposition zurückfallen oder gar die Inszenierung entsprechend gewählt wird. Dies geschieht leicht bei Techniken des Psychodramas oder auch bei imaginativen Konfrontationen, in denen versucht wird, die Ursprungssituation zu wiederholen, sei es um Explorationsmaterial oder Einsichten zu gewinnen. Wenn die Übungsteilnehmer als kleiner Junge oder als kleines Mädchen gegen die übermächtig agierenden Rollenspielpartner »eigener Vater oder Mutter« antreten müssen, besteht immer die große Gefahr der Rekonditionierung durch Rollenidentifizierung. Die Teilnehmer haben nicht nur ihre maximale Angstempfindung, sie sind auch hinsichtlich ihrer Kontrollüberzeugung und ihres Bewältigungspotentials wieder klein und hilflos. Wo immer eine solche Konstellation benutzt wird, etwa aus diagnostischen Gründen in der Familienskulptur oder aus therapeutischen in den Rollenspielen mit der Du-Stimme oder mit den Erarbeitungen analog zu den ATP-Übungen, sollte die/der Übende die Möglichkeit haben, mit den heutigen Fähigkeiten und Möglichkeiten, also als erwachsene fortgeschrittene ATP-Teilneh-

merin mit genügend Selbstsicherheit, üben zu können. Zusätzlich kann und soll die Elternfigur nach Möglichkeit so weit verfremdet werden, dass zunächst mit Eltern anderer Teilnehmer oder Übungpartnerkonstruktion gearbeitet wird, ein neues Modell der eigenen verfolgt wird, gegen die sich ein anderes Mitglied stellvertretend behauptet etc. In der Familienskulptur, die in ATP-Selbsterfahrungsvarianten hier mit Nutzen eingesetzt werden kann, wird die Interaktion nur einseitig geführt (die in der Körperhaltung eingefrorene Skulptur darf bestenfalls zur Kennzeichnung ihrer Skulptur einen Satz sagen, ohne selbst in die Interaktion zu gehen). Bei den Rollenspielen mit der Du-Stimme empfiehlt es sich, nicht vom Eltern-Ich zu reden, weil dann zu schnell die Gleichsetzung mit den übermächtigen Verwaltern von Lohn und Strafe erfolgt. Dies kann zwar im Nachhinein oder in der didaktischen Einbettung der Übung erwähnt werden, dass die Du-Stimme die verinnerlichte und normative Instanz darstellt, in dem Rollenspiel mit sich selbst wird sie anders deklariert, etwa als die nach außen verlagerte »Meckerstimme«. In der Aufarbeitung eines solchen Dialogs mit räumlich getrennten Positionen (die Ich-Stimme agiert aus einer Ecke, die Du-Stimme aus der anderen) kann dann schon gefragt werden, dass die Betreffenden sich vorstellen sollten, die Du-Stimme stelle eine fremde Person dar, dies sollte aber in der Vorstellung nicht gleich Vater oder Mutter sein, weil dann das Repertoire durch Angstentwicklung zu stark eingeschränkt wird.
Die gekürzte ATP-Version von 70 Stunden spart im Allgemeinen diesen Teil aus oder streift ihn nur hinsichtlich der Dekodierungsfertigkeiten mit Übung Nr. 125, 127 und 122 als Vorläufer. In der begleitenden Einzeltherapie sollte dann aber auf jeden Fall Sorge dafür getragen werden, dass über sukzessive Löschübungen – etwa am Telefon oder aktive Gesprächsveränderungen – bis hin zu Defensivstrategien in der Abgrenzung wie »Ich sehe das anders« oder analog zur Übung Nr. 124 die positive Darstellung von Dingen, die aus der Sicht der Eltern negativ sind, geübt werden. Gelegentlich bietet sich auch ein Vertiefungskurs speziell in diesem Bereich an, der dann zusätzlich zu den 70 üblichen Kursstunden weitere 30 Sitzungen sinnvoll macht. Dies kann dann als vertiefter Kommunikationskurs, als Partner- oder Familientherapie gestaltet werden. Die echte Lösung aus der Abhängigkeit und Angst vor Partnern und Eltern wird jedoch vom Großteil auch schon im verkürzten Design erreicht. Dabei erzielen etwa Dreiviertel der Klienten eine Lösung auf der Basis verbesserten Verständnisses und gegenseitigen Respektes, der Rest löst sich ganz und kann im Regelfall hinfort auch ohne die Illusion leben, doch irgendwann einmal auch von dieser Seite erhört, erkannt und angenommen zu werden.

5. Die Einbeziehung primärer Bezugspersonen und ergänzende Partner- und Familientherapien

Dieser Abschnitt befasst sich mit Beziehungsaspekten in sozialen Systemen und hat daher sowohl für Partner-, Familien- als auch für Therapiegruppen Gültigkeit. Therapeuten, welche das ATP in Gruppen durchführen, werden die entsprechenden diagnostischen und therapeutischen Schritte in der Steuerung von Gruppenprozessen und zur Klärung von Beziehungskonflikten innerhalb der Gruppe als auch bei der Berücksichtigung anderer Gruppenzugehörigkeit ihrer Klienten anwenden. Die Ausführungen sollen helfen, Schritte auf diesem Gebiet in die Logik des bedingungsanalytischen Vorgehens einzubetten.

5.1 Einseitige Kontrollen: Anlass und Zeitpunkt der Einbeziehung von Partnern oder Eltern

Der Anlass zur Einbeziehung primärer Bezugspersonen ist im engeren Sinne mit den Familienübungen des Teil III des ATP gegeben.
Die Übungen haben hier einmal zum Ziel, einseitige aversive Kontrollen abzubauen. Es geht um therapeutische Hilfestellungen im Rahmen von In-vivo-Anwendungen der hierarchisch-strukturierten Verhaltensproben. Zum andern soll die Einbeziehung von Bezugspersonen dort zu einer Neuregelung der familiären Interaktion führen, wo der ATP-Kandidat jetzt ein neues Verhaltensspektrum in die Beziehung einbringt und die Bezugspersonen so weit kooperativ sind, dass sie ihr gegenseitiges System unter Integration dieses neuen Verhaltensanteils auf einem neuen Niveau abstimmen können. Diesem Ziel dienen die »konstruktiven Kompromisse« in den Verhaltensproben und ergänzende Maßnahmen systematischer Art wie Partner-, Familien- und Sexualtherapien.

Die häufigsten *Anlässe,* die zur Einbeziehung von primären Bezugspersonen beim ATP führen, sind gestörte Partnerbeziehungen und Abhängigkeitsverhältnisse von Jugendlichen, die noch im Elternhaus wohnen. Die primäre Diagnostik der Beziehungskonflikte ist ja in allen Fällen bereits vor Beginn des ATP durchgeführt worden. Hier galt die Entscheidung der Frage, ob das Ausmaß an selbstunsicherem Verhalten ausschließlich oder vorwiegend der Beeinflussung durch die Bezugsperson zur Last gelegt werden konnte und ob eine praktikable Möglichkeit bestand, diese Bezugsperson von vornherein mit in die Therapie miteinzubeziehen. War die grundsätzliche Asymmetrie in der Beziehungssituation wesentlich durch Verhaltensexzesse und Defizite des unterlegenen Partners bedingt, so bestand die Zwischenzielsetzung darin, erst diesem durch das ATP einen Niveauausgleich in der Beziehung zu ermöglichen und durch die spätere Einbeziehung des Partners die Systembeziehung auf eine neue Basis zu bringen. Zeigten beide Partner Verhaltensdefizite im sozialen Bereich mit einem defizitären Kompromiss und einer defi-

zitären Ansprachebilanz, so bestand das Bemühen darin, ihnen eine parallele Durchführung des ATP zu ermöglichen und sie später zu einer abstimmenden Partnertherapie zusammenzufassen. In der Praxis am häufigsten sind jedoch gestörte Beziehungen, in denen der dominante kontrollierende Partner nicht bereit ist, eine für ihn belohnende Position aufzugeben (wie sollte er auch), und jede Verantwortung an den »krankhaften« Störungen seines »Opfers« leugnet. Diese Konstellation ist nicht nur in Bezug auf Partnerschaften, sondern auch in Bezug auf größere Familiensysteme am häufigsten. Der störungsinduzierende Teil des Systems ist naturgemäß weniger therapiemotiviert als der gestörte Teil. Der gestörte Teil des Systems wiederum ist selten kompetent genug, aus eigener Kraft solche Kontrollen zurückzuweisen oder sich dem System zu entziehen. Hier bestand der therapeutische Umweg darin, dem gestörten Teil erst genügend Verhaltensalternativen zu vermitteln, um ihn einmal in die Lage zu versetzen, eine Entscheidung zur Loslösung aus dem aversiv-kontrollierenden System zu treffen, oder aber durch sein eigenes Verhalten die Bedingungen des kontrollierenden Partners so zu verändern, dass dieser die positiven Kontingenzen für aversiv kontrollierendes Verhalten verliert und so in einen motivatorischen Zugzwang gerät.
Die Voraussetzung zur Einbeziehung solcher Bezugspersonen sind damit zwangsläufig erst beim Fortschreiten des ATP, also während der Durchführung des Teil III, gegeben.

Der Zeitpunkt der Hinzuziehung von Bezugspersonen gestaltet sich nach Maßgabe der oben geschilderten Anlässe. Überall dort, wo noch kein langfristig generalisiertes Muster selbstunsicheren und hilflosen Verhaltens vorliegt und auch nur die geringste Chance zur Erfassung der störungsinduzierenden Bezugsperson besteht, wird man primär versuchen, das Problem des gestörten Mitgliedes aus der Änderung des Systems selbst abzuleiten. Dies betrifft vor allem soziale Ängste bei Kindern, welche oft in wenigen Sitzungen über eine Veränderung des Elternverhaltens abgebaut werden können.
Bei selbstunsicheren Jugendlichen mit überstarken Abhängigkeitsverhältnissen vom Elternhaus stoßen wir meist an die Grenzen der realen Macht. Dort schicken Eltern ihre Kinder zur Behebung einer umschriebenen Störung und entziehen dann die finanzielle Unterstützung, wenn das Kind wieder »richtig funktioniert« und damit ihre eigene aversive Beeinträchtigung behoben ist. Eine Hilfe zur eigentlichen Verselbständigung ist jedoch ohne motivatorischen Druck kaum zu erwarten, da ja hier zunächst wieder ein Verzicht auf belohntes Kontroll- oder Fürsorgeverhalten gefordert wird. Therapeutisch werden wir hier vor allem auch Maßnahmen zum Bilanzausgleich für diejenigen Familienmitglieder vorsehen müssen, die bei der Loslösung des Klienten aus der elterlichen Kontrolle in ein Verstärkerdefizit geraten würden. Es empfiehlt sich, solche Maßnahmen von Beginn der Therapie an anzutreiben. Das Fürsorgeverhalten von Eltern kann gelegentlich auf die aktive Förderung der Selbständigkeit ihrer Kinder umgepolt werden. Eine Steigerung gemeinsamer Aktivitäten der Eltern, insbesondere aber ein Ausgleich des Defizites für nicht berufstätige Mütter durch Kurse, Arbeitsaufnahme und Kontaktsteigerung, muss langfristig eingeleitet werden. In gemeinsamer Familiensitzung kann dann analog zu den vorgegebenen Hilfen zum Bilanzausgleich in Teil III eine Neuabstimmung des Systems vorgenommen werden. Vielfach sind solche Maßnahmen auch die Voraussetzung dafür, dass unsere Klienten ihre Schuldgefühle, die sie am Verlassen des Elternhauses hindern, genügend abbauen können.

Im Bereich der Partnerschaft können bei kooperativen Partnern die Kommunikationsübungen und – rein formal – konstruktive Kompromisse zur Wiederaufnahme eigener Aktivitäten vorgezogen oder parallel zum ATP gestaltet werden, falls beide Partner für diese Therapie indiziert sind. Bei extrem gestörten Partnerschaften mit einseitig aversiver Kontrolle ist es häufig notwendig, am Anfang durch zeitlich befristete Trennung ein »Stillhalteabkommen« zu erzielen. Der Klient, der anfangs in seiner Entscheidung zur Trennung oder einem möglichen Zusammenbleiben noch unsicher ist, gewinnt hier eine neue Entscheidungsbasis. Nach unserer Erfahrung sind viele anfangs geplanten Trennungen später nicht mehr vollzogen worden, sei es, dass der kontrollierende Partner unter anderen motivatorischen Bedingungen dann doch zu einer gemeinsamen Verhaltensabstimmung und Verhaltenskorrektur bereit war, sei es, dass das Ansprachepolster des ATP-Klienten so gewachsen war, dass er familiäre Defizite leichter verkraften konnte. Andererseits ist es nach einer persönlichen Mitteilung von Reiss und Mitarbeitern (Münster) bei der reinen Durchführung des ATP ohne bedingungsanalytische Berücksichtigung der Partnerbeziehungen im Rahmen eines Programmes zur Gewichtskontrolle zu einer stark erhöhten Scheidungsquote gekommen. Hier spielen sicherlich auch therapeutische Normen und Parteinahmen eine große Rolle. Abgesehen von den Ehesituationen, bei denen ohne eine gründliche Verhaltensänderung auch des Partners keine tragfähige Basis erwartet werden kann und bei dessen Weigerung zur Therapie der Preis des Zusammenlebens in der Beibehaltung der Störung unseres Klienten bestehen würde, sollte nach unserer Meinung ein Therapeut auch die Risiken und Belastungen einer Trennung im Auge behalten und überall dort, wo es möglich erscheint, systemabstimmende Hilfen (Partner-, Familientherapie) zur Ergänzung anbieten. Damit wird die Entscheidung zur Trennung oder zum Zusammenbleiben, die bei Abschluss des ATP aufgrund der eigenen vergrößerten Selbstständigkeit leichter getroffen werden kann, wiederum auf eine neue Basis gestellt. Nach dem Versuch, eine Verhaltensänderung auch des Partners zu erreichen, kommt es häufig zu einer Rekonstruktion der Problemsituation, die zu einer anderen Entscheidung führt.
Bei den Partnern, bei denen anfangs keine Motivation zur Mitarbeit besteht, muss der Therapeut immer damit rechnen, dass diese im Laufe des ATP ihre aversive Gegenkontrolle erhöhen. So können insbesondere weibliche Partner darauf bestehen, bei den Übungen zugegen zu sein und zu kontrollieren, mit wem sich ihr Mann abends noch in der Gruppe trifft. Eine solche Ausdehnung der häuslichen Kontrolle ist natürlich mit dem Therapieziel nicht vereinbar. Männliche Ehepartner üben den Druck häufiger auf ökonomischer Basis aus (plötzlich reichen die Finanzen nicht mehr zur Therapiefortführung aus oder die Frau vernachlässigt den Haushalt bzw. die Betreuung des Ehemannes), dass die Therapie nun endlich eingestellt werden soll. Vielfach ist es dem Therapeuten anfangs möglich, auch einem nicht kooperativen Ehepartner die Vorteile der Therapie seines gestörten Partners schmackhaft zu machen. Das berührt vor allem den Wegfall aversiver Konsequenzen und Beeinträchtigungen infolge der Partnerstörungen. Dieses anfängliche Wohlwollen kann dann zu Beginn von Teil III des ATP mit der Realisierung der Selbstständigkeit des Partners zu einer neu aufflammenden Gegenkontrolle führen. Hier wäre dann der Zeitpunkt für einen erneuten Versuch der Einbeziehung des Partners gekommen.

Das *Vorgehen* bei den ergänzenden Partner- und Familientherapien entspricht in seinen Methoden und Techniken im Wesentlichen dem, was der ATP-Therapeut im Hinblick auf den Einzelnen und die Steuerung von Gruppenprozessen routinemäßig einsetzt. Viele Argumente von Therapeuten, dass sie auf diesen Gebieten noch wenig Erfahrung hätten, beziehen sich eher auf den Namen Familien- oder Partnertherapeut als auf das Vorgehen selbst. Es wird nicht realisiert, dass es sich hier um eine spezielle Anwendung des bedingungsanalytischen Therapiewissens handelt, das sie auch bei der Steuerung anderer Gruppenprozesse wie im ATP benötigen.

Verhaltenstherapie ist immer auch Familien-, Partner- oder Gruppentherapie, weil sie die Gesamtheit zugänglicher Bedingungen gestörten Verhaltens erfassen und modifizieren muss.

Es ist gerade die Stärke des bedingungsanalytischen Erklärungs- und Änderungsmodells, dass es zwangsläufig in der Berücksichtigung der externen Bedingungen des Verhaltens zur Einbeziehung primärer Bezugspersonen führt.
Die Betrachtung von Problemen auf der Ebene des Systems, einzelner Interaktionen auf der Ebene der beteiligten Individuen ist untrennbar miteinander verbunden und definiert lediglich verschiedene Gesichtspunkte in der bedingungsanalytischen Bestimmung des Störungskomplexes.
Die Berücksichtigung dieser verschiedenen Gesichtspunkte erfährt bei der Einbeziehung von primären Bezugspersonen in das ATP eine unterschiedliche Gewichtung. Wenn Bezugspersonen lediglich im Rahmen der Verhaltensproben als Übungspartner für Realsituationen einbezogen werden, können wir uns auf eine Beschreibung des Beziehungsaspektes auf der individuellen Ebene beschränken. Unser Klient übt den Abbau von Abhängigkeitsverhältnissen. In der routinemäßigen Einbeziehung von Partnern mit der Empfehlung einer begleitenden Durcharbeitung von Kommunikationsübungen bewegen wir uns auf der zweiten Ebene, der von interaktionellen Verhaltenssequenzen. Wir folgen hier dem Modell der Reziprozität interaktionellen Verhaltens (Gouldner 1960).
Auf der dritten Ebene, in der Betrachtung der Familie als System, gehen wir von der Austauschtheorie der sozialen Beziehung (Homans 1958, Thibaut und Kelley 1959) aus, wobei ähnlich der individuellen Bilanzierung im ATP die Nutzenmaximierung der einzelnen Partner aus den gemeinsamen Kontakten zur Grundlage unserer diagnostischen und therapeutischen Bemühungen wird. Es ist das Verdienst von Revenstorf, Hahlweg und Schindler (1979), die verschiedenen Interaktions- und Kommunikationstheorien (vergleiche Graumann 1972) für diese Betrachtungsebenen differenziert zu haben.

Wir wollen jetzt die häufigsten diagnostischen und therapeutischen Schritte in der Partner- und Familientherapie den drei Ebenen zuordnen:
der Betrachtung des Gesamtsystems,
der Betrachtung von Interaktionssequenzen und
der Betrachtung nach den beteiligten Individuen.

5.2 Die Familie als Austauschsystem: Bilanzierung von Verstärkern und Kontraktmanagement

Im Teil III des ATP finden sich ausführliche Erläuterungen zur Bilanzierung von Konsequenzen und Aktivitäten innerhalb des Familien- und Partnersystems. Hier wird besonderer Wert auf die Diagnose der austauschfördernden und -behindernden Bedingungen gelegt.
Die Systemdiagnose befasst sich mit

- den Funktionen, die die reale Verfügbarkeit von Verstärkern betreffen; hierzu gehört die Rollenfunktion jedes Einzelnen in seinen externen und gruppeninternen Funktionen für Einkommen und Ansehen, Güte und Verständnis, Alter, Geschlecht, Aktivitäten, Kontakte und die Stellung innerhalb des Systems;
- den Funktionen, die den tatsächlichen Austausch von Verstärkern betreffen; hierzu gehören die Art und Zahl von Kontakten innerhalb des Systems, die Definition der individuellen Ansprüche und Funktionen in Beziehung zu gemeinsamen Regeln und Rücksichtnahmen, die Fehlverhaltensweisen einzelner mit Exzessen an aversiver Kontrolle oder Defiziten an belohnendem Verhalten;
- und der Definition des Systems durch Beziehungsregeln und die Zahl seiner Mitglieder.

Die Verfügbarkeit von Verstärkern und ihre Verwendung sowie die Definition der Rollenfunktion des Einzelnen innerhalb des Systems bedingen ganz unterschiedliche Erwartungs- und Austauschsysteme. Diese müssen diagnostiziert werden und dürfen nicht durch einen inadäquaten Gleichheitsgrundsatz überspielt werden.

Die therapeutischen Schritte zur Erfassung und Modifikation der Bilanz eines Systems bestehen in:

- Der Ermittlung von Häufigkeit und Wertigkeit von Kontakten. Diese wird oft nur aus den beobachteten Interaktionssequenzen während der therapeutischen Sitzung oder eines Therapeutenbesuches zu Hause bei der Familie erschlossen. Als technisches Hilfsmittel ist hier das Soziogramm nach Moreno (1954) besonders wertvoll. Für uns hat sich die Erfassung der gemeinsamen Aktivitäten während der Dauer von einer Woche nach dem Schema in Abschnitt 8.6.8 des dritten Buches bewährt. In der linken Spalte sind Situationen angegeben, in denen überhaupt eine Chance zum Zusammentreffen mit anderen Familienmitgliedern besteht. Diese können für besondere Belange erweitert werden. Über den rechten Spalten werden die potentiellen Kontaktpersonen eingetragen. Nun werden täglich, nach Situationen getrennt (etwa Frühstück), die tatsächlichen Kontakte unter den Personenrubriken eingetragen und in ihrer Wertigkeit von –3 über 0 bis +3 abgestuft. Die Erarbeitung eines solchen Ist-Zustandes von Austauschbeziehungen über eine Woche wird durch die *»Soll-Analyse«* von Kontakten ergänzt. Hier können Wünsche an die anderen formuliert werden, wobei an Beispielen klargemacht wird, dass diese in klaren Verhaltensbegriffen und nicht in abstrakten Formulierungen gebracht werden. Dies kann in freier Form geschehen (jeder schreibt für jeden drei Verhaltensweisen auf, die er gern häufiger sehen würde, und drei Verhaltensweisen, die er seltener sehen möchten. Es können hier auch vorgegebene Problemlisten Verwendung finden, wie sie für den Bereich der Partnerschaft von Hahlweg, Schindler und Revenstorf (1979) entwickelt wurden. Dann werden wie üblich die Zielbarrieren definiert und gemeinsame Überwindungshilfen erarbeitet. Da zwangsläufig nicht alle gegenseitigen Änderungswünsche einander entsprechen, besteht der nächste Schritt auf der Systemebene in der Aushandlung konstruktiver Kompromisse. Bei diesen soll der Belohnungswert für das System (als Steigerung gemeinsamer oder aufeinander bezogener Aktivitäten) dem Opfer des Einzelnen gegenübergestellt oder durch gruppenfremde Ansprache (zwei freie Tage pro Woche) ausgehandelt werden. Der Therapeut schafft nunmehr fördernde Bedingungen zum Etablieren der neuen und zum Abschwächen der alten Aktivitäten, das heißt, er legt Verstärker fest und gibt Hilfen zur Durchführungskontrolle. Das beinhaltet zumeist den *Abschluss eines Vertrages* mit der genauen Definition der Zielverhaltensweisen und der fördernden Kontingenzen und der Verpflichtung zur gegenseitigen Einhaltung (Kontraktmanagement Weiss et al. 1974, Patterson et al. 1975) sowie von »Verboten«, etwa Konfliktthemen aus der Vergangenheit ohne gegenwärtigen Bezug immer wieder aufzuwärmen, sowie positives Feedback durch Erfolgsgrafiken und Ähnliches, die wöchentlich erneuert werden und zu Hause für alle sichtbar angebracht werden. Die Beziehungsregeln und die Austauschkanäle in einem System werden den Mitgliedern verdeutlicht. Hierzu kann auf die Hilfsmittel »Soziogramm«, »Bilanz über eine Woche« und auf die therapeutische Beobachtung von Interaktionssequenzen zurückgegriffen werden. Zum Letzteren kommentiert der Therapeut bestimmte Kontakte als unbeteiligter Beobachter. Er sagt etwa »Es fällt mir auf, dass alle etwas vom Vater wünschen« oder »irgendwie reden sie jetzt die ganze Zeit über jemanden, der gar nicht anwesend ist« und dergleichen. Auch die Lektüre zur Rollenfunktion und zur Abhängigkeit der Verstärkerbilanz von der Arbeit und Familie in Teil I und III kann für Nicht-ATP-Absolventen mit Nutzen herangezogen werden.

Überleitend zur Neugestaltung von Interaktionssequenzen durch Kommunikationsstrategien ist die Definition des Systems über die *Zahl seiner Mitglieder*.
In der »einfachsten« *dyadischen Gruppe*, der Paarbeziehung, mündet die Zwangsläufigkeit reziproker Steuerungsprozesse bei nicht ausreichender externer Korrektur langfristig immer in asymmetrische Abhängigkeitsverhältnisse oder in defizitäre Dauerkompromisse. In den ATP-Büchern sind viele Beispiele zur Analyse solcher Langzeiteffekte von Zweierbeziehungen, in denen einer auf Kosten des anderen an Sicherheit gewinnt und der andere zur Hilflosigkeit erzogen wird, dargestellt. Therapeutisch müssen hier auf der Systemebene Verhaltenssektoren und partnerinterne Zuständigkeiten jeweils neu festgelegt werden (etwa: Einkaufen ist ausschließlich Sache von A, Kochen ausschließlich Sache von B. A muss dabei sowohl Hilflosigkeitsappelle von B zum Kochen »löschen« als auch Kontrollversuche von B zum Einkaufen zurückweisen und umgekehrt). Solche Funktionsfestlegungen zur Systemneuregulierung sind von außerordentlicher Wichtigkeit und nicht durch die Vermittlung kommunikativer Strategien zu ersetzen.
In der Analyse von Dyaden muss der Therapeut jedoch auch immer mit der Einbeziehung »Dritter« rechnen. Viele Adressatfunktionen von Botschaften drücken dies aus (Du und Deine Familie, Du und Deine Arbeit, Clique und dergleichen). Auch die berühmte Schwiegermutter ist schließlich keine Erfindung der Witzblätter, sondern für viele gestörte Paarbeziehungen der Störungen mitbedingende dritte Systempartner. Auch hier

wäre es eine Fehleinschätzung des Systems, lediglich kommunikative Strategien vermitteln zu wollen.

Triadische Systeme wie die Einkindfamilie oder die vaterlose Familie mit zwei Kindern zeigen die indirekte, über einen zweiten an einen dritten vermittelte Botschaft am deutlichsten. Das kann auf der Modellebene, in Form vikariierender Verstärkung oder als Ersatzbestrafung zur Anwendung kommen. Der Therapeut wird zunächst die Betreffenden vorsichtig auf diese Mitteilungsumwege aufmerksam machen (»Ich hatte den Eindruck, als würde hier etwas an B gerichtet, aber zu C gesagt«, oder direkt B fragen, »Wie fühlst Du Dich bei diesem Verhalten von A?«), dann die Hindernisse direkten Adressierens klären und Korrekturen vorschlagen und einüben. Vielfach ist ein Kommunikationsmuster die Folge der funktionalen Stellung des Einzelnen im System. So finden wir etwa bei vaterlosen Familien die klassische Doppelfunktion der Mutter als kontrollierende Führungsperson und für die emotionale Fürsorge zuständig. Adressat und Empfängerfunktionen stehen hier zumindest in ihrer langfristigen Perspektive unter so widersprüchlichen Aspekten, dass im Kommunikationsmodus Doppelbindungen vorherrschend werden.

Bei *polynomen Systemen* schließlich kommen die aus der Gruppendynamik bekannten Konstellationen zur Steuerung der Systemkontakte hinzu. Das Problem des Führens in sachlichen und in emotionalen Angelegenheiten, das Problem von Bündnissen oder Subgruppen (Kinder, Eltern, ein Elternteil und ein Kind oder alle gegen einen) und die Sündenbockfunktion des Einzelnen müssen in der Systemanalyse beachtet werden.
Der »Sündenbock« entspricht dabei dem »Symptomträger« in der Familientherapie. Er ist mit unserem zur Behandlung kommenden Patienten zumeist identisch und wird als Austragungsort eines gestörten Systems und gleichzeitig als das Alibi für seine »prinzipielle Intaktheit« verstanden.

5.3 Die Analyse interaktioneller Verhaltenssequenzen unter Einbeziehung intraindividueller Prozesse

Auf der Ebene interaktioneller Verhaltenssequenzen schließt die Diagnose gestörter Beziehungen die folgenden Prozesse ein:
Die Erfassung von Aktiva und Passiva im partnerbezogenen Verhalten (was noch klappt und was nicht), unter den Aspekten der Gerichtetheit von Äußerungen, der Qualität von Äußerungen, der Eindeutigkeit von Äußerungen und der Reziprozität von Äußerungen.

5.3.1 Die Interaktionsanalyse im Hinblick auf die Gerichtetheit von Verhalten und die intraindividuellen Prozesse

Die Gerichtetheit von Verhaltensweisen im Zusammensein mit anderen kann je nach Verhaltensinhalten, nach der individuellen Fähigkeit zur Wahrnehmung anderer und nach der Qualität der Beziehung erheblich variieren. Wenn Watzlawick et al. (1967) jede

Interaktion als Kommunikation definiert und von der Unmöglichkeit der Nichtkommunikation in der Interaktion spricht, darf das Therapeuten nicht dazu verführen, nun in jedem Verhalten von enger miteinander zusammenlebenden Menschen einen Beziehungsaspekt zum anderen zu suchen. Dies tut der Partner sowieso bereits zu häufig. Die unbekannte Größe bei der Betrachtung einer interaktionellen Verhaltenssequenz (Sender-Empfänger-Modell) ist der subjektive Wahrnehmungs-, Deutungs- und Kalkulationsprozess, der zwischen »Reizempfängern« und »Reaktionssendern« vermittelt. Er stellt eine zumindest ebenso bedeutsame Quelle von Missverständnissen dar wie die formale Gestaltung des verbalen Austauschverhaltens. Hier konkurrieren oftmals intraindividuelle Verhaltenssequenzen mit interindividuellen in der Zeit und Qualität. Für den Beziehungsaspekt von zwei über ihre inneren Monologe interagierenden Menschen ist es dabei weniger bedeutsam, dass sie zwangsläufig in ihrer Interaktion das Verhalten des anderen als Auslöser und Konsequenz steuern, sondern dass zwischen der subjektiv erwarteten Konsequenz auf die inneren Vorgänge und der tatsächlich eintretenden Konsequenz auf die gezeigten Verhaltensweisen eine Diskrepanz entsteht.

Wenn A etwa Klavier übt und sich darüber freut (innerer Prozess), nunmehr zum abwaschenden Partner B geht und einen abweisenden Gesichtsausdruck wahrnimmt, stellt dies eine Wegnahme einer antizipierten positiven Konsequenz (K +) dar. Er spekuliert über die Ursachen, bekommt Schuldgefühle und will diese reduzieren, indem er sagt »Kann ich dir helfen«. Die erwartete Zustimmung wäre ein K – gewesen. Die Antwort lautet jedoch: »Schreib doch lieber endlich mal deinen Brief ans Finanzamt« (K – als Zurückweisung und Aufforderung zur »Pflicht«).

Das hier fehlende Glied in der Interaktionssequenz ist der innere Vorgang bei Partner B. Sie hat die Klavierübung beim Abwaschen gehört und gedacht: »Alles muss ich allein machen, er denkt nur an sein Vergnügen, wenn er doch wenigstens mal seinen Brief fertigmachen würde, anstatt einfach herumzuklimpern.«

Ihre Botschaft entsprach dem Resultat dieser inneren Vorgänge und hatte keinen unmittelbaren Bezug mehr zu den situativen Verhaltensweisen von A, freudig das Zimmer zu betreten und später Hilfe anzubieten. Diese Geschichte fand in der Realität eine endlose Fortsetzung. A ging fernsehen, B hatte Schuldgefühle und kam, um mit ihm zu schmusen. A reagierte nicht (innerer Monolog mit Resultat: Sie ist ja doch unfähig zur Freude, ich kann eigentlich nicht mehr mit ihrer Zuneigung rechnen). B sitzt Stunden strickend in der Ecke, A bekommt Schuldgefühle und geht zu ihr, um zu schmusen. B reagiert nicht (innerer Monolog: Was immer ich tue, ist falsch, aber er ist ja auch ein gefühlloser Egoist, ich kann nur für ihn arbeiten, mit ihm kann ich eigentlich nicht mehr rechnen). Dann sprechen beide zwei Tage lang nicht mehr miteinander, und dies wiederholt sich über Jahre.

Das Beispiel mag verdeutlichen, dass die Regeln der gegenseitigen Steuerung zwar die Zwangsläufigkeit der Interaktionssequenz erklären, aber keine ausreichende Handhabung zu ihrer Änderung liefern. Hierzu ist die Übersetzung der inneren Prozesse in äußeres Verhalten, die Rückverfolgung der Vorgänge auf Wahrnehmungen und Interpretationen der kurz- und langfristigen Begegnung (Tagesablauf erstellen, Verhaltensstrategien erklären) notwendig.

Die beobachtbare »Reaktion« des Empfängers einer Botschaft ist häufig nicht mit der bedingungsanalytisch nächstfolgenden Verhaltensweise identisch.

Die Frage der Kongruenz innerer Vorgänge zu den geäußerten Mitteilungen ist auch eine Frage der Gerichtetheit von Verhalten.
In unserem Beispiel war die Freude von A über sein gelungenes Klavierspiel ein spontanes Ausdrucksverhalten und nur sekundär ein auf Lob ausgerichtetes, Partner adressiertes Appellverhalten.
Die Kongruenz innerer Vorgänge beim »Sender« mit dem vom »Empfänger« interpretierten Inhalt der »Botschaft« steht in Beziehung zur Enge der Gerichtetheit von Verhalten.

Vom *rein expressiven Verhalten* als Extrem einer
ichbezogenen Äußerung über die *sach- und objektbezogenen* verbalen Interaktionen
zu den *vermittelten indirekten Botschaften* an den anderen in Form *unterstützter Meinungen und Aktivitäten und der Einbeziehung zur Bedürfnisbefriedigung*
erreicht der Beziehungsaspekt bei den *direkt gerichteten Mitteilungen der Informationssuche, der aktiven Kontrolle* (Bestrafung, vorbeugende Bremsung, Zurückweisung) und der *aktiven Bedürfnisbefriedigung* (Hilfe, Lob, Zuwendung und materielle Vorteile erheischend) seinen engsten Grad.

Vom Beziehungsaspekt stellen insbesondere die indirekt partnerbezogenen Verhaltensweisen eine Quelle von Missverständnissen dar. Das Problem, dass nur er oder sie weiß, was er eigentlich für den anderen tut, die Konsequenz dessen jedoch ständig im offenen Verhalten des anderen sucht und ihr notwendiges Ausbleiben dem anderen zum Vorwurf macht, ist ein recht häufiger Störfaktor von Beziehungen. Eltern oder Partner beziehen ihre negativen Verstärker aus Verzichtleistungen für andere in der Arbeit, Freizeit oder in Bezug auf Einhaltung limitierender Systemregeln. Diese positive Konsequenz ihrer nur innerlich partnerbezogenen Verhaltensweisen ist jedoch für den anderen nicht wahrnehmbar und betrifft oftmals offenes Verhalten mit entgegengesetzten Konsequenzen. Die Mehrarbeit etwa entzieht dem Partner kurzfristig Belohner aus gemeinsamen Aktivitäten. Die therapeutische Konsequenz bei der Interaktionsanalyse unter Berücksichtigung verdeckten Verhaltens besteht daher in der *Übersetzung in offenes verbales Verhalten.*
Dies geschieht durch die *Analyse der inneren Verhaltenskette.* Wir fragen nach dem, was Klient A wahrnimmt (was sieht, hört, riecht, schmeckt, fühlt es in Bezug auf sich, die Situation und auf Partner B),
was denkt er dann, interpretiert oder etikettiert er zu dieser Wahrnehmung?
Was fühlt A dann aufgrund der so gedeuteten Wahrnehmung?
Was möchte A dann tun in Bezug auf kurzfristig und langfristig vorausgegangene Interaktionssequenzen
und in Bezug auf die Konsequenzen, die A bei B antizipiert?
Dann möchte A etwas tun, und
was tut und antwortet A dann tatsächlich?

Dieselbe Analyse folgt entsprechend für den Interaktionspartner B.

5.3.2 Die Interaktionsanalyse im Hinblick auf die Kommunikationsinhalte

Gestörte Beziehungen unterliegen ebenso wie individuelles Verhalten steuernden aversiven Bedingungen. Diese äußern sich zwar in der Form der Mitteilungen, sind aber nicht zwangsläufig kausal identisch mit dem Kommunikationsstil. Die real aversiven Bedingungen für das System können in materiellen Einschränkungen, in Erziehungsproblemen der Kinder, in dem Hineinwirken Dritter (Zweitpartner, Schwiegermutter) in eine Beziehung, in Verhaltensdefiziten und Angstblockaden der Mitglieder auf sexuellen, emotionalen oder sozialen Gebieten liegen. Gleichwertig würde eine durch körperliche Störungen oder durch Suchtverhalten chronische Beeinträchtigung eines Partners und die damit verbundene Belastung des anderen zum Daueranlass für negative Mitteilungsinhalte. Nach einer Untersuchung von Revenstorf et al. (1979) unterscheiden sich gestörte Paarbeziehungen von ungestörten eher in der erhöhten Grundrate negativer Verhaltensweisen als in den Mustern der Reziprozität.
Partner-, Familien- und Gruppentherapien sind ohne die Berücksichtigung der inhaltlichen aversiven Bedingungen und in einer Beschränkung auf die Art des Kommunikationsmodus häufig unvollkommen. Die Berücksichtigung der inhaltlichen Störfaktoren bedeutet häufig, über eine begleitende Einzeltherapie die Systembarrieren zu beseitigen. Kommunikative Strategien erleichtern die Problemdarstellung und Lösung. Exzessive Ängste des Einzelnen vor Ablehnung, Schuldgefühle und funktionelle Beeinträchtigungen bedürfen jedoch einer zusätzlichen systematischen Therapie. Dies entspricht etwa dem Konzept des ATP, in dem zwar fast seit Beginn (1971) ein Gruppenkurs für Paare nach Berlin (1975) angeschlossen wird, das Schwergewicht jedoch in der separaten Herstellung von partnerschaftsfähigem Verhalten liegt. Nun ist die inhaltliche und die formale Seite aversiver Systembelastungen kaum voneinander trennbar. Chronifizierte Mitteilungen negativen Inhaltes werden beim anderen ein Vermeidungsverhalten im Hinblick auf die Wahrnehmung oder Reaktanz zu solchen Interaktionssequenzen schaffen. Primäre Defizite im Wahrnehmen und Einfühlen von anderen werden persönliche Mitteilungen des einzelnen unter Löschungsbedingungen des anderen stellen und wiederum negative Inhalte (»der versteht mich nicht, der mag mich nicht«) schaffen.

5.3.3 Die Interaktionsanalyse unter dem funktionalen Aspekt der Steuerung von Kommunikationsverhalten

Die Regeln der Verhaltenssteuerung durch Modell-Lernen und fördernde oder hemmende Konsequenzen gelten naturgemäß auch uneingeschränkt in der Interaktion von Gruppenmitgliedern.
Erschwerend für die Analyse gegenseitiger Steuerung ist hier nur die Tatsache, dass die verhaltensformenden Konsequenzen stets einen doppelten Bezug haben:
Zum einen betreffen sie die innere Situation des Mitteilenden und zum anderen die erkennbare Reaktion des reagierenden Partners. Die für das Senderverhalten maßgebende Steuerung setzt sich also aus der Bilanz dieser beiden Quellen von Konsequenzen zusammen. Entsprechendes gilt für das Empfängerverhalten. Hinzu kommt die zeitliche Dimension der Verhaltenssteuerung, wonach in der Interaktion jedes gerichtete Verhal-

ten sowohl Aspekte der Verhaltensauslösung (Reiz) als auch Aspekte nachfolgender Konsequenzen besitzt. Auch der Aspekt vikariierender Verstärkung spielt bei Mehrpersonensystemen eine Rolle.
Die Dauer gemeinsamer Interaktionen führt zur Herausbildung von Interaktionsmustern, die das »gewohnte« Problemlöseverhalten von Systemmitgliedern bedingen.
Solche Muster der Reziprozität können sein:

Für Vorwurfsverhalten von A an B:

K̸ – (A)
(A begegnet einer antizipierten Kritik, reduziert eigenen Ärger
→ (K – [B])
(B wird bestraft)
→ K̸ – (A)
(B zieht sich zurück, erwarteter Vorwurf bleibt aus)
→ K + (A)
(B entschuldigt sich, lenkt ein und ist positiv)
→ K – (A)
(B reagiert mit Gegenvorwurf)

In den beiden ersten Reaktionen von B ist eine eindeutige Bekräftigung des ihn negativ kontrollierenden Vorwurfsverhaltens von A enthalten. Ob B schweigt oder einlenkt, ändert nichts an seiner in Zukunft anwachsenden Bestrafung.
In der letzten Reaktion von B hätten wir die Ausgangsbasis eines offenen Streitverhaltens. Die externe Konsequenz als Gegenvorwurf müsste das bestrafende Verhalten von A abschwächen. Dem steht jedoch der negative Verstärker gegenüber, den A intern durch die Spannungsreduktion beim Äußern seines Vorwurfs erfahren hat. Der Gegenvorwurf von B in seiner Auslösungsfunktion ruft das (negativ verstärkte) Erwartungsmuster von A ab, nun wiederum mit der Steigerung seiner Vorwürfe zur Spannungsreduktion zu kommen. Falls B diesem Muster folgt, hätten wir eine Eskalation des Streitens mit Spannungsreduktion für beide, also den nach Bark und Wyden (1969) entlastenden und reinigenden Streit vor uns.
Falls B zu seinen ersten beiden Reaktionen zurückkehrt, wäre die Eskalation des aversiven Kontrollverhaltens von A bekräftigt worden.
Die Beziehung K̸ – Sender zu K̸ – Empfänger ist wohl die häufigste Interaktionssequenz bei der aversiven Kontrolle von Interaktionspartnern.

Eher für den *Aspekt der Anpassung* des kontrollierten Partners ist die Beziehung K̸ –Empfänger zu K + Sender maßgebend. Das Nachgeben reduziert Kontrollverhalten und stellt für den Sender einen Erfolg seines Verhaltens dar. Beziehungsprobleme langfristiger Natur entstehen häufig auch aus der Delegation von Entscheidungsverhalten an den kompetenteren Partner. A bittet B um Hilfe bei einer belastenden Aktivität und B hilft und bekommt anfangs Anerkennung und Dank:
K̸ – (A) zu K + (B) intern und K + (B) extern.
Dass damit A zwangsläufig immer hilfloser und B immer kompetenter wird, haben wir an vielen Beispielen in Teil I und III der ATP-Bücher dargestellt.

Symmetrische Fehlentwicklungen betreffen etwa die defizitären Kompromisse von Partnern, die Konflikte nie offen austragen, sondern vermeiden.
Das Beziehungsmuster gestaltet sich hier nach
$\not{K}$ – (A) (A verzichtet auf etwas, das für ihn und den anderen lästig wäre) zu $\not{K}$ – (B) (B fühlt sich ebenfalls entlastet und freut sich über das Verständnis [K + (B)] und dankt es dem anderen durch Zuwendung [K + (A)]).
Andere Muster von Interaktionssequenzen von gestörten Partnerbeziehungen betreffen häufig die *Anzeige und ausbleibende Erfüllung von Mangelzuständen.* So könnte A von B Gefühlsäußerungen, Lob, Zärtlichkeit oder sexuelle Aktivitäten erwarten, die B nicht geben kann.
A appelliert an B und meldet sein Bedürfnis an, er antizipiert die Beseitigung $\not{K}$ – (A) seines Mangelzustandes. B realisiert den Wunsch und registriert die fehlende Möglichkeit der Nichterfüllung, er antizipiert Enttäuschung bei A und fühlt sich unwohl [K – (B)].
B vermeidet eine direkte Reaktion, er setzt den anderen ins Unrecht und beweist ihm, dass sein Wunsch Unrecht ist, oder er bietet eine alternative Zuwendung. In jedem Fall bleibt für A die erwartete Befriedigung aus. Durch Deprivation wird der Mangelzustand immer größer, sein Druck auf den anderen oder die Erhöhung der Frequenz und Intensität des Wunschverhaltens wird zunächst gesteigert. B realisiert immer häufiger sein Nichtkönnen und wertet Wunschäußerungen an sich als Hinweis auf K –, er vermeidet sie. A wird »krank« und kommt in Therapie: Die Angemessenheit seiner Wünsche, die Form ihrer Äußerungen werden problematisiert und gegebenenfalls ein partnerfremder Bilanzausgleich angestrebt. Die Verhaltensbarriere oder das Defizit bei B als bedingende Größe dieser Störung entgeht auch bei seiner Einbeziehung in eine Partnertherapie häufig der Korrektur. Die Insuffizienz betrifft ja den Kern der Beziehungen im emotionalen Sektor und wird meist als ein »Die-liebt-mich-nicht«-Vorwurf von A zu B gedeutet. B steht jetzt unter mehrfach negativen Konsequenzen für seine Behinderung, kontingente Verstärkung zu liefern. B fühlt sich überfordert oder insuffizient, er leidet an der Enttäuschung beim Partner A und bekommt Angst vor dem Vorwurf, den anderen nicht zu verstehen oder nicht zu mögen, und vor A's nachfolgender »Gegenkontrolle« durch Liebesentzug. In diesem Interaktionsmuster muss zumeist eine begleitende Einzeltherapie die Verhaltensbarrieren von B abklären und, soweit sie angstbedingt sind, partiell einzeln abbauen, bis B seine Schwierigkeiten A gegenüber definieren kann.
Angstbedingte Kommunikationsstörungen werden in Gruppentherapien mit ausschließlichem Ansatz am Interaktionsverhalten häufig übersehen. Viele der im folgenden kurz skizzierten Methoden der Umformulierung von Mitteilungen sollen Ängste vor Bestrafung reduzieren. Sie ersetzen für sich allein jedoch noch keine systematische Entängstigung beim Einzelnen.

5.3.4 Die Interaktionsanalyse unter dem formalen Aspekt des Kommunikationsverhaltens

Die formalen Gesichtspunkte in der Analyse von Mitteilungsverhalten betreffen die Dimensionen der *Eindeutigkeit versus Mehrdeutigkeit.*
Mehrdeutigkeit oder Nichtzusammenpassendes in einer Botschaft wird meist unter dem Aspekt der *Inkongruenz* abgehandelt. Inkongruenz kann sich auf der Senderseite zeigen

- in einer Diskrepanz von der Formulierung und dem Tonfall,
- von verbalem Verhalten und nonverbalem Verhalten wie Mimik und Gestik,
- von diskrepanten Mitteilungen inhaltlicher Art und
- von diskrepanten Aufforderungen mehrerer gleichzeitiger »Sender«.

Auf der »Empfängerseite« kann sie betreffen

- die Diskrepanz von gehörtem, gesehenem und erwartetem Verhalten,
- von situativem Rahmen und Erwartungsmustern,
- von kurzfristigen zu langfristigen Folgen antizipierter Reaktionen und
- von diskrepanten Konsequenzen antizipierter Reaktionen in Bezug auf mehrere Interaktionspartner.

Diese formalen Aspekte betreffen die Ebenen der Kodierung und Dekodierung und die Bilanzierung von Konsequenzen. Sie sind vom inhaltlichen Beziehungsaspekt kaum zu trennen.
Eher den Wortlaut und die Grammatik des verbalen Verhaltens selbst betrifft die Abstraktheit versus situative Klarheit von Botschaften wie der Gebrauch von Tätigkeitsworten versus Substantiven, die Einbettung des Gesagten in eine funktionale Verhaltenssequenz (Wenn-Dann) und die Beschreibung von eigenen Reaktionen als hier und jetzt erfahrene Gefühle statt allgemeiner Feststellung über etwas.

Die Direktheit versus Indirektheit von sprachlichen Mitteilungen betreffen die klare Kodierung bezüglich des Absenders einer Botschaft (»Ich« statt »Wir« und »Man«), eigene Wünsche statt »Man-sollte«-Maximen, Gegenwartsform statt Vergangenheits- und Zukunftsformen und die Infinitiv- statt Konjunktivbenutzung.

Daneben werden auf der Seite des Empfängers von Botschaften problemerklärende Verhaltensweisen unter dem formalen und dem funktionalen Aspekt notwendig: das verständnisvolle Zuhören, die hervorhebende Bekräftigung sowie das Stellen von Fragen in offener statt geschlossener Form und die Abnahme von Alternativ- und Killerfragen (gibt die Antwort selbst oder verhindert sie durch vorwegnehmende Feststellungen).

5.4 Zu den Techniken aus der Partner- und Familientherapie zur Verbesserung von Interaktionsstrukturen

Diese sind weitgehend identisch mit den zum ATP geschilderten Strategien. Der Unterschied zu den meisten unter »Kommunikation« angebotenen Fertigkeitstrainings zur Kommunkationstherapie nach dem ATP besteht darin, dass hier zunächst die bedingungsanalytischen Voraussetzung zur Anwendung der »Fertigkeiten« geschaffen werden. Wir wollen die Schritte, die in anderen Kommunikationskursen (etwa Human Development Programm HDI, Berlin 1975, Minnesota Couples Communication Programm MCCP, Miller et al. 1976, dem Kommunikationskurs von Schindler et al. 1980) oder in Familientherapien (etwa Satir 1977, Bandler et al. 1978, Haley 1977) Anwendung finden, mit Ausnahme der oben dargestellten Maßnahmen auf Systemebene, kurz wiederholen und diese in ihrer bedingungsanalytischen Funktion kennzeichnen.

- Das Einüben von der *Erfahrung*, Benennung und direkten Äußerung von *Gefühlen* soll helfen, den Beziehungsaspekt statt der Ebene des sachlichen Redens über etwas anderes zu klären, das Gespräch auf die Ebene persönlicher Betroffenheit zu bringen und die Eindeutigkeit von Botschaften (ein Gefühl ist immer echt) zu garantieren.
- *Die Äußerung von Gefühlen in direkter Form* (Ich fühle) soll helfen, den Vorwurfzirkel zu unterbrechen (Ich rede ja über mein statt sein Problem). Die Objektbefreiung von Botschaften durch die Mein-Dein-Strategie ist naturgemäß ein Artefakt und hat nur den Stellenwert einer didaktischen Anfangshilfe.
- Verhaltenstherapeuten knüpfen an das Erlernen von Gefühlsäußerungen noch die Einbettung in Wenn-Dann-Sequenzen (innere und äußere Vorgänge).

In Bezug auf Ohnmacht und Wutreaktionen als Spätfolge nicht rechtzeitig geäußerter Gefühle wird der Vorteil der unmittelbaren Äußerung von Sofortreaktionen erläutert.
Auf der Partnerseite werden die fördernden und klärenden Interaktionen (Zuhören, Paraphrasieren, Fragetechniken) eingeübt.
Die Rollen werden zu Übungszwecken oft festgelegt (A sendet, B bestätigt oder korrigiert, B sendet, A bestätigt oder korrigiert). Standardübungssituationen sind hilfreich.
Die Kommunikationskurse in Buchform bedürfen zumeist therapeutischer Anleitung und sind wie die Kommunikationstherapie in den ATP-Büchern eher als entlastende Vorbereitung in Hausarbeit und als Arbeitsmaterial von Bedeutung. Für ATP-Teilnehmer sind zusätzliche externe »Kommunikationskurse« in aller Regel redundant.
ATP-Therapeuten können beim flankierenden Einsatz solcher Programme zumeist auf die Interaktions- und Systemanalysen vor der Therapie zurückgreifen und sich. mit vier bis fünf Sitzungen begnügen, wobei der ATP-geschulte Klient mit seinem Partner von den acht Sitzungen (nach Berlin) jeweils zwei zu Hause vorbereitet. Die Hauptarbeit liegt für den Therapeuten neben der Bereitstellung von didaktischen Hilfen in der Vermittlung praktischen Übens und von Transferhilfen. Auch bei Familien hat sich das gemeinsame Durchlesen eines solchen Basiskurses und entsprechende Teile aus den ATP-Büchern (Teil I und III) als Ergänzung zu den therapeutischen Maßnahmen innerhalb des Systems bewährt.
Nach den problemzentrierten Interaktionsanalysen und den Sofortmaßnahmen zum Bilanzausgleich bietet ein übungszentrierter Kommunikationsteil dem Therapeuten die Möglichkeit, die Interaktionsanalyse in den oben beschriebenen Aspekten zu vertiefen, ohne sich an einem derzeit noch nicht lösbaren Problem festzubeißen. Er verdeutlicht dabei inhaltliche und formale Probleme der Kommunikation durch die üblichen Techniken wie hervorhebende Rückmeldung, paradoxe Übertreibung (Vorsicht, Kritik!), verständnisheischendes Nachfragen oder reflexive Zusammenfassung aus seiner Sicht. Bei zwei Therapeuten hat es sich auch bewährt, besondere Interaktionssequenzen noch einmal auf der »Bühne« nachzuspielen, während die betroffenen Patienten zuschauen. Sie werden als jetzt nicht mehr so betroffenes Publikum um Rückmeldung gebeten. Eine Alternative wird entwickelt und modellhaft vorgegeben.
Bezogen auf das ATP, ist es bei diesen flankierenden Maßnahmen wichtig, diese so weit

fortzusetzen, dass die Ziele sozialer Veränderungen für den Klienten erreicht werden können, ohne das System darüber hinaus außer Balance zu bringen. Für das System und den Einzelnen erscheint es ratsam, gemeinsame Kontrollsitzungen zu festen Zeitpunkten auch über das Ende der Therapie hinaus zu vereinbaren. Dies könnte etwa zweimal jeweils nach drei und zweimal jeweils nach sechs Monaten geschehen.

E Die Therapeuten

Im ATP sind so viele wirksame Methoden, so viele mögliche Ansätze und so viele Absicherungen bei Fehlern und Unterlassungen enthalten, dass sich Therapeuten schon sehr anstrengen müssen, keinen Erfolg zu erzielen. Vor diesem Hintergrund darf ruhig mal etwas »falsch« gemacht werden oder »Unvollkommenheiten« toleriert werden. Speziell bei Gruppen gilt, dass auch Therapeuten »es nicht allen recht machen können«.
Therapeuten sollten jedoch wissen, was sie tun, warum, wozu und wie.
Bedingungsanalytisches Denken und Erfahrungen mit dem ATP, zunächst in Eigen- und dann in Einzelanwendung bei Klienten, sind die Voraussetzungen, dass später auch »ganze Orchester« stimmig in Gang gesetzt werden können und die höchst wirksamen und ergiebigen Gruppentherapien durchgeführt werden können.
Die Kenntnis der Partitur, der einzelnen Instrumente und der Instrumentalisten muss dann noch in den kunstvollen Entwicklungsprozess des Ganzen und der je einzelnen Einsätze über die Zeitdauer eingebracht werden.
Das therapeutische Können unterstützt die wirksamen Methoden. Es ist weitgehend erlernbar und wird durch Übung verbessert.
Eine der wesentlichen erfahrungsabhängigen Größen ist dabei das Wissen, was wann bei wem noch nicht oder gerade jetzt getan werden soll.
Die Kunst des richtigen Zeitpunktes ist vom Erfahrungsstand der Therapeuten abhängig. Das, was zu einem bestimmten Zeitpunkt wofür nützlich erscheint und was nicht, wächst als Erfahrungsschatz parallel mit der Verringerung von Einsatzkraft und jugendlicher Begeisterung (oder manchmal auch Ehrgeiz). Beide Veränderungen, die Zunahme des Wissens mit der Verknüpfung zu einem Netz mit mannigfachen Verzweigungen und Wegen zum Ziel und die Abneigung gegen unnötige Arbeit, fördern zunehmend die Mehrfachutilisation der spontanen und induzierten Vorgänge, vielleicht gelegentlich zu Lasten der systematischen Inszenierung oder geplanten Therapie. Die beiden Gesichtspunkte »Utilisieren« und »Inszenieren« haben sich uns für die Beschreibung therapeutischer Aktivitäten als besonders ergiebig erwiesen.
Das therapeutische Vorgehen sowohl in Einzel- als auch in Gruppentherapien lässt sich mit diesen Bezugsgrößen zwischen Therapeuten- und Methodenanteil gut differenzieren.
Der Varianzanteil für den Therapieerfolg dürfte bei jüngeren Therapeuten eher durch die Vorgaben der Methode als durch die zielgerichteten planmäßigen Bedingungsveränderungen begründet sein, später durch regelgeleitetes funktinales Denken und bei älteren eher durch die Spontannutzung des Vorgefundenen mit der sofortigen Hervorhebung, Umdeutung, Transfer-, Einsichtsarbeit, Verstärkung oder Problematisierung, hervorhebender Bekräftigung oder indirekter aversiver Besetzung und den in das Gesamtkonzept eingestreuten übenden Bewältigungen sowie der Umsetzung neuer Istzustände in strategisch-bedingungsmodifikatorische Umwegs- oder Verkürzungsschleifen.
Ein Schema therapeutischer Interventionen über die Zeit soll das *Vorgehen als Basis mit der Zielbildung* als Horizont unter folgenden Aspekten verbinden:

1. Die **Inszenierung** als planvolle Gestaltung von Neuerfahrungsmöglichkeiten auf der Basis bedingungsanalytisch abgeleiteter Maßnahmen und

2. die **Utilisierung** aller unmittelbaren und mittelbaren Therapiegeschehnisse, aller inszenierten und spontanen, aller direkten und indirekten Verhaltensweisen und Ereignisse für den Zielannäherungsprozess und/oder für den Aufbau von weiteren Änderungsinstrumenten und »bedingenden Bedingungen« als Zwischenzielplattform.

In Gruppentherapien können wir diese beiden Aspekte auf der *Zielebene* auch als *prozessuale und als instrumentale Ziele* unterscheiden. Utilisierungen und Inszenierungen können wiederum diesen »Mittel zum Zweck« oder unmittelbar störungsabschwächenden Verhaltensweisen zugeordnet werden.
Eine weitere sehr nützliche Betrachtungsebene von Therapeutenverhalten kann das *Plankonzept* liefern.

Wir wollen uns jetzt die nach unserer Erfahrung häufigsten Quellen von therapeutischen *Schwierigkeiten* näher ansehen und dann versuchen, hieraus zusätzliche Kriterien für die Weiterbildung zu gewinnen.

(1) Bei der *Indikation* gibt es einmal Fehlentscheidungen, die im Sinne eines zu kurzen Zugriffs auf die Störungsbedingungen eine notwendige *ATP-Teilnahme nicht erkennen.* Hier zeigt sich zumeist der Mangel an bedingungsanalytischem Denken und die ungenügende Erfahrung in komplexen therapeutischen Verfahren. Eine symptomatische Beeinflussung einer isolierten Fehlverhaltensweise (etwa Fresssucht) wird rigide beibehalten. Froh, einen Zugang mit einer zugänglichen Methode zu haben, wird das sekundär wirksame Bedingungsgefüge im sozialen Beeinflussungsfeld ausgeblendet oder nur unsystematisch und oberflächlich im Sinne der Anpassung an eine weiterhin wirksame Störbedingung verhaltensmodifiziert.
Die Therapiemotivation des Patienten ist bei solch einem Vorgehen oft so strapaziert, dass er bei den nicht ausbleibenden neuen Konflikten zu Sekten oder anderen »Heilsbringern« abwandert, statt sich mit derselben Methode noch einmal, aber bedingungsgerecht behandeln zu lassen.
In mangelndem Bedingungswissen begründet sind auch die häufigen zeitlichen *Integrationsfehler,* die mit dem Aufeinanderfolgen der einzelnen Bedingungsmodifikationen zu tun haben. Hier dauert es auch für theoretisch gut ausgebildete Verhaltenstherapeuten meist ziemlich lange, bis sie begleitend zu ihren Maßnahmen deren bedingungsverändernden Effekt simultan miterfassen und im Resultat hochrechnen können. Nur so können sie im Voraus bestimmen, wann die erste Technik nicht mehr und die nachfolgende erst jetzt ihre modifizierbaren Bedingungen vorfindet. Eine Technik, die nicht mehr oder noch nicht veränderbare Bedingungen zu modifizieren vorgibt, muss jedoch zu Misserfolgserlebnissen führen. Umgekehrt ist die Mitarbeit des Patienten von therapiekontingenten Erfolgserlebnissen abhängig, also von der richtigen zeitlichen Gewichtung des Änderbaren in einem komplexen Bedingungsgefüge. Dies führt zur Frage der *Therapievoraussetzungen,* womit die Bedingungen gemeint sind, die den Vollzug des in dieser Methode geforderten Linderungsverhaltens ermöglichen.
So sollte ein Stotterer erst so weit im Rhythmussprechen geschult sein, dass er sich verständlich ausdrücken kann, bevor er an einer Lerngruppe teilnimmt. Ein Sprechängstlicher muss gelegentlich sogar für die einfachsten Anfangsschritte einer ATP-Gruppe noch mit einigen wenigen Sitzungen vorbereitet werden, bevor er Anschluss an die Gruppendesensibilisierung bekommt. Ein sehr häufiges Beispiel für fehlende Therapie-

voraussetzungen sind gerade diese Personen, wenn sie in unstrukturierten Problemlösegruppen oder gar in psychoanalytischen Gruppen jahrelang unter Druck gesetzt werden, nun doch endlich einmal etwas zu sagen, wovor sie ja gerade Angst haben.

Ein Abhängiger sollte idealerweise vor dem ATP entzogen sein. Wenn jedoch die suchtfördernden Bedingungen in sozialen Ängsten liegen, wird sich ein gestaffeltes Entwöhnungsdesign von Medikamentenumstellung, Dosisverringerung, Ersatz durch Entspannung und dergleichen unter gleichzeitiger ATP-Aufnahme nicht vermeiden lassen.

In der ambulanten Therapie sollte allerdings das Entzugsproblem immer vorrangig gelöst werden. Auch eine relativ geringe Medikamentendosis oder Alkoholmissbrauch seltener Frequenz stellen eine erhebliche Gefährdung des Therapiezieles dar. Es bleibt nicht aus, dass gerade bei der Konfrontation mit schwierigen Übungen das »bewährte« Mittel der Erleichterung eingesetzt wird. Dann werden ganze Übungsabschnitte scheinbar angstfrei bewältigt, bis das absolute Absetzen der Hilfsmittel dann das totale Lerndefizit entlarvt. Habituation konnte unter diesen Bedingungen nicht stattfinden. Für den Therapeuten, der diese Zusammenhänge am Anfang übersieht, stellt sich spätestens nach dem Grundkurs die Frage, ob er Personen, die bis dahin nicht völlig »trocken« sind, wegen fortbestehender passiver Vermeidung aus der Gruppe ausschließt oder ihnen den Abschluss ohne eigentlichen Lerngewinn und damit nur unter formalen Kriterien erlauben soll. Beides bringt erfahrungsgemäß große Schwierigkeiten in Bezug auf die Motivation der Gesamtgruppe.

Bei agoraphoben Patienten kann die Unfähigkeit, das Haus zu verlassen, ein Habituationstraining erfordern, um die Voraussetzung zur Teilnahme am ATP zu schaffen.

Starke aversive Stimulation und körperliche Beschwerden sollten mit Selbstkontrolltechniken gemildert sein, bevor eine Lernaufgabe von fast einem Jahr Dauer zugemutet wird.

Die wohl häufigsten Probleme der Indikation liegen neben dem Abhängigkeitsproblem auf dem Gebiet depressiven Verhaltens.

Einmal können hier passagere, phasisch wiederkehrende Verhaltensweisen von Mutlosigkeit, depressiver Verstimmung und gemindertem Selbstwertgefühl voreilig verabsolutiert werden, weil wir die Bedingungen des primären Störungsgefüges, etwa biochemische Regelkreissteuerungen oder ähnliches, nicht kennen. Hohe Werte im U-Fragebogen als mögliche Indikation zum ATP unterliegen in einer depressiven Phase aber eben anderen Bedingungen als phasenüberdauernde Werte und benötigen dann auch andere Bedingungsmodifikationen als das ATP. Eine depressive Phase (ebenso ein psychotischer Schub) sollte daher immer erst als vorübergehende Störbedingung abgewartet werden, bevor wir aufgrund einer neuen Analyse die ATP-Indikation überprüfen. Auch als Verhaltenstherapeut dürfen wir die hier angezeigten biochemischen Bedingungsmodifikationen, etwa durch Thymoleptika und Lithiumprophylaxe, nicht übersehen.

Zum zweiten liefern depressive Verhaltensweisen oftmals selbst Bedingungen, die sich als fehlende Voraussetzung zum Wirksamwerden eines Lernprozesses in einer Gruppe ohne zusätzliche Beeinflussung sehr hinderlich auswirken. Dazu gehören die Verstärkerabwehr und -abwertung, die oft aversive Behandlung anderer durch die ewig Unverstandenen, der Protest der hilflosen Hilfeheischenden gegen Anforderungen jeglicher Art, die fast absolute Vermeidung der chronischen Lebensflüchtlinge mit der manipulativ eingesetzten Selbstmorddrohung und anderes mehr.

Die Mehrzahl depressiver Verhaltensweisen wird zwar im ATP gezielt und effektiv verändert. Es gehört jedoch zu den erforderlichen Therapeutenfähigkeiten, in der Einzelar-

beit die Voraussetzungen zum Wirksamwerden der in der Gruppe eingesetzten Verstärker zu schaffen. So kann der Therapeut der Gefahr vorbeugen, im späteren Therapieprozess dadurch aversive Bedingungen zu schaffen, dass er die vom Patienten erwarteten Belohner ignoriert und unreflektiert nur das zur Verhaltenssteigerung einsetzt, von dem nur er als Therapeut Verstärkerfunktion erwartet. Wird etwa der Versuch gemacht, durch Argumentationen die Widerspruchshaltung eines Patienten zu ändern, der von der Verneinung als solcher einen hohen Belohnungswert hat, so finden wir eine Eskalation der wechselseitigen Steuerung zu einer klassischen Zweikampfsituation. Die falsche Verstärkerwährung (etwa Anerkennung für Fortschritte bei einem auf Hilfe- und Verständnis Ausgerichteten) ist wohl auch die häufigste Ursache für den Therapieabbruch. Die chronische Ignoranz der Patientenbedürfnisse stellt eben noch lange keine therapeutische Löschungsprozedur dar, sondern response cost für das gesamte (Fehl-)Verhaltensspektrum eines so programmierten Menschen. Es erfordert viel Erfahrung und Geschick, hier die Zuwendung langsam auf aktive eigenständige Verhaltensweisen kontingent zu machen und diese vom passiven hilflosen Verhalten parallel zum Aufbau von Alternativen abzuziehen. Hilfreiche Überlegungen zur Überwindung von Situationen, in denen Patienten anders reagieren, als vom Therapeuten erwartet, sind Analysen zu den Fragen »Kann der andere sich anders verhalten, als er es tut?«, »Welche Bedingungen von meiner Seite fördern sein Problemverhalten?«, »Welche Hindernisse stehen dem gewünschten Verhalten im Wege?«, »Wie sind die Voraussetzungen für das gewünschte Verhalten und in welchen Teilschritten zu schaffen?«
Es ist ersichtlich, dass eine solche Krisenanalyse nur Bestandteil der therapeutischen Fähigkeit ist, ständig parallel zu seiner Veränderungsarbeit auch bedingungsanalytisch zu denken.

Schließlich haben wir in Bezug auf depressives Verhalten auch wieder die häufige Situation, dass bei den Akutmaßnahmen zum Ansspracheausgleich die Stabilisierung der Stimmung als ausreichender Therapieerfolgsindikator gewertet wird und die sekundär wirksamen, weiterbestehenden Störungsbedingungen in Form langfristig wirksamer Verhaltensbarrieren keiner Änderung mehr zugeführt werden. Dies kommt einer Unterlassung therapeutischer Hilfe gleich und ist ein häufiger Grund für sogenannte Rückfälle. Ein »Rückfall« ist aber oft nur eine Situation, in der therapeutisch nicht modifizierte Hintergrundbedingungen für symptomatisch behandelte Störbereiche weiter bestehen und schließlich wieder die Kontrolle über den isoliert behandelten Verhaltenssektor gewinnen.
Dies gehört zu denjenigen Indikationsfehlern, bei denen hohe Einschränkungen etwa im U-Fragebogen nicht zum Anlass einer systematischen Therapie gemacht werden, welche den Patienten potenter macht, seine Umwelt auf Dauer besser zu bewältigen, indem er neue Rahmenbedingungen für sein alternatives Verhalten schafft.

Neben den individuellen Indikationsfehlern stellen *weiterbestehende aversive Sozialverhältnisse in der Arbeit, Familie und im Kontakt* die häufigste Fehlerquelle bei den *Therapievoraussetzungen* dar.
Bedingungsanalytisch stellen sich hier Fragen nach den Kriterien der »Machbarkeit« und des »Wünschenswerten« in der Modifikation sozialer Bezüge. Dabei geht es auch um die Kunst, den richtigen Zeitpunkt zwischen therapeutischer Änderungsarbeit und sozialer Umstrukturierung zu finden.

Von den Voraussetzungen einer Therapie her, die Ängste im zwischenmenschlichen Bereich abbauen soll, müssten aversive Konsequenzen für die Annäherungsschritte eigentlich ganz ausgeschaltet werden. Die Schwierigkeiten, auf der einen Seite therapeutisch in kleinen Schritten und mit Methoden der Angstreduktion das Vermeidungsverhalten überwinden zu wollen, gleichzeitig aber immer Gefahr zu laufen, dass unter Alltagsbedingungen nicht abwendbare Strafbedingungen ständig neue Vermeidung produzieren, sind jedem aus der Methode der Systematischen Desensibilisierung vertraut. Da sollen Prüfungsängste unter Termindruck, dort Schreibängste (etwa beim Schreibkrampf) ohne lange Unterbrechung der Arbeit, dort Redeängste kurz vor einem Vortrag oder bei einem Menschen mit täglichen öffentlichen Sitzungen abgebaut werden.
Das Rezept, den Betreffenden bis zum Therapieende aus den aversiven Bedingungen herauszunehmen, ist gelegentlich bei stationärer Therapie oder bei leistungsgestörten Studenten anwendbar. In der überwiegenden Mehrzahl aller Klienten greifen jedoch die wechselseitigen Bedingungen: Erhöhte Kritik und aversive Kontrolle – Gefährdung des Arbeitsplatzes ohne Alternativen bei Fehlern, Fehlen, Kranksein – und erhöhte Misserfolgsangst mit Fehlern so ineinander, dass ein Therapeut erhebliche Abstriche an dem, was er als wünschenswerte Voraussetzung zur Therapie erkannt hat, machen muss. Das erste Glied in der Kette des Bedingungsgefüges – die erhöhte Kritik und aversive Kontrolle – kann der Therapeut oft nur um den Preis des Arbeitsplatzverlustes für den Klienten ausschalten. Die sich aus dieser Situation ergebenden wirtschaftlichen und familiären Störbedingungen würden vermutlich jetzt neu an die Stelle der alten aversiven Bedingungen treten und die abhängige Variablengruppe »Misserfolgsangst und Versagen« neu induzieren.
Eine solche Situation beinhaltet letztlich, dass die Voraussetzungen, die für das Prinzip der Systematischen Desensibilisierung notwendig wären, zwar wünschenswert bleiben, aber therapeutisch nicht (oder um einen zu hohen Preis) machbar sind.
Zwangsläufig muss sich das Ziel der Therapie und das Vehikel der Therapie in Relation zu den »Gegebenheiten« ändern. Bessere Stressbewältigung durch Selbstkontrolltechniken kann der erste Schritt zur Abschwächung des Effektes der weiterbestehenden aversiven Bedingungen sein.
Erfolgserlebnisse auf straffreien Verhaltenssektoren können das Selbstvertrauen wiederherstellen. Defensivstrategien wie die Technik der »Gebrochenen Schallplatte« mögen zur Abwehr von Strafreizen gerade noch toleriert werden. Kognitive Elemente, wie die Einsicht in die ausbeutungsfördernde Funktion einer aus Fehlschlagangst resultierenden Perfektionismushaltung können ebenso wie der Abbau der Fehlschlagangst in störungsfreien Sektoren eine größere Distanz und damit Entlastung mit sich bringen. Die Tatsache, dass trotz der extrem ungünstigen Situation einer ambulanten Therapie unter den gegenwärtigen ökonomischen Bedingungen auch auf dem Fehlschlagangstsektor noch gute Resultate zu erzielen sind, spricht jedenfalls dafür, dass hier noch andere und indirektere Mechanismen der Bedingungsabschwächung wirksam werden als im klassischen Konzept der Systematischen Desensibilisierung.

Zum Zeitpunkt dieser Ausführungen ist den Verfassern gerade eine Situation bekannt geworden, in der einem Arbeitnehmer nach einem sachlichen und geringfügigen Verbesserungsvorschlag wegen Einmischung in die Firmenangelegenheiten gekündigt wurde und ein Sachbearbeiter des Arbeitsamtes die finanzielle Unterstützung verweigerte, weil er diese Kündigung als zwangsläufig und selbstproduziert wertete. Wir haben in Teil I der Klientenbücher die Grenzen sozialer Veränderungen über den Weg individuellen Handelns unter dem Abschnitt »Die Verwaltung der Verstärker und die reale Macht« schon angedeutet. Für den Therapeuten stellen sich in einer Zeit zunehmender Entrechtung des Individuums diese Fragen aber in aller Schärfe ständig neu: Wann, unter welchen Umständen, wie und bei wem kann eine Therapie mit dem erklärten Ziel der Bedingungsveränderung noch indiziert sein, wenn die primären Störungsbedingungen in der Arbeit weder vermeidbar noch durch Verhaltensänderungen grundsätzlich zu beheben sind. Abgesehen von der Notwendigkeit, makrosoziale Bedingungsanalysen in die Therapie und in das eigene Handeln einzubeziehen, bleibt in extremen Fällen nur das »Abwarten auf das programmierte drop out« des Betroffenen, der dann unter den »günstigen Bedingungen« stationären Aufenthaltes im störfreien Raum, als Rentner oder in berufsfremder Tätigkeit neu aufgebaut oder »rehabilitiert« wird.

Im zweithäufigsten Konflikt zwischen einer notwendig erscheinenden Bedingungsveränderung und dem Wünschenswerten und Machbaren steht der Therapeut dann, wenn das Verhalten einer primären Bezugsperson durch Schläge, Kritik, Herabsetzung, Vorwürfe oder Doppelbindungen zur Ursache des Problemverhaltens seines Klienten geworden ist. Auch hier ist ein einfaches Patentrezept im Sinne der Strafreizvermeidung (von zu Hause ausziehen, das von den Schwiegereltern »geschenkte« Haus verkaufen, den Partner verlassen) entweder nicht sofort machbar oder wegen der wechselseitigen Betroffenheit nicht wünschenswert. In aller Regel gelingt es bei diesen Konflikten jedoch, den Patienten in seiner neuen Gruppenkonstellation trotz des Weiterwirkens der aversiven Bedingungen mit neuen Verhaltensweisen auszustatten, die ihm eine Loslösung aus den pathogenen Bedingungen erst ermöglichen oder zu Bedingungsveränderungen für den Partner werden, die diesen dann doch noch zur eigenen Therapie motivieren. Dann, und nur dann, ist eine Beseitigung der aversiven Beeinflussung auf der Ebene symmetrisch agierender Partner möglich. Die moralische Frage, ob sich ein Patient andernfalls im Sinne seiner Vorteile entscheidet und die Störbedingung durch Scheidung beseitigt, wird nur zu gern in die Eigenverantwortlichkeit des Patienten delegiert. Wir selbst glauben, dass dies erst nach einer Therapie wie dem ATP möglich ist, und zeigen in solchen Fällen die Konsequenzen beider Entscheidungsalternativen für das Verhalten des Patienten bedingungsanalytisch auf. Scheidungen sind bei diesem Vorgehen selten und Abstriche am individuell Erreichten leider häufig. Auch hier stellt sich somit die Frage, wieweit ein Therapeut normative Gesichtspunkte in die bedingungsanalytische Folgerichtigkeit von Änderungsmaßnahmen einbringen darf und kann.

Sowohl bedingungsanalytisch unrichtig als auch rein normativ sind dagegen die vielen frommen Therapeutenratschläge, ohne jede systematische Veränderungsarbeit den aversiven sozialen Einflüssen einfach durch Flucht zu begegnen.

Dazu gehört vor allem die falsche Gewichtung von Können (Wünschenswertem) und Sollen (Notwendigem), wenn Jugendlichen unter familiären Störungsbedingungen schlicht vorgegeben wird, sie müssten erst von zu Hause ausziehen, bevor die Therapie beginnen könne.

Auf einer groben Ebene der Verhaltensanalyse mag dieser Rat den Anschein der Stimmigkeit erwecken. Allein die handlungsblockierenden Hindernisse, die ja gerade zum Problem dessen wurden, der diese Lösung nicht bereits selbständig durchführen konnte,

wurden übersehen. Der therapeutische Auftrag wurde also aus Kurzsichtigkeit dem Patienten zurückgegeben – ein Beispiel, das keinen Seltenheitswert hat.
Eine dritte Gruppe möglicher Therapeutenschwierigkeiten bei der ATP-Indikation betrifft die *Gruppenzusammenstellung.*
Die folgenschwersten Fehlentscheidungen sind dabei Überlastungen der Gruppe mit Problemfällen. Ein paranoid-misstrauischer Patient, ein depressiver Vermeider und Verneiner, ein Abhängiger werden im allgemeinen von einer Gruppe mit acht Teilnehmern gut verkraftet. Zwei Personen der gleichen Zusatzproblematik können entweder die Gruppenatmosphäre im Sinne der Passivität und Vermeidung (Depressive und Abhängige) oder der Spaltung (etwa paranoide Psychotiker mit exzentrischem Geltungsanspruch) beeinflussen. Uns selbst ist es bei einer Gruppenkonstellation mit einem depressiven Verneiner und aversiven Abwehrer, einem chronischen Suizidanten mit den Verhaltensextremen der manipulativen Abwehr von Anforderungen durch Selbstmorddrohungen, der aversiven Abwehr anderer im Wechsel mit hilfeheischender Passivität, und einer depressiven Abhängigen passiert, dass die gesamte Gruppe so von Passivität und Feindlichkeit beeinflusst wurde, dass sie nicht mehr als mitformendes Vehikel für die Verhaltensabweichungen dieser drei Teilnehmer in Frage kam. Damit blieb diese Subgruppe therapeutisch kaum zugänglich. In einem anderen Falle mussten wir von zwei rivalisierenden Patientinnen mit psychotischer Problematik eine aus der Gruppe entfernen und einzeln weiter behandeln, um einer Spaltung vorzubeugen.
Als Regel sollte daher gelten, stets nur einen Patienten mit Psychose oder starker Abhängigkeit in eine Gruppe zu integrieren. Neben extrem hilflosen und passiven Personen sollten auch einige hochmotivierte »Zugpferde« in die Gruppe aufgenommen werden. Das Dilemma liegt hier wohl darin, dass Personen mit extrem abweichendem Verhalten und zumeist extern weiterbestehenden Störungsbedingungen eine »intakte« Bezugsgruppe zur Überwindung ihrer Schwierigkeiten benötigen, sie selbst aber als mögliches Modell für Therapievermeidung zur Gefährdung der anderen werden können. Der einzelne »Abweichler«, sei es in solchen Verhaltensextremen wie Status, IQ oder Alter, wird von einer ansonsten homogenen Gruppe im Allgemeinen gut integriert. Dort, wo eine größere Auswahl von Patienten für ATP-Gruppen nicht gegeben ist – sei es, dass die Wartelisten zu klein sind oder der stationäre Rahmen solche Zuordnungen einschränkt –, muss dann entweder die Gruppengröße eingeschränkt werden (lieber fünf Teilnehmer mit je einem »Problemfall« als zwei Problemfälle auf acht Teilnehmer) oder ein intensiver Prozess der Therapievorbereitung die Gruppenfähigkeit herstellen.

(2) *Therapeutenschwierigkeiten bei der Therapievorbereitung*
Nur in etwa einem Drittel aller Anlässe von Therapiesuche sind die sozialen Einschränkungen durch Ängste und Defizite auch für den Klienten bereits erkenntlich und ihre Überwindung Anlass und Ziel seiner Änderungsbemühungen.
Diese für die Vorbereitung einfache Konstellation liegt besonders bei Störungen unter öffentlicher Beachtung (fehlschlagangstabhängig) und bei Störungen im Kontaktverhalten vor.
Die »Routinevorbereitung« nach Teil I der Patientenbücher ist hier in der Regel ausreichend. Treten dennoch Schwierigkeiten auf, so liegen sie darin, dass in der Methodenwahl zu kurz gegriffen wird oder dass durch überlange Wartezeiten ein Erlahmen des Mitarbeitseifers eintritt. Es wird »überanalysiert«, oder der Patient fühlt sich hingehalten, ohne dass etwas geschieht.

Eine andere Fehlerquelle liegt bei diesen Störungen darin, dass ihre vegetativen oder motorischen Erscheinungsformen nur auf der molaren Bedingungsebene der sozialen Angst diagnostiziert und behandelt werden, während die molekulare Bedingungsebene der Selbststeuerung dieser Verhaltensweisen, wie Erröten, Schwitzen, Zittern und Verkrampfungen, übersehen wird. Gerade hier liegen aber die wesentlichen akuten Beeinträchtigungen. Zur ATP-Vorbereitung gehört die sofortige Vermittlung von Selbstkontrolltechniken, die zur Abschwächung des intraindividuellen Regelkreises solcher Symptomatik nützlich sind, wie Gedankenstopp, Selbstinstruktionen, paradoxe Intention und Entspannung.

Bei der Zielbildung muss das Veränderbare gegenüber den nichtbeeinflussbaren Störbedingungen abgegrenzt werden. Therapieziele lassen sich in einem gewissen Wahrscheinlichkeitsgrad des Erreichbaren oder Unrealistischen definieren.

Bei den bedeutend häufigeren Therapieanlässen, die symptomatisch zunächst keine Identität mit sozialen Ängsten aufweisen, dennoch aber ihre wesentlichen Bedingungen aus sozialen Störungen erfahren, sind die Anforderungen während der ATP-Vorbereitung wesentlich höher.

Im ersten Teilschritt muss für die Anlässe wie depressive Verstimmung, Antriebs- und Interessensverlust, körperliche Beschwerden und Schlaflosigkeit, akute Konflikte, Abhängigkeit, lästige Zwänge oder die Störungen des Leistungs-, Ess- oder Sexualverhaltens eine akute Entlastung gefunden werden. Die Bedingungsanalyse muss auf jeder Störungsebene (molekular, molar, normative Einstellungen und makrosozial) die problemerhaltenden und die änderungsverhindernden Variablen erfassen und deren wechselseitiges Gefüge erhellen. Nur so kann ein Stufenplan der Therapie entwickelt werden, der auch für den Patienten jeden Teilschritt und jede Methode als sinnvoll auf sein Ziel hin erklärbar macht.

Einem Depressiven werden wir die akute Entlastung im Ansprachedefizit durch die systematische Steigerung problemfreier und nicht blockierter Ersatzaktivitäten nur als therapeutischen Teilschritt darstellen können, wenn wir ihm gleichzeitig die Wege zur Überwindung seiner Barriere für die Hauptziele aufzeigen und zeitlich definitiv als Folgemaßnahme in Aussicht stellen können.

Ein Klient mit einer Impotentia erigendi und generalisierter Misserfolgsangst als Störungsbedingung wird sich sowohl bei alleiniger Therapie durch das ATP als auch bei einer rein symptomatischen Akutbehandlung geprellt fühlen – im letzten Fall später und im ersten sofort. Die Kunst der synchronen Bedingungsanalyse in Kombination mit den zum jeweiligen Zeitpunkt realisierbaren Bedingungsveränderungen erfordert immer auch die motivatorisch wichtige Zentrierung um das subjektiv störendste Verhalten. Lange »Umwege« zum Ziel müssen in der Phase der Therapievorbereitung wie auch über die gesamte Therapiedurchführung von einer begleitenden Problemzentrierung flankiert werden (schließlich will ein impotenter Patient vor seiner Partnerin keine Vorträge halten, sondern sie im Bett befriedigen).

Gerade bei Therapeuten mit mangelnder Praxiserfahrung fehlt die hier erforderliche Weitsicht. Motivatorische Krisen beim Patienten im Sinne des »was soll's« können dann nicht ausbleiben. Bei einem so aufwendigen »Umweg« oder Zwischenschritt wie dem ATP kann dieser Fehler leicht zur völligen Therapieaufgabe des Patienten führen. Regelmäßige Einzeltherapie-Zielanalysen sollten die bedingungsanalytischen Sitzungen zum ATP begleiten. Ein gestaffelter Therapierahmenplan erleichtert die Transparenz des

Vorgehens für den Klienten und zwingt den Therapeuten zur Ökonomie seiner Bemühungen.

(3) *Therapeutenprobleme bei der Therapiedurchführung*
Zu den zentralen Aufgaben des Therapeuten gehört die richtige Interpretation der Übungen in ihrem hierarchischen Gefüge und in ihren inhaltlichen Zielkriterien. Nur so kann er den wesentlichsten Lernhilfen des Übungsteiles, der sachgemäßen Modellvorgabe und der *diskriminativen Verstärkung* von Verhaltensbausteinen gerecht werden.
Die Modellvorgabe einer Übung ist durch die Verwendung der auf Video aufgezeichneten Lösungsbeispiele (*Ullrich de Muynck* und *Ullrich* 1979) jetzt gegenüber der jeweils persönlichen Vorgabe wesentlich erleichtert worden. Das bedeutet jedoch nicht, dass ein Therapeut nur noch Fernsehzuschauer ist und die von anderen geforderten Verhaltensweisen nicht auch selbst beherrschen müsste. Auch beim Routineeinsatz der Videomodelle müssen fehlerhafte Wiederholungen durch persönliche Modellkorrekturen mit betonter Hervorhebung der Fehlerkorrekturen zum Einsatz kommen. Diese »Korrekturen« sind durch gezielteres Herausgreifen einzelner Übungspassagen dann vielfach effizienter anzubringen als der mühsame Vollzug ständiger Wiederholungen des Gesamtablaufes.
Gerade bei dieser aufgabengerechten Darstellung von einzelnen Interaktionspassagen und Verhaltensformen, die innerhalb einer einzigen Übung häufig inhaltlich wechseln, liegen die häufigsten Defizite im Modellverhalten von Therapeuten. Nach unseren Erfahrungen wird nach der Grundausbildung an drei ATP-Gruppen und den selbstständigen In-vivo-Erprobungen der Übungen gerade so viel erreicht, dass gute Therapeuten den Inhalt der Übungen korrekt vorgeben können, ohne dabei selbst unsicher zu wirken. Die jetzt erreichte »Selbstsicherheit« im Reproduzieren der Übungen verführt nun häufig dazu, die eigene Lösungsstrategie über alle Verhaltensbereiche hinweg undifferenziert als Modell anzubieten. Da wird die erfolgreiche Freundlichkeit aus dem Kontaktsektor auch beim Fordern oder gar Nein-Sagen demonstriert und dort das erfolgreich bestimmte Durchsetzen in Kontaktsequenzen verpackt.
Die Funktionen und Anforderungen an einen ATP-Therapeuten sind so vielfältig, dass auch nach jeder noch so systematischen Schulung die Selbsterfahrung für Therapeuten in der gemeinsamen Erarbeitung der Übungen als »Grundkurs sozialer Interaktionen im Alltag« und später eine Bedingungsanalyse mit Verhaltenskorrekturen in Bezug auf seine Interaktionen mit dem einzelnen Patienten und einer Gruppe als »Kurs im Therapeuten-Klienten-Verhältnis« nachfolgen sollte.

Im Folgenden beschränken wir uns auf eine Übersicht zu den häufigsten *Therapeutenproblemen* in der Übungsvermittlung.
Das *Vorlesen* der Übungsaufgaben soll anfangs immer durch den Therapeuten erfolgen.
Er muss sich der vollen Aufmerksamkeit der Teilnehmer vergewissern. Didaktisch ist es günstig, den Rahmen der Übung kurz aufzuzeigen, dann einen Hinweis für die Aufmerksamkeit zu geben (etwa: »Achten Sie besonders auf die Handlungsweisen des Übenden«). Vor dem ersten Satz sollte auch die Nummer mitverlesen werden (etwa: Übung Nummer 3). Dies soll verhindern, dass die wesentlichen Informationen des ersten Satzes der Übung mit der Beschreibung des Verhaltens durch noch nicht erfolgte Einstellung auf das Zuhören untergehen.
Das Fettgedruckte soll hervorgehoben werden.

Wenn Videomodelle angeboten werden, sollten diese erst nach dem Vorlesen gezeigt werden, bevor Verständnisfragen erörtert werden. Es soll statt Diskussionen über Normen und Befürchtungen immer erst mal ausprobiert werden, wie es wirklich ist.
Die verschiedenen Handlungsanweisungen für Übende und den Übungspartner sollten jedem Teilnehmer vor der Übung noch einmal gegeben werden. (Übungen mit Passagen aus mehreren Inhaltshierarchien sollten in diesen unterschiedlichen Aspekten noch einmal wiederholt werden, wobei diskriminativ die unterschiedliche Betonung von Ausdrucksverhalten und Botschaftsinhalt hervorgehoben wird.
Neue Strategien wie offene Fragen werden kurz erläutert und bei komplizierten Übungen in Teilschritten im Rollenspiel erarbeitet.

Die *Modellvorgabe der Übungen* beginnt ebenfalls mit diskriminativen Hinweisen und der Aufforderung, besonders das Verhalten des Übenden (also nicht des Rollenspielpartners) genau zu beachten, um es dann nachmachen zu können. Wenn zwei Therapeuten die Übung darstellen, ist zu empfehlen, dass sie ihre Modellfunktion auch für die Erarbeitung des Übungszieles einsetzen und nicht nur eine schauspielerische Leistung demonstrieren. Dazu gehört, dass der Übende dem Partner gegenüber nochmal sein Verhalten festlegt und sein Ziel nennt (etwa: »Also, ich frage nach dem Weg und möchte möglichst deutlich sprechen«) und der Übungspartner dann seine Handlungsanweisung wiederholt (etwa: »Ich als Übungspartner gebe freundlich und präzise Auskunft«).
Werden nur einzelne Übungspassagen wiederholt, ist der Zweck noch einmal besonders hervorzuheben (etwa: ich gehe jetzt ohne Entschuldigung und versuche sehr bestimmt abzulehnen«). Auch der Hinweis in der Art: »Ich werde mich bemühen, meine Hände und Arme in das Ablehnungsverhalten einzubauen«, ist sehr nützlich. Hier wird dem Beobachter deutlich, dass der Therapeut eine Lösungsmöglichkeit für ihn erarbeitet und nicht als unerreichbarer Perfektionist agiert. Dieser Unterschied in die Modellvorgabe ist als »coping-model« versus »mastery-model« bereits erläutert woden.
Die eigene Funktion eher im Sinne des besser nachahmbaren »coping«-Modells zu verstehen hilft auch den Therapeuten, Fehlschlagängste und Verkrampfungen im Hinblick auf nicht allzu perfekte Übungsvorgaben abzubauen.
Auf der anderen Seite steht die Tatsache, dass gerade Modellfehler oft sehr hartnäckig nachgeahmt werden. Die erste Reproduktion ist vielfach so bestimmend, dass spätere Korrekturen durch neue Modellvorgaben sehr schwer zum Tragen kommen. Viel wertvolle Übungszeit kann so verlorengehen. Kritische Gruppensituationen können entstehen, wenn der Therapeut seine falsche Vorgabe nicht bemerkt oder nicht eingestehen will und nur die »Fehler« bei den Übungen der Gruppenmitglieder beheben möchte, die ja ganz korrekt seine Vorgabe nachvollziehen.
Ein anderer Aspekt, der eine prägnante Darstellung der Übungsziele durch den Therapeuten erforderlich macht, ergibt sich aus der klinischen Erfahrung, wonach nur etwa 50 Prozent des Modellverhaltens nachgeahmt werden.
Die ATP-Übungen stellen manchmal sehr verdichtete Items dar, in denen nicht nur innerhalb einer Angsthierarchie ein Schwierigkeitszuwachs ohne Vermeidung gemeistert werden soll, sondern häufig komplexe Handlungspassagen mit Übungen aus verschiedenen Hierarchien. Fertigkeiten werden in oft beiläufigen Verhaltensanweisungen und vielfach in Form des »indirekten Lernens« in der Rolle des Übungspartners angesprochen.

Diese Verdichtung systematisch gegliederter Lerninhalte hat die Relevanz der Übungen für alle Gruppenmitglieder unterschiedlicher Problemschwerpunkte erleichtert, die Anforderungen an den Therapeuten jedoch erhöht.
Hier ergibt sich für den Therapeuten die Schwierigkeit, wieweit er alle Übungsmöglichkeiten einer Aufgabe hervorhebend darstellen kann und soll, oder welche Interpretationsschwerpunkte er für seine Gruppe oder für jeden individuellen Belang verdeutlichen soll. Wenn wir etwa in einer Gruppe von Nicht-nein-Sagern ein überangepasst freundliches Verhalten vorfinden, und die Fähigkeit, auch mal energisch und bestimmt für oder gegen etwas einzutreten, auf der »Erlernseite« ihrer Ziele steht, wäre eine zu freundliche Modellvorgabe sicherlich nicht im Interesse des Therapiezieles. Die Übung Nr. 33, »Sich in einem Geschäft ausführlich beraten lassen«, lässt etwa allein vier Interpretationsschwerpunkte zu. Da wird anfangs Information »gefordert« und am Ende der Kauf »verneint«. Im Zwischentext stehen Gesprächstechniken aus der Kontakthierarchie (Rückkoppeln, differentiell verstärken) und es können über »dumme« (sachunkundige) Fragen Fehlschlagängste angegangen werden. Der Therapeut als Modell soll die Hauptziele (Fordern und Nein-Sagen, das im Übungsbuch »Fettgedruckte«) im Verhalten eindeutig und hervorhebend darstellen. Er unterlässt in der Gruppe der Nicht-nein-Sager auf jeden Fall alle zu »liebenswürdigen« Verhaltensweisen. Diese Interpretation muss dann zwangsläufig auf Kosten der anderen Möglichkeiten gehen. Die Gesprächspassagen mit der freundlichen Förderung des Redeverhaltens werden knapper ausfallen – eine für diese Klientel sinnvolle Kürzung. Sie soll schließlich ihr Zielverhalten nachahmen und würde durch Modelldarbietungen von weniger relevanten Aspekten in gleicher Deutlichkeit nur in der ohnehin reduzierten Nachahmung behindert.
Umgekehrt wird bei Klienten mit eher abruptem linkischen Fordern und verletzender Ablehnung der Aspekt des freundlichen Gesprächsverhaltens im Modellverhalten zeitlich und technisch ausgebaut und besonders auf eine verbindliche Art des Nein-Sagens Wert gelegt.
Dieses Beispiel, dessen Bearbeitung in dem Weiterbildungsfilm sehr ausführlich demonstriert ist, verdeutlicht, welche Anforderungen an die Interpretation und Modellvorgabe der Übungen im ATP gestellt werden.

Der Gruppentherapeut sollte in seiner *Modellfunktion* den Übungsinhalt gut kennen und auf allen Verhaltensebenen eindeutig wiedergeben können.
Er muss die Schwierigkeiten und Ziele eines jeden Teilnehmers kennen und die Fähigkeit haben, Übungsaspekte mit persönlicher Relevanz für den Einzelnen so hervorzuheben, dass sie sowohl in der Deutlichkeit des Handlungsvollzuges als auch in ihrer Stellung im Gesamtablauf der Übung und bei dem kalkulierbaren Effektivitätsverlust in der Nachahmung noch einen erkennbaren und gezielten Lernzuwachs ermöglichen.
Dies wäre bei unserem Beispiel etwa nicht mehr der Fall, wenn die Übung 33 für die »überfreundlichen« Nicht-nein-Sager als eine durchgehend liebenswürdige Gesprächsführung dargeboten würde.

Als typische Vermittlungsschwierigkeiten in der differenzierten Modellvorgabe finden sich in Bezug zur ATP-Ausbildung:
Ersttherapeuten tendieren nach der beobachtenden oder aktiven Teilnahme an ATP-Gruppen zu einer relativ buchstabengetreuen, aber vielfach noch etwas schroffen Art der

Übungsdarstellung. Der Vorteil liegt hier neben der versuchten Genauigkeit in dem ersichtlichen Arbeitscharakter, den die Darstellung noch vermittelt. Die Nachteile sind durch die fehlende Flexibilität und Konzilianz im Verhaltensrepertoire aber weit überwiegend. Die gerade erst selbst überwundenen Hemmungen veranlassen manchen Therapeuten zu einer zu direkten Form der Gruppenkontrolle, so dass leicht Angstbedingungen in die Lernatmosphäre eingebracht werden.
Fortgeschrittene ATP-Therapeuten zeigen häufig die Entwicklung eines anderen Extrems der Modellinterpretation auf.
Ihre wachsende Sicherheit im Umgang mit den Übungen und auch durch ihr selten kritisiertes Verhalten vor Gruppen mit selbstunsicheren Personen verführt sie dazu, Lösungsstrategien in Abstraktion der individuellen Klientenrealität und der differentiellen Zielsetzung des Programmes zu verabsolutieren, die in der Regel auf einer schlichten »Ich bin o. k. – Du bist o. k.«-Analogie basieren. Die bei guten Freunden auch in einer »netten« Gruppenatmosphäre angezeigten lockeren und freundlichen Verhaltensweisen werden im Modellverhalten dominant und verhindern häufig Übungsaspekte wie Durchsetzung, Bestimmtheit und Eindeutigkeit in der Ablehnung. Werden solche Therapeutenstile, die im Privaten sicherlich alle Kriterien selbstsicheren Verhaltens erfüllen können, nun in Selbsterfahrungsgruppen problematisiert, dann können erhebliche Schwierigkeiten bei ihrer Korrektur auftauchen.
Das mühsam erworbene freundliche Verhalten steht ja unter positiven Konsequenzen und ist als Ergebnis der eigenen Arbeit an sich selbst etwas, dessen Änderung Widerstand hervorrufen muss. Die Tatsache, dass es nicht genügt, persönlich selbstsicheres Verhalten zu beherrschen, sondern dass jede Übung eigene Strategien unabhängig von den Präferenzen des Therapeuten erfordert und jedes individuelle Problem eine Modellvorgabe im überprägnanten Sinn erfordert, zwingt nun den Freundlichen erneut zu Fordern und Ablehnen, allerdings auch den noch Schroffen, freundlicher zu werden.
Jeder Therapeut in dieser Stufe der Weiterbildung bemüht sich zweckmäßig, gerade an dem Gegenteil seines gewohnten Verhaltens noch einmal systematisch zu arbeiten. Der bedrohlich-aggressiv Wirkende wird auf lockeres, bewegliches und freundliches Verhalten Wert legen, die so umgänglich Freundlichen aber müssen auch mal eine Tür zuschlagen können, sich aufplustern und laut werden können. Nicht die private Norm des Therapeuten, sondern die Zielsetzung der Therapie bestimmt die erforderlichen Modellaspekte des Verhaltens.

Abgesehen von der Einseitigkeit mit ihren zwangsläufig defizitären Modellaspekten in abweichenden Bereichen, besteht hier eine große Gefahr der Doppelbindung. Da wird beim Ablehnen zwar ein bestimmtes Nein formuliert, das begleitende Lächeln aber signalisiert 1000 Entschuldigungen, dort wird ein Vertreter angebrüllt, aber gleichzeitig in der Haltung, Gestik und Gangart ein deutliches Zurückweichen demonstriert, und dergleichen mehr.
Erst nach der Verhaltenskorrektur durch Selbsterfahrung kann ein Therapeut von seinen eigenen Präferenzen so weit absehen, dass er alle vorgegebenen Interpretationsmöglichkeiten der Übungen als freie Alternativen in seinem Repertoire des Modellverhaltens besitzt.
Dies wiederum ist die Voraussetzung für die dritte Stufe der ATP-Weiterbildung, bei der die therapeutische Aufmerksamkeit über die Darbietung der Übung hinaus mehr und

mehr auch die individuelle Verhaltensformung und die Steuerung der Gruppeninteraktionen erfassen kann.
Sie umfasst die Vertiefung bedingungsanalytischen Wissens in Bezug auf die Zielanalysen, die Interaktionssteuerung der Gruppenmitglieder untereinander, die Selbsterfahrung in der Therapeut-Klient-Beziehung und Fragen im Zusammenhang mit der Anwendung des Gelernten zur Modifikation realer Störungsbedingungen im aktuellen Beziehungsfeld der Patienten.

Therapeutenprobleme bei der Steuerung gruppendynamischer Prozesse

Die positive Verstärkung devianten Verhaltens

Die Steuerung gruppendynamischer Prozesse ist für den Verhaltenstherapeuten im Wesentlichen eine Frage des Löschens und Verstärkens. Bei Gruppen wird diese Strategie immer sowohl unmittelbare als auch mittelbare, vikariierende Effekte haben. Die Bezugsebenen der Verstärkung beinhalten die Erwartungen des Einzelnen, die Gruppennormen und die Therapeutenerwartungen. Auf jeder dieser Bezugsebenen der Verstärkung gibt es beim ATP einen zielorientierten Anteil, der über die Ebenen hinweg Übereinstimmung zeigen sollte und einen subjektiven und prozesshaft entstehenden Bezugsrahmen, der vielfach die Quelle problematischen und devianten Verhaltens darstellt.
Neben der Diskrimination von Bezugsebenen der Verhaltensorientierung oder der Verstärkerquellen wird ein Therapeut die Interaktionen mit und innerhalb »seiner« Gruppe auch nach der zeitlichen Dimension differenzieren.
Wir wollen dabei das hier und jetzt ablaufende Geschehen des Verstärkeraustausches als Querschnittinteraktion von den sich wiederholenden oder im ATP erst langsam entstehenden Mustern der gegenseitigen Verstärkung als Längsschnittinteraktion abgrenzen.
Diskrepanzen zwischen dem zielorientierten und dem tatsächlichen Verhalten stellen aus lerntheoretischer Sicht einen Zustand oder eine Entwicklung dar, bei denen das Verhalten unter andere als therapeutisch erwünschte Kontingenzen gerät. Wenn ein einzelnes Gruppenmitglied, Teile der Gruppe oder die Gesamtgruppe sich dem therapeutischen Vorgehen aktiv oder passiv entziehen, indem Übungen nicht gemacht oder Kriterien in Frage gestellt werden, sollte der Therapeut nicht nur den Anlass dieser Entwicklung orten, sondern auch die positive Verstärkung des devianten Einzel- und Gruppenverhaltens erkennen können.
Seine therapeutische Steuerung wird demnach in der Reduktion von Schwierigkeiten, der erhöhten Belohnung von Überwindungsschritten sowie in der Abschwächung der Belohnung des Alternativverhaltens bestehen.
Dies klingt selbstverständlich, bereitet jedoch in der Praxis oft erhebliche Schwierigkeiten. Die Arten differenter Bezugsquellen von Verstärkern, etwa neue Gruppennormen und ihre Widersprüche, können übersehen werden. Therapeuten halten ihre Verstärker dann gelegentlich für das einzig verfügbare Steuerungsmittel. Sie eskalieren dann in Verhaltensweisen, deren mangelnde Verstärkerwertigkeit erst den Kontrollverlust bedingt hat. Dieses erfolglose Bemühen wird gelegentlich durch Druckausübung als »letztes Mittel« noch problematischer. Der Therapeut kann sich über die Eskalation von Druck und Gegendruck selbst aus dem Gruppengeschehen herausmanövrieren.

Wir wollen jetzt einige *Grundkonflikte* von differenten Verstärkungsquellen im ATP und die daraus resultierenden devianten Verhaltensweisen ansehen.

Auf der individuellen Ebene besteht zeitorientiert die Erwartung, dass mit neuem Verhalten angstfrei experimentiert werden kann. Zielorientiert wird hierzu die Gruppen- und Therapeutennorm: »Anfangs Kritik zu unterlassen oder zu unterbinden«, definiert. Hierzu im Widerspruch steht die Soforterfahrung, vor anderen Personen reden und agieren zu sollen, was ja zunächst Angst macht. Die Vorbereitung, der Hinweis auf diese Schwierigkeit als gemeinsame Erfahrung aller, die locker heitere Haltung des Therapeuten und der absolute Verzicht auf Kritik neben der Ermunterung zum Herumprobieren mit Verhaltensweisen sind bereits geschilderte Überwindungshilfen.

Die zunehmende Abhängigkeit von der Gruppe durch die wachsende Attraktivität einzelner Mitglieder und die Mitverantwortlichkeit für den Lernerfolg der Gesamtgruppe steht später im möglichen Widerspruch zu den Zielerwartungen. Gruppendruck und Abhängigkeit von der Meinung und Zustimmung anderer kann Kritik und Ablehnungsängste steigern.

Therapeuten bauen die Gruppenkohäsion und die Attraktivität einzelner Mitglieder zweckmäßig sehr langsam auf. Private Gruppentreffen werden anfangs nicht gefördert, später vorbereitet. Es empfiehlt sich, bei den ersten gemeinsamen In-vivo-Übungen dabei zu sein. Ein häufiger Fehler bei unkontrollierten In-vivo-Übungen von Gruppen ist etwa, dass nur Einzelne bestimmte Übungen durchführen und andere jeweils nur Kulisse sind. Belohnendes Zusammentreffen nach den Übungen kann in seiner Wertigkeit so ansteigen, dass das vorherige Üben nur noch als Eintrittskarte zum privaten Teil bewertet wird und die Therapie langsam im Verhältnis zum privaten Gruppentreff den Charakter von K– → K̸– bekommt. Im zielorientierten Vorgehen des ATP ist die Gruppe aber kein Selbstzweck wie bei vielen anderen Gruppenkonzepten. Nicht das Sichwohlfühlen im künstlichen Rahmen, sondern die systematische Veränderung von Verhaltensstörungen ist die bestimmende Basis der Lerngruppe. Niemals sollte das für Therapeuten und Patienten angenehme Klima der Sitzungen zum Selbstzweck und damit zum Arrangement mit weiterbestehenden Schwierigkeiten werden.

Die Attraktivität der Einzelnen ist schicht-, status- und erfolgsabhängig und wird wesentlich durch das Therapeutenverhalten geformt. Der Therapeut verstärkt positiv das erwartungskonforme Verhalten derjenigen am häufigsten, die seinen Erwartungsmustern entsprechen. Mit Fragen, Blickkontakt, Zuwendung und Lob kann er leicht vorzeitig Gruppenführer oder -polizisten aus den gut vorankommenden Mitgliedern machen, ohne die Angststeigerung dieser zusätzlichen Kontrollfunktion bei Schwächeren zu erkennen. Umgekehrt zu dieser selektiven Förderung von Konformität wird seine wesentliche Aufmerksamkeit leicht um die Schwierigkeiten der »Schlusslichter« und verweigernden Antipoden kreisen. Jedes Mehr an Aufmerksamkeit verstärkt dort aber das deviante Verhalten.

Der Therapeut wird sich in der Reihenfolge der Übungen, seiner Platzwahl und seiner Interaktionssequenzen besonders anfangs um eine bewusste Gleichverteilung bemühen, um Rollendifferenzierungen in der Gruppe nicht zu forcieren.

Die Systematik der Kriterien und die Kontrollfunktion des Therapeuten schaffen eine aufgabenorientierte Atmosphäre, die in Leistung versus Nichtleistung mit der Gleichsetzung als Fehler abgleiten und so in Widerspruch zu den Zielen geraten kann.

Das ATP hat in weiten Strecken des Anfangsteils nur die Überwindung des Vermeidungsverhaltens, also das einfache Ausprobieren neuen Verhaltens zum Inhalt. Im Selbstkontrollprogramm für die Hausaufgaben kommt dies klar zum Ausdruck. Bei den

Zielen und Kriterien der Übungen sind viele Aspekte des Mitlernens, des indirekten Lernens und Möglichkeiten zur individuellen Schwerpunktbildung aufgeführt. Therapeuten, die sich als Klassenlehrer verstehen, können nun all diese Kriterien in eine Übung packen wollen und so den Ehrgeiz bis zum Perfektionismus treiben. Sie bleiben von der so gesetzten Leistungsnorm ihrer »guten Gruppe« abhängig und müssen ›nolens volens‹ den Therapieerfolg bis zum Ende durch überhöhten Leistungsansporn oder -druck garantieren. Dass hier zwangsläufig ein Teil der Patienten unter eben den Bedingungen steht, die sie zur Therapie führten, wird nicht realisiert.
Als »Rezept« für Therapeuten, diesem für sie so bestärkenden Anspruch nicht zu extrem zu erliegen, gelten Gelassenheit, Fröhlichkeit und Geduld – Verhaltensweisen, die andere Kontingenzen benötigen und schaffen. Die nicht wegzudenkende Erfolgsorientierung des Therapeuten – er muss ja das Erreichen der Ziele garantieren –, sollte im Selbstkontrollprozess als langfristiges Ziel den hier und jetzt notwendig werdenden »Umwegen« und kurzfristigen Verzichten auf Erfolgs-K + untergeordnet werden.

Einen ähnlichen Stellenwert hat auch der Grundkonflikt, dass der Therapeut eine Autorität bezüglich der Vermittlungsinhalte und -techniken darstellt, viele Patienten jedoch unter Autoritätsangst oder unter Überanpassung und zu großer Nachgiebigkeit Anforderungen gegenüber leiden.
Da kann »Aufmüpfigkeit« Angstausdruck oder ein erster Versuch selbständigen Verhaltens sein. Therapeuten jedoch können sich in ihrer »Autorität« in Frage gestellt sehen und mit einem Mehr statt Weniger an Kontrolle Angst und Unselbständigkeit fördern. Eine baldige Bedingungsanalyse des devianten Verhaltens und eine ausreichende subjektive Distanzierung von der therapeutischen Funktionalität werden notwendig.
Subjektiv haben viele Patienten die Erwartungsnorm, dass andere es nur ehrlich mit ihnen meinen, wenn sie Kritik offen äußern. Misserfolg wird ja prinzipiell vorweggenommen und erwartet. Falls früher jedoch einmal eine positive Reaktion nachfolgte, hatte diese bestenfalls K̸ – Funktion: Der unangenehme Misserfolgszustand wurde etwas aufgelockert, Lob wurde zum Trost- und Mitleidspender umgedeutet. Eine echte positive Verhaltenskontrolle blieb unbekannt. Lob erweckt Misstrauen, weil es als Indikator für den Anlass des Versagens oder Mitleid-nötig-Habens gewertet wird.

Der therapeutische Konflikt besteht hier darin, dass der Therapeut

- die Bedürfnisse der Klienten respektieren möchte und nun deren Norm: »Kritische« Rückmeldung, übernimmt. Der Patient ist es zufrieden, seine Störungsbedingungen werden jedoch perpetuiert, weil sein Verhalten weiter unter K-Kontrolle steht;
- dass der Therapeut glaubt, nunmehr die Wertigkeit seines »Lobens« erhöhen zu müssen, und damit die Abwehr beim Patienten fördert,
- dass der Therapeut die widersprüchliche Norm unbedingt ausdiskutieren möchte und die deviante Haltung damit unter erhöhte Zuwendung und Beachtung stellt.

Als bester Weg wäre das unmittelbare Übergehen (Löschen) der Einwände, das Aufnehmen des Themas in der nächsten BA-Sitzung derart, dass die Gruppe selbst aufgrund der Einsicht in die Bedingungsfunktion der Kritik Alternativen vorschlägt, und die besondere Beachtung der Kriterien des Selbstkontrollprogramms in den »Hausaufgaben« gegeben. Dieses hat ja gerade zum Ziel, Lobabwehr systematisch zu überwinden.

Die *ziel-devianten Verhaltensmuster* der Einzelnen, wie aversives abwehrendes Nörgel- und Kritikverhalten als Ausdruck der Angst vor Nähe, die Normendiskussionen zum

»Ablehnen« und zur immerwährenden Freundlichkeit als »Lieb-Kind«Verhalten, das Lächerlichmachen von Übungen oder das sich selbst Abwerten als Gruppenkasper, das stumme Vorwurfsverhalten und passive sich Nötigenlassen, haben fast immer eine Doppelfunktion: *Sie sind angstbedingtes Vermeidungsverhalten und in ihrer Aktualisierung in der Gruppe gleichzeitig operantes aufmerksamkeits- und zuwendungssteuerndes Verhalten.*

Der Therapeut muss hier verhindern, dass er selbst oder die Gruppe die geforderte Verstärkung gibt, ist aber gehalten, die ursächliche Angstbedingung transparent zu machen. Vielfach helfen hier anfangs Analysen in Einzelsitzungen, dass die deviante Verhaltensweise durch Interesse und Attraktivität nicht zur Gruppennorm wird.

Bei direkten Verweigerungen fragen wir nach der gewünschten Alternative (»Was möchten Sie statt dessen tun?«), und erhalten so die nötigen Informationen zur Problematisierung des Verhaltens. Die Klassifikation als Vermeidung sollte also immer über die BA vom Klienten selbst vollzogen werden. Vermeidung als Sofortdiagnose sollte kein »Schimpfwort« im Kommunikationsstil einer Gruppe werden.

Bei formalen Entscheidungen, etwa zu Terminverlegungen, sollte der Therapeut immer versuchen, das Problem der Gruppe zur Lösung vorzugeben (etwa Terminvorschläge machen lassen), um nicht unnötig Therapeuten- und Gruppeninteressen in Gegensatz zu stellen und mit einseitigen Entscheidungen die Gruppennorm zu einer Antitherapeutennorm werden zu lassen.

Andere Konflikte betreffen die therapeutischen Ziele selbst: Wird etwa das direkte Äußern von Gefühlen zum therapeutischen Gegenstand, könnte dies anfangs bei Angstäußerungen dazu führen, dass diese mitverstärkt werden müssten. Bewusst ist dieser Lerninhalt daher erst später eingebaut worden. Beim individuell notwendigen Überlernen als passagere Hilfe kann es notwendig werden, etwas zu aggressives Verhalten zu verstärken, gleichzeitig soll bei anderen der Effekt als vikariierende Verstärkung aber ausbleiben oder wieder zurückgenommen werden. Die Wiederholung der individuellen Ziele und die hervorhebende Bekräftigung unterschiedlicher Übungsschwerpunkte kann hier hilfreich sein. Die positiven Einsatzmöglichkeiten der kohäsiven Gruppe, die Förderung des Gruppenzusammenhalts besonders für Teil III und die Folgezeit nach dem Therapieabschluss wurden bereits dargestellt.

Nach Abschluss des Grundkurses kann das Problem devianter Gruppennormen zumeist vernachlässigt werden. Hier kann die Gruppe auch selbst therapeutische Funktionen übernehmen, Übungen in Privattreffen durchführen oder gar einen akut depressiven oder alkoholrückfälligen Patienten mit Hausbesuchen und lückenlosen Kontakten wieder integrieren helfen.

Bei all den angeführten Therapeutenproblemen soll nicht der Eindruck entstehen, als müsse jeder nun immer kompetent genug sein, alle kritischen Situationen in einer Gruppe optimal lösen zu können.

Auch Therapeuten haben ihre Lerngeschichte, ihren Verhaltensstil und ihre eigenen Präferenzen. Den immer und überall sozial kompetenten Menschen gibt es nicht, weder als Patient, noch als Therapeut, noch als Norm sozialen Handelns.

Die Möglichkeiten der Verbesserung in bestehenden Defiziten, die Therapie des Patienten und die Weiterbildung der Therapeuten sind Wege, nicht notwendige Einschränkungen zu beheben. Zur Weiterbildung im ATP sind die geschilderten Möglichkeiten

von Gruppenbeobachtungen, Supervisions- und Selbsterfahrungsgruppen, auch unter dem ökonomischen Einsatz der Videofilme, nützliche Wege.
Ein ausgebildeter Verhaltenstherapeut beherrscht das methodische Arsenal des ATP jedoch zur Genüge, um es zunächst als Einzeltherapie einzusetzen. Mit dem allmählichen Vergrößern der Teilnehmerzahl kann er Erfahrungen in der Gruppenführung sammeln, ohne allzu große Risiken einzugehen. Die Arbeitsmaterialien und Texte zum ATP werden diesen Zugang erleichtern.
Weiterführende Literatur und die experimentellen Ergebnisse zum ATP finden sich in früheren Übersichten wie Ullrich de Muynck und Forster (1974) und in den Büchern »Soziale Kompetenz I«, Ullrich und Ullrich de Muynck (1978), sowie »Soziale Kompetenz II«, Ullrich de Muynck, Ullrich, Grawe und Zimmer (1980).

1. Durchführungsmodus und Weiterbildungsstand: Einzel- oder Gruppentherapie

Diese Entscheidung wird weniger nach den therapeutisch wünschenswerten, sondern nach den machbaren Kriterien entschieden. Sie richtet sich besonders nach dem Ausbildungsstand und den therapeutischen Rahmenbedingungen. Das ATP ist in der ambulanten Praxis schon aufrund geringer Wartelisten und völlig unzureichender Vergütung der Gruppenziffern ganz vorwiegend Einzeltherapie. Für den Anfänger ist dieser Einstieg auf jeden Fall zu bevorzugen. Bei der jetzigen Weiterbildungssituation darf nach den 3- bis 5-jährigen Zusatzqualifikationen nach einem Psychologiestudium die notwendige solide verhaltenstherapeutische Grundkenntnis unterstellt werden. Auch wenn in einzelnen regionalen Weiterbildungsgängen die übergreifende bedingungsanalytische Denkweise gegenüber einer losen Methodenvielfalt zu kurz kommt oder gar »rein kognitive« Monotherapien gepflegt werden, ist doch insgesamt in der Verhaltenstherapie ein therapeutisches Niveau erreicht, das in dieser Dichte und Qualität vor 30-40 Jahren, also zu Beginn der eigenen therapeutischen Karriere, noch undenkbar gewesen ist.
Wenn Therapeuten dann noch die Texte der drei Klientenbücher als Einübung in das funktionale Denken durcharbeiten und die Anregungen zur Modifikation sozialer Störungen, am besten selbst mit Videomodellen ausprobieren und umsetzen, können sie sicher auch schon mit einzelnen Klienten arbeiten. In der Einzeltherapie übt ja auch der Therapeut die Modellvorgabe, wobei er für sich ruhig die Video-Modelle einsetzen sollte. Später können dann zwei oder drei Einzeltherapien zeitweilig zusammengelegt werden, um den Klienten auch mal Übungspartner außerhalb des Therapeutenmodells zu ermöglichen. Auch auf diesem Wege kann über eine langsame Steigerung der Umgang mit Gruppen erlernt werden. Diese Anleitung kann dann sicher bei einigen Schwierigkeiten weiterhelfen. Supervisionen von Gruppentherapeuten und das eigene »Feedback« über die Kontrolle des Therapieerfolges – siehe hierzu etwa auch den separaten Testband zum ATP – tun ein Übriges.
Unsere »Idealausbildung« besteht in der Teilnahme am ATP in Selbsterfahrung, dann einer beobachteten Gruppe mit paralleler Einzeldurchführung und anschließend einer eigenen supervidierten Gruppe. Dies ist nur vor Ort anzubieten und erfordert sehr viel Einsatz (Der sich jedoch sehr bald auszahlt). Verkürzte Selbsterfahrungskurse können extern eine Zwischenlösung darstellen.
Viele Therapeuten kommen über die Weiterbildung **»Gruppentherapie«** zum ATP. Dies ist nicht immer der einfachste Weg, weil auf diesem Gebiet noch erheblicher konzeptueller Wirrwarr herrscht.

Die in der Literatur immer wieder bemühten Einteilungen und Begriffe im Sektor »Gruppentherapie« orientieren sich zu stark an psychoanalytischen Theorien und Konstrukten. Vor allem die gruppendynamische Erfindung der »Gruppe als autonomer homunculus oder Mikrokosmos« wird für viele Therapeuten zur Entschuldigung für die Vermeidung von bewussten und geplanten Aktionen und der Verantwortungsnahme für die Verwirklichung der Patientenziele mit den wirksamsten und schonendsten Mitteln. Das damit begründete »Gewährenlassen« ist jedoch aus verhaltenstherapeutisch-bedin-

gungsanalytischer Sicht keine verantwortungsvolle und effiziente Therapie. Die Fehler sind gravierend, die nicht genutzten Möglichkeiten Legion.
All diese Dinge, die auch ohne mein therapeutisches Zutun in Gruppen geschehen, kann und soll ich nutzen, mittelbar und unmittelbar, prozessual oder instrumental. Nutzen kann ich es bedingungsanalytisch bei jeder Form von Gruppe. Zur systematischen verhaltenstherapeutischen Gruppentherapie wird es, wenn ich versuche, unter einem gemeinsamen Fernziel diese Dinge von vornherein so unter Kontrolle zu bringen, dass ich die maximale Möglichkeit habe, dass alle dieses Ziel erreichen. Dazu gehört eine ganz bewusste Inszenierung, die aufgrund von empirischen Strategien am meisten Wahrscheinlichkeit bietet, dass sie Patienten Angst abbauen können, dass bestimmte Lernvorgänge beschleunigt werden, dass bestimmte alternative Verhaltensweisen aufgebaut werden und dass es dann zu einer Gruppentherapie mit gemeinsamen Zielen und systematischer Bedingungsveränderung, also zu geschlossenen Gruppen kommt.
Sie können hierbei nicht erwarten, dass Ihre Klienten die notwendigen Konfrontationen und Änderungen, die Jahrzehnte vermieden worden sind, nun gleich gerne machen. Sie müssen kontrollieren und Sie müssen schieben. Das »Zuckerl« des Lobens alleine macht es am Anfang noch nicht – da wissen die Klienten noch nicht, dass es süß ist. Gleichzeitig zu dieser notwendigen Aufgabenorientiertheit gibt es für die Therapeuten so viele einfachere oder risikoärmere Möglichkeiten der Betätigung. Es ist so spannend, andere Dinge in der Therapie zu machen, illustre Komplexe und Probleme anzuschauen oder gleich mit irgendeiner schönen Kommunikationskiste in die aktuelle Front hineinzugehen. Versuchen Sie, es nicht zu tun, sondern die Klienten über diese Anfangshürden zu bringen, sonst haben Sie nachher jemanden, der Ihnen ein schönes Rollenspiel macht ohne dabei zu sein. Man kann ja neue Erfahrungen in der Verhaltensgruppe schön vermeiden, indem man einfach nur spielt. Das sind auch Dinge, die man kontrollieren muss; immer wieder fragen muss: »Wie findest Du Dich dabei« und für solche Leute, die verdächtig sind dadurch zu vermeiden, indem sie sich in eine fiktive Geschichte nur einlassen – so als ob: ich muss ja eben in der Therapie so sein. Das berührt auch die Kliniken – die Therapeuten sind immer so entzückt über ihre Fortschritte in der Klinik, in offenen Gruppen und sagen »Ja, die können das jetzt alle und die reden so frei«. Was diese Patienten gelernt haben, ist, dass sie in einer Gruppe von inzwischen bekannten Menschen sich trauen zu reden und in diesem geschützten Rahmen auch über ihre Probleme sprechen können – mehr haben sie in der Regel nicht gelernt. Sie haben es eben nicht nach draußen übertragen, sie haben es nicht schrittweise erfahren, »ich kann eindeutig bleiben«, sondern irgendwelche Kompromisse gemacht – und das kann gut gehen, dass ich dann nach Hause komme und so wie nach einem Wildwestfilm eine halbe Stunde den starken Mann markiere oder dass diese ein, zwei, drei Wochen dauernde Verhaltensänderung nach der Klinik, die vielfältig bedingt ist, durch meine Umwelt eine neue Art von Beachtung oder Akzeptanz erfährt und damit unter positive Kontrolle kommt, dann habe ich Glück gehabt – aber es muss nicht gut gehen. Wir fordern von uns, dass wir die Bedingungen, die wir manipulieren können, von vornherein so berücksichtigen, dass der Sicherheitsgrad der Bedingungsveränderung höher ist. Was immer Sie als Therapeut tun, eine Übung aus dem ATP oder eine biographische Inszenierung oder Psychodrama – Sie müssen sich immer fragen, »wozu ist es für mich als Therapeut und für diese Klienten und ihre Ziele gut, gerade jetzt dieses zu tun und das andere nicht«, im Rahmen Ihres regelgeleiteten, hypothesengesteuerten, bedingungsanalytischen Denkens.

Mit dem wundersamen Instrumentarium, den klaren Erklärungsmodellen und der transparenten gemeinsamen Therapieplanung fällt es schwer, keinen Erfolg zu haben. Katastrophale Fehler, mit denen Therapeuten ganze Gruppen zur Auflösung brachten, sind heute bei dem guten Stand der psychologischen Weiterbildung und der geforderten Selbsterfahrung kaum noch vorstellbar.

Eine bequemere Hilfe zur Vermittlung der verhaltenstherapeutischen Grundlagen für Therapeuten und Klienten als mit diesen Texten und Videomaterialien ist kaum noch denkbar. Viele Kollegen haben dazu geraten, einfach die Transskripte zu den Weiterbildungsveranstaltungen als Handanleitung zu verwenden. Diese sind sicher als Begleittexte zu den Videofilmen recht anschaulich, unserer Ansicht nach jedoch nicht systematisch und umfassend genug. Die systematische Anwendung der Grundlagen, der lerntheoretischen Modelle, der Metaregeln mit ihren flexiblen und kreativen Anwendungen führt von der zufälligen Nutzung zur gezielten, von der sporadischen Intervention zur gelenkten, aufbauenden von der ungesteuerten »Gruppe an sich« zur strukturierten und bewussten Inszenierung. Die Vielfalt der Probleme, der Personen und Methoden und die interaktionellen und intrapsychischen Wechselwirkungen gezielt zu nutzen und nach Plan zu inszenieren geht nur über ein verinnerlichtes Bedingungs- und Veränderungswissen. Andererseits haben Sie als bedingungsanalytische Therapeuten eine so große Zahl potentiell nutzbarer Veränderungsmöglichkeiten, dass sie immer nur einen Bruchteil davon gleichzeitig umsetzen können. Die Einzeltherapie von acht Personen, die Interaktion, die verschiedenen Pläne und wie und wann und wo sich diese ergänzen oder blockieren, die Verstärkermatrix und Gruppenstruktur machen es schlechterdings unmöglich, dass irgendein Therapeut davon auch nur mehr als 30% der gesamtmöglichen Varianz potentieller Bedingungsveränderung nutzen kann. Das ist eine positive Aussage im Hinblick auf die großartigen Möglichkeiten des Instrumentariums, aber auch eine Mahnung zur Bescheidenheit, dass wir uns sagen: »O.k., man kann nicht auf allen Instrumenten Wundertöne erreichen. Einer kann halt mit der Geige umgehen als Therapeut und der andere mit der Pauke.« Sie können auf beiden Instrumenten Änderungen bewirken und auch ein ganzes Orchester zum Zusammenwirken und zur systematischen Auf- oder hier Durchführung bringen. Wenn Sie dabei verhindern, dass das Ganze in schlimme Misstöne ausartet, was Sie ja in manchen ungesteuerten oder denunziatorischen Gruppen haben, wo Sie die Teilnehmer ungebremst übereinander herfallen lassen, dann machen Sie schon eine ganz gute Gruppentherapie.

Diese wird im Regelfall von einer Einzeltherapie begleitet, womit auch das Problem unterschiedlicher Zusatzstörungen und individueller Therapieschwerpunkte gelöst wird. Die Therapeutinnen und Therapeuten vollziehen mit dieser praxisnahen Weiterbildung von der Einzeltherapie zur partiellen Zusammenlegung zur Gruppentherapie mit partiellen Einzelschwerpunkten auch den Weg der empirisch-wissenschaftlichen Entwicklung des ATP nach. Die Effizienz wird dabei sicher um 100% gesteigert, die Intensität, Dauer und besonders das Spektrum der Veränderungen mit möglichen Plan- oder Persönlichkeitsveränderungen so erweitert, wie es mit Einzeltherapie kaum denkbar ist. Aber auch der Aufwand an zusätzlicher Qualifikation, an Konzentration, Planungs- und Koordinationsarbeit, technischem Aufwand, Kosten und Dauer steigt in einem Maße an, wie er derzeit überhaupt nicht mit den »Vergütungen« für Gruppentherapie wettgemacht werden kann.

Gruppentherapie zu erlernen und anzubieten, ist daher eher eine Frage der Helfer- oder Führungsmotivation oder der Planstruktur des Therapeuten als eine Frage adäquat belohnter Zweckmäßigkeitsentscheidungen.

2. Die Pläne der Therapeuten: Gruppenführungsstile und Schwierigkeiten

Die Therapeutenmotivation und die bevorzugten Veränderungsstrategien, die therapeutischen Stärken und Schwächen können nützlicherweise auch mit dem Planparadigma betrachtet werden. Im idealen Fall können sich Therapeuten komplementär zu den Planstrukturen ihrer Klienten verhalten, weil sie ihnen ähnlich sind, jedoch ohne die Zwanghaftigkeit von Vermeidungsstrategien zu teilen und mit einem ausreichenden Repertoire an Alternativen zu den störenden und störungsbedingenden Verhaltensexzessen und Defiziten.

Für Selbstsicherheitstherapien – und besonders auch für die Durchführung des ATP als Gruppentherapie – könnte die ideale Planstruktur in einem Bündel von hilfreichen Plänen, gepaart mit antiautoritären Entwicklungsidealen als solidarische Stärke der Unterdrückten, mit etwas fehlschlagangstabwehrendem Ehrgeiz und »leicht« überhöhten Ansprüchen (etwa statt nur symptomatischen Verbesserungen die Persönlichkeit und Gesellschaft in ihren pathogenen Weichenstellungen mit zu verändern) als auch in einer Prise Gruppenkohäsion fördernden Bemühens um Zugehörigkeit und Verständnis bestehen. Schutzpläne aus dem Bereich Fehlschlag-, Kritikangst mit dem Plan »sei immer topp und die/der Beste« können die Übernahme von Kontrolle und Strukturgabe als anfangs wichtige Therapeutenrolle fördern, während gleichzeitig Schutzpläne in der Art wie »vermeide Angriffsflächen für Kritik durch Verantwortungsabgabe« die später notwendige Delegation der Erfolgsattribuierung und Veränderungsmotivierung in die Eigenverantwortung der Klienten begünstigen würden. Der ideale Therapeut entpuppt sich hier als eine selbstunsichere Persönlichkeit mit guter Kompensation und mindestens ausreichender Angstüberwindung, um eindeutige Verhaltensweisen modellhaft einzubringen.

Neben dem Problem, aus den eigenen Plänen als Therapeut nur die positiven Aspekte zu behalten (also die Negativerwartungen und -bewertungen abzubauen und damit die Vermeidungszwänge aufzuheben), besteht eine weitere Kunst darin, die bei allgemeiner Selbstunsicherheit auch in sich mit den Therapiezielen inkompatiblen Wertorientierungen und Planstrukturen ins richtige Verhältnis zu setzen. So ist es bei diesen »allseits begnadeten und – zuvor – allseits blockierten« Personen bedeutsam, wie sie und wann sie die richtige Balance zwischen den Akzeptanz- und Zugehörigkeitsplänen – etwa als Helferplan oder gemeinsames Spielen – und zwischen den Anerkennungs- oder Machtbedürfnissen mit Zielorientierung und Verwirklichungsstreben suchen.

Auch der Therapeuten-Verhaltensexzess ist sowohl potentielle Ressource und positive Motivationskraft als auch gefährlicher Sprengsatz mit destruktiven Folgen für alle Beteiligten. Die therapeutische Selbsterfahrung kann bei Grundproblemen wie zu geringer Abgrenz- oder Kritikfähigkeit zumeist insoweit Abhilfe schaffen, dass die Gewichtung mehr zur Seite der positiven Nutzbarkeit der an sich problematischen Schutzpläne verschoben wird, besonders wenn die Selbsterfahrung für Gruppen und für das ATP spezifisch ist (etwa nach dem ATP-Muster erfolgt). Sie kann die Grundeinstellungen jedoch nicht völlig ändern und nicht allgegenwärtige Gefahren aus den jeweiligen Gruppenführungsstrategien ganz eliminieren.

Die Therapeutenschutzpläne können in den verschiedenen Zielgebieten zu den folgenden Schwierigkeiten führen:
Im Bereich **Fehlschlag- und Kritikangstabwehr** etwa zur Überforderung der Teilnehmer, Angstsensibilisierung durch zu hohe Schwierigkeitssteigerung der Übungen, Kritik, besonders nach dem Motto, das geht sicher noch besser; zu wenig Lob, immer das letzte Wort haben müssen, die Verkürzung von Feedback und Eigeninitiativen, das stellvertretende Befriedigen eigener angstbesetzter Wünsche, Selbstdarstellungen nach dem Motto »ich bin der Größte«.
Im **Kontaktangstbereich** kann die Gruppe als permanente Form des Zusammenseins Kontakte vermeiden helfen, der Interaktionsstil kann zu distanziert oder – als Vorwärtsvermeidung – zuwenig distanziert sein, Gefühle können ausgeklammert oder als zu nah unerwünscht sein, die Fähigkeit im positiven Feedback und im Zuhören kann leiden.

2.1 Vorherrschende Therapeutenpläne beim ATP und Zielbildungen

In den vielen Ausbildungs-, Weiterbildungs- und Selbsterfahrungsgruppen, die über jetzt fast drei Jahrzehnte durchgeführt wurden, haben wir bei dem Hauptkontingent qualifizierter Psychotherapeuten mit Diplom in Psychologie und der 3- bis 5-jährigen Weiterbildung die folgenden Planstrukturen am häufigsten vorgefunden:
Den **Schutzplan vor Ablehnung und Ausgrenzung** mit den positiven Handlungsanweisungen: Sichere dir Zustimmung durch Bejahung, bekräftigendes Zuhören, Akzeptanz fremder Meinungen und der Vorschläge und Wünsche anderer;
sichere dir Zugehörigkeit und Wohlwollen durch Hilfsdienste bei anderen, durch Freundlichkeit, heitere andere auf, sei ihr Sonnenschein und richte die Gebeugten auf, sei ihre Stütze, löse die Probleme der anderen, hab für alles Verständnis (bei anderen), schaffe Harmonie, halte die Menschen zusammen, schlichte Zwistigkeiten, beschwichtige Kontrahenten.
Entsprechend kommen die negativen Handlungsanweisungen dazu: Stelle eigene Wünsche und Interessen zurück, sei selbstlos (und vermeide etwa das Thema einer angemessenen Bezahlung anzusprechen oder befriedigende Arbeitsbedingungen einzufordern), vermeide Widerspruch und Konflikt, sage nie nein, wenn andere etwas wollen, unterbrich andere nie und werde nicht lästig.
Frage nie selbst um Unterstützung, verbirg deinen eigenen Kummer, lass dir keine persönlichen Schwierigkeiten anmerken, vermeide es unbequeme Wahrheiten rückzumelden oder gar andere zu kritisieren.
Tue niemandem Unrecht, enthalte dich klarer Wertungen oder Parteinahmen, spiele emotionale Problemäußerungen herunter, gib bei Spannungen immer nach, entschuldige dich, wenn du anderen im Wege bist und schaffe dich beiseite.
Die Helferpläne spielen ganz allgemein die Hauptrolle bei der Berufswahl und Berufsausübung von Psychotherapeuten. Bei qualifizierten psychologischen Psychotherapeuten sind die blindlings und zwanghaft ausgeschütteten Liebesgaben zumeist durch das Filter bewusster bedingungsanalytischer Überlegungen gegangen und in der Selbsterfahrung hinsichtlich der negativen Aspekte ersetzt worden. Im »positiven Bereich« gibt es ja

nun eine ganze Reihe durchaus nützlicher, z. T. unentbehrlicher Eigenschaften für das therapeutische Verhalten. Im Negativen sehen wir jedoch eine Fülle von Handlungsanweisungen, die bei Beibehaltung sowohl die Person des Therapeuten schädigen – etwa sehr häufig zum frühzeitigen »Burn-out«-Syndrom führen, aber auch im Einzelnen eine klare, zielorientierte und veränderungsbewusste aktive Therapeutenrolle behindern.
Bei der Zielsetzung Selbstsicherheit und Selbstbewusstsein muss diese auf Selbsttlosigkeit und Selbstaufgabe orientierte Bedienerrolle in Konflikt mit der Zielsetzung geraten. Wenn etwa selbst keine direkte Konfrontation für gut gehalten und dadurch auch nicht ausgehalten wird, wenn das intensive, bei Wut und Forderungen notwendigerweise auch mal laute, Gefühlsäußern abgewiegelt wird, weil selbst peinlich oder ängstigend, wenn ein übermäßig eigenes Entschuldigungsbedürfnis etwa mit der in Übung 1 erforderlichen Weglassung dieser Verhaltensweisen kollidiert, wenn die eigene Modellvorgabe durch Selbstabwertung und Lobzurückweisung, durch übergroße »Liebenswürdigkeit« beim Abgrenzen und Fordern problematisch wird, wenn der Plan »mach dich unentbehrlich« anderen den Raum für Eigeninitiative nimmt und Abhängigkeiten schafft, wenn die eigene Planstruktur zur falschen Verstärkung führt – etwa Lächeln beim Neinsagen – und Unterwürfigkeit bei Aggression lobt, Vermeidung als Verweigerung beschwichtigt oder ewig nur problematisieren lässt (in der Gruppe etwa), wenn hilfloses und depressives Rückzugsverhalten mit der geballten Kraft aller Helfer- und Pflegeinstinkte bedient wird, wenn der Helferdrang zu den Konfliktvermeidungen von billigen Sofortlinderungen und Pseudolösungen nach dem Motto »Man nehme, Man tue …« oder zu den ewigen Problemverschleierungen durch Trost im Sinne von »halb so schlimm, geht mir auch so – oder – allen« führt, dann wird der Helferplan mit seinen typischen Ausführungsbestimmungen im Vermeidungssektor von Ausgrenzung und Ablehnung inkompatibel zu den Therapiezielen des ATP. Hier helfen die beste therapeutische Motivation und die sauberste Unterweisung in Verfahrensweisen nichts, wenn nicht über ausreichende Selbsterfahrung und – hier am besten ATP-spezifisch – mittels einer zusätzlichen Selbsterfahrung über die passive Teilnahme an ATP-Gruppen die Wurzel des Übels beseitigt wird und die Vermeidungsbestandteile des Helferplanes unnötig gemacht werden. Als Indikationsbereich ist der Sektor »Nicht nein sagen Können » ja einer der vier zentralen Therapiebereiche des ATP und zumeist profitieren auch die potentiellen Therapeuten darüber hinaus auch in den anderen Zielsektoren, ganz zu schweigen vom unschätzbaren Vorteil, zunächst das gesamte Prozedere am eigenen Leibe zu spüren, bevor sie es anderen unter ihrer Regie zumuten.
Nach einer Untersuchung zum nomologischen Begriffsnetz von Selbstunsicherheit (Ullrich de Muynck und Ullrich 1978, S. 418, S.393–468) geht im Bereich der Stichproben von klinisch nicht Gestörten« die Überanpassung im Faktor »Nicht nein sagen Können« einher mit gesichert höherer »autoritärer Einstellung«, »Verlangen nach Ordnung«, »Intoleranz« und »dogmatischem Festhalten am Prinzip«, mit »Tüchtigkeit« und – natürlich sehr hoch – mit allen Skalen für Fehlschlag-, Kritik- und leistungshemmende Ängste. Bei der Patientenstichprobe findet sich ein Ansteigen der positiven Beziehung zum »Versager« in den hoch signifikanten Bereich. Da der Faktor oder die vorwiegend auf Fremdbestimmung und Selbstverleugnung orientierten Pläne erst langfristig zur Dekompensation, also zum Versagen führen, ist dieser Wechsel in der Stichprobenzugehörigkeit nicht verwunderlich (die Begriffe in Anführungszeichen beziehen sich hier auf überprüfte Messmittel als Fragebogenskalen). Die Beziehungen zu den Maßen der

Emotionalität zeigen in der »Normalen«-Stichprobe, zu der wir die meisten Therapeuten doch rechnen, keine erhöhte Beziehung zur erlebten Angst, wohl aber signifikant positive zu »Hemmung«, »Verlassenheit«, »Erschöpfung« und »gestörtem Allgemeinbefinden« – allerdings niedriger als die beiden Inhaltsbereiche »Fehlschlagangst« und »Kontaktangst« des U-Fragebogens. Zu »aggressiven« Gefühlen sind – nur in der Normalen-Stichprobe – deutlich gesichert negative Beziehungen nachweisbar.
Das stützt im Wesentlichen unsere Einschätzung dieses »Therapeutenhauptplanes« als zunächst gelungene Anpassung, die erst später über die Exzesse an fremdbestimmten Bedienungsverhalten und die Defizite an Selbsterhaltung zur Dekompensation und dem Zusammenbruch in der Ansprachbilanz mit der Aktivierung der Uraltängste führt.
Im Alltag sind uns allen diese geborenen Helfer, die zuverlässigen Freunde und einfach netten freundlichen Menschen nur allzu gut bekannt. Diese Eigenschaften möchten weder wir für uns noch für die Patienten ablegen, sondern nur auf ein »gesundes« Maß an Selbstbehauptung und Selbstverwirklichung, die genug Platz für »Liebenswürdigkeit« und Verständnis, für Liebe und Engagement lässt, zurechtstutzen.

Wesentlich problematischer als die Pläne zur Sicherung von Zugehörigkeit und Akzeptanz durch emotionale Überanpassung und Konfliktvermeidung sind für das therapeutische Geschehen die *Schutzpläne gegen Verletzungen durch Kritik, Herabsetzung, autoritäre Übergriffe und Blamage.*
Unsere guten Therapeuten sind nicht nur zum lieb, freundlich und hilfreich sein programmiert, sondern zeigen zumeist auch überdurchschnittliche Tüchtigkeit, Ehrgeiz, oft auch Perfektion, hohe Ansprüche, das Bedürfnis, höchst gescheit und kompetent zu sein, effiziente Therapien zu machen, möglichst schnell und präzise zum Punkt zu kommen, andere aus fremder autoritärer Unterdrückung zu befreien – aber auch: die Verantwortung für andere oder therapeutische Entscheidungen nicht zu übernehmen (»Rückwärtsvermeidung«) oder die Kontrolle nie abzugeben und immer das erste und letzte Wort zu haben (»Vorwärtsvermeidung«) oder immer als »Macher« zeigen müssen, wo es lang geht.
Viele haben Schwierigkeiten beim Loben, überfordern die Patienten, neigen zu oberflächlichen schnellen Haurucklösungen oder müssen – nie zufrieden -nach der letzten aller Ursachen zu suchen.
Auch hier sind die positiven Seiten von »Gut sein wollen« erhaltenswerte und sehr wichtige therapeutische Qualifikationsbedingungen, die negativen für die Therapie allgemein und – hoch spezifisch – für die Vermittlung von Angstfreiheit vor Fehlern und Kritik und für das Erlebnis vorleistungsfreier Akzeptanz unvereinbare Vorgaben.

2.2 Entstehungsbedingungen und Verstärkungsstruktur von Therapeutenplänen

In Band 1 der Klientenbücher sind wir bereits auf die **Bedingungen für die Planentstehung**, auf die verstärkenden Bedingungen für die Zwänge immer lieb, freundlich, gut, zuverlässig, tüchtig, nützlich und hilfreich oder stark, intelligent, unterhaltsam, außerordentlich und vorzeigbar sein zu müssen eingegangen.

Unter den Therapeuten ist natürlich zuerst die anerzogene Nettigkeit und selbstlose Aufopferung für andere als Folge einer auf Liebesverlust oder Verlassenheit basierenden Erfahrung und Erwartungsangst zu nennen. Positiv verstärkt kann der Helferplan durch Zuwendung für Zuhören, durch Streicheleinheiten fürs Fröhlichsein – etwa über dessen ansteckenden Effekt oder durch Anerkennung (»Unser Kind tut so was nicht« verstärkt werden.)

Typisiert können wir von der **Entstehung von Helferplänen** her das fröhlich-lieb sein müssende *Sonnenscheinchen,* oft als Mutters Freundin und später Trost programmiert (häufig die Kleinste und das »Endlich-ein-Mädchen-Erlebnis«) von der/dem Ältesten als zuverlässig brav, ernst und still Verantwortung Tragendem unterscheiden, ferner *Mutters* geliebter *Heros* und Nachfolgekönig, mit Plänen und »Tugenden« in Richtung Ritterlichkeit, Verständnis, Verantwortungsnahme, Tüchtigkeit, Stärke, musischen und emotionalen Werten und – gegen das überfordernde Nähebedürfnis – mit stiller Zurückhaltung bis emotionaler Überkontrolle und Nähevermeidung. Oder *Papas Liebling* mit der Verstärkung der Nachfolge- und Ersatzmerkmale für die nicht mehr so geliebte Mutterfrau – ebenfalls meist mit Missbrauch und Näheschutzplänen. Es folgt die *Legion der Verlassenen:* Waisen, Uneheliche, Heimkinder und – hierzulande derzeit am häufigsten – die Scheidungswaisen. Im Therapeutenplan imponieren ihre Schutzpläne, sofern die Schädigung nicht zu emotionaler Starre führte, als starkes Harmonisierungs-, Beschwichtigungs- und Gemeinsamkeitsstiftungsverhalten. »Friede, Freude, Eierkuchen« und Teil – nicht Führer – einer Gruppe, das Wirgefühl um jeden Preis sind dann häufige Maximen.

Bei der Entstehung der **»Gut-sein-müssen-Pläne«** und der **Antiautoritäts-** oder »Oben-bleiben-müssen-Pläne« – also im **Abwehrbereich Kritik und Ablehnung als Versager** – gewinnt Typ *»Papas Beste«* zumeist noch eine Einfärbung ins Geistreiche, Blitzgescheite- also weitere Vorzeigeattribute neben der *»Jungen Königin«,* gelegentlich auch noch ins Tapfere und Kühne, wenn sie als Kompensation eines eigentlich gewünschten Thronfolgers dienen soll. Häufig sind die intellektuellen Überansprüche, die Leistungs- und Anerkennungszwänge auch Folge der Befriedigung von selbst nie erreichten Zielen oder Wünschen der Eltern. Therapeuten mit solchem Hintergrund und entsprechenden Schutzplänen werden immer weiter Anforderungen an sich und andere stellen und oftmals weiterhin um Werte kämpfen, die unrealistisch überzogen und wenig befriedigend sind. Von den Entstehungsbedingungen ist dieser Druck oft durch das Erlebnis vertieft worden, dass ein anderes Geschwister- und oder Elternteil mangels Erfüllung dieser Anforderungen fallen gelassen, missachtet und vernachlässigt wurde. Die Versagensangst ist dann eng mit Verlassenheitsängsten gekoppelt und die Schutzpläne enthalten neben den vielen »Du musst noch mehr tun und besser werden« auch viele verzweifelte »Du darfst auf keinen Fall ..., sonst wirst du ...«-Verbote.

Aber auch die früh erfahrene Unmöglichkeit, in die geforderten Wert- und Verstärkungskriterien von leistungsbesessenen Machtmenschen eintreten zu können, führt – oftmals als Antimodell oder kritikfreie Spielplatzatmosphäre – zu einer häufigen Therapeutenprogrammierung. Zweitgeborene im Schatten der – nicht aufzuholenden und besser akzeptierten – Erstgeschwister, eher Mutterverstärkte oder vom autoritären Vater gebrochene Erstgeborene oder männliche Nachfolger, Einsichtige, die das frustrierende und inhaltsleere Macht- und Ansehengetue ihrer Väter als Antimodell mit dem Plan »Werde nie wie ...« verbinden, und jüngere Geschwister, die wegen Verstärkermangel im Leistungssektor durch besetzte Positionen seitens der älteren Geschwister besonders einfallsreich und kreativ sein müssen, ergreifen oft Berufe des Künstlers oder Psychologen (etwa statt Mediziner Jurist oder andere Oberlehrerkarrieren). Sie zeichnen sich als Therapeuten durch viel Raumgebung und Entwicklungsarbeit aus, im ATP können Plankonflikte bei Auseinandersetzungen und im Sektor »Forderungen stellen« entstehen und Führungsprobleme in Gruppen.

Vom **Rollenverständnis** als Therapeut können wir die Planträger im Gebiet »helfen« auch den folgenden Typisierungen in Unterplänen oder Kategorien zuordnen:

Die *Schöpfer*, die gerne etwas Gott spielen und die größte Befriedigung darin sehen, aus Unvollkommenem Vollkommenes oder aus angstvoller Starre offene Lebendigkeit zu formen;

die *Entwicklungs- oder Geburtshelfer*, die mit ähnlichen Zielen ihre eigene Mitwirkung etwas indirekter gestalten und etwas früher aufhören können als die Schöpfer;

die *großen Weisen*, die sich auf die Position des immer schon Angekommenen zurückziehen und dort den Wanderer bestätigend empfangen, egal welchen Weg dieser genommen hat;

die *Barmherzigen*, die die Gebrechlichen aufrichten und ihren Jammer mit ihnen teilen;

die *Weggefährten*, die ermutigend und anregend den Weg der Klienten in der Therapie begleiten;

die *Vorreiter*, die die Wege ebnen und sich für das Ganze mutig in die Bresche schlagen;

die *Zugochsen*, die sich mühsam umso mehr anstrengen, je änderungsunwilliger oder je schwerer der Tross wird, und schließlich

die *munteren Ablenker und Mitgespielen*, die eher das fröhliche Beieinander als den Weg im Auge haben.

Im Folgenden sollen einige typische Therapeutenpläne beispielhaft aufzeigen, wie sie sich im Guten und Schlechten auf Selbstsicherheitstherapien und das Geschehen in der ATP-Gruppe auswirken:

Beispiel 1

Klaus ist ein therapeutischer Macher und Nüsseknacker. In der Supervision angeregt, weniger Arbeit für andere zu machen und weniger selbst aktiv Lösungen zu liefern, kommt er bekümmert und berichtet, nunmehr seinen Patienten ganz verprellt zu haben. Als Therapeut habe er die Anregungen zwar konsequent umgesetzt, aber der Klient habe sich jetzt vier Wochen nicht mehr gemeldet. Statt wie üblich mit einer Lösung irgendeines Problems habe er ihn diesmal mit einer Hausaufgabe entlassen. Er habe auch während der Sitzung immer wieder gefragt, was dies oder jenes für den Patienten bedeute und darauf gedrungen zu hören, wie er sich dabei fühlte. In der folgenden Supervision wurde die Interventionstechnik durch Rollenspiel nachgestellt. Es stellte sich heraus, dass bei Ausweich- und Ablenkmanövern, bei Verneinungen und Widerspruch des Klienten die direkten Überzeugungsversuche des Therapeuten in Richtung, wo das Problem in Wirklichkeit liege und worauf es tatsächlich ankomme, gesteigert wurden. Stellvertretend fühlte sich der Kollege in der Patientenrolle jeweils nicht ernst genommen und falsch verstanden. Der Widerstand und Unwille wuchs.

Welche der folgenden Bedingungen kommen für diesen Prozess in Frage:

a) Der Therapeut enttäuscht die Erwartung des Patienten auf schnelle Problemlösung und bestraft ihn mittels »response cost«.

b) Klaus hat zu wenig Überzeugungskraft, um die Eigenverantwortlichkeit des Klienten klarzustellen.

c) Klaus ist zu wenig aktiv und sollte besser seinem alten Muster folgen.

d) Klaus vermag nicht, zunächst komplementär auf die Widerspruch erzeugenden Pläne seines Patienten einzugehen.

Lösungen: Für das Gefühl, nicht verstanden zu werden, und für den zunehmenden Widerstand ist d) zutreffend: Die Unfähigkeit, von den eigenen Plänen abzusehen, verhindert das Eingehen und Absättigen der Patientenpläne und provoziert dort den Versuch, über ein »Mehr desselben« das fehlende Verstehen dennoch herzustellen oder aber sich der weiteren Argumentation zu entziehen. a) könnte zusätzlich für das Abbrechen der Therapie mit bedingend gewesen sein.
Wie könnten die Pläne von Klaus formuliert werden und welche mutmaßliche Funktion könnten sie haben, die seine aktive Rolle, seine Neigung zu Fertiglösungen, zum eigenen »Nussknacken« und zur aktiven Manipulation als Überzeugungsarbeit für »Eigenverantwortlichkeit« des Klienten steuern?

a) Ich muss immer die Kontrolle über die Situation behalten, sonst werde ich ins Unrecht gesetzt und versage.

b) Ich muss ständig beweisen, dass ich auch dann noch Lösungen weiß, wenn normal Sterbliche oder Laien versagen. So mache ich mich unentbehrlich und verhindere gleichzeitig Kritik, weil ich besser als andere bin.

c) Situationen offen zu lassen birgt die Gefahr unvorhersehbarer Risiken und Fehler, für die ich dann verantwortlich gemacht werde und Vorwürfe bekomme, und es ist auch ein Eingeständnis eigener Inkompetenz, was Ablehnung zur Folge hat.

d) Anderen Recht geben oder auch nur ernsthaft ihre Argumentation und Motivation nachzuvollziehen, wird schnell missbraucht und macht Angst, den Kürzeren zu ziehen, deshalb lass dich erst gar nicht darauf ein und sieh zu, oben oder in der unanfechtbaren Position zu bleiben.

Lösungen: Für die Unfähigkeit, auch nur vorübergehend komplementär auf die Pläne des Klienten einzugehen und eigene Direktiven zurückzustellen, könnten alle genannten Pläne infrage kommen. Die Schutzfunktion könnte in allen in der Abwehr von Kritik und Versagen liegen.

Für Schwierigkeiten, die für Therapieziele »Selbstsicherheit« und für die Arbeit mit ATP-Gruppen aus Helferplänen (Ablehnungsangst- und Verlassenheitsängste mindernd) resultieren, mag das *Beispiel von Dagmar* dienen:
Dagmar klagt darüber, dass sie sowohl mit der Sitzungsdauer als auch mit der Dauer der Gesamttherapie Schwierigkeiten habe. Sie könne weder rechtzeitig eine Sitzung beenden noch jemals Patienten abnabeln. In den Gruppen verliert sie viel Zeit mit Diskussionen und geht auch dann auf ihre Teilnehmer ein, wenn diese ausgesprochenes Fehlverhalten wie Vermeidung, Schmollen, Klagen, Argumentieren, Verweigern oder Weinen zeigen. Diese Verhaltensweisen nehmen zu. Einzelne Teilnehmer erfahren zunehmend mehr Beachtung für ihre Ängste und ihr Nichtkönnen auf Kosten der erfolgreich und kon-

struktiv Arbeitenden. Die Zwischenwerte in der Hierarchie »Fordern« und »Nicht nein sagen Können« sind unterdurchschnittlich. Freundlichkeit wird auch dort verstärkt, wo sie als Nebenbotschaft der Vergewisserung von Dennoch-Akzeptanz dient, also vermeidende Funktion hat. Ärgeräußerungen und Lautwerden sind dagegen deutlich unter Löschungsbedingungen oder werden dort, wo sie geübt werden sollen, mit abgeschwächtem Modellverhalten und normativer Relativierung dargeboten.
Welche Pläne könnten die Probleme von Dagmar mit bedingen:

a) Ich muss es allen recht machen, sonst droht die Gruppe zu zerbrechen und ich könnte allein gelassen werden.

b) Ich muss immer noch mehr bieten, um mich der Nähe und Akzeptanz von anderen zu versichern.

c) Nur mit selbstloser Hingabe und ständiger Freundlichkeit bin ich liebenswürdig; mit eigenen Bedürfnissen und nicht heiteren Gefühlen bin ich lästig und werde abgelehnt.

d) Verpflichte dir andere, um Ablehnung zuvorzukommen.

e) Wer laut wird und gar streitet, hat immer Unrecht und wird nicht mehr gemocht und ausgegrenzt. Nur unter Aufrechterhaltung aller Bedingungen für ein harmonisches Miteinander werde ich nicht abgelehnt.

Dass für Dagmars Probleme alle Pläne mitverantwortlich sein können, weil sie alle eine ähnliche Funktion haben, dürfte klar sein.
Was Dagmar tun könnte, um diese Probleme zu verringern, liegt auf der Hand: Dieselbe Prozedur, die für ihre Klienten als erfolgreichste Änderungsstrategie bei Selbstunsicherheit gewählt wurde, sollte auch von ihr – und zwar als übende Teilnehmerin – angestrebt werden. Als vorläufige Korrekturmöglichkeit können die falschen Verstärkungen in der Supervision beeinflusst oder über Videomodelleinsatz die eigene Befangenheit überspielt werden. Diese taktischen Lösungen ihres Problems bleiben aber als »Plan-immanente Therapieansätze« von beschränkter Reichweite.
Die Vorzüge von Dagmars Helferplänen sollen auch nicht vergessen werden: Ihre Gruppen zeigen meist gute Motivation und engen Zusammenhalt, ein relativ angstfreies Gruppenklima und gute selbstwerterhöhende Akzeptanzbedingungen.

3. Therapeutenpläne: Ressourcen und Komplikationen

In Weiterbildungsgruppen von Therapeuten zeigt sich immer wieder, dass gute Therapeuten sowohl Pläne in der Zielrichtung »gut sein zu müssen« als auch Pläne »nett und hilfreich sein zu müssen« in sich vereinigen. In mittlerer Ausprägung und mit der Fähigkeit, die eigene Motivationsstruktur den aktuellen Ansprüchen in der Gruppe unterzuordnen, also therapeutische Rollenfunktionen spielen zu können, statt ständig nur sich selbst in seinen Plänen sein zu müssen, ist dieser Kernanteil eine unverzichtbare Ressource. Bei zu starker Ausprägung der Pläne, gut sein zu müssen mit exzessiver Angst vor Kritik und Fehlern, kommt es zur Angst vor der Gruppe bzw. zur Angst vor der eigenen Inszenierung und zur Vermeidung strukturierter, zielorientierter und kontrollierter Gruppentherapien wie dem ATP. Eine bei ATP-Therapeuten recht häufige Schutzstrategie gegen Kritik ist das »Wirken im Stillen«: Aus Angst vor Verantwortung wird von vornherein bezweckt, dass die Klienten die Veränderungsschritte selbst entwickeln, selbst verantworten, selbst durchführen und selbst bewerten. Die öffentliche Anteilnahme des Therapeuten schwankt zwischen einem etwas stärkeren »Geburtshelferakt« bis zum sehr dezenten Anstoß der Eigenarbeit. »Hilf so, dass niemand es merkt« als Ausführungsbestimmung wurde dezidiert von einer Teilnehmerin als Plan genannt, die nur dann im Familienverband eine Anerkennungschance hatte, wenn sie sehr gut war und so lange die älteren Geschwister die Gefahr, dass sie ihnen Anerkennung wegnehmen könnte, nicht realisierten.

Der Plan, im Verborgenen zu wirken und den Erfolg den Akteuren, hier den Klienten, zuzuschreiben, ist natürlich für Verhaltenstherapeuten speziell im Selbstsicherheitssektor eine sehr hilfreiche Bedingung für den Therapieerfolg: Die Patienten müssen im Sinne der Selbstständigkeit und der Erfolgsattribution mehr und mehr das Gefühl bekommen, frei von fremder Hilfe und nur durch die eigene Aktivität und Konsequenz angstfrei und kompetent zu werden. Therapeuten ohne diese Lerngeschichte müssen im Laufe des ATP lernen, diese Haltung zumindest als therapeutische Rollenfunktion im letzten Drittel der Therapie einzunehmen. Zu Beginn der Therapie jedoch ist die Verantwortungsübernahme auch im Sinne eines bestimmten anordnenden Verhaltens eher wünschenswert und erfolgreich. Nicht nur dass die Klientel zur eigenen Verantwortungsübernahme noch nicht in der Lage ist, sie hat im Sinne der selbstunsicheren Persönlichkeit auch Erwartungshaltungen und Pläne im Sinne des braven Gehorsams, die therapeutisch zu diesem frühen Zeitpunkt eher genutzt werden sollten. Hierzu gehört Verantwortungsübernahme durch den Therapeuten. Dazu wiederum gehört ein gewisses Maß an Angstfreiheit hinsichtlich Kritik und Versagensangst.

Umgekehrt müssten Therapeuten mit Vorwärtsvermeidung von Kritikangst über die Unterpläne ständig topp sein zu müssen, ständig oben sein zu müssen, ständig Recht zu haben, ständig originell zu sein, zum Rollenwechsel spätestens bei Therapiemitte in der Lage sein, dann in den Hintergrund zu treten. Indirekte Erfolgserlebnisse über den oben zitierten Plan »Ich bin zwar nur der Helfer zur Selbsthilfe, aber letztlich habe ich bewirkt, dass die anderen sich gut fühlen und glauben, dass sie es allein geschafft haben«, als Eigenverstärkungsideologie können dann wieder die Gutsein-müssen-Pläne absättigen. Die variable Einnahme von Rollenfunktion setzt ein gewisses Maß von Angstabbau im Bereich Kritik und Versagensangst voraus. Die Pläne müssen nur in ihren störenden Ausführungsbestimmungen geändert werden. Sonst werden Therapeuten ohne Selbsterfahrung zu verschiedenen Zeitpunkten des therapeutischen Prozesses mit ihren Plänen kontraproduktiv wirken. Andererseits haben beide Plankonstellationen durchaus auch den Charakter von Ressourcen, der Gutseinmüssende wird anfangs sehr viel Anstrengung darauf verwenden, effektive Inszenierungen und konsequente Schritte im Sinne der Zielannäherung zu verfolgen, weil sie ihm unmittelbar als Bestätigung dienen: Um gut sein zu müssen, muss ich erfolgreich sein. Die Gefahr besteht darin, dass er bei zu langem Ziehen und Schieben die Eigenmotivation seiner Klientel verhindert und Abhängigkeiten schafft, während der Wirker im Hintergrund oft das Schiff gar nicht flottkriegt und den Veränderungsprozess nicht intensiv genug starten lässt und sehr oft große Schwierigkeiten bekommt, den Mangel an Fremdverstärkung wirklich zu akzeptieren.

Aber auch die ganz dezidiert als Retter und Heilige begründeten Helferkarrieren mit Plänen reiner Selbstlosigkeit und totaler Aufgabe an und für andere sind im Therapeutenberuf recht häufig: Sie sind in der Form »Versage niemandem ein freundliches Wort, helfe den Bedrängten und Bedrückten, richte die Gebeugten auf und mache die Blinden sehend« im positiven eine große Ressource für den Einsatz und die Wärme in der therapeutischen Beziehungsaufnahme, ohne die wahrscheinlich der schwierige Beruf auch nicht denkbar wäre. Dass sie in dieser überspitzten und selbstlosen Form die Persönlichkeit des Therapeuten sich nicht entwickeln lassen und über die Überforderung auch zu ihrer Zerstörung führen, und dass sie zu einer Fülle von Problemen bei der Selbstsicherheitstherapie mit der Verstärkung von Fehlverhalten im Sinne des Duldsamen, Passiven und zu Freundlichen führen, macht ebenfalls eine therapeutische Korrektur über Selbsterfahrung oder ATP analoge Vorgehensweisen notwendig, um die nötige Rollenflexibilität zu erlangen, diese motivatorischen Einstellungen fakultativ ausleben zu können und nicht zwanghaft übernehmen zu müssen. Von der Lerngeschichte her werden diese Retter- und Beglückerpläne oft tatsächlich noch so erworben, dass die Kinder von den Eltern für diese Aufgabe dem caritativen Zweck der Selbstrettung der Eltern (oder gesellschaftlicher, karitativer Funktionen) geweiht werden. So wie früher die Zweitgeborenen der Kirche überantwortet wurden, um weniger Esser zu haben und ein gutes Gewissen, werden nach wie vor in ländlichen Gegenden Zweitgeborene jetzt Therapeutenberufen zugeführt. Eine andere Retterkarriere liegt in den sehnlichst erwünschten Spätgeborenen (etwa das ewig erwartete Mädchen als gute Freundin der Mutter), die als »Deal« mit wunscherfüllenden höheren Instanzen irgendwelchen Heiligen gewidmet werden, was sich in der Erziehung, Namensgebung und Art der Ausbeutung des von Gott gesandten Spielzeuges niederschlägt. Eine wiederum teils therapeutisch sehr wertvolle Ressourcennutzung, teils tödliche Überforderungsgefahr ist es, wenn die Retter- und Beglückerpläne mit elterlicher Akzeptanz oder mit einer Rolle als ältestes Geschwister und einer positiven Konditionierung mit »Du-kannst-alles-Überzeugungen« verknüpft werden. Die gelernte Überzeugungs- und Planbildung geht in die Richtung, dass die durchaus bewussten Gaben und Fähigkeiten in freudigem und selbstlosem Einsatz ausschließlich für andere eingesetzt werden. Die Pflicht zum bedingungslosen Einsatzt nur für andere wird nie hinterfragt, weil Möchten und Können keinerlei Relativierung oder Rückzugsmöglichkeit gestatten. Es mag einleuchten, dass Personen mit diesen Plänen sich mit der Vermittlung von Selbstsicherheitstherapien schwer tun, während sie an der Front der wirklich »aussichtslosen Fälle« eine unersetzliche Ressource darstellen.

Manche Therapeuten empfinden die Programmierung durch die Lerngeschichte oder gar die Vorstellung, dass sie schon vor ihrer Zeugung dem heiligen oder egoistischen Zweck der Errettung von Eltern und anderen Menschen gewidmet wurden, bei sich selbst zunächst als irritierend, zumal sie lieber von der Fiktion der freien Willensentscheidung für ihren schönen Beruf ausgehen. Es macht sie aber sicher nicht zu schlechteren Therapeuten, wenn sie in Betracht ziehen, dass sie ähnlichen Bedingungen unterliegen, wie ihre Klientel und dass sie folglich mit denselben Methoden die ähnlichen störenden Anteile an Planstrukturen und Verhaltensweisen auch bei sich selbst ändern sollten, wie sie es bei ihren eigenen Patienten und Klienten anstellen. Der Ressourcenanteil der genannten Planstrukturen macht in jedem Fall gute therapeutische Gruppenarbeit möglich, die bei offenen Gruppen auch ohne allzu große Nachteile therapeutische Schwerpunktbildung im Sinne der Planstruktur erlaubt. Nachteile hat hier vor allem der Therapeut, der auf Dauer an der Einseitigkeit der Planstruktur krankt. Bei den geschlossenen Kursen im Sinne des ATP, in der ein Rollenwechsel in der therapeutischen Haltung als Funktion der Zeit in vielen Bereichen notwendig ist, würde eine starre und exzessive Planstruktur in den angedeuteten Bereichen erhebliche Therapiebarrieren bilden. Neben den Problemen im Zielannäherungsverhalten stellen die Planstrukturen natürlich im Querschnitt der Interaktion hinsichtlich möglicher Komplementarität oder Inkompatibilität mit den häufig analogen Plänen oder auch konkurrierenden Plänen ihrer Klientel ein großes Problem dar. Auch hinsichtlich der blinden Flecken in der Wahrnehmung und der selektiven Vermeidung von planinkompatiblen Übungsinszenierungen limitiert es das therapeutische Ergebnis in unvertretbarer Weise. Starke Helferpläne mit Harmonieprinzip führen zur falschen Verstärkung von zu viel Freundlichkeit und bedürfnisverleugnender Anpassung, zu mangelhafter Verstärkung im Hierarchiegebiet Fordern oder – im Hierarchiegebiet Nein-Sagen – zu einer zu schwachen Berücksichtigung unbequemer negativer emotionaler Gefühle. Auch vom Modellverhalten ist natürlich im Gebiet Selbstsicherheit hier eine starke Limitierung gegeben. Pläne aus dem Bereich »Gut-sein-zu-müssen« können zur Verunsicherung von anderen führen, sei es, dass der Therapeut immer an Beiträgen seiner Klienten etwas auszusetzen hat, zu häufig kritisiert, weil er zu hohe Ansprüche hat oder andere überfordert, kurz ein eher minusgesteuertes Verhalten zu Leistungen seiner Klienten zeigt als eine fördernde, tolerierende Haltung.

Kritischer für Selbstsicherheitstherapien sind die Wir-Pläne, die Lernerfahrung der spielenden Geschwister, die Sehnsucht nach Rückkehr in die unbeschwerte, regelfreie Kindheit, eventuell mit den Unterplänen, andere zu erheitern, um spielerische Akzeptanz zu genießen. Therapeuten mit diesen Plänen zeigen nicht selten einen Bruch in ihrer Entwicklung, etwa nach dem Motto der Vertreibung aus dem Paradies mit viel zu frühem Drill in Internaten oder Unterbrechungen ihrer Entwicklung durch Umzüge, bei denen sie ihre Freunde verlieren, oder frühe Scheidung der Eltern, die dieses Wirgefühl mit entsprechender Verlust- und Verlassenheitsangst ablöst. Positive Aspekte können auch hier die Schutzpläne gegen Verlassenwerden, Ausgrenzung und Einsamkeit Pläne in dem Sinne gesehen werden, wenn sie Abweichungen von Gruppennormen und Therapieregeln sofort bekämpfen. Die Sicherung von Zusammengehörigkeit erfolgt von solchen Therapeuten oft analog zu Hirtenhunden, die die verirrten Schafe immer wieder ins Rudel treiben. Auch der Unterplan, die anderen in dem Wir-Verband glücklich machen zu wollen, kann zu einer positiv förderlichen Haltung den Gruppenmitgliedern gegenüber führen und die Kohäsion in der Gruppe verbessern helfen. Ein Nachteil dieser Art von Gruppentherapie ist eine mangelnde Zielorientierung, eine geringe Toleranz gegen die unverzichtbaren Verlustleistungen bei konsequenter Umsetzung der Unabhängigkeitsbemühungen und schließlich natürlich die hohe Abhängigkeitsgefahr: Der Therapeut braucht die Gruppe mehr als sie ihn. Der Autor hatte geglaubt, dass die ihm bekannten Beispiele, dass Therapeuten ihre Klienten mit in den Urlaub nehmen, ausschließlich im analytischen Sektor wegen der dort angestrebten und nicht immer gut gehandhabten Abhängigkeit zu sehen sind. Inzwischen hat er sich jedoch überzeugen können, dass dies auch bei Verhaltenstherapeuten vorkommt. Dort ist möglicherweise die motivationale Struktur eher von solchen Wir-Plänen geprägt als nur vom therapeutischen Grundkonzept. Wir-Pläne ohne therapeutische Selbsterfahrung, die sie fakultativ unnötig macht, sind bestenfalls für Selbsthilfegruppen oder für unspezifische Gruppen im Sinne des Warming-up im allgemeinen Klinikalltag akzeptabel. Hier wiederum kann ein Therapeut mit dieser Planstruktur sehr belohnend sein und viel leisten.

Dass gelegentlich auch absolut korrekturbedürftige Therapeutenhaltungen bei Gruppentherapeuten zu Problemen führen, wenn die therapeutische Selbsterfahrung nicht ausreichend ist, müsste eigentlich nicht eigens angeführt werden. Ein autoritärer Schutzplan, oben sein zu müssen, mit der oft unerträglichen Rechthaberei, ist in jedem Fall eine Fehlhaltung, die den Missbrauch des einzelnen und, noch schlimmer, einer ganzen Gruppe zur Folge haben und in keiner Weise tolerierbar ist. Eigene Schutzpläne gegen Enttäuschung mit dem Motto »freu Dich nicht zu früh und wappne Dich gegen allfällige Katastrophen« sollten so weit relativierbar sein, dass sie nicht modellbildend oder verstärkend für die sicherlich in der Gruppe da und dort ähnlichen Pläne wirken. Die durch eigene Selbstunsicherheit bedingten vielfältigen Limitierungen und Schutzpläne im Umgang mit Lob und Nähe können in Selbstsicherheitsgruppen erhebliche Probleme machen. Jeder ATP-Therapeut ist gut beraten, zunächst diese umfassende Art von Selbstsicherheitstherapie selbst erst in der Rolle eines Teilnehmers zu durchlaufen.
Andererseits kann nicht genug betont werden, dass gerade die Affinität durch analoge Pläne zur selbstunsicheren Klientel über Komplementarität, Zustimmung statt Widerstand, Empathie und Motivation eine wichtige Ressource für den guten Selbstsicherheitstherapeuten darstellen kann.

Etwas tun ohne es zu tun – Die faulen Kompromisse

Eine weitere Komplikation bildet die Therapeutenhaltung des »faulen Kompromisses«. Halbherzigkeit, Nicht-zuende-Spielen von Modellvorgaben, schnelles »Runterreißen« einer Technik, etwa »mal eben demonstrieren« oder anstandshalber erklären und dabei denken, das kapiert ihr doch noch nicht, Aufträge weiterhin geben und dabei wissen, dass sie doch nicht gemacht werden, sind Beispiele für faule Kompromisse, etwas zu tun ohne es zu tun, es zurückzunehmen oder über mehrdeutiges Verhalten abzuschwächen. Die Konsequenz besteht in der Therapie leider nicht nur darin, dass diese Vorgaben nicht ernst genommen werden bzw. eher die Botschaft zwischen den Zeilen oder die Zurücknahme der Wichtigkeit wahrgenommern wird, die Klienten lernen dadurch auch, die

Therapie als Ganzes und deren Vermittler so wahrzunehmen, dass eine wirkliche Änderung nicht gewollt wird und eine echte Anteilnahme nicht besteht.

Spätestens dann ergibt sich eine wechselseitige Aufschaukelung der Demotivations- und Desinformationsspirale: Die Patienten sitzen ihre Therapie ab ohne weitere ernsthafte Überzeugung am therapeutischen Angebot und weichen etwa auf die Unterhaltungsebene aus, die Therapeuten finden sich zunehmend widerwillig in der Rolle von Anbietern, deren Waren nicht gefragt sind und die sie dann auch durch dieses selbst bewirkte Feedback noch weniger schätzen und so fort.

Auch hier ist es hilfreich, sich als Therapeut hinsichtlich der motivationalen Bedingungen hinterfragen zu können: »Wozu nützt es – wovor schützt es?«, wobei die Kenntnis der eigenen Planstrukturen wieder sehr nützlich sein kann.

Eine ATP-spezifische Konstellation ist der Konflikt zwischen der meist sehr knappen zeitlichen Vorgabe und dem umfangreichen Angebot an Methoden und Übungen. Aus Zeitdruck wird dann leicht »gehudelt«, also die Sachen einfach abgehakt, um das Programm durchzuziehen. Dies kann auch mal durch zu hohen Ehrgeiz, möglichst viel in die Hirne reinzupacken oder möglichst allseitig autonome und neu konstruierte Menschen machen zu wollen bedingt sein. Therapeuten mit ausreichender Selbsterfahrung und Ausbildung dürfen dies weiter als Ressource nutzen, solange ihre »Schöpfungen« gut gelingen und diese Deutung ihres Therapieerfolges nicht mitbekommen.

Literatur

Argyle, M.: Soziale Interaktion. Kiepenheuer & Witsch, Köln, 1972 (Orig. 1969).

Bach, G. R. und P. Wyden: Streiten verbindet. Eugen Diederichs Verlag, Düsseldorf, 1969.

Bandler, R., Grindler, J. und V. Satir: Mit Familien reden. Gesprächsmuster und therapeutische Veränderung. Pfeiffer, München, 4. Aufl. 1993.

Bandura, A.: Social learning theory. Prentice-Hall, Englewood Cliffs, N.J., 1977.

Berlin, J.: Das offene Gespräch. Pfeiffer, München, 1975.

Bernstein, D. A. und T. D. Borkovec: Entspannungstraining, Handbuch der progressiven Muskelentspannung. Pfeiffer, München, 7. Aufl. 1995.

Braun, P.: Verhaltenstherapeutische Diagnostik. In: L. J. Pongratz (Hrsg.): Klinische Psychologie, 2. Halbband, Hogrefe, Göttingen, 1978, S. 1649-1725.

Brengelmann, J. C. und L. Brengelmann: Deutsche Validierung von Fragebögen zur Extraversion, neurotischen Tendenz und Rigidität. In: Zs. exp. angew. Psychol., 1960, 17, 291-231.

Brown, B. M.: Die multiplen Techniken einer Breitspektrum-Psychotherapie. In: Lazarus A. A. (Hrsg.): Angewandte Verhaltenstherapie, Klett, Stuttgart, 1976, S.214.

Cautela, J. R.; Treatment of compulsive behavior by covert sensitization. In: Psychological Records, 1966, 16, 33-41.

Cautela, J. R. und R. A. Kastenbaum: A reinforcement survey schedule for use in therapy, training and research. In: Psychol. Rep. 1967, 20, 1115-1130.

Frankl, V. E.: Paradoxical intention: A Logotherapeutic technique. In: Amer. J. of Psychotherapy, 1960, 14, 520-535.

Goldstein, A. P. Strukturierte Lerntherapie. Urban & Schwarzenberg, München, 1978 (orig. 1973).

Gouldner, A.: The norm of reciprocity: A preliminary statement. In: American Sociological Review, 1960, 25, 161-178.

Graumann, C. F.: Interaktion und Kommunikation. In: C. F. Graumann (Hrsg.) Sozialpsychologie, Handbuch der Psychologie, Bd. 7, Hogrefe, Göttingen, 1972.

Grawe, K.: Differentielle Psychotherapie I. Huber, Bern, 1976.

Grawe, K.: Interaktionelle Verhaltenstherapie. Vortrag gehalten auf dem Jahreskongreß der DGVT, Berlin, 1977.

Grawe, K.: Verhaltenstherapeutische Gruppentherapie. In: L. J. Pongratz (Hrsg.): Klinische Psychologie, 2. Halbband, Hogrefe, Göttingen, 1978, S. 2696-2724.

Grawe, K.: Die Prognose des Therapieerfolges in Assertive-Training-Gruppen. In: R. Ullrich de Muynck, R. Ullrich, K. Grawe und D. Zimmer (Hrsg.): Soziale Kompetenz II. Experimentelle Ergebnisse zum Assertiveness-Training-Programm ATP: Klinische Effektivität und Wirkungsfaktoren, Pfeiffer, München, 1980.

Grawe, K., Schütte, C. und T. Thiem: Der Therapieprozess in Assertive-Training-Gruppen in der Sicht der Patienten: Eine Prozessanalyse mit Hilfe des Gruppenstundenbogens (GSB). In: R. Ullrich und R. Ullrich de Muynck (Hrsg.): Soziale Kompetenz. Experimentelle Ergebnisse zum Assertiveness-Training-Programm ATP. Bd. I. Pfeiffer, München, 1978, S. 311-371.

Hahlweg, K., Schindler, L. und D. Revenstorf: Problemliste Pl: Ein Instrument zur spezifischen Verhaltensanalyse im Rahmen von Ehe- und Partnerschaftstherapie. Unveröffentl. Manuskript. Max-Planck-Institut für Psychiatrie, München, 1979.

Haley, J.: Direktive Familientherapie. Strategien für die Lösung von Problemen. Pfeiffer, München, 1977.

Homans, G. G.: Human behavior as exchange. In: Amer. J. Sociol., 1958, 63, 597-606.

Jacobson, E.: Progressive relaxation. 1. ed. University Press, Chicago 1929.

Jacobson, E.: Modern treatment of tense patients. Thomas, Springfield, 1970.

Johnson, W. G.: Group Therapy: A Behavioral Perspective. Beh. Ther. 1975, 6, 30-38.

Kaminski, G.: Verhaltenstheorie und Verhaltensmodifikation. Klett, Stuttgart, 1970.

Kanfer, F. H.: Selfmanagement methods. In: F. H. Kanfer und A. P. Goldstein (Hrsg.): Helping People Change. Pergamon, New York, 1975 (deutsch: Urban und Schwarzenberg, München, 1977).

Kanfer, F. H. und A. P. Goldstein: Möglichkeiten der Verhaltensänderung. Urban & Schwarzenberg, München, 1977 (orig. 1975).

Kanfer, F. H. und A. R. Marston: Conditioning of self-reinforcing responses: An analogue to self-confidence training. In: Psychological Reports, 1963, 13, 63-70.

Kanfer, F. H. und T. S. Phillips: Learning foundations of behavior therapy. Wiley & Sons, New York, 1970.

Kanfer, F. H. und G. Saslow: Behavioral analysis: an alternative to diagnostic classification. In: Arch. Gen. Psychiat., 1965, 12, 529-538.

Kanfer, F. H., Reinecker, H. und D. Schmelzer: Selbstmanagementtherapie, Springer, Berlin 1990.

Kemmler, L. und L. Echelmeyer: Anamnese - Erhebung. In: L. J. Pongratz (Hrsg.): Klinische Psychologie, 2. Halbband. Hogrefe, Göttingen 1978, 1628-1648.

Krasner, L. und L. P. Ullmann: Behavior influence and personality. Holt, Rinehardt & Winston, New York, 1973.

Langen, D.: Möglichkeiten einer Hypnosetherapie unter gleichzeitiger Berücksichtigung der Selbstversenkungsmethoden. In: L. J. Pongratz (Hrsg.): Klinische Psychologie, 2. Halbband. Hogrefe, Göttingen, 1978, S. 2144-2160.

Lazarus, A. A.: Multimodal behavior therapy: Treating the »Basis ID«. In: J. nerv. and ment. disease, 1973, 156, 404-411.

Leuner, H.: Katathymes Bilderleben. Thieme, Stuttgart, 1970.

Lewinsohn, P. M.: The use of activity schedules in the treatment of depressed individuals. Minnes., Univ. of Oregon, 1972.

Lewinsohn, P. M. und J. Libet: Pleasant events, activity schedules and depression. In: J. Abnorm. Psychol. 1972, 79, 291-295.

Lewinsohn, P. M.: A behavioral approach to depression. In: Friedmann, R. I., Katz, M. M. (eds.: The psychology of depression. Washington, Winston, 1974

Liberman, R. P.: A behavioral approach to group dynamics I: Reinforcement and prompting of cohesiveness in group psychotherapy. In: Beh. Ther. 1970, 1, 141-175.

Liberman, R. P.: A behavioral approach to group dynamics II: Reinforcing and prompting hostility to the therapist in group psychotherapy. In: Beh. Ther. 1970, 1, 312-327.

Liebermann, M. A., Yalom, I. und M. Miles: Encounter groups. First facts. Basic Books, New York, 1973.

Mahoney, M. J.: Cognition and behavior modification. Ballinger, Cambridge, l974 (deutsch: Pfeiffer, 1977).

Mandel, A., Mandel, K. H., Stadter, E. und D. Zimmer: Einübung in Partnerschaft durch Kommunikationstherapie und Verhaltenstherapie. Pfeiffer, München, 1971.

Masters, W. H. und V. E. Johnson: Impotenz und Anorgasmie. Jowerts, Krüger, Stahlberg, Frankfurt, 1973 (orig. 1970).

Meichenbaum, D.: Cognitive behavior modification. General learning Press, Morristown, N. Y., 1974.

Meichenbaum, D.: Methoden der Selbstinstruktion. In: F. H. Kanfer und A. P. Goldstein: Möglichkeiten der Verhaltensänderung. Urban und Schwarzenberg, München, 1977, S. 407-450.

Miller, G. A., Galanter, E. und K. H. Pribram: Strategien des Handelns. Pläne und Strukturen des Verhaltens. Klett, Stuttgart, 1973 (orig. 1960).

Miller, S., Nunnally, E. W. und D. B. Wackman: Minnesota couples communication program (MCCP): Premarital and marital groups. In: D. H. L. Olson (Hrsg.): Treating relationships. Graphic Publishing, Lake Mills, Iowa, 1976.

Moreno, I. L.: Die Grundlagen der Soziometrie. Westdeutscher Verlag, Köln, 1954.

Patterson, G. R., Hops, H. und R. L. Weiss: Interpersonal skills training for couples in early stages of conflict. In: Journal of Marriage and the Family, 1975, 37, 195-303.

Revenstorf, D., Hahlweg, K. und L. S. Schindler: Interaktionsanalyse von Partnerkonflikten. In: Zeitschrift f. Soz. Psychol., 1979, 10, 183-196.

Rotter, J. B.: Social learning and clinical psychology. Prentice-Hall, Englewood Cliffs, N.J., 1954.

Rotter, J. B., Chance, J. E. und E. J. Phares: Applications of a social learning theory of personality. Holt, Rinehart &: Winston, New York, 1972.

Salter, A.: Conditioned reflex therapy. Capricorn, New York, 1949.

Satir, V.: Selbstwert und Kommunikation. Pfeiffer, München, 12. Aufl. 1996.

Schindler, L. S.: Verhaltensübung und Selbstkontrolle im Selbstsicherheitstraining. Unveröff. Diplomarbeit, Universität München, 1975.

Schindler, L. S., Hahlweg, K. und D. Revenstorf: Partnerschaftsprobleme: Möglichkeiten zur Veränderung. Ein verhaltenstherapeutisches Programm für Paare. Springer, Heidelberg, 1980.

Schmoock, C., Bastine, R., Henkel, D., Kopf, C. und C. Malchow: Verhaltensanalyse. In: W. T. Schraml und V. Baumann (Hrsg.): Klinische Psychologie II. Huber, Bern, 1974.

Schulte, D.: Diagnostik in der Verhaltenstherapie. Urban und Schwarzenberg, München, 1974.

Schultz, T. H.: Das Autogene Training. Thieme, Stuttgart, 14. Aufl. 1973.

Seligman, M. E. P.: Helplessness. Freemann, San Francisco, 1975.

Skinner, B. F.: Wissenschaft und menschliches Verhalten. Kindler, München, 1973 (orig. 1953).

Stampfl, T. G. und D. J. Levis: Essentials of implosive therapy: A learning theory – based psychodynamic behavioral therapy. In: J. abnorm. Psychol., 1967, 72, 496-503.

Stampfl, T. G. und D. J. Levis: Implosive therapy – a behavioral therapy? In: Beh. Res. Ther. 1968, 6, 31-36.

Sulz, S. K. D. (Hrsg.): Das Therapiebuch, UP Medien, München 1994

Thibaut, J. W. und H. A. Kelley: The social psychology of groups. Wiley, New York, 1959.

Tolman, E. C.: Cognitive maps in rats and men. In: Psychol. Rev., 1948, 55, 189-208.

Ullrich, R. und R. Ullrich de Muynck: Modelos terapéuticos complejos de análisis y modificación de conducta. In: V. Pelechano (Hrsg.): Adaptación y conducta. Marova, Madrid, 1972, 59-100.

Ullrich, R. und R. Ullrich de Muynck: Probleme bei der klinischen Anwendung der Reizüberflutungsmethode. In: J. C. Brengelmann und W. Tunner (Hrsg.): Behaviour therapy – Verhaltenstherapie. Urban und Schwarzenberg, München, 1973.

Ullrich, R. und R. Ullrich de Muynck: Implosion, Reizüberflutung, Habituationstraining. In: Ch. Kraiker (Hrsg.): Handbuch der Verhaltenstherapie. Kindler, München, 1974, S. 369-400.

Ullrich, R. und R. de Muynck: ATP 1: Einübung von Selbstvertrauen – Bedingungen und Formen sozialer Schwierigkeiten. Pfeiffer, München, 7. erw. Aufl. 1998.

Ullrich, R. und R. de Muynck: ATP 2: Grundkurs. Pfeiffer, München, 6. erw. Aufl. 1998.

Ullrich, R. und R. de Muynck: ATP 3: Einübung von Selbstvertrauen und kommunikative Problemlösung – Anwendung in Freundeskreis, Arbeit und Familie. Pfeiffer, München, 6. erw. Aufl. 1998.

Ullrich, R. und R. de Muynck: ATP-Testmappe. Pfeiffer, München 1998.

Ullrich, R. und R. Ullrich de Muynck: Soziale Angst und soziale Kompetenz in Abhängigkeit vom sozioökonomischen Milieu. In: R. Ullrich und R. Ullrich de Muynck (Hrsg.): Soziale Kompetenz. Experimentelle Ergebnisse zum Assertiveness-Training-Programm ATP. Band I. Pfeiffer, München, 1978, S. 9-46.

Ullrich, R. und R. Ullrich de Muynck (Hrsg.): Soziale Kompetenz. Experimentelle Ergebnisse zum Assertiveness-Training-Programm ATP, I: Messmittel und Grundlagen. Pfeiffer, München, 1978.

Ullrich, R. und R. Ullrich de Muynck: Das Bilanzmodell der Verstärker und das Wirkungsspektrum des ATP bei 40 depressiven Patienten. In: R. Ullrich de Muynck, R. Ullrich, K. Grawe und D. Zimmer (Hrsg.): Soziale Kompetenz. Experimentelle Ergebnisse zum Assertiveness-Training-Programm ATP, II.: Klinische Effektivität und Wirkungsfaktoren. Pfeiffer, München, 1980.

Ullrich, R. u. R. Ullrich de Muynck: Das Assertiveness Training Programm ATP: Therapieresultate in der ambulanten Versorgung. In: Ullrich de Muynck, R., Ullrich, R., Grawe, K. u. Zimmer, D.: Soziale Kompetenz II, München, Pfeiffer, 1980

Ullrich, R., Ullrich de Muynck, R. u. D. Hellauer: Videomodelle zum ATP. Kassette 4: Freunde; Kassetten 5a und 5b: Partner und Familie. München, Münchner Therapiefilme, 1982/1992

Ullrich de Muynck, R. und T. Forster: Selbstsicherheitstraining. In: Ch. Kraiker (Hrsg.): Handbuch der Verhaltenstherapie. Kindler, München, 1974, S. 351-368.

Ullrich de Muynck, R. und R. Ullrich: Standardisierung des Selbstsicherheitstrainings für Gruppen. Vortrag, 1. Kongreß für Verhaltenstherapie der GVT, München, 1971. In: J. C. Brengelmann und W. Tunner (Hrsg.): Behaviour therapy - Verhaltenstherapie. Urban und Schwarzenberg, München, 1973.

Ullrich de Muynck, R. und R. Ullrich: Darbietung der Verhaltensübungen durch ATP-Therapeuten. Grundkurs: Selbstsicheres Verhalten. Videofilm, 2 Stunden, IST München, 1979.

Ullrich de Muynck, R. und R. Ullrich: Grundstufe verhaltenstherapeutischer Selbsterfahrung: Soziale Interaktion im Alltag. Videofilm (20 Stunden) und Begleitmanual. IST München, Sendlinger Str. 44, 1979.

Ullrich de Muynck, R., Ullrich, R., Grawe, K. und D. Zimmer (Hrsg.): Soziale Kompetenz. Experimentelle Ergebnisse zum Assertiveness-Training-Programm ATP, II.: Klinische Effektivität und Wirkungsfaktoren. Pfeiffer, München, 1980.

Vaitl, D.: Entspannungstechniken. In: L. J. Pongratz (Hrsg.): Klinische Psychologie, 2. Halbband. Hogrefe, Göttingen, 1978, S. 2104-2143.

Watzlawick, P., Beavin, J. H. und D. D. Jackson: Menschliche Kommunikation. Formen, Störungen, Paradoxien. Huber, Bern, 1969 (orig. 1967).

Weiss, R. L., Birchler, G. R. und J. P. Vincent: Contractual models for negotiation training in marital dyads. In: J. Marriage and the Family, 1974, 36, 321-330.

Wengle, M. E.: Die systematische Desensibilisierung. In: Ch. Kraiker (Hrsg.): Handbuch der Verhaltenstherapie, Kindler, München, 1974, S. 279-324.

Whitaker, C., Stock, D. und M. A. Liebermann: Psychotherapy through the group process. Prentice-Hall, Englewood Cliffs, N.J., 1964.

Windheuser, J. und R. Niketta: Eine deutsche Form der »Reinforcement Survey Schedule« von Cautela und Kastenbaum. Vortrag, 4. Kongreß für Verhaltenstherapie, Münster, 1972.

Winter, R. und K. Grawe: Der Einfluß der Gruppenzusammensetzung auf den Therapieerfolg von Assertive-Training-Gruppen. In: R. Ullrich de Muynck, R. Ullrich, K. Grawe und D. Zimmer (Hrsg.): Soziale Kompetenz, II: Experimentelle Ergebnisse zum Assertiveness-Training-Programm ATP: Klinische Effektivitat und Wirkungsfaktoren. Pfeiffer, München, 1980.

Wolpe, J.: Psychotherapy by reciprocal inhibition. Stanford Univ. Press, Stanford, Calif., 1958.

Wolpe, J.: The practice of behavior therapy. Pergamon Press, New York, 1969 (deutsch: Huber, Bern, 1972).

Wolpe, J. und A. A. Lazarus: Behavior therapy techniques: A guide to the treatment of neurosis. Pergamon Press, London, 1966.

Zimmer, D.: Kommunikationstherapie und Verhaltensmodifikation. Eine wissenschaftstheoretische und sozialkritische Analyse. In: A. Mandel, K. H. Mandel, E. Stadter und D. Zimmer (Hrsg.): Einübung in Partnerschaft. Pfeiffer, München, 1971, S. 405-470.

Zimmer, D.: Ausbildung sozialer Kompetenz durch Training in Verhaltensgeschicklichkeit und Selbstregulation. Eine experimentelle Untersuchung zum Selbstsicherheitstraining. Diss., Univ. Münster, 1976.

D'Zurilla, Th. J. und M. R. Goldfried: Problem solving and behavior modification. In: J. Abn. Psychol. 1971, 78, 107-126.